Programmation
linéaire avec Excel

Programmation linéaire avec Excel

Christian Prins - Marc Sevaux

EYROLLES

ÉDITIONS EYROLLES
61, bd Saint-Germain
75240 Paris Cedex 05
www.editions-eyrolles.com

Avant-propos

En 2000, les deux auteurs ont publié avec Christelle Guéret aux éditions Eyrolles un livre intitulé *Programmation linéaire : 65 problèmes d'optimisation modélisés et résolus avec Visual Xpress*. Cet ouvrage partait d'un constat : de nombreux étudiants en sciences, économie et écoles d'ingénieurs sont initiés à l'optimisation, mais d'une manière très académique ne permettant pas de résoudre des problèmes réels. D'après notre expérience de l'enseignement de cette discipline, cette incapacité provient du manque de pratique à la modélisation et de logiciels *ad hoc*, permettant d'éviter de fastidieux calculs à la main.

Le livre de 2000 visait à résoudre ces problèmes en offrant un entraînement systématique à la modélisation, à travers des problèmes résolus, regroupés en chapitres d'applications comme les industries minières et de process, les télécommunications et le transport. Les problèmes étaient volontairement dimensionnés pour ne pas être résolubles à la main et ils étaient présentés en trois temps. Chaque problème faisait d'abord l'objet d'un énoncé très réaliste. Il était ensuite modélisé sous forme mathématique pour donner un programme linéaire indépendant de la syntaxe des logiciels disponibles. Enfin, le modèle était traduit et résolu dans un logiciel, à l'époque *Visual Xpress*. Aux chapitres d'applications s'ajoutaient trois chapitres préliminaires : deux apportant les bases théoriques suffisantes pour la programmation linéaire et la programmation linéaire en nombres entiers, et un pour présenter le logiciel utilisé et offrir un panorama des autres produits existants.

L'utilisation de ce livre en enseignement nous a permis d'observer une nette augmentation du rendement pédagogique et de la motivation des étudiants. Cependant, à l'époque, les PC commençaient à se répandre mais étaient plus chers qu'aujourd'hui. Les établissements d'enseignement supérieur disposaient tous de salles de travaux pratiques équipées de PC, mais la plupart des étudiants n'avaient pas d'ordinateur personnel. Beaucoup de logiciels étaient certes puissants, mais complexes pour des débutants ou réservés aux cursus d'informatique.

Dix ans après, la situation a évolué. Presque tous les étudiants de l'enseignement supérieur possèdent un PC et utilisent des outils bureautiques comme ceux de Microsoft ou la suite Open Office du domaine public. Or, le tableur Excel de Microsoft et celui d'OpenOffice incluent un solveur peu connu de programmation linéaire et non linéaire. Il permet de traiter un large éventail d'applications, en évitant le recours à la programmation et en bénéficiant des services du tableur en matière de présentation des données et de réalisation de graphiques.

Nous avons testé l'enseignement de ce solveur et avons obtenu de très bons résultats, même en premier cycle universitaire et en IUT. De plus, le produit est une étape commode avant de passer à des logiciels spécialisés plus complexes.

L'idée nous est donc venue de démocratiser encore plus la programmation linéaire, en reprenant le principe du livre de 2000 mais en utilisant Excel pour la résolution. Le chapitre 1 sur la programmation linéaire et le chapitre 2 sur la programmation linéaire en nombres entiers ont été conservés, mais en complétant leur bibliographie par des références récentes.

Le chapitre 3 consacré en 2000 au logiciel Visual Xpress décrit maintenant le solveur d'Excel. Le contenu s'applique intégralement au tableur d'OpenOffice, qui possède une interface identique. Le chapitre propose aussi une méthode de modélisation, qui permet au débutant de modéliser étape par étape un problème d'optimisation puis de le traduire sous Excel. Des fonctions peu connues d'Excel sont aussi présentées, ainsi qu'un répertoire de ressources du Web sur les principaux logiciels d'optimisation linéaire et non linéaire.

Le nouveau chapitre 4 décrit l'utilisation de *Visual Basic for Applications* (VBA) avec le solveur. En effet, il est commode dans certaines applications de cacher le modèle à l'utilisateur ou de déclencher l'optimisation en cliquant sur un bouton, ce qui nécessite d'écrire quelques lignes de VBA. Le chapitre commence par une introduction expresse à VBA, pour les lecteurs ayant des rudiments de programmation dans un autre langage. Il montre ensuite comment contrôler le solveur depuis VBA. Les lecteurs réfractaires à la programmation pourront ignorer sans inconvénient ce chapitre 4 et la minorité de problèmes qui utilisent ces techniques dans les chapitres d'application.

Les dix autres chapitres reprennent la plupart des problèmes d'application du livre de 2000. Cependant, certains d'entre eux ont été modifiés pour être davantage compatibles avec la logique bidimensionnelle d'Excel. Il a même fallu supprimer quelques problèmes nécessitant des variables à trois indices ou plus. En règle générale, l'énoncé de chaque problème et sa modélisation mathématique ont été repris. Les parties sur la traduction dans le logiciel ont été complètement réécrites pour Excel, en expliquant avec des copies d'écran la disposition de la feuille de calcul, les formules, le modèle à saisir dans la boîte de dialogue du solveur et les résultats. De plus, la bibliographie à la fin de chaque chapitre a été revue et complétée.

Le chapitre 5 rassemble des problèmes de mélange ou de séparation de composés, rencontrés dans les industries minières et de process. Ces problèmes, qui font rarement appel à des variables entières, sont les plus simples : ils conviennent donc bien aux débutants. Les deux chapitres suivants sont consacrés à deux autres groupes importants d'applications industrielles : les problèmes d'ordonnancement (chapitre 6) et les problèmes de planification de production (chapitre 7).

Dans beaucoup d'applications, il faut remplir un espace limité (caisses, cales de navires, disques d'ordinateurs) avec des objets ou, au contraire, découper des matériaux pour en extraire des motifs tout en minimisant les chutes. Ce genre de problème fait l'objet du chapitre 8 sur la découpe et le conditionnement (*cutting and packing* en anglais).

Les questions de flux et de placement d'installations industrielles soulèvent de très nombreux problèmes intéressants en optimisation. Nous avons choisi de les aborder au travers de trois domaines représentatifs : le transport terrestre (chapitre 9), le transport aérien (chapitre 10), et enfin le monde foisonnant des télécommunications (chapitre 11). Plusieurs modèles théoriques sont transposables entre ces trois chapitres, mais on y trouve aussi des applications plus spécifiques, comme les tournées de véhicules en transport routier, les problèmes de correspondance d'avions en transport aérien, et tout ce qui concerne le dimensionnement et la fiabilité des réseaux en télécommunications.

Pour éviter de nous adresser seulement aux scientifiques, industriels et logisticiens, nous avons tenu à présenter des domaines d'application plus récents ou moins connus de la programmation linéaire.

Le chapitre 12 est ainsi consacré aux applications en économie et en optimisation financière. Les problèmes d'emploi du temps et de gestion du personnel font l'objet du chapitre 13. La programmation linéaire peut également rendre de grands services aux collectivités locales, aux administrations, et au secteur public en général : le chapitre 14 présente différents exemples. Les copies d'écran ayant entraîné une augmentation du nombre de pages, nous avons décidé pour rester en deçà des 400 pages de placer le dernier chapitre du livre de 2000 (jeux et casse-tête) sur le site Internet des éditions Eyrolles (*www.editions-eyrolles.com*).

En tout, 55 problèmes sont modélisés pas à pas et résolus. En fin d'ouvrage, une première annexe présente une liste récapitulative des problèmes du livre et indique les correspondances entre les applications traitées et les modèles théoriques classiques. Une deuxième annexe liste les fichiers Excel des problèmes. Enfin, la troisième annexe rassemble les références bibliographiques. Un grand soin a été apporté à la sélection des références, qui mixent des ouvrages didactiques, des articles de synthèse et des articles plus pointus.

Pour la résolution des modèles, nous avons utilisé Excel 2007, mais sauvegardé les fichiers au format d'Excel 2003 pour des raisons de compatibilité ascendante. La compatibilité avec Excel 2010 a été vérifiée pour tous les modèles. L'annexe 2 donne la liste des fichiers obtenus, qui peuvent être téléchargés gratuitement sur le site Internet des éditions Eyrolles. Elle explique aussi les quelques modifications mineures à effectuer pour Excel 2010.

Pour l'enseignement, nous donnons en général un des énoncés aux étudiants qui doivent d'abord établir le modèle mathématique. Cette étape est la plus importante car, en entreprise, on peut leur imposer un autre logiciel qu'Excel. Or, le modèle mathématique reste valable quel que soit le logiciel de programmation linéaire. Seulement ensuite, les étudiants peuvent passer à la traduction en Excel, en réfléchissant soigneusement à la disposition des données et des informations à calculer pour les contraintes. La méthode expliquée au chapitre 4 a d'ailleurs été élaborée en observant les erreurs les plus communes.

Nous espérons que cet ouvrage rendra service aux enseignants, étudiants, ingénieurs, informaticiens, industriels et décideurs intéressés par la programmation linéaire, et qu'il permettra à cette discipline de se diffuser encore plus largement.

Christian Prins et Marc Sevaux

Table des matières

CHAPITRE 7 : PLANIFICATION DE PRODUCTION 161

CHAPITRE 8 : CHARGEMENT ET DÉCOUPE 187

ANNEXE 1 : LIENS ENTRE MODÈLES THÉORIQUES ET APPLICATIONS 361

ANNEXE 2 : FICHIERS EXCEL DU LIVRE 367

ANNEXE 3 : BIBLIOGRAPHIE 373

INDEX 383

<h1>CHAPITRE 1</h1>

Programmation linéaire

1.1 Introduction

Bien qu'on puisse modéliser des problèmes d'optimisation et utiliser des logiciels sans connaître la théorie qui se cache derrière, quelques notions sont utiles pour démystifier le sujet. Ce chapitre présente donc des bases de programmation linéaire suffisantes pour les chapitres 5 à 14 consacrés à la modélisation. Le § 1.2 donne un exemple de programme linéaire puis définit les programmes linéaires en général, sous leurs deux principales formes. Les programmes linéaires à deux variables peuvent être résolus par une méthode géométrique, présentée au § 1.3, qui permet de saisir physiquement les principes.

Les problèmes à plus de deux variables sont résolus par une méthode algébrique célèbre, *l'algorithme du simplexe*, introduite au § 1.4. La forme tableau de l'algorithme, qui facilite les calculs, est présentée au § 1.5. Quelques situations particulières font l'objet du § 1.6. La dualité et l'analyse de sensibilité sont riches en propriétés qui dépassent le cadre de ce livre. Les paragraphes 1.7 et 1.8 consacrés à ces sujets ne présentent que des rudiments. Quelques évolutions récentes comme les méthodes de points intérieurs sont évoquées au § 1.9. La dernière partie est consacrée aux compléments et aux références pour approfondir le sujet.

1.2 Notion de programme linéaire

1.2.1 Composantes d'un programme linéaire et exemple

Soit une usine qui produit deux ciments rapportant 50 \$ et 70 \$ la tonne. Pour fabriquer une tonne de ciment 1, il faut 40 min de calcination dans un four et 20 min de broyage. Pour fabriquer une tonne de ciment 2, il faut 30 min de four et 30 min de broyage. Le four et l'atelier de broyage sont disponibles 6 h et 8 h par jour. Combien de ciment de chaque type peut-on produire par jour pour maximiser le bénéfice ? Ce problème se modélise par le *programme linéaire* (PL) suivant, en notant x_1 et x_2 les quantités de ciment à fabriquer.

(1) $\mathrm{Max}\ z = 50x_1 + 70x_2$

(2) $40x_1 + 30x_2 \leq 360$

(3) $20x_1 + 30x_2 \leq 480$

(4) $x_1, x_2 \geq 0$

La ligne (1) représente le profit total z qui est le critère à optimiser, appelé aussi *fonction-objectif* (nom composé), *fonction de coût* ou *fonction économique*. *Max* signifie que ce critère doit être maximisé ; on écrirait *Min* pour minimiser. Les autres lignes désignent des *contraintes*. La contrainte (2) concerne la disponibilité du four : elle stipule que le temps total de calcination requis par les ciments ne doit pas dépasser 360 min ou 6 h. La contrainte (3) décrit de même la disponibilité du broyeur. Les contraintes (4) précisent les domaines des variables.

1.2.2 Forme générale d'un programme linéaire et extensions

Plus généralement, on appelle *programme mathématique* un problème d'optimisation d'une fonction-objectif de plusieurs variables en présence de contraintes. Le programme est dit *linéaire* si la fonction et les contraintes sont toutes des combinaisons linéaires de variables. Il a la forme générique suivante. Il comporte n variables non négatives (3), m contraintes d'égalité ou d'inégalité (2), et la fonction-objectif à optimiser (1). Le coefficient de coût ou de profit de la variable x_j est noté c_j, celui de la variable x_j dans la contrainte i est noté a_{ij}. La contrainte i a un second membre constant b_i. Les contraintes simples de positivité ne sont pas incluses dans les m contraintes, car elles sont gérées à part par les algorithmes.

(1) $\mathrm{Max\ ou\ Min}\ z = \displaystyle\sum_{j=1}^{n} c_j x_j$

(2) $\forall i = 1 \ldots m : \displaystyle\sum_{j=1}^{n} a_{ij} x_j \leq, = \mathrm{ou} \geq b_i$

(3) $\forall j = 1 \ldots n : x_j \geq 0$

Des valeurs de variables qui vérifient toutes les contraintes, comme $x_1 = 4$ et $x_2 = 2$ dans l'exemple des ciments, forment une *solution réalisable* (SR) du PL. Une solution réalisable est *optimale* si aucune autre solution n'a un profit supérieur.

Si les variables sont astreintes à être entières, on obtient un *programme linéaire en nombres entiers* (PLNE). Un *programme linéaire en 0-1* est un cas particulier de PLNE dont les variables ne peuvent prendre que deux valeurs 0-1 ; ces variables sont dites *booléennes, binaires* ou *de décision*. Un *PL mixte* comprend à la fois des variables continues et des variables entières. Enfin, à partir du moment où au moins une contrainte ou la fonction-objectif n'est plus une combinaison linéaire de variables, on a affaire à un *programme non linéaire* (PNL). Les PLNE et PL en 0-1, qui font l'objet du chapitre 2, sont plus difficiles à résoudre que les PL ordinaires. Les PNL sont encore plus difficiles, sauf dans quelques cas particuliers comme des fonctions-objectifs convexes. Les algorithmes actuels ne trouvent en général qu'un optimum local et ils sortent du cadre de cet ouvrage.

1.2.3 Formes matricielles classiques et conversions

Notons $x = (x_1, x_2, \ldots, x_n)^T$ le vecteur des variables, $b = (b_1, b_2, \ldots, b_m)^T$ celui des seconds membres des contraintes, $c = (c_1, c_2, \ldots, c_n)$ les coûts ou profits associés aux variables, et A la matrice $m \times n$ des a_{ij}. Dans la suite, nous n'écrirons plus les signes de transposition pour alléger l'écriture. On peut alors écrire un PL sous forme matricielle. Deux formes sont courantes : la *forme canonique* avec des contraintes $\leq$, utilisée pour la résolution graphique, et la *forme standard* avec égalités, pour la résolution algébrique par des algorithmes. Par convention, la forme standard est souvent exprimée avec des seconds membres positifs.

Forme canonique   *Forme standard*

Max $c.x$ Max $c.x$

$A.x \leq b$ $A.x = b$

$x \geq 0$ $x \geq 0$

Ces formes ne servent qu'à simplifier les présentations théoriques. Dans la réalité, un PL peut présenter des égalités et des inégalités, et les logiciels du marché acceptent heureusement ces mélanges. On peut facilement convertir les formes mixtes en formes classiques. Ainsi, toute contrainte d'égalité peut être remplacée par deux inégalités.

$$\sum_{j=1}^{n} a_{ij} x_j = b_i \Leftrightarrow \begin{cases} \displaystyle\sum_{j=1}^{n} a_{ij} x_j \leq b_i \\ -\displaystyle\sum_{j=1}^{n} a_{ij} x_j \leq -b_i \end{cases}$$

On peut convertir une inégalité en égalité en ajoutant ou soustrayant une *variable d'écart* $e_i \geq 0$, propre à chaque contrainte i. À l'optimum, pour une inégalité $\leq$ concernant la disponibilité d'une ressource i, cette variable indique la quantité inutilisée de la ressource.

$$\sum_{j=1}^{n} a_{ij} x_j \leq b_i \ et \ e_i \geq 0 \Leftrightarrow \sum_{j=1}^{n} a_{ij} x_j + e_i = b_i$$

D'autres conversions sont possibles. Ainsi, on peut passer d'une maximisation à une minimisation, car maximiser z revient à minimiser $-z$. Il ne faut pas oublier alors de multiplier par -1 la valeur de la fonction-objectif trouvée par la minimisation ! L'exigence de variables positives n'est pas restrictive, car une variable x_j non contrainte en signe peut toujours s'écrire comme une différence $x'_j - x''_j$ de deux variables non négatives.

1.2.4 Interprétation économique

Un PL a une *interprétation économique* très large. Soit un acteur économique qui exerce n activités avec des intensités x_j à déterminer. Ces activités utilisent m ressources. On connaît la quantité a_{ij} de ressource i nécessaire pour exercer l'activité j avec une intensité 1. On connaît aussi le profit ou le coût c_j pour une intensité 1 de l'activité j. On veut trouver les intensités des activités, compatibles avec les ressources, pour maximiser le profit ou minimiser le coût. Ce problème est modélisable par un PL sous forme canonique.

La programmation linéaire définit donc une classe très large de modèles, mais dans laquelle on prend deux hypothèses restrictives fondamentales : la *proportionnalité* des coûts et des consommations de ressources aux intensités d'activités, et l'*additivité* des consommations de ressources (pas d'interactions entre activités). Nous verrons en fait que de nombreux problèmes, en apparence non linéaires, peuvent être rendus linéaires.

Par exemple, l'hypothèse de proportionnalité n'est pas respectée quand on produit un bien en grande série. Le prix de vente par unité bénéficie souvent de tarifs dégressifs, grâce aux économies d'échelle. Le prix de vente en fonction de la quantité est alors une fonction linéaire par morceaux qui croît de moins en moins vite. Il n'empêche que ce genre de fonction se linéarise facilement, moyennant des variables supplémentaires. Ainsi, le champ d'application de la programmation linéaire est bien plus vaste qu'il n'y paraît.

1.3 Résolution graphique

Appelée aussi *résolution géométrique*, elle est possible pour un PL sous forme canonique avec deux ou trois variables ($n = 2$ ou $n = 3$). Soit par exemple le PL suivant, qu'on interprétera comme le calcul des quantités à produire x_1 et x_2 de deux produits pour maximiser un profit z.

$$\text{Max } z = \quad x_1 \quad + \quad 2 \cdot x_2$$
$$x_1 \quad + \quad x_2 \quad \leq \quad 6$$
$$x_2 \quad \leq \quad 3$$
$$x_1, \quad \quad x_2 \quad \geq \quad 0$$

Ce PL est bien sous forme canonique. En utilisant les notations matricielles, on peut écrire $m = 2$, $n = 2$, $c = (1, 2)$, $x = (x_1, x_2)^{\mathrm{T}}$, $b = (6, 3)^{\mathrm{T}}$ et :

$$A = \begin{pmatrix} 1 & 1 \\ 0 & 1 \end{pmatrix}$$

Pour ce PL à deux variables, on trace dans le plan les axes des coordonnées pour les valeurs positives de x_1 et x_2. On finit de délimiter le *domaine des solutions réalisables*, qui forme un *polygone convexe*, en traçant les droites d'équations $x_1 + x_2 = 6$ et $x_2 = 3$ (figure 1.1 page suivante). Pour chaque droite, on indique par des flèches le demi-plan à conserver. On peut aussi hachurer les demi-plans interdits, mais la figure est souvent moins lisible.

Traçons la droite de profit $z = 0$. Son intersection avec le domaine des solutions réalisables est réduite au point O et correspond à la solution triviale où on ne produit rien, ce qui ne rapporte rien. Une droite d'équation $z = k$, où k est une constante entre 0 et 9 (exclus) donne par intersection avec le domaine tout un segment de plans de production possibles, ayant le même profit k. On peut augmenter k jusqu'à 9, ce qui donne la solution correspondant au point J : $x_1 = 3$, $x_2 = 3$. Cette solution est optimale, car si on augmente encore k, on sort du domaine. En remplaçant dans le PL les variables par leurs valeurs, on peut vérifier le coût et le respect des contraintes.

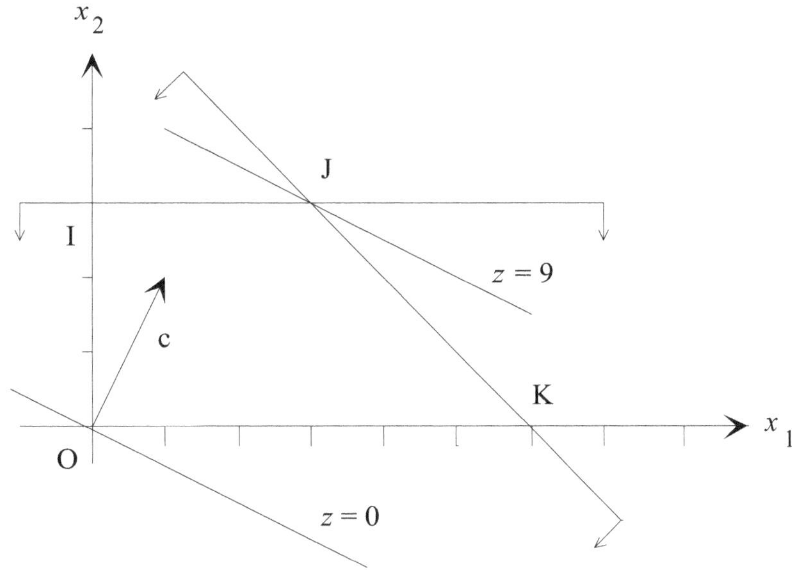

Figure 1.1 – Exemple de résolution graphique

On peut formuler sur la figure des remarques générales. Les contraintes de positivité confinent les solutions dans le quart de plan positif et chaque autre contrainte définit un demi-espace (ici un demi-plan). L'intersection de tous ces espaces forme un *polygone convexe* non vide, ici OIJK. La *convexité* signifie que pour deux points quelconques A et B du polygone, le segment [A, B] est contenu dans le polygone. Pour un nombre quelconque n de variables, on parle de *polyèdre convexe*. Pour k croissant, les droites d'équation $z = k$ forment une famille de droites parallèles. z augmente dans la direction du vecteur c de la fonction-objectif. L'optimum x^*, ici unique, est atteint au sommet J = (3, 3) du polyèdre. Le coût optimal correspondant est $z^* = 9$.

Les cas spéciaux suivants pourraient se produire. En supprimant $x_1 + x_2 \leq 6$, le domaine des solutions serait *non borné*, ainsi que l'optimum. L'optimum peut cependant être fini même si le domaine est non borné : ce serait le cas pour $c = (-1, 2)$, qui donnerait le point I. Si on ajoutait la contrainte $x_1 - x_2 \leq -4$, le polyèdre serait *vide* et il n'y aurait aucune solution réalisable. Enfin, si on maximisait $z = x_1 + x_2$, il y aurait *plusieurs optima* (tous les points de l'arête JK). Remarquons cependant que l'ensemble des points optimaux, s'il est non vide, comprend toujours un sommet du polyèdre.

Pour un problème réel comme un plan de production, le domaine n'est normalement pas vide car il y a au moins une solution : le plan de production *actuel* de l'entreprise. De plus, l'optimum est borné en pratique à cause de limites sur les ressources. Dans un problème réel, l'absence de solution indique en général un problème surcontraint, tandis que l'oubli d'une contrainte peut donner un optimum non borné. Une erreur de saisie du modèle dans un logiciel, comme une inversion de signe, peut également produire ces phénomènes. Dans tous ces cas anormaux, il faut revoir soigneusement la formulation.

Si on est bon dessinateur, la résolution graphique est encore possible pour trois variables : les contraintes définissent des demi-espaces dont l'intersection forme un polyèdre à trois dimensions (une sorte de cristal), et les solutions de profit z constant forment une famille de plans parallèles. Il est clair qu'il faut utiliser une autre méthode en présence de plus de trois variables. C'est le but de la *résolution algébrique* des sections suivantes.

1.4 Principes de la résolution algébrique

1.4.1 Bases et solutions de base

Cette résolution utilise la forme standard. Rappelons que le système d'égalités linéaires d'un PL en forme standard s'écrit matriciellement $Ax = b$, avec A une matrice $m \times n$ telle que $m \leq n$, x un vecteur $n \times 1$, et b un vecteur $m \times 1$. On suppose aussi qu'il n'y a pas de contrainte redondante, c'est-à-dire combinaison linéaire d'autres contraintes : le *rang* de A vaut m, en termes mathématiques. Heureusement, les logiciels du commerce fonctionnent quand même correctement si ces hypothèses ne sont pas vérifiées !

On appelle *base* de A, ou *matrice de base*, toute sous-matrice carrée inversible B, $m \times m$, de A. Pour une base B, on peut (en réarrangeant les colonnes si nécessaire) partitionner A en (B, N) et x en (x_B, x_N). N est la matrice $m \times (n\text{-}m)$ des colonnes hors base, ou *matrice hors base*. Le vecteur x_B a pour composantes les *m variables de base* (associées aux colonnes de B). x_N a pour composantes les *n-m variables hors base*. Le système de contraintes et la fonction-objectif peuvent alors s'écrire de manière équivalente :

$$A \cdot x = b \Leftrightarrow B \cdot x_B + N \cdot x_N = b \Leftrightarrow x_B = B^{-1} \cdot b - B^{-1} \cdot N \cdot x_N$$

$$z = c \cdot x = c_B \cdot x_B + c_N \cdot x_N = c_B \cdot B^{-1} \cdot b + \left(c_N - c_B \cdot B^{-1} \cdot N\right) \cdot x_N$$

Pour une base choisie B, le système équivalent est simplement une expression des variables de base en fonction des variables hors base. On a une solution évidente en forçant x_N à 0 : on a alors $x_B = B^{-1}.b$. Cette solution du PL est la *solution de base* (SB) associée à la base B. Elle peut violer des contraintes de positivité : on appelle *solution de base réalisable* (SBR) une solution réalisable dont toutes les variables sont positives ou nulles.

1.4.2 Exemple d'énumération des bases et changements de base

Reprenons le PL traité par la résolution géométrique, mais mis sous forme standard en ajoutant une *variable d'écart* x_3 pour la première contrainte, et une autre x_4 pour la seconde.

$$
\begin{array}{rcrcrcrcrcr}
\text{Max } z = & x_1 & + & 2 \cdot x_2 & & & & & & \\
& x_1 & + & x_2 & + & x_3 & & & = & 6 \\
& & & x_2 & & & + & x_4 & = & 3 \\
& x_1, & & x_2, & & x_3, & & x_4 & \geq & 0
\end{array}
$$

En notant a_i la colonne i de A, la matrice A (2×4) de ce programme linéaire est :

$$(a_1, a_2, a_3, a_4) = \begin{pmatrix} 1 & 1 & 1 & 0 \\ 0 & 1 & 0 & 1 \end{pmatrix}$$

Les bases de A sont ses sous-matrices carrées inversibles 2×2, en fait toutes sauf (a_1, a_3). On trouve ainsi les cinq matrices de base de la page suivante, pour lesquelles on a calculé les solutions de base. Toutes ces solutions de base sont réalisables, sauf celle correspondant à B_4.

$$B_1 = (a_1, a_2) = \begin{pmatrix} 1 & 1 \\ 0 & 1 \end{pmatrix} \Rightarrow x_B = \begin{pmatrix} x_1 \\ x_2 \end{pmatrix} = B^{-1}b = \begin{pmatrix} 1 & -1 \\ 0 & 1 \end{pmatrix} \times \begin{pmatrix} 6 \\ 3 \end{pmatrix} = \begin{pmatrix} 3 \\ 3 \end{pmatrix}$$

$$B_2 = (a_1, a_4) = \begin{pmatrix} 1 & 0 \\ 0 & 1 \end{pmatrix} \Rightarrow x_B = \begin{pmatrix} x_1 \\ x_4 \end{pmatrix} = B^{-1}b = \begin{pmatrix} 1 & 0 \\ 0 & 1 \end{pmatrix} \times \begin{pmatrix} 6 \\ 3 \end{pmatrix} = \begin{pmatrix} 6 \\ 3 \end{pmatrix}$$

$$B_3 = (a_2, a_3) = \begin{pmatrix} 1 & 1 \\ 1 & 0 \end{pmatrix} \Rightarrow x_B = \begin{pmatrix} x_2 \\ x_3 \end{pmatrix} = B^{-1}b = \begin{pmatrix} 0 & 1 \\ 1 & -1 \end{pmatrix} \times \begin{pmatrix} 6 \\ 3 \end{pmatrix} = \begin{pmatrix} 3 \\ 3 \end{pmatrix}$$

$$B_4 = (a_2, a_4) = \begin{pmatrix} 1 & 0 \\ 1 & 1 \end{pmatrix} \Rightarrow x_B = \begin{pmatrix} x_2 \\ x_4 \end{pmatrix} = B^{-1}b = \begin{pmatrix} 1 & 0 \\ -1 & 1 \end{pmatrix} \times \begin{pmatrix} 6 \\ 3 \end{pmatrix} = \begin{pmatrix} 6 \\ -3 \end{pmatrix}$$

$$B_5 = (a_3, a_4) = \begin{pmatrix} 1 & 0 \\ 0 & 1 \end{pmatrix} \Rightarrow x_B = \begin{pmatrix} x_3 \\ x_4 \end{pmatrix} = B^{-1}b = \begin{pmatrix} 1 & 0 \\ 0 & 1 \end{pmatrix} \times \begin{pmatrix} 6 \\ 3 \end{pmatrix} = \begin{pmatrix} 6 \\ 3 \end{pmatrix}$$

Dans cet exemple, on ne peut pas visualiser le polyèdre en quatre dimensions. Mais le polyèdre utilisé pour la résolution graphique en est une projection à deux dimensions, sans les variables d'écart (figure 1.1). *On constate alors que les SBR correspondent aux sommets J, K, I et O du polyèdre.* La base B_5 est la matrice identité associée aux variables d'écart. La SBR associée correspond au point O de la résolution graphique. Dans un contexte de production, elle consiste à ne rien produire : on met à zéro les variables du PL canonique d'origine, et les variables d'écart sont égales aux quantités de ressources disponibles (non consommées), définies par le vecteur b.

Les opérations précédentes ont l'air compliquées sous forme matricielle. Elles sont en fait simples si on détaille les équations en exprimant les variables de base en fonction des variables hors base. Par exemple, pour retrouver la solution de base associée à B_1 (point J de la résolution graphique), on part du système $Ax = b$ de la forme standard.

$$x_1 + x_2 + x_3 = 6$$
$$x_2 + x_4 = 3$$

Il faut transformer ce système pour exprimer les variables de base x_1 et x_2 en fonction des autres variables (hors base) x_3 et x_4. Il se trouve que x_2 est déjà exprimée en fonction de x_4 dans la ligne 2. En substituant son expression ($x_2 = 3 - x_4$) dans la première équation, on obtient le système suivant, traduction non matricielle du système $x_B = B^{-1}.b - B^{-1}.N.x_N$. En fixant les variables hors base x_3 et x_4 à 0, on retrouve effectivement la solution réalisable de base $x_1 = 3$ et $x_2 = 3$ correspondant au point J.

$$x_1 = 3 - x_3 + x_4$$
$$x_2 = 3 - x_4$$

Les bases pour deux sommets adjacents du polyèdre ne diffèrent que par une variable. Si on dispose du système exprimant les variables de base en fonction de celles hors base, on peut déduire le système pour l'autre base, sans inversion de matrice. Par exemple, supposons que l'on parte de la base B_5 des variables d'écart x_3 et x_4, correspondant au point O.

$$x_3 = 6 - x_1 - x_2$$
$$x_4 = 3 - x_2$$

Pour passer à la base B_3 formée des variables x_2 et x_3 et correspondant au point I, x_2 remplace x_4 dans la base. Ceci s'effectue dans la ligne définissant x_4 en déplaçant x_2 dans le membre de gauche et x_4 dans le membre de droite. Il faut ensuite éliminer x_2 dans les membres de droite des autres équations, réservées aux variables hors base. Ce qui s'effectue simplement en remplaçant x_2 par son expression, 3 - x_4. Cette transformation du système est appelée *pivotage* de x_4 vers x_2. On obtient ainsi le système suivant :

$$x_3 = 3 - x_1 + x_4$$
$$x_2 = 3 - x_4$$

1.4.3 Propriétés fondamentales de la programmation linéaire

Les méthodes de résolution algébriques reposent sur deux propriétés fondamentales à admettre, mais vues intuitivement dans les paragraphes précédents. Les précautions de style sont nécessaires à cause des polyèdres non bornés ou vides :

- Si une fonction linéaire atteint son maximum (ou son minimum) sur le polyèdre X défini par les contraintes, alors cet optimum a lieu en un sommet de X.

- Si X est non vide, alors il existe au moins un sommet, et l'ensemble des sommets correspond aux solutions de base réalisables.

Ainsi, bien qu'un polyèdre non vide contienne une infinité de solutions réalisables, il suffit de consulter ses sommets, en nombre fini, pour trouver l'optimum. Le nombre de sommets peut être énorme : pour 100 contraintes et 400 variables, on peut avoir autant de matrices de base que de façons de choisir 100 colonnes parmi 400, soit de l'ordre de 10^{100} sommets ! L'algorithme du simplexe va seulement générer une suite de sommets de profits croissants.

1.4.4 Algorithme du simplexe à la main

Reprenons notre PL favori en forme standard, avec ses deux contraintes d'égalité :

$$
\begin{array}{rcccccccl}
\text{Max } z = & x_1 & + & 2 \cdot x_2 & & & & & \\
& x_1 & + & x_2 & + & x_3 & & & = 6 \\
& & & x_2 & & & + & x_4 & = 3 \\
& x_1, & & x_2, & & x_3, & & x_4 & \geq 0
\end{array}
$$

L'algorithme du simplexe a été publié par Dantzig en 1949 [Dantzig 1949]. Il construit une suite de solutions de base réalisables de profit croissant, jusqu'à ce qu'il n'y ait plus de gain possible. Géométriquement, il visite une suite de sommets adjacents du polyèdre. Le passage d'une base à l'autre s'effectue par des opérations de pivotage (*cf.* § 1.4.2). On part de la base évidente (matrice identité) formée par les variables d'écart x_3 et x_4. La réécriture des contraintes pour obtenir les expressions de x_3 et x_4 en fonction des variables hors base x_1 et x_2 est immédiate. La fonction-objectif est ajustée de la même manière, mais au début il n'y a rien à faire puisque les variables d'écart y ont un coefficient nul. On obtient :

$$x_3 = 6 - x_1 - x_2$$
$$x_4 = 3 - x_2$$
$$z = 0 + x_1 + 2x_2$$

La SBR initiale associée s'obtient en mettant les variables hors base des seconds membres à 0. On trouve $x_1 = 0$, $x_2 = 0$, $x_3 = 6$, $x_4 = 3$ et $z = 0$. Elle correspond au point O de la résolution géométrique. Pour changer de SBR, on imagine que les variables hors base sont nulles dans le système précédent. Une variable hors base, actuellement à 0, va être choisie pour entrer en base et augmenter jusqu'à annuler une variable de base. À la suite de cette opération de pivotage, la variable hors base qu'on augmente, dite *entrante*, remplace celle qui s'annule dans la solution de base, dite *sortante*. Géométriquement, on passe sur un sommet adjacent du polyèdre.

Pour déterminer la variable entrante, on examine les coefficients des variables hors base dans z, appelés *profits marginaux* ou *réduits* (*coûts marginaux* en minimisation). Ils donnent le gain obtenu en augmentant de 1 la variable associée. En fait, l'algorithme converge si on augmente une des variables de profit marginal strictement positif, mais plus rapidement en moyenne si on choisit parmi elles celle *de profit marginal maximal*, ici x_2.

Voyons maintenant comment trouver la variable sortante. D'après la première contrainte, x_2 ne peut pas augmenter au-delà de 6, sinon x_3 deviendrait négative. La seconde contrainte est encore plus limitante, car x_2 peut augmenter jusqu'à 3 seulement. Ainsi, x_4 s'annule. *La variable sortante est donc la première qui s'annule quand on augmente la variable entrante.* Les nouvelles variables de base sont donc x_3 et x_2, et on doit les écrire, ainsi que z, uniquement en fonction des nouvelles variables hors base x_1 et x_4. On obtient :

$$x_2 = 3 - x_4$$
$$x_3 = 6 - x_1 - x_2 = 6 - x_1 - (3 - x_4) = 3 - x_1 + x_4$$
$$z = 0 + x_1 + 2(3 - x_4) = 6 + x_1 - 2x_4$$

La SBR actuelle se lit en plaçant à 0 les variables hors base : $x_2 = 3$, $x_3 = 3$, $x_1 = x_2 = 0$, avec un profit $z = 6$. Elle correspond au point I du polyèdre. Pour augmenter encore le profit, on peut seulement augmenter x_1, car c'est la seule variable hors base de profit unitaire strictement positif. x_1 peut augmenter jusqu'à 3 et remplace dans la base x_3, qui s'annule. On écrit donc x_1, x_2 et z en fonction de x_3 et x_4 :

$$x_1 = 3 - x_3 + x_4$$
$$x_2 = 3 - x_4$$
$$z = 6 + (3 - x_3 + x_4) - 2x_4 = 9 - x_3 - x_4$$

À ce stade la SBR associée est $x = (3,3,0,0)$, de profit 9. Elle correspond au sommet J du polyèdre. On est à l'optimum, car toutes les variables hors base ont un profit unitaire négatif : le profit diminuerait si on augmentait l'une d'entre elles. Finalement, sur les cinq bases possibles pour ce PL, l'algorithme du simplexe n'en a consulté que trois. Pour un PL volumineux, l'économie par rapport à une énumération complète des solutions de base est énorme : des tests numériques montrent qu'en moyenne le nombre de pivotages reste proportionnel au nombre m de contraintes.

Le processus est facilement adaptable au cas d'une *minimisation*. La seule différence est la règle pour la variable entrante : il faut prendre celle ayant le plus petit coût marginal strictement négatif (le plus grand en valeur absolue), le but étant d'obtenir un coût minimal.

1.5 Algorithme du simplexe forme tableau

Dans le § 1.4.4, nous avons manipulé directement le PL en opérant par calcul matriciel sans nous en apercevoir. En effet, à toute itération et pour une base B, le PL était écrit sous la forme équivalente définie à la fin du § 1.4.1 :

$$x_B = B^{-1} \cdot b - B^{-1} \cdot N \cdot x_N = b' - B^{-1} \cdot N \cdot x_N$$

$$z = c_B \cdot B^{-1} \cdot b + \left(c_N - c_B \cdot B^{-1} \cdot N \right) \cdot x_N = z_B + \Delta_N \cdot x_N$$

Pour les contraintes, on reconnaît chaque variable de base $x_B(i)$, égale à un terme constant b'_i (sa valeur actuelle) plus une combinaison linéaire des variables hors base. L'expression de z comporte un terme constant noté z_B (valeur actuelle de la fonction-objectif) plus une combinaison linéaire dans laquelle Δ_N désigne le vecteur des profits marginaux.

La *forme tableau* de l'algorithme du simplexe facilite les calculs précédents et se prête bien à la programmation. Reprenons le programme linéaire vu pour la résolution géométrique, une fois mis sous forme standard.

$$
\begin{array}{rcrcrcrcrcr}
\text{Max } z = & x_1 & + & 2 \cdot x_2 & & & & & & & \\
& x_1 & + & x_2 & + & x_3 & & & = & 6 \\
& & & x_2 & & & + & x_4 & = & 3 \\
& x_1, & & x_2, & & x_3, & & x_4 & \geq & 0
\end{array}
$$

Le tableau initial de ce PL est composé de quatre sous-tableaux. Le tableau central T est chargé avec la matrice A du PL. Le tableau-colonne *Base* donne les indices des variables de base actuelles, les variables d'écart x_3 et x_4. Le tableau-colonne b' contient les seconds membres. La ligne Δ est la fonction-objectif sous la forme $0.x_B + \Delta_N.x_N = -z_B$ (les variables de base ont un profit marginal nul). Notez que la case $-z_B$ contient bien la valeur de la fonction-objectif, mais multipliée par -1. Actuellement cette valeur est nulle.

Base	T	1	2	3	4		b'	$b'_i / T_{ie} > 0$
3	1	1	1	1	0		6	6
4	2	0	[1]	0	1		3	$3 \rightarrow s$
	Δ	1	2	0	0		0	
			$\uparrow$					$-z_B$
			e					

Effectuons la première itération, tout à fait équivalente à ce que nous avons réalisé en manipulant directement les équations. Elle construit le tableau de la prochaine base.

- La variable hors base x_e entrant en base est x_2, car elle a le coût réduit strictement positif le plus grand sur la ligne Δ. On repère sa colonne (*colonne pivot*) avec un e.

- La variable sortant de la base est celle s'annulant en premier quand x_e augmente. C'est celle qui minimise les b'_i / T_{ie} avec $T_{ie} > 0$ ou, comme on suppose des seconds membres positifs dans la forme standard, les $b'_i / T_{ie} > 0$. Ceci se produit à la ligne $s = 2$, dite *ligne pivot*. *Base[s]* donne l'indice de la variable de base correspondante, x_4.

- On entoure le *pivot* T_{se}. Pour exprimer x_2 en fonction des variables hors base, il faut écrire dans le tableau suivant la ligne du pivot, divisée par le pivot, pour obtenir un 1 à la place du pivot. Le pivot valant déjà 1, on se contente de recopier la ligne du pivot.

- On fait apparaître ensuite des 0 dans les T_{ie} des lignes $i \neq s$: on multiplie la ligne du pivot (déjà calculée dans le tableau suivant) par T_{ie} puis on la soustrait à la ligne i. Les lignes obtenues sont copiées dans le tableau suivant. Ceci élimine x_e des équations autres que la ligne s. Ici, le traitement équivaut à soustraire la ligne 2 à la ligne 1.

- On applique la même opération à la ligne Δ, y compris pour $-z_B$: la ligne du pivot est multipliée par Δ_e et soustraite à la ligne Δ pour obtenir la nouvelle ligne Δ du tableau suivant. Ici, ceci revient à multiplier la ligne 2 par 2 et à la soustraire à la ligne Δ.

- On n'oublie pas de mettre à jour l'indice de la variable de base correspondant désormais à la ligne s dans *Base* : 2 au lieu de 3. On obtient le tableau suivant :

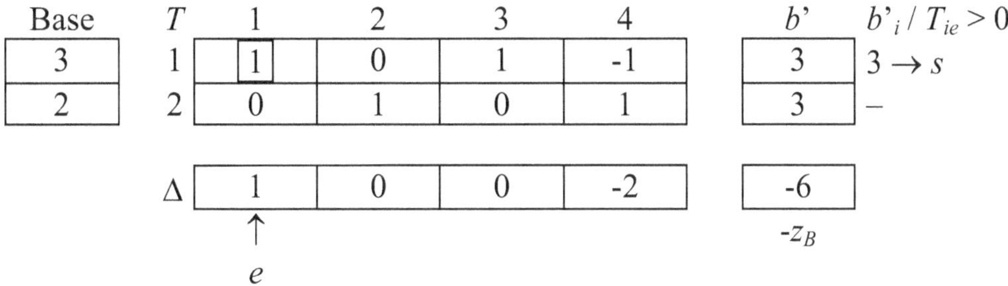

Base	T	1	2	3	4		b'	$b'_i / T_{ie} > 0$
3	1	1	0	1	-1		3	$3 \to s$
2	2	0	1	0	1		3	–
	Δ	1	0	0	-2		-6	

e $-z_B$

Ce tableau se lit comme suit :

$$x_1 + x_3 - x_4 = 3$$
$$x_2 + x_4 = 3$$
$$x_1 - 2x_4 = -6$$

On retrouve le système obtenu par l'algorithme du § 1.4.4, sauf que les variables de base ne sont plus dans les membres de gauche : c'est le tableau *Base* qui donne leurs colonnes. La solution de base actuelle est donc $x_B = (x_2, x_3) = (3, 3)$, $x_N = (x_1, x_4) = (0, 0)$. La matrice identité des variables de base s'est déplacée dans T aux colonnes 3 et 2. Le profit actuel est $z_B = 6$. Le vecteur des profits unitaires des variables hors base est $\Delta_N = (1, -2)$.

L'algorithme n'est pas terminé car on peut encore augmenter le profit en augmentant x_1. On n'a pas le choix car c'est la seule variable hors base de profit unitaire > 0. Le minimum des $b'_i / T_{ie} > 0$ est obtenu sur la ligne 1. Le tiret sur la ligne 2 signifie que x_1 peut augmenter autant qu'on veut sans affecter la variable de base x_2. On trouve $e = 1$, $s = 1$, $Base[s] = 1$ (x_1 entre en base et x_3 en sort). Le pivotage sur $T_{se} = T_{11}$ revient à soustraire la ligne du pivot à la ligne Δ pour faire apparaître un 0 dans $\Delta(1)$. On obtient le tableau suivant.

Base	T	1	2	3	4	b'
1	1	1	0	1	-1	3
2	2	0	1	0	1	3

	Δ	0	0	-1	-1	-9	$-z_B$

C'est la fin de l'algorithme car les profits marginaux sont négatifs ou nuls. On retrouve évidemment la solution optimale de la méthode géométrique et de l'algorithme non matriciel : $x_1^* = 3$, $x_2^* = 3$, les autres variables à 0, et un coût total $z^* = 9$.

1.6 Cas spéciaux pour l'algorithme du simplexe

1.6.1 Optimum non borné

Considérons le programme linéaire suivant sous forme canonique :

$$\begin{aligned}
\text{Max } z = \quad & x_1 & + & 2 \cdot x_2 & \\
& -2 \cdot x_1 & + & x_2 & \leq 2 \\
& -x_1 & + & 2 \cdot x_2 & \leq 5 \\
& x_1 & - & 4 \cdot x_2 & \leq 4 \\
& x_1, & & x_2 & \geq 0
\end{aligned}$$

La résolution géométrique montre qu'il n'a pas d'optimum borné (figure 1.2).

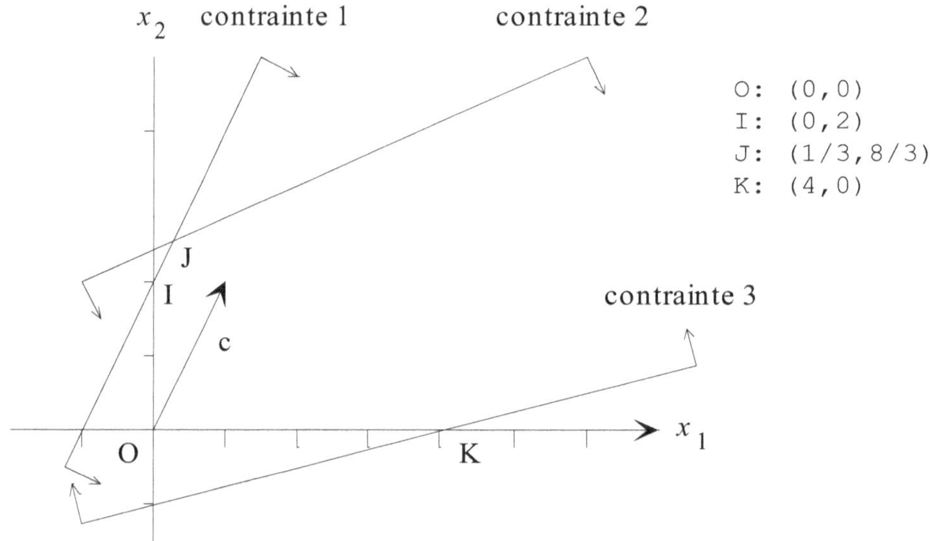

Figure 1.2 – Résolution géométrique d'un cas sans optimum borné

Résolvons-le maintenant par l'algorithme du simplexe. On passe à la forme standard en introduisant trois variables d'écart x_3, x_4, et x_5. Le premier tableau correspond au sommet O du polyèdre de la forme canonique.

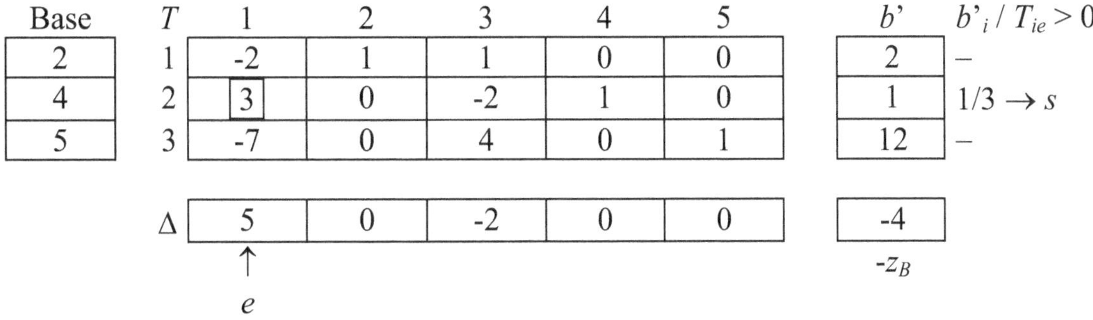

Base	T	1	2	3	4	5	b'	$b'_i / T_{ie} > 0$
3	1	-2	[1]	1	0	0	2	$2 \to s$
4	2	-1	2	0	1	0	5	2.5
5	3	1	-4	0	0	1	4	–
Δ		1	2	0	0	0	0	

e — colonne 2 ; $-z_B$

Le deuxième tableau correspond au point I :

Base	T	1	2	3	4	5	b'	$b'_i / T_{ie} > 0$
2	1	-2	1	1	0	0	2	–
4	2	[3]	0	-2	1	0	1	$1/3 \to s$
5	3	-7	0	4	0	1	12	–
Δ		5	0	-2	0	0	-4	

e — colonne 1 ; $-z_B$

Le troisième et dernier tableau correspond au point J. On peut ensuite augmenter le coût en faisant entrer x_3 en base. *L'optimum n'est pas borné*, car on peut augmenter x_3 sans annuler une variable hors base : il n'y a pas de $b'_i / T_{ie} > 0$. Cette situation est parfaitement détectée par les logiciels commerciaux, avec un message du genre *Unbounded optimum*.

Base	T	1	2	3	4	5	b'	$b'_i / T_{ie} > 0$
2	1	0	1	-1/3	2/3	0	8/3	–
1	2	1	0	-2/3	1/3	0	1/3	–
5	3	0	0	-2/3	7/3	1	43/3	–
Δ		0	0	4/3	-5/3	0	-17/3	$-z_B$

1.6.2 Absence de base initiale évidente

Le problème

Soit le programme linéaire suivant sous forme canonique :

$$
\begin{aligned}
\text{Max } z = \quad & x_1 \;+\; 2 \cdot x_2 \\
& x_1 \;+\; x_2 \;\leq\; 6 \\
& x_2 \;\leq\; 3 \\
& x_1 \;+\; x_2 \;\geq\; 1 \\
& x_1 \;,\; x_2 \;\geq\; 0
\end{aligned}
$$

Pour la forme standard, il faut *soustraire* une variable d'écart à la troisième contrainte. En effet, une variable d'écart doit être non négative, comme toute autre variable :

$$\text{Max } z = \quad x_1 \; + \; 2 \cdot x_2$$

$$
\begin{array}{ccccccccc}
x_1 & + & x_2 & + & x_3 & & & & = & 6 \\
 & & x_2 & & & + & x_4 & & = & 3 \\
x_1 & + & x_2 & & & & & - \; x_5 & = & 1 \\
x_1 & , & x_2 & , & x_3 & , & x_4 & , \; x_5 & \geq & 0
\end{array}
$$

On n'a plus la matrice identité habituelle, qui nous fournissait une base initiale évidente. Ceci est confirmé par l'interprétation géométrique (forme canonique) : l'optimum est atteint en $J = (3,3)$, mais l'origine O n'est plus réalisable (figure 1.3).

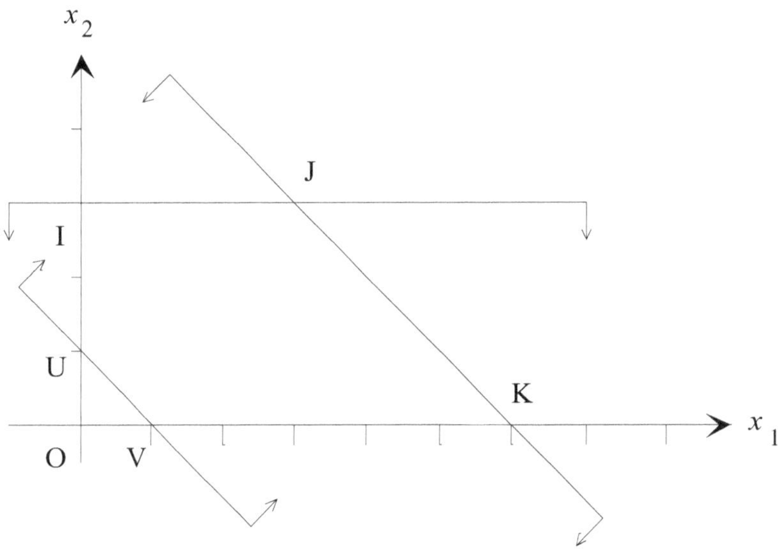

Figure 1.3 – Un cas où le point O n'est pas solution de base

Pour démarrer l'algorithme du simplexe, on pourrait trouver par tâtonnement une sous-matrice B inversible, mais l'effort de calcul peut être énorme pour un grand PL. Les logiciels utilisent en pratique deux méthodes basées sur l'emploi de variables artificielles : la méthode des deux phases et la méthode du grand M. L'idée est la suivante : on fait apparaître une matrice identité en ajoutant aux contraintes qui en ont besoin une *variable artificielle* (VA), avec un coefficient 1.

Les variables x_1 à x_5 sont dites *légitimes* : elles sont nécessaires à l'obtention de la forme standard. Les variables d'écart x_3 et x_4 nous donnent deux colonnes de matrice identité, les contraintes correspondantes (première et deuxième) n'ont donc pas besoin de VA. On ajoute x_6 à la troisième contrainte pour compléter la base. Une telle variable est réellement artificielle et n'a aucun sens économique : à l'optimum, elle doit être nulle (hors base) sinon la contrainte n'est pas vérifiée avec égalité ! Les deux méthodes des 2 phases et du grand M ont précisément pour but de s'en débarrasser.

$$\text{Max } z = x_1 + 2 \cdot x_2$$

$$
\begin{array}{rcrcrcrcrcrcr}
x_1 & + & x_2 & + & x_3 & & & & & & & = & 6 \\
& & x_2 & & & + & x_4 & & & & & = & 3 \\
x_1 & + & x_2 & & & & & - & x_5 & + & x_6 & = & 1 \\
x_1 & , & x_2 & , & x_3 & , & x_4 & , & x_5 & , & x_6 & \geq & 0
\end{array}
$$

Méthode des deux phases

Dans la *phase 1*, on ignore la vraie fonction-objectif et on cherche à minimiser la somme des p variables artificielles qu'on a dû introduire. On résout donc le PL auxiliaire suivant, où x_A désigne le vecteur des p VA, et e un vecteur avec p composantes à 1. Notez qu'on est en minimisation, le choix de la variable entrante dans l'algorithme du simplexe est modifié : c'est celle de plus petit coût marginal négatif.

$$\text{Min } z = e \cdot x_A = \sum_{j=1}^{p} x_A(j)$$

$$A \cdot x + x_A = b$$

$$x, x_A \geq 0$$

Si tout se passe bien, on parvient à annuler la somme des VA et à trouver une base sans VA. On obtient donc une solution réalisable pour le problème de départ. La *phase 2* consiste à éliminer du tableau les colonnes des VA, devenues inutiles, à remplacer la ligne Δ par la vraie fonction-objectif, et à continuer le simplexe sur le tableau obtenu. C'est en phase 2 qu'on peut détecter si le PL d'origine n'a pas d'optimum borné. En réalité, d'autres cas spéciaux peuvent se produire en fin de phase 1 :

- Si $x_A \neq 0$ (fonction-objectif non nulle), le PL d'origine n'a pas de solution réalisable.

- Si $x_A = 0$ avec des VA dans la base, on peut montrer que les contraintes associées à ces variables sont redondantes. On peut les éliminer et attaquer la phase 2.

À notre connaissance, cette technique de variables artificielles est la seule qui permette de détecter assez simplement les PL sans solution et les contraintes redondantes. Elle peut aussi servir à savoir si un système d'inégalités linéaires a ou non des solutions, en lui ajoutant des variables d'écart et des variables artificielles comme pour un programme linéaire.

Appliquons la méthode des deux phases à l'exemple. La base est formée des colonnes 3, 4 et 6. Mais dans l'algorithme du simplexe, les variables de base doivent avoir des coûts réduits nuls, ce qui n'est pas le cas pour x_6. Transformons Δ en une ligne correcte Δ', en lui soustrayant la ligne 3 du tableau. Ceci fait apparaître le véritable coût de la solution de base actuelle : 1, c'est-à-dire qu'elle contient une VA. Étant en minimisation, il faut faire entrer en base la variable de coût réduit négatif minimal. On a le choix entre $e = 1$ et $e = 2$. Par convention, nous prenons le plus petit indice.

Base	T	1	2	3	4	5	6	b'	$b'_i / T_{ie} > 0$
3	1	1	1	1	0	0	0	6	6
4	2	0	1	0	1	0	0	3	–
6	3	[1]	1	0	0	-1	1	1	$1 \to s$

| | Δ | 0 | 0 | 0 | 0 | 0 | 1 | 0 | |
| | Δ' | -1 | -1 | 0 | 0 | 1 | 0 | -1 | |

$\uparrow$ e (colonne 1) ; $-z_B$

Après pivotage sur T_{31}, on obtient le tableau suivant :

Base	T	1	2	3	4	5	6	b'
3	1	0	0	1	0	1	-1	5
4	2	0	1	0	1	0	0	3
1	3	1	1	0	0	-1	1	1

| | Δ' | 0 | 0 | 0 | 0 | 0 | 1 | 0 | $-z_B$ |

La phase 1 se termine ici avec succès, puisque tous les coûts marginaux sont positifs ou nuls (on est en minimisation). La solution réalisable trouvée correspond au point V du polyèdre de la forme canonique.

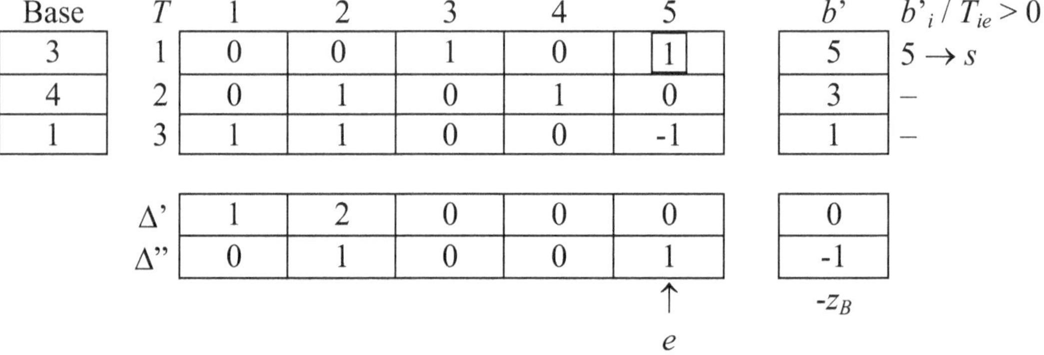

Base	T	1	2	3	4	5	b'	$b'_i / T_{ie} > 0$
3	1	0	0	1	0	[1]	5	$5 \to s$
4	2	0	1	0	1	0	3	–
1	3	1	1	0	0	-1	1	–

| | Δ' | 1 | 2 | 0 | 0 | 0 | 0 | |
| | Δ'' | 0 | 1 | 0 | 0 | 1 | -1 | |

$\uparrow$ e (colonne 5) ; $-z_B$

On peut mener la phase 2 car la VA x_6 a été éjectée de la base. Pour débuter, les colonnes des VA (ici une seule) sont supprimées du tableau de fin de phase 1, ce qui donne le tableau ci-dessus. La fonction-objectif d'origine $x_1 + 2.x_2$ est réintroduite. Elle doit être exprimée en fonction des variables hors base, comme les autres lignes. Pour cela, on soustrait la ligne 3 à la ligne Δ', ce qui donne une ligne correcte Δ''.

Après pivotage sur T_{15} on parvient au point K du polyèdre de la forme canonique (tableau suivant). Notez qu'on a un peu "triché" en faisant entrer en base x_5 au lieu de x_2, pour gagner une itération : on a ainsi emprunté la suite de sommets V, K, J au lieu de V, U, I, J !

Base	T	1	2	3	4	5		b'	$b'_i / T_{ie} > 0$
5	1	0	0	1	0	1		5	–
4	2	0	[1]	0	1	0		3	$3 \to s$
1	3	1	1	1	0	0		6	6
	Δ"	0	1	-1	0	0		-6	

$$\uparrow$$
$$e \qquad\qquad\qquad\qquad\qquad -z_B$$

Un dernier pivotage nous amène à l'optimum, au point J $= (x_1, x_2) = (3,3)$, de coût 9.

Base	T	1	2	3	4	5		b'	
5	1	0	0	1	0	1		5	
2	2	0	1	0	1	0		3	
1	3	1	0	1	-1	0		3	
	Δ"	0	0	-1	-1	0		-9	$-z_B$

La méthode du grand M

Cette méthode procède en une phase. Elle ajoute les VA à la fonction-objectif du PL d'origine, mais pénalisées par un coût $-M$, M étant un grand nombre positif (10^6 par exemple). Avec les mêmes notations que pour les deux phases, on résout en fait le PL :

$$\text{Max } z = c \cdot x - M \cdot e \cdot x_A = \sum_{j=1}^{n} c_j x_j - M \sum_{j=1}^{p} x_A(j)$$

$$A \cdot x + x_A = b$$

$$x, x_A \geq 0$$

Si tout se passe bien, le simplexe se débarrasse des VA dès les premières itérations et ne les fait plus entrer en base à cause de leur coût énorme. On peut ignorer les colonnes des VA dès qu'elles ne sont plus en base. Les cas spéciaux suivants peuvent aussi se produire :

- Le PL modifié n'a pas d'optimum borné et $x_A = 0$: le PL d'origine est aussi non borné.
- Le PL modifié n'a pas d'optimum borné et $x_A \neq 0$: le PL d'origine n'a pas de solution.
- Le PL modifié a un optimum borné, mais $x_A \neq 0$: le PL d'origine n'a pas de solution.

En général, la méthode du grand M donne moins d'itérations que celle des deux phases. En revanche, sur ordinateur, la coexistence de M avec des petits nombres engendre souvent des problèmes de précision, ce qui fait que les logiciels commerciaux utilisent plutôt la méthode des deux phases.

Voyons la méthode sur l'exemple. Les tableaux T, *Base* et b' sont identiques à ceux du début de la phase 1 dans la méthode des deux phases. La ligne Δ est chargée avec les coûts des variables légitimes et un coût $-M$ pour chaque VA. On rend nuls les coûts marginaux des variables de base en ajoutant la ligne 3, multipliée par M, à la ligne Δ, ce qui donne la ligne Δ'.

Base	T	1	2	3	4	5	6	b'	$b'_i / T_{ie} > 0$
3	1	1	1	1	0	0	0	6	6
4	2	0	1	0	1	0	0	3	3
6	3	1	[1]	0	0	-1	1	1	$1 \rightarrow s$

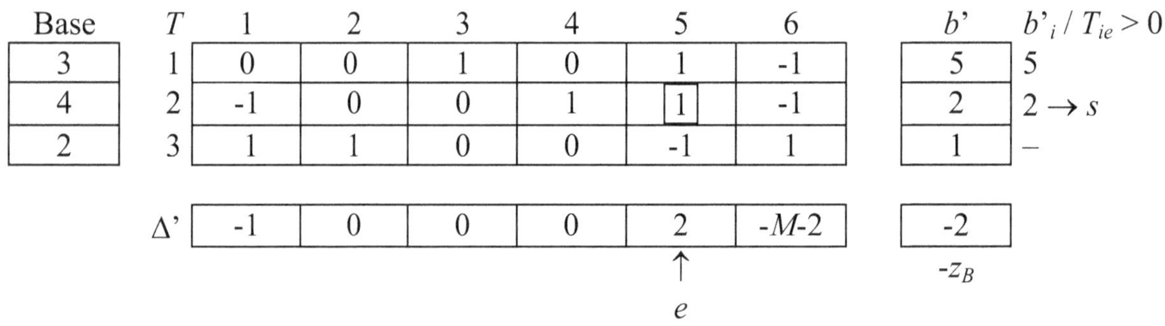

		1	2	3	4	5	6		
Δ		1	2	0	0	0	$-M$		0
Δ'		$M+1$	$M+2$	0	0	$-M$	0		M

$\uparrow$ e (colonne 2) — $-z_B$

Une itération mène à une solution réalisable (point U du polyèdre de la forme canonique).

Base	T	1	2	3	4	5	6	b'	$b'_i / T_{ie} > 0$
3	1	0	0	1	0	1	-1	5	5
4	2	-1	0	0	1	[1]	-1	2	$2 \rightarrow s$
2	3	1	1	0	0	-1	1	1	–

		1	2	3	4	5	6		
Δ'		-1	0	0	0	2	$-M-2$		-2

$\uparrow$ e (colonne 5) — $-z_B$

L'algorithme du simplexe se poursuit en ignorant la colonne 6 :

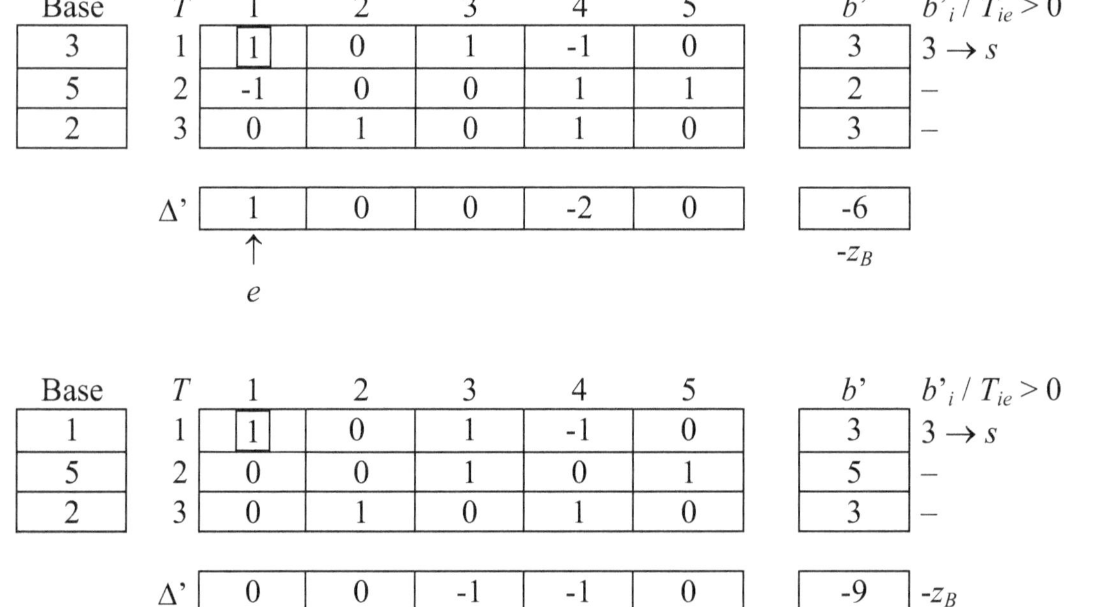

Base	T	1	2	3	4	5	b'	$b'_i / T_{ie} > 0$
3	1	[1]	0	1	-1	0	3	$3 \rightarrow s$
5	2	-1	0	0	1	1	2	–
2	3	0	1	0	1	0	3	–

		1	2	3	4	5		
Δ'		1	0	0	-2	0		-6

$\uparrow$ e (colonne 1) — $-z_B$

Base	T	1	2	3	4	5	b'	$b'_i / T_{ie} > 0$
1	1	[1]	0	1	-1	0	3	$3 \rightarrow s$
5	2	0	0	1	0	1	5	–
2	3	0	1	0	1	0	3	–

		1	2	3	4	5		
Δ'		0	0	-1	-1	0		-9

$-z_B$

On retrouve l'optimum calculé par la méthode des deux phases !

1.7 Dualité

1.7.1 Définition et exemple

À tout programme linéaire, appelé par convention *PL primal*, on peut associer un autre PL appelé son *dual*. Voici un PL primal sous forme générale, c'est-à-dire non mis sous forme canonique ou standard, et son dual. On a séparé dans ce primal les variables positives de celles non contraintes en signe, d'une part, et les contraintes d'égalité des contraintes d'inégalité, d'autre part. Ceci partitionne la matrice A en quatre sous-matrices.

<table>
<tr><td>Primal</td><td>Dual</td></tr>
</table>

$$\text{Max } z = c_1^T x_1 + c_2^T x_2 \qquad \text{Min } w = b_1 y_1 + b_2 y_2$$

$$A_{1,1} x_1 + A_{1,2} x_2 \le b_1 \qquad y_1 \ge 0$$

$$A_{2,1} x_1 + A_{2,2} x_2 = b_2 \qquad y_2 \text{ de signe quelconque}$$

$$x_1 \ge 0 \qquad A_{1,1}^T y_1 + A_{2,1}^T y_2 \ge c_1$$

$$x_2 \text{ de signe quelconque} \qquad A_{1,2}^T y_1 + A_{2,2}^T y_2 = c_2$$

Voici un exemple plus simple, avec un PL primal sous forme canonique :

$$\text{Max } z = 4x_1 + 7x_2 \qquad \text{Min } w = 6y_1 + 8y_2$$

$$3x_1 + 5x_2 \le 6 \qquad 3y_1 + y_2 \ge 4$$

$$x_1 + 2x_2 \le 8 \qquad 5y_1 + 2y_2 \ge 7$$

$$x_1, x_2 \ge 0 \qquad y_1, y_2 \ge 0$$

Notez comment on est passé mécaniquement au dual pour ce dernier PL canonique :

- Une variable duale $y_i \ge 0$ est associée à chaque contrainte i du primal.

- Dans l'objectif, c est remplacé par b et le sens de l'optimisation est inversé.

- Dans les contraintes, le second membre b est remplacé par c, et $\le$ est remplacé par $\ge$.

- La matrice A est transposée.

La notion de primal et de dual est relative, car la transformation peut avoir lieu dans les deux sens : le dual du dual est le primal.

1.7.2 Interprétation économique

Reprenons l'interprétation économique d'un PL primal en forme canonique, vue au § 1.2.4. Supposons qu'une autre firme B veuille racheter les ressources de l'entreprise A à moindre coût, avec un prix unitaire de y_i pour la ressource i. A n'acceptera de vendre que si, pour chaque activité j, le prix de vente des ressources nécessaires à l'exercice de cette activité avec une intensité 1 est au moins égal au profit unitaire c_j auquel elle renoncera. Les prix y_i optimaux sont précisément solutions du dual suivant, dans lequel la somme dans chaque contrainte j est la somme des prix de vente des ressources pour l'activité j :

$$\text{Min} \sum_{i=1}^{m} y_i b_i$$

$$\forall j = 1 \ldots n : \sum_{i=1}^{m} a_{ij} y_i \geq c_j$$

$$\forall i = 1 \ldots m : y_i \geq 0$$

La dualité est également utilisable par la firme qui possède les biens. Dans le primal, la valeur optimale d'une variable duale y_i correspond à l'amélioration du profit quand on relâche la contrainte i d'une unité (c'est-à-dire quand on augmente de 1 la capacité b_i de la ressource i pour une contrainte $\leq$, ou quand on la diminue pour $\geq$). Pour ces raisons, y_i est souvent appelé *coût réduit*, ou *marginal*, de la contrainte i.

Les économistes sont friands de cette interprétation. Les variables duales sont des sortes de *coûts d'opportunité* : augmenter la capacité d'une ressource est une opportunité d'augmenter le profit, et la variable duale est le coût de cette opportunité non réalisée. Les coûts réduits des contraintes sont très utilisés par les décideurs. Heureusement, il n'est pas nécessaire de construire le dual et de le résoudre : les logiciels commerciaux fournissent pour un PL primal un listing de résultats avec le coût réduit de chaque contrainte.

1.7.3 Propriétés du dual

Une présentation complète de la dualité dépasse le cadre de ce livre, aussi citerons-nous seulement quelques propriétés intéressantes. Les deux premières ont déjà été mentionnées dans les deux paragraphes précédents.

- Le dual du dual est le primal.

- La solution du dual est égale aux coûts réduits du primal, et *vice versa*.

- Étant donné un primal et son dual, soit les deux problèmes ont un optimum fini, soit ils sont tous deux sans solution, soit l'un est sans solution et l'autre sans optimum fini.

- Pour un primal en maximisation, le coût d'une solution réalisable est inférieur ou égal au coût d'une solution réalisable du dual. Ces coûts sont égaux si et seulement si les deux solutions sont optimales.

- Pour toute contrainte $\leq$ du primal, soit la contrainte est *saturée* (vérifiée avec égalité), soit la variable correspondante du dual est nulle. Pour toute contrainte $\geq$ du dual, soit la contrainte est saturée, soit la variable associée du primal est nulle.

La dernière propriété, connue sous le nom de *théorème des écarts complémentaires* ou de *relations d'exclusion*, est très utilisée. Intuitivement, dans l'interprétation économique, elle signifie qu'une contrainte non saturée (non vérifiée avec égalité à l'optimum) a un coût réduit nul : en effet, la ressource n'étant pas utilisée complètement, augmenter sa capacité ne rapporte rien. Le théorème peut s'écrire matriciellement pour les deux formes classiques d'un PL. Pour un primal canonique et deux solutions optimales x^* et y^* du primal et du dual, on a $y^*.(b - A.x^*) = 0$ et $(y^*.A - c).x^* = 0$. Pour un primal standard, on a toujours $y^*.(b - A.x^*) = 0$ grâce aux égalités, la propriété se réduit donc à $(y^*.A - c).x^* = 0$.

1.7.4 Utilité de la dualité

Outre l'interprétation économique, la dualité est très utilisée en programmation linéaire, notamment pour faciliter les calculs. Par exemple, un PL avec dix variables et deux contraintes ne peut pas être résolu graphiquement, tandis que cela ne pose pas de problème pour son dual à deux variables et dix contraintes. Les propriétés permettent aussi d'accélérer la résolution du PL dual si on dispose déjà de la solution optimale du primal.

Voici un petit exemple, avec un PL primal sous forme canonique et son dual.

$$\text{Max } z = x_1 + x_2 \qquad \text{Min } w = 24y_1 + 17y_2 + 21y_3 + 15y_4$$

$$(1)\ \ 3x_1 + x_2 \le 24 \qquad (5)\ \ 3y_1 + 2y_2 + y_3 - y_4 \ge 1$$

$$(2)\ \ 2x_1 + x_2 \le 17 \qquad (6)\ \ y_1 + y_2 + 3y_3 + 3y_4 \ge 1$$

$$(3)\ \ x_1 + 3x_2 \le 21 \qquad y_1, y_2, y_3, y_4 \ge 0$$

$$(4)\ -x_1 + 3x_2 \le 15$$

$$x_1, x_2 \ge 0$$

L'algorithme du simplexe ou une résolution graphique trouve l'optimum défini par $z = 11$, $x_1 = 6$ et $x_2 = 5$. D'après la propriété 4, on sait déjà que la valeur optimale de l'objectif du dual est $w = 11$. Les contraintes (2) et (3) sont saturées, mais (1) et (4) ne le sont pas. D'après le théorème des écarts complémentaires, y_1 et y_4 sont donc nulles. Ensuite, x_1 et x_2 sont non nulles dans le primal. Les contraintes correspondantes (5) et (6) du dual sont donc saturées. Vérifiées avec égalité, elles donnent les deux équations à deux inconnues (7) et (8) qui fournissent les deux autres variables duales : $y_2 = 2/5$ et $y_3 = 1/5$.

$$(7)\ \ 2y_2 + y_3 = 1$$

$$(8)\ \ y_2 + 3y_3 = 1$$

Quand on résout un PL par l'algorithme du simplexe, on peut déduire du tableau final une solution optimale du problème dual. Ceci explique que les logiciels sont capables de fournir la valeur de la variable duale pour chaque contrainte, dans leur listing de résultats. Cette déduction est facile à expliquer si le PL de départ avec n variables et m contraintes est sous forme canonique. Le PL mis en forme standard a une variable d'écart par contrainte, indicées de x_{n+1} à x_{n+m}. Si la i-ème variable d'écart x_{n+i} est en base, alors la variable duale de la contrainte i est nulle : $y_i = 0$. Si elle est hors base, son coût réduit dans la ligne Δ est l'opposé de la valeur de y_i (ou la valeur de y_i en minimisation).

Reprenons par exemple le PL déjà utilisé dans le § 1.3 et le § 1.5, avec la forme canonique à gauche et la forme standard à droite.

$$\text{Max } z = x_1 + 2x_2 \qquad \text{Max } z = x_1 + 2x_2$$

$$x_1 + x_2 \le 6 \qquad\qquad x_1 + x_2 + x_3 = 6$$

$$x_2 \le 3 \qquad\qquad\quad x_2 + x_4 = 3$$

$$x_1, x_2 \ge 0 \qquad\qquad x_1, x_2, x_3, x_4 \ge 0$$

Rappelons le tableau final du simplexe tel qu'obtenu à la fin du § 1.5.

Base	T	1	2	3	4	b'
1	1	1	0	1	-1	3
2	2	0	1	0	1	3
	Δ	0	0	-1	-1	-9	$-z_B$

Les variables d'écart x_3 et x_4 correspondent aux contraintes 1 et 2 de la forme canonique. Elles ne sont pas en base à l'optimum. Leurs coûts réduits sur la ligne Δ du tableau sont donc respectivement égaux aux variables duales, multipliées par -1 car on est en maximisation : $y_1 = 1$ et $y_2 = 1$.

1.8 Analyse de sensibilité

Une question fréquente concerne les conséquences sur la solution si des données changent. On peut modifier les données et relancer l'algorithme du simplexe, mais, heureusement, ce n'est pas toujours nécessaire. *L'analyse de sensibilité* consiste à calculer les intervalles dans lesquels peut varier un coefficient de coût c_j ou un second membre b_i, sans que l'optimum change. Les logiciels ont souvent une commande *"Range"* qui calcule ces intervalles. Les informations fournies ne sont valides que si on fait varier un seul paramètre à la fois.

Changement d'un coefficient de coût

Montrons sur un exemple qu'il n'est pas nécessaire de tout recalculer quand on change un coefficient de coût dans la fonction-objectif. Soit le programme linéaire suivant :

$$\text{Max } z = 3x_1 - 2x_2$$
$$2x_1 - x_2 \le 30$$
$$x_1 - x_2 \le 10$$
$$x_1, x_2 \ge 0$$

Le tableau final du simplexe est le suivant :

Base	T	1	2	3	4	b'
2	1	0	1	1	-2	10
1	2	1	0	1	-1	20
	Δ	0	0	-1	-1	-40	$-z_B$

Dans quel intervalle la solution reste-t-elle optimale si on fait varier le coefficient c_1 de x_1 ? La fonction-objectif initiale, paramétrée par c_1, est $z = c_1.x_1 - 2.x_2$. Le tableau final nous donne les expressions de x_1 et x_2 en fonction des variables hors base :

$$x_1 = 20 - x_3 + x_4$$
$$x_2 = 10 - x_3 + 2x_4$$

La fonction-objectif peut ainsi être réécrite en fonction des variables hors base x_3 et x_4. Ce qui redonne la ligne Δ du tableau, mais paramétrée par c_1 :

$$z = c_1 \cdot x_1 - 2 \cdot x_2$$
$$= c_1 \cdot (20 - x_3 + x_4) - 2 \cdot (10 - x_3 + 2x_4)$$
$$= 20 \cdot (c_1 - 1) + (2 - c_1) \cdot x_3 + (c_1 - 4) \cdot x_4$$

La solution reste optimale si les coûts réduits des variables hors base sont négatifs ou nuls. C'est le cas si $2 - c_1 \leq 0$ et $c_1 - 4 \leq 0$, c'est-à-dire si $c_1 \in [2,4]$. Une analyse similaire pour le coefficient de coût c_2 de x_2 permet de trouver $c_2 \in [-3,-3/2]$. Ainsi, si on modifie un seul coefficient à la fois en restant dans son intervalle, les valeurs optimales de x_1 et x_2 ne changent pas. Bien entendu, il faut recalculer le coût total.

Ces informations sont précieuses pour les décideurs. Soit par exemple un aliment pour bétail à teneurs garanties en protéines, lipides et glucides, produit à partir de matières premières comme l'orge, le sorgho, le soja, etc. Le mélange de coût minimal est déterminé par les cours du jour de ces matières. L'analyse de sensibilité permet de préciser pour chaque matière première les plages de coûts dans lesquelles le mélange reste optimal.

Changement d'un second membre

Conceptuellement, il suffit de passer au dual : les variations de seconds membres du primal deviennent des variations de coefficients dans la fonction-objectif. Sans aller aussi loin, et sans chercher à optimiser les calculs, montrons sur l'exemple précédent qu'il est possible de trouver sans tâtonner la plage de variation du premier second membre b_1.

La base optimale B est formée des colonnes de x_1 et x_2. On ne touche pas au contenu du tableau T et aux coûts, mais le changement du second membre b_1 peut rendre la solution de base non réalisable. En effet, la solution de base actuelle x_B est de la forme $x_B = B^{-1}.b$, et ses composantes doivent être positives ou nulles (*cf.* § 1.4). D'où :

$$B = \begin{pmatrix} 2 & -1 \\ 1 & -1 \end{pmatrix} \qquad B^{-1} = \begin{pmatrix} 1 & -1 \\ 1 & -2 \end{pmatrix}$$

$$x_B = B^{-1}b = \begin{pmatrix} 1 & -1 \\ 1 & -2 \end{pmatrix} \times \begin{pmatrix} b_1 \\ 10 \end{pmatrix} \geq 0 \Leftrightarrow \begin{cases} b_1 - 10 \geq 0 \\ b_1 - 20 \geq 0 \end{cases} \Rightarrow b_1 \in \;]20,+\infty]$$

Une analyse de sensibilité similaire donne pour b_2 l'intervalle $]-\infty,15]$.

1.9 Les algorithmes modernes

1.9.1 Raffinements dans l'algorithme du simplexe

L'algorithme du simplexe nécessite de nombreux raffinements pour traiter de façon robuste de grands PL. La version simple que nous avons vue, la forme tableau, a l'inconvénient de prendre trop de place si la matrice est *peu dense* (avec beaucoup de zéros) et d'accumuler progressivement des erreurs d'arrondi au cours des pivotages. Elle nécessite aussi la forme standard, avec des contraintes d'égalité. Citons six raffinements des logiciels modernes. Les langages de modélisation ne sont pas mentionnés ici ; ils font l'objet du chapitre 3.

Le formatage automatique en forme standard

On peut traiter directement un PL qui mixe des contraintes $\leq$, $\geq$ et =, voire des variables non contraintes en signe. Les logiciels modernes font les changements nécessaires pour se ramener à une forme standard avec variables non négatives.

La gestion des cas à problème

Les versions modernes du simplexe détectent sans difficulté les PL à solution non bornée ou sans solution. Quand la base évidente (point O du polyèdre) n'est pas disponible, elles calculent une base initiale par une des techniques de variables artificielles que nous avons exposées (méthodes des deux phases ou du grand M).

Le contrôle de la précision

À une itération n° k du simplexe, on utilise l'inverse $B^{-1}(k)$ de la matrice de base actuelle $B(k)$. À l'itération suivante $k + 1$, l'inverse de la nouvelle matrice de base $B(k+1)$ est déduite par pivotage de l'inverse $B^{-1}(k)$ de la base précédente. Ceci est possible car deux matrices de base successives ne diffèrent que d'une colonne. Le prix à payer est une perte progressive de précision au cours des itérations. Cette perte peut être importante et rapide sur certaines matrices très particulières, dites de Hilbert.

La précision peut être améliorée en utilisant des formes plus stables de l'algorithme du simplexe *(algorithme révisé du simplexe)* et en décomposant les matrices en une matrice triangulaire supérieure et une inférieure *(décomposition LU)*. Périodiquement, il faut aussi inverser explicitement la matrice de base actuelle pour purger les erreurs d'arrondi.

La gestion efficace des matrices creuses

Les grands PL rencontrés en pratique sont creux à au moins 90 %, c'est-à-dire que leurs matrices A ont au moins 90 % de zéros. Il existe des techniques pour compresser ces matrices de manière à ne stocker que les éléments non nuls. Par exemple, on crée des listes chaînées d'éléments non nuls dans chaque ligne et chaque colonne. Outre un gain énorme de place qui permet de traiter en mémoire des PL plus grands, les calculs sont accélérés.

Le prétraitement

Cette technique *(preprocessing)* consiste à rechercher des simplifications comme par exemple l'élimination de contraintes redondantes ou des changements de variables. Elle permet de diminuer notablement la taille du PL fourni aux algorithmes de résolution.

Variables duales et analyse de sensibilité

Les bons logiciels donnent d'emblée dans leurs listings de résultats les variables duales associées à chaque contrainte. En général, une commande supplémentaire *Range* fournit pour chaque coefficient de coût et chaque second membre l'intervalle à l'intérieur duquel l'optimum reste inchangé.

1.9.2 Les méthodes de points intérieurs

Généralités

L'algorithme du simplexe emprunte une suite de sommets du polyèdre et il est rapide *en moyenne* : le nombre de pivotages est proportionnel au nombre de contraintes m, et chaque pivotage coûte de l'ordre de mn opérations. Klee et Minty [Klee 1972] ont trouvé des exemples pathologiques où le simplexe visite quasiment tous les sommets, dont le nombre peut être énorme (nombre de façons de choisir m colonnes parmi n dans A, soit C_n^m).

Cette possibilité théorique de rencontrer des PL faisant "dérailler" le simplexe a stimulé des recherches pour un algorithme ayant une complexité polynomiale en m et n, même sur les pires PL. Le russe Khachian a trouvé le premier algorithme de ce type en 1979, la *méthode de l'ellipsoïde* [Khachian 1979]. Bien que plus rapide que le simplexe sur les problèmes de Minty, elle n'a jamais pu s'imposer car, en moyenne, elle est bien plus lente que le simplexe sur des problèmes réels.

Karmarkar, des laboratoires ATT, a trouvé en 1984 un nouvel algorithme [Karmarkar 1984]. Son temps de calcul dans le pire des cas est proportionnel à $n^{3.5}L$, L désignant le nombre de bits nécessaires pour coder en mémoire les tableaux A, b et c définissant le PL. Cet algorithme est trop compliqué pour des calculs à la main, c'est pourquoi nous ne le détaillons pas. Il faut seulement retenir qu'il s'agit d'une *méthode de points intérieurs*, où on plonge dans le polyèdre pour aller plus vite vers le sommet optimal.

Des dérivés de cet algorithme sont aujourd'hui compétitifs avec le simplexe. Certains logiciels incluent déjà, en plus du simplexe, un algorithme de points intérieurs. Sur certains types de PL, les méthodes de points intérieurs peuvent être dix fois plus rapides que le simplexe, mais il existe encore de nombreux cas où le simplexe reste plus rapide. Le simplexe a encore de beaux jours devant lui, car il a bénéficié de nombreuses améliorations depuis la version initiale de Dantzig en 1947.

Un exemple d'algorithme de points intérieurs

L'algorithme suivant est plus simple que la version initiale de Karmarkar. Il a été proposé par Adler, Karmarkar, Resende et Veiga [Adler 1989]. Il travaille sur un PL en forme canonique (P) et en maximisation. Il nécessite aussi un point initial x^0 intérieur au polyèdre. Il calcule une suite de points intérieurs x^0, x^1, ..., x^k telle que $b - A \cdot x^k > 0$ et $c \cdot x^{k+1} > c \cdot x^k$.

```
k := 0
Répéter
    v := b - A.x
    D := diag (v₁,v₂,...,vₘ)
    h := (Aᵀ.D⁻².A)⁻¹.c
    f := -A.h
    Si f ≥ 0 alors stop (PL non borné)
    q := p.min{-vᵢ/fᵢ | fᵢ < 0, i = 1..m}
    y := x
    x := x + q.h
    k := k + 1
Jusqu'à (c.x - c.y) < ε.
```

Le vecteur v correspond aux variables d'écart pour la solution actuelle x. Pour calculer D, on initialise un tableau $m \times m$ à 0, et on copie v sur la diagonale. D^{-2} se déduit de D en remplaçant chaque terme $D_{ii} = v_i$ de la diagonale par le carré de son inverse $(1/v_i)^2$. Le vecteur h est une direction de déplacement. Le réel q est la valeur du déplacement dans cette direction.

Le paramètre p est un facteur de sécurité, nombre réel entre 0 et 1 qui limite le déplacement car, sur des PL volumineux, on peut sortir du polyèdre à cause des erreurs de calcul. Sur de petits PL, on peut prendre sans risque $p = 1$. Le nouveau point est donc $x + q.h$. L'algorithme s'arrête quand la variation de coût devient inférieure à une limite fixée ε (10^{-6} par exemple).

Voici un exemple numérique sur un petit PL à $n = 2$ variables et $m = 4$ contraintes :

$$\text{Max } z = 2x_1 + x_2$$
$$x_1 + x_2 \leq 4$$
$$-x_1 + x_2 \leq 2$$
$$x_1 \leq 2$$
$$0.5x_1 - x_2 \leq 0$$
$$x_1, x_2 \geq 0$$

La figure 1.4 illustre le polygone défini par les contraintes. L'optimum est $x^* = (2,2)$, avec un coût $z^* = 6$ (point K).

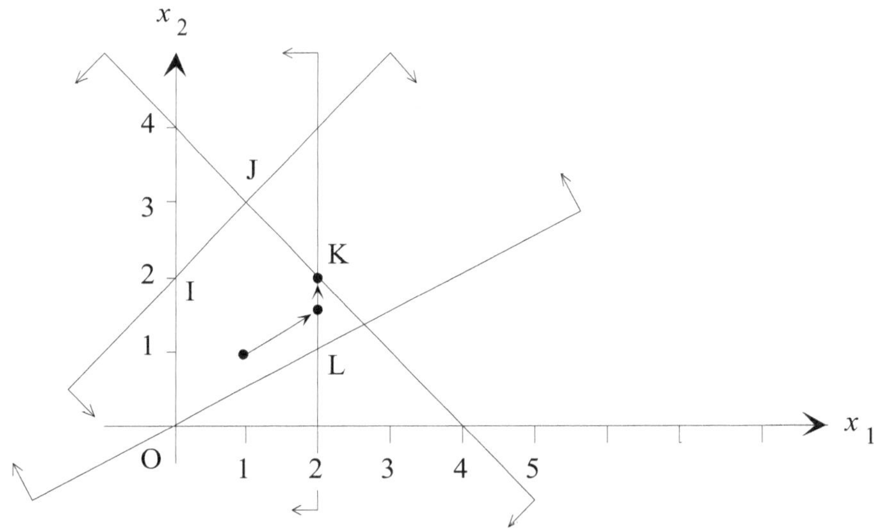

Figure 1.4 – Trajectoire suivie par l'algorithme

En partant du point intérieur $x_0 = (1,1)$ et sans facteur de sécurité ($p = 1$), l'algorithme effectue deux itérations : il atteint d'abord le point $x_1 = (2, 1.591)$, puis x^*. Détaillons les calculs pour la première itération uniquement.

$$v = (2,2,1,0.5), \quad D^{-2} = diag\left(\frac{1}{4},\frac{1}{4},1,4\right)$$

$$A^T.D^{-2}.A = \begin{pmatrix} 2.5 & -2 \\ -2 & 4.5 \end{pmatrix}, \quad h = (1.517,0.897),$$

$$f = (-2.414,0.621,-1.517,0.138)$$

q (sans facteur de sécurité) = 0.659

d'où $x^1 = (2,1.591)$.

En l'absence de point intérieur initial pour le PL de départ (P), on utilise une méthode en deux phases avec une seule variable artificielle x_A. On résout en phase 1 le PL (P') suivant, dans lequel M est un grand réel positif et e un vecteur $m \times 1 = (1, 1, ..., 1)^T$:

$$\text{Max } w = c \cdot x - M \cdot x_A$$
$$A \cdot x - e \cdot x_A \leq b$$
$$x, x_A \geq 0$$

Le vecteur initial x doit être $(\| b \| / \| A.c \|).c$ (les doubles barres désignent la norme euclidienne), et la valeur initiale de la variable artificielle x_A est $2.\| b - A.x \|$. Dans ce cas, le vecteur (x, x_A) est un point intérieur initial pour (P'). L'algorithme de point intérieur est appliqué à (P'), mais avec un test de fin supplémentaire $x_A < 0$. En fin de phase 1, si $x_A < 0$, alors x est un point intérieur pour (P) : on peut passer à la phase 2 qui consiste à appliquer l'algorithme à (P) avec x comme point initial. Si la phase 1 se termine sans avoir $x_A < 0$, alors (P) n'a pas de solution réalisable.

Cet algorithme est assez simple à programmer mais nécessite des calculs pénibles à la main. Il s'agit d'une version pédagogique, bien plus lente que l'algorithme du simplexe et nécessitant de multiples raffinements pour être aussi rapide.

1.10 Références et compléments

La programmation linéaire donne toujours lieu à un ou plusieurs chapitres dans les ouvrages généraux sur la recherche opérationnelle, comme celui d'Alj et Faure en français [Alj 1990] et celui de Winston [Winston 1991] en anglais. Des livres entiers lui sont aussi consacrés. En langue française, citons celui de de Werra [de Werra 1990] et le petit livre de Jacquet-Lagrèze [Jacquet-Lagrèze 1999]. Les titres en langue anglaise sont très nombreux : nous recommandons ceux de Chvàtal [Chvàtal 1983], Bertsimas and Tsisiklis [Bertsimas 1997], Schrijver [Schrijver 1998], Vanderbei [Vanderbei 2001], ainsi que l'ouvrage très fouillé de Bazaraa *et al.* [Bazaraa 2009].

Fleury et Lacomme ont publié récemment [Fleury 2010] un livre sur les concepts avancés de programmation linéaire, incluant la relaxation lagrangienne, la génération de colonnes, la programmation linéaire stochastique et la programmation linéaire multi-objectif. En particulier, les deux derniers sujets sont pour la première fois présentés de manière abordable dans un ouvrage en français.

La programmation non linéaire est souvent traitée avec la programmation linéaire dans des livres généraux sur l'optimisation. Citons en français les livres de Culioli [Culioli 1994] et de Minoux [Minoux 2007], et en anglais les ouvrages de Luenberger [Luenberger 2003] et de Sofer et Nash [Sofer 2008]. Il existe cependant des titres entièrement consacrés à la programmation non linéaire : nous recommandons celui de Bazaraa *et al.* car il contient de nombreux algorithmes et exemples numériques [Bazaraa 2006].

La méthode de points intérieurs du paragraphe 1.9 a été publiée dans un article d'Adler *et al.* [Adler 1989]. La recherche dans ce domaine est très active : la plupart des numéros de la revue *Mathematical Programming* contiennent un article sur le sujet. Il existe un livre très intéressant et abordable d'Arbel [Arbel 1993] sur les méthodes de points intérieurs, auquel est jointe une disquette de logiciels.

CHAPITRE 2

Programmation linéaire en nombres entiers

2.1 Introduction

La programmation linéaire en nombres entiers étudie des programmes linéaires dans lesquels les variables sont astreintes à être entières. En particulier, les variables peuvent être simplement booléennes, c'est-à-dire ne prendre que les valeurs 0 ou 1. De nombreuses contraintes, en apparence non linéaires, peuvent être linéarisées grâce à des variables entières. Ces possibilités étendent énormément le champ d'application de la programmation linéaire. Même si les programmes linéaires obtenus sont souvent difficiles à résoudre, la programmation linéaire en nombres entiers est quand même très utile comme langage de modélisation : elle permet de décrire de façon concise et de communiquer à d'autres personnes des problèmes d'optimisation discrète.

Le § 2.2 introduit la notion de programme linéaire en nombres entiers, les difficultés de résolution, et les grands types de méthodes disponibles dont les plus importantes font l'objet des trois paragraphes suivants. Les programmes linéaires pour lesquels l'algorithme du simplexe trouve automatiquement des solutions optimales entières font l'objet du § 2.3. La méthode de Dakin pour résoudre un programme linéaire quelconque à variables entières est présentée au § 2.4. La méthode additive de Balas est décrite au § 2.7 comme exemple typique d'algorithme pour les variables booléennes. Ces deux méthodes ont été choisies pour leur simplicité. Les méthodes modernes sont beaucoup plus complexes, mais reposent sur les mêmes principes de base.

La modélisation de quelques contraintes courantes grâce à la programmation linéaire en nombres entiers est abordée au § 2.7. En particulier, les variables booléennes permettent de traiter des contraintes très fréquentes comme des coûts fixes, des exclusions, des implications, etc.

2.2 Notions de base

2.2.1 Définitions

Le programme mathématique (P) suivant est un programme linéaire ordinaire (PL) en minimisation, écrit en notation matricielle et en forme standard, c'est-à-dire avec des contraintes d'égalité. m désigne le nombre de contraintes, n le nombre de variables, A est une matrice $m \times n$, c est le vecteur des coûts unitaires associés aux variables, et b est le vecteur des seconds membres des contraintes. Les variables sont des *réels* non négatifs.

$$(P) \quad \text{Min } z = c \cdot x$$
$$A \cdot x = b$$
$$x \geq 0$$

Nous avons vu dans le chapitre 1 que tout PL peut se ramener à cette forme et que l'optimum, quand il existe et qu'il est borné, est atteint en un sommet du polyèdre défini par les contraintes. Les principaux algorithmes de résolution sont les méthodes de type simplexe et les méthodes de points intérieurs. Si, dans (P), on contraint le vecteur x à être entier, on obtient le programme (Q), qui est un *programme linéaire en nombres entiers* (PLNE) :

$$(Q) \quad \text{Min } z = c \cdot x$$
$$A \cdot x = b$$
$$x \in I\!N^{\,n}$$

En général, un tel problème n'a des solutions que si A et b sont aussi entiers, et c'est ce qu'on suppose en pratique. Si les variables valent 0 ou 1 (variables dites *booléennes*, *binaires* ou *de décision*), on obtient un cas particulier de PLNE appelé *PL en 0-1*. Enfin, si seulement certaines variables doivent être entières, il s'agit d'un *PL mixte*. Les principales motivations qui amènent à utiliser la PLNE sont :

- le besoin de variables entières (comme un nombre de camions à acheter) ;

- la modélisation de contraintes et de conditions ingérables par la programmation linéaire en variables continues.

Par exemple, soient deux actions qui peuvent être exécutées ou non. On peut définir deux variables binaires x et y valant 1 seulement si l'action correspondante est effectuée. Si les deux actions sont exclusives, on peut introduire la contrainte $x + y \leq 1$. Il est impossible de modéliser ce genre de situation de manière linéaire sans variables binaires.

2.2.2 Difficultés de la PLNE

Considérons le PLNE suivant à deux variables, qu'on peut résoudre graphiquement sur la figure 2.1. Les + indiquent les points à coordonnées entières dans le domaine des solutions réalisables. Si on relâche la contrainte d'intégrité sur les variables, on obtient un PL ordinaire appelé le *PL relaxé* associé au PLNE. Dans ce cas, l'optimum est atteint en B = (11/4, 9/4) avec un coût de 7,75. *L'optimum entier* est en revanche C = (3,1), de coût 7.

$$\text{Max } z = 2x_1 + x_2$$
$$x_1 + x_2 \leq 5$$
$$-x_1 + x_2 \leq 0$$
$$6x_1 + 2x_2 \leq 21$$
$$x_1, x_2 \in I\!N$$

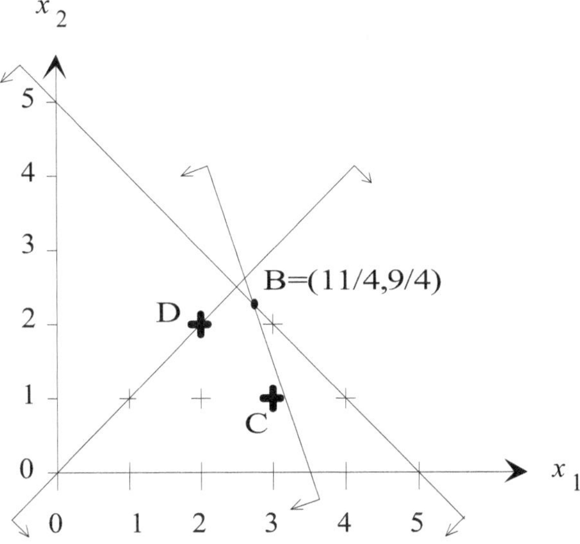

Figure 2.1 – Résolution graphique d'un PLNE

On en déduit les remarques suivantes qui soulignent les difficultés de la PLNE :

- L'optimum entier n'est pas forcément un sommet du polyèdre, il peut être à l'intérieur du polyèdre, comme ici.

- Si le PL relaxé avait un optimum entier, ce serait aussi l'optimum du PLNE.

- Sinon, le coût optimal du PL relaxé donne une borne supérieure (une borne inférieure en minimisation) du coût optimal du PLNE (ici le PL relaxé donne 7,75 au lieu de 7).

- L'arrondi de la solution du PL relaxé (ici D = (2,2)) n'est pas nécessairement optimal pour le PLNE, il pourrait même ne pas être réalisable.

- Le polyèdre peut être non vide, mais n'admettre aucune solution entière.

- On peut construire des cas où les optima du PLNE et du PL relaxé sont aussi éloignés que l'on veut.

Les méthodes de la PL ordinaire ne fonctionnent donc pas pour la PLNE puisqu'elles cherchent un sommet optimal du polyèdre qui, en général, n'a pas de coordonnées entières.

Arrondir la solution du PL relaxé est cependant possible quand les variables représentent des quantités importantes. Par exemple, si on produit des milliers de stylos-billes et que le simplexe donne des solutions non entières, on peut arrondir sans trop de risques : même si une contrainte est légèrement violée après arrondi, il est rare que les capacités de production soient strictes ou connues avec une grande précision pour de telles quantités. Il n'en est plus de même si le simplexe trouve 0,5 pour une variable de décision qui doit valoir 0 ou 1 : cette solution n'a plus de signification réelle.

Sans hypothèses sur les données, un PLNE est en général un problème difficile, et on ne connaît pas d'algorithme polynomial comme pour les PL ordinaires. Même en ignorant la fonction-objectif, trouver une solution entière à un système d'équations $A.x = b$ reste un problème difficile. Bien sûr, le sommet optimal du PL relaxé peut être entier. Le simplexe résoudra donc optimalement un tel PLNE. C'est hélas rare.

Alors qu'on peut résoudre actuellement des PL à 100 000 variables et plus, les chances de résoudre un grand PLNE dépendent beaucoup de la structure du problème. Typiquement, on parvient à traiter des programmes en 0-1 à quelques centaines de variables et des programmes comportant quelques dizaines de variables entières générales. Bien que des PLNE beaucoup plus volumineux soient facilement résolus dans certaines applications, il est clair qu'il faut prendre des précautions avant de lancer la résolution d'un grand PLNE avec un logiciel, par exemple en effectuant des tests avec des exemples de taille croissante.

Même quand un PLNE est trop gros pour être résolu en un temps raisonnable, la programmation linéaire en nombres entiers reste un puissant langage de modélisation, très appréciée pour exprimer de façon concise un problème d'optimisation discrète, pour le communiquer à des tiers, et pour faire apparaître certaines propriétés de structure.

2.2.3 Méthodes de résolution des PLNE

Les principales méthodes de résolution peuvent se ranger en quatre groupes : résolution comme un programme linéaire ordinaire, méthodes arborescentes, méthodes de coupes et génération de colonnes.

Résolution comme un PL ordinaire

Elle est possible pour les PLNE équivalents à leurs PL relaxés, c'est-à-dire que le sommet optimal du PL relaxé est à coordonnées entières. Dans ce cas, le simplexe n'y voit que du feu en passant de sommet en sommet, et la solution optimale du PL relaxé est aussi celle du PLNE. Ces PLNE existent et certains types importants dans les applications peuvent être détectés par des propriétés présentées au § 2.3.

Méthodes arborescentes

Aussi appelées *méthodes de séparation et d'évaluation (branch-and-bound)*, ce sont les méthodes utilisées par les logiciels du commerce quand on leur soumet un PLNE (ils utilisent le simplexe ou une méthode de points intérieurs s'ils détectent un PL ordinaire). Le principe de ces méthodes est de choisir une variable x et de *séparer* le problème en deux sous-problèmes selon les valeurs de x. Pour un PLNE général, on sépare en considérant un entier p et les deux sous-problèmes $x \leq p$ et $x \geq p+1$. Pour un PL en 0-1, on sépare en considérant les deux cas $x = 0$ et $x = 1$. Les PLNE des sous-problèmes peuvent à leur tour être séparés, ce qui forme progressivement une *arborescence* dont chaque nœud correspond à un sous-problème. Cette arborescence peut être énorme : ainsi, pour un PL en 0-1 à seulement trente variables, on a déjà $2^{30} \approx 10^9$ nœuds possibles.

La majorité des sous-problèmes sont en fait éliminés (on dit que l'arborescence est "élaguée") grâce à une *évaluation*. En chaque nœud P, cette évaluation $ev(P)$ doit être une borne inférieure (en minimisation) ou une borne supérieure (en maximisation) du coût optimal du PLNE. Une évaluation répandue est de résoudre le PL relaxé avec le simplexe.

Voici comment fonctionne l'élimination d'un nœud P : dès que la recherche arborescente a trouvé une première solution entière, ayant un certain coût z, on peut ignorer P si $ev(P) \geq z$ (en minimisation). En effet, toutes les solutions potentielles que peut fournir le nœud auront un coût d'au moins $ev(P)$; elles ne nous intéressent pas car on dispose déjà d'une solution provisoire de coût z.

Pour la PLNE générale, nous exposons au § 2.4 la *méthode de Dakin*, qui utilise le PL relaxé pour évaluer les solutions. Pour les PL en 0-1, nous décrivons au § 2.5 la *méthode de Balas*, plus sophistiquée. Les logiciels modernes utilisent des méthodes analogues, mais avec de très nombreux raffinements qui accélèrent les calculs en diminuant le nombre de sous-cas examinés.

Méthodes de coupes

L'objectif des *méthodes de coupes* ou de troncatures est de tenter de trouver l'enveloppe convexe des solutions entières, c'est-à-dire le plus petit polyèdre contenant toutes les solutions entières du PLNE. On ne sait pas l'obtenir directement. En pratique :

- on résout le PL relaxé ;

- on ajoute des contraintes (appelées *coupes*, *plans sécants* ou *inégalités valides*) qui "rognent" le polyèdre des solutions sans perdre les solutions optimales entières ;

- après un certain nombre de tels ajouts, le PL relaxé a une solution entière, optimum du PLNE.

Un inconvénient est d'obtenir une solution réalisable uniquement à la fin, contrairement aux méthodes arborescentes qui livrent de bonnes solutions provisoires en cours de calcul. Les méthodes de coupes sont surtout utilisées comme techniques d'appoint dans les méthodes arborescentes : elles servent à améliorer au maximum la borne inférieure en chaque nœud de l'arborescence, avant séparation. Les méthodes arborescentes utilisant ces techniques sont appelées *branch-and-cut* en anglais.

Génération de colonnes et branch-and-price

Appelée aussi *programmation linéaire généralisée*, la technique de génération de colonnes est employée pour résoudre des programmes linéaires continus ayant un nombre si élevé de variables qu'il est impossible de générer explicitement toutes les colonnes de la matrice A. Les problèmes de recouvrement (découpe de tôles du chapitre 8, localisation d'émetteurs du chapitre 11) et de partitionnement (découpage électoral du chapitre 14) appartiennent à cette catégorie. Leurs colonnes correspondent à des sous-ensembles d'un ensemble de référence à m éléments. Ils peuvent donc avoir en théorie jusqu'à 2^m colonnes.

Le nombre de colonnes intéressantes (susceptibles de composer de bonnes solutions) est relativement restreint. La génération de colonnes commence donc par sélectionner un nombre très réduit de colonnes prometteuses. Le PL obtenu, appelé *problème-maître restreint* ou PMR, est résolu par l'algorithme du simplexe. Comme il est peu probable que le PMR donne directement la solution optimale du problème initial, on doit disposer d'un algorithme générateur de colonnes qui, à partir des colonnes du PMR, propose une ou plusieurs colonnes qui améliorent la solution courante. Ces colonnes, qui doivent avoir un coût réduit négatif (en minimisation), sont calculées à partir des variables duales de la solution courante et ajoutées au PMR. Une solution optimale du PMR est obtenue quand le générateur de colonnes ne trouve plus de colonnes améliorantes.

Pour un grand PLNE, la génération de colonnes ne donne que l'optimum du PL relaxé. On doit ensuite utiliser une généralisation des méthodes arborescentes appelée *branch-and-price*. Étant donné que toutes les colonnes du PLNE à résoudre n'apparaissent pas dans le PMR, cette technique génère de nouvelles colonnes en chaque nœud. La génération de colonnes a aussi l'avantage de pouvoir prouver l'optimalité du PL examiné en un nœud de l'arborescence. Les méthodes de branch-and-price sont certainement promises à un bel avenir, mais elles sont encore peu utilisées dans les logiciels d'optimisation commerciaux. Elles sortent donc du cadre de cet ouvrage.

2.3 PLNE équivalents à leur PL relaxé

2.3.1 Définition de la totale unimodularité

Un sommet du polyèdre d'un PLNE peut avoir par coïncidence des coordonnées entières, mais il existe une large classe de PLNE dont tous les sommets sont de ce type. Ces PLNE sont alors résolus optimalement si on exécute l'algorithme du simplexe sur le PL relaxé. Ils sont caractérisés par une matrice A *totalement unimodulaire* (ou TU), c'est-à-dire une matrice dont toute sous-matrice carrée a un déterminant égal à -1, 0, ou +1.

Cette définition s'applique en particulier aux sous-matrices 1×1 : une matrice TU a donc ses éléments dans $\{-1, 0, +1\}$. Comme autres propriétés simples, notons que si A est TU, alors sa transposée A^{T} et sa concaténation avec une matrice identité $(A \mid I)$ sont aussi TU. La condition d'appartenance des éléments à $\{-1, 0, +1\}$ n'est pas suffisante. Ainsi, la matrice A 3×4 ci-dessous a toutes ses sous-matrices d'ordre 1 et 2 avec des déterminants valant -1, 0 ou +1, mais le déterminant de la première sous-matrice 3×3 vaut 2.

$$A = \begin{pmatrix} 1 & 0 & -1 & 1 \\ -1 & 1 & 0 & 1 \\ 0 & 1 & 1 & 1 \end{pmatrix} \qquad \begin{vmatrix} 1 & 0 & -1 \\ -1 & 1 & 0 \\ 0 & 1 & 1 \end{vmatrix} = 2$$

Tester si une matrice quelconque est unimodulaire n'est pas facile, mais certaines classes de matrices TU peuvent être détectées par des propriétés. Heller et Tomkins ont ainsi proposé une condition suffisante pour qu'une matrice A à éléments dans $\{-1,0,+1\}$ soit TU (voir par exemple le livre de Papadimitriou et Steiglitz [Papadimitriou 1998]) :

- Chaque colonne ne contient pas plus de deux éléments non nuls.

- On peut partitionner ses lignes en deux sous-ensembles L_1 et L_2 tels que : a) si une colonne a deux éléments non nuls de même signe, l'un est dans L_1, l'autre dans L_2 ; b) si une colonne contient deux éléments non nuls de signe contraire, ils sont tous deux dans un même sous-ensemble L_1 ou L_2.

Par exemple, la matrice A ci-dessous est TU car elle vérifie le théorème de Heller et Tomkins avec $L_1 = \{1,2\}$ et $L_2 = \{3,4\}$. La matrice B est également TU, mais elle ne vérifie pas le théorème car elle n'a pas deux éléments non nuls dans chaque colonne.

$$
A = \begin{pmatrix} 1 & 0 & 0 & -1 & 1 \\ -1 & 1 & -1 & 1 & 0 \\ 0 & 1 & 0 & 0 & 1 \\ 0 & 0 & -1 & 0 & 0 \end{pmatrix}
\qquad
B = \begin{pmatrix} 1 & 1 & 0 & 1 \\ 1 & 0 & 1 & -1 \\ 1 & 1 & 0 & 0 \end{pmatrix}
$$

2.3.2 Totale unimodularité et solutions entières

Soit un programme linéaire continu en forme standard, avec une matrice A $m \times n$, de rang m et à coefficients entiers, et un vecteur b entier. On peut montrer que les trois conditions suivantes sont équivalentes :

- Le déterminant de toute matrice de base B de A vaut +1 ou -1.

- Les sommets du polyèdre $\{x \mid A.x = b,\ x \geq 0\}$ sont à coordonnées entières pour tout vecteur b entier.

- Pour toute base B, la matrice inverse B^{-1} est entière.

Si A est TU, toute sous-matrice B $m \times m$ a un déterminant égal à 0, -1, ou +1. B est une matrice de base si elle est inversible : $\det(B) \neq 0$. Par conséquent, un PL sous forme standard à matrice TU vérifie la première des trois conditions précédentes. Ses solutions de base sont donc entières et, s'il admet un optimum fini, cet optimum est aussi entier. Ceci s'applique également à la forme canonique $A.x \leq b$ car, après ajout des variables d'écart, on obtient une matrice étendue $(A \mid I)$ qui est toujours TU. Le programme dual a également un optimum entier, si les coûts unitaires dans la fonction-objectif du primal sont entiers.

Il faut simplement retenir que si A est TU, un PLNE est équivalent à son PL relaxé. Les contraintes d'intégrité des variables sont alors redondantes, car automatiquement vérifiées. L'algorithme du simplexe permet alors de résoudre efficacement de tels PLNE, même s'ils sont de grande taille. Les trois paragraphes suivants présentent quelques grandes familles de PLNE ayant ces propriétés. Ils sont fréquents dans les applications.

2.3.3 Matrices d'incidence nœuds-arcs et PL de réseaux

Définitions

Un PL est dit *de réseau* si, en ignorant les contraintes simples de bornes inférieures ou supérieures comme $x \leq 3$, chaque colonne de la matrice A a au maximum deux éléments non nuls. S'il y en a deux, ce doit être -1 et +1 ; s'il y en a qu'un, c'est soit -1, soit +1. Une telle matrice A vérifie le théorème de Heller et Tomkins en posant $L_2 = \varnothing$. Elle est donc totalement unimodulaire. À condition que le vecteur b des seconds membres soit entier, les PL de réseau sont résolubles de façon optimale par l'algorithme du simplexe.

On rencontre ces PL dans des problèmes de graphes (ou réseaux). La matrice A correspond alors à un codage du graphe appelé *matrice d'incidence nœuds-arcs*. Soit un graphe G comprenant m nœuds et n arcs reliant chacun un nœud à un autre. La matrice d'incidence nœuds-arcs a m lignes (une par nœud), et n colonnes, une par arc. Si l'arc en colonne k va du nœud i au nœud j, on a $A(i,k) = 1$, $A(j,k) = -1$ et le reste de la colonne vaut 0. Voici un exemple de graphe, avec des valeurs c_{ij} sur les arcs désignant des distances. L'objectif est de calculer un plus court chemin de a à e.

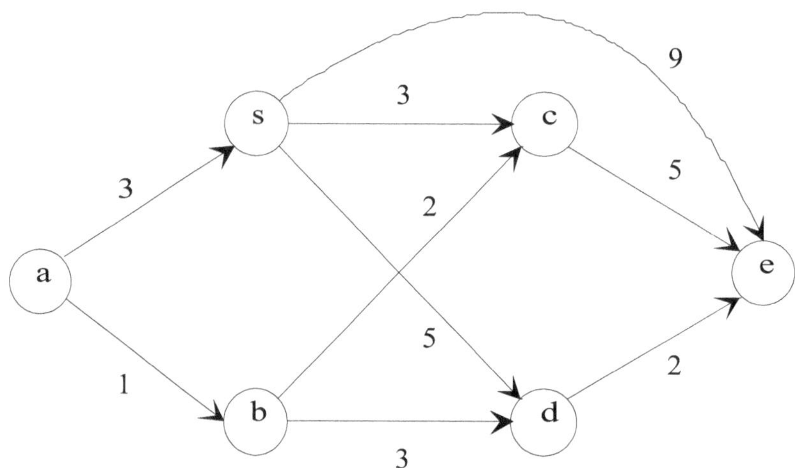

Figure 2.2 – Un problème de plus court chemin

Il est possible de formuler ce problème par un PL en 0-1, bien qu'il existe des algorithmes spécialisés bien plus efficaces travaillant directement sur le graphe. On définit pour chaque arc (i,j) une variable binaire x_{ij} qui vaut 1 seulement si le chemin optimal passe par cet arc. Le programme est écrit dans une police à espacement fixe pour mieux visualiser sa matrice.

```
Min   3x(a,s)+x(a,b)+3x(s,c)+5x(s,d)+9x(s,e)+2x(b,c)+3x(b,d)+5x(c,e)+2x(d,e)

-1 = -x(a,s)-x(a,b)

 1 =                                x(s,e)                    +x(c,e) +x(d,e)

 0 =  x(a,s)          -x(s,c) -x(s,d) -x(s,e)

 0 =          x(a,b)                          -x(b,c) -x(b,d)

 0 =                 x(s,c)                   +x(b,c)          -x(c,e)

 0 =                         x(s,d)                   +x(b,d)          -x(d,e)
```

La première contrainte signifie qu'un seul arc du chemin part de a, la deuxième qu'un seul arc arrive en e. Les contraintes suivantes concernent tout nœud k autre que a et e : elles signifient que le nombre d'arcs du chemin arrivant en k est égal au nombre d'arcs du chemin qui en partent. Ce nombre vaut 1, mais on n'a pas à le préciser car le chemin est analogue à un flot d'une unité qui se conserve en traversant le réseau. Pour tout nœud k, les contraintes ont été en fait écrites sous la forme de bilans : (nombre d'arcs arrivant en k moins le nombre d'arcs partant de k).

On obtient un beau PL de réseau, avec une matrice A ayant un $+1$ et un -1 dans chaque colonne. La raison est que chaque variable $x(i,j)$ (et donc l'arc associé) est utilisée dans deux bilans : celui du nœud i, avec un signe $-$, et celui du nœud j, avec un signe $+$. Par conséquent, on peut résoudre ce PL en 0-1 directement avec l'algorithme du simplexe : les variables seront automatiquement binaires à l'optimum.

Problèmes de flots

La grande majorité des problèmes à matrices d'incidence nœuds-arcs appartiennent à la grande famille des problèmes de flots. Ces problèmes sont définis sur un graphe (aussi appelé *réseau de transport*) $G = (X, U, C, W, s, t)$, dans lequel un produit va être acheminé. X est un ensemble de n nœuds, U un ensemble de m arcs entre ces nœuds. La capacité d'un arc (i, j) est c_{ij}, le coût de transport par unité de produit traversant l'arc est w_{ij}. Le flot de produit part d'un nœud s appelé *source*, se répartit dans le graphe, et ressort par un nœud t appelé *puits*. Un flot valide doit se conserver en traversant les nœuds internes (lois de Kirchhoff) et respecter les capacités des arcs. Toutes les quantités sont des entiers.

Dans le *problème du flot de coût minimal*, une quantité fixée F de produit doit être transportée de la source au puits en minimisant le coût total de transport. Le problème se modélise comme suit avec des variables Φ_{ij} pour le flux sur chaque arc (i, j). La fonction-objectif (1) cumule les coûts de traversée du produit sur les différents arcs. La contrainte (2) impose un débit total de F à la source. Les fameuses lois de Kirchhoff qui expriment la conservation du flot traversant chaque nœud interne sont traduites par les contraintes (3). Les contraintes (4) précisent que les flux sont entiers (si on considère des flots de véhicules ou de palettes, par exemple) et compatibles avec les capacités.

$$(1) \quad \text{Min} \sum_{i \in X} \sum_{j\,\text{succ. de}\,i} w_{ij} \cdot \Phi_{ij}$$

$$(2) \quad \sum_{j\,\text{succ. de s}} \Phi_{sj} = F$$

$$(3) \quad \forall i \neq s, t : \sum_{j\,\text{préd. de}\,i} \Phi_{ji} = \sum_{j\,\text{succ. de}\,i} \Phi_{ij}$$

$$(4) \quad \forall (i, j) \in U : \Phi_{ij} \leq C_{ij} \text{ et } \Phi_{ij} \in \mathbb{N}$$

Le *problème du flot maximal* consiste à maximiser le débit total du flot qui part de la source. Par rapport au modèle précédent, F devient une variable, et la fonction-objectif revient simplement à maximiser F. Dans le problème du flot de coût minimal, il est possible que le débit requis F ne puisse pas être atteint à cause des capacités. On peut alors résoudre un problème de flot maximal pour calculer le débit maximal permis F, puis calculer avec le modèle précédent un flot de coût minimal parmi tous les flots maximaux de débit F.

Les autres problèmes de flots ont plusieurs sources, chaque source s ayant une disponibilité a_s, et plusieurs puits, chaque puits t ayant une demande b_t qui doit être satisfaite. On peut se ramener aux cas précédents en convertissant disponibilités et demandes en capacités. Pour cela, une super-source σ est créée et reliée à chaque source s par un arc (σ, s) de capacité a_s. Un super-puits τ est également ajouté ; chaque puits t y est connecté par un arc (t, τ) de capacité b_t.

Si la somme des disponibilités A n'est pas égale à la somme des demandes B, une source ou un puits fictif est ajouté. Par exemple, si $A > B$, on crée un puits fictif p avec une demande $A - B$ et on relie chaque source s à p par un arc de capacité infinie et de coût nul. Après ces transformations sur un problème à sources ou puits multiples, on obtient un problème de flot entre la super-source et le super-puits.

Le *problème de transbordement* est un problème à sources et puits multiples dans lequel les capacités des arcs internes sont infinies. Les seules capacités finies sont celles des arcs traduisant les disponibilités et les demandes. Le *problème de transport* est un problème de transbordement sur un graphe biparti : il n'y a plus de nœuds internes, seuls subsistent un ensemble de sources, un ensemble de puits, et des arcs reliant une source à un puits.

Le *problème d'affectation* est un problème de transport dont les disponibilités et les demandes sont toutes égales à un. Un flux de 1 reliant une source s à un puits t peut ainsi être interprété comme l'affectation de s à t.

Le *problème du chemin de coût minimal* est un cas extrême de flot de coût minimal, avec une source unique de disponibilité 1 et un puits unique de demande 1. Le flot de débit 1 va traverser le réseau en suivant un chemin de coût total minimal ! Le tableau 2.1 récapitule la liste de ces problèmes de réseaux classiques, avec les exemples d'applications qui figurent dans le livre.

Tableau 2.1 – Grands types de PL de réseaux

Nom du problème classique	Application dans le livre	Paragraphe
Problème du chemin optimal	Non vu (programmation linéaire peu efficace)	
Problème d'affectation	Correspondance d'avions	10.2
	Affectation de personnes à des postes	13.2
Problème de transport	Production de sucre de canne	5.5
	Location de voitures	9.2
Problème du flot maximal	Adduction d'eau	14.2
Problème du flot de coût minimal	Choix de moyens de transport	9.3

2.3.4 Programmes linéaires MRP

Un PL est dit *MRP* si sa matrice A est entière, si chaque contrainte est une égalité, si chaque colonne de A a au plus un coefficient non négatif et si c'est un +1, et si les seconds membres (vecteur b) sont des entiers non négatifs [Jeroslow 1992]. On admettra que dans ce cas l'optimum est entier. De plus, si les coûts unitaires sont aussi entiers, alors l'optimum du dual est aussi entier. On rencontre ces PL en gestion de production, dans la planification des besoins en composants *(MRP ou Material Requirement Planning)*, où les contraintes décrivent la conservation des composants dans les arbres de nomenclature des produits à fabriquer. Le problème de fabrication de jouets du § 7.4 est de ce type.

2.3.5 Transformations en PL de réseau ou MRP

L'algorithme du simplexe trouve encore un optimum entier pour les programmes linéaires transformables en PL de réseau ou MRP par les opérations suivantes :

- multiplication d'une contrainte par une constante non nulle ;

- ajout d'un multiple d'une contrainte à une autre contrainte.

Ces opérations ne changent ni le domaine des solutions réalisables, ni l'ensemble des solutions optimales. Mettre en évidence la transformation suffit pour savoir que le PL initial a un optimum entier : il n'est pas nécessaire d'effectuer réellement la transformation. De même, si on a un PL avec des seconds membres entiers et que son dual est un PL de réseau ou un PL MRP, alors on sait que le PL primal (initial) a un optimum entier.

2.4 Méthode arborescente de Dakin

2.4.1 Exemple à traiter

On prend pour exemple le petit PLNE à deux variables suivant :

$$\text{Max } z = 4x_1 + 3x_2$$
$$3x_1 + 4x_2 \leq 12$$
$$4x_1 + 2x_2 \leq 9$$
$$x_1, x_2 \in I\!N$$

La taille réduite de deux variables permet la résolution géométrique de la figure 2.3. On trouve pour le PL relaxé l'optimum $x^* = (1.2, 2.1)$ avec un coût $z^* = 11.1$. Le meilleur point entier est en revanche $(1, 2)$, de coût 10.

2.4.2 Principe de la méthode

Détaillons maintenant la méthode arborescente de Dakin. La racine de l'arbre S_0 correspond au PL relaxé. Son domaine de solutions réalisables inclut toutes celles du PLNE. On résout le PL relaxé avec l'algorithme du simplexe. Si, par hasard, le simplexe trouve une solution entière, on s'arrête : on a l'optimum du PLNE. Sinon, le coût maximal rendu par le simplexe donne une évaluation par excès $ev(S_0)$ du PLNE. On initialise alors le coût de la meilleure solution entière déjà trouvée, w, à -∞.

Si le PL relaxé n'a pas de solution entière, on procède à la séparation : une variable non entière x^*_j est choisie dans la solution optimale du PL relaxé. Le plus souvent, on prend la variable dont la valeur est la plus proche d'un entier. Le nœud actuel est séparé en deux fils. L'un reprend le PL relaxé du nœud S_0, avec la contrainte supplémentaire $x_j \leq \text{Int}(x^*_j)$, Int désignant la partie entière. L'autre reprend également le PL relaxé de S_0, mais avec la contrainte additionnelle $x_j \geq \text{Int}(x^*_j) + 1$. Ces contraintes de bornes peuvent être vues comme des coupes simples qui réduisent peu à peu le polyèdre des solutions réalisables.

Les nœuds créés forment une arborescence. Aux itérations suivantes, on choisit le nœud-feuille S_i de plus grande évaluation (le plus prometteur). Il est évalué en résolvant son PL relaxé avec le simplexe. Si $ev(S_i) \leq w$, le nœud est supprimé. Sinon, si la solution est entière, on la conserve comme meilleure solution provisoire pour le PLNE, on met à jour w avec $ev(S_i)$, et on supprime le nœud.

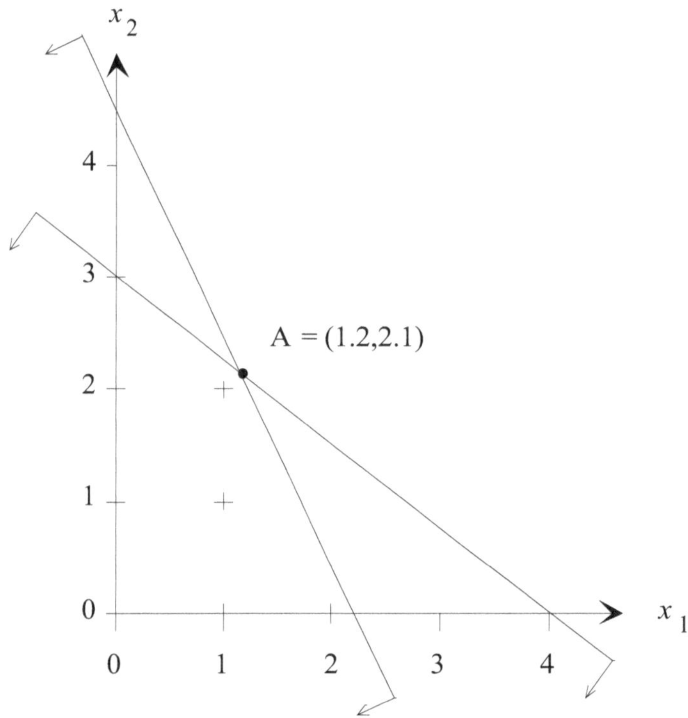

Figure 2.3 – Exemple pour la méthode de Dakin

Si la solution n'est pas entière, le nœud reste dans l'arborescence pour les itérations suivantes. Quand tous les nœuds en attente ont été supprimés, la recherche est terminée. La dernière solution entière provisoire trouvée, s'il y en a une, est la solution optimale du PLNE de départ.

2.4.3 Algorithme général

En ces termes littéraires, la méthode semble compliquée. Elle s'exprime plus simplement avec un algorithme général présenté page suivante.

2.4.4 Application à l'exemple

La figure 2.4 montre l'arborescence parcourue par la méthode de Dakin sur l'exemple. En S_0, aucune variable n'est entière, mais on sait que le coût maximal du PLNE est au plus 11.1. On sépare sur x_2, variable non entière la plus proche d'un entier : on construit deux fils, l'un S_1 avec la contrainte supplémentaire $x_2 \leq 2$, l'autre S_2 avec la contrainte $x_2 \geq 3$. Remarquez que l'union de ces deux cas correspond bien aux solutions du PLNE de départ. On résout immédiatement les PL de ces fils. S_1 a encore une variable fractionnaire x_1 et une évaluation de 11. S_2 fournit une première solution entière (0,3) de coût 9.

S_1 doit être développé, car d'après son évaluation il est possible qu'il fournisse des solutions meilleures, de coût 10 ou 11. On sépare donc S_1 en S_3 (PL de S_1 plus la contrainte $x_1 \leq 1$) et en S_4 (PL de S_1 plus $x_1 \geq 2$). S_3 fournit une meilleure solution entière (1,2) de coût 10. Pour S_4, le simplexe donne la solution (2, 0.5) avec un coût de 9,5 : ce nœud peut être supprimé car cette évaluation par excès des solutions entières est moins bonne que 10. La recherche est terminée, la dernière solution entière trouvée (dans S_3) est donc optimale.

Dans ce petit exemple, peu de nœuds sont construits et les solutions peuvent être calculées graphiquement. Pour un grand PL, la convergence vers l'optimum peut être très lente.

```
Initialiser une liste L avec un nœud S(0) contenant le PL relaxé du PLNE
Résoudre ce PL et garder l'optimum (variables et objectif) dans le nœud
Initialiser w, coût de la meilleure solution entière trouvée, à -∞
Répéter
    Chercher dans L le nœud S(i) d'évaluation maximale (S(0) au début)
    Si ev(S(i)) ≤ w alors
        Supprimer dans L le nœud S(i)
    Sinon
        Si la solution stockée dans S(i) est entière alors
            Conserver cette solution comme meilleure solution entière
            w := ev(S(i))
            Supprimer dans L le nœud S(i)
        Sinon
            Choisir une variable non entière x*(j)
            Créer un fils avec le PL de S(i) et la contrainte x(j)≤Int(x*(j))
            Résoudre le PL du nœud-fils et ranger la solution dans ce nœud
            Ajouter le nœud à L
            Créer l'autre fils avec la contrainte x(j)≥Int(x*(j))+1
            Résoudre le PL du nœud-fils, ranger la solution dans ce nœud
            Ajouter le nœud à L
        FinSi
    FinSi
Jusqu'à ce que L soit vide
Si w = -∞ alors
    Signaler que le PLNE est infaisable
Sinon
    Sortir la meilleure solution trouvée et son coût w
FinSi.
```

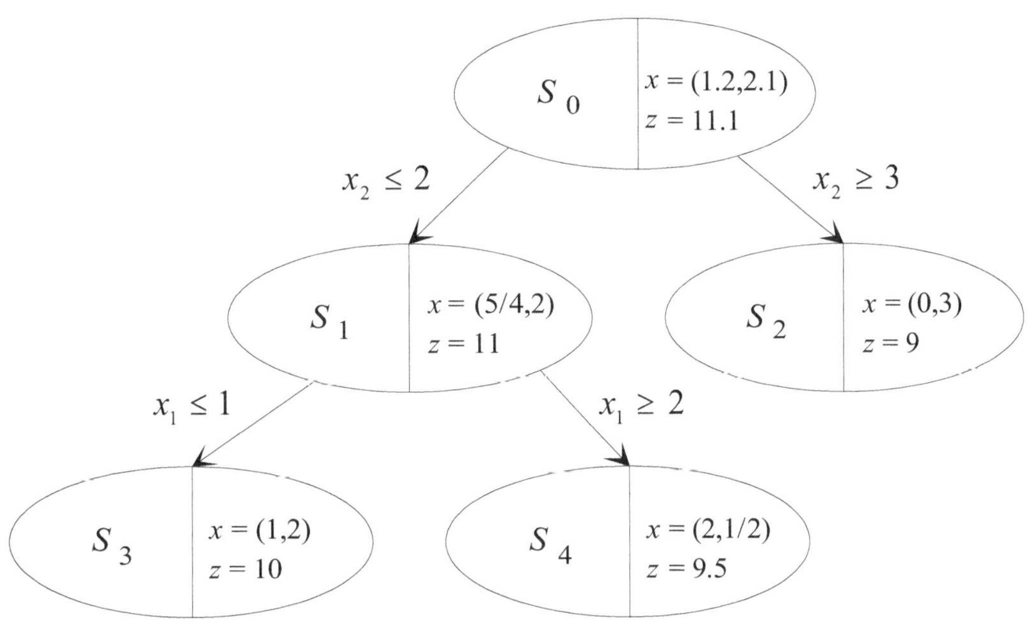

Figure 2.4 – Arborescence de la méthode de Dakin

2.5 Méthode de Balas pour les PL en 0-1

2.5.1 Introduction

La méthode nécessite un PL sous forme canonique, en minimisation et avec $c \geq 0$. On peut toujours se ramener à ce cas en remplaçant la variable x_j par $x'_j = 1 - x_j$ quand $c_j < 0$. Les logiciels commerciaux se chargent de la conversion dans le format approprié.

$$\text{Min } z = cx \quad (c \geq 0)$$

$$Ax \leq b$$

$$x \in \{0,1\}^n$$

La méthode de Balas est un bel exemple de méthode arborescente fixant progressivement à 0 ou à 1 des variables x_j. Comme toute méthode générale en PLNE ou PL-01, elle ne peut traiter que des problèmes pas trop grands ($n = 200$ par exemple), ce qui est loin des dizaines de milliers de variables traitables par le simplexe en PL continue. L'exposé de la méthode est assez compliqué, mais un exemple avec l'arborescence est donné à la fin.

2.5.2 Définition des nœuds et séparation

Un nœud (ou sommet) S_t de l'arborescence correspond à une *solution partielle*, c'est-à-dire qu'un sous-ensemble $F(t)$ de variables a été *fixé* à 0 ou 1, les variables restantes formant l'ensemble $L(t)$ des variables *libres* (non encore fixées). On distingue dans $F(t)$ les variables fixées à 0, $F_0(t)$ et celles fixées à 1, $F_1(t)$. On choisit une variable x_j de $L(t)$ et on la fixe à 0 ou bien à 1, ce qui donne deux fils.

2.5.3 Évaluation des nœuds

En tout nœud S_t nouvellement créé, le PL en 0-1 peut se réécrire comme suit. Dans ce modèle, on constate que les variables fixées à 0 ont été supprimées. En particulier, une contrainte peut aussi disparaître si tous les x_j correspondant à ses a_{ij} non nuls sont fixés à 0. Les variables fixées à 1 font apparaître un terme constant positif (car $c \geq 0$) dans la fonction économique et donnent à chaque contrainte un nouveau second membre s_i.

$$\text{Min } z_t = \sum_{j \in L(t)} c_j . x_j + \sum_{j \in F_1(t)} c_j$$

$$\forall i = 1 \ldots m : \sum_{j \in L(t)} a_{ij} . x_j \leq b_i - \sum_{j \in F_1(t)} a_{ij} = s_i$$

$$\forall j = 1 \ldots L(t) : x_j \in \{0,1\}$$

Rappelons que dans toute recherche arborescente (en minimisation), une *évaluation* d'un nœud doit être une estimation par défaut des coûts des solutions que peut contenir ce nœud. Ici, il est clair qu'une évaluation $ev(S_t)$ du sommet S_t est obtenue immédiatement en fixant x_j à 0 pour tout j de $L(t)$, puisque $c \geq 0$:

$$ev(S_t) = \sum_{j \in F_1(t)} c_j$$

2.5.4 Abandon de l'examen d'un nœud

Après avoir créé un sommet S_t on l'évalue puis on effectue *dans l'ordre* les tests suivants :

Pas de meilleure solution réalisable

Comme dans toute recherche arborescente (en minimisation), on laisse tomber S_t si $ev(S_t)$ est supérieure ou égale à z_{prov}, valeur de la meilleure solution provisoire trouvée jusqu'à présent. En effet, ce nœud ne peut pas fournir de meilleure solution.

Nouvelle meilleure solution

x^t, solution obtenue en posant $x_j = 0$ pour tout j de $L(t)$, est une solution réalisable du programme linéaire courant si $s_i \geq 0$ pour tout i. S_t est alors un nœud terminal (ou *feuille*) de l'arborescence et $ev(S_t) = \text{Min } z_t$: l'évaluation est *exacte* en ce sommet et on a trouvé une nouvelle meilleure solution, qui remplace la précédente.

Sommet sans solutions réalisables

Par exemple, soit la contrainte $3.x_1 - 4.x_2 + 3.x_3 - 5.x_4 \leq -10$. La partie gauche est minimisée en mettant à 0 les variables à coefficients > 0, à 1 celles à coefficients < 0. On obtient alors -9, et la contrainte ne peut être satisfaite. Par conséquent, S_t peut être écarté pour absence de solutions si :

$$\exists i \in \{1,2,\ldots m\} : t_i = \sum_{j \in L(t)} \text{Min}\left(0, a_{ij}\right) > s_i$$

La somme des minima t_i est tout simplement la somme des a_{ij} négatifs. Ce test ne concerne que les contraintes telles que $s_i < 0$.

2.5.5 Implications

Pour réduire encore le nombre de nœuds examinés, de nombreux auteurs ont proposé des tests permettant de déduire certaines variables. Citons celui de Geoffrion [Salkin 1975]. Soit par exemple la contrainte $-3.x_1 + 2.x_2 - 5.x_3 + 6.x_4 \leq -4$. La somme des coefficients négatifs (-8) étant inférieure à -4, le nœud n'a pas été éliminé par le test précédent. Pour que cette contrainte soit vérifiée, il faut au moins que $x_3 = 1$ et $x_4 = 0$, car si $x_3 = 0$ ou $x_4 = 1$, il n'y a plus de solution d'après le dernier test du § 2.5.4. Donc, si la somme des a_{ij} négatifs, sauf un certain a_{ip}, excède s_i, x_p doit être mis à 1. Si la somme des a_{ij} négatifs, plus un certain $a_{ip} > 0$, excède s_i, alors x_p doit être mis à 0. D'où le test sous forme mathématique :

$$\text{Si } \exists i \in 1\ldots m, \exists p \in L(t), \sum_{j \in L(t)} Min(0, a_{ij}) + \left|a_{ip}\right| > s_i \quad \text{alors} \begin{cases} x_p = 0 \text{ si } a_{ip} > 0 \\ x_p = 1 \text{ si } a_{ip} < 0 \end{cases}$$

Ce test se mène rapidement en calculant d'abord la somme des $a_{ij} < 0$, puis en conduisant le test pour chaque a_{ip} lors d'une deuxième passe. Plusieurs variables peuvent être forcées dans chaque contrainte. Il est recommandé de repasser sur toutes les contraintes tant qu'on trouve au moins une variable à forcer dans au moins une d'entre elles.

2.5.6 Parcours de l'arborescence

Il s'agit d'une méthode dite *en profondeur d'abord* : on développe toujours le dernier nœud créé dans l'arborescence. Cette technique est ici la plus adaptée pour trouver rapidement une première solution réalisable. En séparant un nœud sur une variable x_j, on traite d'abord le fils "$x_j = 1$". En effet, si le nœud séparé n'est pas terminal, c'est qu'il faut fixer à 1 au moins une variable pour améliorer la meilleure solution provisoire.

Geoffrion a proposé de stocker en tout nœud l'indice j de la variable fixée, sous la forme $+j$ si x_j a été fixée à 1, $-j$ sinon. Lors d'un retour en arrière dans l'arborescence, un indice négatif indique un fils droit déjà traité ($x_j = 0$) et on peut encore remonter. En revanche, si on trouve un indicateur positif, on le transforme en son opposé et on traite le fils droit.

2.5.7 Choix de la décision de séparation en un nœud

Comme dans toute méthode arborescente, après le choix du prochain sommet S_t à séparer, il faut préciser la décision de séparation à appliquer. Il est certain que fixer une variable libre quelconque à 0 ou 1 convient, mais Balas a proposé une heuristique de choix qui diminue significativement le nombre moyen de nœuds générés par sa méthode.

Soit $Q(t) = \{i \mid s_i < 0\}$ l'ensemble des lignes du PL courant ayant un second membre négatif. Cet ensemble est non vide, sinon x^t serait une solution réalisable et l'exploration de S_t aurait été abandonnée. Notons $R(t)$ l'ensemble des indices de variables libres ayant un coefficient négatif sur au moins une des lignes de $Q(t)$:

$$R(t) = \left\{ j \in L(t), \exists i \in Q(t), a_{ij} < 0 \right\}$$

Par exemple, si les contraintes du programme linéaire courant sont :

$$
\begin{array}{llrcrcrcrcr}
(1) & -7x_1 & + & 2x_2 & + & 4x_3 & \leq & 3 \\
(2) & 2x_1 & - & 3x_2 & - & 5x_3 & \leq & -2 \\
(3) & 8x_1 & - & x_2 & - & 4x_3 & \leq & -3
\end{array}
$$

Alors $Q(t) = \{2,3\}$ et $R(t) = \{2,3\}$. Pour satisfaire (2) et (3), il faut qu'au moins une des variables de $R(t)$ soit fixée à 1. Pour obtenir une solution réalisable, il faut donc choisir dans $R(t)$ une variable et la fixer à 1. Autant donc choisir une de ces variables pour séparer. Constatant qu'on a une solution réalisable quand tous les seconds membres s_i sont non négatifs, Balas a proposé une mesure empirique de la *proximité d'une solution, $P(t) < 0$* :

$$P(t) = \sum_{i \in Q(t)} s_i = \sum_{i=1,m} Min(0, s_i)$$

$P(t)$ est donc la somme des seconds membres négatifs. Elle dépend du nombre de ces seconds membres et de leurs valeurs : à nombre égal de $s_i < 0$, la présence de grands s_i (en valeur absolue) va probablement demander plus de fixations de variables à 1, et donc plus de nœuds à examiner. La proximité d'une solution si on fixe x_j à 1 est alors :

$$P(t, j) = \sum_{i=1,m} Min(0, s_i - a_{ij})$$

Le terme $s_i - a_{ij}$ est la nouvelle valeur du second membre après forçage de x_j à 1. Balas propose de séparer sur la variable j^* qui augmente le plus la proximité d'une solution si on la met à 1, c'est-à-dire la plus prometteuse pour trouver une nouvelle solution rapidement :

$$P(t, j^*) = \underset{j \in R(t)}{Max} \left\{ P(t, j) \right\}$$

Dans l'exemple précédent, la séparation se fera ainsi sur x_3, car :

$R(t) = \{2,3\}$

$P(t,2) = \min(0,3\text{-}2) + \min(0,\text{-}2\text{+}3) + \min(0,\text{-}3\text{+}1) = \text{-}2$

$P(t,3) = \min(0,3\text{-}4) + \min(0,\text{-}2\text{+}5) + \min(0,\text{-}3\text{+}4) = \text{-}1$

Remarques

- Si $P(t,j^*) = 0$, la solution obtenue en posant $x_j^* = 1$ et $\forall\, j \in L(t) \setminus \{j^*\}$, $x_j = 0$ est une nouvelle solution réalisable, de coût $ev(S_t) + c_j^*$.

- Pour départager des *ex aequo* ayant la même mesure de proximité, on choisit la variable de plus petit coût.

2.5.8 Un exemple

L'exemple suivant va permettre de démystifier la méthode, qui n'est pas si compliquée. Le lecteur va pouvoir vérifier l'arborescence développée grâce à la figure 2.5.

$$
\begin{array}{rrrrrrcr}
\text{Min} & 5x_1 & +7x_2 & +10x_3 & +3x_4 & +x_5 & & \\
& -x_1 & +3x_2 & -5x_3 & -x_4 & +4x_5 & \leq & -2 \\
& 2x_1 & -6x_2 & +3x_3 & +2x_4 & -2x_5 & \leq & 0 \\
& & x_2 & -2x_3 & +x_4 & +x_5 & \leq & -1 \\
\end{array}
$$

$x \in \{0,1\}^5$

Traitement du nœud-racine S_0

Au nœud-racine S_0, on a $L(0) = 1\ldots5$, $Q(0) = \{1,3\}$ et $R(0) = \{1,3,4\}$. On a l'évaluation triviale $ev(S_0) = 0$! Le tableau 2.2 donne une présentation bien commode pour visualiser les PL résiduels et calculer les proximités.

Tableau 2.2 – Détails du traitement du nœud-racine S_0

Coefficients et seconds membres du PL courant						Second membre $s_i - a_{ij}$ si		
x_1	x_2	x_3	x_4	x_5	s_0	$x_1 = 1$	$x_3 = 1$	$x_4 = 1$
-1	3	-5	-1	4	-2	-1	3	-1
2	-6	3	2	-2	0	-2	-3	-2
0	1	-2	1	1	-1	-1	1	-2
					$P(0) \rightarrow$	-4	-3	-5

Les colonnes de droite donnent les nouvelles valeurs des seconds membres si on met à 1 la variable correspondante x_j de $R(t)$. La proximité $P(t,j)$ est alors la somme des termes *négatifs* de la colonne j. Ici, on sépare sur $x_3 = 1$ ou 0, ce qui donne d'abord le nœud S_1 pour $x_3 = 1$. Le nœud S_4 avec $x_3 = 0$ sera construit plus tard.

Traitement du nœud S_1

On a $x_3 = 1$, $L(1) = \{1,2,4,5\}$, $F_1(1) = \{3\}$, $Q(1) = \{2\}$, $R(1) = \{2,5\}$, $ev(S_1) = 10$. Le tableau 2.3 résume la situation avec les calculs des proximités. On sépare sur x_2. Le nœud S_2 obtenu pour $x_2 = 1$ est en fait une première solution réalisable (*cf.* remarques à la fin du § 2.5.7). Cette solution est $x = (0,1,1,0,0)$, de coût 17. C'est la meilleure solution provisoire.

Tableau 2.3 – Détails du traitement du premier fils S_1 de S_0

Coefficients et seconds membres du PL courant					$s_i - a_{ij}$ si	
x_1	x_2	x_4	x_5	S_1	$x_2 = 1$	$x_5 = 1$
-1	3	-1	4	3	0	-1
2	-6	2	-2	-3	3	-1
0	1	1	1	1	0	0
				$P(1) \rightarrow$	0	-2

Traitement du nœud S_3

Il reste à traiter le fils droit S_3 de S_1, correspondant à $x_3 = 1$ et $x_2 = 0$. On a $L_3 = \{1,4,5\}$, $F_1(3) = \{3\}$, $F_0(3) = \{2\}$, $Q(3) = \{2\}$, $R(3) = \{5\}$. En construisant le tableau suivant, on s'aperçoit que dans la deuxième contrainte, t_2 (somme des $a_{2j} < 0$, *cf* 2.5.4) = -2 > -3. On laisse donc tomber le nœud S_3 car il n'a pas de solution réalisable.

Tableau 2.4 – Traitement du fils droit S_3 de S_1

x_1	x_4	x_5	S_3
-1	-1	4	3
2	2	-2	-3
0	1	1	1

Traitement de S_4

On remonte sur le nœud-racine S_0, puis on construit le nœud S_4 correspondant à $x_3 = 0$. L'ensemble des variables libres est alors $L(4) = \{1,2,4,5\}$. Le tableau suivant montre que la somme des coefficients négatifs dans la troisième contrainte est $t_3 = 0 > -1$; il n'y a pas de solution. C'est la fin de la recherche arborescente.

Tableau 2.5 – Traitement du fils droit S_4 du nœud-racine S_0

x_1	x_2	x_4	x_5	S_4
-1	3	-1	4	-2
2	-6	2	-2	0
0	1	1	1	-1

Conclusion

La solution réalisable découverte en premier (la seule !) est donc optimale. Remarquez qu'une seule solution complète (vecteur binaire) a été construite, par rapport à une énumération complète qui aurait dû inspecter $2^5 = 32$ vecteurs-solutions. Le gain par rapport à une énumération exhaustive est modeste sur ce petit exemple, il peut être énorme pour un PL plus volumineux.

La figure 2.5 résume l'arborescence développée. Les valeurs dans les nœuds, à droite, sont les évaluations. Dans des cas plus compliqués, le nombre de nœuds pourrait être beaucoup plus grand, et des élagages se produiraient grâce à l'évaluation. Supposons par exemple qu'en S_3 il y ait des solutions réalisables, mais avec une évaluation de 18 : on laisserait tomber ce nœud car on disposerait déjà d'une solution de coût 17.

Plusieurs solutions provisoires, de coût décroissant, peuvent être découvertes pendant l'exploration de l'arbre. Cette propriété est intéressante quand la recherche est trop longue : on peut stopper l'algorithme et se contenter de la dernière solution trouvée, même si elle n'est pas optimale. Sur un PL en 0-1 très contraint, il peut aussi arriver de terminer la recherche sans avoir trouvé une seule solution : ceci prouve que le PL est irréalisable.

Les logiciels modernes incluent de nombreux tests permettant de forcer des variables à 0 ou 1, comme celui de Geoffrion. Ces tests sont si efficaces que la plupart des petits PL peuvent être résolus à la racine, sans aucune séparation. Sur de grand PL, les tests permettent typiquement de diviser par deux le nombre de variables et le nombre de contraintes.

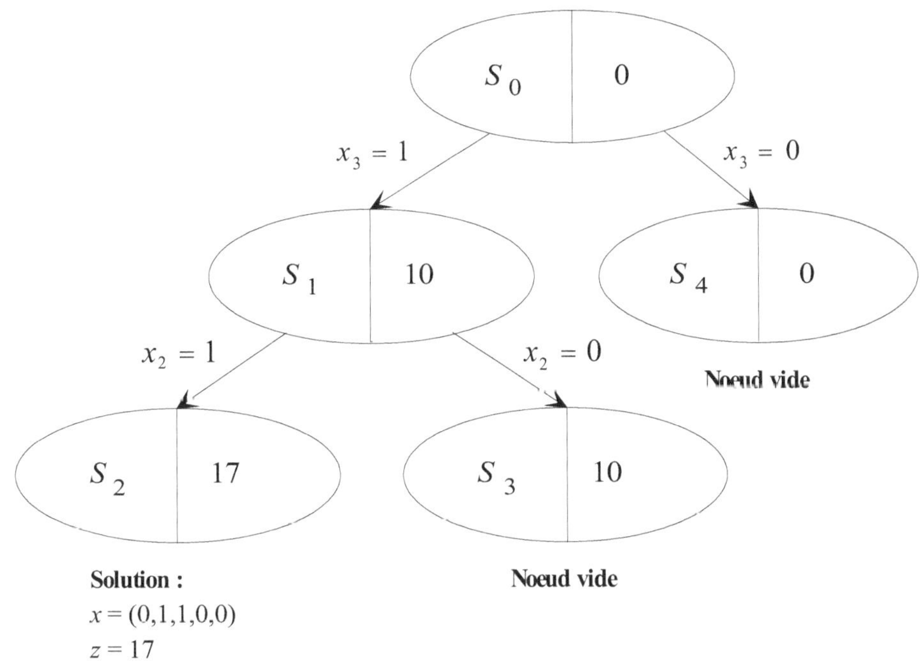

Figure 2.5 – Arborescence de la méthode de Balas

2.6 Techniques de modélisation en PLNE

2.6.1 Généralités

La PLNE permet de modéliser de nombreuses contraintes complexes, intraitables sans variables entières. Les techniques utilisées sont très astucieuses et reposent souvent sur des variables binaires. Les paragraphes suivants donnent quelques exemples de contraintes fréquentes. Les problèmes d'application du livre en contiennent beaucoup d'autres.

2.6.2 Contraintes de sac à dos

Elles sont utilisées pour exprimer des contraintes de capacité. Soit par exemple un camion avec une charge utile de b tonnes et n colis de poids a_i, avec un poids total dépassant b. Les sous-ensembles de colis qu'on peut charger peuvent être définis par des variables binaires x_i valant 1 si et seulement on prend le colis i, et par la contrainte suivante :

$$\sum_{i=1,n} a_i.x_i \leq b$$

2.6.3 Contraintes d'affectation

Soit n objets à affecter à n places. Chaque objet i doit être affecté à une place j et chaque place j doit recevoir un objet i. Si $x_i \in \{1, 2, ..., n\}$ est le n° de place où est affecté l'objet i, les x_i doivent être tous différents. Il est impossible d'exprimer cette contrainte sous forme linéaire. La solution est d'utiliser des variables binaires x_{ij} qui valent 1 si et seulement si l'objet i est affecté à la place j :

$$\forall i : \sum_{j=1,n} x_{ij} = 1 \ \ et \ \ \forall j : \sum_{i=1,n} x_{ij} = 1$$

2.6.4 Variables discrètes générales

En modélisation, il arrive souvent qu'une variable x ne puisse prendre qu'un ensemble fini de k valeurs $\{v_1, v_2, ..., v_k\}$. Cette situation est traitable en introduisant k variables booléennes y_i, $i = 1...k$. Il suffit ensuite d'effectuer le changement de variable :

$$x = \sum_{i=1,k} v_i.y_i$$

Et de poser la contrainte additionnelle :

$$\sum_{i=1,k} y_i = 1 .$$

Cette technique permet en théorie de transformer tout PLNE en PL-01, à condition que le domaine $P = \{x \in \mathrm{IR}^{n+}, A.x = \mathrm{b}\}$ soit borné (c'est alors un polyèdre convexe). Cette condition permet d'associer à toute variable x_j des bornes de variation : $\alpha_j \leq x_j \leq \beta_j$.

Ces bornes peuvent se calculer par programmation linéaire. Pour calculer β_j par exemple, il suffit de résoudre le programme linéaire suivant :

Max x_j

$A \cdot x = b$

$x \geq 0$

Ainsi, on peut se ramener au cas où toute variable x_j ne prend qu'un ensemble fini de valeurs. Si une variable x_j varie entre 0 et k, elle peut par exemple être remplacée par son expression en base 2 : $x_j = y_0 + 2.y_1 + ... + 2^p.y_p$, p étant le plus petit entier tel que $k \leq 2^{p+1}$. L'avantage de la base 2 est d'introduire de simples variables binaires. Bien entendu, la transformation n'est rentable que si les plages de variation des variables sont assez petites.

2.6.5 Variables nulles ou bien bornées inférieurement

Soit par exemple un produit j qui n'est pas fabriqué, ou bien fabriqué en quantité au moins égale à Q_j, par exemple pour des questions de rentabilité : on a $x_j = 0$ ou bien $x_j \geq Q_j$. Soit une variable-indicateur $y_j \in \{0,1\}$, valant 1 si le produit est fabriqué. La contrainte peut alors s'exprimer comme suit, M désignant un entier assez grand. Si $y_j = 0$, alors $x_j = 0$, et si $y_j = 1$, alors $x_j \geq Q_j$. N'importe quelle borne supérieure de x_j convient pour M, mais, pour éviter des problèmes numériques, il vaut mieux prendre le plus petit M qui convient.

$$\begin{cases} x_j \geq Q_j.y_j \\ x_j \leq M.y_j \\ y_j \in \{0,1\} \end{cases}$$

Souvent, un des sens de l'équivalence est assuré par l'optimisation de la fonction-objectif, ce qui permet d'économiser une contrainte. Par exemple, un coût fixe c_j peut être induit par la décision de fabriquer le produit. Un terme $c_j.y_j$ va donc apparaître dans la fonction-objectif si le but est de minimiser le coût total. La contrainte $x_j \leq M.y_j$ peut alors être supprimée : il sera possible d'avoir $x_j = 0$ et $y_j = 1$, mais la minimisation du coût va réduire y_j à 0 dans toute solution optimale.

Cette technique d'indicateur peut aussi servir pour traduire des implications. Soit par exemple une variable booléenne y qui doit valoir 1 si des variables x_1, x_2 ou x_3 sont non nulles. Elle sera positionnée correctement par la contrainte : $x_1 + x_2 + x_3 \leq M.y_i$.

2.6.6 Contraintes disjonctives en ordonnancement

En ordonnancement, notamment dans les emplois du temps, il est fréquent que deux tâches i et j ne puissent pas s'exécuter en même temps. Ces deux tâches, de durées p_i et p_j, sont à ordonnancer à des instants t_i et t_j à déterminer. Il n'y aura pas de chevauchement si i se termine avant le début de j, ou *vice versa*, c'est-à-dire : $t_i + p_i \leq t_j$ ou $t_j + p_j \leq t_i$. On introduit une variable binaire y_{ij} valant 1 si et seulement si i est avant j, puis les deux contraintes suivantes dans lesquelles M est une constante positive assez grande. Par exemple, si $y_{ij} = 1$, la première contrainte devient active et la seconde est redondante car trivialement vérifiée. Ce genre de contraintes est utilisé au chapitre 6 dans le problème du § 6.4.

$$\begin{cases} t_i + p_i \leq t_j + M.(1 - y_{ij}) \\ t_j + p_j \leq t_i + M.y_{ij} \end{cases}$$

2.6.7 Respect d'un sous-ensemble de contraintes

Parfois, il est impossible de satisfaire toutes les contraintes d'un programme linéaire, par exemple quand il s'agit de simples préférences dans la confection d'un emploi du temps. Une solution sera acceptable si elle vérifie au moins k contraintes parmi les m contraintes du PLNE. Pour un PLNE sous forme canonique, ces m contraintes sont de la forme :

$$\forall i = 1...m : \sum_{j=1,n} a_{ij}.x_j \leq b_i$$

Elles sont remplacées par les contraintes suivantes, dans lesquelles m - k variables binaires y_i vont être égales à 1. Une contrainte de la première ligne avec $y_i = 1$ pourra être violée, et k contraintes avec $y_i = 0$ devront être respectées.

$$\begin{cases} \forall i = 1...m : \sum_{j=1,n} a_{ij}.x_j \leq b_i + M.y_i \\ \sum_{i=1,m} y_i = m - k \\ y \in \{0,1\}^m \end{cases}$$

2.6.8 Expressions logiques

Les variables binaires permettent de traduire simplement des expressions logiques. Il suffit d'associer une variable binaire à chaque proposition, en convenant que la variable vaut 1 si et seulement si la proposition est vraie. Le tableau 2.6 montre comment les opérations booléennes classiques peuvent alors se traduire par des contraintes linéaires.

Tableau 2.6 – Traduction d'expressions logiques sous forme linéaire

Expression logique	Traduction sous forme de contrainte
non P	$p = 0$ (ou $1 - p = 1$)
P ou Q (ou inclusif)	$p + q \geq 1$
P ou bien Q (ou exclusif)	$p + q = 1$
P et Q	$p = 1$ et $q = 1$ (ou $p + q = 2$)
$P \Rightarrow Q$ (P implique Q)	$p \leq q$
$P \Leftrightarrow Q$ (P équivalent à Q)	$p = q$

2.6.9 Valeurs absolues

La fonction valeur absolue $|x|$ est non seulement non linéaire, mais elle est aussi non dérivable, avec un point anguleux en $x = 0$. On peut pourtant linéariser les contraintes contenant des valeurs absolues. Une contrainte de type $|x| \leq k$, avec une expression linéaire x et une constante positive k est évidemment équivalente à $-k \leq x \leq k$.

Le cas $|x| \geq k$ est plus compliqué mais on peut le linéariser en introduisant une variable binaire y qui va prendre la valeur 1 si $x \geq k$. La contrainte peut alors être remplacée par les deux contraintes suivantes, dans lesquelles M est une grande constante positive.

$$x \geq k - M \cdot (1 - y)$$

$$x \leq M \cdot y - k$$

Si x est positif, la seconde contrainte n'est vérifiée que si $y = 1$; la première contrainte devient alors $x \geq k$. Si au contraire x est négatif, la première contrainte n'est vérifiée que si $y = 0$ et dans ce cas la seconde contrainte devient $x \leq -k$.

2.6.10 Contraintes de parité

Dans certains problèmes, une expression entière x doit prendre une valeur paire. Par exemple, dans la collecte de déchets ménagers, il faut passer par toutes les rues d'une ville. Le nombre x de traversées de rues adjacentes à un carrefour est pair. En effet, si le camion arrive à un carrefour par une rue, il doit prendre une autre rue pour poursuivre sa tournée et revenir au dépôt (2 rues traversées). À chaque passage par le même carrefour, il fera deux traversées supplémentaires. La contrainte de parité pour x s'écrit en introduisant une variable entière y qui force x à être multiple de 2 et donc pair.

$$x = 2y$$

2.6.11 Problèmes bottleneck

Dans ces problèmes, on considère p fonctions f_k à valeurs positives et l'objectif consiste à minimiser la valeur maximale prise par les f_k (problèmes dits *min-max*) ou à maximiser leur valeur minimale (problème dits *max-min*). Soit par exemple un problème d'ordonnancement de tâches de durées connues sur p machines équivalentes qui travaillent en parallèle. Dans ce cas, f_k désigne la charge de travail affectée à la machine k et on a un problème min-max si on veut minimiser la charge de la machine la plus chargée.

Prenons le cas min-max pour fixer les idées. L'objectif se linéarise en introduisant une variable positive t qui majore les f_k.

$$\forall k = 1 \ldots p : f_k \leq t$$

$$t \geq 0$$

Il suffit ensuite de minimiser t : à l'optimum, la variable t sera égale au maximum des f_k.

Une technique voisine est utilisée pour minimiser les retards des tâches en ordonnancement. Soit n tâches indicées par i, de durées p_i et devant être terminées à une date échue d_i. Soit t_i la date de début de la tâche i dans un ordonnancement. Son retard algébrique ou latence est $L_i = t_i + p_i - d_i$: il est positif si la tâche est en retard et négatif si elle est en avance. Pour le vrai retard, on peut associer à chaque tâche une variable de retard $T_i \geq 0$, permettant d'ignorer les avances, et une contrainte $T_i \geq t_i + p_i - d_i$. Si on minimise ensuite le retard total sous la forme de la somme des T_i, les contraintes seront vérifiées avec égalité à l'optimum.

2.7 Références et compléments

La plupart des ouvrages cités dans le chapitre 1 sur la programmation linéaire comprennent une partie sur la programmation en nombres entiers, comme celui de Schrijver [Schrijver 1986]. Deux livres classiques célèbres sont entièrement consacrés à la PLNE : celui de Salkin [Salkin 1975] et celui de Nemhauser et Wolsey [Nemhauser 1988], qui est de haut niveau. Plus récemment, Wolsey a publié un livre plus abordable [Wolsey 1998].

La méthode de Dakin est décrite par exemple dans le livre de Salkin. L'algorithme de coupes de Gomory, non traité ici, peut être trouvé dans le livre de Salkin et dans l'ouvrage de Papadimitriou et Steiglitz sur l'optimisation combinatoire [Papadimitriou 1998]. Le livre de Syslo *et al.* [Syslo 1983] contient un listing en Pascal de la méthode de Balas. Les techniques de branch-and-price et leurs principales applications font l'objet d'un article de Barnhart *et al.* [Barnhart 1998].

Johnson *et al.* décrivent les progrès rapides accomplis dans les algorithmes de résolution pour la PLNE [Johnson 2000] : des programmes comprenant quelques milliers de variables entières peuvent aujourd'hui être résolus optimalement. Il reste cependant des poches de résistance. Ainsi, un article de Cornuéjols et Dawande [Cornuéjols 1999] propose une classe de programmes linéaires de petite taille, à variables binaires, qui s'avèrent extrêmement durs : à partir de quarante variables, ils résistent aux logiciels commerciaux actuels.

CHAPITRE 3

Le solveur d'Excel

3.1 Introduction

Ce chapitre présente le solveur d'Excel, utilisé pour résoudre des programmes linéaires dans les chapitres 5 à 14. Le § 3.2 indique comment installer et démarrer le solveur tandis que le § 3.3 décrit ses commandes. Dans le § 3.4, nous reprenons le petit problème de fabrication de ciments du § 1.2 pour montrer comment le résoudre avec Excel. Le § 3.5 propose une méthodologie pour modéliser pas à pas des problèmes plus complexes. Des fonctions Excel utiles pour la programmation linéaire sont rappelées au § 3.6. Le § 3.7 évoque d'autres solveurs du commerce et quelques références sont données en conclusion.

3.2 Installation et démarrage

Excel inclut un solveur de programmation mathématique conçu par *Frontline Systems*. Il permet de définir et résoudre des programmes linéaires ou non linéaires. Les variables peuvent être réelles, entières ou binaires. La fonction-objectif peut être minimisée ou maximisée. Il faut savoir que le solveur est bridé à 200 variables. Le nombre de contraintes est illimité pour les PL, mais restreint à 100 pour les PNL, sauf pour les contraintes de bornes comme $x \leq 3$. Frontline Systems vend des versions non limitées qui se substituent à la version d'Excel (voir leur site web *http://www.frontsys.com* ou *http://www.solver.com*).

Le solveur n'est pas toujours installé. En Excel 2003, le choix *Solveur* doit figurer dans le menu *Outils*. Sinon, il faut l'installer avec le choix *Macros complémentaires*. Ensuite, un clic sur *Outils/Solveur* montre la boîte de dialogue *Paramètres du solveur* (page suivante). Depuis Excel 2007, le solveur est dans le groupe *Analyse* de l'onglet *Données*. Sinon, cliquez sur le bouton d'accueil d'Office puis sur *Options Excel* et *Compléments*. Une liste affiche alors les compléments actifs et inactifs. Cliquez sur *Atteindre* pour voir les macros complémentaires disponibles, cocher *Compléments Solver* puis cliquez sur OK. On peut ensuite afficher la boîte de dialogue en cliquant sur le bouton *Solveur* de l'onglet *Données*.

Pour réaliser une capture d'écran comme ci-dessous, il faut presser la touche *Impr. Ecran* puis démarrer *Paint* et appuyer sur Ctrl-V ou *Édition/Coller* pour charger la copie. Ensuite, on peut sélectionner la zone à copier avec l'outil *Sélection* et opérer un copier-coller vers Word.

La boîte de dialogue permet de définir les cellules de la feuille Excel qui correspondent à la fonction-objectif *(Cellule-cible à définir)*, aux variables *(Cellules variables)* et aux contraintes *(Contraintes)*. On peut choisir le type d'optimisation : maximiser *(Max)*, minimiser *(Min)* ou trouver une solution de coût égal à une valeur donnée *(Valeur)*. Il est possible de choisir d'autres paramètres avec le bouton *Options*. En cliquant sur *Résoudre*, le solveur résout le modèle et écrit les valeurs des variables et de la fonction-objectif dans les cellules choisies. Si la résolution prend trop de temps, on peut la stopper avec la touche *Escape (Échap)*. Le bouton *Rétablir* permet d'effacer le modèle saisi.

3.3 Les commandes du solveur

3.3.1 Cellule cible

C'est la cellule qui contient la fonction-objectif. Si cette cellule n'est pas une variable (cas le plus fréquent), elle doit contenir une formule qui lie, directement ou indirectement, les variables. Si c'est aussi une variable, elle ne doit pas contenir de formule. La cellule cible est facultative : si elle est absente, le solveur cherchera une solution vérifiant toutes les contraintes, ce qui permet de résoudre des systèmes d'équations ou d'inéquations.

3.3.2 Cellules variables

Elles sont définies par une liste de cellules ou de plages de cellules, séparées par des points-virgules, par exemple : B1:B4; C1:C4; E8. Dans la feuille Excel, ces cellules ne doivent pas contenir de formules. Il vaut mieux leur donner un format numérique avec un nombre fixe de décimales (groupe *Nombre* de l'onglet *Accueil*). En effet, les calculs sur ordinateur ont une précision limitée et une variable théoriquement égale à 1 peut avoir une valeur calculée de 0.999999… Un format nombre à deux décimales donnera un arrondi et un affichage correct : 1.00. Pour une variable entière, on peut spécifier 0 décimale.

3.3.3 Contraintes

Les contraintes ont le format suivant, où une paire d'accolades avec des barres verticales désigne une liste de choix exclusifs :

{cellule | plage} opérateur {constante numérique | cellule | plage | formule},

L'opérateur est =, <=, >=, *ent* ou *bin*. Il n'y pas d'opérateurs ≠, < ou > en optimisation, à cause des problèmes de précision. Les formules du second membre sont restreintes à des expressions constantes, sans référence à des cellules Excel. Pour une plage de n cellules, une contrainte du type *plage opérateur {constante | cellule | formule}* équivaut à n contraintes dans lesquelles chaque cellule de la plage est comparée au second membre. Une contrainte peut aussi comparer deux plages de même taille : elle équivaut alors à n comparaisons entre les cellules de même rang dans les deux plages. Exemples :

- B4 <= 6   B4 inférieur ou égal à 6 ;
- B4:B5 <= C5   B4 et B5 inférieurs à C5 ;
- Stocks <= C5   écriture équivalente si on a nommé *Stocks* la plage B4:B5 ;
- B4:B5 = C6:C7   B4 inférieur ou égal à C6 et B5 inférieur ou égal à C7 ;
- B4 <= 3*SIN(1)+2   B4 inférieur ou égal à l'expression constante $3.sin(1)+2$.

Pour limiter les erreurs de saisie, il vaut mieux utiliser la souris que taper les références de cellules. Ainsi, pour saisir la plage B4:B5, cliquez sur B4 dans la feuille Excel (B4 apparaît dans la zone de saisie de la contrainte), saisissez le deux-points puis cliquez sur B5. On peut aussi sélectionner la plage à la souris : B4:B5 apparaît directement dans la zone de saisie.

Les opérateurs *bin* et *ent* sont utilisés pour spécifier qu'une cellule variable ou une plage de variables doit être binaire ou entière. Le solveur met automatiquement *binaire* et *entier* dans les seconds membres.

- B4 bin binaire   B4 est binaire, le mot binaire est ajouté par Excel ;
- B4:B5 ent entier   B4 et B5 sont entières, le mot entier est ajouté par Excel.

On peut définir un domaine de définition plus complexe en combinant plusieurs contraintes, par exemple en mettant simultanément les deux contraintes suivantes :

- B4 ent entier   la variable B4 est un entier ;
- B4 <= 3   cet entier est inférieur ou égal à trois (valeurs possibles 0, 1, 2, 3).

Comme le solveur accepte des formules très limitées, et uniquement *dans le second membre des contraintes*, on doit en général calculer les valeurs des premiers membres dans la feuille Excel. Comme pour la fonction-objectif, le solveur se contente ensuite d'appeler Excel quand il veut récupérer les valeurs de ces cellules. Ainsi, en plus du modèle mathématique, un modèle Excel contient souvent des quantités intermédiaires calculées et il faut en tenir compte lors de la modélisation.

3.3.4 Options du solveur

Le bouton *Options* permet de spécifier des options dont seules les six ci-dessous sont vraiment utiles. Il est déconseillé de modifier les autres options dans le cadre de ce livre.

Modèle supposé linéaire. Comme le solveur ne voit pas le contenu des formules d'Excel, il ignore si le modèle est linéaire et utilise par défaut un algorithme de PNL. En cochant *Modèle supposé linéaire*, il appelle l'algorithme du simplexe ou un algorithme de PLNE, plus efficaces. *Cette option est nécessaire pour les exemples du livre.* Si vous avez coché la case et que le solveur stoppe en disant que le modèle n'est pas linéaire, il faut revoir votre formulation : par exemple, pas de valeurs absolues, de produits de variables etc.

Supposé non négatif. Cette case permet de spécifier que les variables sont positives ou nulles par défaut, ce qui évite d'inclure les contraintes de positivité dans le modèle. Les contraintes de positivité sont implicites dans la plupart des logiciels de PL.

Tolérance. Cette valeur sert pour les PLNE et représente le seuil pour considérer qu'une variable entière a atteint une valeur entière. Ainsi, 1.90 sera considérée comme 2 pour la valeur par défaut de 5%. *Cette valeur donne une solution erronée pour certains problèmes du livre.* Nous préciserons la tolérance à indiquer pour chaque modèle concerné.

Itérations. Le solveur s'arrête après le nombre spécifié, qui représente le nombre maximal d'itérations du simplexe (PL) ou de nœuds construits dans l'arborescence (PLNE). La valeur par défaut (100) suffit pour la plupart des exercices. On peut bien sûr l'augmenter.

Temps max. Le solveur s'arrête après le nombre de secondes spécifié. La valeur par défaut (100) convient pour le livre. Augmentez cette durée si elle est insuffisante. Si la résolution prend trop de temps, elle peut être stoppée avec les touches *Ctrl+Pause* ou *Échap (Esc)*.

Échelle automatique. Le solveur peut présenter des problèmes de précision quand des grands nombres coexistent avec des petits dans les données, par exemple un problème avec des taux d'inflation en % et des montants de plusieurs milliards. Dans de tels cas, cette option augmente la précision en opérant des changements d'unités *(scaling)* pendant les calculs.

3.4 Exemple de la production de ciments

3.4.1 Version simple

Rappelons le problème des ciments du § 1.2. Une usine produit deux ciments rapportant 50\$ et 70\$/t. Pour 1 t de ciment 1, il faut 40 min de four et 20 min de broyage. Pour 1 t de ciment 2, 30 min et 30 min. Four et broyeur sont disponibles 6 h et 8 h par jour. Quelles quantités fabriquer pour maximiser le profit ? Ce problème se modélise avec le PL suivant :

Max $50.x_1 + 70.x_2$ → maximisation du profit

$40.x_1 + 30.x_2 \leq 360$ → disponibilité du four

$20.x_1 + 30.x_2 \leq 480$ → disponibilité du broyeur

$x_1, x_2 \geq 0$ → quantités non négatives

Créez un classeur Excel vide et définissez les cellules suivantes. On a affiché les formules des cellules avec *Ctrl+#* ou *Formules/Audit de formules/Afficher les formules* (ces commandes fonctionnent comme des bascules). On a choisi les cellules B3 et B4 pour les variables, B5 pour le profit, B6 et B7 pour les contraintes. Prenez l'habitude d'initialiser les variables à 0.

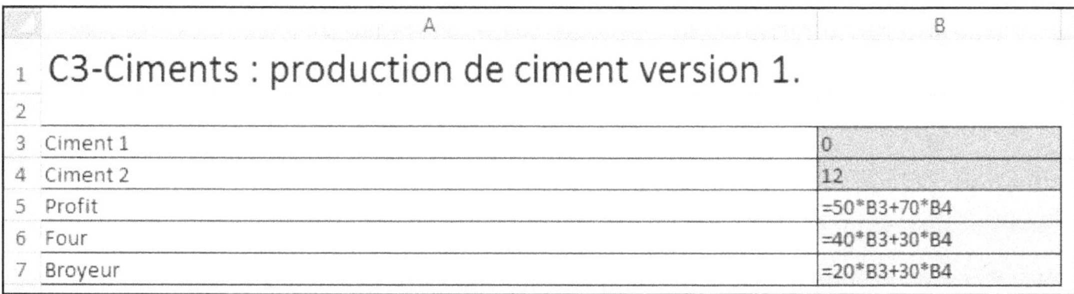

	A	B
1	C3-Ciments : production de ciment version 1.	
2		
3	Ciment 1	0
4	Ciment 2	12
5	Profit	=50*B3+70*B4
6	Four	=40*B3+30*B4
7	Broyeur	=20*B3+30*B4

Définissez le PL en ouvrant la boîte de dialogue du solveur. Allez dans *Cellule cible* et saisissez B5 ou, pour éviter les erreurs, cliquez sur la cellule B5 de la feuille de calcul : le nom de cellule est copié automatiquement dans le champ. Vérifier que le sens d'optimisation est bien *Max*. Allez sur *Cellules variables* et tapez la liste B3;B4 ou la plage B3:B4. Là encore, pour éviter des erreurs, cliquez sur la cellule B3, puis pressez la touche *deux points* et cliquez sur la cellule B4. Définissez les contraintes, en cliquant sur *Ajouter* pour chaque contrainte. N'oubliez pas de cocher *Modèle supposé linéaire* dans *Options* !

Cliquez sur *Résoudre* : le solveur résout le PL et on obtient l'écran suivant :

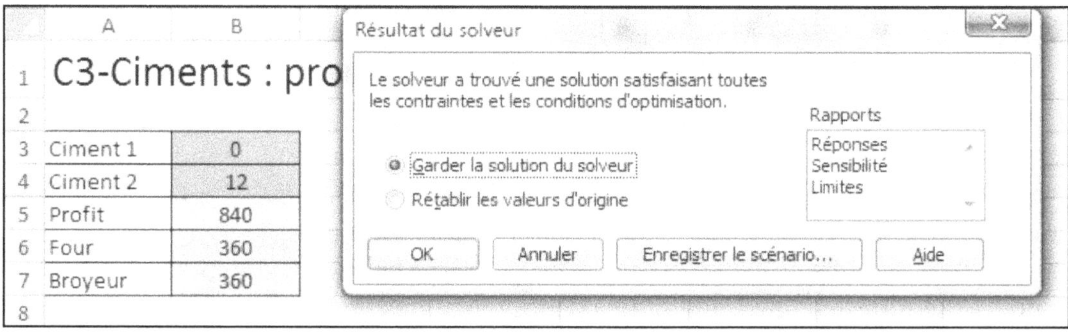

La solution optimale consiste donc à fabriquer 0 tonne de ciment 1 et 12 tonnes de ciment 2, pour un profit total de 840 \$. On peut garder les résultats dans la feuille *(Garder la solution du solveur)* ou remettre à zéro *(Rétablir les valeurs d'origine)*. Si on garde les résultats, il faudra remettre les variables à 0 à la main pour recommencer une résolution.

Cliquez finalement sur *OK* pour fermer la boîte *Résultat du solveur* et sauvegardez votre travail : le modèle est enregistré avec la feuille Excel. Ce modèle est dans la première feuille du classeur Excel *C3-Ciments* fourni avec les compléments du livre (voir annexe 2).

3.4.2 Version générique

La traduction précédente en Excel est caractérisée par une mauvaise séparation entre modèle et données :

- Pour chaque ciment, le profit par tonne et les temps d'utilisation du four et du broyeur sont cachés dans des formules de la feuille.
- Les disponibilités des ressources sont dans le modèle défini par la commande *Solveur*.
- Il faut ajouter une contrainte dans le modèle pour chaque nouvelle ressource.
- En résumé, le modèle est peu lisible et sa modification est malaisée.

En effet, il faudra modifier des formules dans la feuille Excel et/ou le modèle si des valeurs changent dans les données ou si on ajoute des ciments ou des ressources. Nous allons voir une formulation dite *générique*, qui sépare au maximum les données du modèle. Un PL générique est un PL dans lequel variables et contraintes de même nature sont regroupées et indicées. On obtient une forme compacte qui met bien en évidence la structure du PL et facilite le traitement par les logiciels. Voici une forme générique pour les ciments :

$$(1) \quad \text{Max } z = \sum_{j=1}^{n} c_j x_j$$

$$(2) \quad \forall i = 1 \ldots m : \sum_{j=1}^{n} a_{ij} x_j \leq b_i$$

$$(3) \quad \forall j = 1 \ldots n : x_j \geq 0$$

Les données sont les suivantes. On a $n = 2$ ciments indicés par j et avec des profits c_j en dollars par tonne. On a $m = 2$ ressources (four et broyeur) indicées par i et de disponibilités b_i en minutes par jour. La quantité de ressource i consommée par le ciment j est a_{ij}. Les variables x_j sont les quantités à produire de chaque ciment.

Ce modèle est générique. On a d'abord indicé les ciments. Bien qu'il y ait deux ressources distinctes, les contraintes de consommation ont la même forme : on a donc indicé les ressources pour construire un groupe générique de contraintes, avec le quantificateur $\forall i$.

La forme générique facilite la traduction en n'importe quel langage de modélisation listé au § 3.7, par exemple AMPL, GAMS, LINGO, MPL et OPL STUDIO. En effet, la syntaxe acceptée par ces logiciels permet de manipuler des données sous forme de tableaux (vecteurs c, x, b, matrice A des consommations de ressources) et d'exprimer un groupe de contraintes génériques en une seule ligne (l'équivalent des quantificateurs).

Dans le cas d'Excel, la traduction d'un modèle générique va exploiter les caractéristiques suivantes du tableur et du solveur :

- Excel et le solveur permettent de définir des plages de cellules, comme B3:B4.
- La fonction Excel *sommeprod* sert à calculer des produits scalaires de 2 plages.
- Excel autorise la copie de formules contenant des références relatives et absolues.
- Le solveur peut comparer une plage à une constante ou deux plages de même taille.
- Le signe des variables est implicite si on coche *Supposé non négatif* dans *Options*.

Préparez la feuille suivante avec les données coûts, consommations de ressources par ciment et disponibilités des ressources. Par rapport au modèle précédent, l'utilisateur voit ainsi toutes les données dans la feuille de calcul et peut facilement les modifier. Réglez les variables B5 et C5 à 0. Pour le profit total E4 (équation (1) du modèle générique), saisissez la formule "=sommeprod (B4:C4; B5:C5)" qui calcule la somme des produits des variables ayant les mêmes positions dans les deux plages (produit scalaire).

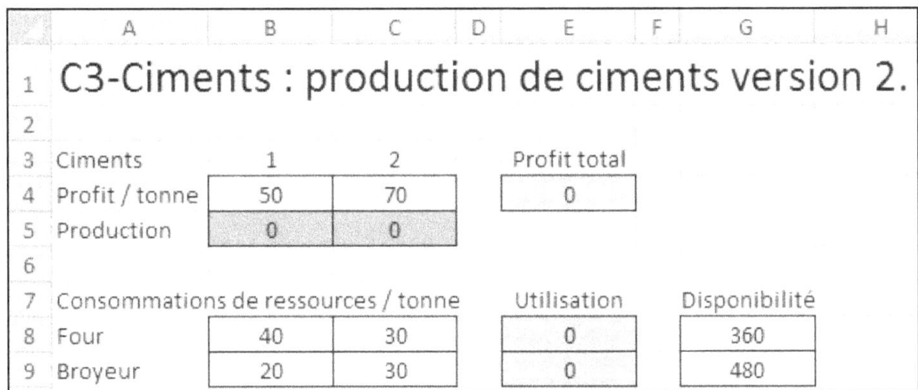

Pour l'utilisation du four E8, indiquez "= sommeprod (B8:C8; $B$5:$C$5)". Avec la poignée de recopie, copiez cette formule dans la cellule E9, où elle devient " = sommeprod (B9:C9;$B$5:$C$5)". Sans la référence absolue (indiquée par des dollars) pour la plage des coûts B5:C5, les 5 auraient été changés en 6 ! Avec cette présentation mieux conçue, la définition du modèle dans la boîte de dialogue du solveur devient facile : les variables forment une plage et les contraintes de consommation de ressources sont définies par des comparaisons entre plages.

Il semble qu'il y ait un petit prix à payer. Les deux contraintes de ressources sont combinées dans une seule comparaison de plages mais, comme le solveur n'accepte pas de fonctions comme *sommeprod* dans les contraintes, on doit calculer dans la feuille les utilisations de ressources. La colonne *Utilisation* semble donc une verrue sur le modèle mathématique, mais elle est en fait souvent employée pour visualiser les utilisations réelles des ressources.

On peut donner des noms plus parlants aux cellules. Par exemple, sélectionnez E4 et saisissez *ProfitTotal* dans la zone-nom, à gauche de la barre de formule d'Excel. Donnez de même aux plages B5:C5, E8:E9 et G8:G9 les noms *Productions*, *Utilisations* et *Limites*. Ouvrez la boîte du solveur : la cellule cible est devenue *ProfitTotal*, la plage de variables *Productions*, et la contrainte *Utilisations <= Limites*. On peut aussi indiquer ces noms dans le solveur, s'ils ont été définis au préalable. Si on insère des lignes ou des colonnes, on peut vérifier et modifier si nécessaire les plages correspondant aux noms définis, en cliquant sur *Formules/Noms définis/Gestionnaire de noms*

Comme d'habitude, cliquez sur *Options* et cochez les cases *Modèle supposé linéaire* et *Supposé non négatif*. Sans cette dernière option, il faudrait ajouter les contraintes de positivité dans le modèle, par exemple avec une seule plage : B5:C5 >= 0. Enfin, cliquez sur *Résoudre* ; on obtient les résultats suivants :

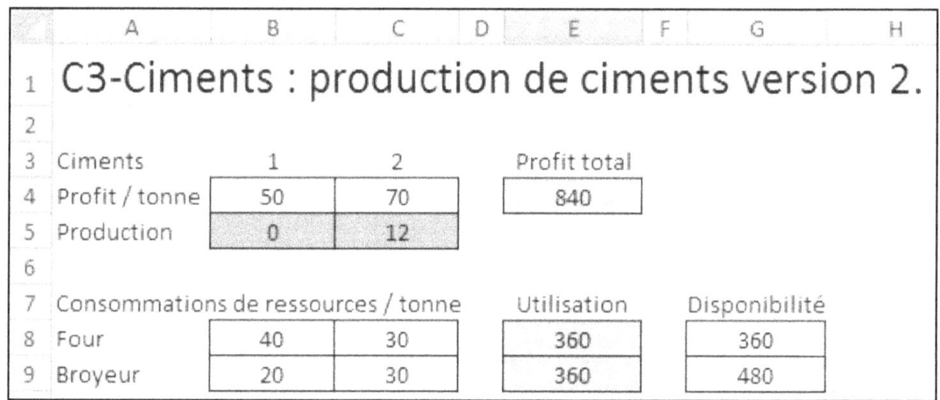

On aboutit aux mêmes résultats qu'avec le premier modèle mais la présentation dans la feuille Excel est plus lisible. De plus, on peut changer les données sans toucher aux formules et au modèle. Ce modèle est contenu dans la deuxième feuille du classeur Excel *C3-Ciments* des compléments du livre (voir l'annexe 2).

3.4.3 Exemple d'extension du modèle

Par exemple, ajoutons un ciment 3 de profit 80, nécessitant 50 min de four et 25 de broyage, plus une ressource (ensacheuse) disponible 5 h/j. Les 3 ciments nécessitent 55, 35 et 40 min d'ensacheuse par tonne. Les modifications sont assez simples :

- Insérez une colonne devant la colonne D pour le nouveau ciment.
- Ajoutez une ligne à la fin pour l'ensacheuse.
- Saisissez les nouvelles données (profit du ciment 3, temps d'utilisation de l'ensacheuse, disponibilité de cette dernière).

- La fonction-objectif, maintenant dans F4, devient "=sommeprod(B4:D4;B5:D5)".
- La formule pour l'utilisation du four devient "=sommeprod(B8:D8;$B$5:$D$5)".
- Avec la poignée de recopie, copiez cette formule dans les autres utilisations.
- Dans le solveur, augmentez la plage pour les variables devient B5:D5.
- Sélectionnez la contrainte, cliquez sur modifier et indiquez F8:F10 $\leq$ H8:H10.

	A	B	C	D	E	F	G	H
1	C3-Ciments : production de ciments version 3.							
2								
3	Ciments	1	2	3		Profit total		
4	Profit / tonne	50	70	80		600		
5	Production	0	1,0909091	6,5454545				
6								
7	Consommations de ressources / tonne					Utilisation		Disponibilité
8	Four	40	30	50		360		360
9	Broyeur	20	30	25		196,363636		480
10	Ensacheuse	55	35	40		300		300

Après résolution, les quantités sont fractionnaires. Les affichages des cellules C5, D5 et F10 sont disgracieux, mais on peut les arrondir à deux décimales en changeant leur type de cellule par défaut *(Standard)* en type *Nombre*. Les modifications seraient les mêmes pour 100 ciments et 50 ressources, avec toujours une seule contrainte générique dans le solveur : une comparaison entre la plage des utilisations de ressources et celle des disponibilités. Elles seraient par contre considérables avec le premier modèle, avec un gros risque d'erreur.

Ce modèle est contenu dans la troisième feuille du classeur Excel *C3-Ciments* des compléments du livre (voir l'annexe 2). On peut donc placer plusieurs modèles par classeur, mais avec au plus un modèle par feuille.

3.5 Méthode de modélisation

Dans cette section, nous tentons de détailler et formaliser la démarche suivie pour résoudre le problème des ciments du § 3.4.2, car on peut l'appliquer pour tout autre problème de programmation linéaire. Cette méthode sera réutilisée pour le premier problème du chapitre 5 et nous vous conseillons de consulter cette application. Par manque de place, nous ne la détaillerons pas pour les autres problèmes d'optimisation du livre, mais elle vous sera très utile à chaque fois que vous aurez à modéliser un problème compliqué.

Phase 1 – Construire un modèle mathématique générique

Cette étape ressemble au processus d'analyse d'un algorithme en informatique. On recense d'abord les données disponibles, on les groupe par type et on choisit un indice pour chaque groupe. Grâce à cette *discipline d'indexation*, un indice comme *i* désignera toujours la même chose dans le modèle. Puis on identifie les variables, les contraintes et la fonction-objectif. Le but est d'arriver à un PL générique indépendant du logiciel qui va être utilisé.

Étape 1.1 – Analyse des données

Dans cette étape, on recense toutes les valeurs numériques disponibles pour le problème. On identifie les entités (ensembles d'éléments ou de personnes de même nature), leurs cardinalités (nombre de membres dans chaque entité), l'indexation (choix d'un indice, valeur minimale et maximale de l'indice), puis les données disponibles.

a) *Identifier les entités, les cardinalités et choisir un indice par entité*

- $n = 2$ ciments, indicés par j variant de 1 à n ;

- $m = 2$ machines (four et broyeur), indicées par i variant de 1 à m.

b) *Lister les données dépendant d'une ou plusieurs entités et les regrouper en tableaux*

- profits : vecteur c de taille n, c_j désignant le profit du ciment j ;

- disponibilités des machines : vecteur b de taille m, b_i disponibilité de la machine i ;

- temps-machines : matrice A $m \times n$, A_{ij} temps de machine i nécessaire au ciment j.

On constate sur cet exemple, mais c'est une règle générale, que certaines données sont associées à une seule entité : c'est le cas des profits et des disponibilités des machines et on peut alors parler d'*attributs* de l'entité. Les valeurs d'un attribut doivent être stockées dans un *vecteur* (tableau à une dimension). D'autres données (temps-machines) sont associées à des couples d'entités et seront stockées dans des *matrices* (tableaux à deux dimensions).

Lors de cette étape, il faut faire très attention aux *unités utilisées* : c'est une source d'erreurs courante. Ici, les disponibilités des machines sont données en heures, tandis que les temps-machines sont indiquées en minutes par tonne. Il faut évidemment utiliser la même unité de temps : nous avons arbitrairement choisi les minutes.

c) *Lister les autres informations éventuelles*

Il peut s'agir d'un paramètre qu'on souhaite nommer pour rendre le modèle plus parlant : par exemple un taux de croissance, une probabilité. Il n'y en a pas dans le cas des ciments.

Étape 1.2 – Identifier les variables et les regrouper en un ou plusieurs tableaux

Elles sont souvent suggérées par les questions de l'énoncé. Les variables à un indice sont habituellement associées à une entité : ici, ce sont les quantités à produire pour chaque ciment j. On peut les grouper dans un vecteur x de n variables x_j. Nous verrons dans les chapitres 5 à 14 des cas plus compliqués, comme des variables x_{ij} modélisant la quantité de ressource i qui doit être affectée à une tâche j.

Étape 1.3 – Identifier les contraintes, les écrire en fonction des tableaux et les regrouper

Identifiez les contraintes, si nécessaire en détaillant certaines au brouillon pour mieux comprendre leur structure. N'oubliez pas les contraintes de signe des variables et veillez à la compatibilité des unités utilisées ! Essayez ensuite de les réécrire en fonction des tableaux créés aux étapes précédentes. Enfin, tentez de constituer des groupes génériques : chaque groupe rassemble les contraintes de même nature concernant une même entité et débute par un quantificateur $\forall$ (quel que soit) avec l'indice de l'entité concernée. Pour les ciments, on obtient le groupe de contraintes de ressources (2) du modèle du § 3.4.3.

Étape 1.4 – Fonction-objectif

La formulation de la fonction-objectif s'écrit de manière similaire : détaillez-la complètement si elle n'est pas trop longue, réécrivez-la en fonction des tableaux. Pour les ciments, on obtient l'expression (1) du modèle donné au § 3.4.2.

Étape 1.5 – Récapituler le PL générique sous forme mathématique

À ce stade, il est ensuite assez facile de transposer le modèle dans n'importe quel logiciel.

Phase 2 – Traduction en Excel

Cette phase a pour but de traduire le modèle générique dans la logique à deux dimensions d'Excel, avec des plages de cellules. Sans cette étape de préparation, on risque d'obtenir un modèle Excel peu lisible ou qui nécessitera de nombreux ajustements.

Étape 2.1 – Écrire la disposition au brouillon

a) *Identifier les valeurs intermédiaires à calculer*

Avant de placer les tableaux, il faut détecter les valeurs à calculer dans la feuille. En effet, rappelons que le solveur refuse les formules dans les membres de gauche des contraintes et n'accepte que des formules simples (sans références à des cellules) dans les seconds membres. Pour les ciments, il faut donc calculer les consommations de ressources, correspondant aux sommes des contraintes (2). Comme les autres informations, il faut les grouper en tableaux et les nommer, par exemple un vecteur U pour utilisation de ressource.

Dans certains cas, ces tableaux supplémentaires polluent la présentation mais en général ils sont utiles pour le décideur. Si on omettait les consommations de ressources, ce dernier les réclamerait, par exemple pour apprécier le taux d'utilisation du broyeur et du four.

b) *Placement (données, variables, valeurs intermédiaires et fonction-objectif)*

Chaque vecteur doit être représenté par une plage horizontale ou verticale de cellules, une matrice par un tableau rectangulaire de cellules. À part cela, la présentation est assez libre mais attention : bizarrement, pour un SOMMEPROD sur deux plages à une dimension, Excel exige des plages de même orientation, deux horizontales ou bien deux verticales. Voici une présentation possible :

Ciment j	1	2		
Vecteur c	50	70	Objectif z	
Vecteur x	0	0	0	

Matrice A			Vecteur b	U
1	40	30	360	0
2	20	30	480	0

c) *Préparer les formules de la feuille Excel*

Le brouillon sur papier ne doit pas faire référence aux cellules d'Excel car ces dernières vont dépendre de l'emplacement exact des tableaux dans la feuille de calcul. Nous conseillons donc de préparer les formules d'Excel en remplaçant les futures références de plages par les noms de tableaux du modèle mathématique. On note $T(i, *)$ et $T(*, j)$ la ligne i et la colonne j d'une matrice T. On obtient :

- fonction-objectif : $z = sommeprod\ (c; x)$
- consommation de ressource i : $U_i = sommeprod\ (A(i, *); x)$

Notez que les formules de consommations de ressources se ressemblent toutes, seul l'indice i de la ressource change. En Excel, il suffira donc de saisir uniquement la formule pour $i = 1$ et d'utiliser la poignée de recopie pour en déduire les autres.

d) *Préparer le modèle de la boîte de dialogue du solveur*

Les cellules à spécifier pour les variables et la fonction-objectif correspondent à x et z. Le sens de l'optimisation est *Max*. Pour les contraintes, il faut essayer de constituer des groupes génériques en utilisant la possibilité en Excel de comparer deux plages ou une plage à un nombre. Pour les ciments, on a $x \geq 0$ (chaque élément de x doit être non négatif) et $U \leq b$ (comparaison terme à terme entre les consommations de ressources et les disponibilités). Ainsi, on conserve la généricité du modèle mathématique : chaque groupe de contraintes du modèle mathématique (contraintes qui suivent un quantificateur $\forall$) donne lieu à une ligne de contrainte dans la boîte de dialogue du solveur.

Étape 2.2 – Créer le fichier Excel et le modèle

La traduction en Excel est immédiate à partir du brouillon sur papier. Il faut d'abord saisir les tableaux des étapes a) (données et variables) et b) (valeurs intermédiaires à calculer), en remplaçant les noms de tableaux du modèle mathématique par des libellés plus clairs pour les utilisateurs non spécialistes. Rappelons qu'il est conseillé d'utiliser un format nombre à 2 ou 3 décimales pour les cellules et d'initialiser à 0 les variables (placez un 0 dans la première variable et utilisez la poignée de recopie).

On saisit ensuite les formules dans les cellules à calculer et dans celle de la fonction-objectif, en remplaçant les noms de tableaux par les références exactes aux cellules. À ce stade, on peut aussi définir des noms de plages. Pour éviter des saisies inutiles dans les groupes génériques comme le tableau U, donnez la formule pour la première contrainte et utilisez la poignée de recopie. Pour visualiser toutes les formules et les vérifier, utilisez *Ctrl + accent grave* ou *Ctrl + #* selon les PC. On retrouve ainsi l'écran Excel du § 3.4.2.

Enfin, ouvrez la fenêtre du solveur pour spécifier la cellule de la fonction-objectif, le sens de l'optimisation, les variables et les contraintes, en cliquant sur les cellules plutôt qu'en saisissant leurs références. N'oubliez pas de spécifier *Modèle supposé linéaire* et *Supposé non négatif* dans les options. Il ne reste plus qu'à résoudre !

Nous conseillons de travailler la "décoration" (libellés parlants, couleurs, bordures de tableaux etc.) en dernier, quand la solution semble correcte. On ne peut pas prouver que la solution est optimale, mais on peut au moins vérifier que les contraintes sont respectées.

3.6 Quelques fonctions Excel utiles

Excel offre des fonctions très utiles et parfois peu connues, qui facilitent les opérations sur des plages de cellules et donc la définition des programmes linéaires. Dans ce qui suit, *plage* désigne une plage de cellules à une dimension comme A1:A5 ou deux comme A1:E5.

3.6.1 Fonctions non matricielles

SOMME(plage) calcule la somme des nombres d'une plage donnée.

SOMME.SI (plage1; critère; plage2) calcule la somme des nombres de plage2 tels que la cellule de même rang dans plage1 vérifie le critère. Si plage2 est omise, les nombres de plage1 vérifiant le critère sont cumulés. Exemple : SOMME.SI (A1:A3; ">0") calcule la somme des éléments positifs de la plage. SOMME.SI (A1:A3; C1; B1:B3) effectue la somme des éléments de B1:B3 tels que les éléments de même rang dans A1:A3 soient égaux à C1.

SOMMEPROD (plage1; plage2; …; plage$N$) calcule la somme des produits des nombres de même rang des plages, qui doivent posséder les *mêmes dimensions et orientations*. Contrairement aux mathématiques, Excel refuse donc le produit scalaire d'une plage horizontale et d'une verticale, mais il accepte un SOMMEPROD de deux matrices !

INDEX (plage; n° ligne; n° colonne). Cette fonction très puissante renvoie l'élément situé à l'intersection de la ligne et de la colonne, ce qui permet d'utiliser les plages comme des tableaux. Si la plage a une seule ligne (colonne), l'indice ligne (colonne) est facultatif. Par exemple : INDEX (A1:A8; 3) renvoie le contenu de la troisième cellule de la plage A1:A8 (A3). Si l'indice ligne (colonne) vaut zéro, la fonction renvoie la colonne (ligne) complète spécifiée par l'autre indice, mais il faut une formule matricielle (voir la section suivante).

3.6.2 Opérations matricielles

Excel permet des formules dites *matricielles*, qui renvoient un tableau de résultats au lieu d'une valeur unique. Ces formules doivent être écrites entre accolades. Ainsi, la formule =A1:A5+B1:B5 est refusée mais, si on indique {=A1:A5+B1:B5}, Excel comprend qu'on veut la somme terme à terme des deux vecteurs. On peut aussi saisir la formule sans accolades et finir avec *Ctrl + Maj+ Entrée* au lieu de *Entrée* : Excel ajoute les accolades.

Voici deux exemples générant des tableaux temporaires mais renvoyant un seul nombre :

{=SOMME (A1:A5*B1:B5)} : équivalent à =SOMMEPROD (A1:A5; B1:B5).
{=SOMME (A1:A5^2)} : calcule la somme des carrés de la plage A1:A5.

Voici maintenant un exemple d'utilisation bien commode, pour calculer une moyenne. Le premier écran qui suit donne pour trois produits le prix conseillé, le prix réel constaté et la moyenne. Il a fallu créer une colonne pour les écarts en % puis calculer la moyenne de ces écarts. On peut éventuellement cacher cette colonne si elle surcharge la présentation. Dans le second écran, on évite la colonne des écarts grâce à une formule matricielle. L'expression B2:B4/A2:A4 renvoie une plage d'écarts qui n'a qu'une existence temporaire, pendant le calcul de la formule. Ces deux exemples sont contenus dans les deux feuilles du classeur *C3-Moyennes* inclus dans les compléments du livre (voir l'annexe 2).

C7		▼	f_x	=MOYENNE(C4:C6)

	A	B	C	D	E
1	C3-Moyennes : calcul de moyenne, version 1.				
2					
3	Prix conseillé	Prix réel	Ecart en %		
4	3,10	3,45	11,29		
5	5,80	6,32	8,97		
6	4,20	4,33	3,10		
7		Moyenne	7,78		

B7		▼	f_x	{=(MOYENNE(B4:B6/A4:A6)-1)*100}

	A	B	C	D	E
1	C3-Moyennes : calcul de moyenne, version 2.				
2					
3	Prix conseillé	Prix réel			
4	3,10	3,45			
5	5,80	6,32			
6	4,20	4,33			
7	Moyenne	7,78			

Une formule matricielle peut renvoyer une plage. Par exemple, si on veut placer dans B1:B3 les éléments de la plage A1:A3, multipliés par 3, il faut sélectionner à la souris la plage pour le résultat (B1:B3), saisir =3*A1:A3 puis appuyer sur *Ctrl + Maj + Entrée*. Si on déplace le curseur sur une des cellules de B1 à B3, Excel indique la même formule matricielle {=3*A1:A3}.

Si une formule matricielle remplit un grand nombre de cellules, il n'est pas évident de retrouver toutes les cellules concernées. Pour identifier les cellules d'une même formule matricielle avec Excel 2003, il faut cliquer dans une des cellules contenant la formule, choisir *Édition/Atteindre/Cellules* puis *Matrice en cours* : Excel sélectionne alors toute la plage concernée, ce qui permet de modifier ou d'effacer la formule matricielle. Dans Excel 2007, cliquez sur *Rechercher et sélectionner* dans le groupe *Édition* de l'onglet *Accueil* puis sur *Sélectionner les cellules* puis *Matrice en cours*.

Dans les exemples précédents, on a vu que des opérations simples peuvent être interprétées matriciellement si on les met entre accolades. Il existe aussi quelques fonctions purement matricielles, comme :

- PRODUITMAT (plage1; plage2) : calcule le produit matriciel des deux plages, qui doivent être de dimensions compatibles (le nombre de colonnes de la première doit être égal au nombre de lignes de la seconde).

- TRANSPOSE (plage) : transpose la matrice donnée. Par exemple, pour effectuer un produit de matrices entre un vecteur-colonne de 5 éléments, A1:A5 et une matrice 5×5 C1:G5, il faut transposer : PRODUITMAT (TRANSPOSE (A1:A5); C1:G5).

Bien entendu, pour utiliser PRODUITMAT et TRANSPOSE, il faut d'abord sélectionner la plage de cellules qui va recevoir la matrice résultat.

3.7 Excel et les autres solveurs

Quels sont les avantages et inconvénients de résoudre des problèmes d'optimisation avec Excel ?

Commençons par les avantages. Excel est un logiciel simple mais puissant. Il est très répandu et la plupart des étudiants le connaissent. On peut l'utiliser, ainsi que son solveur, en dehors des cursus d'informatique car il n'est pas nécessaire de connaître un langage de programmation comme C++, Java ou Delphi. On bénéficie aussi des outils d'Excel comme la visualisation immédiate des résultats sous forme de graphiques. Si on possède en plus des notions de programmation, le langage Basic intégré (VBA) permet d'ajouter une interface plus élaborée (menus, boutons) et appeler le solveur en VBA. Ces facilités permettent de réaliser facilement de petits systèmes interactifs d'aide à la décision (SIAD). Enfin, le solveur d'Excel inclut un algorithme de programmation non linéaire.

Concernant les inconvénients, la logique bidimensionnelle d'Excel exerce une contrainte forte sur la traduction du modèle mathématique. Le solveur fourni par défaut est bridé et il faut acheter une version plus puissante pour résoudre de gros PL, mais c'est le cas de la plupart des logiciels d'optimisation du commerce. Le solveur n'offre pas de fonctions de bas niveau permettant de contrôler finement son exécution, par exemple pour ajouter des coupes ou faire de la génération de colonnes. Enfin, les formules dans Excel sont interprétées et la résolution est plus lente qu'avec un langage compilé.

Il existe d'autres produits basés sur des tableurs. *What's Best* de *Lindo Systems* est aussi un complément pour Excel mais il utilise les solveurs de cet éditeur. Le tableur de la suite bureautique du domaine public *OpenOffice* inclut un complément dont l'interface est quasiment identique à celle d'Excel, mais le solveur est un freeware appelé *LP-Solve*. Enfin, il existe le complément *Microsoft Solver Foundation* qui propose de lier activement Excel et un langage de modélisation propre. Le solveur est celui proposé par *GUROBI*.

Les logiciels de calcul scientifique incluent souvent un solveur de PL. C'est par exemple le cas de *MATLAB* avec son *Optimization Toolbox*, *GAUSS*, *Mathematica* et *Scilab*.

Parmi les logiciels plus spécialisés, on trouve les *solveurs*, c'est-à-dire des librairies de fonctions qui nécessitent l'écriture d'un programme informatique pour être appelées. Ils sont destinés à être inclus dans des applications nécessitant la résolution de problèmes d'optimisation. Ces produits sont les plus performants mais nécessitent des compétences en programmation. Les plus répandus sont probablement *CPLEX*, *XPRESS* et *GUROBI*. Il existe des freewares, comme *GLPK (GNU Linear Programming Kit)*, *LP-Solve* et *QSopt*.

Outre le système choisi pour Excel, on peut séparer le modèle mathématique des données en utilisant un logiciel appelé *modeleur*. Les modeleurs utilisent des langages proches de l'écriture mathématique pour décrire le modèle sous forme générique, avec des sommes de symboles indicés et des quantificateurs. Au moment de l'exécution, le modèle générique et les données sont combinés et traduits en un modèle de bas niveau résolu par un solveur. *IBM* propose ainsi *OPL Studio* pour le solveur *CPLEX*, tandis que la société *FICO* offre un langage de haut niveau appelé *MOSEL* pour le solveur *XPRESS*. Certains modeleurs comme *AMPL* sont ouverts et peuvent appeler différents solveurs du commerce. Même si les autres produits étaient conçus à l'origine pour un solveur propriétaire, la tendance est de permettre l'appel à d'autres solveurs, ce qui est utile pour la programmation non linéaire.

Certains logiciels peuvent être considérés comme des environnements de développement, avec un éditeur, un modeleur, un ou des solveurs et parfois des possibilités graphiques. C'est le cas d'*OPL Studio, AIMMS, GAMS, LINGO, MPL* et *XPRESS Optimization Suite*.

La liste suivante donne les principaux logiciels de programmation linéaire et les adresses Internet de leurs éditeurs, sans le *http://* pour alléger. Ces produits incluent au minimum un solveur de PL de type simplexe et un solveur de PLNE. Certains ajoutent un algorithme dual-simplexe, une méthode de points intérieurs ou un solveur pour la programmation quadratique (un programme quadratique a une fonction objectif contenant des carrés de variables et des produits de deux variables). Certains logiciels comme *AIMMS, Excel* et *LINGO* incluent même un solveur de PNL.

- AIMMS   *www.aimms.com*
- AMPL   *www.ampl.com*
- CPLEX, OPL Studio   *www-01.ibm.com/software/websphere/products/optimization*
- Excel (solveur)   *www.frontsys.com* ou *www.solver.com*
- GAMS   *www.gams.com*
- GAUSS   *www.aptech.com*
- GLPK   *www.gnu.org/software/glpk*
- GUROBI   *www.gurobi.com*
- HS/LP, OMNI   *www.haverly.com*
- LAMPS   *info@amsoft.demon.co.uk*
- LINGO, What's Best   *www.lindo.com*
- LOQO   *www.princetn.edu/~rvdb*
- LP-Solve   *lpsolve.sourceforge.net/5.5/IDE.htm*
- Mathematica   *www.wolfram.com*
- Solver Foundation   *www.solverfoundation.com*
- MOSEK   *www.mosek.com*
- MPL   *www.maximalsoftware.com*
- C-WHIZZ, OML   *www.keytronms.com*
- QSopt   *http://www.isye.gatech.edu/~wcook/qsopt*
- Scilab   *www.scilab.org*
- XA   *www.sunsetsoft.com*
- XPRESS   *www.fico.com*

La plupart de ces éditeurs offrent des versions gratuites, soit bridées, soit pleinement fonctionnelles mais limitées dans le temps. Sous certaines conditions, les universitaires peuvent souvent obtenir gratuitement des versions complètes (contacter les éditeurs).

Depuis notre livre de 2000 avec Visual Xpress, la société ILOG qui édite CPLEX est passée sous le contrôle d'IBM. Le concepteur de CPLEX, Robert Bixby, a fondé avec deux collègues la société GUROBI, dont les solveurs sont appelés à un brillant avenir. Enfin, nous regrettons que l'excellent solveur OSL d'IBM ne soit plus maintenu.

Ce livre n'aborde pas la programmation non linéaire, mais le lecteur pourrait un jour avoir besoin d'un solveur de PNL. Certains des produits déjà cités (AIMMS, Excel et LINGO) incluent en fait un tel solveur. Voici quelques références supplémentaires.

- AOA   *www.aimms.com*
- CONOPT   *www.conopt.com*
- KNITRO   *www.ziena.com*
- LANCELOT   *galahad.rl.ac.uk/galahad-www*
- LGO   *www.pinterconsulting.com*
- MINOS, SNOPT   *sbsi-sol-optimize.com*

3.8 Références et compléments

Ce chapitre a montré comment traduire sous Excel un programme linéaire simple. Le chapitre 4 expose comment utiliser le solveur en Visual Basic. Les chapitres 5 à 15 vont traiter des problèmes plus compliqués, souvent à variables entières et insolubles à la main.

La genèse du solveur d'Excel est décrite dans un article de Fylstra *et al.* [Fylstra, 1998]. Fourer *et al.* ont publié des articles similaires sur le développement d'*AMPL*, un langage de modélisation conçu dans les laboratoires d'ATT [Fourer 1990, 2003]. L'intérêt de ces articles est de révéler les problèmes de conception soulevés par ce genre de logiciel.

À part les manuels d'utilisation joints aux logiciels, il existe des livres pour présenter certains des produits cités au § 3.7. Ces ouvrages sont souvent accompagnés d'une version limitée du logiciel. Il existe ainsi un livre sur *GAMS*, écrit par ses concepteurs Brooke, Kendrick et Meeraus [Brooke 1992], mais il reste proche d'un manuel d'utilisation.

Les livres suivants sont plus intéressants, car plus axés sur la modélisation. Fourer, Gay et Kernighan ont écrit un livre très clair sur *AMPL* [Fourer 2002]. Schrage est l'auteur d'un livre sur *LINDO* qui fourmille d'exemples [Schrage 1997]. Concernant la modélisation d'applications choisies, Guéret, Prins et Sevaux ont publié en 2000 un livre en français basé sur *Visual XPRESS* [Guéret 2000]. Le présent ouvrage en reprend la plupart des problèmes, mais en les résolvant avec Excel. Quant au livre de 2000, il a été adapté en anglais pour le langage de modélisation *MOSEL* qui a remplacé *Visual XPRESS* [Guéret 2002].

Parmi les autres ouvrages en anglais, Williams a publié un recueil de vingt études de cas avec *XPRESS* [Williams 1993]. Plane [Plane 1994] a rédigé un livre basé sur *What's Best*, le complément pour Excel de Lindo Systems. Par ailleurs, on trouve des ouvrages plus généraux comme [Powell 2009], [Albright 2010] et [Ragsdale 2010] qui présentent des modélisations avec Excel de nombreux problèmes et utilisent de manière intensive des codes VBA. Mais ils ne consacrent qu'une petite partie à la programmation linéaire.

Enfin, citons deux références sur les logiciels existants. Fourer [Fourer 2009] publie tous les ans un comparatif des principaux logiciels commerciaux, dans le magazine *OR-MS Today* de la société US de recherche opérationnelle *(INFORMS)*. Un répertoire de logiciels et des *FAQ (Frequently Asked Questions* ou *foires aux questions)* sont disponibles sur le site *http://wiki.mcs.anl.gov/NEOS/*.

CHAPITRE 4

Visual Basic et le solveur

4.1 Introduction

Ce chapitre présente rapidement les bases du langage de programmation VBA et les fonctions permettant d'appeler le solveur d'Excel dans un programme VBA. Il est destiné aux lecteurs ayant des bases de programmation dans un langage comme C, Java, Delphi, Fortran ou Matlab. L'objectif est d'effectuer certains traitements utiles, comme le lancement du solveur grâce à un bouton ou la dissimulation de certains calculs pour ne pas encombrer la feuille Excel. Les chapitres d'application 5 à 14 contiennent quelques exemples d'utilisation conjointe du solveur avec VBA, mais ils sont en minorité. Ce chapitre peut donc être ignoré sans difficulté par les lecteurs ne sachant pas programmer.

Le § 4.2 indique comment démarrer le solveur et évoque les problèmes de sécurité. Les éléments de base du langage font l'objet du § 4.3 tandis que les compléments spécifiques à Excel sont décrits dans le § 4.4. Le § 4.5 concerne l'appel du solveur depuis VBA, en reprenant comme exemple le petit problème de fabrication de ciment du § 1.2. Les chapitres suivants sont annoncés dans le § 4.6, avant les références du § 4.7.

4.2 Lancement de VBA et sécurité

4.2.1 Lancement

Visual Basic est un langage de programmation de Microsoft. Il existe un compilateur pour écrire des programmes indépendants, comme en C, mais une version appelée VBA *(Visual Basic for Applications)* est incluse dans les principaux logiciels de Microsoft et dans d'autres logiciels commerciaux, comme le système d'information géographique ArcView de ESRI. Dans Excel, on accède à VBA avec les touches *Alt + F11* ou en cliquant sur l'icône *Visual Basic* de l'onglet *Développeur*. Si vous ne voyez pas cet onglet, cliquez sur le bouton Office, puis sur *Options Excel/Standard/Afficher l'onglet développeur*.

On peut ensuite créer un module VBA avec *Insertion/Module*. Cette commande ouvre une fenêtre vide pour saisir dans le module des blocs d'instructions appelés *macros*. Donnons en exemple une macro de type *procédure (subroutine)* pour afficher le message "Bonjour !".

```
Sub Message ()
   Call MsgBox ("Bonjour!")
End Sub
```

La procédure est encadrée par le mot *Sub*, suivi d'un nom de votre choix et d'une liste de paramètres entre parenthèses, et *End Sub*. Ici, la liste de paramètres est vide. Les mots *Sub* et *End* sont des *mots-clés*, faisant partie du langage. VBA indique les mots-clés en bleu et ajoute automatiquement *End Sub* dès qu'on a saisi la première ligne. On peut taper ainsi plusieurs macros à la suite dans un même module.

Placez le curseur sur le texte de la macro et presser F5 pour l'exécuter : une fenêtre avec un bouton *OK* affiche notre message sur la feuille Excel. Il y a trois autres façons courantes pour exécuter une macro : a) cliquer sur le bouton *Exécuter Sub/Userform* de la barre d'outils VBA (petit triangle bleu) ; b) associer la macro à un formulaire Excel comme un bouton (voir le § 4.4.5) ; c) utiliser la macro dans une formule Excel (également au § 4.4.5). Une macro longue peut être interrompue avec la commande *Exécution/Arrêt*.

Pour avoir un panorama du langage VBA, cliquez sur le bouton d'aide (?) de la fenêtre VBA : on peut ainsi consulter le manuel de référence du langage. On peut aussi obtenir une liste des fonctions disponibles avec l'explorateur d'objets (voir la section 4.4.1). Il est parfois pratique de disposer côte à côte les fenêtres Excel et VBA : pour cela, sous Windows Vista, effectuez un clic droit sur la barre des fenêtres en bas d'écran.

En cas d'erreur à l'exécution, VBA passe en mode débogage et indique la ligne fautive en jaune. L'utilisation du débogueur sort du cadre de ce livre. Pour quitter ce mode, choisissez *Exécution/Réinitialiser* ou cliquez sur le bouton *Réinitialiser* (carré bleu) de la barre d'outils. Pour quitter VBA, fermer sa fenêtre, appuyez sur *Alt + Q* ou utilisez le menu *Fichier/Fermer et retourner à Microsoft Excel*. La touche *Alt + F11* peut aussi être utilisée comme bascule pour afficher / cacher la fenêtre VBA.

En Excel 97-2003, tout fichier *(.xls)* peut contenir des macros. Outre les procédures et fonctions en VBA, les macros peuvent être des séquences de commandes enregistrées au clavier. Si on sauvegarde un fichier Excel, les macros sont enregistrées avec. En Excel 2007, on peut procéder de même en enregistrant avec le format *Classeur Excel 97-2003*. Sinon, Excel distingue désormais les fichiers sans macros *(.xlsx)* et avec macros *(.xlsm)*. Pour conserver vos macros en Excel 2007, il faut donc choisir le format *Classeur Excel prenant en charge les macros* au moment de l'enregistrement (mais Excel vous préviendra).

4.2.2 Sécurité des macros

Un internaute malveillant peut vous envoyer un fichier Excel cachant une macro qui va effacer votre disque dur ! En chargeant un fichier Excel qui contient des macros, Excel écrit un message d'avertissement de sécurité sous les barres d'outils et bloque les macros (voir l'écran suivant). En cliquant sur le bouton *Options* à droite du message puis sur *Activer ce contenu*, vous autorisez temporairement l'exécution des macros.

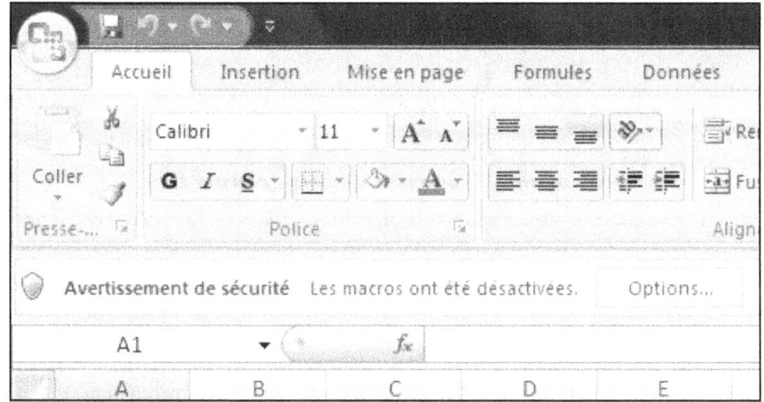

Pour éviter d'avoir à activer les macros à chaque chargement du fichier, la solution la plus simple est la définition d'un *emplacement approuvé*. Pour cela, choisissez un répertoire pour y stocker vos classeurs Excel contenant des macros. Dans Excel 2007, cliquez ensuite sur le bouton d'accueil d'*Office* puis sur *Options Excel*. Dans la liste de gauche, choisissez *Centre de gestion de la confidentialité*, puis *Paramètres du centre de gestion de la confidentialité*. Cliquez sur *Emplacements approuvés* dans la liste de gauche. Une fenêtre montre alors une liste de répertoires approuvés. Vous pouvez y ajouter le vôtre grâce au bouton *Ajouter un nouvel emplacement*. Utilisez de préférence le bouton *Parcourir* pour trouver votre répertoire et cliquez sur *OK*.

4.3 Bases du langage VBA

Comme C, Java ou Delphi, VBA permet de déclarer des variables et offre des instructions pour les calculs, les tests et les boucles. Cette section est une introduction express à ces éléments du langage, pour pouvoir réaliser de petits programmes de calcul. Ces composants représentent en quelque sorte le tronc commun du langage, valable quel que soit le logiciel hôte (Word, Excel, Visio etc.). Les ajouts spécifiques au VBA d'Excel font l'objet du § 4.4.

4.3.1 Commentaires, continuation de ligne et identificateurs

Ce qui suit une apostrophe est considéré comme un commentaire, mis en évidence en vert par VBA. Un commentaire peut être seul sur sa ligne ou suivre une instruction.

```
'Ceci est un commentaire
i = i+1 'On incrémente i
```

En VBA, on écrit une instruction par ligne, suivie éventuellement d'un commentaire. Sauf pour les instructions *Sub*, *Function*, *Else*, *ElseIf* et *End If*, on peut placer plusieurs instructions par ligne en les séparant par des deux-points, mais la lisibilité est dégradée. Une instruction peut continuer sur plusieurs lignes : on indique alors que la ligne n'est pas terminée en saisissant un espace suivi d'un blanc souligné (*underscore*) :

```
i = 1 : j = 2
i = 2*i _
   +3*j
```

Les identificateurs (mots-clés, noms de variables etc.) comportent 255 caractères maximum, incluant les lettres, les chiffres et le caractère souligné. Le premier caractère doit être une lettre et les caractères accentués ne sont pas admis. VBA est insensible à la casse : par exemple, *taux*, *TAUX* et *Taux* désignent la même variable. Chaque fois qu'on utilise une variable, l'éditeur de VBA reproduit la casse de la déclaration : par exemple si on déclare une variable *Prix* et qu'on saisit une instruction avec *prix*, VBA convertit *prix* en *Prix*.

4.3.2 Constantes

Les principaux types de constantes sont les constantes numériques entières comme 3, les numériques réelles comme 3.14 et les constantes chaînes de caractères comme "Bonjour". On peut déclarer des constantes nommées avec *Const* :

```
Const TVA As Integer = 19.6
```

VBA offre de nombreuses constantes prédéfinies. Elles commencent par *vb* et incluent par exemple les codes de couleur comme *vbRed*, *vbBlue* ou les réponses de boîtes de dialogue comme *vbOK* et *vbYesNo*. VBA pour Excel ajoute des constantes débutant par *xl*, par exemple les options de cadrage *xlLeft*, *xlRight* et *xlCenter* pour le contenu d'une cellule.

4.3.3 Variables

On déclare les variables avec une commande *Dim* qui précise leurs types. Les déclarations de variables et constantes peuvent être placées n'importe où, même entre deux instructions de calcul, mais il est plus propre de déclarer les variables locales d'une macro au début de celle-ci. On peut aussi déclarer une variable ou constante en début de module, avant la première macro : elle est alors utilisable dans toutes les macros du module.

```
Dim i As Integer      'entier court entre -32768 et +32767
Dim i As Long         'entier long entre -2147483648 et +2147483647
Dim x as Single       'réel simple précision,  7 chiffres significatifs max
Dim u As Double       'réel double précision, 15 chiffres significatifs max
Dim Nom As String     'chaîne de caractères
Dim OK As Boolean     'variable booléenne, valant False ou True
```

Excel offre aussi un type appelé *variant* :

```
Dim V As Variant
```

Comme les cellules du format *Standard* d'Excel, un variant peut contenir n'importe quoi : un nombre, une chaîne etc. VBA interprète les opérations selon le contenu actuel du variant. Ainsi, si V = "Bonjour", l'opération V = V + 1 est refusée car on ne peut pas ajouter un nombre à une chaîne. Les variants sont en général déconseillés car ils ralentissent les calculs. La déclaration des variables est facultative en VBA, mais toute variable utilisée mais non déclarée est considérée comme *Variant*. On peut rendre obligatoire la déclaration de toutes les variables en indiquant en début de module, avant la première macro :

```
Option Explicit
```

Les trois lignes suivantes sont des *déclarations multiples*. Attention à un piège de VBA : il vaut mieux répéter *As* pour chaque variable car une variable sans *As* est considérée comme *Variant* ! Ainsi, dans la troisième ligne, seul *j* reçoit le type *Integer* : *i* est de type *Variant*.

```
Dim i As Integer, j As Integer
Dim i As Integer, x As Single
Dim i,j As Integer
```

Les tableaux sont indicés par défaut à partir de 0 mais l'entier entre parenthèses est le dernier indice et non le nombre d'éléments, contrairement au langage C. Pour des tableaux indicés à partir de 1, saisissez *Option Base 1* en début de module. Une syntaxe plus sûre est de préciser les indices de début et de fin avec *To*, comme dans la troisième ligne ci-dessous. Il est interdit d'affecter une valeur ou un tableau à un tableau : il faut écrire une boucle.

```
Dim T(3) As Integer        'Tableau de 4 entiers T(0) à T(3)
Dim T(3) As Integer        '3 entiers T(1) à T(3) si Option Base 1
Dim T(2 To 10) As String   'Tableau de chaînes indicé de 2 à 10
```

4.3.4 Affectations et expressions

Voici quelques exemples de calculs d'expressions en VBA :

```
x = (a+b)*2
y = sqr(2*a-b/2)
Nom = "Nom:" & "Dupont"
```

On peut mener des opérations sur des chaînes, par exemple avec l'opérateur de concaténation "&" utilisé dans la troisième ligne. VBA dispose de fonctions mathématiques comme *sqr* (racine carrée). Les priorités des opérateurs sont comme en mathématiques : les fonctions d'abord, puis la multiplication et la division, puis l'addition et la soustraction. Les opérations de même priorité sont traitées de gauche à droite. Ainsi, dans $a + b*c - sqr(a)/2$, la racine carrée est évaluée d'abord, puis le produit $b*c$ et la division, et enfin l'addition et la soustraction. Ne pas hésiter à utiliser des parenthèses en cas de doute.

4.3.5 Tests et boucles

Les tests et les boucles ont une syntaxe simple et peuvent être emboîtés. Il n'y a pas d'accolades autour des conditions, contrairement à C, C++ ou Java.

Il existe trois formes pour les tests (instructions *If*). Dans l'exemple suivant, à droite, notez que l'opérateur *or* a une priorité inférieure à celles des opérateurs de comparaison, lesquels ont des priorités inférieures à celles des opérateurs arithmétiques : les parenthèses sont donc superflues. On pourrait aussi ajouter une clause *Else* après *ElseIf*.

```
If a - b Then          If a < b Then          If a < b+2 or c = 1 Then
   a = b+1                a = b+c                a = b+2
End If                 Else                   ElseIf a = b Then
                          b = 2                  b = 2
                       End If                 End If
```

Voici des exemples de boucles courantes :

```
For i = 1 to N      While i < N        Do While i < N      Do
  T(i) = 0             i = 2*i            i = 2*i              T(i) = T(i)+1
Next i              Wend               Loop                 Loop Until i = 5
```

La boucle *while* peut s'écrire de deux manières (au milieu). On peut aussi fermer un *For* avec un *Next* sans le compteur de boucle, mais les boucles emboîtées sont alors moins lisibles. On peut définir un incrément différent de 1, comme dans *For i = N to* 1 *step* -1. On peut sortir d'une boucle *For* avec un *Exit For* et d'une boucle *Do* avec un *Exit Do*.

Signalons que le *court-circuit des expressions booléennes* n'existe pas en VBA. Soit par exemple la recherche d'un entier X dans un tableau T de N entiers indicés de 1 à N. En Delphi, on peut écrire la boucle suivante. En sortie, X est trouvé si et seulement si $i <= N$.

```
i := 1;
While (i <= N) and (T[i] <> X) do Inc(i);
```

Supposons que X n'existe pas dans T. Après avoir testé le dernier élément $T[N]$, i est incrémenté et le terme ($i <= N$) devient faux. Delphi n'évalue pas le second terme du *and* car le premier terme faux implique que la condition toute entière est fausse. C'est ce qu'on appelle le *court-circuit des expressions booléennes* : l'évaluation de l'expression stoppe dès qu'un terme faux est trouvé dans un *and* ou un terme vrai dans un *or*.

Le court-circuit n'existant pas en VBA, on obtient une erreur si X n'est pas dans le tableau : en effet, la condition est évaluée complètement et compare X avec l'élément $T[N+1]$ qui n'existe pas. Il faut par exemple écrire :

```
For i = 1 To N
  If X = T(i) Then
    Exit For
  End If
Next i
```

4.3.6 Macros de type procédure

Contrairement aux fonctions vues dans la section suivante, les *procédures (subroutines)* sont des macros qui ne renvoient pas de valeur. Elles peuvent avoir ou non des arguments. Par exemple, nous rappelons ci-dessous la procédure sans arguments du § 4.2.1, qui affichait un message. Dans le même module VBA, on peut saisir la procédure *Test* (à droite) qui illustre un exemple d'appel avec *Call*. En pressant la touche *F5* sur le texte de *Test*, cette procédure s'exécute : elle appelle *Message*, qui appelle à son tour la macro prédéfinie *MsgBox*. On peut donc parfaitement concevoir des appels emboîtés de différentes macros.

```
Sub Message ()                    Sub Test()
   Call MsgBox ("Bonjour!")          Call Message
End Sub                           End Sub
```

Voyons maintenant l'utilisation d'arguments, dans un module VBA avec deux procédures *Surface* et *Test*. La première possède trois arguments de type réel simple précision *(Single)* : une longueur L, une largeur W, et une surface S. Elle calcule la surface $S = L \times W$. Il faut préciser le type de chaque argument pour éviter le type *Variant* pris par défaut.

Test appelle *Surface* pour un rectangle 3.2×8.4 (26.88), puis la fonction *MsgBox* du § 4.3.8 pour afficher la chaîne de caractères "Surface =", suivie de la valeur trouvée. L'opérateur de concaténation "&" a une propriété intéressante : il transforme tout opérande numérique (ici *Surf*) en chaîne. Si on écrit *Call MsgBox ("Surface = " & Format(Surf, "0.0"))*, le réel *Surf* est converti explicitement en chaîne avec la fonction *Format* , dont le second argument spécifie le nombre de décimales conservées ; on obtient 26.9 à l'affichage.

```
Sub Surface (L As Single, W As Single, S As Single)
  S = L * W
End Sub
Sub Test ()
  Dim Surf As Single
  Call Surface (3.2, 8.4, Surf)
  Call MsgBox ("Surface = " & Surf)
End Sub
```

Pour exécuter *Test*, il suffit de placer le curseur sur son texte et de presser la touche F5. Par contre, presser F5 sur le texte de *Surface* n'a aucun effet car cette procédure nécessite des arguments : elle ne peut être appelée que par une autre macro.

Par défaut, le passage des arguments s'effectue par adresse. On peut aussi préciser explicitement si le passage est par valeur *(ByVal)* ou par adresse *(ByRef)*. Ci-dessous, on a réécrit *Surface* en précisant le mode de passage. On a préféré placer *ByVal* pour *L* et *W*, puisque ces arguments ne sont pas modifiés dans la procédure.

```
Sub Surface (ByVal L As Single, ByVal W As Single, ByRef S As Single)
S = L * W
End Sub
```

Le passage de tableaux se fait simplement en VBA, comme dans la procédure *Augmente* ci-dessous. L'argument tableau *Tableau* apparaît dans la liste de paramètres comme après une instruction *Dim*, sauf que la taille n'est pas spécifiée : la paire de parenthèses est vide. La procédure augmente les éléments de *Tableau* en les multipliant par le facteur *Taux*.

```
Sub Augmente (Taux As Single, Tableau() As Single)
  Dim i As Integer
  For i = LBound(Tableau) To UBound(Tableau)
    Tableau(i) = Tableau(i) * Taux
  Next i
End Sub
```

Si on passe toujours des tableaux de même taille, on peut utiliser les vrais indices de début et de fin dans le *For*. Cependant, les fonctions *LBound (lower bound)* et *UBound (upper bound)* permettent une forme plus générale : on peut passer des tableaux de taille variable.

Il n'est pas possible de transmettre un tableau par valeur *(ByVal)*, contrairement à un langage comme Delphi. Le code suivant montre un exemple d'appel à *Augmente*, pour augmenter de 10 % les éléments d'un tableau *T* de trois réels. Les trois éléments augmentés sont convertis en chaînes puis concaténés en une chaîne unique, affichée avec *MsgBox*.

```
Sub Test ()
  Dim T(2) As Single, i As Integer, Chaine As String
  T(0) = 13.6
  T(1) = 14.2
  T(2) = 24.9
  Call Augmente (1.1, T)
  Chaine = ""
  For i = 0 To 2
    Chaine = Chaine & Format(T(i), "0.00") & " "
  Next i
  MsgBox ("Tableau augmenté : " & Chaine)
End Sub
```

4.3.7 Macros de type fonction

Voici une fonction qui convertit une température *Temp* donnée en degrés Celsius en degrés Kelvin : le zéro absolu correspond à 0° K ou -273° C. À part le mot *Function* au lieu de *Sub*, la grande différence est que la fonction renvoie une valeur, unique. Cette valeur est représentée par le nom de la fonction, c'est pourquoi il faut préciser son type, ici *Single*. L'expression calculée est donc affectée à *Kelvin* et non à un argument de la fonction.

```
Function Kelvin (Temp As Single) As Single
  Kelvin = Temp + 273
End Function
```

La fonction représentant une seule valeur, elle peut être utilisée comme un nombre dans des expressions de calculs, par exemple *X = Kelvin(T)*Y*, ou comme argument dans un appel à une autre macro, par exemple : *Call MsgBox ("20° C en ° K : " & Kelvin(20))*.

On peut écrire des fonctions renvoyant des chaînes de caractères *(String)*, mais pas des tableaux puisqu'ils contiennent plusieurs valeurs. Comme pour les procédures, une fonction peut modifier ses arguments s'ils sont transmis par adresse *(ByRef)*, mais cette pratique est déconseillée.

Il est temps maintenant d'aborder deux bizarreries de VBA qui peuvent surprendre les programmeurs des autres langages.

La première est la possibilité d'appeler une procédure ou fonction avec des *arguments nommés*, c'est-à-dire que l'appel précise les noms des arguments, tels qu'ils sont écrits dans la définition de la macro. Ceci permet de changer l'ordre de passage des arguments ou de préciser les arguments transmis dans le cas de macros à arguments facultatifs. Par exemple, pour une procédure *Sub Toto (X As Integer, Y As Single)*, les appels suivants sont équivalents pour un entier *A* et un réel *B* : *Call Toto (A, B)*, *Call Toto (X := A, Y := B)* et *Call Toto (Y := B, X := A)*.

La seconde bizarrerie est qu'on ne doit pas encadrer une liste d'arguments par des parenthèses si on ne place pas *Call* devant un appel de procédure, ou si on ne veut pas utiliser la valeur renvoyée par une fonction. Prenons la procédure *Augmente* du § 4.3.6 et *MsgBox*. *MsgBox*, qui est présentée dans la section suivante, est en fait une fonction qui renvoie le type de bouton qui a été pressé par l'utilisateur pour fermer la fenêtre après avoir lu le message.

```
Call Augmente (1.1, T)                       'correct
Augmente (1.1, T)                            'erreur
Augmente 1.1, T                              'correct
Answer := MsgBox ("Continuer?", vbYesNo)     'correct
Call MsgBox ("Bonjour!", vbOKOnly)           'correct
MsgBox ("Bonjour!", vbOKOnly)                'erreur
MsgBox "Bonjour!", vbOKOnly                   'correct
MsgBox "Bonjour!"                             'correct
MsgBox ("Bonjour!")                          'correct
```

Ci-dessus, l'appel à la procédure *Augmente* ne peut se faire que de deux façons : soit avec *Call* et des arguments entre parenthèses, soit sans *Call* et avec des arguments sans parenthèses. La situation est plus complexe pour la fonction *MsgBox*. Le premier appel utilise la constante *vbYesNo* pour afficher deux boutons *Oui* et *Non*. Il s'agit d'un appel normal de fonction, avec des parenthèses, car on veut récupérer dans la variable entière *Answer* le code du bouton choisi par l'utilisateur. Dans les autres appels, la valeur renvoyée est ignorée car on n'utilise que le bouton *OK* (bouton par défaut). La fonction est donc appelée comme une procédure, avec les mêmes règles de syntaxe.

On note cependant une anomalie sur la dernière ligne : VBA accepte l'absence de *Call* quand on utilise des parenthèses avec un seul argument pour *MsgBox*, alors qu'il signale une erreur si on effectue la même chose avec une procédure à un seul argument !

Pour rester proche des langages de programmation classiques, nous déconseillons la syntaxe sans parenthèses. Il faut donc toujours utiliser *Call* pour un appel de procédure ou pour un appel de fonction dont on ne souhaite pas récupérer la valeur renvoyée. Si vous ne programmez qu'en VBA, cette habitude vous facilitera la transition vers un autre langage.

4.3.8 Lectures et écritures

Notre objectif étant la programmation de petits calculs pour faciliter l'optimisation en Excel, nous présentons seulement l'écriture de messages à l'écran et la lecture de quelques données au clavier : les traitements de fichiers sortent du cadre de cet ouvrage.

On peut afficher une petite fenêtre avec un message, via la fonction *MsgBox* dont la forme générale est : *Answer = MsgBox (Prompt, Buttons, Title)*. *Prompt* est le texte du message, écrit à l'intérieur de la fenêtre. *Buttons*, facultatif, est un code numérique pour changer les boutons à cliquer qui servent à fermer la fenêtre du message. Par défaut, ce paramètre est égal à la constante *vbOKOnly* et fait apparaître un bouton *OK*. *Title*, facultatif, permet de donner un titre à la fenêtre. Par défaut, le nom de l'application (Excel) est affiché. *Answer* est une variable de type *Integer* qui permet de récupérer le code du bouton cliqué.

Par exemple, l'appel *Call MsgBox ("Bonjour !")* affiche la fenêtre suivante, avec par défaut un bouton *OK*. L'appel est de type procédure car on ne récupère pas le code bouton.

Outre *vbOKOnly*, VBA offre d'autres constantes pour les boutons : *vbOKCancel* (deux boutons, *OK* et *Annuler*), *vbYesNo* (deux boutons, *Oui* et *Non*) etc. De même, les réponses peuvent être comparées avec des constantes comme *vbYes*, *vbNo*, *vbOK*, *vbCancel*. Ci-dessous, le message est obtenu en concaténant deux chaînes avec &. Cet opérateur accepte des opérandes entiers ou réels et les convertit en chaînes, comme dans le premier appel. Le second appel est préférable pour contrôler la précision : la fonction *Format* convertit *T(i)* en chaîne, son second argument "0.00" signifiant qu'on veut deux décimales.

```
Call MsgBox ("Prix = " & T(i))
Call MsgBox ("Prix = " & Format (T(i),"0.00"))
```

Ci-dessous, on utilise une variable entière *Result* pour tester la réponse. Grâce à *vbYesNo*, le bouton *OK* est remplacé par deux boutons *Oui* et *Non*. On teste la réponse avec un *If*.

```
Result = MsgBox ("Voulez-vous arrêter ?", vbYesNo)
If Result = vbYes Then
  Call MsgBox ("Vous avez cliqué sur Oui")
Else
  Call MsgBox ("Vous avez cliqué sur Non")
EndIf
```

Donnons maintenant un titre *Attention* à la fenêtre. On peut omettre le paramètre *Boutons*, soit avec une double virgule, soit en utilisant les paramètres nommés décrits au § 4.3.7.

```
Result = MsgBox ("Arrêt du programme",, "Attention")
Result = MsgBox (Prompt := "Arrêt du programme", Title := "Attention")
```

On peut demander la saisie d'un nombre ou d'une chaîne de caractères avec *InputBox*, qui a la syntaxe suivante : *Answer = InputBox (Prompt, Title, Default)*. *Prompt* et *Title* ont les mêmes rôles que dans *MsgBox*. *Title* et *Default* sont facultatifs. La fonction affiche le message, un champ de saisie et deux boutons *OK* et *Annuler*. On doit saisir dans le champ une constante compatible avec la variable *Answer*, par exemple une chaîne de caractères si *Answer* est déclarée de type *String*. *Default* est une valeur servant à initialiser le champ de saisie. Sans ce paramètre, le champ est initialisé à vide.

Dans les deux lignes suivantes, on demande la saisie d'un prix. Si on veut des décimales (centimes d'euros), il faut déclarer *Prix* comme un réel *(Single ou Double)*.

```
Prix = InputBox ("Taper le prix :")
Prix = InputBox ("Taper le prix :", "Saisie du prix")
```

Les lignes suivantes demandent un nombre de places, une par défaut. On indique que l'argument *Title* manque, avec une double virgule ou bien en nommant l'argument *Default*.

```
Places = InputBox ("Nombre de places : ",, 1)
Places = InputBox ("Nombre de places : ", Default:=1)
```

4.4 Communication avec Excel

4.4.1 Les objets

VBA peut communiquer avec Excel grâce à des objets comme *Application*, *WorkSheet*, *Range* etc. Ces objets disposent de *méthodes* et de *propriétés*. En simplifiant, les méthodes sont des macros agissant sur l'objet, tandis que les propriétés sont des références aux composants de rang inférieur dans l'arborescence hiérarchique de l'objet. Par exemple, l'objet *Range* désigne une plage de cellules. Il a une méthode *Clear* pour effacer toutes les cellules et une propriété *Cells* qui sert à spécifier une cellule particulière de la plage.

Pour voir les objets disponibles, cliquez sur *l'explorateur d'objets* de la barre d'outils VBA ou sur *F2*. En cliquant sur un objet, on visualise la liste de ses méthodes et propriétés. Pour obtenir des explications sur une méthode, sélectionnez son nom avec la souris, effectuez un clic droit et choisissez *Aide* dans le menu contextuel. L'explorateur se ferme avec un clic droit et *Masquer*.

4.4.2 Accès aux cellules avec Range

L'objet *Range* (plage) est le plus utilisé. Il désigne une cellule, une plage de cellules à une ou deux dimensions, voire même un ensemble de plusieurs plages non contigües.

```
Range("A1")                                   'plage réduite à A1
Range("A1:C3")                                'plage de cellules 3x3
Range("A1","C3")                              'syntaxe équivalente
```

Les lignes suivantes donnent des exemples de méthodes (deux premières lignes) ou de propriétés (lignes suivantes) de l'objet *Range* :

```
Range("A1:A5").ClearContents                  'efface valeurs+formules
Range("A1:A5").Clear                          'efface aussi le formatage
Range("A1:A5").Value = 1                      'remplit avec la valeur 1
Range("A1:A5") = 1                            'syntaxe équivalente
Range("A1").Font.Bold = True                  'met texte en gras
Range("A1:A5").Font.Size = 14                 'met taille à 14 points
Range("A1:A5").Font.Name = "Times New Roman"  'police de caractères
Range("B1") = Range("A1:A5").Columns.Count    'nb colonnes de la plage
Call MsgBox (Range("A1:A5").Rows.Count)        'nb lignes de la plage
Range("A2:C4").Rows(2) = 3                     'met 3 dans A3:C3
Call MsgBox (Range("A1:A5").Address)           'affiche la chaîne A1:A5
Range("A1","A5").NumberFormat = "0.00"         'nombre à 2 décimales
Range("A1:C3").Borders.LineStyle = xlContinuous 'trace un quadrillage
Range("A1:A5").HorizontalAlignment = xlCenter  'centre le contenu
```

La syntaxe est assez déroutante et mérite quelques explications. Une propriété comme *Font* renvoie en fait un objet, qui a aussi des propriétés comme *Bold*, *Size* et *Name*. Ceci permet de descendre dans la hiérarchie, en écrivant par exemple *Range("A1").Font.Bold = True*. Certaines propriétés comme *Rows*, *Columns* et *Borders* renvoient un ensemble (plage de cellules ou collection). Elles ont toujours un nom au pluriel. Par exemple, *Rows* renvoie l'ensemble des lignes de la plage spécifiée : on peut ensuite appliquer une propriété comme *Count* ou accéder à une des lignes, comme dans *Range("A2:C4").Rows(2) = 3*.

On constate aussi que certaines propriétés comme *Count* et *Address* sont en lecture seule : elles renvoient une valeur mais il est impossible de leur affecter une valeur. Toutes les autres propriétés sont en lecture/écriture. Ainsi, l'exemple *Range("A1").Font.Bold = True* met en gras la cellule A1 mais on peut aussi écrire *Call MsgBox(Range("A1").Font.Bold)* pour afficher avec *Vrai* ou *Faux* le statut de la cellule.

Normalement, on ne doit manipuler un objet qu'à l'aide des méthodes et propriétés fournies. Par exemple, il n'y a pas d'erreur à l'exécution pour l'instruction suivante mais le contenu de B1:B2 n'est pas copié dans A1:A2. En fait, cette instruction équivaut à une affectation du pointeur vers l'objet plage B1:B2 au pointeur vers l'objet plage A1:A2 !

```
Range("A1:A2") = Range("B1:B2")
```

Pour copier des contenus de plages, il faut utiliser la propriété *Value* ou une méthode appelée *Copy*. Dans la première ligne suivante, le *Value* de droite renvoie un tableau variant de valeurs, utilisé par la propriété *Value* de gauche pour remplir les cellules de A1:A2. La ligne suivante avec *Copy* est équivalente. La dernière ligne copie la troisième colonne de la matrice "A2:C4" dans la deuxième colonne.

```
Range("A1:A2").Value = Range("B1:B2").Value
Call Range("B1:B2").Copy(Range("A1:A2"))
Range("A2:C4").Rows(2).Value = Range("A2:C4").Rows(3)
```

Les exemples suivants montrent cependant que la syntaxe de VBA est assez laxiste. En écriture, *Value* est la propriété par défaut, ce qui fait que les trois instructions :

```
Range("A1:A5").Value = 1
Range("A1:A5").Value = Range("A8").Value
Range("A1:A2").Value = Range("B1:B2").Value
```

Sont respectivement équivalentes à :

```
Range("A1:A5") = 1
Range("A1:A5") = Range("A8").Value
Range("A1:A2") = Range("B1:B2").Value
```

Comme *Range("A8").Value* ne renvoie qu'une valeur, on peut même simplifier la deuxième ligne ci-dessus en *Range("A1:A5") = Range("A8")*. Par contre, *Value* reste obligatoire pour la dernière ligne.

La propriété *Formula* met dans une cellule une formule donnée sous forme de chaîne de caractères. Elle doit respecter la syntaxe US d'Excel, avec des noms de fonctions en anglais et des virgules entre les paramètres. Si on inspecte A1 après l'instruction suivante, Excel a francisé la formule en "=somme(B1:B5;C1:C5)".

```
Range("A1").Formula = "=SUM(B1:B5,C1:C5)"
```

La propriété *FormulaLocal* est similaire, sauf que la formule doit respecter la langue de la version d'Excel installée sur votre PC. Les codes VBA utilisant *FormulaLocal* sont moins portables, car les formules doivent être modifiées selon la version d'Excel.

```
Range("A1").FormulaLocal = "=SOMME(B1:B5;C1:C5)"
```

On peut référencer une plage avec un nom (sans espaces), comme en Excel :

```
Range("A1","A5").Name = "Liste"
Range ("Liste") = 1
```

Ou avec une variable objet de type *Range*, qui permet des écritures plus compactes. Ci-dessous, la variable objet *R* de type *Range* "pointe" vers la plage A1:A5 grâce au mot-clé obligatoire *Set*. On peut ensuite remplacer les références explicites à la plage par *R*.

```
Dim R As Range
Set R = Range("A1:A5")
R.Clear
```

Pour une plage S, $S.Cells(i, j)$ ou $S(i, j)$ est la cellule sur la ligne i et la colonne j à partir du coin supérieur gauche de S, considéré comme $S.Cells(1,1)$. Cette propriété permet d'utiliser les plages comme des tableaux indicés à partir de 1. Les indices ne doivent pas sortir de la plage. On peut préciser un seul indice si S a une seule ligne ou une seule colonne.

```
Range("A1:C1").Cells(1,2) = 1       'met 1 dans B1
Range(("A1:C1")(1,2) = 1            'écriture équivalente
Range("A1:C1").Cells(2) = 1        'met 1 dans B1
Range("A1:A3").Cells(2) = 1        'met 1 dans A2
Cells(2,2) = 1                      'feuille active par défaut : met 1 dans B2
```

Pour traiter comme un tableau de taille $M \times N$ une plage commençant à une certaine cellule, on peut utiliser les propriétés *Row* et *Column*. Cependant, la solution vue précédemment avec une variable de type *Range* et un *Set* est plus lisible.

```
ideb = Range("C5").Row              'n° de ligne de C5 (5)
jdeb = Range("C5").Column           'n° de colonne de C5 (3)
For i = ideb to ideb + M -1
  For j = jdeb to jdeb + N - 1
    Cells(i,j) = 1
  Next j
Next i
```

Contrairement à *Cells* qui spécifie une seule cellule, $S.Offset(i, j)$ représente la plage S toute entière mais décalée de i lignes et j colonnes. Les décalages nuls ou négatifs sont possibles.

```
Range("A1").Offset(1,0) = 2      'met 2 dans "A2"
Range("B2").Offset(-1,-1) = 1    'met 1 dans "A1"
Range("A1:B1").Offset(0,2) = 1   'décalage de A1:B1 : met 1 dans C1:D1
```

On doit parfois gérer une plage de taille inconnue. Soit une colonne de nombres de hauteur inconnue à partir de la cellule A1 incluse. La propriété *End(xlDown)* renvoie la dernière cellule non vide si on descend à partir de A1. Si A1 est vide, elle renvoie par contre la dernière cellule vide en allant vers le bas. Les constantes de directions *xlToLeft* et *xlToRight* ne doivent pas être confondues avec les constantes de cadrage *xlLeft* et *xlRight*.

```
Range("A1").End(xlDown)           'ou xlUp ou xlToLeft ou xlToRight
```

On peut ensuite déterminer la plage et son nombre de cellules, de lignes ou de colonnes.

```
Dim Derniere_Cellule As Range, Plage As Range, Nombre_Lignes As Integer
Set Derniere_Cellule = Range("A1").End(xlDown)
Set Plage = Range("A1", Derniere_Cellule)
Nombre_Lignes = Plage.Rows.Count
```

Les lignes suivantes détectent de la même façon la plage rectangulaire de cellules non vides contenant la cellule non vide D7. En fait, on peut écrire la même chose plus simplement, avec l'instruction : *Set Plage = Range("D7").CurrentRegion*.

```
Dim CSG As Range, CID As Range 'Coins supérieur  gauche et inférieur droit
Set CSG = Range("D7").End(xlUp)    : Set CSG = CSG.End(xlToLeft)
Set CID = Range("D7").End(xlDown)  : Set CID = CID.End(xlToRight)
Set Plage = Range(CSG,CID)
```

Souvent, on doit effectuer des calculs comme une somme sur une plage P de taille variable. On peut écrire deux boucles avec des indices variant de 1 à $P.Rows.Count$ et 1 à $P.Columns.Count$, mais VBA offre une instruction bien pratique, le *For Each*. La variable qui balaie la plage doit être de type *Range* et il n'y a rien après le mot-clé *Next* :

```
Dim Cell As Range, Total As Integer
Total = 0
For Each Cell in P
  Total = Total + Cell
Next
```

On a ainsi une seule boucle, indépendante de la taille du tableau. On peut aussi programmer un *For Each i in T*, avec un tableau T, à condition d'utiliser un index i de type *Variant*.

4.4.3 Accès aux fonctions d'Excel

On peut récupérer les fonctions d'Excel en tant que méthodes de l'objet *WorksheetFunction*. Par exemple, pour calculer dans A1 la somme des éléments de B1:B2 et de C1:C2 :

```
Range("A1") = WorksheetFunction.Sum(Range("B1:B2"), Range("C1:C2"))
```

Attention ! La fonction attend des arguments de type *Range*, pas des chaînes de caractères : le mot *Range* est obligatoire. De plus, les noms de fonctions doivent être en anglais et les arguments séparés par des virgules. Cette technique est utile pour récupérer des fonctions comme *Min* et *Max*, qui n'existent pas en VBA. On obtient le même résultat avec *Range("A1").Formula = "=SUM(B1:B2,C1:C2)"*, mais la formule reste dans A1. La propriété *FormulaLocal* est similaire mais attend une syntaxe française pour les formules.

On peut appliquer une fonction d'Excel sur une constante ou variable VBA ; en revanche, il est impossible de l'appliquer à une seule cellule sans utiliser *Range* :

```
y = 3.9 : z = WorkSheetFunction.Log(3.9)  'correct
z = WorkSheetFunction.Log(y)              'correct
z = WorkSheetFunction.Log("A1")           'incorrect
z = WorkSheetFunction.Log(Range("A1"))    'correct
```

Signalons quelques conflits entre fonctions Excel et VBA. VBA inclut quelques fonctions mathématiques qui ne peuvent pas être remplacées par les fonctions Excel équivalentes ; ce sont : *Sin*, *Cos*, *Tan*, *Atn* (arc tangente), *Exp* (exponentielle), *Sqr* (racine carrée) et *Abs* (valeur absolue). Ainsi, *z = WorksheetFunction.Abs(Range("A1"))* produit une erreur, tandis que *z = Abs(Range("A1"))*, basé sur la fonction VBA est correct !

Quelques rares fonctions ont des noms différents ou des syntaxes différentes en Excel et VBA. Ainsi, le logarithme naturel s'écrit *Ln* en Excel et *Log* en VBA. Par contre, la fonction Excel *Log* désigne le logarithme décimal, désigné par *Log10* en VBA ! *Round* (arrondi) possède un second paramètre, facultatif en VBA, pour spécifier le nombre de décimales. En Excel, ce paramètre est obligatoire !

Enfin, de nombreuses fonctions d'Excel ne sont pas disponibles en VBA, les plus courantes étant *Min* et *Max*.

4.4.4 Instruction With

Elle permet d'alléger l'écriture en évitant de répéter le nom de l'objet. Les lignes suivantes nécessitent de spécifier trois fois la plage A1:A5.

```
Range("A1","A5").Font.Name = "Times New Roman"  'police de caractères
Range("A1","A5").Font.Bold = True 'met en gras
Range("A1","A5").Font.Size = 14 'taille 14 points
```

On peut spécifier une seule fois la plage grâce à un *With* qui encapsule les trois instructions.

```
With Range("A1","A5")
  .Font.Name = "Times New Roman" 'police de caractères
  .Font.Bold = True 'met en gras
  .Font.Size = 14 'taille 14 points
End With
```

On peut placer plusieurs objets dans le *With*. Ci-dessous, il n'y a pas de confusion car *Round* est une méthode de *WorkSheetFunction* et *.Font.Size* une propriété de *Range*.

```
With Range("A1"), WorkSheetFunction
  .Font.Size = Round(12.5)
End With
```

Attention ! En cas d'ambiguïté, le dernier *With* s'applique :

```
With Range ("A1")
  .Font.Size = 12    'A1 a une taille de 12 points
  With Range("A2")
    .Font.Size = 11  'A2 a une taille de 11 points
  End With
End With

With Range("A1"),Range("A2")
  .Font.Size = 10     'ici c'est A2 qui reçoit la taille de 10 points !
End With
```

4.4.5 Appel d'une macro depuis Excel

On peut déclencher l'exécution d'une macro VBA en cliquant sur un objet graphique ou sur un formulaire. Dans l'écran suivant (classeur *C4-Message* des compléments du livre), on associe la procédure *Message* du § 4.2.1 à un clic sur un rectangle qui contient le texte "Dis-moi bonjour".

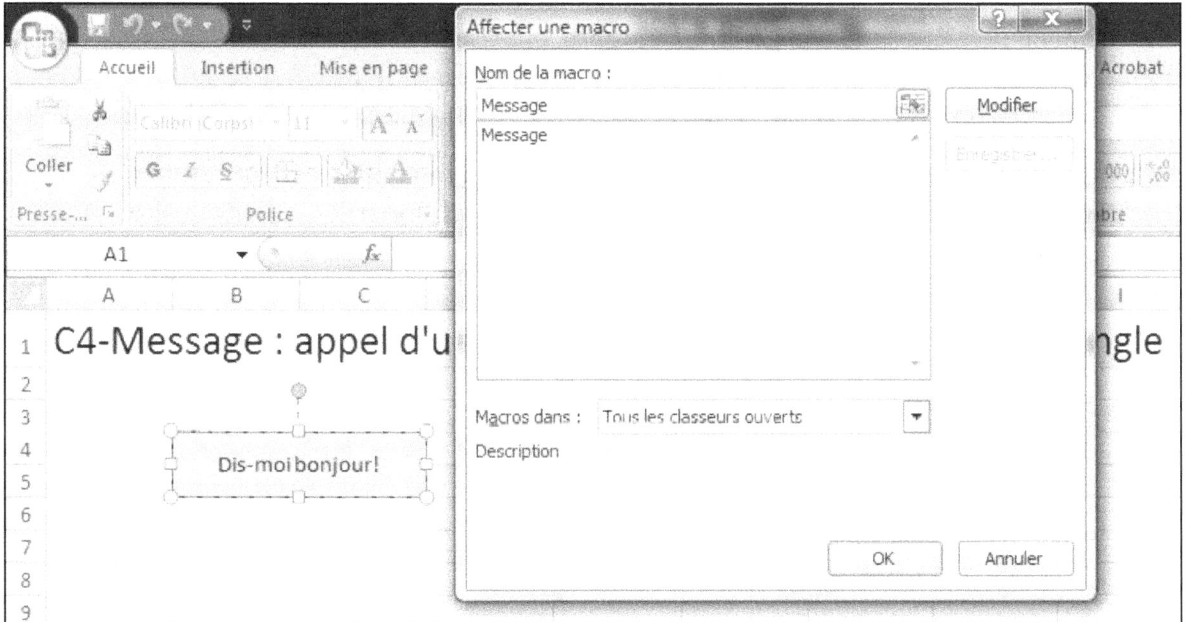

En Excel 2007, pour associer une macro à un objet graphique, sélectionnez *Insérer/Formes* dans l'onglet *Insertion* d'Excel, choisissez le type d'objet, par exemple un rectangle, dessinez-le avec la souris puis effectuez un clic droit pour entrer un texte et associer un nom de macro.

Pour associer une macro à un formulaire, choisissez *Insérer/Contrôle de formulaire* dans l'onglet *Développeur* d'Excel, choisissez le contrôle (par exemple un bouton rectangulaire) et précisez le texte et la macro à exécuter. Voir le § 4.2.1 si l'onglet développeur est invisible. Dans le cas d'un rectangle, la seule différence d'aspect entre le formulaire et l'objet graphique est le léger relief du bouton de formulaire. Par contre, les formulaires permettent des présentations plus complexes : boutons radio, menus déroulants, etc.

Il est également possible d'appeler une fonction VBA dans une formule Excel. L'exemple suivant montre comment calculer la moyenne avec une fonction qui renvoie un nombre réel, calculé avec un *For Each*, pour une plage quelconque passée en paramètre. On peut ensuite utiliser la fonction dans une cellule d'Excel, par exemple *=MaMoyenne("A1:A5")*. Le classeur Excel *C4-MaMoyenne* contient cette macro et un exemple d'utilisation.

```
Function MaMoyenne (T As Range) As Double
  Dim Cell As Range, Total As Double
  Total = 0
  For Each Cell In T
    Total = Total + Cell
  Next
  MaMoyenne = Total / T.Count
End Function
```

4.4.6 Un exemple plus compliqué

Considérons l'écran suivant : un utilisateur a saisi une liste de trois villes, avec leurs coordonnées dans un repère (X, Y) en kilomètres. On veut afficher sous la liste une matrice des distances entre ces villes, avec des nombres centrés à deux décimales. Pour compliquer, le traitement doit être valable pour un nombre quelconque de villes, à condition que la première ville soit toujours sur la ligne 4. La position de la matrice et sa taille vont donc varier. De plus, on souhaite deux boutons, pour calculer la matrice et pour l'effacer.

Il s'agit de calculs difficiles à mener avec Excel seul : nous allons créer un module VBA avec deux procédures *Calculer_Matrice* et *Effacer_Matrice* pour les calculs désirés.

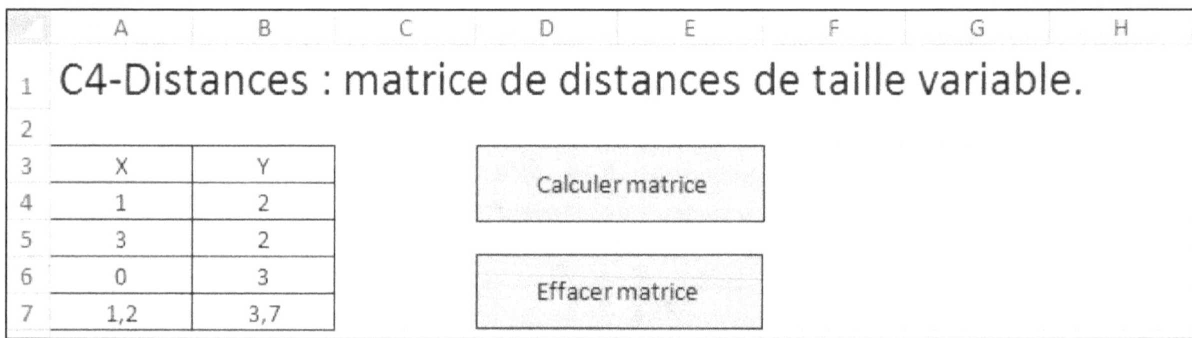

Dans *Calculer_Matrice*, les deux colonnes de coordonnées sont couvertes avec les variables X et Y de type *Range*. Grâce à la propriété *End*, on descend à partir de A4 et B4 tant qu'il existe des cellules non vides, on déduit le nombre N de villes puis le coin supérieur gauche de la matrice (variable *Coin* de type *Range*). La matrice D de type *Range* couvre la plage $N \times N$ commençant à la cellule *Coin*.

```vba
Sub Calculer_Matrice()

  Dim i As Integer, j As Integer, N As Integer
  Dim X As Range, Y As Range, D As Range, Coin As Range
  Set X = Range("A4", Range("A4").End(xlDown))
  Set Y = Range("B4", Range("B4").End(xlDown))
  N = X.Rows.Count
  Set Coin = Range("A4").Offset(N+1,0)
  Set D    = Range(Coin, Coin.Offset(N-1,N-1))
  With D
    .Borders.LineStyle = xlContinuous
    .NumberFormat = "0.000"
    .HorizontalAlignment = xlCenter
    For i = 1 To N
      For j = 1 To N
        .Cells(i,j) = Sqr((X.Cells(i)-X.Cells(j))^2 _
                        +(Y.Cells(i)-Y.Cells(j))^2)
        'Ou : D(i,j) = Sqr((X(i)-X(j))^2 + (Y(i)-Y(j))^2)
      Next j
    Next i
  End With
  Call MsgBox ("Plage matrice : " & D.Address)

End Sub
```

Un *With* est ensuite utilisé pour alléger l'écriture. La matrice est munie de bordures et ses cellules reçoivent un format *Nombre* à trois décimales, centré. Puis on remplit la matrice avec deux boucles *For* emboîtées et la formule de la distance euclidienne. Notez le blanc souligné pour écrire la formule sur deux lignes, et la possibilité d'indicer D directement, sans *Cells*. Enfin, on affiche avec *MsgBox* la référence de plage calculée pour D. On aurait pu définir un tableau VBA à deux dimensions pour D et copier ses éléments à la fin dans la feuille Excel.

La procédure *Effacer_Matrice* détermine de la même façon la plage correspondant à la matrice puis appelle la méthode *Clear*.

```vba
Sub Effacer_Matrice()
  Dim N As Integer
  Dim X As Range, Y As Range, Coin As Range
  Set X = Range("A4", Range("A4").End(xlDown))
  Set Y = Range("B4", Range("B4").End(xlDown))
  N = X.Rows.Count
  Set Coin = Range("A4").Offset(N+1,0)
  Coin.CurrentRegion.Clear
End Sub
```

Pour changer, on abandonne la variable D et on utilise la propriété *CurrentRegion*. Cette dernière détermine le plus petit rectangle, délimité par des lignes et colonnes vides, qui inclut une plage donnée. Si la matrice est déjà calculée par *Calculer_Matrice*, *Coin.CurrentRegion* trouve A9:D12 pour nos trois villes. Si on appelle *Effacer_matrice* et que la zone de la matrice est vide, la cellule *Coin* (A9) est vide et la propriété renvoie la cellule A9. Signalons qu'il existe une propriété plus générale, *UsedRange*, qui sélectionne le plus petit rectangle contenant l'ensemble des cellules utilisées dans une feuille de calcul, même si elles forment plusieurs plages séparées.

Dans l'écran suivant (classeur Excel *C4-Distances*), les deux procédures ont été associées à deux rectangles et on vient de cliquer sur *Calculer Matrice*. La procédure a écrit la matrice et affiché sa référence de plage. Elle attend qu'on presse *OK* pour se terminer.

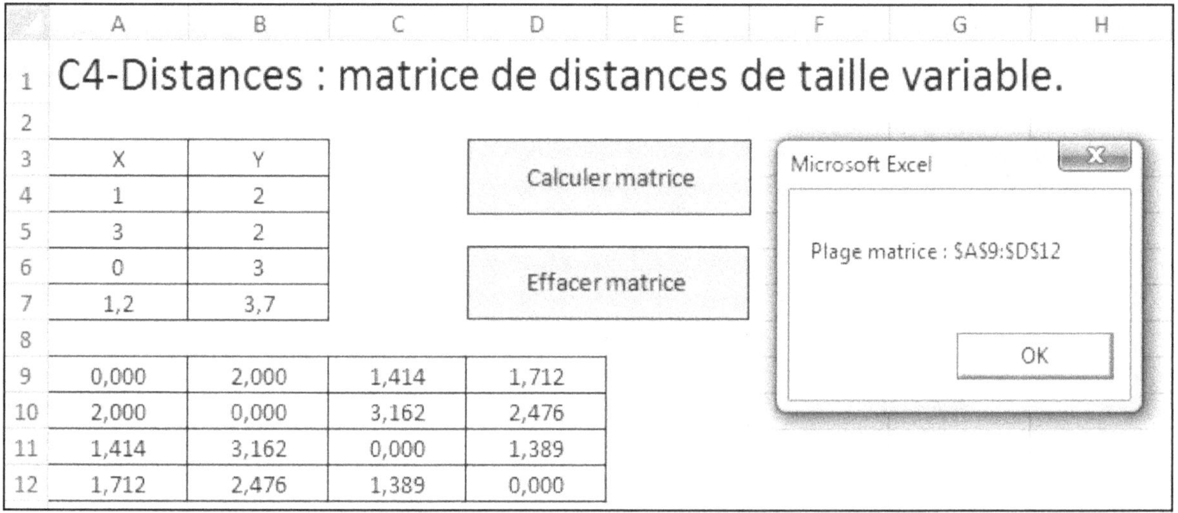

4.5 Appel du solveur en VBA

4.5.1 Introduction

Frontline Systems propose une bibliothèque de macros *(solver.xlam)* pour manipuler le solveur dans un module VBA. Le plus souvent, on a déjà saisi les données et les formules de calcul du modèle dans une feuille Excel. Les macros de *solver.xlam* sont utilisées au lieu de saisir manuellement le modèle dans la boîte de dialogue du solveur. Ces macros permettent donc de définir la fonction-objectif, le sens de l'optimisation, les variables, les contraintes et les options. Elles servent aussi à résoudre le modèle et à l'effacer.

La bibliothèque n'étant pas chargée par défaut, une tentative d'appel des macros du solveur provoque un message "Sub ou fonction non définie". Pour charger cette bibliothèque dans votre module VBA, utilisez le menu *Outils/Références* puis cochez la case *Solver* sous *Références disponibles*. Si cette case est invisible, cliquez sur *Parcourir* et ouvrez *solver.xlam* dans le répertoire *C:\Program Files\Microsoft Office\Office12\Library\Solver*. On peut aussi ouvrir et fermer la boîte de dialogue du solveur dans Excel.

4.5.2 Les macros du solveur

Ces macros ont des arguments facultatifs et nous ne décrivons que les arguments utiles pour ce livre. Les références du § 4.6 vous donneront plus de détails. Comme nous n'utilisons qu'une partie des arguments, les appels se feront avec les arguments nommés du § 4.3.7.

SolverReset

Cette macro sans arguments équivaut à cliquer sur le bouton *Rétablir* de la fenêtre du solveur : le modèle existant est effacé et les options par défaut sont restaurées.

SolverOK (SetCell, MaxMinVal, ValueOf, ByChange)

Cette macro a trois arguments correspondant à *Valeur-cible*, *Min/Max/Valeur* et *Cellules variables* dans la fenêtre du solveur. *SetCell* donne la cellule de la fonction-objectif. Si elle est omise, le solveur calcule une solution réalisable pour le système d'égalités ou d'inégalités défini par les contraintes. *MaxMinVal* est un code à fournir si *SetCell* est renseigné : il peut prendre les valeurs 1 (maximiser), 2 (minimiser) ou 3 (atteindre une valeur donnée). *ValueOf* indique la valeur pour le code 3, ignorée si *SetCell* est maximisée ou minimisée. *ByChange* indique la plage de variables. Dans *SetCell* et *ByChange*, on peut donner la référence de plage entre guillemets avec ou sans le mot *Range*.

```
Call SolverOK (SetCell:=Range("A1"),MaxMinVal:=1,ByChange:=Range("A2:C2"))
Call SolverOK (SetCell:="A1",MaxMinVal:=1,ByChange:="A2:C2")
Call SolverOK (SetCell := "A1", MaxMinVal:=2, ByChange := "A2:C2,A3:C3")
Call SolverOK (SetCell := Range("A1"), MaxMinVal := 2, _
               ByChange := Union(Range("A2:C2"),Range("A3:C3"))
Call SolverOK (SetCell:= "Cout",MaxMinVal:=1,ByChange:= "Quantites")
Call SolverOK (SetCell:=S.Address,MaxMinval:=1,ByChange:=T.Address)
```

Le premier exemple en maximisation spécifie les cellules de l'objectif et des variables avec *Range*. Le second est équivalent mais sans *Range*. Le troisième, en minimisation, définit deux plages de variables séparées par une virgule (syntaxe US au lieu du point-virgule français dans Excel). Le quatrième est équivalent mais utilise la méthode *Union*. Le cinquième exemple est possible si on a défini dans Excel les noms "Cout" et "Quantites".

Dans le dernier exemple, *S* et *T* sont des variables de type *Range* qui pointent vers des plages avec *Set*. La plage pour *S* doit contenir une seule cellule. Bizarrement, la syntaxe suivante est refusée : *Call SolverOK (SetCell :=S, MaxMinVal :=1, ByChange :=T)*. Il faut utiliser la propriété *Address*, qui renvoie la référence de plage sous forme d'une chaîne de caractères. Encore plus bizarre, la syntaxe *SetCell :=S(1)* est par contre acceptée !

SolverAdd (CellRef, Relation, FormulaText)

Cette macro correspond à *Ajouter une contrainte* dans la fenêtre du solveur. On peut ne pas définir de contraintes si on veut optimiser une fonction de plusieurs variables. *CellRef*, obligatoire, définit la plage de cellules du premier membre de la contrainte. Comme pour *SetCell* dans *SolverOK*, le mot *Range* est facultatif. *Relation* est un code obligatoire qui peut prendre la valeur 1 (<=), 2 (=), 3 (>=), 4 (entier) ou 5 (binaire).

FormulaText est le second membre de la contrainte, qui peut être un nombre ou bien une chaîne contenant une référence de plage ou une formule sans références de cellules (*Range* ne doit PAS être utilisé). Si *Relation* = 4 ou 5, *CellRef* doit être une plage de variables et *FormulaText* ne doit pas être utilisée.

```
Call SolverAdd (CellRef:=Range("$A$1:$C$1"), Relation:=1, FormulaText:=0)
Call SolverAdd (CellRef:="$A$1:$C$1",Relation:=1,FormulaText="$A$2:$C$2")
Call SolverAdd (CellRef:="$A$1", Relation:=5)
Call SolverAdd (CellRef:="$A$1", Relation:=2, FormulaText:="=SIN(3)+1")
Call SolverAdd (CellRef:="Ventes", Relation:=1, FormulaText:= "Stocks")
Call SolverAdd (CellRef:=S.Address, Relation:=1, FormulaText:=T.Address)
```

Dans ces exemples, la ligne 1 définit la contrainte A1:C1 <= 0. La ligne 2 correspond à A1:C1 <= A2:C2 ; on ne doit *pas* mettre *Range* dans *FormulaText*. La ligne 3 spécifie que la cellule A1, qui doit être une variable, est binaire. La ligne 4 définit la contrainte A1 = *sin*(3) + 1 : *FormulaText* contient ici une formule et le signe = est facultatif. La ligne 5 est possible si on a défini les noms de plages "Ventes" et "Stocks". Enfin, dans le dernier appel, *S* et *T* sont des variables de type *Range* qui pointent vers des plages réelles grâce à des instructions *Set*.

Signalons ici une bizarrerie dans l'intégration du solveur dans Excel. On peut mettre ou non des dollars dans les références de cellules de *SolverAdd* : dans les deux cas, la résolution par la procédure *SolverSolve* expliquée plus loin donne des résultats corrects. Par contre, si on vérifie le modèle généré dans la boîte de dialogue du solveur, les références sans dollars sont souvent affichées incorrectement : les cellules sont décalées de manière imprévisible.

Cette anomalie peut être gênante, car un clic sur le bouton *Résoudre* ne donne pas le même résultat que la macro VBA. Pour que le modèle généré en VBA soit répercuté correctement dans la boîte de dialogue du solveur, il faut utiliser des références absolues de cellules, c'est-à-dire avec des dollars.

SolverOptions (MaxTime, Iterations, Precision, AssumeLinear, StepThru, Estimates, Derivatives, Search, IntTolerance, Scaling, Convergence, AssumeNonNeg)

Cette macro équivaut au choix *Options* de la fenêtre du solveur. Les options non modifiées conservent leurs valeurs actuelles. Comme indiqué au chapitre 3, les seules options courantes sont *Modèle supposé linéaire* (obligatoire pour le livre) et *Supposé non négatif* (pour omettre les contraintes de positivité). Ces options se règlent avec l'appel suivant :

```
Call SolverOptions (AssumeLinear := True, AssumeNonNeg := True)
```

Signalons l'argument *StepThru = True*, équivalent à *Afficher le résultat des itérations* : il met le solveur en mode pas à pas et renvoie les résultats de chaque itération du simplexe.

SolverSolve (UserFinish) As Integer

Cette fonction équivaut à cliquer sur le bouton *Résoudre* du solveur. Si *UserFinish* = True, la fenêtre affichée à la fin par le solveur est inhibée. La valeur par défaut est *False*. Le tableau suivant liste les principaux codes renvoyés par la macro :

Code	Condition d'arrêt
0	Solution réalisable optimale
3	Nombre maximal d'itérations atteint
4	Optimum non borné
5	Impossible de trouver une solution réalisable
6	Arrêt par l'utilisateur
7	Modèle probablement non linéaire
8	Modèle trop grand pour le solveur
9	Valeur anormale dans la cellule de l'objectif ou dans celles des contraintes

Les codes 1 et 2 existent mais concernent la programmation non linéaire. Le code 9 apparaît quand une cellule a un contenu anormal : par exemple du texte au lieu d'un nombre, une erreur de formule, une division par 0 etc. Tous les modèles linéaires du livre avec du code VBA utilisent l'appel suivant : *Code = SolverSolve (UserFinish := True)*.

4.5.3 Le problème des ciments en VBA

Reprenons le PL de fabrication de ciments du § 1.2, déjà résolu avec Excel dans le § 3.4.2. L'exemple suivant définit le modèle depuis VBA. Il faut cependant saisir dans la feuille Excel les formules pour la fonction-objectif et les durées d'utilisation du four et du broyeur.

La macro *Effacer_Variables* remet à zéro la plage de cellules des variables ; on pourrait aussi effectuer un *Clear*. La macro *Resoudre_Probleme* définit puis résout le programme linéaire. Le code retour *Result* de *SolverSolve* est testé avec une instruction *Select* et un message est affiché pour chaque code. Normalement, la *MsgBox* qui suit chaque instruction *Case* du *Select* doit être sur la ligne suivante, sans les deux-points. Ici, les deux-points sont obligatoires car on a voulu placer les deux instructions sur la même ligne.

```
Sub EFFACER_VARIABLES()
  Range("B5:C5") = 0
End Sub

Sub RESOUDRE_PROBLEME()

 Dim Result As Integer

 Application.ScreenUpdating = False

 Call SolverReset
 Call SolverOptions (AssumeLinear:=True,AssumeNonNeg:=True)
 Call SolverOK (SetCell:="E4",MaxMinVal:=1,ByChange:="B5:C5")

 Call SolverAdd _
 (CellRef:=Range("$E$8:$E$9"),Relation:=1,FormulaText:="$G$8:$G$9")
 Result = SolverSolve (UserFinish:=True)

 Select Case Result
  Case 0: MsgBox ("Optimisation réussie")
  Case 4: MsgBox ("Optimum non borné, vérifiez les données")
  Case 5: MsgBox ("Infaisable, vérifiez les données")
 End Select

End Sub
```

Ces macros sont associées à des boutons dans le classeur *C4-Ciments* des compléments du livre. L'écran suivant montre le résultat d'un clic sur le bouton *Optimiser*. Comme signalé dans la description de *SolverAdd*, si on veut modifier le modèle via la boîte de dialogue du solveur, il faut ajouter des dollars aux références de cellules passées à cette procédure. Si on exécute la macro sans les dollars, les résultats sont corrects mais la boîte de dialogue du solveur affiche K11:K12 au lieu de G8:G9 pour le second membre des contraintes !

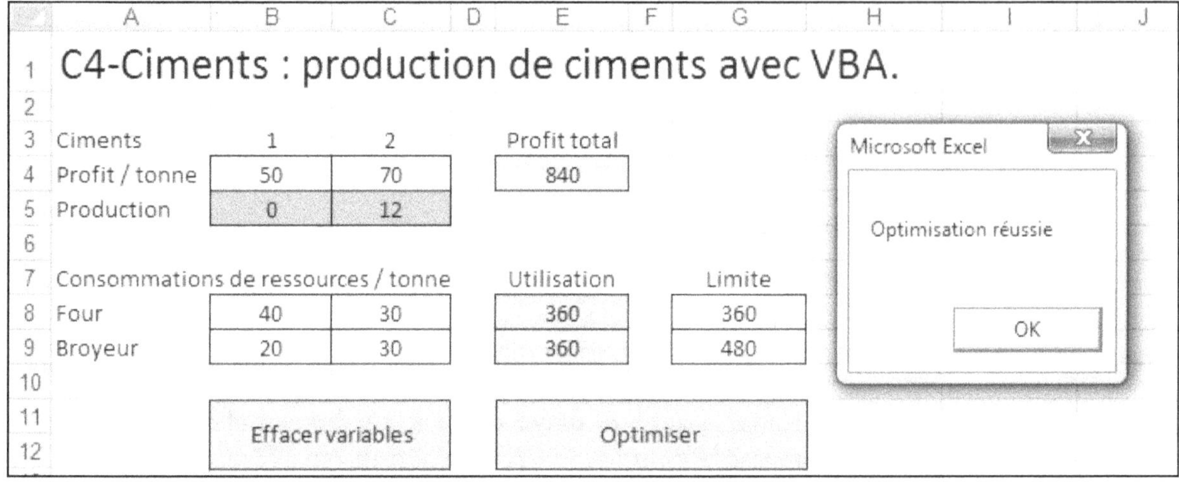

4.6 Présentation des chapitres d'applications

Les chapitres suivants (5 à 14) contiennent des problèmes classés par domaine d'application. Ils ont tous la même structure. Une introduction présente le domaine étudié, une série de problèmes est exposée, et un paragraphe "Références et compléments" permet au lecteur intéressé de trouver des compléments d'information ou des points d'entrée pour approfondir le sujet. Chaque application est décrite selon le plan suivant : énoncé d'un problème réaliste avec ses données, modélisation mathématique pas à pas (indépendante du logiciel), traduction du modèle en Excel, résultats.

Le chapitre 5 rassemble des problèmes de mélange ou de séparation, rencontrés dans les industries minières et de process. Ces problèmes, qui font rarement appel à des variables entières, sont les plus simples et conviennent bien aux débutants. Les deux chapitres suivants sont consacrés à deux autres groupes importants d'applications : les problèmes d'ordonnancement (chapitre 6) et ceux de planification de production (chapitre 7).

Dans beaucoup d'applications, il faut remplir un espace limité (caisses, cales de navires, disques d'ordinateurs) avec des objets ou, au contraire, découper des matériaux pour en extraire des motifs tout en minimisant les chutes. Ce genre de problème fait l'objet du chapitre 8 sur la découpe et le conditionnement (*cutting and packing* en anglais).

Les questions de flux au sens large soulèvent de très nombreux problèmes intéressants en optimisation. Nous avons choisi de les aborder au travers de trois domaines représentatifs : le transport terrestre au chapitre 9, le transport aérien au chapitre 10, et enfin le monde foisonnant des télécommunications au chapitre 11.

Plusieurs modèles sont transposables entre ces chapitres, mais on y trouve aussi des applications plus spécifiques, comme les tournées de véhicules en transport routier, les problèmes de correspondance d'avions en transport aérien, et le dimensionnement et la fiabilité des réseaux en télécoms.

Pour éviter de nous adresser seulement aux scientifiques, industriels et logisticiens, nous avons tenu à traiter des domaines d'application plus récents ou moins connus de la programmation linéaire. Le chapitre 12 est ainsi consacré aux applications en économie et en optimisation financière. Les problèmes d'emploi du temps et de gestion du personnel font l'objet du chapitre 13. La programmation linéaire peut également rendre de grands services aux collectivités locales, aux administrations et au secteur public en général : le chapitre 14 fournit des exemples.

L'annexe 1 contient une liste récapitulative des problèmes ainsi qu'une classification selon le modèle théorique classique sous-jacent (par exemple problèmes de flots, problèmes de recouvrement). Elle permet un aiguillage plus rapide vers les différents problèmes. Les fichiers Excel de tous les modèles peuvent être téléchargés sur le site Internet des éditions Eyrolles (voir l'annexe 2). Ces fichiers utilisent une convention pour les couleurs : les cellules contenant des données ont un fond blanc, celles des variables ont un fond vert, les calculs intermédiaires sont en gris clair et la fonction-objectif est en jaune.

4.7 Références et compléments

Il existe de nombreux livres sur Visual Basic et sur la version incluse dans les logiciels de Microsoft (VBA). Concernant le langage de base, utilisé pour concevoir des applications autonomes comme avec C++, Java et Delphi, citons [Halvorson 2008] et [Boehm 2008].

Plusieurs livres sur Excel mettent l'accent sur VBA ; citons en français ceux de Bidault [Bidault 2009] et David [David 2009] et, en anglais, ceux de Jacobson [Jacobson, 2007] et de Jelen et Syrstad [Jelen 2007]. Ces ouvrages sont souvent mis à jour avec les versions successives d'Excel, mais on peut sans crainte prendre n'importe quel livre publié depuis 2000, car les bases du langage ne changent pas : les seules modifications sont des ajouts d'objets et de méthodes pour supporter les nouveautés des logiciels hôtes.

Nous recommandons les livres [Powell 2009], Albright [Albright 2010] et [Ragsdale 2010]. Ils concernent surtout la réalisation de petits systèmes d'aide à la décision en Excel (statistiques, calculs d'ingénierie etc.), mais ils incluent quelques chapitres sur le solveur.

Pour une documentation complète sur les macros du solveur, le lecteur peut s'enregistrer gratuitement sur le site de Frontline Systems (*http://www.solver.com*). Il aura alors accès à des exemples et à une page dans la rubrique *Support* sur les guides d'utilisation des solveurs : *http://www.solver.com/suppxlsguide.htm*. Lors de notre dernière visite, nous avons ainsi pu télécharger en PDF le *Risk Solver Platform V9.5 User Guide*, qui inclut une description des procédures et fonctions du solveur.

CHAPITRE 5

Industrie minière et de process

5.1 Introduction

Ce chapitre concerne des problèmes assez simples de programmation linéaire, dans lesquels on cherche à mélanger ou à extraire des ingrédients à partir de matières premières, de façon à respecter des normes de qualité (teneurs en ingrédients) et à minimiser le coût total de production. Ces problèmes de mélanges (*product mix* ou *blending* en anglais) sont fréquents dans les *industries de process*, qui traitent de grands volumes de produits de manière quasi continue : raffinage du pétrole, usines chimiques, métallurgie, industries agroalimentaires. Ils sont relativement faciles car les quantités à traiter sont fractionnaires : on n'a donc pas besoin de recourir à la programmation linéaire en nombres entiers.

Trois problèmes représentatifs de cette famille vont être étudiés : la fabrication d'un acier en métallurgie, la production d'aliments pour bétail, et le raffinage de produits pétroliers. Ces problèmes concernent le *secteur primaire*, c'est-à-dire les activités économiques productrices de matières premières, comme l'agriculture et les industries extractrices.

Le chapitre inclut aussi trois problèmes du secteur primaire en dehors des mélanges : la production de sucre de canne, l'exploitation d'une mine à ciel ouvert et la planification de la production d'électricité. Le problème de fabrication d'un acier nous sert aussi comme exemple d'application de la méthode d'analyse du § 3.5, non détaillée par la suite. Nous conseillons au lecteur de commencer par lire ce problème, les suivants étant plus difficiles.

5.2 Fabrication d'un acier spécial

5.2.1 Problème

L'entreprise Steel a reçu une commande de cinq tonnes d'acier destiné à la fabrication de coques de bateau. Cet acier doit avoir les caractéristiques particulières du tableau 5.1.

Tableau 5.1 – Caractéristiques de l'acier commandé

Elément chimique	Pourcentage minimal	Pourcentage maximal
Carbone (C)	2	3
Cuivre (Cu)	0,4	0,6
Manganèse (Mn)	1,2	1,65

Pour fabriquer cet acier, Steel dispose de sept matières premières dont les caractéristiques, les quantités disponibles et les coûts d'achat sont donnés dans le tableau 5.2. On veut déterminer la composition de l'acier à fabriquer pour minimiser les coûts de production.

Tableau 5.2 – Caractéristiques, stocks et coûts d'achat des matières premières

Matière première	C %	Cu %	Mn %	Stocks disponibles (kg)	Coûts (€//kg)
Alliage de fer 1	2,5	0	1,3	4 000	1,20
Alliage de fer 2	3	0	0,8	3 000	1,50
Alliage de fer 3	0	0,3	0	6 000	0,90
Alliage de cuivre 1	0	90	0	5 000	1,30
Alliage de cuivre 2	0	96	4	2 000	1,45
Alliage d'aluminium 1	0	0,4	1,2	3 000	1,20
Alliage d'aluminium 2	0	0,6	0	2 500	1

Ce problème étant déjà assez difficile pour un débutant, nous allons détailler la méthode d'analyse du § 3.5. Nous conseillons au lecteur d'appliquer systématiquement cette dernière quand il doit modéliser un problème sans savoir par où commencer : elle lui fournira un fil conducteur. Par manque de place, nous ne la détaillerons plus sur les autres problèmes du livre. Commençons par la phase 1 qui consiste à modéliser le problème sous forme de PL générique. La phase 2 de traduction en Excel est exposée au § 5.2.3.

5.2.2 Phase 1 de l'analyse – Construire un modèle mathématique générique

Étape 1.1 – Analyse des données

a) *Identifier les entités, les cardinalités et choisir un indice par entité*

- les alliages (matières premières), en nombre $na = 7$, indice i ;
- les éléments contenus (carbone, cuivre, manganèse), en nombre $ne = 3$, indice j.

b) *Lister les données dépendant d'une ou plusieurs entités et les regrouper en tableaux*

- Pour les alliages, nous avons un vecteur PA de taille na (PA_i = prix d'achat en €/kg de l'alliage i) et un vecteur QD de taille na (QD_i = quantité d'alliage i disponible, en kg).
- Pour les éléments chimiques, nous pouvons définir deux vecteurs $Tmin$ et $Tmax$ de ne éléments, $Tmin_j$ et $Tmax_j$ étant les teneurs minimale et maximale souhaitées pour l'élément j, en pour cent. Il faut également une matrice T, $na \times ne$, dans laquelle T_{ij} désigne la teneur de l'alliage i en élément j, toujours en pour cent.

c) *Lister les autres informations éventuelles*

Nous définissons un paramètre D pour la quantité demandée, pour la modifier facilement si nécessaire.

Étape 1.2 – Identifier les variables et les regrouper en un ou plusieurs tableaux

Une solution est complètement définie si on connaît la quantité à utiliser pour chaque alliage i. On définit donc un vecteur de *na* variables $X = (x_i)$.

Étape 1.3 – Identifier les contraintes, les écrire en fonction des tableaux et les regrouper

La première chose à faire est de se préoccuper du domaine des variables. Dans beaucoup de programmes linéaires, les variables sont des réels positifs et la plupart des logiciels d'optimisation permettent une déclaration implicite (menu *Options/Supposé non négatif* pour le solveur d'Excel). Cependant, il est bon d'écrire explicitement la déclaration pendant l'analyse car une erreur de domaine peut affecter les autres contraintes.

Voici les déclarations de variables dans notre cas :

$$\forall i = 1 \ldots na : x_i \geq 0$$

Les alliages étant simplement mélangés par fusion, il n'y a pas de pertes : la quantité d'acier fabriquée est égale à la somme des quantités d'alliages utilisées. De plus, la quantité obtenue doit satisfaire la demande. On peut donc écrire :

$$\sum_{i=1}^{na} x_i = D$$

Dans certains problèmes de mélange, ce principe de conservation peut être violé. En effet, il peut exister des variations de poids et de volume, par exemple un mauvais rendement dans une réaction chimique, des dilatations ou contractions, des pertes d'eau par cuisson etc. Les données doivent alors fournir les coefficients de transformation, comme dans le problème de raffinage de pétrole du § 5.4.

La quantité d'élément j en kg dans l'acier fabriqué est donnée par la relation suivante :

$$\sum_{i=1}^{na} T_{ij} x_i$$

En divisant par D, on peut écrire deux groupes de contraintes pour les teneurs minimales et maximales de chaque élément, en pour cent :

$$\forall j = 1 \ldots ne : \frac{1}{D} \sum_{i=1}^{na} T_{ij} x_i \geq Tmin_j$$

$$\forall i = 1 \ldots ne : \frac{1}{D} \sum_{i=1}^{na} T_{ij} x_i \leq Tmax_j$$

Il faut enfin respecter la disponibilité des alliages. Pour chaque alliage i, la somme des quantités consommées ne doit pas dépasser la quantité disponible, ce qui s'écrit :

$$\forall i = 1 \ldots na : x_i \leq QD_i$$

Étape 1.4 – Fonction-objectif

La fonction-objectif z est ici le coût total des alliages utilisés, à minimiser. Avec nos notations, elle s'écrit simplement :

$$\text{Min } z = \sum_{i=1}^{na} PA_i \cdot x_i$$

Étape 1.5 – Récapituler le PL générique sous forme mathématique

On obtient finalement le modèle mathématique suivant. Comme le veut l'usage, on met la fonction-objectif en premier et les déclarations de variables à la fin, en numérotant chaque équation ou groupe d'équations avec un quantificateur $\forall$.

$$(1) \quad \text{Min } z = \sum_{i=1}^{na} PA_i \cdot x_i$$

$$(2) \quad \sum_{i=1}^{na} x_i = D$$

$$(3) \quad \forall j = 1 \ldots ne : \frac{1}{D} \sum_{i=1}^{na} T_{ij}\, x_i \geq Tmin_j$$

$$(4) \quad \forall j = 1 \ldots ne : \frac{1}{D} \sum_{i=1}^{na} T_{ij}\, x_i \leq Tmax_j$$

$$(5) \quad \forall i = 1 \ldots na : x_i \leq QD_i$$

$$(6) \quad \forall i = 1 \ldots na : x_i \geq 0$$

5.2.3 Phase 2 de l'analyse – Traduction en Excel

Étape 2.1 – Écrire la disposition au brouillon

a) *Identifier les valeurs intermédiaires à calculer*

Le solveur accepte des formules calculables une fois pour toutes dans le second membre des contraintes, comme "=SIN(3)+1", mais pas des fonctions comme SOMME ou SOMMEPROD. Il faut donc calculer dans la feuille Excel les différentes sommes qui figurent dans la fonction-objectif et dans les membres de gauche des contraintes du PL. De toute façon, l'utilisateur va certainement vouloir voir ces valeurs intermédiaires. Ici, on calcule la quantité totale d'alliages utilisés QT, correspondant au membre de gauche des contraintes (2), et un vecteur *TReelle* de *ne* éléments pour les teneurs réelles en éléments de l'acier fabriqué, correspondant aux parties gauche des contraintes (3) et (4).

b) *Placement (données, variables, valeurs intermédiaires et fonction-objectif)*

Le placement est assez libre, du moment qu'il est lisible. Voici une disposition possible :

Nom élément	*TMin*	*TMax*	*TReelle*		z
				D	QT

Nom alliage	⟵——— *Matrice T* ———⟶			*QD*	*PA*	*X*

c) *Préparer les formules de la feuille*

On utilise pour l'instant les noms de tableaux au lieu des références de cellules. Rappelons que $T(*,j)$ désigne la colonne j de la matrice T :

- quantité totale d'alliages consommés : $QT = somme\ (X)$
- teneur de l'acier en élément j : $TReelle(j) = sommeprod\ (T(*,j);\ X)\ /\ D$
- fonction-objectif : $z = sommeprod\ (PA;\ X)$

d) *Préparer les contraintes du solveur*

- variables positives ou nulles : $X \geq 0$
- quantité fabriquée = demande : $QT = D$
- consommations ≤ disponibilités : $X \leq QD$
- teneurs réelles ≥ teneurs minimales : $TReelle \geq TMin$
- teneurs réelles ≤ teneurs maximales : $TReelle \leq TMax$

Etape 2.2 – Créer le fichier Excel et le modèle pour le solveur

La traduction en Excel est ensuite très facile. Il faut d'abord placer les tableaux dans la feuille Excel, à la cellule près. On saisit d'abord les données et on fixe les variables à 0, comme sur l'écran obtenu page suivante. Les formules sont ensuite saisies en remplaçant les noms de tableaux par des plages de cellules :

- Quantité totale d'alliages. On entre dans H8 la formule "= somme(H11:H17)".
- Teneurs en éléments. On saisit "=sommeprod(B11:B17; $H$11:$H$17)/$F$8" dans D5 puis on étend cette formule à D6 et D7 avec la poignée de recopie.
- Fonction-objectif. On indique "=sommeprod(F11:F17;H11:H17)" dans F5.

	A	B	C	D	E	F	G	H
1	C5-Acier : fabrication d'un acier spécial							
2								
3	**Caractéristiques de l'acier à faire**							
4	Elément chimique	% minimal	% maximal	% réel		Coût total		
5	Carbone	2,00	3,00	2,00		5887,57		
6	Cuivre	0,40	0,60	0,60				
7	Manganèse	1,20	1,65	1,20		Demande kg		Qté totale
8						5000		5000,00
9	**Caractéristiques, stocks et prix d'achat des alliages**							
10	Alliage	C %	Cu %	Mn %	Stocks kg	Prix €/kg		Qté à acheter
11	Alliage de fer 1	2,50	0,00	1,30	4000	1,20		4000,00
12	Alliage de fer 2	3,00	0,00	0,80	3000	1,50		0,00
13	Alliage de fer 3	0,00	0,30	0,00	6000	0,90		397,76
14	Alliage de cuivre 1	0,00	90,00	0,00	5000	1,30		0,00
15	Alliage de cuivre 2	0,00	96,00	4,00	2000	1,45		27,61
16	Alliage d'alu 1	0,00	0,40	1,20	3000	1,20		574,62
17	Alliage d'alu 2	0,00	0,60	0,00	2500	1,00		0,00

On ouvre ensuite la boîte de dialogue du solveur pour saisir le modèle suivant. N'oubliez pas les *Options* : il faut cocher *Modèle supposé linéaire* et, si on veut se dispenser des contraintes de variables positives ou nulles, *Supposé non négatif*.

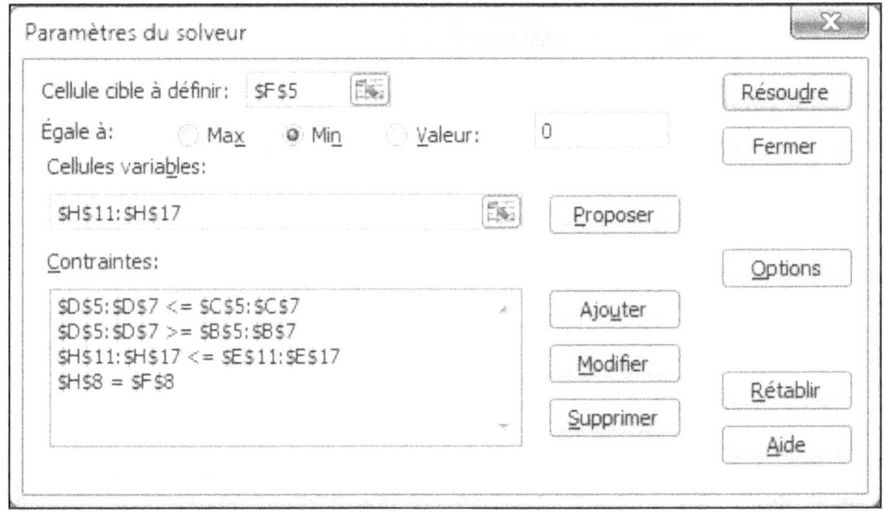

5.2.4 Résultats

L'écran en haut de page montre le résultat de la résolution, qui peut être vérifié avec le classeur Excel *C5-Acier* des compléments du livre (voir l'annexe 2).

La résolution de ce modèle donne une solution dans laquelle les cinq tonnes d'acier sont fabriquées à partir de quatre tonnes d'alliage de fer n°1, 397,76 kg d'alliage de fer n°3, 27,61 kg d'alliage de cuivre n°2, et 574,62 kg d'alliage d'aluminium n°1. L'acier final contient alors 2 % de carbone, 0,6 % de cuivre et 1,2 % de manganèse. Le coût total des matières premières utilisées pour fabriquer ce métal est de 5 887,57 €.

5.3 Production d'aliments pour bétail

5.3.1 Problème

La compagnie CowFood, basée près de Troyes, fabrique deux aliments pour bétail : l'un sous forme de granulés et l'autre sous forme de farine. Ces aliments sont obtenus à partir de trois matières premières (MP) : avoine, maïs et mélasse. Le processus de fabrication est le suivant : les matières premières sont broyées (sauf la mélasse qui est liquide), les produits broyés sont ensuite mélangées, et le mélange est enfin transformé en granulés ou bien tamisé pour obtenir de la farine. Les deux aliments ont les mêmes teneurs souhaitées en nutriments (protéines, lipides et glucides). Le tableau 5.3 donne les teneurs en nutriments dans chaque matière première, ainsi que les teneurs souhaitées dans les deux aliments.

Tableau 5.3 – Teneurs en nutriments des MP et teneurs souhaitées (en %)

Nutriment ↓	Avoine	Maïs	Mélasse	Teneur souhaitée
Protéines	13,6	4,1	5	$\geq 9,5$
Lipides	7,1	2,4	0,3	≥ 2
Glucides	7	3,7	25	≤ 6

Les matières premières sont disponibles en quantités limitées. Le tableau 5.4 présente les quantités de matières premières disponibles chaque jour, ainsi que leurs prix d'achat. Les coûts de chacune des opérations de fabrication sont donnés au tableau 5.5.

Tableau 5.4 – Quantités de matières premières disponibles et prix d'achat

Matière première →	Avoine	Maïs	Mélasse
Quantité disponible en kg	11 900	23 500	750
Prix d'achat en €/kg	0,8	1	0,75

Tableau 5.5 – Coûts des opérations en €/kg

Broyage	Mélange	Granulation	Tamisage
1,50	0,30	2,50	1

On doit fabriquer 9 tonnes de granulés et 12 tonnes de farine. Quelles doivent être les quantités de matières premières à acheter et les compositions des deux types d'aliments, de façon à minimiser le coût total ?

5.3.2 Modélisation

Il s'agit d'un problème de mélange similaire au précédent sauf qu'on fabrique deux produits, ce qui complique un peu l'analyse. On considère ici *naf* = 2 aliments fabriqués (granulés, farines) indicés par *i*, *nmp* = 3 matières premières (MP) (avoine, maïs, mélasse) indicées par *j*, *nnu* = 3 nutriments (protéines, lipides, glucides) indicés par *k*, et *nop* opérations du processus de fabrication (broyage, mélange, granulation, tamisage), indicées par *p*.

Pour chaque matière première j, notons PA_j le prix d'achat en €/kg et QD_j la quantité disponible en kg. $Tmin_k$ et $Tmax_k$ désignent la teneur minimale et la teneur maximale souhaitées pour le nutriment k dans les deux aliments, en pour-cent, et T_{kj} la teneur en nutriment k de la MP j, toujours en pour-cent. On introduit D_i la demande de l'aliment i et C_p donnant le coût de l'opération p en € par kg. Ce coût ne dépend ni des aliments ni des matières premières. L'énoncé donnant des demandes en tonnes, nous les convertissons en kg pour être homogène avec les prix d'achat (en € par kg) et les quantités (en kg).

Soit x_{ij} la quantité de matière première j utilisée pour fabriquer l'aliment i. On obtient le modèle mathématique suivant :

$$(1) \quad \text{Min} \sum_{i=1}^{naf}\sum_{j=1}^{nmp} PA_j\, x_{ij} + \sum_{i=1}^{naf}\sum_{j=1}^{nmp-1} C_1 x_{ij} + \sum_{i=1}^{naf}\sum_{j=1}^{nmp} C_2 x_{ij} + \sum_{j=1}^{nmp} C_3 x_{1j} + \sum_{j=1}^{nmp} C_4 x_{2j}$$

$$(2) \quad \forall i = 1\ldots naf : \sum_{j=1}^{nmp} x_{ij} = D_i$$

$$(3) \quad \forall i = 1\ldots naf, \forall k = 1\ldots nnu : \frac{1}{D_i}\sum_{j=1}^{nmp} T_{kj} x_{ij} \geq Tmin_k$$

$$(4) \quad \forall i = 1\ldots naf, \forall k = 1\ldots nnu : \frac{1}{D_i}\sum_{j=1}^{nmp} T_{kj} x_{ij} \leq Tmax_k$$

$$(5) \quad \forall j = 1\ldots nmp : \sum_{i=1}^{naf} x_{ij} \leq QD_j$$

$$(6) \quad \forall i = 1\ldots naf, \forall j = 1\ldots nmp : x_{ij} \geq 0$$

La fonction-objectif (1), à minimiser, est la somme des coûts. Le premier terme est le coût des matières premières. Les termes suivants représentent les coûts de fabrication qui comprennent, dans cet ordre, les coûts de broyage de l'avoine et du maïs, les coûts de mélange des trois ingrédients, les coûts de granulation pour les matières premières des granulés et enfin les coûts de tamisage pour celles destinées à élaborer de la farine.

Les contraintes (2) expriment le fait que la quantité à fabriquer de chaque aliment i est égale à la somme des quantités des matières premières qu'il contient. Les contraintes (3) et (4), déjà expliquées pour le problème précédent, assurent le respect des teneurs minimales et maximales en nutriments. Les contraintes (5) garantissent que la quantité consommée de chaque matière première j n'excède pas la quantité disponible. Enfin, les contraintes de positivité des variables sont données en (6).

5.3.3 Traduction en Excel

L'écran page suivante montre la disposition proposée. Les quantités à calculer dans la feuille sont les quantités fabriquées de chaque aliment (parties gauches des contraintes (2)), les teneurs réelles en nutriments des aliments (parties gauches des contraintes (3) et (4)), et les consommations de matières premières (parties gauches des contraintes (5)).

Les formules à saisir sont les suivantes :

- *Consommation totale de chaque MP.* On saisit la formule "=somme(B15:B16)" dans B18 puis on utilise la poignée de recopie pour l'étendre aux cellules C18 et D18.

- *Quantités fabriquées.* F15 doit contenir "=somme(B15:D15)", formule étendue à F16.

- *Teneurs des aliments en nutriments.* Pour l'aliment 1 (granulés), on entre dans H9 la formule de teneur en protéines "=sommeprod(B9:D9;$B$15:$D15)/$G$15", qu'on étend aux cellules H10 et H11. Pour l'aliment 2 (farine), on indique dans I9 la formule "=sommeprod(B9:D9;$B$16:$D$16)/$G$16", qui est copiée ensuite dans I10 et I11.

- *Coûts des MP.* Saisissez "=sommeprod($B$5:$D$5;B15:D15)" dans I15 et copiez dans I16.

- *Coûts de fabrication.* Il faut différencier les formules des deux aliments. Pour l'aliment 1, on donne la formule "=(B15+C15)*($F$5+$G$5+$H$5)+D15*($G$5+$H$5)" dans J15 puis on la copie dans J16.

- *Coût total de chaque aliment* : saisissez "=I15+J15" dans K15, puis étendez à K16 avec la poignée de recopie. L'objectif (coût total) est calculé avec "=K15+K16" dans K18.

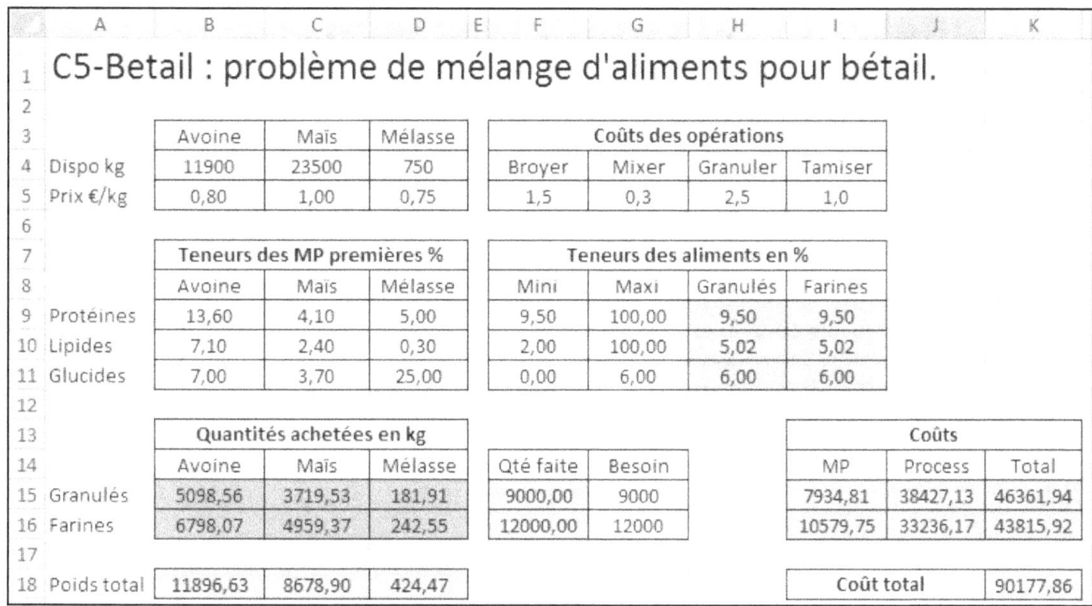

	A	B	C	D	E	F	G	H	I	J	K
1	C5-Betail : problème de mélange d'aliments pour bétail.										
2											
3		Avoine	Maïs	Mélasse		Coûts des opérations					
4	Dispo kg	11900	23500	750		Broyer	Mixer	Granuler	Tamiser		
5	Prix €/kg	0,80	1,00	0,75		1,5	0,3	2,5	1,0		
6											
7		Teneurs des MP premières %				Teneurs des aliments en %					
8		Avoine	Maïs	Mélasse		Mini	Maxi	Granulés	Farines		
9	Protéines	13,60	4,10	5,00		9,50	100,00	9,50	9,50		
10	Lipides	7,10	2,40	0,30		2,00	100,00	5,02	5,02		
11	Glucides	7,00	3,70	25,00		0,00	6,00	6,00	6,00		
12											
13		Quantités achetées en kg							Coûts		
14		Avoine	Maïs	Mélasse		Qté faite	Besoin		MP	Process	Total
15	Granulés	5098,56	3719,53	181,91		9000,00	9000		7934,81	38427,13	46361,94
16	Farines	6798,07	4959,37	242,55		12000,00	12000		10579,75	33236,17	43815,92
17											
18	Poids total	11896,63	8678,90	424,47					Coût total		90177,86

Quand le contenu de la feuille de calcul est prêt, ouvrez la boîte de dialogue du solveur pour saisir le modèle, comme dans l'écran illustré page suivante. Comme d'habitude, il ne faut pas oublier les *Options* : sélectionnez *Modèle supposé linéaire* et, si on veut se dispenser des contraintes de variables positives ou nulles, *Supposé non négatif.*

5.3.4 Résultats

Le modèle est dans le classeur Excel *C5-Betail* des compléments du livre (voir l'annexe 2). La solution optimale consiste à produire neuf tonnes de granulés à partir de 5 098,56 kg d'avoine, 3 719,53 kg de maïs et 181,91 kg de mélasse, et douze tonnes de farine à partir de 6 798,07 kg d'avoine, 4 959,37 kg de maïs et 242,56 kg de mélasse.

Le coût total de fabrication s'élève alors à 90 177,86 €. Les granulés et la farine contiennent 9,5 % de protéines, 5,02 % de lipides et 6 % de glucides.

5.4 Raffinage de produits pétroliers

5.4.1 Problème

La raffinerie de Donges fabrique du butane, de l'essence, du diesel et du fioul domestique à partir de deux pétroles bruts, B1 et B2. Pour élaborer tous ces produits, le raffineur a recours à quatre familles de traitement : la distillation, le reformage, la désulfuration et le craquage catalytique. La distillation s'effectue dans une tour et fournit, entre autres, du butane, du naphta, du gazole brut et des résidus. Ces produits sont stockés dans des réservoirs de capacités non limitantes.

Le naphta n'est utilisable qu'après l'opération de reformage, qui sert à augmenter l'indice d'octane. Le gazole brut quant à lui doit subir un traitement de désulfuration qui vise à réduire sa teneur en soufre. Les résidus sont formés de grosses molécules peu utiles, mais qui peuvent être valorisées en les brisant grâce au processus de craquage catalytique. On supposera que ces traitements s'effectuent sans perte de matière. Cette hypothèse est justifiée même pour la désulfuration, car la teneur initiale en soufre du gazole est déjà faible.

Le raffineur mélange les différents produits obtenus après ces traitements, de façon à satisfaire les besoins du marché en butane, essence, diesel et fioul domestique. Le schéma simplifié de cette raffinerie est donné à la figure 5.1.

Après distillation, le brut B1 fournit 3 % de butane, 15 % de naphta, 40 % de gazole et 15 % de résidu. Le brut B2 fournit 5 % de butane, 20 % de naphta, 35 % de gazole et 10 % de résidu. L'essence est fabriquée à partir de trois ingrédients : du butane, du naphta reformé et du résidu transformé par craquage. Le diesel est obtenu par mélange de gazole désulfuré et de résidu craqué. Enfin, le fioul domestique peut contenir en proportions libres du gazole désulfuré et du résidu craqué.

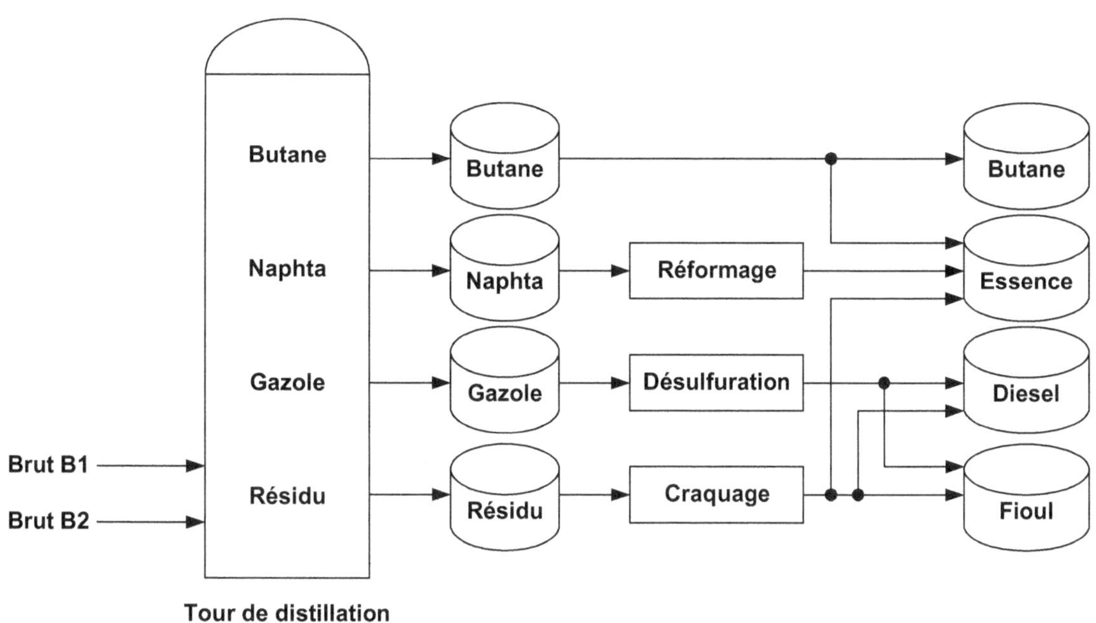

Figure 5.1 - Schéma simplifié d'une raffinerie

Les réglementations imposent des spécifications pour l'essence et le diesel. Pour l'essence, il s'agit de l'indice d'octane, de la tension de vapeur et de la volatilité. L'indice d'octane est une mesure du pouvoir antidétonant du carburant dans le moteur. La tension de vapeur mesure le risque d'explosion au stockage, notamment par temps chaud. La volatilité est une mesure de la facilité de démarrage du moteur par temps froid. Quant au diesel, une quantité maximale de soufre est imposée par les normes antipollution.

Les spécifications des quatre composants et celles à respecter pour l'essence et le diesel sont résumées au tableau 5.6. Les cases vides signifient l'absence de norme particulière. On supposera pour simplifier que la spécification d'un produit fini est la moyenne des spécifications de ses composants : ainsi, la tension de vapeur d'une essence obtenue avec une tonne de naphta et une tonne de résidu est égale à $(2,6+4,1)/2 = 3,35$.

Tableau 5.6 – Spécifications des composants et des produits finis

Spécification	Butane	Naphta reformé	Gazole désulfuré	Résidu craqué	Essence	Diesel
Indice d'octane	120	100	—	74	≥ 94	—
Tension de vapeur	60	2,6	—	4,1	$\leq 12,7$	—
Volatilité	105	3	—	12	≥ 17	—
Soufre en %	—	—	0,3	1,2	—	$\leq 0,5$

La raffinerie doit produire en un mois au moins 20 000 tonnes de butane, 40 000 tonnes d'essence, 35 000 tonnes de diesel et 50 000 tonnes de fioul domestique. Elle dispose pour cela de 250 000 tonnes de brut B1 et de 500 000 tonnes de brut B2 en stock. Les capacités mensuelles de reformage, désulfuration et craquage sont limitées respectivement à 30 000, 40 000 tonnes et 50 000 tonnes. Les coûts de reformage, de désulfuration et de craquage sont respectivement de 250, 450 et 350 € par tonne.

Le problème est de déterminer la composition de chaque produit fini de façon à minimiser les coûts de production de la raffinerie pour le mois de planification, tout en respectant les contraintes de capacité et les réglementations portant sur ces produits.

5.4.2 Modélisation

Dans les industries chimiques, comme le raffinage de pétrole, interviennent des opérations de mélange comme dans les deux problèmes précédents, mais aussi des opérations inverses, de type fractionnement ou extraction. Dans notre livre publié en 2000 avec Visual Xpress, nous avions renoncé à construire un modèle générique pour cette raffinerie : cette fois, nous allons écrire un modèle plus lisible et plus facilement modifiable avec Excel.

On peut distinguer quatre entités : $nb = 2$ pétroles bruts, $nc = 4$ composants ou produits de distillation (butane, naphta, gazole, résidu), $np = 4$ produits finis (butane, essence, diesel, fioul) et $ns = 4$ spécifications (indice d'octane, tension de vapeur, volatilité, soufre).

On dispose d'un stock S_i de chaque pétrole i. La capacité de traitement L_j et le coût C_j sont donnés pour chaque composant (produit de distillation) j. De plus, on connaît le pourcentage P_{ij} de composant j dans le brut i. Chaque produit fini k a une demande D_k. Nous définissons les mélanges possible par une matrice binaire U, avec $u_{kj} = 1$ si et seulement si le produit fini k peut incorporer du composant j.

La modélisation des spécifications est similaire à celle exposée dans les deux problèmes précédents, puisque l'énoncé indique qu'on peut assimiler l'indice d'octane, la tension de vapeur et la volatilité à des teneurs. Notons T_{sj} la valeur de la spécification s dans le composant j, par exemple un indice d'octane de 120 dans le butane, $Tmin_{sk}$ la valeur minimale requise pour le produit fini k et $Tmax_{sk}$ la valeur maximale.

Nous utilisons deux types de variables réelles : x_i désigne la quantité consommée de pétrole brut i et y_{kj} la quantité de composant j utilisée dans le produit fini k. Notre objectif est de minimiser les coûts de production comprenant les coûts de reformage, de désulfuration et de craquage catalytique. D'où la fonction objectif (1), dans laquelle la seconde somme est la quantité totale de composant j utilisée dans les produits finis.

$$(1) \quad \text{Min } z = \sum_{j=1}^{nc} C_j \times \left(\sum_{k=1}^{np} y_{kj} \right)$$

Les contraintes (2) et (3) précisent les domaines des variables. M est une grande constante positive : si le produit fini k ne peut pas contenir de composant j ($u_{kj} = 0$), les contraintes (3) équivalent à $y_{kj} = 0$, sinon ($u_{kj} = 1$) ; on a $y_{kj} \leq M$ et elles sont trivialement vérifiées.

$$(2) \quad \forall i = 1\ldots nb : 0 \leq x_i \leq S_i$$

$$(3) \quad \forall k = 1\ldots np, \forall j = 1\ldots nc : 0 \leq y_{kj} \leq M \cdot u_{kj}$$

Les contraintes (4) assurent le respect des demandes :

$$(4) \quad \forall k = 1\ldots np : \sum_{j=1}^{nc} y_{kj} \geq D_k$$

Les contraintes (5) garantissent que la quantité totale de composant j utilisée dans les divers mélanges n'excède pas la quantité produite par la distillation :

$$(5) \quad \forall j = 1 \ldots nc : \sum_{k=1}^{np} y_{kj} \leq \sum_{i=1}^{nb} P_{ij} \cdot x_i$$

Cette quantité ne doit pas non plus dépasser la capacité de traitement du composant, ce qui est assuré par les contraintes (6) :

$$(6) \quad \forall j = 1 \ldots nc : \sum_{k=1}^{np} y_{kj} \leq L_j$$

Enfin, les contraintes (7) sont nécessaires pour le respect des spécifications. La somme au milieu est la valeur de la caractéristique s dans le mélange (produit fini) k.

$$(7) \quad \forall s = 1 \ldots ns, \forall k = 1 \ldots np : Tmin_{sk} \leq \sum_{j=1}^{nc} T_{sj} \cdot y_{kj} \leq Tmax_{sk}$$

5.4.3 Traduction en Excel

L'écran page suivante montre la disposition adoptée, pas évidente à cause du nombre de contraintes ! La table supérieure rassemble toutes les données, sauf les spécifications. Elle correspond aux tableaux S, P, L, C, U et D du modèle mathématique. Dans le tableau U, nous avons remplacé les 1 *par M.u_{kj}* pour simplifier la traduction en Excel.

La table centrale correspond au tableau 5.6. Par rapport au problème de fabrication d'acier, la plupart des spécifications ne concernent qu'un seul produit fini. Nous avons donc condensé les calculs pour limiter la largeur. La table donne aussi les caractéristiques calculées, dans G15:G17 et J18. Le dernier tableau contient les variables x_i dans B21:B22 et y_{kj} dans C25:F28, les autres cellules numériques étant des quantités calculées.

Voici les formules à saisir :

- *Quantités de composants extraites de chaque brut.* Saisissez "=$B21*C4/100" dans C21 (butane produit à partir du brut B1) puis étendez la formule à toute la plage C21:F22.

- *Quantité totale produite pour chaque composant.* Entrez "=C21 ∣ C22" dans C23, puis copiez la formule dans le reste de la ligne.

- *Quantité utilisée de chaque composant.* On saisit la formule "=somme(C25:C28)" dans C24, puis on l'étend au reste de la ligne.

- *Quantités de produits finis.* La formule dans G25 est "=somme(C25:F25)" ; on la généralise à la plage G25:G28.

- *Spécifications des mélanges.* Pour la première spécification calculée pour l'essence (indice d'octane), on indique "=sommeprod($C$26:$F$26;C15:F15)/$G$10" dans G15, puis on recopie la formule dans les cellules G16 et G17. Pour la teneur en soufre du Diesel, elle est calculée dans J18 avec "=sommeprod(C27:F27;C18:F18)/G11".

- *Fonction-objectif,* dans la cellule H21 : =sommeprod(C24:F24;C8:F8) ".

La valeur pour M est 999 999. Les grands nombres sont affichés de façon lisible, grâce à la catégorie de cellule *Personnalisée* avec les formats "# ##0" et "# ##0,00".

	A	B	C	D	E	F	G	H	I	J	K	L
1	C5-Raffinerie : distillation de pétroles bruts.											
2												
3	Brut	Qté dispo (t)	Butane %	Naphta %	Gazole %	Résidu %						
4	B1	250 000	3	15	40	15						
5	B2	500 000	5	20	35	10						
6	Traitement		Néant	Réformage	Désulfurer	Craquer						
7	Capacité (t)		1 000 000	30 000	40 000	50 000						
8	Coût €/t		0	250	450	350	Demande					
9	Butane bouteilles		999 999				20 000					
10	Essence		999 999	999 999		999 999	40 000					
11	Diesel				999 999	999 999	35 000					
12	Fioul				999 999	999 999	50 000					
13												
14	Caractéristiques		Butane	Naphta	Gazole	Résidu	Essence			Diesel		
15	Indice d'octane		120,0	100,0		74,0	101,50	≥	94,00			
16	Tension de vapeur		60,0	2,6		4,1	12,70	≤	12,70			
17	Volatilité		105,0	3,0		12,0	21,43	≥	17,00			
18	Soufre %				0,3	1,2				0,30	≤	0,50
19												
20	Brut	Qté conso (t)	Butane (t)	Naphta (t)	Gazole (t)	Résidu (t)	Coût total					
21	B1	250 000,00	7 500,00	37 500,00	100 000,00	37 500,00	42 118 515,21					
22	B2	389 177,10	19 458,86	77 835,42	136 211,99	38 917,71						
23	Total distillé		26 958,86	115 335,42	236 211,99	76 417,71						
24	Total utilisé		26 958,86	30 000,00	38 041,14	50 000,00	Fabriqué					
25	Butane bouteilles		20 000,00	0,00	0,00	0,00	20 000,00					
26	Essence		6 958,86	30 000,00	0,00	3 041,14	40 000,00					
27	Diesel		0,00	0,00	35 000,00	0,00	35 000,00					
28	Fioul		0,00	0,00	3 041,14	46 958,86	50 000,00					

La boîte de dialogue du solveur est illustrée page suivante, sans oublier *Modèle supposé linéaire* et *Supposé non négatif* dans les options. On ne voit pas la fin de la liste des contraintes, qui contient : G17 ≥ I17, G25:G28 = G9:G12 et J18 ≤ L18.

5.4.4 Résultats

On peut les vérifier dans le fichier *C5-Raffinerie* des compléments du livre. La solution optimale nécessite 25 000 tonnes de brut B1 et 389 177,10 tonnes de brut B2. 40 000 tonnes d'essence sont produites, à partir de 6 958,86 tonnes de butane, 30 000 tonnes de naphta et 3 041,14 tonnes de résidu. Avec cette composition, on obtient un carburant automobile ayant un indice d'octane de 101,5, une tension de vapeur de 12,7 et une volatilité de 21,43. Les 35 000 tonnes de gazole moteur ne contiennent que du gazole-composant, ce qui donne un taux de soufre de 0,3 %. Les 50 000 tonnes de fioul domestique sont constituées de 3 041,14 tonnes de gazole et 46 958,86 tonnes de résidu. À cette production s'ajoutent 20 000 tonnes de butane en bouteilles. Les coûts de production s'élèvent à 42 118 515,21 €.

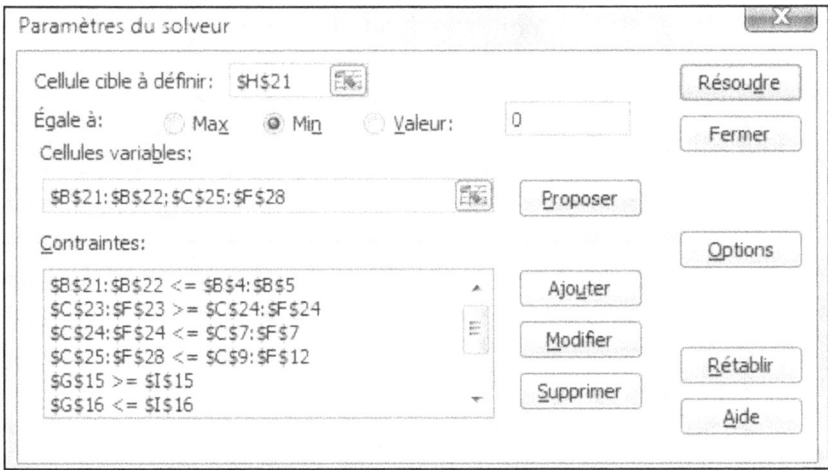

5.5 Production de sucre de canne

5.5.1 Problème

En Australie, la récolte de la canne à sucre est très mécanisée. Les cannes fraîchement coupées sont acheminées directement vers une sucrerie dans des wagons qui empruntent un réseau de petites voies ferrées. La teneur en sucre des cannes d'un wagon dépend du champ de récolte et de la maturité des cannes. Après récolte, cette teneur diminue rapidement par fermentation, au point que le contenu du wagon devient sans valeur après un certain temps. À l'instant t, onze wagons pleins, de même charge, sont arrivés à la sucrerie. Des examens ont permis de déterminer les pertes en sucre de chaque wagon (en kg/h) et la durée de vie des lots (en h à partir de t), indiquées au tableau 5.7.

Tableau 5.7 – Caractéristiques des lots de canne à sucre

Lot	1	2	3	4	5	6	7	8	9	10	11
Perte (kg/h)	43	26	37	28	13	54	62	49	19	28	30
Durée de vie (h)	8	8	2	8	4	8	8	8	6	8	8

Chaque lot peut passer au choix sur une des trois lignes de traitement disponibles, complètement équivalentes. Il nécessite deux heures de traitement continu. La fin de traitement doit survenir au plus tard à la date de fin de vie du lot. Par convention, la perte en sucre d'un lot continue pendant son traitement et cesse seulement à la fin de ce dernier. L'objectif est de déterminer un ordonnancement de traitement des lots à partir de l'instant t, de façon à minimiser la perte totale de sucre.

5.5.2 Modélisation

Notons nc le nombre de créneaux, indicés par i, nw le nombre de wagons ou de lots, indicés par j, nl le nombre de lignes de traitement, et D la durée de traitement d'un lot. $Perte_j$ désigne la perte de sucre du lot j en kg/h, et Vie_j sa durée de vie en heures.

On observe que les lignes travaillent sans pause à l'optimum, car sinon on pourrait diminuer la perte en sucre en avançant un lot traité après une pause. Les dates de fin de traitement des lots sont donc de la forme $k.D$, avec $k > 0$. Le nombre nc de créneaux de D heures pendant lesquels l'usine va travailler est donc $nc = \lceil nw/nl \rceil$, les crochets désignant un arrondi à l'entier supérieur. En effet, si nw/nl est entier, chaque ligne va traiter exactement nc lots. Sinon, certaines lignes vont traiter nc-1 lots, mais au moins une ligne en traitera nc. Dans tous les cas, un ordonnancement optimal durera $nc \times D$. Ici on trouve $nc = 4$ créneaux.

Chaque lot doit être affecté à un créneau. Définissons des variables binaires x_{ij} valant 1 si et seulement si le lot j est affecté au créneau i (1) : il s'agit donc de notre premier programme linéaire à variables binaires ! Il est inutile de spécifier un troisième indice pour la ligne utilisée, car les trois lignes sont interchangeables. Chaque lot doit être affecté à un seul créneau (2), et un créneau peut accueillir au plus nl lots car il y a nl lignes en parallèle (3).

$$(1) \quad \forall i = 1\ldots nc, \forall j = 1\ldots nw : x_{ij} \in \{0,1\}$$

$$(2) \quad \forall j = 1\ldots nw : \sum_{i=1}^{nc} x_{ij} = 1$$

$$(3) \quad \forall i = 1\ldots nc : \sum_{j=1}^{nw} x_{ij} \leq nl$$

La durée de vie est donnée en heures au lieu de créneaux de D heures. Le numéro maximal de créneau pour un lot j est donc $\lfloor Vie_j / D \rfloor$, avec des crochets pour l'arrondi à l'entier inférieur. Les contraintes (4) bornent le numéro de créneau de chaque lot. Observez comment le n° de créneau est exprimé à partir des variables d'affectation dans la somme : grâce aux contraintes (2), seul l'indice de créneau i tel que $x_{ij} = 1$ est compté pour le lot j.

$$(4) \quad \forall j = 1\ldots nw : \sum_{i=1}^{nc} i \cdot x_{ij} \leq \lfloor Vie_i / D \rfloor$$

La perte en sucre pour un lot j traité dans le créneau i est $i.D.Perte_j$. La fonction-objectif (perte totale en sucre) est alors donnée par l'expression (5). La mise en forme à droite va nous permettre de réutiliser dans Excel la somme sur i des contraintes (4).

$$(5) \quad \text{Min } z = \sum_{j=1}^{nw} \sum_{i=1}^{nc} i.D.Perte_j .x_{ij} = D \times \sum_{j=1}^{nw} \left(Perte_j \times \sum_{i=1}^{nc} i \cdot x_{ij} \right)$$

Le programme linéaire recherché est formé des lignes (1) à (5). En fait, ce PL est un *problème de flot de coût minimal* particulier. Il s'apparente au *problème de transport*, abordé par exemple au chapitre 9 (problème du loueur de voitures). Les PL de flot de coût minimal sont connus pour posséder une matrice *totalement unimodulaire* (voir chapitre 2), ce qui fait que leurs solutions de base sont à coordonnées entières. Les contraintes d'intégrité (1) sont donc redondantes si l'algorithme du simplexe, qui parcourt des solutions de base, est utilisé pour la résolution. On peut les remplacer par des contraintes de positivité. Il n'est même pas nécessaire de spécifier $x_{ij} \leq 1$, car ceci est impliqué par les contraintes (2).

5.5.3 Traduction en Excel

La feuille Excel illustrée ci-dessous se trouve dans le classeur *C5-Sucre* des compléments du livre (voir l'annexe 2). Les formules de la feuille sont les suivantes :

- *Sommes des contraintes* (2). On saisit "=somme(B8:L8)" dans N8 et on étend cette formule aux cellules N9 à N11 avec la poignée de recopie.

- *Sommes des contraintes* (3). La cellule B13 reçoit la formule "=somme(B8:B11)", copiée ensuite dans C13 à L13.

- *Sommes des contraintes* (4), avec les numéros de créneauxde A8:A11. On entre la formule "=sommeprod($A$8:$A$11;B8:B11)" dans B14 et on la copie dans C14:L14.

- *Numéro maximal de créneau* $\lfloor Vie_j / D \rfloor$. Pour la cellule B15, on le calcule par la formule "=plancher(B5/$O$5;1)", recopiée dans C15 à L15. La fonction Excel *Plancher(E, n)* arrondit l'expression numérique E au plus proche multiple de n inférieur.

- *Fonction-objectif*. On s'appuie sur la mise en forme de droite dans l'expression (5) : la somme entre parenthèses est le numéro de créneau du lot j, déjà calculé dans B14:L14. D'où la formule "=O5*sommeprod(B14:L14;B4:L4)" dans la cellule N14.

	A	B	C	D	E	F	G	H	I	J	K	L	M	N	O
1	C5-Sucre : production de sucre de canne														
2															
3	N° de lot	1	2	3	4	5	6	7	8	9	10	11		Nb de lignes	3
4	Perte (kg/h)	43	26	37	28	13	54	62	49	19	28	30		Nb de créneaux	4
5	Durée vie (h)	8	8	2	8	4	8	8	8	6	8	8		Durée trt lot (h)	2
6															
7	Créneau				Affectation									Nb lots traités	
8	1	0	0	1	0	0	1	1	0	0	0	0		3	
9	2	1	0	0	0	1	0	0	1	0	0	0		3	
10	3	0	0	0	0	0	0	0	0	1	1	1		3	
11	4	0	1	0	1	0	0	0	0	0	0	0		2	
12															
13	Placé?	1	1	1	1	1	1	1	1	1	1	1		Perte totale (kg)	
14	N° créneau	2	4	1	4	2	1	1	2	3	3	3		1620	
15	Créneau max	4	4	1	4	2	4	4	4	3	4	4			

La boîte de dialogue du solveur (page suivante), n'a pas de contrainte de variables binaires, grâce à la totale unimodularité. Ajouter cette contrainte n'a aucun effet : avant de lancer son algorithme de PLNE, le solveur exécute l'algorithme du simplexe pour avoir une borne inférieure. S'il trouve des variables entières, l'algorithme de PLNE n'est pas lancé.

5.5.4 Résultats

Volontairement, nous avons oublié de préciser *Modèle supposé linéaire* et *Supposé non négatif* dans le menu *Options* du solveur. Si vous cliquez sur *Résoudre*, le solveur d'Excel choisit alors d'appliquer son algorithme de programmation non linéaire, qui converge vers un des optima locaux du problème, à variables fractionnaires !

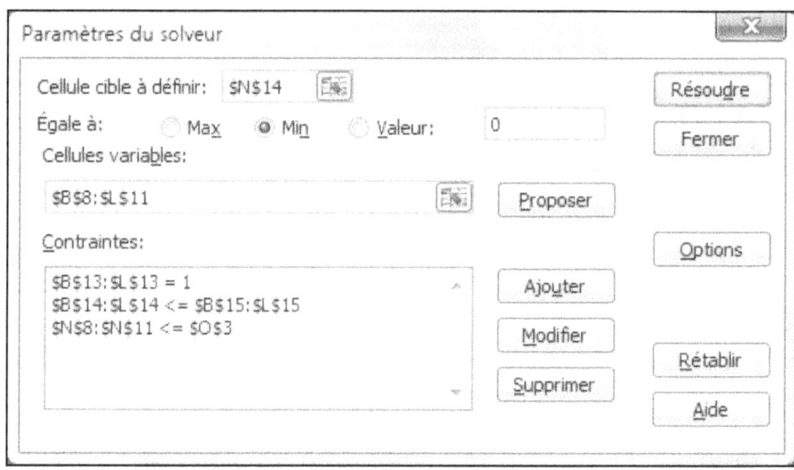

Choisissons les options habituelles et résolvons le problème à nouveau, mais en enlevant les contraintes de durée de vie : on trouve une perte minimale de 1 518 kg de sucre et on constate que les lots sont traités par ordre de perte décroissante, ce qui paraît logique. Avec les durées de vie limitées pour les lots 3, 5 et 9, on obtient une solution moins évidente avec une perte totale de 1 620 kg de sucre.

Le tableau 5.8 donne l'ordonnancement des lots et les pertes en sucre. Dans chaque créneau, les machines sont interchangeables. Le lot 5, par exemple, a une perte de 13 kg par heure. Il est traité dans le créneau 2 et est terminé 4 heures après le début des traitements, ce qui donne une perte totale de 52 kg. Bien entendu, on pourrait calculer ces pertes par lot dans la feuille Excel.

Tableau 5.8 – Ordonnancement optimal des lots de canne

	Créneau 1	Créneau 2	Créneau 3	Créneau 4
Ligne 1	Lot 3, 74 kg	Lot 1, 172 kg	Lot 4, 168 kg	Lot 2, 208 kg
Ligne 2	Lot 6, 108 kg	Lot 5, 52 kg	Lot 9, 114 kg	Lot 10, 224 kg
Ligne 3	Lot 7, 124 kg	Lot 8, 196 kg	Lot 11, 180 kg	Inutilisé

5.6 Exploitation d'une mine à ciel ouvert

5.6.1 Problème

Une mine à ciel ouvert est envisagée pour exploiter un gisement d'uranium. Les sondages ont permis de découper le gisement en unités d'exploitation appelées *blocs*. La fosse à creuser doit être en gradins pour permettre aux camions de descendre au fond. Elle est limitée à l'ouest par un village, à l'est par un massif montagneux. À cause de ces contraintes, 18 blocs de 10 000 tonnes sur trois niveaux ont été délimités (figure 5.2). Pour extraire un bloc, il faut extraire trois blocs du niveau supérieur : le bloc juste au-dessus et, pour respecter les contraintes de pente de la mine, le bloc de gauche et celui de droite.

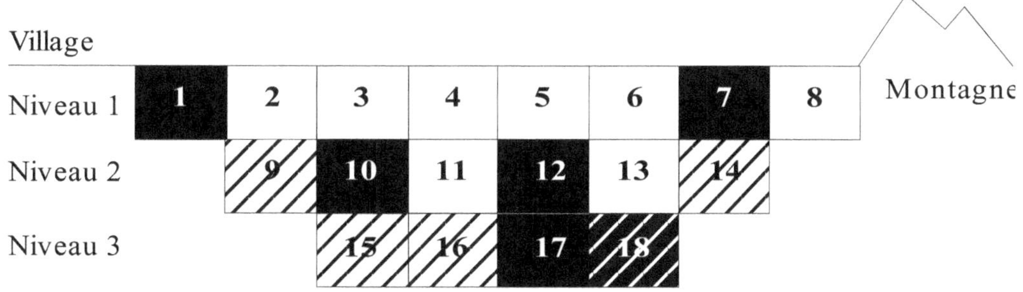

Figure 5.2 – Vue en coupe de la mine

Les coûts d'extraction par tonne sont de 100 € pour les blocs du niveau 1, 200 € pour ceux du niveau 2, et 300 € au niveau 3, sauf pour les blocs hachurés qui sont formés d'une roche très dure et coûtent 1 000 € par tonne. Les seuls blocs contenant de l'uranium sont les blocs noirs 1, 7, 10, 12, 17, 18. Leurs valeurs marchandes respectives sont de 200, 300, 500, 200, 1000 et 1 200 €/t. Notez que le bloc 18 est hachuré : bien que situé dans la roche dure, il est très riche en minerai. Quels sont les blocs à extraire pour maximiser le bénéfice total ?

5.6.2 Modélisation

Soit nb le nombre de blocs. Notons V_i la valeur par tonne d'un bloc i, et C_i son coût d'extraction par tonne. Le bénéfice par tonne si on extrait le bloc i est donc $V_i - C_i$. Les enchaînements possibles de blocs à extraire peuvent être représentés par un graphe orienté $G = (X,U)$. X est l'ensemble des blocs, U l'ensemble des arcs entre blocs. Un arc (i,j) signifie que le bloc i peut être enlevé si le bloc j est déjà extrait. Par exemple, le bloc 16 donne lieu à trois arcs dans G : $(16,10)$, $(16,11)$ et $(16,12)$.

Définissons des variables binaires x_i, valant 1 si et seulement si le bloc i est extrait. On obtient ainsi le second programme linéaire en 0-1 du livre, très compact.

$$(1) \quad \mathrm{Max} \sum_{i=1}^{nb} (V_i - C_i) \cdot x_i$$

$$(2) \quad \forall (i,j) \in U : x_i \leq x_j$$

$$(3) \quad \forall i = 1 \ldots nb : x_i \in \{0,1\}$$

La fonction-objectif (1), à maximiser, est la somme des bénéfices pour les blocs extraits. Les contraintes (2) assurent l'extraction en cascade des blocs : si on extrait i ($x_i = 1$), alors il faut extraire j ($x_j = 1$). Les contraintes (3) définissent des variables booléennes.

En fait, on peut montrer que ce genre de programme linéaire est le dual d'un problème de flot de coût minimal (voir les compléments au § 5.8). Les problèmes de flot sont connus pour présenter des solutions de base entières (voir chapitre 2). Les contraintes (3) peuvent donc être remplacées par de simples contraintes de bornes $x_i \leq 1$. Le lecteur peut se demander ce qui se passerait si on ignore ces propriétés mathématiques et qu'on déclare des variables binaires. Fort heureusement, comme nous l'avons exposé pour le problème de production de sucre, il n'y aurait aucun risque car tous les solveurs exécutent l'algorithme du simplexe avant de lancer une méthode arborescente sur un PLNE ou un PL en 0-1.

5.6.3 Traduction en Excel

Une difficulté classique est le codage du graphe G. Pour n nœuds (ici les blocs), le codage le plus simple est une matrice binaire, A $n \times n$, où $A_{ij} = 1$ si et seulement si l'arc (i, j) existe. Ici, cette matrice aurait 324 éléments, dont seulement 30 égaux à 1. Pour économiser de la place, il vaut mieux utiliser un autre codage classique, la liste d'arcs, comme dans l'écran suivant. Les variables binaires sont dans la colonne E. La liste des 30 arcs déborde de l'écran : consultez le fichier *C5-Mine-1* des compléments du livre pour une vue complète.

Les formules à saisir sont les suivantes :

- *Profit pour chaque bloc.* Saisissez "=B5-C5" dans D5 et copiez la formule en D6:D22.

- *Contraintes de précédences* (2). Elles équivalent à $x_j - x_i \geq 0$ et nous calculons les différences dans la colonne I grâce à la fonction *index*. Pour l'arc (9,1) par exemple, on calcule $x_1 - x_9$ dans I4, avec "= index(\$E\$5:\$E\$22;H4) − index(\$E\$5:\$E\$22;G4)" : les contenus des cellules H4 (1) et G4 (9) sont utilisés comme indices dans la plage des variables. La formule peut ensuite être recopiée dans le reste de la colonne I.

- *Fonction-objectif.* Elle est calculée avec la formule "=sommeprod(D5:D22;E5:E22)" dans la cellule E24.

	A	B	C	D	E	F	G	H	I	J
1	C5-Mine-1 : la mine version 1, avec les x(j)-x(i).									
2										
3			Blocs					Arcs	x(j)-x(i)	
4	N°	Valeur	Coût	Profit	Extrait?		9	1	1	
5	1	200	100	100	1		9	2	1	
6	2	0	100	-100	1		9	3	1	
7	3	0	100	-100	1		10	2	0	
8	4	0	100	-100	1		10	3	0	
9	5	0	100	-100	1		10	4	0	
10	6	0	100	-100	1		11	3	0	
11	7	300	100	200	1		11	4	0	
12	8	0	100	-100	0		11	5	0	
13	9	0	1000	-1000	0		12	4	0	
14	10	500	200	300	1		12	5	0	
15	11	0	200	-200	1		12	6	0	
16	12	200	200	0	1		13	5	0	
17	13	0	200	-200	1		13	6	0	
18	14	0	1000	-1000	0		13	7	0	
19	15	0	1000	-1000	0		14	6	1	
20	16	0	1000	-1000	0		14	7	1	
21	17	1000	300	700	1		14	8	0	
22	18	1200	1000	200	0		15	9	0	
23							15	10	1	
24			Coût total		400		15	11	1	

Le modèle s'écrit comme suit, de façon très compacte. Ne pas oublier *Modèle supposé linéaire* et *Supposé non négatif* dans les options !

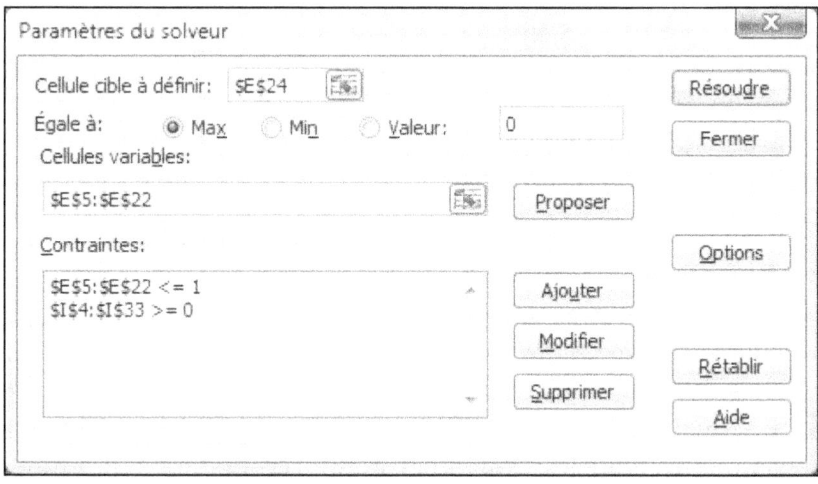

L'inconvénient de ce modèle est la présence des arcs et des différences $x_j - x_i$ dans la feuille. Contrairement à certaines quantités calculées comme les utilisations du broyeur et du four dans le problème des ciments du chapitre 3, ces informations sont ici peu utiles pour l'utilisateur. Montrons comment les éviter en générant le modèle en VBA, comme dans le classeur *C5-Mine-2* des compléments du livre. La disposition est la suivante : la liste d'arcs a disparu, mais on a ajouté deux boutons et un plan de la mine qui doit commencer à la cellule G4. On ne saisit rien dans la boîte de dialogue du solveur.

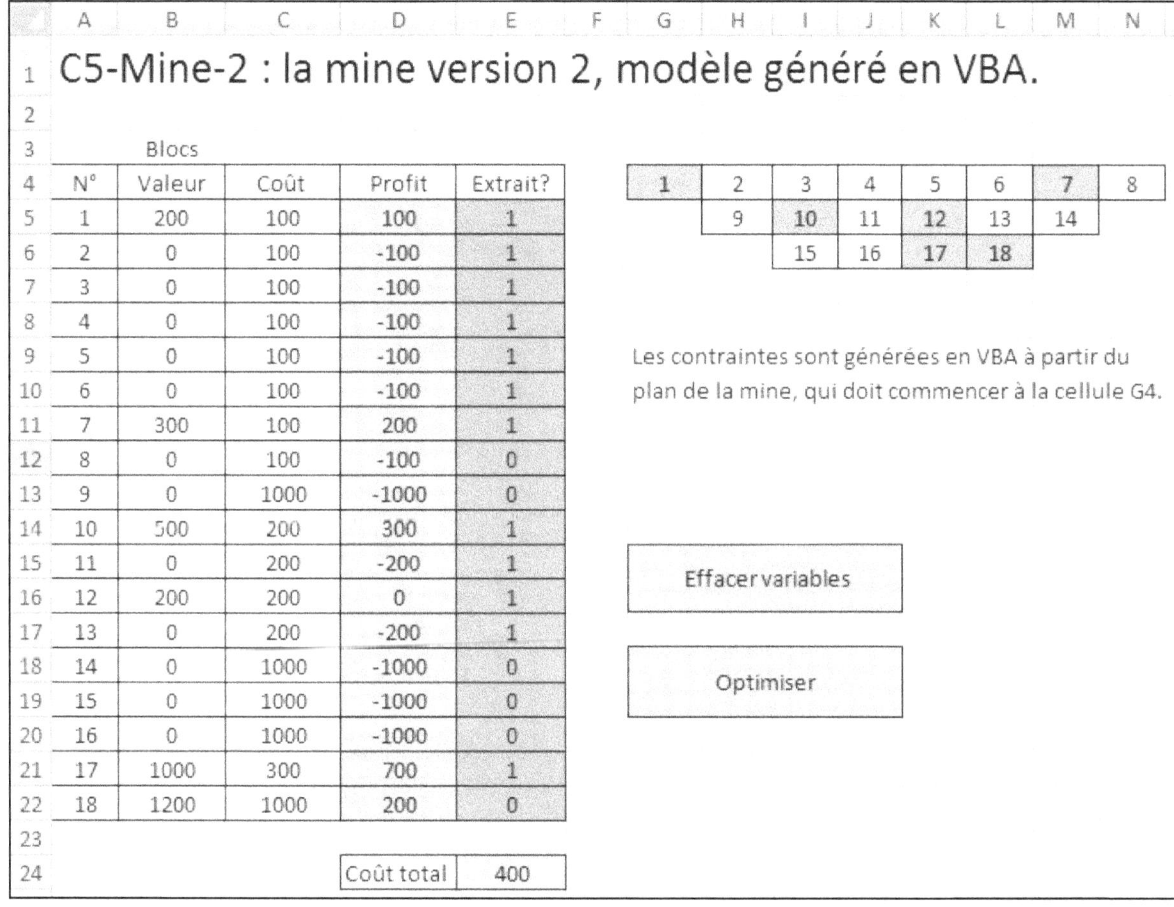

C5-Mine-2 : la mine version 2, modèle généré en VBA.

N°	Valeur	Coût	Profit	Extrait?
1	200	100	100	1
2	0	100	-100	1
3	0	100	-100	1
4	0	100	-100	1
5	0	100	-100	1
6	0	100	-100	1
7	300	100	200	1
8	0	100	-100	0
9	0	1000	-1000	0
10	500	200	300	1
11	0	200	-200	1
12	200	200	0	1
13	0	200	-200	1
14	0	1000	-1000	0
15	0	1000	-1000	0
16	0	1000	-1000	0
17	1000	300	700	1
18	1200	1000	200	0

Blocs

Plan de la mine :

1	2	3	4	5	6	7	8
	9	10	11	12	13	14	
		15	16	17	18		

Les contraintes sont générées en VBA à partir du plan de la mine, qui doit commencer à la cellule G4.

Effacer variables

Optimiser

Coût total : 400

Le code VBA suivant est associé au bouton *Optimiser*. *ScreenUpdating = False* sert à éviter des clignotements dans les cellules pendant qu'Excel effectue les calculs. On utilise ensuite les macros du solveur exposées au § 4.5.2. Les trois premiers *Call* servent à initialiser le modèle, régler les options, définir l'objectif, le sens de l'optimisation et les variables. Le quatrième définit les variables inférieures ou égales à 1 expliquées à la fin du § 5.6.2.

La suite de la macro est plus intéressante : elle sert à générer les contraintes (2) à partir du dessin de la mine et illustre la puissance de VBA. Le plus petit rectangle contenant le dessin de la mine est calculé avec *CurrentRegion* (plage *Mine*). Le *For Each* énumère les cellules de cette plage et considère seulement les blocs j du modèle ayant des blocs i à extraire au dessus, c'est-à-dire les cellules contenant un numéro, sauf celles de la ligne 4. Le *For Shift* génère alors les contraintes pour les trois blocs à enlever au-dessus. Le modèle obtenu est résolu avec *SolverSolve* et un message de fin normale ou anormale est affiché.

```vba
Sub RESOUDRE_PROBLEME()

Dim Mine As Range, Block As Range
Dim Above As Range, X As Range
Dim Shift As Integer, Result As Integer

Application.ScreenUpdating = False
Call SolverReset
Call SolverOptions(AssumeLinear:=True, AssumeNonNeg:=True)
Call SolverOK(SetCell:="E24", MaxMinVal:=1, ByChange:="E5:E22")
Call SolverAdd(CellRef:="E5:E22", Relation:=1, FormulaText:=1)

Set X = Range("E5:E22")
Set Mine = Range("G4").CurrentRegion
MsgBox ("Rectangle contenant le dessin de la mine: " & Mine.Address)

For Each Block In Mine
   If (Block.Value <> "") And (Block.Row > 4) Then
      For Shift = -1 To 1
         Set Above = Block.Offset(-1, Shift)
         Call SolverAdd(CellRef:=X(Block.Value), Relation:=1, _
            FormulaText:=X(Above.Value).Address)
      Next Shift
   End If
Next

Result = SolverSolve(UserFinish:=True)

Select Case Result
  Case 0:     MsgBox ("Optimisation réussie")
  Case 4:     MsgBox ("Optimum non borné, vérifiez les données")
  Case 5:     MsgBox ("Infaisable, vérifiez les données")
  Case Else: MsgBox ("Erreur solveur code " & Result)
End Select

End Sub
```

Le classeur *C5-Mine-3* contient une troisième version, non détaillée ici, dans laquelle une colonne donne pour chaque bloc la liste des blocs à enlever au-dessus. Une macro en VBA utilise cette colonne pour générer les contraintes, au lieu du dessin de la mine.

5.6.4 Résultats

Dans les trois versions, on trouve un profit maximal de 400 €. Les blocs 1 à 7, 10 à 13 et le bloc 17 sont extraits. Les blocs 8, 9, 14, 15, 16 et 18 ne sont pas extraits.

5.7 Production d'électricité

5.7.1 Problème

Trois types de centrales électriques doivent satisfaire chaque jour les demandes du tableau 5.9 (en mégawatts), réparties en cinq périodes. On considère un horizon glissant : la période 18 h - 24 h d'un jour j est suivie par la période 0 h - 6 h du jour $j+1$. Les centrales d'un même type ont une certaine puissance maximale et sont connectables au réseau à partir d'une certaine puissance minimale. Elles ont un coût de démarrage, un coût horaire de base pour la puissance minimale, et un coût horaire par mégawatt supplémentaire au-delà de cette puissance minimale. Ces données sont fournies dans le tableau 5.10.

Tableau 5.9 – Puissances électriques demandées

Période	0 h - 6 h	6 h - 9 h	9 h - 15 h	15 h - 18 h	18 h – 24 h
Demande (MW)	15 000	30 000	25 000	40 000	27 000

Tableau 5.10 – Caractéristiques des centrales

Type de centrale	Nombre disponible	Puiss. min en MW	Puiss. max en MW	Coût de base €/h	Coût MW supp. €/h	Coût de démarrage €
1	12	850	2 000	1 000	2	2 000
2	10	1 250	1 750	2 600	1,3	1 000
3	5	1 500	4 000	3 000	3	500

Une centrale ne peut être démarrée ou arrêtée qu'en début de période. Contrairement au démarrage, l'arrêt ne coûte rien. Les centrales en route doivent pouvoir résister à une augmentation de 15 % de la demande prévue. Quelles centrales faut-il faire fonctionner dans chaque période afin de minimiser le coût total journalier ?

5.7.2 Modélisation

Ce problème est certainement le plus difficile du chapitre. Il faut, en particulier, utiliser des variables entières pour les nombres de centrales. Notons nt le nombre de types de centrales, np le nombre de périodes de la journée. Pour une période p, $Dema_p$ désigne la puissance demandée par le réseau, $Larg_p$ la largeur en heures de la période.

Pour un type t de centrale, les puissances minimale et maximale sont notées respectivement $PMin_t$ et $PMax_t$. Le nombre de centrales disponibles de ce type est $NDis_t$. Le coût de démarrage est $CDem_t$, le coût de base horaire pour fournir $PMin_t$ est $CMin_t$, et le coût horaire par mégawatt au-delà de $PMin_t$ est $CSup_t$.

Pour faciliter l'écriture du modèle et le décompte des différents coûts, nous avons choisi trois groupes de variables. $NDem_{tp}$ est le nombre entier de centrales de type t démarrées en début de période p, contraintes (1). $NFon_{tp}$ est le nombre de centrales de type t fonctionnant en période p : ce nombre qui inclut les centrales démarrées en début de période est un entier borné par $NDis_t$, contraintes (2). Enfin, $PSup_{tp}$ représente le nombre total de mégawatts fournis en plus du minimum par les centrales de type t en période p, contraintes (3).

(1) $\forall t = 1 \ldots nt, \forall p = 1 \ldots np : \quad NDem_{tp} \in I\!N$

(2) $\forall t = 1 \ldots nt, \forall p = 1 \ldots np : \quad NFon_{tp} \in \{0, 1, 2, \ldots, NDis_t\}$

(3) $\forall t = 1 \ldots nt, \forall p = 1 \ldots np : \quad PSup_{tp} \geq 0$

Pour une centrale de type t, la marge ou puissance fournie au-delà du niveau de base est limitée à $PMax_t$ - $PMin_t$. Pour chaque type et chaque période, on peut ainsi lier la puissance totale supplémentaire et le nombre de centrales en marche avec les contraintes (4).

(4) $\forall t = 1 \ldots nt, \forall p = 1 \ldots np : PSup_{tp} \leq (PMax_t - PMin_t) \cdot NFon_{tp}$

Pour satisfaire la demande dans chaque période, on écrit les contraintes (5). La première somme est la puissance de base totale fournie par les centrales des différents types. La seconde est la puissance totale délivrée au-delà du niveau de base, tous types confondus.

(5) $\forall p = 1 \ldots np : \displaystyle\sum_{t=1}^{nt} PMin_t \cdot NFon_{tp} + \sum_{t=1}^{nt} PSup_{tp} \geq Dema_p$

Sans démarrer d'autres centrales, celles qui sont en fonctionnement doivent pouvoir fournir 15 % de plus que prévu (6).

(6) $\forall p = 1 \ldots np : \displaystyle\sum_{t=1}^{nt} PMax_t \cdot NFon_{tp} \geq 1.15 \cdot Dema_p$

S'il n'y avait pas d'arrêts, le nombre de centrales démarrées en période p serait la différence entre les nombres de centrales en marche en périodes p et p-1. Comme il y a des arrêts, non comptés car sans impact sur le coût, le nombre de centrales démarrées est au moins égal à cette différence (7). Les contraintes (8) représentent le cas particulier entre la dernière période du jour et la première du jour suivant.

(7) $\forall p = 2 \ldots np, \forall t = 1 \ldots nt : NDem_{tp} \geq NFon_{tp} - NFon_{t, p-1}$

(8) $\forall t = 1 \ldots nt : NDem_{t1} \geq NFon_{t1} - NFon_{t, np}$

Le coût total journalier (9) comprend les coûts de démarrage, les coûts de fonctionnement au niveau de base et les coûts des mégawatts supplémentaires. Ces deux derniers coûts sont proportionnels aux largeurs de périodes. Le programme linéaire mixte final est formé des lignes (1) à (9).

$$(9) \quad \text{Min} \sum_{p=1}^{np}\sum_{t=1}^{nt} CDem_t \cdot NDem_{tp} + \sum_{p=1}^{np}\sum_{t=1}^{nt} Larg_p \cdot CMin_t \cdot NFon_{tp}$$

$$+ \sum_{p=1}^{np}\sum_{t=1}^{nt} Larg_p \cdot CSup_t \cdot PSup_{tp}$$

5.7.3 Traduction en Excel

La traduction n'est pas évidente si on cherche à obtenir un modèle à peu près générique sur un seul écran. Voyons d'abord les tableaux débutant en colonne A. Le premier contient les données sur les centrales, avec les marges calculées. Le tableau suivant donne les plages horaires et leurs demandes. Le nombre d'heures a été calculé avec des fonctions de chaînes de caractères non décrites ici. Nous calculons aussi les demandes avec la marge de sécurité de 15 %. Un tableau décrit ensuite les variables entières $NFon_{tp}$ et trois lignes donnent, pour chaque période, la puissance actuelle des centrales en marche, leur puissance totale et la somme de leurs coûts de base. Le dernier tableau représente les variables réelles $PSup_{tp}$, plus une ligne donnant le coût total par période de ces MW supplémentaires

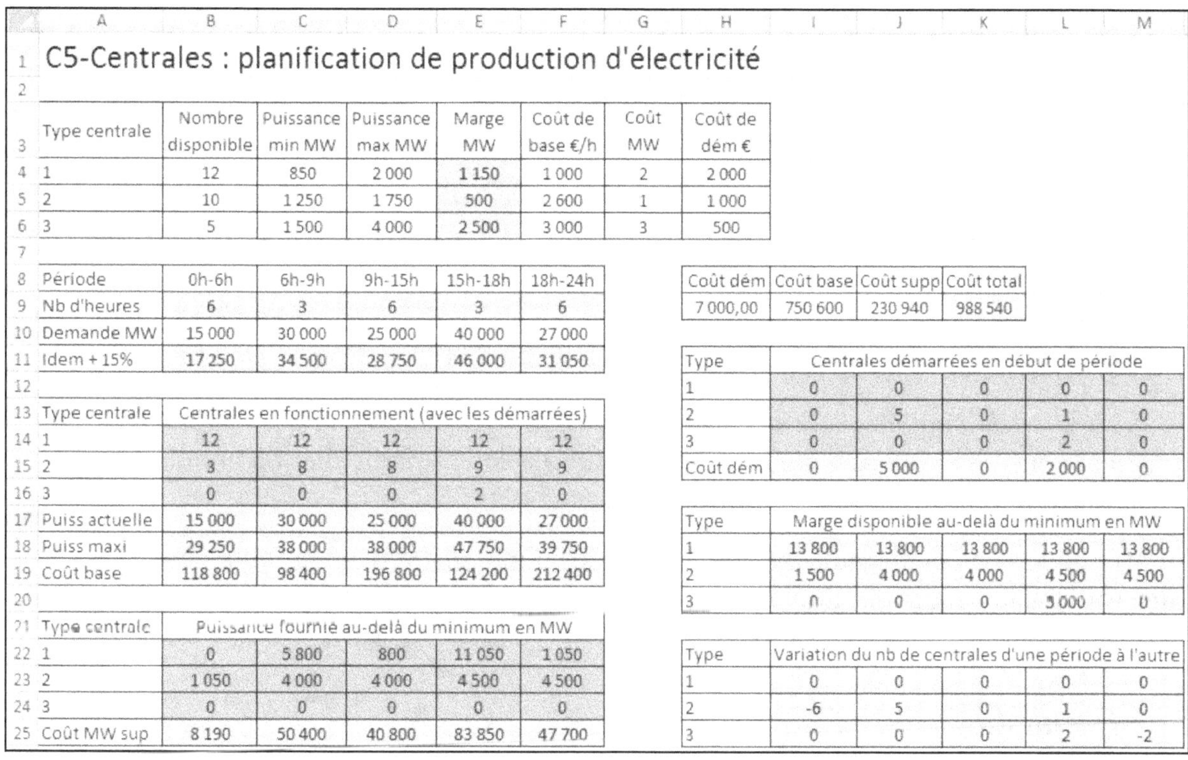

	A	B	C	D	E	F	G	H
1	C5-Centrales : planification de production d'électricité							
2								
3	Type centrale	Nombre disponible	Puissance min MW	Puissance max MW	Marge MW	Coût de base €/h	Coût MW	Coût de dém €
4	1	12	850	2 000	1 150	1 000	2	2 000
5	2	10	1 250	1 750	500	2 600	1	1 000
6	3	5	1 500	4 000	2 500	3 000	3	500
7								
8	Période	0h-6h	6h-9h	9h-15h	15h-18h	18h-24h		
9	Nb d'heures	6	3	6	3	6		
10	Demande MW	15 000	30 000	25 000	40 000	27 000		
11	Idem + 15%	17 250	34 500	28 750	46 000	31 050		
12								
13	Type centrale	Centrales en fonctionnement (avec les démarrées)						
14	1	12	12	12	12	12		
15	2	3	8	8	9	9		
16	3	0	0	0	2	0		
17	Puiss actuelle	15 000	30 000	25 000	40 000	27 000		
18	Puiss maxi	29 250	38 000	38 000	47 750	39 750		
19	Coût base	118 800	98 400	196 800	124 200	212 400		
20								
21	Type centrale	Puissance fournie au-delà du minimum en MW						
22	1	0	5 800	800	11 050	1 050		
23	2	1 050	4 000	4 000	4 500	4 500		
24	3	0	0	0	0	0		
25	Coût MW sup	8 190	50 400	40 800	83 850	47 700		

Tableaux débutant en colonne H :

Coût dém	Coût base	Coût supp	Coût total
7 000,00	750 600	230 940	988 540

Type	Centrales démarrées en début de période				
1	0	0	0	0	0
2	0	5	0	1	0
3	0	0	0	2	0
Coût dém	0	5 000	0	2 000	0

Type	Marge disponible au-delà du minimum en MW				
1	13 800	13 800	13 800	13 800	13 800
2	1 500	4 000	4 000	4 500	4 500
3	0	0	0	5 000	0

Type	Variation du nb de centrales d'une période à l'autre				
1	0	0	0	0	0
2	-6	5	0	1	0
3	0	0	0	2	-2

Quant aux tableaux débutant en colonne H, le premier distingue les trois types de coût (démarrage, coût de base, coût des MW au-delà du régime de base) et la fonction-objectif (coût total). Le second correspond aux variables entières $NDem_{tp}$, avec une ligne en plus pour le coût total des démarrages dans chaque période. Le troisième tableau sur les marges disponibles sert à calculer les seconds membres $(PMax_t - PMin_t) \times NFon_{tp}$ des contraintes (4). Les colonnes J à M du dernier tableau contiennent les différences $NFont_{tp} - NFon_{t,p-1}$ des contraintes (7), tandis que la colonne I correspond au cas particulier des contraintes (8).

Les deux derniers tableaux sont d'un intérêt douteux pour l'utilisateur mais ils permettent une modélisation générique. Par exemple, les contraintes (4) vont se traduire par une seule ligne de contraintes dans le solveur : B22:F24 <= I18:M20. On pourrait éviter la matrice des marges disponibles, mais il faudrait alors saisir dans le solveur 15 lignes pour les contraintes (4).

Les formules à définir sont les suivantes :

- *Marges*. Saisissez "=D4-C4" dans E4, puis copiez la formule dans E5 et E6.

- *Demandes + 15 %*. Entrez "=1,15*B10" dans B11, à copier ensuite dans C11 à F11.

- *Puissances actuelles* (membres de gauche des contraintes (5)). Indiquez dans B17 la formule "=sommeprod(B14:B16;$C$4:$C$6) + somme(B22:B24)" puis étendez-la aux cellules C17 à F17.

- *Puissances maximales* que peuvent fournir les centrales en route (membres de gauche des contraintes (6)). Saisissez "=sommeprod(B14:B16;$D$4:$D$6)" dans B18 et copiez cette formule dans B18 à F18.

- *Coûts de base par période*. Placez "=sommeprod(B14:B16;$F$4:$F$6)*B9" dans B19 puis étendez cette formule aux cellules B19 à F19.

- *Coûts des MW supplémentaires*. La formule "=sommeprod(B22:B24;$G$4:$G$6)*B9" est saisie dans B25 et copiée dans C25 à F25.

- *Tableau des coûts et de la fonction-objectif*. Les formules respectives pour les quatre cellules I9 à K9 sont "=somme(I15:M15)", "=somme(B19:F19)", "=somme(B25:F25)" et "=somme(H9:J9) ".

- *Coûts de démarrage*. La formule dans I15, "=sommeprod(I12:I14;$H$4:$H$6)", est copiée dans les cellules J15 à M15.

- *Matrice des marges disponibles au-delà du minimum*. Saisissez "=$E$4*B14" dans I18 et généralisez au reste de la matrice.

- *Variations du nombre de centrales d'une période sur l'autre*. Entrez "=C14-B14" dans J23 et généralisez à toute la plage J23:M25. Pour le cas particulier de première période, indiquez "=B14-F14" dans I23 et copiez dans I24 et I25.

Au prix de toutes ces formules, le modèle s'écrit simplement dans la boîte de dialogue du solveur illustrée page suivante. Le bas de la liste de contraintes n'est pas visible ; il contient les contraintes "B22:F24 <= I18:M20", "I12:M14 = entier", "I23:M25 <= I12:M14".

5.7.4 Résultats

Le modèle est inclus dans le classeur Excel *C5-Centrales* des compléments du livre. Le solveur exécute son algorithme pour les PLNE, ce qui nécessite quand même une dizaine de secondes sur un PC à 2.5 GHz, et trouve une solution entière de coût 988 540. L'écran du § 5.7.3 montre les détails de la solution optimale obtenue. Les 12 centrales de type 1 fonctionnent en permanence. Les cinq périodes utilisent respectivement 3, 8, 8, 9 et 9 centrales de type 2 sur les 10 disponibles. Les centrales de type 3 sont mises à contribution une seule fois, avec deux centrales en période 4.

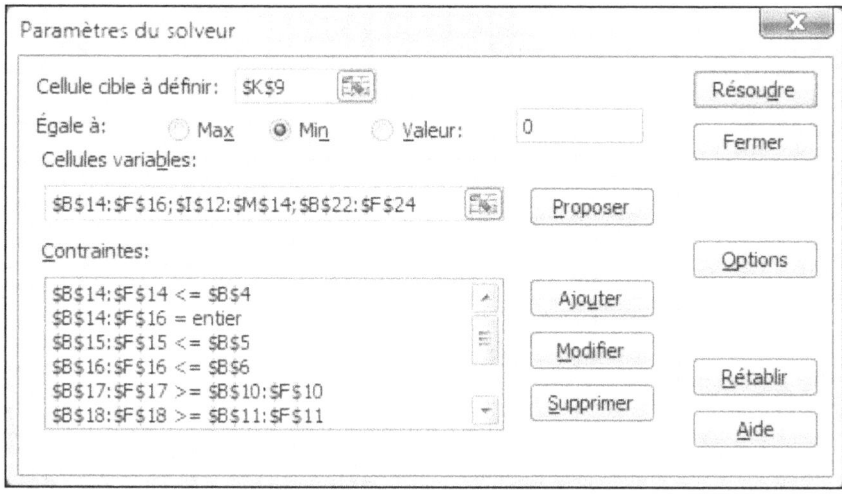

La plage I12:M14 donne les centrales de chaque type démarrées dans chaque période. On peut facilement déduire les arrêts : deux centrales de type 3 stoppent entre les périodes 4 et 5, et six de type 2 entre la période 5 et la période 1 du jour suivant.

5.8 Références et compléments

Les problèmes de mélanges constituent les premières applications historiques de la programmation linéaire civile. Sutton et Coates ont ainsi étudié des mélanges en sidérurgie [Sutton 1981] tandis que Glen a décrit un problème de composition d'aliment pour bovins [Glen 1980]. L'industrie pétrolière a toujours été un gros client de la PL (voir par exemple McColl [McColl 1969]). Les modèles dans ce domaine sont actuellement très sophistiqués et combinent mélanges et ordonnancement de production, voir Méndez *et al.* [Méndez 2006]. Dans le chapitre 3, nous avons cité le solveur HS/LP et le modeleur OMNI : ils ont été créés par Haverly, une société de conseil texane spécialisée dans l'industrie pétrolière.

Les secteurs agricoles et forestiers ont aussi fait l'objet de recherches en optimisation (voir par exemple Kowero et Dykstra pour la planification forestière [Kowero 1988] et Klein Haneveld et Stegeman pour la rotation des cultures [Klein Haneveld 2005]).

Le problème de la sucrerie fait partie de la grande famille des problèmes de flots, traités en détail dans le livre de référence d'Ahuja, Magnanti et Orlin [Ahuja 1993]. Le problème de la mine revient à calculer une fermeture de poids maximal dans un graphe, problème également soluble par une méthode de flot (voir le chapitre 19 du livre d'Ahuja *et al*).

Le problème de production d'électricité a été étudié par Garver [Garver 1963]. Dans ce type de problèmes *(dispatch problems)*, il s'agit de satisfaire au moindre coût des demandes par période, avec des coûts d'activation et de désactivation de ressources (voir par exemple [Gardner 2000]). La différence majeure avec les problèmes de planification de production du chapitre suivant réside dans ces coûts et dans le fait que les ressources sont inutilisables au-dessous d'un certain seuil : si on démarre une centrale, elle fournit une puissance minimale. La plage de puissance est même très étroite pour des barrages, ce qui conduit à associer des centrales thermiques ou nucléaires pour suivre la demande [Sasson 1974].

CHAPITRE 6

Problèmes d'ordonnancement

6.1 Introduction

Les problèmes d'ordonnancement constituent une classe importante en recherche opérationnelle. Ils consistent à programmer dans le temps un ensemble de tâches, en respectant diverses contraintes (enchaînements entre tâches, dates limites, ressources limitées), dans le but d'optimiser un critère comme la durée totale, le nombre de tâches en retard, etc. Ces problèmes surgissent dans de nombreux domaines : gestion de projets, production industrielle, télécommunications, systèmes informatiques, transports, emplois du temps. À part le cas célèbre de la gestion de projet, ils sont très difficiles à résoudre optimalement dès qu'ils sont de taille conséquente. Cependant, certains problèmes pas trop grands sont désormais à la portée des logiciels actuels de programmation linéaire.

Ce chapitre traite uniquement des problèmes d'ordonnancement rencontrés en gestion de projet et en production. La section 6.2 concerne la construction d'un stade, un cas typique de gestion de projet en génie civil. Les trois problèmes suivants traitent de la gestion d'ateliers. Le § 6.3 présente un atelier en ligne, traversé dans le même ordre par tous les produits. Dans l'atelier en îlots du § 6.4, chaque produit a son propre parcours sur les machines. Le § 6.5 traite le cas d'une machine critique, goulot d'étranglement de l'atelier. Le problème du § 6.6 consiste à répartir les tâches sur une ligne d'assemblage d'amplificateurs, de façon à maximiser la cadence de production.

Plusieurs problèmes ont des contraintes qu'il est fastidieux de saisir manuellement. Ils nécessitent donc l'usage de macros VBA automatisant la génération des ces contraintes. Le chapitre ne doit donc pas être lu en première intention par les débutants.

Cet ouvrage présente aussi quelques problèmes d'ordonnancement dans d'autres domaines : en transport aérien (chapitre 10), en télécommunications (chapitre 11) et dans la confection d'emplois du temps et la gestion du personnel (chapitre 13).

6.2 Construction d'un stade

6.2.1 Problème

Dans le but d'offrir plus de loisirs à ses administrés, une municipalité désire construire un petit stade. Après l'appel d'offres, la construction de l'ouvrage est confiée à un entrepreneur local. Ce dernier souhaite réaliser le stade dans les meilleurs délais. Les principales tâches sont reprises dans le tableau 6.1, avec des durées exprimées en semaines. Certaines tâches ne peuvent être exécutées avant la fin d'autres tâches, appelées tâches précédentes. Les deux dernières colonnes du tableau concernent la question 2.

Tableau 6.1 – Données pour la construction du stade

N° tâche	Libellé des tâches	Durée	Tâches précédentes	Réduction maximale	Coût supplémentaire par semaine (en k€)
1	Installation du chantier	2	Aucune	0	-
2	Terrassements	16	1	3	30
3	Construction des fondations	9	2	1	26
4	VRD (voirie, réseaux divers)	8	2	2	12
5	Élévation du sous-sol	10	3	2	17
6	Plancher principal	6	4, 5	1	15
7	Cloisonnement des vestiaires	2	4	1	8
8	Électrification des gradins	2	6	0	-
9	Pose du toit	9	4, 6	2	42
10	Éclairage du stade	5	4	1	21
11	Installation des gradins	3	6	1	18
12	Mise hors d'eau du toit	2	9	0	-
13	Finition des vestiaires	1	7	0	-
14	Construction de la billetterie annexe	7	2	2	22
15	Voirie secondaire	4	4, 14	2	12
16	Signalétique	3	8, 11, 14	1	6
17	Pelouse et accessoires sportifs	9	12	3	16
18	Réception de l'ouvrage	1	17	0	-

Question 1 : quelle est la durée minimale du chantier ?

Question 2 : la mairie souhaite que le projet dure moins longtemps que dans la question 1. Pour cela, elle est prête à donner une prime supplémentaire de 30 k€ par semaine d'avance. L'entrepreneur doit alors faire appel à des ouvriers et du matériel supplémentaires pour arriver à gagner du temps. Pour chaque tâche, il a résumé dans le tableau 6.1 le nombre de semaines qu'il peut gagner (colonne *Réduction*) et le coût supplémentaire correspondant. Quelle sera la nouvelle durée du projet si l'entrepreneur cherche à maximiser son gain ?

6.2.2 Modélisation pour la question 1

Il s'agit d'un problème classique d'ordonnancement de projet. Ajoutons une tâche fictive de durée nulle qui représente la fin du projet. On considérera que les tâches sont indicées par i variant de 1 à n, n désignant la tâche fictive. On dénote par p_i la durée de la tâche i. Pour gérer les précédences entre les tâches, on s'appuie sur un graphe des précédences (ou graphe de projet) $G=(X,U)$, défini par l'ensemble des tâches X et un ensemble d'arcs U : un arc (i,j) signifie que la tâche i doit précéder la tâche j. Il est facile de construire ce graphe à partir des listes de prédécesseurs du tableau 6.1. Quant à la tâche fictive de fin du projet, elle suit toutes les tâches sans successeurs.

Nous avons besoin de variables t_i pour les dates de début des tâches, comptées à partir du temps zéro. Les seules contraintes à respecter sont les contraintes de précédence. Une tâche j ne peut démarrer que si toutes les tâches qui doivent la précéder sont terminées, ce qui se traduit par les contraintes (1), appelées *contraintes de potentiels* : s'il existe un arc de i à j, alors la date de fin de i (t_i+p_i) ne doit pas dépasser la date de début de j.

$$(1) \quad \forall (i,j) \in U : t_i + p_i \leq t_j$$

L'objectif à minimiser est la durée du projet, c'est-à-dire la date de début de la tâche fictive. Nous obtenons le modèle mathématique suivant, très compact :

$$(2) \quad \text{Min } t_n$$
$$(1) \quad \forall (i,j) \in U : t_i + p_i \leq t_j$$
$$(3) \quad \forall i = 1 \ldots n : t_i \geq 0$$

6.2.3 Traduction en Excel pour la question 1

La traduction peut être trouvée dans la feuille *Question 1* du classeur Excel *C6-Stade* fourni avec les compléments du livre (voir l'annexe 2). L'écran page suivante contient un tableau qui donne pour chaque tâche sa durée, ses prédécesseurs, sa date de début t_i et sa date de fin $t_i + p_i$. Les formules de ce tableau sont réduites au calcul des dates de fin et de l'objectif :

- *Fin des tâches.* Saisissez la formule " =F6+D6" dans G6 puis utilisez la poignée de recopie pour l'étendre aux cellules G7 à G24.

- *Date de fin du chantier.* Elle correspond à la date de début de la tâche fictive "Fin des travaux". La cellule G3 contient donc la formule "=F24".

Pour simplifier la résolution, nous utilisons la macro Excel *EcritArcsQ1* donnée page suivante. Elle génère la liste des arcs du graphe G à partir des listes de prédécesseurs. Pour ne pas perturber le lecteur, nous supposons que la colonne des listes de prédécesseurs et celle des arcs commencent à des emplacements fixes.

Le *For j* de la macro balaie toutes les tâches, sauf la première et la dernière. La fonction *Split* découpe la liste de prédécesseurs de j dans un tableau dynamique de chaînes *List*, de base 0. Chaque itération du *For k* récupère le prédécesseur $i = CInt(List(k))$ et écrit l'arc (i,j) dans la feuille. La fonction *CInt* est ici nécessaire pour convertir la chaîne *List(k)* en un entier. Le tableau de booléens *NoSuc*, initialisé à *True*, indique les nœuds sans successeurs : quand on trouve un arc (i,j), on peut en conclure que *NoSuc(i) = False*.

Grâce à la propriété *FormulaLocal*, la macro écrit dans les deux colonnes après chaque arc (i, j) une formule pour récupérer la durée de la tâche i et une autre pour la valeur $t_j - t_i$ qui nous servira pour les contraintes (1). Par exemple, pour le premier arc (1,2), la formule pour récupérer la durée de la tâche 1 est "=index(D\$6:D\$24;B28)". Celle pour calculer $t_2 - t_1$ est "=index(\$F\$6:\$F\$24;\$C28) - index(\$F\$6:\$F\$24;\$B28)". La macro se termine en créant des arcs reliant les tâches sans successeurs à la tâche fictive.

C6-Stade : construction d'un stade.

				Date de fin du chantier	64

N° tâche (i)	Libellé des tâches	Durée p(i)	Tâches précédentes	Début t(i)	Fin t(i)+p(i)
1	Installation du chantier	2	Aucune	0	2
2	Terrassements	16	1	2	18
3	Construction des fondations	9	2	18	27
4	VRD (voirie, réseaux divers)	8	2	18	26
5	Elévation du sous-sol	10	3	27	37
6	Plancher principal	6	4, 5	37	43
7	Cloisonnement des vestiaires	2	4	61	63
8	Electrification des gradins	2	6	43	45
9	Pose du toit	9	4, 6	43	52
10	Eclairage du stade	5	4	26	31
11	Installation des gradins	3	6	43	46
12	Mise hors d'eau du toit	2	9	52	54
13	Finition des vestiaires	1	7	63	64
14	Construction de la billetterie annexe	7	2	18	25
15	Voirie secondaire	4	4, 14	26	30
16	Signalétique	3	8, 11, 14	61	64
17	Pelouse et accessoires sportifs	9	12	54	63
18	Réception de l'ouvrage	1	17	63	64
19	Fin des travaux	0	Toutes	64	64

```vba
Sub EcritArcsQ1()

    Const N = 19              'Nombre de tâches
    Const LP = 6, CP = 5      'Ligne et col début des précédences
    Const LA = 28, CA = 2     'Ligne et col début des arcs
    Dim ListP() As String     'Tableau pour une liste de précédences
    Dim NoSuc(N) As Boolean   'Indicateurs pour les tâches sans successeurs
    Dim i As Integer, j As Integer, k As Integer, A As Integer
    For i = 1 To N: NoSuc(i) = True: Next i

    'Parcours des tâches (sauf première et dernière)
    A = LA
    For j = 2 To N - 1
        'Découpage des prédécesseurs dans le tableau List
        ListP = Split(Cells(LP + j - 1, CP).Value, ",")
```

```
   'Ecriture de l'arc numéro A pour chaque cellule du tableau
   For k = 0 To UBound(ListP)
     i = CInt(ListP(k))
     NoSuc(i) = False
     Cells(A, CA).Value = i
     Cells(A, CA + 1).Value = j
     Cells(A, CA + 2).FormulaLocal = "=INDEX(D$6:D$24;B" & A & ")"
     Cells(A, CA + 3).FormulaLocal = "=INDEX($F$6:$F$24;$C" & A & ")" _
                                  & "-INDEX($F$6:$F$24;$B" & A & ")"
     A = A + 1
   Next k
 Next j

 'Arcs reliant les tâches sans successeurs à la tâche fictive N
 For i = 1 To N - 1
   If NoSuc(i) Then
     Cells(A, CA).Value = i
     Cells(A, CA + 1).Value = N
     Cells(A, CA + 2).FormulaLocal = "=INDEX(D$6:D$24;B" & A & ")"
     Cells(A, CA + 3).FormulaLocal = "=INDEX($F$6:$F$24;$C" & A & ")" _
                                  & "-INDEX($F$6:$F$24;$B" & A & ")"
     A = A + 1
   End If
 Next i

End Sub
```

Pour bien observer l'effet de la macro, il faut mettre à zéro les cellules B28 à E54. Après un clic sur le bouton *Calcul précédences*, ces cellules contiennent les informations du graphe des précédences (27 arcs) et les formules associées. Le tableau obtenu est présenté page suivante. Dans la boîte de dialogue du solveur figurée ci-dessous, la seule ligne dans les contraintes traduit, sous forme de comparaison de plages, les contraintes (1) du modèle mathématique : pour chaque arc du graphe de précédence la valeur t_j - t_i doit être supérieure à la durée de la tâche i. La fonction-objectif est la date de fin de chantier dans la cellule G3. Les variables sont les cellules F6:F24 correspondant aux dates de début des tâches. Comme d'habitude, il ne faut pas oublier dans les options de cocher *Modèle supposé linéaire* et *Supposé non négatif*.

	A	B	C	D	E	F	G
25							
26		Arcs définissant les précédences					Calcul Précédences
27		Début arc (i)	Fin arc (j)	Durée	t(j)-t(i)		
28		1	2	2	2		
29		2	3	16	16		
30		2	4	16	16		
31		3	5	9	9		
32		4	6	8	19		
33		5	6	10	10		
34		4	7	8	43		
35		6	8	6	6		
36		4	9	8	25		
37		6	9	6	6		
38		4	10	8	8		
39		6	11	6	6		
40		9	12	9	9		
41		7	13	2	2		
42		2	14	16	16		
43		4	15	8	8		
44		14	15	7	8		
45		8	16	2	18		
46		11	16	3	18		
47		14	16	7	43		
48		12	17	2	2		
49		17	18	9	9		
50		10	19	5	38		
51		13	19	1	1		
52		15	19	4	38		
53		16	19	3	3		
54		18	19	1	1		

6.2.4 Résultat pour la question 1

L'exécution nous donne un délai de 64 semaines pour la construction du stade, ce qui correspond à une durée de 1 an et 3 mois. On peut facilement retrouver la date de début de chaque tâche en consultant les variables t_i. Le tableau 6.2 donne le numéro de chaque tâche (en gras) et le numéro de semaine (date) prévu pour le début d'exécution.

Tableau 6.2 – Dates de début au plus tôt des tâches

1	0	**2**	2	**3**	18	**4**	18	**5**	27	**6**	37
7	61	**8**	43	**9**	43	**10**	26	**11**	43	**12**	52
13	63	**14**	18	**15**	26	**16**	61	**17**	54	**18**	63

Le *chemin critique* responsable de la durée du projet relie la tâche 1 à la tâche 19 avec des arcs (i, j) tels que $t_i + p_i = t_j$, ce qui donne le chemin (1, 2, 3, 5, 6, 9, 12, 17, 18, 20). Dans la solution trouvée, les tâches hors du chemin critique ne commencent pas nécessairement au plus tôt. Ainsi, la tâche 4 finit à la date 26 alors que la tâche 7, qui n'a que 4 comme prédécesseur, commence à la date 61. Il y a donc d'autres solutions optimales.

6.2.5 Modélisation pour la question 2

Ce problème est appelé *ordonnancement de projet avec compression des tâches (project crashing)*. Il s'agit de réduire la durée totale de 64 semaines déterminée à la question 1. On ajoute des variables s_i pour le nombre de semaines que l'on peut gagner pour chaque tâche i. Les contraintes (4) bornent ces variables par les réductions maximales du tableau 6.1, que nous notons r_i.

(4) $\forall\, i \in X:\ s_i \leq r_i$

Une variable A sert à calculer le nombre de semaines d'avance par rapport au résultat de la question 1. La nouvelle date de fin t_n du projet devra être égale à la précédente échéance F diminuée de l'avance, d'où la contrainte (5).

(5) $t_n = F - A$

Par ailleurs, les contraintes (1) devront être modifiées pour tenir compte des variables s_i. La nouvelle date de fin d'une tâche i est égale à la date de début de cette tâche, plus sa durée, moins sa réduction, ou encore $t_i + p_i - s_i$. On renomme ces contraintes (1').

(1') $\forall\, (i, j) \in U:\ t_i + p_i - s_i \leq t_j$

L'objectif doit aussi être ajusté. Il s'agit maintenant de maximiser le gain que pourrait réaliser le constructeur. Pour chaque semaine d'avance une prime de P k€ est versée. En revanche, réduire une tâche i d'une semaine coûte c_i k€ (colonne *Coût supplémentaire par semaine* du tableau 6.1). La nouvelle fonction-objectif, notée (2'), est la suivante :

(2') $\text{Max}\ P \times A - \sum_{i=1}^{n} c_i \times s_i$ 1

Le nouveau modèle mathématique reprend les relations (1'), (2') (3), (4) et (5), sans oublier d'ajouter les contraintes de positivité des variables A et s_i.

6.2.6 Traduction en Excel pour la question 2

L'écran page suivante montre la seconde feuille *(Question 2)* du classeur Excel *C6-Stade*. Elle reprend les modifications précédentes en incluant en constante l'échéance de 64 semaines calculée à la question 1 (cellule D4). On ajoute à la liste des tâches trois colonnes pour les réductions maximales r_i, les coûts par semaine d'avance c_i, et les réductions effectives s_i. Les formules de la feuille sont les suivantes :

- *Fin des tâches.* Saisissez la formule "=H8+D8" dans I8 puis utilisez la poignée de recopie pour l'étendre aux cellules I9 à I26.

- *Nouvelle durée du chantier.* La formule "=D4-H5" est placée dans la cellule H4.

- *Fonction- objectif.* La formule de l'équation (2') est directement traduite par la formule suivante "=D5*H5-sommeprod(J8:J26;G8:G26)" que l'on place en cellule H3.

La liste d'arcs et les formules pour récupérer t_i et calculer $t_j - t_i + s_i$ sont générées par une macro *EcritArcsQ2* que nous ne détaillons pas ici car elle ressemble beaucoup à la macro précédente (le lecteur curieux consultera le code VBA du classeur). Nous ne donnons pas non plus de copie d'écran pour la liste d'arcs et ses formules, rangées dans la plage B30:E56.

C6-Stade : construction d'un stade (avec compression).

Fin de chantier sans compression (F)	64	
Prime par semaine d'avance (P)	30	

Gain maximal en k€	87	
Nouvelle durée du chantier	54	
Avance (A)	10	

N° tâche (i)	Libellé des tâches	Durée p(i)	Tâches précédentes	Réduction max r(i)	Coût supplémentaire par semaine c(i)	Début t(i)	Fin t(i)+p(i)	Réduction réelle s(i)
1	Installation du chantier	2	Aucune	0	0	0	2	0
2	Terrassements	16	1	3	30	2	18	3
3	Construction des fondations	9	2	1	26	15	24	1
4	VRD (voirie, réseaux divers)	8	2	2	12	23	31	0
5	Elévation du sous-sol	10	3	2	17	23	33	2
6	Plancher principal	6	4, 5	1	15	31	37	1
7	Cloisonnement des vestiaires	2	4	1	8	51	53	0
8	Electrification des gradins	2	6	0	0	49	51	0
9	Pose du toit	9	4, 6	2	42	36	45	0
10	Eclairage du stade	5	4	1	21	31	36	0
11	Installation des gradins	3	6	1	18	36	39	0
12	Mise hors d'eau du toit	2	9	0	0	45	47	0
13	Finition des vestiaires	1	7	0	0	53	54	0
14	Construction de la billetterie annexe	7	2	2	22	43	50	0
15	Voirie secondaire	4	4, 14	2	12	50	54	0
16	Signalétique	3	8, 11, 14	1	6	51	54	0
17	Pelouse et accessoires sportifs	9	12	3	16	47	56	3
18	Réception de l'ouvrage	1	17	0	0	53	54	0
19	Fin des travaux	0	Toutes	0	0	54	54	0

L'écran suivant montre la fenêtre du solveur. On maximise la cellule H3 en modifiant les variables des cellules H8:H26 (les t_i), J8:J26 (les s_i) et H5 (variable A). La première ligne des contraintes traduit les contraintes (1'). La suivante indique que la nouvelle durée du chantier est égale à la date de début de la tâche fictive. Enfin, la dernière correspond aux contraintes (4). Comme d'habitude, il ne faut pas oublier les options *Modèle supposé linéaire* et *Supposé non négatif*.

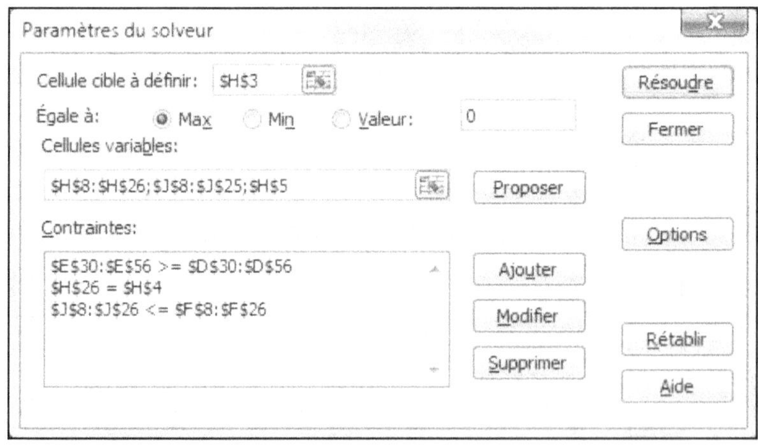

6.2.7 Résultats pour la question 2

Après résolution, il est possible de terminer le projet 10 semaines plus tôt avec un gain de 87 k€ pour l'entrepreneur. Les nouvelles dates de début des tâches sont résumées au tableau 6.3. Il existe d'autres solutions optimales, en décalant des tâches non critiques.

Tableau 6.3 – Nouvelles dates de début en cas de compression

1	0	**2**	2	**3**	15	**4**	23	**5**	23	**6**	31
7	51	**8**	49	**9**	36	**10**	31	**11**	36	**12**	45
13	53	**14**	43	**15**	50	**16**	51	**17**	47	**18**	53

6.3 Ordonnancement d'un atelier en ligne

6.3.1 Problème

Un atelier fabrique à la demande des tuyauteries en métal pour l'industrie automobile, avec trois machines : une pour cintrer les tubes, une pour souder des pattes de fixation et une pour monter des raccords aux extrémités. L'atelier doit réaliser six pièces, dont les durées opératoires sont données dans le tableau 6.4. Chaque pièce doit passer d'abord au cintrage, puis à la soudure et enfin à la pose des raccords. Une fois commencée, une opération doit se dérouler sans interruption, mais les pièces peuvent attendre entre les machines.

Tableau 6.4 – Durées d'usinage en minutes

Pièce	**1**	**2**	**3**	**4**	**5**	**6**
Cintrage	3	6	3	5	5	7
Fixations	5	4	2	4	4	5
Raccords	5	2	4	6	3	6

Une machine ne peut accueillir qu'une pièce à la fois. Une pièce ne peut pas en doubler une autre en passant d'une machine à la suivante, c'est-à-dire que si on détermine un ordre de passage des pièces en entrée, chaque machine verra passer les pièces dans cet ordre. Quel est l'ordre de passage permettant de terminer toutes les pièces en une durée minimale ?

6.3.2 Modélisation

Ce problème est difficile à modéliser. Indiçons les machines par i variant de 1 à m et les pièces par j variant de 1 à n. P désigne la matrice $m \times n$ des p_{ij} (temps de traitement sur la machine i de la pièce j). Chaque pièce va passer sur les machines 1, 2,…, m, sans pouvoir doubler d'autres pièces. Un ordonnancement peut donc être défini par un ordre de lancement des pièces. Sa durée totale est l'instant où la machine m a fini la dernière pièce.

L'ordre peut être défini par des variables binaires x_{jk} valant 1 si et seulement si la pièce j est au rang (position) k dans l'ordre de lancement (1). Ce rang peut varier de 1 à n. Comme dans un problème d'affectation (voir l'affectation de personnes à des postes au chapitre 13), chaque pièce doit recevoir un rang (2) et une seule pièce peut occuper un rang donné (3).

(1) $\quad \forall j = 1\ldots n, \forall k = 1\ldots n : x_{jk} \in \{0,1\}$

(2) $\quad \forall j = 1\ldots n : \sum_{k=1}^{n} x_{jk} = 1$

(3) $\quad \forall k = 1\ldots n : \sum_{j=1}^{n} x_{jk} = 1$

Dans ce problème, la grosse difficulté réside dans la gestion des pauses possibles pendant le travail d'une machine ou l'exécution d'une pièce. Pour cela, des variables réelles positives e_{ik} et a_{ik} sont nécessaires (4)-(5). La variable e_{ik} ($i = 1\ldots m$, $k = 1\ldots n$-1) désigne *l'espace* entre les pièces de rangs k et k+1 sur la machine i, c'est-à-dire la pause éventuelle de la machine i après la fin de la pièce de rang k, avant de commencer la pièce suivante. La variable a_{ik} ($i = 1\ldots m$-1, $k = 1\ldots n$) représente l'attente entre les machines i et i+1 pour la pièce de rang k, c'est-à-dire la durée écoulée entre la fin de la pièce de rang k sur la machine i et le début de son traitement sur la machine suivante.

Les pièces peuvent être traitées sans pause sur la machine 1, qui n'a pas à attendre de machines précédentes : les variables e_{1k} sont donc nulles (6). De même, la pièce de rang 1 peut passer sans attente sur les machines 1 à m ; les variables a_{i1} sont également nulles (7).

(4) $\quad \forall i = 1\ldots m, \forall k = 1\ldots n-1 : e_{ik} \geq 0$

(5) $\quad \forall i = 1\ldots m-1, \forall k = 1\ldots n : a_{ik} \geq 0$

(6) $\quad \forall k = 1\ldots n-1 : e_{1k} = 0$

(7) $\quad \forall i = 1\ldots m-1 : a_{i1} = 0$

Pour simplifier la présentation des contraintes suivantes, introduisons $p_{i(k)}$ pour le temps de traitement sur la machine i de la pièce de rang k, défini par la relation (8). Grâce aux contraintes (3), une seule variable x_{jk} vaut 1 dans la somme, et seule la durée de la pièce correspondante va être comptée. Grâce aux $p_{i(k)}$ et aux e_{ik}, on peut exprimer l'objectif (9).

(8) $\quad p_{i(k)} = \sum_{j=1}^{n} p_{ij} x_{jk}$

(9) $\quad \mathrm{Min}\, z = \sum_{i=1}^{m-1} p_{i(1)} + \sum_{j=1}^{n-1} e_{mj} = \sum_{i=1}^{m-1} \sum_{j=1}^{n} p_{ij} x_{j1} + \sum_{j=1}^{n-1} e_{mj}$

La première somme dans (9) est l'instant où la machine m commence à travailler : c'est le temps total que met la pièce de rang 1 sur les postes précédents, 1 à m-1. L'autre somme correspond à la durée totale des pauses entre pièces sur la machine m. La figure 6.1 illustre ces quantités.

Normalement, il faudrait également compter la somme des durées opératoires des tâches de la machine m mais, comme c'est une constante, on peut l'ignorer pour la minimisation. Il faudra évidemment la réintégrer à la fin pour avoir une durée totale correcte.

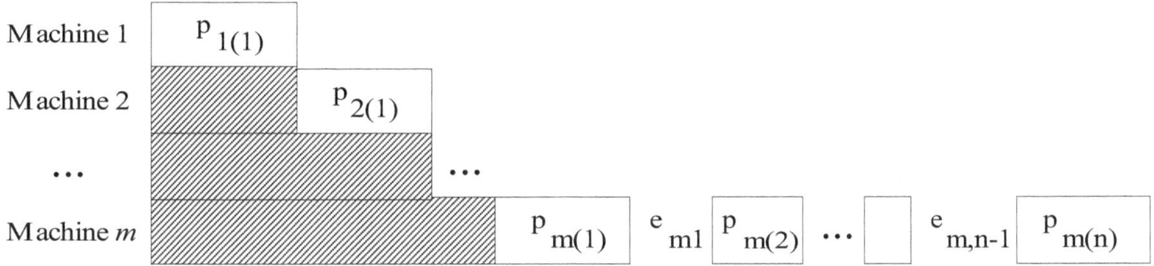

Figure 6.1 – Calcul de la durée totale

Le point délicat est maintenant de lier les variables a_{ik} et e_{ik} aux variables de rang x_{jk}. Pour cela, on définit d_{ik}, l'espace entre la fin de la pièce k sur la machine i et le début de la pièce de rang $k+1$ sur la machine $i+1$ (avec $i = 1...m$-1 et $k = 1...n$-1). Les relations entre ces variables sont décrites par les égalités (10) et visualisées sur la figure 6.2. Elles peuvent se développer en (11).

(10) $\forall i = 1...m-1, \forall k = 1...n-1:$

$$d_{ik} = e_{ik} + p_{i,k+1} + a_{i,k+1} = a_{ik} + p_{i+1,k} + e_{i+1,k}$$

(11) $\forall i = 1...m-1, \forall k = 1...n-1:$

$$d_{ik} = e_{ik} + \sum_{j=1}^{n} p_{ij} x_{j,k+1} + a_{i,k+1} = a_{ik} + \sum_{j=1}^{n} p_{i+1,j} x_{jk} + e_{i+1,k}$$

Le programme linéaire résultant est formé des lignes (1) à (7), (9) et (11). C'est un *PL mixte* puisque seules les variables de décision x_{jk} doivent être entières (binaires).

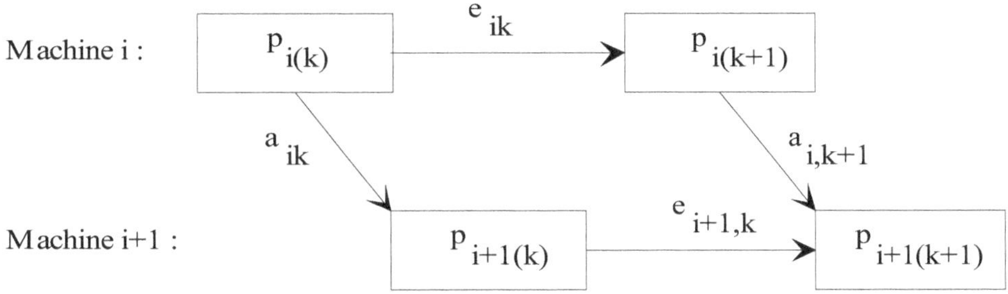

Figure 6.2 – Relations entre espaces sur machines et entre pièces

La relation (12) permet de déduire de la solution la date de début t_{ik} de l'opération de rang k sur la machine i. La première somme est la date de début de la pièce de rang 1 sur la machine i, c'est-à-dire le temps total de traitement de cette pièce sur les machines 1 à i-1 puisqu'elle ne subit aucune attente. La deuxième somme est la somme des temps opératoires des pièces de rang 1 à k-1 sur la machine i. Enfin, la troisième somme cumule les éventuelles pauses de la machine i avant la tâche de rang k.

(12) $\forall i = 1...m, \forall k = 1...n: \sum_{u=1}^{i-1}\sum_{j=1}^{n} P_{uj} \cdot x_{j1} + \sum_{u=1}^{k-1}\sum_{j=1}^{n} P_{ij} \cdot x_{ju} + \sum_{u=1}^{k-1} E_{iu}$

6.3.3 Traduction en Excel

Le modèle mathématique est traduit dans le classeur *C6-FlowShop*, illustré par la copie d'écran suivante. Les cellules C5:H7 reprennent les durées des pièces. Pour faciliter les calculs, la matrice des x_{jk} a été transposée dans la plage C10:H15. Les tableaux de droite donnent les variables e_{ik}, a_{ik} et les deux sommes des contraintes (11) pour calculer les d_{ik}.

Les formules de la feuille sont les suivantes :

- *Somme des contraintes* (2). La formule "=somme(C10:H10)" est placée dans la cellule J10 puis étendue aux cellules J11:J15 avec la poignée de recopie.

- *Somme des contraintes* (3). La formule "=somme(C10:C15)" est écrite dans la cellule C17 et étendue avec la poignée de recopie aux cellules D17:H17.

- *Membre de gauche des contraintes* (11). La formule qui correspond au membre de gauche est "=N5+sommeprod($C$5:$H5,C$11:H$11)+O11", à placer dans la cellule N19 puis à recopier dans les cellules N19:R20.

- *Membre de droite des contraintes* (11). La formule qui correspond au membre de droite est "=N11+sommeprod($C6:$H6,C10:H10)+N6", à indiquer dans la cellule N24 puis à recopier dans les cellules N24:R25.

- *Durée des tâches sur la machine m*. Saisissez "=somme(C7:H7)" dans J7.

- *Fonction-objectif* (9). Elle se traduit directement par la formule suivante dans P14 : "=sommeprod(C5:H5,C10:H10) + sommeprod(C6:H6,C10:H10) + somme(N7:R7)".

- *Durée totale de l'ordonnancement*. Elle se calcule avec la formule "=J7+P14" dans P15.

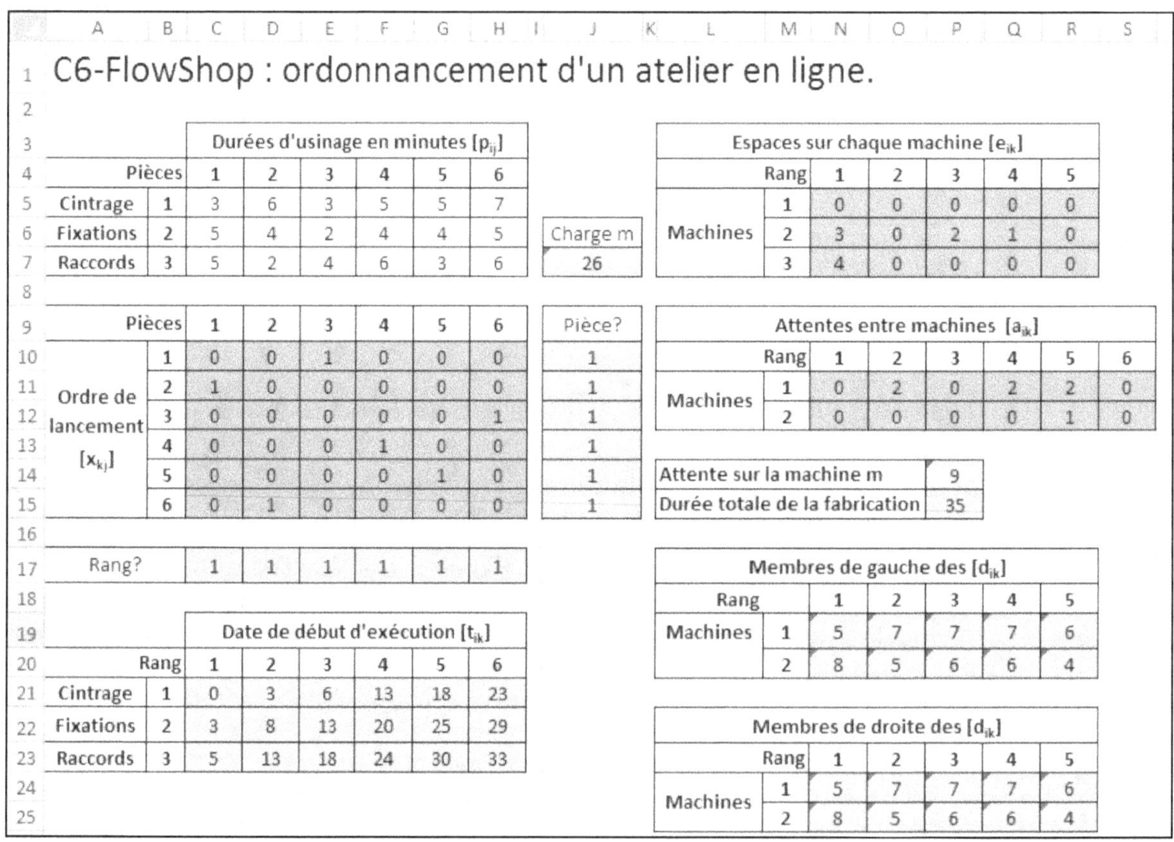

C6-FlowShop : ordonnancement d'un atelier en ligne.

Durées d'usinage en minutes [p_{ij}]

Pièces		1	2	3	4	5	6
Cintrage	1	3	6	3	5	5	7
Fixations	2	5	4	2	4	4	5
Raccords	3	5	2	4	6	3	6

Charge m : 26

Espaces sur chaque machine [e_{ik}]

	Rang	1	2	3	4	5
	1	0	0	0	0	0
Machines	2	3	0	2	1	0
	3	4	0	0	0	0

Ordre de lancement [x_{kj}]

Pièces		1	2	3	4	5	6	Pièce?
	1	0	0	1	0	0	0	1
	2	1	0	0	0	0	0	1
	3	0	0	0	0	0	1	1
	4	0	0	0	1	0	0	1
	5	0	0	0	0	1	0	1
	6	0	1	0	0	0	0	1

Attentes entre machines [a_{ik}]

	Rang	1	2	3	4	5	6
Machines	1	0	2	0	2	2	0
	2	0	0	0	0	1	0

Attente sur la machine m	9
Durée totale de la fabrication	35

Rang?		1	1	1	1	1	1

Date de début d'exécution [t_{ik}]

	Rang	1	2	3	4	5	6
Cintrage	1	0	3	6	13	18	23
Fixations	2	3	8	13	20	25	29
Raccords	3	5	13	18	24	30	33

Membres de gauche des [d_{ik}]

	Rang	1	2	3	4	5
Machines	1	5	7	7	7	6
	2	8	5	6	6	4

Membres de droite des [d_{ik}]

	Rang	1	2	3	4	5
Machines	1	5	7	7	7	6
	2	8	5	6	6	4

Pour compléter la feuille, nous avons calculé dans la plage C21:H23 les dates de début d'exécution des tâches, selon l'équation (12). Ce calcul étant assez compliqué, nous avons écrit la fonction VBA suivante, *CalculTik*.

```
'Calcul de la date de début T(i,k) de la tâche de rang k sur la machine i
'Paramètres :
'P : plage des durées, X : plage des x(k,j), E : plage des e(i,k)
'n : nombre de tâches, i et k : indice et rang de la tâche concernée

Function CalculTik(P As Range, X As Range, E As Range, n As Integer, _
                   i As Integer, k As Integer) As Integer
  Dim u As Integer, j As Integer
  Dim Sum1 As Integer, Sum2 As Integer, Sum3 As Integer

  'Calcul de la date de début de la tâche sur la machine i
  Sum1 = 0
  For u = 1 To i - 1
    For j = 1 To n
      Sum1 = Sum1 + P(u, j) * X(1, j)
    Next j
  Next u

  'Temps de traitement des tâches de rang 1 à k-1 sur la machine i
  Sum2 = 0
  For u = 1 To k - 1
    For j = 1 To n
      Sum2 = Sum2 + P(i, j) * X(u, j)
    Next j
  Next u

  'Durée des pauses après les tâches de rang 1 à k-1 sur la machine i
  Sum3 = 0
  For u = 1 To k - 1
    Sum3 = Sum3 + E(i, u)
  Next u
  CalculTik = Sum1 + Sum2 + Sum3

End Function
```

Pour calculer tous les t_{ik}, saisissez dans la cellule C21 la formule "=CalculTik($C$5:$H$7,$C$10:$H$15,$N$5:$R$7,6,$B21,C$20)", puis copiez-la dans les autres cellules de la plage C21:H23 avec la poignée de recopie.

Il reste maintenant à préciser le contenu de la boîte de dialogue du solveur, figurée page suivante. La cellule cible est P14, elle contient la valeur de la fonction objectif (9). Les cellules variables sont C10:H15 (variables *x*), N6:R7 (variables *e*) et O11:S12 (variables *a*).

Le premier groupe de contraintes impose aux variables *x* d'être binaires, le second et troisième groupe correspondent aux contraintes (2) et (3) et le dernier groupe permet de lier les variables *x*, *a* et *e* comme dans les contraintes (11). Comme d'habitude, avant de résoudre le modèle, il ne faut pas oublier les *Options* : il faut cocher les cases *Modèle supposé linéaire* et *Supposé non négatif*.

6.3.4 Résultats

On trouve 9 minutes d'attente sur la machine m, soit un ordonnancement de 35 minutes avec l'ordre des pièces 1, 4, 3, 6, 5, et 2. Le tableau 6.5 précise les débuts des opérations. Comme dans le problème du stade, certaines tâches ayant de la marge ne débutent pas nécessairement au plus tôt. Ainsi, la tâche 4 démarre au temps 9 sur la machine 2 alors qu'elle pourrait démarrer au temps 8. Il y a donc d'autres solutions optimales. On remarque aussi que les contraintes (6) et (7) ont été implicitement satisfaites par la minimisation.

Tableau 6.5 – Ordonnancement optimal des pièces

Rang n°	1	2	3	4	5	6
Pièce n°	1	4	3	6	5	2
Début sur machine 1	0	3	8	11	18	23
Début sur machine 2	3	9	13	19	24	29
Début sur machine 3	8	13	20	24	30	33

6.4 Ordonnancement d'un atelier en îlots

6.4.1 Problème

L'entreprise Tapistoo doit satisfaire une commande de trois modèles de papier peint : le modèle 1 a un fond bleu avec des motifs jaunes, le modèle 2 a un fond vert avec des motifs jaunes et bleus, et le modèle 3 a des motifs jaunes sur fond vert. Chaque modèle est fabriqué sous forme d'un rouleau de papier continu qui passe sur plusieurs machines, chacune imprimant une couleur différente. L'ordre de passage sur les machines varie d'un modèle à l'autre : on imprime d'abord le fond bleu sur le modèle 1, ensuite les motifs jaunes. Pour le modèle 2, on applique d'abord le fond vert, puis les motifs bleus, pour terminer avec les motifs jaunes. Pour le modèle 3, on imprime le vert, puis le jaune.

Le temps d'exécution de ces opérations dépend du modèle. Les temps (en minutes) nécessaires pour appliquer chaque couleur sur chaque modèle sont donnés dans le tableau 6.6.

Tableau 6.6 – Temps nécessaire pour appliquer chaque couleur (en minutes)

Machine	Couleur	Modèle 1	Modèle 2	Modèle 3
1	Bleu	45	20	0
2	Vert	0	10	17
3	Jaune	10	34	28

Sachant qu'une machine ne peut traiter qu'un modèle à la fois et qu'un modèle ne peut pas passer sur plusieurs machines en même temps, comment les modèles doivent-ils être ordonnancés sur les machines pour réaliser la commande le plus vite possible ?

6.4.2 Modélisation

Soit n le nombre de modèles de papier peint et m le nombre de machines appliquant les différentes couleurs. Nous utilisons les variables suivantes : t_{ij} est la date de démarrage de l'opération du modèle j sur la machine i, en supposant que l'ordonnancement débute à l'instant 0. Nous notons p_{ij} le temps d'exécution de l'opération du modèle j sur la machine i, et t_{end} la date de fin de l'ordonnancement. Notre but est de minimiser la date de fin de l'ordonnancement, ce qui correspond à l'équation (1).

(1)   Min t_{end}

L'ordonnancement est terminé lorsque tous les modèles sont achevés, c'est-à-dire lorsque les dernières opérations subies par chaque modèle sont finies. Comme les trois modèles passent en dernier sur la machine 3, la date de fin de l'ordonnancement doit donc vérifier les contraintes (2), (3) et (4).

(2) $t_{end} \geq t_{31} + p_{31}$

(3) $t_{end} \geq t_{32} + p_{32}$

(4) $t_{end} \geq t_{33} + p_{33}$

Les contraintes entre opérations sont de deux types : les contraintes dites *conjonctives* (ou conjonctions) représentant les relations de précédence entre les opérations d'un même modèle de papier peint, et les contraintes dites *disjonctives* (ou disjonctions) exprimant le fait qu'une machine ne peut exécuter qu'une seule opération à la fois.

Considérons d'abord les contraintes conjonctives. Le modèle 1 doit passer d'abord sur la machine imprimant la couleur bleue (machine 1), puis sur celle imprimant la couleur jaune (machine 3). Ceci signifie que l'opération du modèle 1 sur la machine 1 doit être terminée lorsque son opération sur la machine 3 commence. La relation (5) doit donc être vérifiée.

(5) $t_{11} + p_{11} \leq t_{31}$

De même, le modèle 2 passe sur les machines 2, 1, 3 dans cet ordre, ce qui donne les contraintes (6) et (7).

(6) $t_{22} + p_{22} \leq t_{12}$

(7) $t_{12} + p_{12} \leq t_{32}$

La relation de précédence entre les deux opérations de fabrication du modèle 3 se traduit par la contrainte (8).

(8) $t_{23} + p_{23} \leq t_{33}$

Il reste à modéliser les disjonctions. Soit par exemple la machine 1 avec deux opérations : l'une pour le modèle 1, l'autre pour le modèle 2. Comme elle ne peut traiter qu'une opération à la fois, cette machine traitera soit le modèle 1 avant le 2, soit le modèle 2 avant le 1. Cette disjonction correspond aux contraintes : $t_{11} + p_{11} \leq t_{12}$ ou bien $t_{12} + p_{12} \leq t_{11}$.

Comme nous l'avons vu dans les techniques de modélisation du § 2.6, ces deux contraintes exclusives sont remplaçables par les deux contraintes (9) et (10), où M est une grande constante positive et y_1 une variable booléenne valant 1 si le modèle 1 subit une opération sur la machine 1 avant le modèle 2, 0 sinon.

(9) $t_{11} + p_{11} \leq t_{12} + M \cdot (1 - y_1)$

(10) $t_{12} + p_{12} \leq t_{11} + M \cdot y_1$

En effet, si $y_1 = 1$, on obtient les contraintes : $t_{11} + p_{11} \leq t_{12}$ et $t_{12} + p_{12} \leq t_{11} + M$. La première impose que la machine 1 traite le modèle 1 puis le modèle 2, tandis que la seconde est trivialement vérifiée. Si maintenant $y_1 = 0$, les contraintes deviennent : $t_{11} + p_{11} \leq t_{12} + M$ et $t_{12} + p_{12} \leq t_{11}$. Cette fois-ci, c'est la première contrainte qui est automatiquement vérifiée, tandis que la seconde impose le traitement du modèle 2 avant le modèle 1.

On peut de cette façon traduire toutes les disjonctions entre les paires d'opérations sur une même machine, en créant une variable booléenne y_i pour chacune des $nd = 5$ disjonctions. On obtient les contraintes (9), (10) et (11) à (18).

(11) $t_{22} + p_{22} \leq t_{23} + M \cdot (1 - y_2)$

(12) $t_{23} + p_{23} \leq t_{22} + M \cdot y_2$

(13) $t_{31} + p_{31} \leq t_{32} + M \cdot (1 - y_3)$

(14) $t_{32} + p_{32} \leq t_{31} + M \cdot y_3$

(15) $t_{31} + p_{31} \leq t_{33} + M \cdot (1 - y_4)$

(16) $t_{33} + p_{33} \leq t_{31} + M \cdot y_4$

(17) $t_{32} + p_{32} \leq t_{33} + M \cdot (1 - y_5)$

(18) $t_{33} + p_{33} \leq t_{32} + M \cdot y_5$

Les contraintes (11) et (12) imposent une disjonction entre les opérations du modèle 2 et du modèle 3 sur la machine 2, tandis que les contraintes (13) à (18) assurent les disjonctions deux à deux entre les modèles 1, 2 et 3 sur la machine 3.

Pour éviter des problèmes numériques, une valeur de M pas trop grande est conseillée. On peut par exemple prendre comme valeur une borne supérieure UB de la date de fin de l'ordonnancement, obtenue par une heuristique. Il faut alors ajouter dans le modèle mathématique la contrainte (19), ce qui permet en plus de diminuer significativement le nombre de nœuds développés pour de gros problèmes.

$$(19) \quad t_{end} \leq UB$$

Dans ce petit exemple, nous utilisons comme valeur de M une borne supérieure grossière égale à la somme des temps d'exécution des opérations (164). À ces contraintes, s'ajoutent les contraintes (20) et (21) indiquant que t_{ij} sont des variables réelles positives et y_i des variables binaires.

$$(20) \quad \forall i = 1 \ldots m, \forall j = 1 \ldots n : t_{ij} \geq 0$$

$$(21) \quad \forall k = 1 \ldots nd : y_k \in \{0,1\}$$

On peut obtenir un modèle générique en renumérotant les opérations de 1 à mn. Les relations de précédence et de disjonction peuvent alors être représentées par un *graphe disjonctif* $G=(X,U,D)$, où X est l'ensemble des opérations, U un ensemble d'arcs pour les conjonctions et D un ensemble d'arêtes pour les disjonctions. Il existe un arc (i,j) entre deux opérations i et j si l'opération i est prédécesseur immédiat de j. Une arête $[i,j]$ relie deux opérations i et j si elles sont en disjonction. On obtient alors le modèle suivant.

$$(22) \quad \text{Min } t_{end}$$

$$(23) \quad \forall i = 1 \ldots nm : t_i + p_i \leq t_{end}$$

$$(24) \quad \forall (i,j) \in U : t_j \geq t_i + p_i$$

$$(25) \quad \forall [i,j] \in D : t_i \geq t_j + p_j - M \cdot y_{ij} \quad \text{et} \quad t_j \geq t_i + p_i - M \cdot (1 - y_{ij})$$

$$(26) \quad \forall i = 1 \ldots nm : t_i \geq 0$$

$$(27) \quad \forall [i,j] \in D : y_{ij} \subset \{0,1\}$$

La fonction-objectif (22) est celle du modèle précédent. Les contraintes (2), (3) et (4) du modèle précédent sont généralisées par les contraintes (23) : la variable t_{end} majore les dates de fin de toutes les opérations, elle sera égale à la durée de l'ordonnancement à l'optimum. Les contraintes (24) modélisent les conjonctions tandis que les contraintes (25) traduisent chaque disjonction à l'aide d'une variable binaire y_{ij}. Enfin, les contraintes (26) et (27) imposent des dates de démarrage positives pour les opérations et des variables y_{ij} binaires.

6.4.3 Traduction en Excel du modèle non générique

La traduction du programme linéaire en nombres entiers non générique est donnée dans la feuille *JobShop (non générique)* du classeur Excel *C6-JobShop*. La partie gauche de la feuille contient les durées des opérations, les dates de début (variables) et les dates de fin qu'on peut en déduire. Si un modèle de papier peint j ne passe pas sur la machine i, la durée p_{ij} est nulle. La partie droite concerne les disjonctions des tâches entre elles.

On a alors les formules suivantes :

- *Dates de fin des opérations.* La formule "=C11+C5" est placée dans la cellule C17 puis recopiée dans les cellules C17:E19.

- *Borne supérieure (valeur de M).* La formule "=somme(C5:E7)" est saisie dans B21.

- *Contraintes de disjonction.* Considérons par exemple la disjonction entre modèles 1 et 2 sur la machine 1, qui se traduit par les contraintes (9) et (10) : $t_{11} + p_{11} \leq t_{12} + M.(1-y_1)$ et $t_{12} + p_{12} \leq M.y_1$. La cellule H6 contient le membre de gauche de la contrainte (9) ou date de fin de l'opération 1, récupérée avec la formule "=C17". La cellule I6 contient le membre de droite avec "=D11+B21*(1–H18)". La cellule H7 contient le membre de gauche de (10), avec la formule "=D17". Enfin, I7 contient le membre de droite avec "=C11+B21*H18". Il faut traduire de manière analogue les autres disjonctions. Un modèle non générique est donc peu adapté aux gros problèmes, car on peut rarement saisir un groupe de contraintes en indiquant une seule formule et en la recopiant.

- *Fonction-objectif.* Elle se trouve dans la cellule I3 qui correspond à la variable t_{end}. Une cellule peut donc être à la fois objectif et variable, à condition de ne pas contenir de formule.

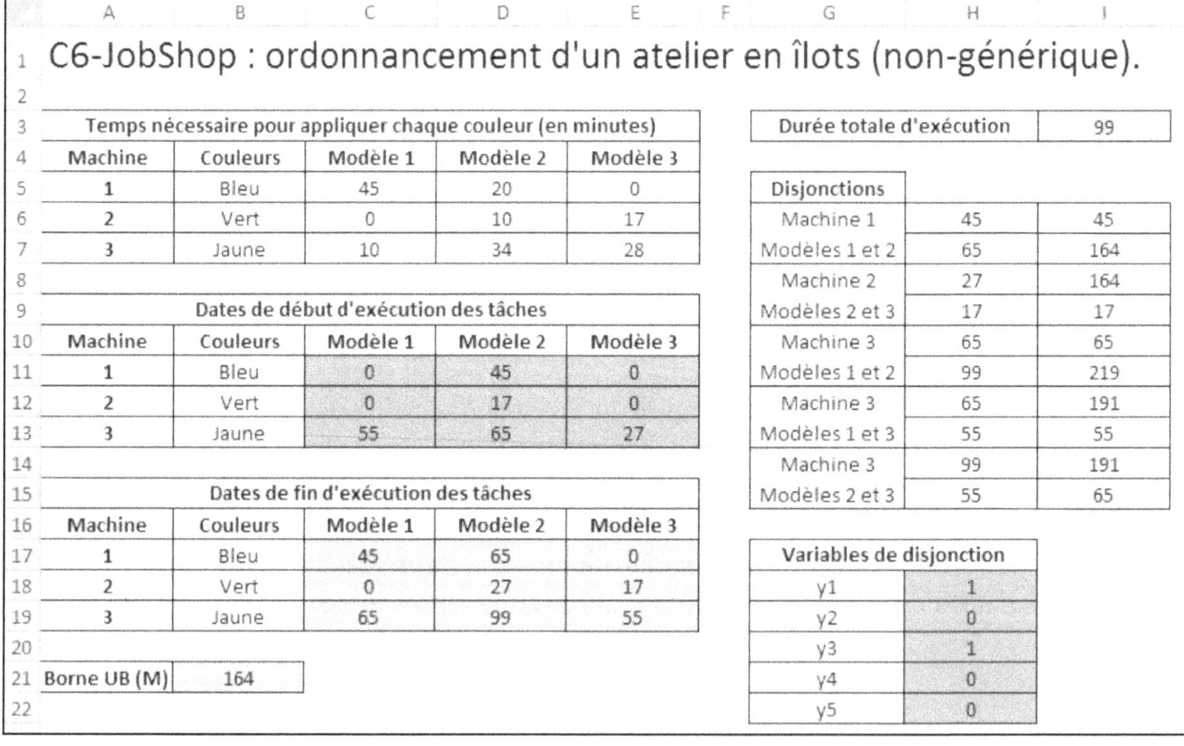

	A	B	C	D	E	F	G	H	I
1	C6-JobShop : ordonnancement d'un atelier en îlots (non-générique).								
2									
3	Temps nécessaire pour appliquer chaque couleur (en minutes)						Durée totale d'exécution		99
4	Machine	Couleurs	Modèle 1	Modèle 2	Modèle 3				
5	1	Bleu	45	20	0		Disjonctions		
6	2	Vert	0	10	17		Machine 1	45	45
7	3	Jaune	10	34	28		Modèles 1 et 2	65	164
8							Machine 2	27	164
9	Dates de début d'exécution des tâches						Modèles 2 et 3	17	17
10	Machine	Couleurs	Modèle 1	Modèle 2	Modèle 3		Machine 3	65	65
11	1	Bleu	0	45	0		Modèles 1 et 2	99	219
12	2	Vert	0	17	0		Machine 3	65	191
13	3	Jaune	55	65	27		Modèles 1 et 3	55	55
14							Machine 3	99	191
15	Dates de fin d'exécution des tâches						Modèles 2 et 3	55	65
16	Machine	Couleurs	Modèle 1	Modèle 2	Modèle 3				
17	1	Bleu	45	65	0		Variables de disjonction		
18	2	Vert	0	27	17		y1		1
19	3	Jaune	65	99	55		y2		0
20							y3		1
21	Borne UB (M)	164					y4		0
22							y5		0

Dans la fenêtre du solveur, la cellule cible est I3. Les cellules variables sont C11:E13 (t_{ij}) et H18:H22 (y_k) et I3. La fenêtre montre ensuite la contrainte (5), les contraintes (2) à (4), les contraintes (6) à (8), puis la déclaration pour des y_k binaires. Les disjonctions se traduisent par "$H$6:$H$15<= $I$6:$I$15", non visible dans la copie d'écran. Comme d'habitude, il ne faut pas oublier les options *Modèle supposé linéaire* et *Supposé non négatif.*

6.4.4 Résultats

Après résolution, nous obtenons un ordonnancement de durée 99. Les dates de démarrage des opérations de chaque modèle sont données dans le tableau 6.7.

Tableau 6.7 – Dates de démarrage des opérations

	Modèle 1	Modèle 2	Modèle 3
Bleu	0	45	-
Vert	-	17	0
Jaune	55	65	27

L'ordonnancement est représenté figure 6.3 par un planning à barres, appelé aussi *diagramme de Gantt*. Il s'agit d'un diagramme dans lequel l'axe horizontal représente le temps. Chaque opération est représentée par un rectangle de longueur proportionnelle à sa durée. On place toutes les opérations effectuées par une même machine sur la même ligne.

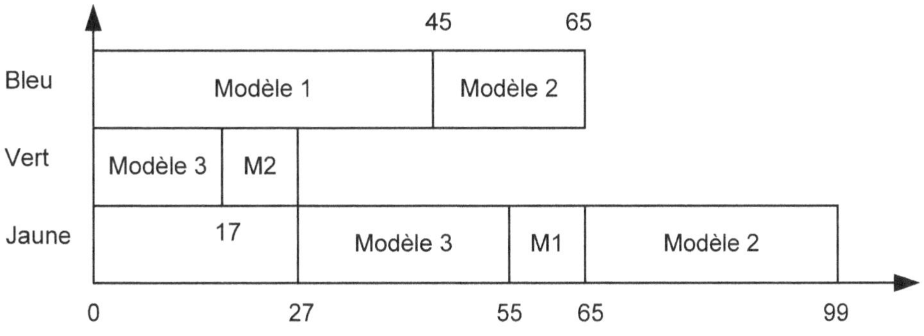

Figure 6.3 - Diagramme de Gantt

6.4.5 Traduction en Excel du modèle générique

Elle figure dans la feuille *JobShop (générique)* du classeur *C6-JobShop*. Les opérations sont dans A6:A14, les arcs des précédences dans A20:B23 et les arêtes des disjonctions dans A28:B32. Les formules à saisir sont les suivantes :

- *Dates de fin des opérations*. Saisissez la formule "=D6+C6" dans E6 et copiez-la dans E7 à E14.

- *Conjonctions*. Entrez la formule "=index($E$6:$E$14,A20)" dans C20 et copiez-la dans C21:C23 pour calculer les dates de fin des opérations i. Pour les dates de début de j, placez la formule "=index($D$6:$D$14,B20)" dans D20 et copiez-la dans D21:D23.

- *Disjonctions*. Les variables y sont dans C28:C32. On calcule les dates de fin comme précédemment. La formule "=index($D$6:$D$14,B28)+$B$16*C28" saisie dans E28 et copiée dans E29:E32 donne le membre de droite de la première contrainte (25). Celle fournie dans G28 et copiée dans G29:G32, "=index($D$6:$D$14,A28)+$B$16*(1-C28)", calcule le membre de droite de la seconde contrainte (25).

	A	B	C	D	E	F	G	H
1	C6-JobShop : ordonnancement d'un atelier en îlots (générique).							
2								
3	Durée totale d'exécution		99					
4								
5	Opérations	(machine, job)	Durée	Début	Fin			
6	1	(1,1)	45	44	89			
7	2	(1,2)	20	24	44			
8	3	(1,3)	0	99	99			
9	4	(2,1)	0	99	99			
10	5	(2,2)	10	0	10			
11	6	(2,3)	17	10	27			
12	7	(3,1)	10	89	99			
13	8	(3,2)	34	55	89			
14	9	(3,3)	28	27	55			
15								
16	Borne UB (M)	164						
17								
18		Précédences						
19	Opération i	Opération j	Fin i	Début j				
20	1	7	89	89				
21	5	2	10	24				
22	2	8	44	55				
23	6	9	27	27				
24								
25			Disjonctions					
26	Opérations et variables			Disjonctions 1		Disjonctions 2		
27	Opération i	Opération j	Variables y(i,j)	Fin i	Disjonct. j	Fin j	Disjonct. i	
28	1	2	1	89	188	44	44	
29	5	6	0	10	10	27	164	
30	7	8	1	99	219	89	89	
31	7	9	1	99	191	55	89	
32	8	9	1	89	191	55	55	

Avec une telle présentation, les données à fournir au solveur sont plus compactes et le modèle peut être agrandi facilement. La cellule cible C3 contient l'objectif. Les variables sont contenues dans les cellules D6:D14, E16 et C28:C32. Le premier groupe de contraintes concerne les précédences (23), le second spécifie des variables y binaires, le troisième correspond à la première ligne des contraintes (25), et le cinquième à la seconde ligne. Enfin le quatrième sert à calculer la date de fin du projet avec les contraintes (23).

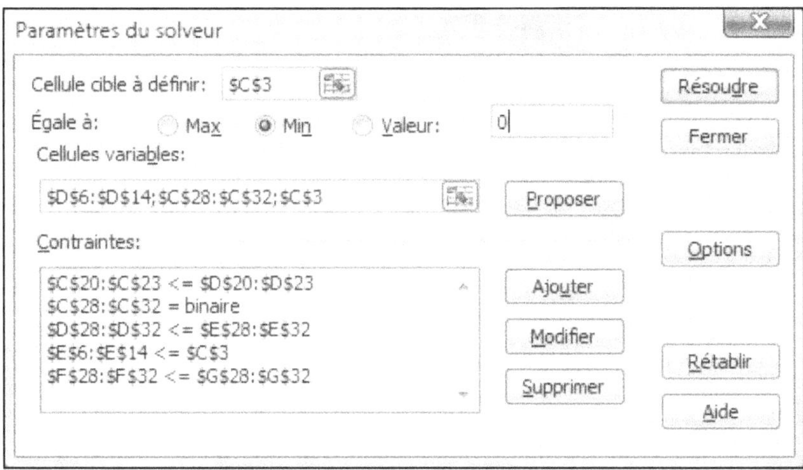

La résolution peut donner une autre solution optimale, ce qui ne doit pas inquiéter le lecteur. En effet, le solveur peut suivre un chemin différent sur le polyèdre des solutions de base, selon l'ordre de déclaration des contraintes et même la version d'Excel.

6.5 Ordonnancement d'une machine critique

6.5.1 Problème

Dans un atelier, il arrive souvent qu'une machine régule à elle seule la cadence de l'atelier (machine en exemplaire unique, machine la plus lente sur une ligne de production, etc.). Cette machine est appelée *machine critique* ou *bottleneck*. Il devient alors important de maîtriser le flux qui passe sur cette machine en ordonnançant au mieux les tâches à exécuter sur celle-ci.

Le but de ce problème est de donner un modèle simple qui convient pour l'ordonnancement sur une machine et qui peut être utilisé pour différents objectifs. Nous verrons ici comment minimiser le temps d'exécution total, le temps moyen d'exécution (moyenne des dates de fin des tâches) et la somme des retards.

Un ensemble de n tâches (ou jobs) doit être exécuté sur la machine critique. La préemption (démarrer puis arrêter une tâche avant son exécution complète) n'est pas autorisée. Chaque tâche i ne peut démarrer avant une date de disponibilité r_i. Sa durée est p_i. Dans le cas du dernier critère d'optimisation (somme des retards), une date échue (date de fin au plus tard) d_i est ajoutée pour mesurer le retard. Toutes ces données sont résumées dans le tableau 6.8.

Tableau 6.8 – Fenêtres des tâches et durées

Jobs	1	2	3	4	5	6	7
r_i	2	5	4	0	0	8	9
p_i	3	6	8	4	2	4	2
d_i	10	21	15	10	5	15	22

Quelle est la valeur optimale de chacun des objectifs suivants, à minimiser : la durée totale, le temps moyen d'exécution ou la somme des retards ?

6.5.2 Modélisation

Nous allons traiter les trois objectifs les uns à la suite des autres, mais le corps du modèle restera le même pour la résolution. Pour pouvoir écrire un modèle qui corresponde aux trois objectifs à la fois, nous utilisons des variables binaires u_{ki} valant 1 si le job au rang k est i. Il ne peut y avoir qu'un seul job au rang k, et chaque job i a un seul rang, ce qui se traduit par les contraintes (2) et (3).

$$(2) \quad \forall k = 1\ldots n: \sum_{i=1}^{n} u_{ki} = 1$$

$$(3) \quad \forall i = 1\ldots n: \sum_{k=1}^{n} u_{ki} = 1$$

La durée du job de rang k est donnée par la somme suivante : $\sum_{i=1}^{n} p_i \times u_{ki}$.

En effet, d'après les contraintes (2), seul le job i au rang k a un u_{ki} égal à 1. En multipliant par la durée du job i, on peut donc retrouver la durée du job de rang k. En multipliant par r_i ou d_i, on peut aussi obtenir la date de disponibilité ou la date échue. Cette technique va permettre d'écrire les contraintes de notre problème. Si t_k est la date de début du job en position k, elle doit être plus grande que la date de disponibilité du job séquencé à cette position. Ceci se traduit par les contraintes (4) :

$$(4) \quad \forall k = 1\ldots n: t_k \geq \sum_{i=1}^{n} r_i \times u_{ki}$$

Une autre contrainte utilisée dans tous les modèles est celle qui spécifie que deux jobs ne peuvent être exécutés simultanément. Le job en position $k+1$ doit démarrer après que le job en position k soit terminé, ce qui donne les contraintes (5).

$$(5) \quad \forall k = 1\ldots n-1: t_{k+1} \geq t_k + \sum_{i=1}^{n} p_i \times u_{ki}$$

Objectif 1. Le premier objectif à minimiser est la date de fin C_{max} de l'ordonnancement, ou encore la date de fin du dernier job (celui exécuté en position n). La ligne (1) du modèle complet qui suit traduit cet objectif.

$$(1) \quad \text{Min } t_n + \sum_{i=1,n} p_n \times u_{ni}$$

$$(2) \quad \forall k=1\ldots n: \sum_{i=1,n} u_{ki} = 1$$

$$(3) \quad \forall i=1\ldots n: \sum_{k=1,n} u_{ki} = 1$$

$$(4) \quad \forall k=1\ldots n: t_k \geq \sum_{i=1,n} r_i \times u_{ki}$$

$$(5) \quad \forall k=1\ldots n-1: t_{k+1} \geq t_k + \sum_{i=1,n} p_i \times u_{ki}$$

$$(6) \quad \forall k=1\ldots n: t_k \geq 0$$

$$(7) \quad \forall k=1\ldots n: \forall i=1\ldots n, \ u_{ki} \in \{0,1\}$$

Objectif 2. Si on souhaite minimiser le temps moyen d'exécution, on peut simplifier l'écriture avec une variable c_k pour la date de fin du job de rang k. On peut ajouter deux contraintes au modèle précédent pour les calculer.

$$(8) \quad \forall k=1\ldots n: c_k = t_k + \sum_{i=1}^{n} p_i \times u_{ki}$$

$$(9) \quad \forall k=1\ldots n: c_k \geq 0$$

Le nouvel objectif à minimiser, noté (1'), est le temps moyen d'exécution.

$$(1') \quad \text{Min } \frac{1}{n} \sum_{k=1}^{n} c_k$$

Le modèle pour cet objectif est formé de l'objectif (1') et des contraintes (2) à (9).

Objectif 3. Si maintenant on cherche à minimiser la somme des retards, il faut utiliser une nouvelle variable T_k pour le retard du job séquencé en position k. Les contraintes (10) définissent un retard algébrique, négatif si la tâche est en avance. Comme on s'intéresse aux retards vrais, il faut ajouter les contraintes (11). Il ne faut pas écrire une égalité pour (10), car cela interdirait d'avoir des tâches en avance. L'inégalité "$\geq$" ne gêne pas, car les contraintes (10) seront vérifiées avec égalité dans toute solution optimale.

$$(10) \quad \forall k=1\ldots n: T_k \geq c_k - \sum_{i=1}^{n} d_i \times u_{ki}$$

$$(11) \quad \forall k=1\ldots n: T_k \geq 0$$

La nouvelle fonction-objectif est la minimisation de la somme des retards (1") :

$$(1'') \quad \text{Min } \sum_{k=1}^{n} T_k$$

Le nouveau modèle reprend alors les contraintes (1") et (2) à (11).

6.5.3 Traduction en Excel

La traduction en Excel figure dans le classeur *C6-Ordo*, illustré page suivante. Les modèles sont regroupés sur une seule feuille : il faudra juste choisir l'objectif à traiter dans la boîte de dialogue du solveur. Le tableau en haut à gauche regroupe les données. Les variables u_{ki} sont placées dans les cellules B11:H17, les variables t_k pour les dates de début dans O11:O17 et les variables de retard T_k dans R11:R17. Des variables pour les c_k ne sont pas nécessaires car elles se déduisent des dates de début et des durées.

Les formules sont les suivantes :

- *Contraintes de rang.* Pour que chaque tâche ait un seul rang selon les contraintes (3), saisissez dans B19 la formule "=somme(B11:B17)" et recopiez-la dans C19:H19. Pour que chaque rang soit occupé par une seule tâche selon les contraintes (2), placez la formule "=somme(B11:H11)" dans J11 et recopiez-la dans les cellules J12:J17.

- *Dates de disponibilité.* Pour calculer la date de disponibilité de la tâche de rang k selon les contraintes (4), entrez la formule "=sommeprod(\$B\$5:\$H\$5;B11:H11)" dans la cellule L11, puis copiez-la dans les cellules L12:L17.

- *Durées.* Pour la durée de la tâche de rang k utilisée pour les contraintes d'exclusion (5), il faut indiquer la formule "=sommeprod(\$B\$6:\$H\$6;B11:H11)" dans la cellule M11 et la recopier ensuite dans les cellules M12:M17.

- *Dates échues.* On procède de la même manière pour les échéances, en saisissant dans N11 la formule "=sommeprod(\$B\$7:\$H\$7;B11:H11)" et en l'étendant aux cellules N12:N17. Ces informations vont servir pour les contraintes (10).

- *Dates de fin.* On les déduit des variables t_k de la plage O11:O17, en plaçant la formule "=O11+M11" dans P11 et en l'étendant aux cellules P12 à P17. Elles vont servir pour les contraintes (5) et le deuxième objectif.

- *Retards.* Les retards algébriques sont calculés en plaçant la formule "=P11-N11" dans la cellule Q11 puis en la copiant dans les cellules Q12:Q17.

- *Fonction-objectif* (1). La durée d'exécution totale est la date de fin d'exécution de la tâche au dernier rang. La cellule M3 reçoit donc la formule "=P17".

- *Fonction-objectif* (1'). Le temps moyen d'exécution est calculé par la formule "=somme(P11:P17)/M7" que l'on place dans la cellule M4.

- *Fonction-objectif* (1"). Le retard total est calculé par la formule "=somme(R11:R17)" dans la cellule M5.

La page suivante montre la boîte de dialogue du solveur. Le choix entre les problèmes s'effectue en précisant un des objectifs, ici la somme des retards M5. Les variables u_{ki} sont dans B11:H17, les t_k dans O11:O17 et les T_k dans R11:R17. Dans les contraintes, la première ligne traduit les contraintes (7) qui définissent des variables u_{ki} binaires. Les deux lignes suivantes sont les contraintes d'affectation (2) et (3). Les contraintes (4) pour respecter les dates de disponibilité forment la quatrième ligne. La cinquième ligne impose que la date de fin d'une tâche de rang k soit inférieure à la date de début de la tâche de rang $k+1$, avec une comparaison de plages décalées : O12:O17 >= P11:P16. Notez que les calculs pour les contraintes (8) à (11) ne perturbent pas la résolution pour l'équation (1).

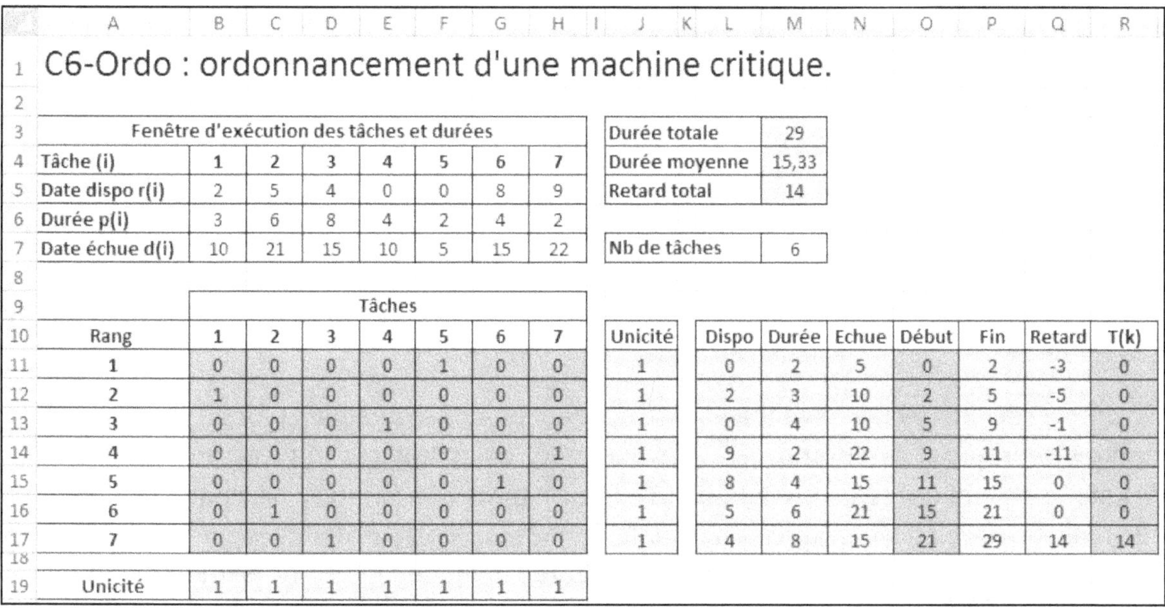

C6-Ordo : ordonnancement d'une machine critique.

	Fenêtre d'exécution des tâches et durées								Durée totale	29
Tâche (i)	1	2	3	4	5	6	7		Durée moyenne	15,33
Date dispo r(i)	2	5	4	0	0	8	9		Retard total	14
Durée p(i)	3	6	8	4	2	4	2			
Date échue d(i)	10	21	15	10	5	15	22		Nb de tâches	6

	Tâches							Unicité	Dispo	Durée	Echue	Début	Fin	Retard	T(k)
Rang	1	2	3	4	5	6	7								
1	0	0	0	0	1	0	0	1	0	2	5	0	2	-3	0
2	1	0	0	0	0	0	0	1	2	3	10	2	5	-5	0
3	0	0	0	1	0	0	0	1	0	4	10	5	9	-1	0
4	0	0	0	0	0	0	1	1	9	2	22	9	11	-11	0
5	0	0	0	0	0	1	0	1	8	4	15	11	15	0	0
6	0	1	0	0	0	0	0	1	5	6	21	15	21	0	0
7	0	0	1	0	0	0	0	1	4	8	15	21	29	14	14
Unicité	1	1	1	1	1	1	1								

Comme d'habitude, avant de résoudre le modèle, il ne faut pas oublier les *Options* : cochez les cases *Modèle supposé linéaire* et *Supposé non négatif.*

6.5.4 Résultats

Les copies d'écran concernent le nombre de jobs en retard. En examinant les variables u_{ki}, on peut déduire la séquence des jobs : 5-1-4-6-7-2-3. Le seul job en retard est celui placé en dernière position, c'est-à-dire le job 3. Il démarre à 21 mais viole sa date échue 15 en se terminant à l'instant 29. La valeur de l'objectif (1") est donc 14. On peut constater que la tâche 2 (au rang 6) se termine juste à sa date-limite. Par contre, toutes les autres tâches cessent avant leur date échue, ce qui se traduit par un retard algébrique négatif.

En ajustant la cellule cible dans la fenêtre du solveur, on peut résoudre les deux premiers problèmes. Pour la durée totale C_{max}, on trouve 29 minutes. La durée moyenne pour finir une tâche, comptée depuis le début de l'ordonnancement, est de 15,33 minutes.

6.6 Fabrication de peintures

6.6.1 Problème

Une entreprise de peintures a comme activité partielle hebdomadaire la fabrication de cinq lots de peintures, toujours les mêmes, pour de gros clients dont la demande est stable. Chaque lot est fabriqué en une seule fois, dans un mélangeur unique qui doit être nettoyé entre deux lots. Les durées de mélange des lots 1 à 5 sont respectivement de 40, 35, 45, 32 et 50 minutes.

Les durées de nettoyage du tableau 6.9 dépendent des couleurs et des types des deux peintures fabriquées avant et après. Par exemple, un nettoyage long est nécessaire si on fabrique une peinture glycérophtalique (à l'huile) après une peinture acrylique (à l'eau), ou pour réaliser un blanc pur après une teinte foncée. Elles sont données en minutes par la matrice DN 5×5 suivante, où DN_{ij} désigne la durée de nettoyage entre le lot i et le lot j.

Tableau 6.9 – Matrice *DN* des temps de nettoyage

	1	2	3	4	5
1	0	11	7	13	11
2	5	0	13	15	15
3	13	15	0	23	11
4	9	13	5	0	3
5	3	7	7	7	0

L'entreprise ayant d'autres activités, elle souhaite traiter la fabrication hebdomadaire des lots en une durée totale minimale (mélange et nettoyage). Quel est l'ordre correspondant des lots ? Cet ordre sera appliqué toutes les semaines. On comptera dans la durée totale le temps de nettoyage entre le dernier lot de la semaine et le premier de la semaine suivante.

6.6.2 Modélisation

On peut tenter la modélisation comme un problème d'affectation, utilisé aussi pour l'affectation de personnes à des postes de travail dans le chapitre 13 et le problème de correspondance d'avions du chapitre 10. Soit n le nombre de lots, DF_i la durée de fabrication du lot i, i variant de 1 à n, et DN_{ij} la durée du nettoyage entre deux lots consécutifs i et j. On introduit n^2 variables de décision x_{ij}, valant 1 si et seulement si le lot j succède au lot i. Il faut donc décider en quelque sorte à quel lot suivant on "affecte" chaque lot i. On retrouve la formulation classique d'un problème d'affectation (page suivante).

Notez que les variables x_{ij} avec $i = j$ ne sont pas utilisées car un lot ne peut pas figurer plus d'une fois dans le cycle de fabrication. Les contraintes (2) et (3) garantissent respectivement que chaque lot a un seul successeur et un seul prédécesseur. La fonction-objectif (1) somme pour chaque couple de lots (i, j) la durée de fabrication de i et le temps de nettoyage entre i et j. Pour chaque lot i, grâce aux contraintes (2) et (3), ces durées ne vont être comptées que pour le lot j qui suit réellement i (celui tel que $x_{ij} = 1$).

$$(1) \quad \text{Min } z = \sum_{\substack{i=1}}^{n}\sum_{\substack{j=1\\j\neq i}}^{n}\left(DF_i + DN_{ij}\right)x_{ij}$$

$$(2) \quad \forall i = 1\ldots n : \sum_{\substack{j=1\\j\neq i}}^{n} x_{ij} = 1$$

$$(3) \quad \forall j = 1\ldots n : \sum_{\substack{i=1\\i\neq j}}^{n} x_{ij} = 1$$

$$(4) \quad \forall i = 1\ldots n, \forall j = 1\ldots n, i \neq j : x_{ij} \in \{0,1\}$$

Ce type de programme linéaire est connu pour avoir une matrice *totalement unimodulaire* (voir le chapitre 2), c'est-à-dire que ses solutions de base sont à coordonnées entières. Les contraintes (4) sont donc redondantes si l'algorithme du simplexe, qui parcourt des solutions de base, est utilisé pour la résolution.

Hélas, ce modèle ne garantit pas que la solution forme un seul cycle de peinture. En effet, une tentative de résolution donne une durée totale de 239, pour une solution invalide avec deux *sous-cycles* $1 \rightarrow 3 \rightarrow 2 \rightarrow 1$ et $4 \rightarrow 5 \rightarrow 4$. Pour les visualiser, il faut dessiner le *graphe-support*, avec un nœud par tâche et un arc (i, j) pour chaque variable $x_{ij} = 1$. En programmation linéaire, les contraintes pour obliger un groupe de variables d'affectation à former un seul cycle sont astucieuses. Une première méthode est l'ajout des contraintes (5).

$$(5) \quad \forall S \subseteq \{2,3,\ldots,n\}: \sum_{(i,j)\in S}x_{ij} \leq |S|-1$$

En effet, si une solution contient un sous-cycle sur un sous-ensemble S de lots, la somme des x_{ij} à 1 dans S égale le nombre de lots de S (exemple : trois lots dans le premier sous-cycle de la solution précédente). En imposant un cardinal inférieur, les contraintes (5) obligent la suite de lots à entrer et sortir de S. Elles concernent tout sous-ensemble S *ne contenant pas* le lot 1, car sinon même le cycle unique désiré serait interdit ! Cette formulation a un nombre exponentiel de contraintes (2^{n-1}). Nous allons donc utiliser une formulation plus compacte, avec une variable réelle y_i par lot (6) et $n(n-1)$ contraintes (7).

$$(6) \quad \forall i = 1\ldots n : y_i \geq 0$$

$$(7) \quad \forall i = 1\ldots n, \forall j = 2\ldots n, i \neq j : y_j \geq y_i + 1 - n(1 - x_{ij})$$

Pour comprendre ces contraintes, supposons que la solution du problème d'affectation comprenne plusieurs sous-cycles et prenons un sous-cycle ne contenant pas le lot 1, par exemple $2 \rightarrow 5 \rightarrow 3 \rightarrow 2$. Les contraintes (6) avec $x_{ij} = 1$ sur ce sous-cycle s'écrivent :

$$y_5 \geq y_2 + 1$$

$$y_3 \geq y_5 + 1$$

$$y_2 \geq y_3 + 1$$

En sommant membre à membre, on obtient $0 \geq 3$! Une solution fragmentée en sous-cycles n'est donc pas réalisable pour le PL d'affectation complété par les contraintes (6) et (7).

Si, par contre, le cycle n'est pas fragmenté, il existe des valeurs des y_i vérifiant les contraintes. C'est le cas par exemple si y_i désigne le *rang* du lot i le long du cycle, avec le lot 1 choisi comme position de départ (avec $y_1 = 1$). Pour les x_{ij} à 1, les contraintes s'écrivent $y_j \geq y_i + 1$ et sont donc vérifiées. Les contraintes ne sont pas définies pour $j = 1$ pour permettre au cycle de revenir au nœud 1 après le nœud de rang n. Pour les x_{ij} nuls, les contraintes s'écrivent $y_i - y_j \leq n\text{-}1$ et sont encore satisfaites : les y_i valant entre 1 et n, la différence du premier membre n'excède pas $n\text{-}1$.

Finalement, le PL retenu pour notre problème de peinture est le problème d'affectation des lignes (1) à (4), complété par les contraintes (6) et (7). Les contraintes (4) sont nécessaires car la matrice du PL n'est plus totalement unimodulaire après l'ajout des contraintes (6).

6.6.3 Modèle Excel

La traduction en Excel est relativement complexe et va nécessiter la rédaction de macros VBA. Les informations sont regroupées dans le classeur *C6-Peinture* illustré page suivante. La partie en haut à gauche de la feuille regroupe les données du problème. Les variables x_{ij} sont placées dans les cellules B19:F23 et les variables y_i dans les cellules H11:H15.

- *Contraintes d'affectation* (2) *et* (3). Pour vérifier l'unicité d'affectation, écrivez dans la cellule H19 la formule "=somme(B19:F19)" puis recopiez-la dans les cellules H20:H23. De même placez la formule "=somme(B19:B23)" dans la cellule B25 et recopiez-la avec la poignée dans le cellules C25:F25.

- *Durée totale des lots*. La durée totale de fabrication va être au moins égale à la somme des durées des lots, calculée dans H7 par la formule "=somme(B7:F7)".

- *Fonction-objectif.* Nous calculons le temps total de fabrication en comptant aussi les durées de nettoyage. Cette valeur est placée dans la cellule J3 par la formule "=H7+sommeprod($B$11:$F$15;$B$19:$F$23)".

Nous avons rédigé une macro VBA *Resoudre* pour écrire les formules nécessaires aux contraintes (7) dans la feuille Excel, construire le modèle et le résoudre. Cette macro utilise deux fonctions *NomCellX* et *NomCellY* qui retournent les adresses (noms des cellules) des variables. Ces fonctions renvoient une chaîne de caractères contenant la référence de la cellule, grâce à la propriété *Address*. Pour simplifier, on suppose que les tableaux sont à des emplacements fixes. Le problème du loueur de voitures du chapitre 9 donne une macro plus complexe, capable de s'adapter à une taille de problème variant au cours du temps.

```vba
'Fonction renvoyant le nom de cellule d'une variable xij
Function NomCellX (i As Integer, j As Integer) As String
  Const ibeg = 19, jbeg = 2
  NomCellX = Cells(ibeg + i - 1, jbeg + j - 1).Address
End Function

'Fonction renvoyant le nom de cellule d'une variable yi
Function NomCellY (i As Integer) As String
  Const ibeg = 11, j = 8
  NomCellX = Cells(ibeg + i - 1, j).Address
End Function
```

C6-Peinture : fabrication de peintures.

Nb lots	5		Durée totale	243

Effacer modèle

Durée de mélange des lots DF(i)

Lots	1	2	3	4	5
Durée	40	35	45	32	50

Durée totale
202

Résoudre modèle

Temps de nettoyage entre lots DN(i,j)

Lots	1	2	3	4	5
1	0	11	7	13	11
2	5	0	13	15	15
3	13	15	0	23	11
4	9	13	5	0	3
5	3	7	7	7	0

Variables
y(i)
0
5
3
1
4

Affectation des lots X(i,j)

Lots	1	2	3	4	5
1	0	0	0	1	0
2	1	0	0	0	0
3	0	0	0	0	1
4	0	0	1	0	0
5	0	1	0	0	0
Unicité	1	1	1	1	1

Unicité
1
1
1
1
1

i	j	Sous-cycle	
1	2	5	-4
1	3	3	-4
1	4	1	1
1	5	4	-4
2	3	3	1
2	4	1	1
2	5	4	1
3	2	5	-1
3	4	1	-1
3	5	4	4
4	2	5	-3
4	3	3	2
4	5	4	-3
5	2	5	5
5	3	3	0
5	4	1	0

La macro *Resoudre* est basée sur les fonctions VBA pour le solveur, présentées au § 4.5. Elle commence par effacer le modèle existant avec *SolverReset*. *SolverOptions* définit les options traditionnelles (le rôle de *IntTolerance* est expliqué dans les résultats). *SolverOK* précise la cellule cible, le sens de l'optimisation (2 pour minimiser), et les variables.

Les trois *SolverAdd* qui suivent correspondent respectivement aux contraintes (4), (2) et (3) : la plage B19:B23 des variables x_{ij} doit être binaire tandis que les deux plages H19:H23 et B25:F25 doivent être égales à un.

La partie délicate est la génération des contraintes (7) dans la plage J10:M25. Pour i variant de 1 à n et j variant de 2 à n et différent de j, la macro écrit sur chaque ligne de la plage les valeurs de i et j, la valeur de la variable y_j formant le membre de gauche de la contrainte (7) et la valeur du second membre : $y_i + 1 - n.(1 - x_{ij})$. Le dernier *SolverAdd* implémente les contraintes (7) sous la forme "L10:L25 $\leq$ M10:M25". Rappelons qu'il faut écrire des dollars dans *FormulaText* pour obtenir ensuite un modèle correct dans la boîte de dialogue du solveur (voir le § 4.5.2).

Par exemple, la première contrainte (7) pour $i = 1$ et $j = 2$ est $y_2 \geq y_1 + 1 - n (1 - x_{12})$. Les cellules J10 (ligne 10, colonne 10) et K10 reçoivent les valeurs de i et j. L10 reçoit la formule pour récupérer y_2, soit "=$H$12". Enfin, la cellule M10 contient la formule qui correspond à $y_1 + 1 - n (1 - x_{12})$ soit "=$H$11 + 1 – $B$3 * (1 – $C$19)".

Le *SolverSolve* résout le problème avec *UserFinish = False* par défaut : le message de fin d'exécution du solveur sera donc affiché.

```
Sub Resoudre()

  Const ligdeb = 10
  Dim N As Integer, i As Integer, j As Integer
  Dim lig As Integer, col As Integer, Result As Integer

  N = Range("B3").Value   'Nombre de tâches
  lig = ligdeb            'Ligne de début des contraintes
  col = 10                'Colonne de début des contraintes
  Call SolverReset
  Call SolverOptions(AssumeLinear:=True, AssumeNonNeg:=True, _
                  IntTolerance:=1)
  Call SolverOK(SetCell:="F3", MaxMinVal:=2, ByChange:="B19:F23,H11:H15")
  Call SolverAdd(CellRef:="B19:F23", Relation:=5)
  Call SolverAdd(CellRef:="H19:H23", Relation:=2, FormulaText:=1)
  Call SolverAdd(CellRef:="B25:F25", Relation:=2, FormulaText:=1)

  For i = 1 To N
    Call SolverAdd(CellRef:=NomCellX(i, i), Relation:=2, FormulaText:=0)
    For j = 2 To N
      If i <> j Then
        Cells(lig, col) = i
        Cells(lig, col + 1) = j
        Cells(lig, col + 2).Formula = "=" & NomCellY(j)
        Cells(lig, col + 3).Formula = "=" & NomCellY(i) & _
                  " + 1 - $B$3 * (1 -" & NomCellX(i, j) & ")"
        lig = lig + 1
      End If
    Next j
  Next i

  Call SolverAdd(CellRef:="L10:L25", Relation:=3, _
              FormulaText:="$M$10:$M$25")
  Call SolverSolve

End Sub
```

La macro a été associée au bouton *Résoudre modèle* de la feuille Excel, en suivant le processus expliqué au § 4.4.5. Pour mieux comprendre comment elle remplit la plage J10:M25 des contraintes (7), la petite macro *Effacer* a été associé au bouton *Effacer modèle*. Elle efface la plage et le modèle du solveur et met les variables à zéro.

```
Sub Effacer()
  Range("J10:M25").ClearContents
  Range("B19:F23") = 0
  Range("H11:H15") = 0
  Call SolverReset
End Sub
```

6.6.4 Résultats

Si on inhibe les contraintes de sous-cycles en mettant en commentaire le dernier *SolverAdd* de la macro *Resoudre*, on trouve une solution de coût 239 mais non réalisable à cause de deux sous-cycles. Avec les contraintes de sous-cycles, Excel trouve un cycle optimal de 243 minutes : $1 \rightarrow 4 \rightarrow 3 \rightarrow 5 \rightarrow 2 \rightarrow 1$. Cette durée inclut le temps total de fabrication incompressible de 202 minutes et une durée totale de nettoyage de 41 minutes.

En procédant à des exécutions répétées, on trouve parfois un coût de 245. Ce problème est corrigé en améliorant la précision pour décider si une variable peut être entière. Elle peut être spécifiée en pour-cent dans la case *Tolérance* de la boîte de dialogue du solveur ou avec le paramètre *IntTolerance* dans l'appel à *SolverOptions* de la macro *Resoudre*. La précision par défaut de 5 % doit être portée ici à 1 %.

Le problème est très combinatoire : pour n lots, il y a $(n\text{-}1)!$ ordres cycliques possibles. Sur cet exemple simple, on aurait pu énumérer à la main les 24 ordres mais, pour 10 lots, on aurait déjà $9! = 362\,880$ ordres et, pour 20 lots, $19! \approx 1{,}22 \times 10^{17}$ ordres !

6.7 Équilibrage d'une ligne d'assemblage

6.7.1 Problème

Un atelier d'électronique fabrique en série un amplificateur sur une ligne d'assemblage composée de quatre postes de travail. L'assemblage d'un amplificateur a lieu en douze tâches sujettes à des contraintes de précédence. Le tableau 6.10 donne pour chaque tâche la durée d'exécution en minutes et la liste des prédécesseurs immédiats.

Tableau 6.10 – Liste des tâches et prédécesseurs

Tâche	Libellé	Durée (min)	Prédécesseurs
1	Préparation boîtier	3	aucun
2	Plaque module de puissance	6	1
3	Plaque préamplificateur	7	1
4	Filtre de l'ampli	6	2
5	Circuit push-pull	4	2
6	Connexion entre plaques	8	2, 3
7	Circuit intégré du préampli	9	3
8	Réglage connexion	11	6
9	Radiateur du push-pull	2	4, 5, 8
10	Grillage de blindage	13	8, 11
11	Protection électrostatique	4	7
12	Montage du couvercle	3	9, 10

Le responsable de la gestion de production veut répartir les tâches entre les quatre postes, en respectant les contraintes de précédence, de façon à équilibrer la ligne pour minimiser le temps de cycle, c'est-à-dire la durée totale de montage d'un amplificateur. Chaque tâche doit être affectée à un seul poste, qui va l'exécuter sans interruption. Chaque poste ne traite qu'une opération à la fois. On parle de temps de cycle car les opérations exécutées sur chaque poste vont être répétées pour chaque amplificateur. Quand un amplificateur est fini, les amplificateurs des postes 1 à 3 avancent d'un poste, et une nouvelle fabrication débute sur le poste 1.

6.7.2 Modélisation

Notons nt le nombre de tâches, D_i la durée de la tâche i ($i = 1 \ldots nt$), np le nombre de postes d'assemblage (numérotés dans l'ordre de montage), et na le nombre d'arcs (enchaînements entre tâches). Les relations d'enchaînement peuvent être décrites par un graphe orienté $G = (X,U)$, dans lequel X désigne l'ensemble des tâches et U l'ensemble des arcs (voir figure 6.4). Un arc (i,j) relie la tâche i à la tâche j si i est prédécesseur immédiat de j.

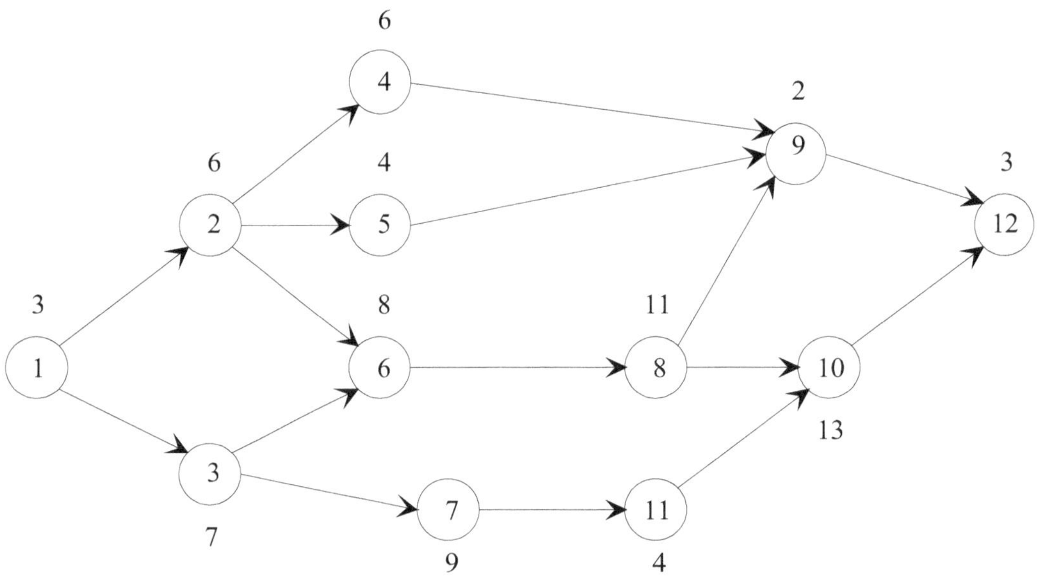

Figure 6.4 – Graphe des tâches avec durées

Pour placer les tâches, on définit des variables binaires x_{ik} avec $x_{ik} = 1$ si et seulement si la tâche i est affectée au poste n° k. Les contraintes (1) affectent les tâches à un seul poste.

$$(1) \quad \forall i = 1 \ldots n : \sum_{k=1}^{np} x_{ik} = 1$$

Pour qu'une affectation soit valide, il faut respecter les contraintes de précédence, c'est-à-dire que pour tout arc (i,j), le poste de i doit être de rang inférieur ou égal au poste de j. Ceci est assuré par les contraintes (2). Notez comment les sommes permettent de calculer les numéros de poste des tâches i et j à partir des variables d'affectation : grâce aux contraintes (1), seul l'indice k tel que x_{ik} ou $x_{jk} = 1$ va être compté.

$$(2) \quad \forall (i,j) \in U : \sum_{k=1}^{np} k.x_{ik} \leq \sum_{k=1}^{np} k.x_{jk}$$

On utilise pour le temps de cycle l'astuce classique du § 2.6, avec une variable réelle $T \geq 0$. Les contraintes (3) signifient que cette variable doit être un majorant de la charge de travail qui va être effectuée sur chaque poste.

$$(3) \quad \forall k = 1 \ldots np : \sum_{i=1}^{nt} D_i x_{ik} \leq T$$

On obtient ainsi le PL suivant, dans lequel toutes les variables sauf T sont binaires. La fonction-objectif (4) consiste simplement à minimiser T.

$$(4) \quad \text{Min } T$$

$$(1) \quad \forall i = 1..nt : \sum_{k=1}^{np} x_{ik} = 1$$

$$(2) \quad \forall (i,j) \in U : \sum_{k=1}^{np} k.x_{ik} \leq \sum_{k=1}^{np} k.x_{jk}$$

$$(3) \quad \forall k = 1..np : \sum_{i=1}^{nt} D_i x_{ik} \leq T$$

$$(5) \quad \forall i = 1..nt, \forall k = 1..np : x_{ik} \in \{0,1\}$$

$$(6) \quad T \geq 0$$

Dans cette version, on suppose que la ligne existe déjà avec ses np postes, et on cherche à l'équilibrer. En conception de la ligne, on peut partir d'un besoin du marché (en amplificateurs par jour) et donc d'un temps de cycle donné T, et chercher à minimiser le nombre de postes à installer sur la future ligne. Pour obtenir des solutions, il faut bien sûr que la durée maximale des tâches n'excède pas T.

Pour résoudre cette autre version, on peut supprimer la fonction-objectif du PL précédent, et remplacer la variable T par une constante (temps de cycle désiré). On cherche alors à résoudre le système (2) à (5) en initialisant np avec une borne inférieure, par exemple la durée totale des tâches, divisée par T, et arrondie à l'entier supérieur. Si le système n'a pas de solution, on incrémente np et on recommence. Ce processus converge puisqu'il existe au moins la solution triviale avec une tâche par poste.

6.7.3 Modèle Excel

La traduction en Excel est proposée dans le classeur *C6-Equilibrage*. La partie en haut à gauche de la feuille regroupe les données du problème. Les variables x_{ik} sont placées dans les cellules H6:K17 et la variable T dans la cellule I21.

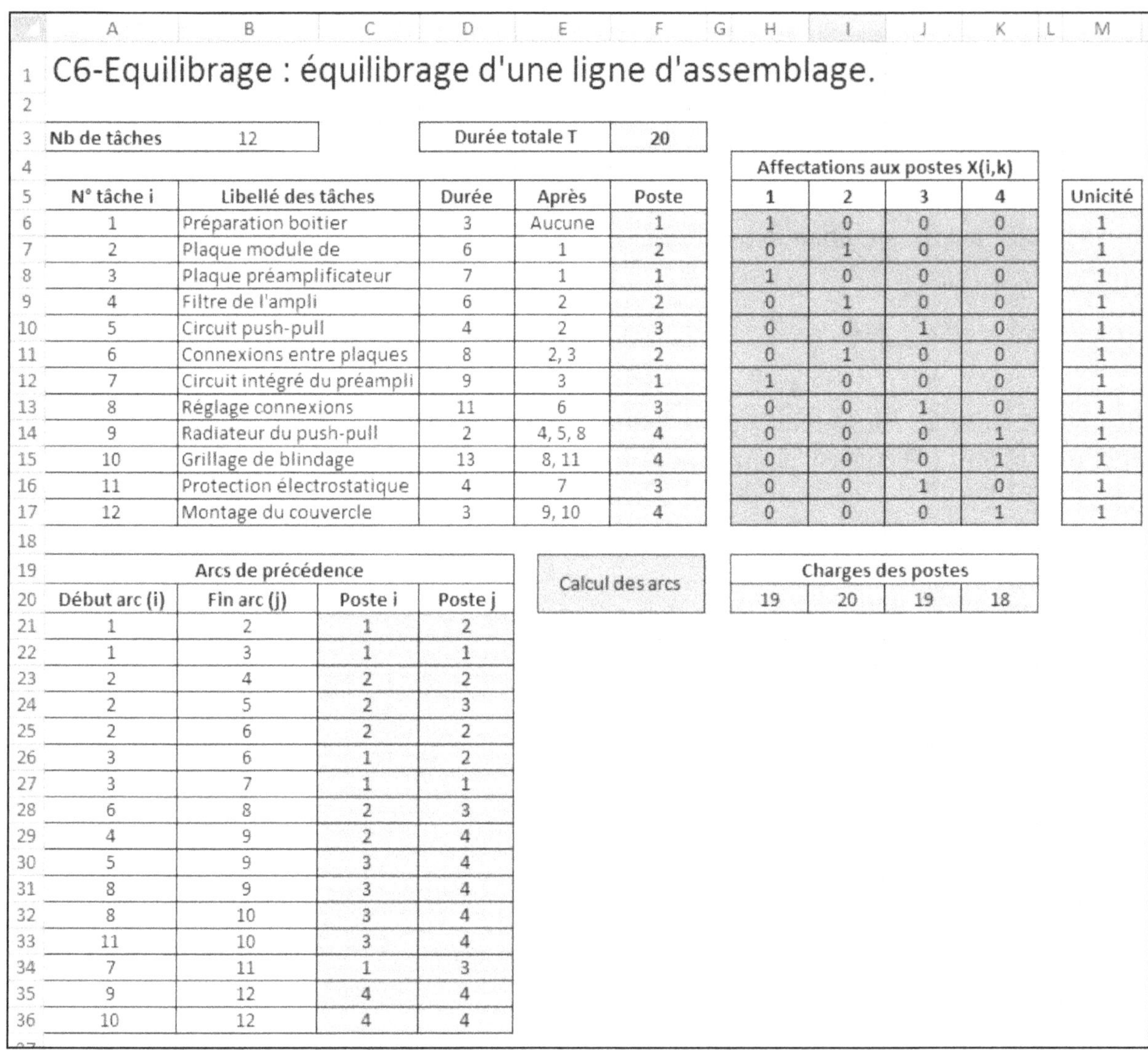

	A	B	C	D	E	F	G	H	I	J	K	L	M
1	**C6-Equilibrage : équilibrage d'une ligne d'assemblage.**												
2													
3	Nb de tâches		12		Durée totale T		20						
4									Affectations aux postes X(i,k)				
5	N° tâche i	Libellé des tâches		Durée	Après	Poste		1	2	3	4		Unicité
6	1	Préparation boitier		3	Aucune	1		1	0	0	0		1
7	2	Plaque module de		6	1	2		0	1	0	0		1
8	3	Plaque préamplificateur		7	1	1		1	0	0	0		1
9	4	Filtre de l'ampli		6	2	2		0	1	0	0		1
10	5	Circuit push-pull		4	2	3		0	0	1	0		1
11	6	Connexions entre plaques		8	2, 3	2		0	1	0	0		1
12	7	Circuit intégré du préampli		9	3	1		1	0	0	0		1
13	8	Réglage connexions		11	6	3		0	0	1	0		1
14	9	Radiateur du push-pull		2	4, 5, 8	4		0	0	0	1		1
15	10	Grillage de blindage		13	8, 11	4		0	0	0	1		1
16	11	Protection électrostatique		4	7	3		0	0	1	0		1
17	12	Montage du couvercle		3	9, 10	4		0	0	0	1		1
18													
19		Arcs de précédence						Calcul des arcs	Charges des postes				
20	Début arc (i)	Fin arc (j)		Poste i	Poste j				19	20	19	18	
21	1	2		1	2								
22	1	3		1	1								
23	2	4		2	2								
24	2	5		2	3								
25	2	6		2	2								
26	3	6		1	2								
27	3	7		1	1								
28	6	8		2	3								
29	4	9		2	4								
30	5	9		3	4								
31	8	9		3	4								
32	8	10		3	4								
33	11	10		3	4								
34	7	11		1	3								
35	9	12		4	4								
36	10	12		4	4								

Les formules à placer dans la feuille sont les suivantes :

- *Sommes des contraintes d'affectation* : on place la formule "=somme(H6:K6)" dans la cellule M6 et on utilise la poignée de recopie pour les cellules M7:M17.

- *Calcul des postes* : pour déduire le poste qui exécute chaque tâche, on écrit la formule "=sommeprod($H$5:$K$5,H6:K6)" dans la cellule F6, puis on recopie la formule dans les cellules F7:F17. Ces postes vont servir dans les expressions de la contrainte (2).

- *Calcul des charges* : on calcule la charge de travail sur chaque poste par la formule "=sommeprod(H6:H17,$D$6:$D$17)" placée dans H20 et copiée dans I20 à K20.

Nous avons conçu une macro *EcritArcs* pour écrire la liste des arcs du graphe et les deux membres des contraintes (2) dans la plage A21:D36. La boucle *For i* balaie les listes de prédécesseurs de chaque tâche *i*, en commençant par celle de la tâche 2. La liste courante est éclatée dans un tableau de chaînes de base 0 grâce à la fonction *Split* de VBA. Pour chaque prédécesseur *j*, on écrit l'arc (i, j) dans les deux premières colonnes de la plage et les numéros de postes de *i* et *j* dans les deux colonnes suivantes.

Par exemple, le premier arc généré est (1,2). Les tâches 1 et 2 sont donc écrites dans les cellules A21 et B21. Le numéro de poste de la tâche 1 est placé dans C21 par la formule "=index($F$6:$F$17;A21)". Celui de la tâche 2 est écrit dans D21 par la formule "=index($F$6:$F$17;B21)".

```
Option Explicit

'Ecrit les arcs des précédences et les formules des contraintes (2)
Sub EcritArcs()

  Const lp = 6, cp = 5    'Ligne et colonne début des précédences
  Const la = 21, ca = 1   'Ligne et colonne début des arcs
  Const ct = 1            'Colonne des numéros de tâches

  Dim nt As Integer       'Nombre de tâches
  Dim Tableau() As String
  Dim i As Integer, j As Integer, a As Integer

  nt = Range("$B$3").Value
  a = la

  'Parcourt les listes de prédécesseurs sauf la première
  For i = 2 To nt
    'Découpage de la liste de la tâche i dans un tableau
    Tableau = Split(Cells(lp + i - 1, cp).Value, ",")
    'Ecriture de chaque arc pour chaque cellule du tableau
    For j = 0 To UBound(Tableau)
      Cells(a, ca).Value = CInt(Tableau(j))
      Cells(a, ca + 1).Value = Cells(lp + i - 1, ct).Value
      Cells(a, ca + 2).Formula = "=INDEX($F$6:$F$17,A" & a & ")"
      Cells(a, ca + 3).Formula = "=INDEX($F$6:$F$17,B" & a & ")"
      a = a + 1
    Next j
  Next i

End Sub
```

La macro est associée au bouton *Calcul des arcs* de la feuille Excel. La façon de procéder a été expliquée au § 4.4.5.

Il reste à renseigner la boîte de dialogue du solveur, illustrée page suivante. L'objectif à minimiser est dans F3. Cette cellule correspond aussi à la variable T. Les autres variables (les x_{ik}) sont contenues dans les cellules H6:K17. La première ligne des contraintes correspond aux contraintes (2). La suivante contient les contraintes (3) qui majorent par T la charge de travail. La troisième ligne impose aux variables x_{ik} d'être binaires (contraintes (5)). Enfin, les contraintes (1) qui affectent chaque tâche à un seul poste sont traduites par la dernière ligne.

Comme d'habitude, avant de résoudre le modèle, il ne faut pas oublier les options : il faut cocher les cases *Modèle supposé linéaire* et *Supposé non négatif*.

6.7.4 Résultats

L'algorithme du simplexe trouve un temps de cycle de 20 minutes. Les affectations des tâches aux postes et les charges résultantes des postes sont données dans le tableau 6.11. Il est facile de vérifier que les contraintes d'enchaînement sont bien respectées. Il existe d'autres solutions optimales car certaines tâches peuvent être déplacées sans violer de contraintes de précédence : par exemple, la tâche 6 peut passer de la machine 2 à la machine 3.

Tableau 6.11 – Affectation de temps de cycle minimal

Numéro de poste	1	2	3	4
Tâches affectées	1, 3, 7	2, 4, 6	5, 8, 11	9, 10, 12
Charge du poste	19	20	19	18

6.8 Références et compléments

Tous les problèmes de ce chapitre sont NP-difficiles, sauf celui de la construction du stade. Les problèmes d'ordonnancement sont extrêmement variés. Les ouvrages de Carlier et Chrétienne [Carlier 1988], de Lopez et Roubellat [Lopez 1999] et de French [French 1982] sont de bons points d'entrée pour ce domaine foisonnant.

Le problème de la construction d'un stade (§ 6.2) est un problème de gestion de projet qui est très bien résolu à l'heure actuelle et qui dispose de nombreux logiciels : citons Project de Microsoft et PSN de Scitor-Le Bihan. Dans le cas de la question 1, il existe des méthodes simples de résolution basées sur des techniques de graphe. Le graphe de projet est codable de deux façons. La première est de représenter les tâches par des arcs, les nœuds du graphe correspondant à des étapes d'avancement du projet. Ce graphe, dit *AOA (Activities on Arcs)* ou *potentiels-étapes* est utilisé par la *méthode PERT* [Evart 64]. La représentation que nous avons suggérée place au contraire les tâches sur les nœuds : c'est le codage *AON (Activities on Nodes)* ou *potentiels-tâches*, utilisé par la *méthode des potentiels* [Prins 94], [Gondran 1990] et [Lacomme 2003].

Historiquement, la méthode PERT est apparue aux États-Unis et la méthode des potentiels en France. À part le codage du graphe, les deux méthodes sont largement équivalentes, au point que certains logiciels proposent les deux. Cependant, la représentation AOA se révèle peu commode quand on sort de la gestion de projet pour traiter des problèmes d'ordonnancement à contraintes de ressources par exemple. Le codage AON est dans ce cas systématiquement utilisé par les chercheurs.

La question 2 a abordé le *PERT-coût*, ou ordonnancement de projet avec compression, dans lequel l'objectif est de minimiser un coût total quand les tâches ont des durées flexibles et des coûts dépendant de ces durées. Plusieurs modèles sont possibles selon les hypothèses : par exemple surcoût proportionnel au nombre de jours gagnés sur une tâche, ou bien coût inversement proportionnel à la durée de la tâche. Le lecteur trouvera d'autres cas pratiques chez Wasil [Wasil 1988].

Le problème de l'atelier en ligne (§ 6.3) est un problème classique d'ordonnancement appelé *flow-shop de permutation*. Le programme linéaire présenté est dû à Wagner [Wagner 1959]. On le trouve avec d'autres méthodes de résolution chez French [French 1982], pages 132-135, et chez Pinedo [Pinedo 2008].

Le problème de flow-shop est NP-difficile dans le cas général, et la programmation linéaire permet de résoudre des problèmes limités à une trentaine d'opérations. Pour les cas de grande taille, il existe des heuristiques simples comme NEH, du nom de ses auteurs Nawaz, Enscore et Ham [Nawaz 1983], ou des métaheuristiques comme la méthode tabou [Widmer 1989]. Le cas à deux machines est facile et peut être résolu par un algorithme dû à Johnson et décrit dans les deux livres précités. Une étude plus récente de ces problèmes peut être trouvée dans [Hejazi 2005].

Le problème du § 6.4 est un problème classique d'ordonnancement appelé *job-shop*. Il est NP-difficile dans le cas général. La modélisation par programmation linéaire en nombres entiers est souvent peu efficace pour des problèmes de grande taille. Cependant, la modélisation générique donnée ici a été utilisée par Applegate et Cook avec des techniques de coupes [Applegate 1991] : les auteurs obtiennent des résultats intéressants pour des instances difficiles. Mais ce problème est généralement résolu par des heuristiques de liste ou par des méthodes exactes utilisant une modélisation par graphe disjonctif [GOThA 1993], [French 1982], [Pinson 1995]. À noter que la modélisation mathématique générique est aussi valable pour le flow-shop général (alors que le modèle *C6-Flowshop* du § 6.3 ne traite que le flow-shop de permutation).

Pour la résolution de problèmes à une machine (§ 6.5), il existe de nombreux algorithmes. Le but de cet exercice était de donner une modélisation commune pour les trois objectifs. On peut trouver d'autres modèles utilisant des variables positionnelles dans [Lasserre 92] et [Sevaux 1998].

Le problème de fabrication de peinture (§ 6.6) est représentatif d'une famille de problèmes d'ordonnancement où les intervalles de temps entre tâches dépendent de l'ordre choisi *(sequence-dependent setup times)*. Nous avons utilisé en fait un des modèles du problème de voyageur de commerce *(PVC* ou *traveling salesman problem)*. Dans ce problème, les lots deviennent des villes, et les durées de nettoyage des coûts de déplacement entre villes.

On cherche un parcours de coût minimal pour un représentant qui part de son domicile à la ville 1, visite une fois chaque ville, puis revient chez lui.

Ici, nous avons considéré le cas asymétrique, c'est-à-dire que le temps de nettoyage entre un lot i et un lot j diffère en général de celui entre j et i. Dans le chapitre 10, un problème de voyageur de commerce symétrique est étudié, avec des distances à vol d'oiseau entre villes. Il y est résolu par une technique différente, avec ajout progressif de contraintes de type (5).

Le problème du voyageur de commerce étant NP-difficile, les modèles présentés sont souvent trop longs à résoudre pour plus de vingt villes. Au-delà, il faut utiliser des méthodes arborescentes spécialisées [Held 1970]. Des exemples pédagogiques de telles méthodes existent [Roseaux 1985][Evans 1992], et un code Pascal est donné par Syslo [Syslo 1983]. Pour des cas comportant des centaines de villes, on doit renoncer aux solutions optimales et utiliser des heuristiques dont certaines, comme la méthode tabou ou le recuit simulé, sont très efficaces en pratique. De telles heuristiques sont détaillées dans un de nos précédents ouvrages [Lacomme 2003].

Le problème d'équilibrage de ligne d'assemblage (§ 6.7) *(assembly line balancing)* est NP-difficile pour les deux versions présentées (minimisation du temps de cycle ou du nombre de postes). En effet, même sans contraintes d'enchaînement, la première version équivaut à un problème d'ordonnancement sur machines parallèles (voir le problème de chargement de wagons du chapitre 8), tandis que la seconde se réduit à un problème de *bin-packing* (sauvegarde de fichiers sur disquettes du chapitre 8). Des problèmes à vingt tâches sont traitables par PL ; au-delà on peut utiliser des heuristiques comme celle de Dar-El [Dar-El 1973], présentée avec une autre heuristique dans le livre de gestion de production de Buffa et Sarin, pages 660-671 [Buffa 1987]. Scholl a publié, en 1999, un ouvrage consacré aux problèmes d'équilibrage de lignes d'assemblage [Scholl 1999].

CHAPITRE 7

Planification de production

7.1 Introduction

Selon les interlocuteurs, le terme *planification* a souvent trois sens en gestion de production : la *planification à long terme*, qui engendre des décisions au niveau *stratégique*, la *planification à moyen terme*, correspondant au niveau *tactique*, et enfin la *planification à court terme*, déterminant les décisions *opérationnelles*. La planification à long terme concerne les grandes orientations de l'entreprise sur plusieurs années, comme le problème de localisation d'entrepôts du chapitre 9. La planification à court terme gère l'organisation fine de la production dans les ateliers, sur un horizon de quelques jours. Elle comprend surtout des problèmes d'ordonnancements, traités au chapitre 6. Le présent chapitre est consacré à la planification tactique, couramment nommée *planification de la production*.

Ce niveau de décision concerne un horizon temporel de quelques mois, découpé en périodes d'une semaine par exemple. Le système de production est vu de manière macroscopique : les contraintes fines des ateliers et des machines sont ignorées, les opérations sont traitées de façon *agrégée*. L'objectif est de déterminer les meilleures quantités à produire pour chaque période en cherchant à minimiser, le plus souvent, un coût lié à la production et aux stocks.

Le § 7.2 présente un cas simple de planification pour un seul produit : des bicyclettes. Un problème de fabrication de plusieurs produits (des verres) est abordé dans le § 7.3. Dans le § 7.4, on planifie une production de camions miniatures avec tous leurs constituants : il s'agit d'un cas typique de *planification des besoins en composants* (*MRP* en anglais). Le problème suivant a des coûts plus élaborés : la fabrication de cartes électroniques du § 7.5 comprend des coûts de changements de niveau de production. Le problème du § 7.6 est un peu à part : il concerne l'affectation de lots de produits à des machines de capacités et de vitesses de traitement différentes.

7.2 Planification de production de bicyclettes

7.2.1 Problème

L'entreprise DeRoo fabrique des bicyclettes pour enfants. Les prévisions de ventes en milliers d'unités pour l'année à venir sont données dans le tableau 7.1. La capacité de production de l'entreprise est de 30 000 bicyclettes par mois. Elle peut produire davantage en demandant à ses employés de travailler en heures supplémentaires. Mais le coût de revient d'une bicyclette est alors plus élevé : 160 € par unité, au lieu de 130 €.

Tableau 7.1 – Prévisions de vente pour l'année à venir en milliers d'unités

Janv	Fév	Mars	Avril	Mai	Juin	Juil	Août	Sept	Oct	Nov	Déc
30	15	15	25	33	40	45	45	26	14	25	30

Actuellement, il y a 2 000 bicyclettes en stock. On peut calculer les coûts de stockage en considérant une valeur de 20 € par unité contenue dans le stock en fin de mois. On considère que les capacités de stockage sont virtuellement illimitées : ceci signifie que la capacité réelle, bien qu'évidemment limitée, n'est pas limitante ici. Nous sommes le premier janvier. Quelles quantités doivent être fabriquées et stockées dans les douze prochains mois, pour respecter les demandes prévisionnelles tout en minimisant les coûts ?

7.2.2 Modélisation

Les variables à déterminer sont, respectivement, les nombres de bicyclettes xn_i et xs_i à fabriquer en heures normales et en heures supplémentaires durant le mois i, ainsi que le nombre s_i de bicyclettes stockées à la fin de chaque mois i. Notons n le nombre de périodes. L'objectif est de minimiser les coûts de production, c'est-à-dire la somme des coûts de production (en heures normales et en heures supplémentaires) et des coûts de stockage. Notons CN et CS les coûts de fabrication d'une bicyclette en heures normales et en heures supplémentaires, et CSt le coût de stockage mensuel d'une bicyclette. On obtient alors la fonction-objectif donnée en (1).

$$(1) \quad \text{Min} \sum_{i=1}^{n} \left(CN \times xn_i + CS \times xs_i + CSt \times s_i \right)$$

Chaque mois i, la quantité de bicyclettes disponibles est égale à la somme des bicyclettes stockées en fin de mois i-1, auxquelles s'ajoutent les bicyclettes fabriquées en heures normales et supplémentaires durant le mois i. Cette somme doit être égale au nombre de bicyclettes vendues durant ce mois i, quantité à laquelle s'ajoutent les bicyclettes éventuellement stockées en fin de mois i. Cette relation clé est appelée *équation d'équilibre des stocks* (en anglais *inventory balance equation*), elle est indispensable dans les modèles linéaires de planification de production.

Notons s_{init} le stock initial et D_i la demande prévisionnelle pour le mois i. L'équilibre des stocks se formule pour le premier mois par la relation (2).

$$(2) \quad xn_1 + xs_1 + s_{init} = D_1 + s_1$$

Les contraintes (3) donnent cette relation pour les mois suivants.

$$(3) \quad \forall i = 2 \ldots n : xn_i + xs_i + s_{i-1} = D_i + s_i$$

Les contraintes (4) respectent la capacité de production en heures normales (notée *Capa*).

$$(4) \quad \forall i = 1 \ldots n : xn_i \leq Capa$$

On suppose enfin que toutes les variables sont positives, via les contraintes (5).

$$(5) \quad \forall i = 1 \ldots n : xs_i \geq 0, \quad xn_i \geq 0, \quad s_i \geq 0$$

7.2.3 Traduction en Excel – Version 1

Le classeur *C7-Bicyclettes* contient deux feuilles qui donnent la traduction Excel de ce programme linéaire. La feuille "Version 1" est assez simple. Elle reprend les informations concernant le stock initial, la capacité de production et les différents prix et coûts. Ensuite, un large tableau est consacré aux informations correspondant aux différents mois. On y retrouve les informations sur la prévision des ventes, la production normale et en heures supplémentaires et le stock en fin de mois. Les deux dernières lignes traduisent l'équation d'équilibre des stocks avec les entrées et les sorties.

	A	B	C	D	E	F	G	H	I	J	K	L	M	N
1	C7-Bicyclettes : production de bicyclettes, version 1 avec entrées/sorties des stocks.													
2														
3	Coût total (€)			Stock initial	2000		Prix normal	130						
4	45 590 000,00			Capa production	30000		Prix heures supp	160						
5							Coût stockage	20						
6														
7	Mois	Janvier	Février	Mars	Avril	Mai	Juin	Juillet	Août	Sept	Oct	Nov	Déc	Coût total
8	Prévision de ventes	30000	15000	15000	25000	33000	40000	45000	45000	26000	14000	25000	30000	
9	Production (normale)	28000	15000	15000	28000	30000	30000	30000	30000	26000	14000	25000	30000	39 130 000,00 €
10	Production (HS)	0	0	0	0	0	10000	15000	15000	0	0	0	0	6 400 000,00 €
11	Stock fin de mois	0	0	0	3000	0	0	0	0	0	0	0	0	60 000,00 €
12	Entrées	30 000	15 000	15 000	28 000	33 000	40 000	45 000	45 000	26 000	14 000	25 000	30 000	
13	Sorties	30 000	15 000	15 000	28 000	33 000	40 000	45 000	45 000	26 000	14 000	25 000	30 000	

Les formules de la feuille sont les suivantes :

- *Calcul des coûts.* Le coût de production normal correspond au prix unitaire multiplié par les quantités produites ; le coût de production en heures supplémentaires est calculé de la même façon. Enfin le coût de stock correspond à la somme des quantités en stock multipliée par le coût unitaire. Comme on a superposé dans le même ordre les coûts et les quantités, on peut saisir la formule "=I3*SOMME(B9:M9)" dans la cellule N9 et la recopier dans les deux cellules en dessous.

- *Coût total.* Il correspond à la somme des trois coûts que l'on vient de calculer : on place donc la formule "=N9+N10+N11" dans la cellule A4 de la fonction-objectif (1).

- *Équilibre des stocks (mois de janvier).* Pour les entrées des stocks, on place la formule "=E3+B9+B10" dans la cellule B12. Cette formule correspond au membre de gauche de l'équation (2). De même, on écrit la formule "=B8+B11" dans la cellule B13 ; cette formule correspond au membre de droite de l'équation (2).

- *Équilibre des stocks (autres mois)* (3). Pour les entrées des stocks, on définit la formule "=B11+C9+C10" dans la cellule C12 et on utilise la poignée de recopie pour remplir les cellules D12:M12. Pour les sorties des stocks, la formule de la cellule B13 est déjà correcte ; il suffit de la recopier dans les cellules C13:M13.

Il reste maintenant à remplir les paramètres du solveur. La fonction-objectif (1) correspond à la cellule A4. Les variables sont les trois groupes de cellules B9:M9 (variables xn_i), B10:M10 (variables xs_i) et B11:M11 (variables s_i). Le premier groupe de contraintes impose que les stocks ne soient jamais nuls (5), le second groupe permet de vérifier l'équation d'équilibre des stocks, et le dernier que la capacité de production soit toujours respectée (4). Comme d'habitude, il ne faut pas oublier les options : sélectionnez *Modèle supposé linéaire* et *Supposé non négatif*.

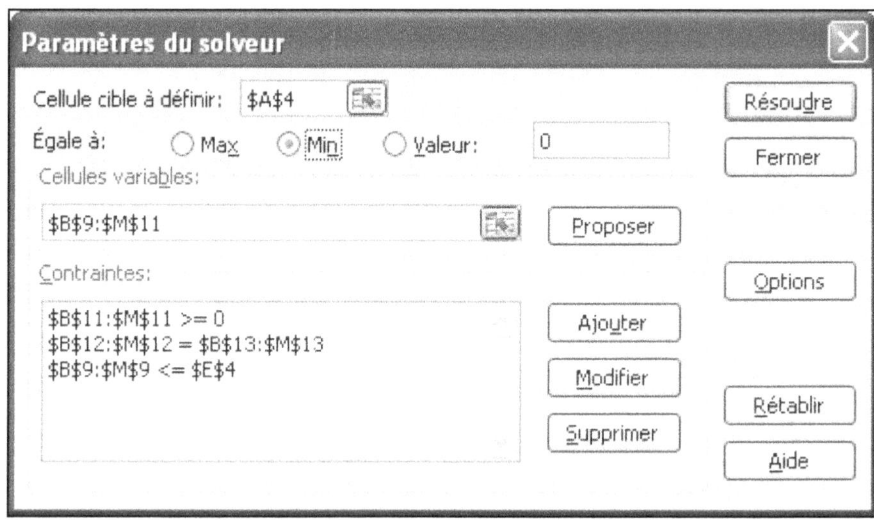

7.2.4 Traduction en Excel – Version 2

Om peut obtenir une version plus compacte en supprimant les lignes correspondant aux entrées et sorties des stocks, ce qui conduit au modèle de la feuille "Version 2". Dans celui-ci, c'est la ligne des stocks qui permet de régler directement l'équilibre des stocks.

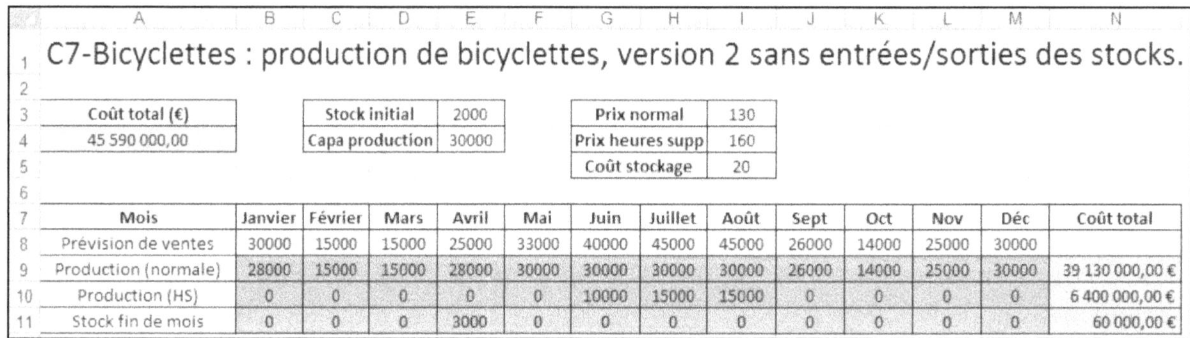

	A	B	C	D	E	F	G	H	I	J	K	L	M	N
1	C7-Bicyclettes : production de bicyclettes, version 2 sans entrées/sorties des stocks.													
2														
3	Coût total (€)		Stock initial	2000			Prix normal	130						
4	45 590 000,00		Capa production	30000			Prix heures supp	160						
5							Coût stockage	20						
6														
7	Mois	Janvier	Février	Mars	Avril	Mai	Juin	Juillet	Août	Sept	Oct	Nov	Déc	Coût total
8	Prévision de ventes	30000	15000	15000	25000	33000	40000	45000	45000	26000	14000	25000	30000	
9	Production (normale)	28000	15000	15000	28000	30000	30000	30000	30000	26000	14000	25000	30000	39 130 000,00 €
10	Production (HS)	0	0	0	0	0	10000	15000	15000	0	0	0	0	6 400 000,00 €
11	Stock fin de mois	0	0	0	3000	0	0	0	0	0	0	0	0	60 000,00 €

Les seules formules de la feuille qui diffèrent de celles de la version 1 sont les suivantes :

- *Équilibre des stocks (mois de janvier).* On place la formule "=E3+B9+B10-B8" dans la cellule B11. Cette formule correspond à l'équation (2).

- *Équilibre des stocks* (3). On écrit la formule "=B11+C9+C10-C8" dans la cellule C11 et on utilise la poignée de recopie pour remplir les cellules D11:M11.

Il reste maintenant à remplir les paramètres du solveur. La fonction-objectif (1) correspond à la cellule A4. Les variables sont les deux groupes de cellules B9:M9 (variables xn_i) et B10:M10 (variables xs_i). Le premier groupe de contraintes impose que les stocks ne soient jamais nuls (5), et le dernier groupe que la capacité de production soit toujours respectée (4). On économise donc un groupe de contraintes et une ligne de variables par rapport à la version précédente. Ce modèle est donc plus compact.

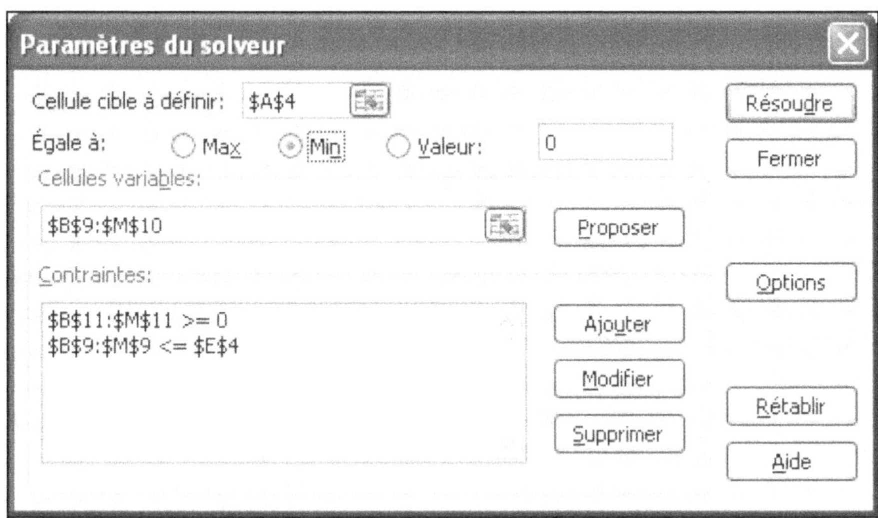

Comme d'habitude, n'oubliez les *Options* : sélectionnez *Modèle supposé linéaire* et *Supposé non négatif.*

7.2.5 Résultats

La solution optimale consiste à produire en heures normales les quantités données dans le tableau 7.2 (en milliers d'unités). À ces quantités s'ajoutent 10 000 bicyclettes fabriquées en heures supplémentaires au mois de juin, 15 000 au mois de juillet et 15 000 au mois d'août. Il faut alors stocker 3 000 bicyclettes au mois d'avril. Ces bicyclettes seront utilisées pour satisfaire la demande du mois suivant. Les coûts de fabrication et de stockage s'élèvent à 45 590 000 €.

Tableau 7.2 – Quantités à produire en heures normales en milliers d'unités

Jan	Fév	Mars	Avril	Mai	Juin	Juil	Août	Sept	Oct	Nov	Déc
28	15	15	28	30	30	30	30	26	14	25	30

La puissance d'Excel permet de tracer une représentation graphique du résultat très rapidement. Il suffit de sélectionner les cellules A7:M7 et A9:M10 et de cliquer sur le bouton d'insertion d'un graphique en histogramme pour visualiser le résultat de nos calculs.

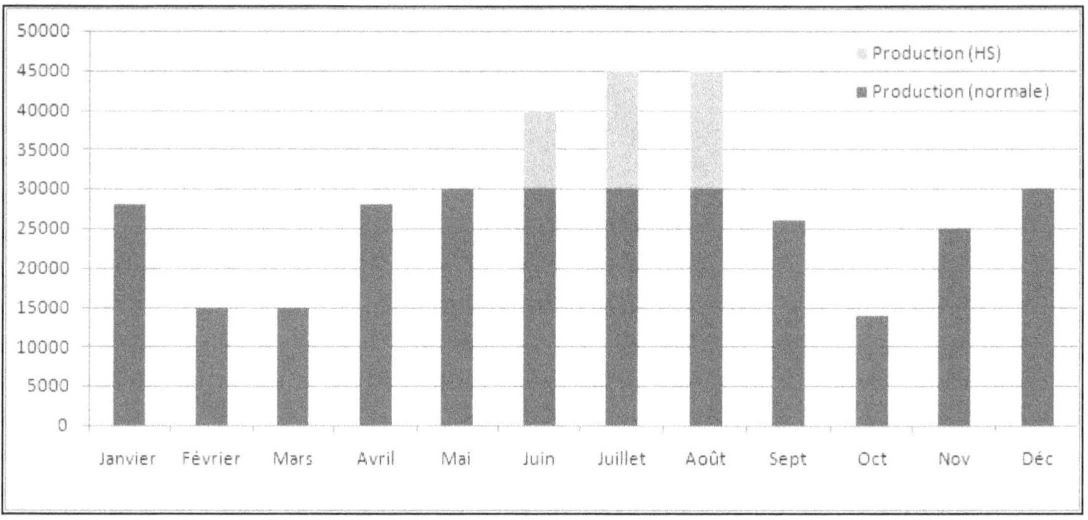

7.3 Production de verres

7.3.1 Problème

Une entreprise du nord de la France concentre son activité sur la production de verres pour la table. Elle propose six modèles différents (V1 à V6), produits par lots de 1 000 verres, et souhaite planifier sa production sur un horizon de 12 semaines. Les lots peuvent être incomplets (moins de 1 000 verres). La demande en nombre de lots de 1 000 verres pour les 12 semaines à venir et pour chacun des modèles est connue et reportée dans le tableau 7.3.

Tableau 7.3 – Demandes pour la période de planification (lots de 1 000 verres)

Sem	1	2	3	4	5	6	7	8	9	10	11	12
V1	20	22	18	35	17	19	23	20	29	30	28	32
V2	17	19	23	20	11	10	12	34	21	23	30	12
V3	18	35	17	10	9	21	23	15	10	0	13	17
V4	31	45	24	38	41	20	19	37	28	12	30	37
V5	23	20	23	15	10	22	18	30	28	7	15	10
V6	22	18	20	19	18	35	0	28	12	30	21	23

Pour chaque modèle, on connaît le stock initial et le stock final minimum souhaité, en nombre de lots. Pour un lot de chaque modèle, on dispose du coût de production et du coût de stockage en euros, du temps de travail nécessaire en heures × hommes, du temps d'utilisation des machines en heures, et de la taille de la zone de stockage nécessaire en nombre de casiers. Ces informations sont résumées dans le tableau 7.4.

Tableau 7.4 – Données pour les six types de verres

	Coût production	Coût stockage	Stock initial	Stock final minimum	Temps de travail	Temps machine	Casiers de stockage
V1	100	25	50	10	3	2	4
V2	80	28	20	10	3	1	5
V3	110	25	0	10	3	4	5
V4	90	27	15	10	2	8	6
V5	200	10	0	10	4	11	4
V6	140	20	10	10	4	9	9

Par semaine, le nombre d'heures × hommes est limité à 390 heures, le temps de travail des machines à 850 heures. La capacité de stockage est de 1 000 casiers. Quelles sont les quantités de verres à produire pour chaque période de façon à minimiser le coût total de production et de stockage ?

7.3.2 Modélisation

Pour arriver à un modèle simple à exprimer, il faut considérer les périodes les unes après les autres. Notons n le nombre de modèles, m le nombre de périodes, et d_{ij} la demande du modèle i en période j. Ces demandes sont répertoriées dans le tableau 7.3. On note aussi C_i et CS_i le coût de production et de stockage du modèle i. Ce coût est identique pour toutes les périodes, mais une modélisation avec un coût différent pour chaque période serait facile, en ajoutant un indice de période.

Les notations Tut_i, Tum_i et Tzs_i représentent respectivement le temps unitaire de travail, le temps unitaire d'utilisation des machines et la taille de la zone de stockage, pour un lot de chaque modèle i. Le stock initial est noté SI_i et le stock final désiré SF_i. Toutes ces données sont regroupées dans le deuxième tableau. On note aussi CAT la capacité de travail des hommes, CAM, celle des machines et CAZ, la capacité de la zone de stockage.

Pour résoudre ce problème, nous avons besoin de variables Q_{ij} représentant la production de verres de modèle i en période j. Les variables qui représentent le niveau de stock du modèle i en fin de période j sont notées s_{ij}. Par convention, le stock initial SF_i peut être considéré comme le niveau de stock en fin de période 0 et donc être noté s_{i0}. Les contraintes d'équilibre de stock s'écrivent alors avec les contraintes (2).

$$(2) \quad \forall j = 1 \ldots m : s_{i,j-1} + Q_{ij} = s_{ij} + d_{ij}$$

Ces contraintes expriment l'équilibre des stocks, avec, à gauche, le stock $s_{i,j-1}$ de la période précédente, augmenté de ce que l'on a produit cette période (Q_{ij}). Cette quantité doit être égale à la demande d_{ij} de la période courante, plus ce qui restera éventuellement en stock, s_{ij}. Il faut aussi respecter le souhait de l'entreprise qui désire conserver un stock final minimum après les 12 semaines. On peut exprimer ceci par les contraintes (3).

$$(3) \quad \forall i = 1 \ldots n : s_{im} \geq SF_i$$

Il nous reste maintenant à respecter toutes les contraintes de capacité pour chacune des périodes. Les contraintes (4), (5) et (6) permettent de respecter la capacité de travail des hommes (4), celle des machines (5) et celle de la zone de stockage (6).

$$(4) \quad \forall\, j=1\ldots m: \sum_{i=1}^{n} Tut_i \times Q_{ij} \le CAT$$

$$(5) \quad \forall\, j=1\ldots m: \sum_{i=1}^{n} Tum_i \times Q_{ij} \le CAM$$

$$(6) \quad \forall\, j=1\ldots m: \sum_{i=1}^{n} Tzs_i \times s_{ij} \le CAZ$$

On peut alors exprimer la fonction de coût, à minimiser (1). Cette fonction est la somme des coûts de production et de stockage pour chacune des périodes et chacun des produits.

$$(1) \quad \text{Min} \sum_{i=1}^{n} \sum_{j=1}^{m} \left(C_i \times Q_{ij} + CS_i \times s_{ij} \right)$$

Le modèle mathématique complet comprend les lignes (1) à (6), auxquelles on ajoute les contraintes de positivité pour les quantités produites (7) et pour les quantités stockées (8). Il comporte $2mn$ variables et $4m + n$ contraintes.

$$(1) \quad \text{Min} \sum_{i=1}^{n} \sum_{j=1}^{m} \left(C_i \times Q_{ij} + CS_i \times s_{ij} \right)$$

$$(2) \quad \forall\, j=1\ldots m: s_{i,j-1} + Q_{ij} = s_{ij} + d_{ij}$$

$$(3) \quad \forall\, i=1\ldots n: s_{im} \ge SF_i$$

$$(4) \quad \forall\, j=1\ldots m: \sum_{i=1}^{n} Tut_i \times Q_{ij} \le CAT$$

$$(5) \quad \forall\, j=1\ldots m: \sum_{i=1}^{n} Tum_i \times Q_{ij} \le CAM$$

$$(6) \quad \forall\, j=1\ldots m: \sum_{i=1}^{n} Tzs_i \times s_{ij} \le CAZ$$

$$(7) \quad \forall\, i=1\ldots n, \forall\, j=1\ldots m: Q_{ij} \ge 0$$

$$(8) \quad \forall\, i=1\ldots n, \forall\, j=1\ldots m: s_{ij} \ge 0$$

7.3.3 Traduction en Excel

Le classeur Excel *C7-Verres* reprend le modèle mathématique. Le volume de données étant important, la feuille est assez chargée et une bonne structuration est donc cruciale pour obtenir un modèle clair et lisible. Nous avons regroupé les informations de la façon suivante. Les différentes données pour chaque type de verre sont placées en premier (un petit lexique donne la définition des abréviations employées).

C7-Verres : Production de verres

Coût total	185 899,30 €

	Ci	Csi	SI	SF	Tut	Tum	Tzs			
V1	100	25	50	10	3	2	4		Ci	Coût de production
V2	80	28	20	10	3	1	5		Csi	Coût de stockage
V3	110	25	0	10	3	4	5		SI	Stock Initial
V4	90	27	15	10	2	8	6		SF	Stock Final
V5	200	10	0	10	4	11	4		Tut	Temps unitaire de travail
V6	140	20	10	10	4	9	9		Tum	Temps unitaire des machines
									Tzs	Taille de la zone de stockage

Demande	1	2	3	4	5	6	7	8	9	10	11	12
V1	20	22	18	35	17	19	23	20	29	30	28	32
V2	17	19	23	20	11	10	12	34	21	23	30	12
V3	18	35	17	10	9	21	23	15	10	0	13	17
V4	31	45	24	38	41	20	19	37	28	12	30	37
V5	23	20	23	15	10	22	18	30	28	7	15	10
V6	22	18	20	19	18	35	0	28	12	30	21	23

Production	1	2	3	4	5	6	7	8	9	10	11	12	Coût production
V1	8,76	5,48	0,56	30,2	27,36	8,64	23	20	29	30	28	42	25 300,00 €
V2	0	16	23	20	11	10	12	34	21	23	30	22	17 760,00 €
V3	18	35	17	10	9	21	23	15	10	3E-15	13	27	21 780,00 €
V4	16	45	24	38	41	20	19	37	28	12	30	47	32 130,00 €
V5	47,68	14,64	35,08	14,35	23,48	22,77	43,75	0	26,5	2,75	0	0	46 200,00 €
V6	12	18	20	19	18	35	0,75	27,25	12	49	29,25	5,75	34 440,00 €
													177 610,00 € Total

Capacités	1	2	3	4	5	6	7	8	9	10	11	12		
Travail humain	351	390	390	390	390	390	390	390	390	390	390	390	CAT	390
Machines	850	850	850	753,3	850	836,8	790	675,3	742,5	650,3	641,3	641,8	CAM	850
Stockage	268,8	166,2	144,8	123	218,4	180	289,8	163	157	311	325,3	330	CAZ	1000

Stock	0	1	2	3	4	5	6	7	8	9	10	11	12	Coût stockage
V1	50	38,76	22,24	4,8	0	10,36	0	0	0	0	0	0	10	2 154,00 €
V2	20	3	0	0	0	0	0	0	0	0	0	0	10	364,00 €
V3	0	0	0	0	0	2E-14	0	0	0	0	3E-15	-0	10	250,00 €
V4	15	0	0	0	0	0	0	0	0	0	6E-14	0	10	270,00 €
V5	0	24,68	19,32	31,4	30,75	44,23	45	70,75	40,75	39,25	35	20	10	4 111,30 €
V6	10	0	0	0	0	0	0	0,75	0	0	19	27,25	10	1 140,00 €
														8 289,30 € Total

Le bloc suivant représente la demande pour chaque semaine et pour chaque type de verre. Ensuite, l'ensemble des variables Q_{ij} est représenté. La partie droite donne les coûts associés à la production de chaque type de verre. Le tableau suivant sert à calculer les différentes capacités (travail humain, temps d'utilisation des machines et zone de stockage utilisée). La partie de droite recense les capacités maximales. Enfin, le dernier tableau va servir à calculer les stocks pour chaque type de verre et pour chaque semaine.

Comme dans le modèle mathématique, nous avons ajouté une semaine fictive 0 pour les stocks initiaux.

Le reste de la construction du modèle s'inspire de la version 2 de l'exercice précédent (§ 7.2.4). Les formules à saisir dans la feuille sont listées page suivante.

- *Coût de production.* Placez la formule "=B6*SOMME(C22:N22)" dans la cellule P22 puis recopiez-la dans les cellules P23:P27. Pour compléter, écrivez ensuite la formule "=SOMME(P22:Q27)" dans la cellule P28 pour obtenir le total des coûts de production. C'est la première partie de l'équation (1).

- *Coût de stockage.* Saisissez la formule "=C6*SOMME(C35:N35)" dans la cellule P35 puis recopiez-la dans les cellules P36:P40. Pour compléter, entrez ensuite la formule "=SOMME(P35:Q40)" dans la cellule P41 pour obtenir le total des coûts de stockage. Il s'agit de la deuxième partie de l'équation (1).

- *Coût total.* Le coût total est donné par la formule "=P28+P41" que l'on place dans la cellule D3. Il correspond à l'équation (1).

- *Capacité de travail humain.* La formule "=SOMMEPROD(C22:C27;\$F\$6:\$F\$11)" est placée dans la cellule C30 puis recopiée dans les cellules D30:N30. Ces quantités représentent les parties gauches des contraintes (4).

- *Capacité de travail des machines.* La formule "=SOMMEPROD(C22:C27;\$G\$6:\$G\$11)" est placée dans la cellule C31 puis recopiée dans les cellules D31:N31. On obtient ainsi les membres de gauche des contraintes (5).

- *Capacité de la zone de stockage.* La formule "=SOMMEPROD(C35:C40;\$H\$6:\$H\$11)" est écrite dans la cellule C32, puis recopiée dans les cellules D32:N32 pour fournir les membres de gauche des contraintes (6).

- *Stock initial.* Le stock initial pour chacun des types de verre est obtenu en associant la formule "=D6" à la cellule B35 puis en la recopiant dans les cellules B36:B40.

- *Équilibre des stocks* (2). Grace à l'ajout de la semaine fictive 0, on peut généraliser la formulation de l'équilibre des stocks. Saisissez la formule "=B35+C22-C14" dans la cellule C35 et utilisez la poignée de recopie pour remplir les cellules C35:N40.

Il reste maintenant à remplir les paramètres du solveur. La fonction-objectif (1) correspond à la cellule D3. Les variables Q_{ij} sont les cellules C22:N27. Les trois premiers groupes de contraintes correspondent aux différentes contraintes de capacité (4), (5) et (6). Le groupe suivant impose que les stocks ne soient jamais négatifs. Enfin, le dernier groupe va permettre de respecter les stocks de fin qui sont demandés par l'entreprise, contraintes (3).

Comme d'habitude, il ne faut pas oublier les options : sélectionnez *Modèle supposé linéaire* et *Supposé non négatif.*

7.3.4 Résultats

La résolution par Excel donne un coût total de 185 899,30 €. Les variables Q_{ij} sont fractionnaires, mais on constate que seulement deux décimales sont utilisées si on les affiche avec quatre décimales : les quantités produites sont donc précises à 10 verres près. Le tableau 7.5 reporte les quantités à produire pour chaque modèle et chaque période.

Tableau 7.5 – Quantités à produire pour chaque modèle de verre (en milliers)

Sem	1	2	3	4	5	6	7	8	9	10	11	12
V1	8,76	5,48	0,56	30,20	27,36	8,64	23	20	29	30	28	42
V2	0	16	23	20	11	10	12	34	21	23	30	22
V3	18	35	17	10	9	21	23	15	10	0	13	27
V4	16	45	24	38	41	20	19	37	28	12	30	47
V5	47,68	14,64	35,08	14,35	23,48	22,77	43,75	0	26,5	2,75	0	0
V6	12	18	20	19	18	35	0,75	27,25	12	49	29,25	5,75

Par exemple, en première période les quantités à produire sont : 8 760 verres pour le modèle V1, 18 000 verres pour V3, 16 000 pour V4, 47 680 pour V5, 12 000 pour V6 et aucun pour V2. En fin de semaine 10, il y a en stock 35 000 verres du modèle V5, 19 000 verres du modèle V6, les autres stocks sont nuls. En examinant les contraintes en détail, on s'aperçoit que la capacité de main d'œuvre (390h) est saturée, sauf en première semaine où le nombre d'heures travaillées est de 351. Par contre, la zone de stockage est surdimensionnée par rapport aux besoins : on n'utilise jamais plus de 330 casiers sur 1000.

Nous avons ajouté à la feuille de calcul un histogramme visualisant pour chaque semaine les parts de production des différents types de verres.

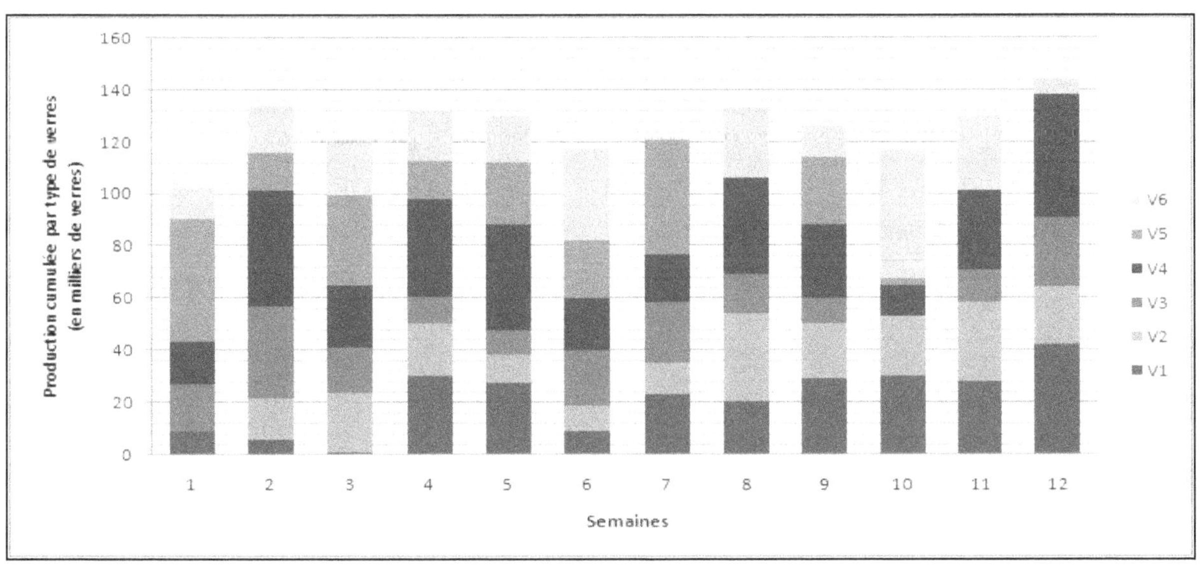

7.4 Problème de planification MRP

7.4.1 Problème

La société Minorette utilise la méthode MRP *(Material Requirement Planning)* pour fabriquer deux sortes de camions miniatures pour enfants : des camions de déménagement bleus et des camions-citernes rouges. Ces camions sont composés chacun de treize articles (sous-ensembles ou composants). La figure 7.1 détaille leur nomenclature (décomposition en articles). Le tableau 7.6 indique les coûts d'achat des différents composants.

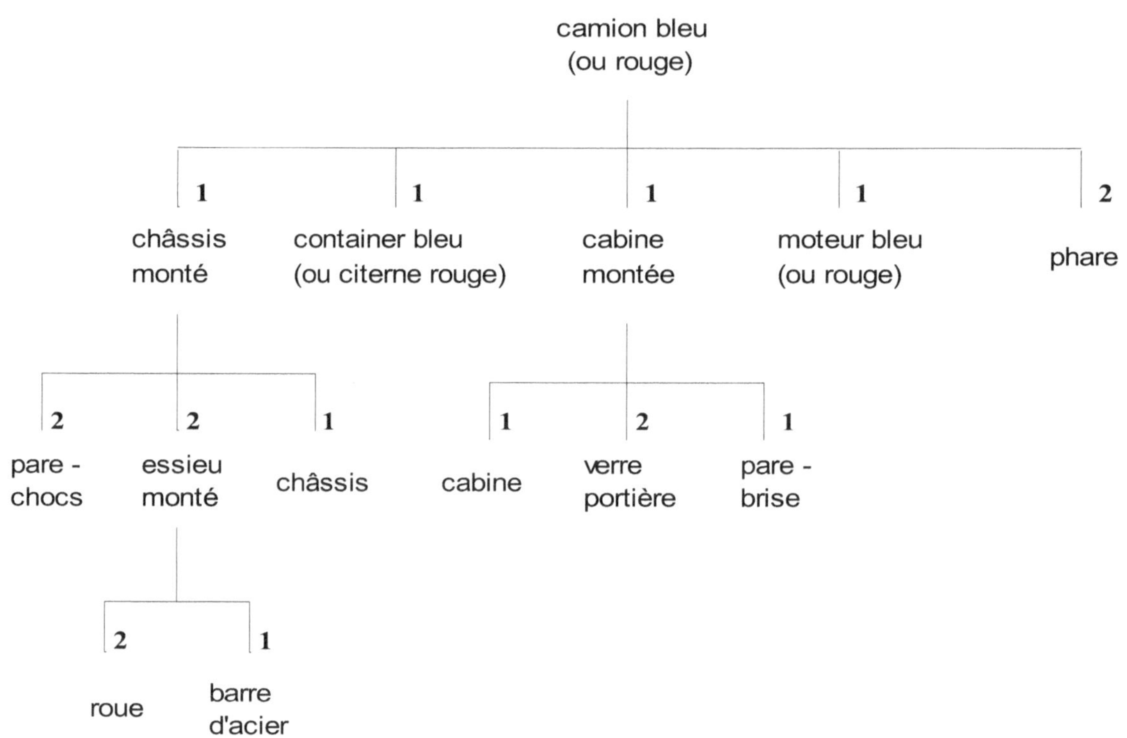

Figure 7.1 – Nomenclature des camions

Tableau 7.6 – Coûts d'achat des composants

Roue	Barre d'acier	Pare-chocs	Châssis	Cabine	Verre portière
0,15 €	0,50 €	0,10 €	0,40 €	1,37 €	0,05 €
Pare-brise	**Container bleu**	**Citerne rouge**	**Moteur bleu**	**Moteur rouge**	**Phare**
0,15 €	1,30 €	1,50 €	0,82 €	0,82 €	0,08 €

Les sous-ensembles (châssis et cabines bleues ou rouges) peuvent être soit assemblés sur place à partir des composants élémentaires, soit sous-traités. Le tableau 7.7 résume les coûts d'assemblage et de sous-traitance de chacun des sous-ensembles, ainsi que les capacités d'assemblage de l'entreprise. Les coûts d'assemblage ne prennent pas en compte les coûts des composants.

Tableau 7.7 – Coûts d'assemblage et de sous-traitance, capacités d'assemblage

Coûts	Essieu monté	Châssis monté	Cabine montée	Camion bleu	Camion rouge
Assemblage	3,40 €	1,78 €	1,60 €	1,10 €	1,30 €
Sous-traitance	6,37 €	15,01 €	1,50 €	–	–
Capacité	600	4 000	3 000	4 000	5 000

Les prévisions de la société Minorette pour le mois à venir sont les mêmes pour ces deux produits : 3 000. Actuellement, la société n'a aucun stock. Quelles quantités de chacun des produits la société Minorette doit-elle acheter ou sous-traiter de façon à satisfaire la demande tout en minimisant les coûts de production ?

7.4.2 Modélisation

Soit n le nombre total d'articles à gérer (composants, sous-ensembles et produits finaux). Il y en a 17 en comptant les variantes pour les camions bleus ou rouges. Nous supposons que ces articles sont indicés par niveau de nomenclature croissant, de gauche à droite dans chaque niveau : 1 = roue, 2 = barre d'acier, 3 = pare-chocs, …, 10 = container bleu, 11 = citerne rouge, etc. Cette numérotation sera bien visible dans le fichier Excel. Soit B_{ij} le besoin de chaque article i en composant j. Par exemple, l'article 4 (essieu monté) est composé de deux articles 1 (roues) et d'un article 2 (barre d'acier), on a : $B_{41} = 2$ et $B_{42} = 1$.

Soit CA_i les coûts d'achat de chaque article i. Puisque sous-traiter un article revient à l'acheter, nous considérons que ces coûts correspondent réellement aux coûts d'achat, pour les composants, et aux coûts de sous-traitance, pour les autres articles. Pour les produits finaux, qui ne sont ni achetés ni sous-traités, ce coût est égal à l'infini.

Notons CAs_i les coûts d'assemblage de chaque article i (pour les composants, ce coût est égal à l'infini) et $Capa_i$ la capacité d'assemblage pour cet article. Les variables à déterminer sont les quantités fabriquées f_i et achetées (ou sous-traitées) a_i de chaque article i. Le modèle mathématique du problème est le suivant :

$$(1) \quad \text{Min} \sum_{i=1}^{n} \left(CA_i a_i + CAs_i f_i \right)$$

$$(2) \quad \forall i = n-1\ldots n : f_i = D_i$$

$$(3) \quad \forall j = 1\ldots n : a_j + f_j \geq \sum_{i=1}^{n} B_{ij} f_i$$

$$(4) \quad \forall i = 1\ldots n : f_i \leq Capa_i$$

$$(5) \quad \forall i = 1\ldots n : a_i \geq 0, f_i \geq 0$$

La fonction-objectif (1), à minimiser, inclut les coûts d'achat et les coûts d'assemblage. Les contraintes (2) indiquent que la quantité fabriquée f_i de chaque type de camion doit être égale à la demande D_i (les deux camions ont les indices n-1 et n). Le respect de la nomenclature est assuré par les contraintes (3) : le nombre d'articles j achetés ou fabriqués doit être suffisant pour fabriquer tous les articles i composés de j.

Les contraintes (4) assurent le respect de la capacité d'assemblage de chaque article i. Les contraintes (5) spécifient des variables positives. On n'a pas besoin de spécifier des variables entières, car l'algorithme du simplexe trouve automatiquement des variables entières pour ce genre de PL à matrice MRP (voir le § 2.3.4).

7.4.3 Traduction en Excel

Le fichier *C7-MRP* donne la traduction en Excel du programme linéaire. Le haut de la feuille donne le coût total (fonction-objectif) et précise sa décomposition en coût total d'assemblage et en coût total pour les achats.

Le tableau du haut donne les besoins B_{ij}, qui traduisent la nomenclature de la figure 7.1.

Les coûts d'achat et d'assemblage, ainsi que les capacités d'assemblage et la demande sont stockés dans le tableau central. Enfin, les variables représentant les quantités fabriqués ou achetées pour chaque article ainsi que les quantités obtenues au total et les quantités nécessaires de chaque article sont regroupées dans le tableau du bas. Les valeurs "+∞" précisées dans la modélisation sont remplacées ici par 999 qui est une valeur suffisamment grande pour ne pas gêner notre résolution.

	A	B	C–E	F–H	I–J	K–S

C7-MRP : problème de planification MRP.

	Coût total	119 271,00 €	Coût d'assemblage	9 774,00 €	Coût des achats	109 497,00 €

Besoins des articles en composants

N°	Article	1	2	3	4	5	6	7	8	9	10	11	12	13	14	15	16	17
1	Roue																	
2	Barre d'acier																	
3	Pare-chocs																	
4	Essieu monté	2	1															
5	Châssis																	
6	Cabine																	
7	Verre portière																	
8	Pare-brise																	
9	Chassis monté			2	2	1												
10	Container bleu																	
11	Citerne rouge																	
12	Cabine montée						1	2	1									
13	Moteur bleu																	
14	Moteur rouge																	
15	Phare																	
16	Camion bleu									1	1		1	1		2		
17	Camion rouge									1		1	1		1	2		

Coûts d'assemblage, coûts de sous-traitance, capacités d'assemblage et demande

Article	1	2	3	4	5	6	7	8	9	10	11	12	13	14	15	16	17
Coût achat	0,15	0,5	0,1	6,37	0,4	1,37	0,05	0,15	15,01	1,3	1,5	1,5	0,82	0,82	0,08	999	999
Coût assemblage	999	999	999	3,4	999	999	999	999	1,78	999	999	1,6	999	999	999	1,1	1,3
Capacité assemblage	0	0	0	600	0	0	0	0	4000	0	0	3000	0	0	0	4000	5000
Demande																3000	3000

Production ou sous-traitance

Articles	1	2	3	4	5	6	7	8	9	10	11	12	13	14	15	16	17
Fabriqués	0	0	0	600	0	0	0	0	300	0	0	0	0	0	0	3000	3000
Achetés	1200	600	600	0	300	0	0	0	5700	3000	3000	6000	3000	3000	12000	0	0
Obtenus	1200	600	600	600	300	0	0	0	6000	3000	3000	6000	3000	3000	12000	3000	3000
Nécessaires	1200	600	600	600	300	0	0	0	6000	3000	3000	6000	3000	3000	12000	0	0

Les formules de la feuille sont les suivantes :

- *Coût d'assemblage.* La formule "=SOMMEPROD(C34:S34;C28:S28)" est placée dans la cellule J3.

- *Coût des achats.* Saisissez "=SOMMEPROD(C35:S35;C27:S27)" dans Q3.

- *Fonction-objectif.* Le coût global correspond à la somme des coûts calculés dans les deux formules précédentes. La formule "=J3+Q3" est placée dans la cellule C3.

- *Articles obtenus.* La formule "=C34+C35" est écrite dans la cellule C36 et recopiée dans les cellules adjacentes D36:S36. Cette formule correspond aux membres de gauche des contraintes (3).

- *Articles nécessaires.* Le membre de gauche des contraintes (3) est un produit scalaire de deux plages orientées différemment. Or, la fonction SOMMEPROD exige des plages de même orientation, deux horizontales ou deux verticales. On peut transposer un des vecteurs, grâce à une formule matricielle entourée d'accolades : saisissez la formule "{=SOMMEPROD(C7:C23;TRANSPOSE($C$34:$S$34))}" dans C37 puis recopiez-la dans D37:S37. On peut insérer les accolades avec *Ctrl + Maj + Entrée.*

On peut maintenant remplir la boîte de dialogue du solveur. La fonction-objectif est représentée par la cellule C3 et les variables par les cellules C34:S34 pour les variables f_i et par les cellules C35:S35 pour les variables a_i. Le premier groupe de contraintes représente les contraintes de capacité (4). Le second groupe traduit les contraintes (3) garantissant qu'il y a assez de composants de niveau inférieur pour chaque article. Le dernier groupe impose le respect des contraintes (2) sur les demandes. Comme d'habitude, il ne faut pas oublier les options : sélectionnez *Modèle supposé linéaire* et *Supposé non négatif.*

7.4.4 Résultats

Les quantités de composants à acheter afin de minimiser les coûts de production sont données dans le tableau 7.8. Il faut sous-traiter 5 700 châssis montés et 6 000 cabines montées, fabriquer 600 essieux montés, 300 châssis montés, 3 000 camions bleus et 3 000 camions rouges. Les coûts de production s'élèvent alors à 119 271 €.

Tableau 7.8 – Quantités de composants achetées

	Roue	Barre d'acier	Pare-chocs	Châssis	Cabine	Verre portière
Quantités	1 200	600	600	300	0	0
	Pare-brise	**Container bleu**	**Citerne rouge**	**Moteur bleu**	**Moteur rouge**	**Phare**
Quantités	0	3 000	3 000	3 000	3 000	1 2000

7.5 Production de composants électroniques

7.5.1 Problème

Pour accroître sa compétitivité, une PME désire améliorer la production de ses articles les plus vendus. Une de ses activités principales est la construction de cartes à puces et de badges électroniques. Pour ces cartes et ces badges, elle doit produire elle-même ses composants. Un facteur de succès réside dans une bonne planification de la production de ces derniers. La demande en composants est dans ce cas interne et facile à anticiper.

Les quatre produits dont la production est à planifier sur six mois sont notés sous les références X43-M1, X43-M2, Y54-N1 et Y54-N2. La production de ces composants est sensible aux variations des niveaux de production, et chaque changement entraîne un coût de vérification non négligeable. L'entreprise va alors tenter de minimiser les coûts liés à ces changements, elle prendra aussi en compte les coûts de production et les coûts de stockage.

Les informations concernant la demande par période, les coûts de production et de stockage ainsi que le stock initial et le stock final désirés pour chacun des produits sont repris dans le tableau 7.9. Quand le niveau de production change, des réglages machines et des vérifications sont à effectuer pour le mois en cours. Le coût associé est proportionnel à la quantité produite en plus ou en moins par rapport au mois précédent. Le coût pour une augmentation est de 1 € alors que celui d'une diminution est seulement de 0,5 €.

Tableau 7.9 – Données pour les quatre produits

	Demandes						Coûts		Stocks	
Mois	**1**	**2**	**3**	**4**	**5**	**6**	**Production**	**Stockage**	**Initial**	**Final**
X43-M1	1 500	3 000	2 000	4 000	2 000	2 500	20	0.4	10	50
X43-M2	1 300	800	800	1 000	1 100	900	25	0.5	0	10
Y54-N1	2 200	1 500	2 900	1 800	1 200	2 100	10	0.3	50	30
Y54-N2	1 400	1 600	1 500	1 000	1 100	1 200	15	0.3	0	10

Quel sera le plan de production si l'on cherche à minimiser la somme des coûts de changement du niveau de production, des coûts de production et des coûts de stockage ?

7.5.2 Modélisation

Le modèle développé ici ressemble à celui du § 7.3. Les variables et les constantes sont notées de la même manière : n est le nombre de composants, m le nombre de mois, d_{ij} la demande du produit i en période j, C_i le coût de production de chaque unité de produit i, CS_i le coût de stockage d'une unité de produit i et s_{i0} le niveau de stock initial du produit i.

Les variables Q_{ij} et s_{ij} représentent la quantité produite et le niveau de stock du produit i en période j. Les contraintes d'équilibre des stocks sont notées (2). Le respect du stock final SF_i est donné par la contrainte (3).

(2) $\quad \forall\, j=1\ldots m : s_{i,j-1} + Q_{ij} = s_{ij} + d_{ij}$

(3) $\quad \forall\, i=1\ldots n : s_{im} \geq SF_i$

Nous avons aussi besoin de deux variables A_j et B_j pour les augmentations et diminutions de production en période j. Un changement de niveau de production n'est autre que la différence entre la quantité totale produite en période j et la quantité totale produite en période j-1. Si cette différence est positive, il s'agit alors d'une augmentation, sinon c'est une baisse. Ce changement s'exprimera par la valeur de A_j - B_j. Comme on ne peut augmenter et diminuer le niveau de production en même temps, une des deux variables sera automatiquement à 0. Ce qui est traduit par l'équation (4).

(4) $\quad \forall\, j=2\ldots m : \displaystyle\sum_{i=1}^{n} Q_{ij} - \sum_{i=1}^{n} Q_{i,j-1} = A_j - B_j$

L'objectif est celui du problème du § 7.3, auquel on ajoute le coût de changement de production. On note CA et CB les coûts d'augmentation et de baisse des niveaux de production. Ces coûts sont proportionnels au changement. Ils correspondent à la seconde partie de la fonction-objectif (1).

(1) $\quad \text{Min} \displaystyle\sum_{i=1}^{n}\sum_{j=1}^{m}\left(C_i \times Q_{ij} + CS_i \times s_{ij}\right) + \sum_{j=2}^{m}\left(CA \times A_j + CB \times B_j\right)$

Notez qu'il n'existe pas de valeurs pour A_1 et B_1 puisque c'est le début de la planification (pas de changement possible). Le programme linéaire complet reprend les équations (1) à (4), auxquelles il faut ajouter les contraintes de positivité (5) et (6) pour toutes les variables.

(1) $\quad \text{Min} \displaystyle\sum_{i=1}^{n}\sum_{j=1}^{m}\left(C_i \times Q_{ij} + CS_i \times s_{ij}\right) + \sum_{j=2}^{m}\left(CA \times A_j + CB \times B_j\right)$

(2) $\quad \forall\, j=1\ldots m : s_{i,j-1} + Q_{ij} = s_{ij} + d_{ij}$

(3) $\quad \forall\, i=1\ldots n : s_{im} \geq SF_i$

(4) $\quad \forall\, j=2\ldots m : \displaystyle\sum_{i=1}^{n} Q_{ij} - \sum_{i=1}^{n} Q_{i,j-1} = A_j - B_j$

(5) $\quad \forall\, j=2\ldots m : A_j \geq 0, B_j \geq 0$

(6) $\quad \forall\, i=1\ldots n, \forall\, j=1\ldots m : Q_{ij} \geq 0, s_{ij} \geq 0$

7.5.3 Traduction en Excel

Nous l'avons dit, le modèle contenu dans le fichier Excel *C7-Electronique* est très proche de celui du problème du § 7.3. Le placement des informations est similaire. La section concernant les capacités a disparu. On y trouve à la place, une section consacrée au calcul des variations de la production et aux variables A_j et B_j.

Les formules de la feuille sont les suivantes :

- *Stock initial*. La cellule B36 reçoit la formule "=D6", formule recopiée dans les cellules B37:B39. Cela permet d'initialiser les stocks de la période fictive 0.

- *Coûts de production*. La formule "=B6*SOMME(C18:H18)" est placée en cellule J18 et recopiée dans les cellules J19:J21. Ensuite le calcul des coût complets de production est effectué en écrivant la formule "=SOMME(J18:K21)" dans la cellule J22.

- *Coûts de stockage*. De la même manière, la formule "=C6*SOMME(C36:H36)" est saisie dans la cellule J36 et recopiée dans les cellules J37:J39. La somme des coûts de stockage est obtenue par la formule "=SOMME(J36:K39)", placée dans la cellule J40.

- *Coûts de variation de la production*. La formule "=J3*SOMME(C31:H31)" est fournie dans la cellule J31 et recopiée en J32. La somme des coûts de variation est obtenue en plaçant la formule "=SOMME(J29:K32)" dans la cellule J33.

- *Fonction-objectif*. Le coût total est représenté par la somme des coûts déjà calculés. Saisissez la formule "=J22+J40+J33"dans la cellule D3.

- *Calcul des variations de production*. On les force à 0 en période 1 (plage C24:C27). Puis la formule "=D18-C18" est placée dans D24 et copiée dans les cellules D24:H27. Le membre de gauche de l'équation (4) est donc obtenu pour chaque période par la somme des valeurs précédentes. La formule "=SOMME(C24:C27)" est entrée dans la cellule C28 et recopiée dans les cellules D28:H28. À noter que cette somme est nulle en période 1. Pour calculer les valeurs de $A_j - B_j$ des membres de droite des contraintes (4), on place la formule "=C31-C32" dans la C33 et on la recopie dans D33:H33.

- *Équilibre des stocks*. La formule "=B36+C18-C12" est écrite dans la cellule C36 et recopiée dans les cellules C36:H39. On peut l'étendre à toutes les périodes grâce à la création de la colonne correspondant à la période fictive 0.

Il reste maintenant à remplir la boîte de dialogue du solveur Excel. La fonction-objectif correspond à la cellule D3. Les variables sont représentées par les cellules C18:H21 (variables Q_{ij}) et par les cellules C31:H32 (variables A_j et B_j). Le premier groupe de contrainte correspond aux contraintes (4), le second groupe va empêcher les ruptures de stock en imposant aux cellules des valeurs s_{ij} d'être positives (6). Le dernier groupe correspond aux contraintes (3) des stocks finaux. Comme d'habitude, il ne faut pas oublier les *options* : sélectionnez *Modèle supposé linéaire* et *Supposé non négatif*.

C7-Electronique : Production de composants électroniques

	Coût total			683 929,00 €				Coût Augmentation		1
								Coût Diminution		0,5
		Ci	CSi	SI	SF					
	X43-M1	20	0,4	10	50		Ci	Coût de production		
	X43-M2	25	0,5	0	10		CSi	Coût de stockage		
	Y54-N1	10	0,3	50	30		SI	Stock Initial		
	Y54-N2	15	0,3	0	10		SF	Stock Final		

Demande	1	2	3	4	5	6
X43-M1	1500	3000	2000	4000	2000	2500
X43-M2	1300	800	800	1000	1100	900
Y54-N1	2200	1500	2900	1800	1200	2100
Y54-N2	1400	1600	1500	1000	1100	1200

Production	1	2	3	4	5	6	Coût production
X43-M1	1490	3000	2000	4000	2000	2550	300 800,00 €
X43-M2	1300	800	800	1000	1100	910	147 750,00 €
Y54-N1	2150	1500	2900	1800	1900	1430	116 800,00 €
Y54-N2	2120	1760	1360	260	1100	1210	117 150,00 €
							682 500,00 € Total

Variation	1	2	3	4	5	6
X43-M1	0	1510	-1000	2000	-2000	550
X43-M2	0	-500	0	200	100	-190
Y54-N1	0	-650	1400	-1100	100	-470
Y54-N2	0	-360	-400	-1100	840	110
Variation	0	0	0	0	-960	0

Valeur A et B	1	2	3	4	5	6	Coût variation
Aj	0	0	0	0	0	0	- €
Bj	0	0	0	0	960	0	480,00 €
Aj-Bj	0	0	0	0	-960	0	480,00 € Total

Stock	0	1	2	3	4	5	6	Coût stockage
X43-M1	10	0	0	0	0	0	50	20,00 €
X43-M2	0	0	0	0	0	0	10	5,00 €
Y54-N1	50	0	0	0	0	700	30	219,00 €
Y54-N2	0	720	880	740	0	0	10	705,00 €
								949,00 € Total

7.5.4 Résultats

La résolution par Excel donne un coût global de 683 929 €. Le niveau de production pour la première période est de 7 060 unités au total (somme des quantités produites de chacun des modèles). Ce niveau de production va rester constant jusqu'à la période 5, puis il va diminuer pour atteindre le niveau de 6 100 unités. Le tableau 7.10 donne le plan de production à suivre.

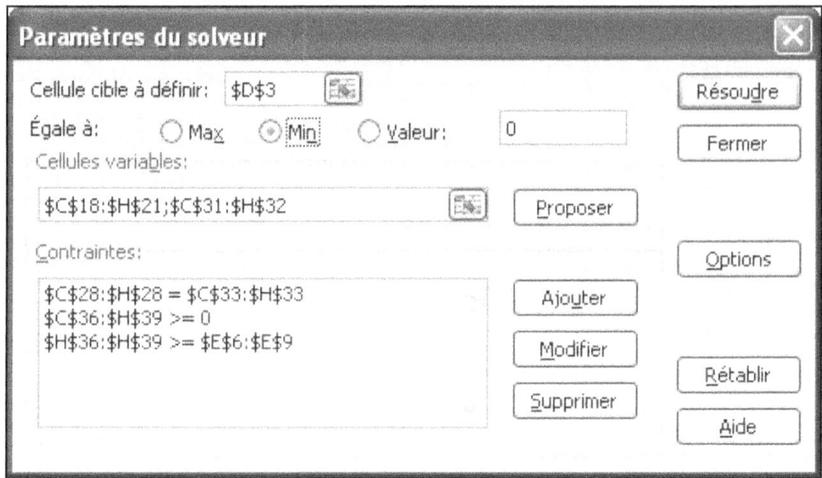

Tableau 7.10 – Plan de production optimal

Mois	1	2	3	4	5	6
X43-M1	1490	3000	2000	4000	2000	2550
X43-M2	1300	800	800	1000	1100	910
Y54-N1	2150	1500	2900	1800	1900	1430
Y54-N2	2120	1760	1360	260	1100	1210

Le niveau des stocks est très faible. Excepté pour la dernière période où un stock final est réclamé, les produits référencés X43-M1 et X43-M2 ne sont jamais en stock. Le produit Y54-N1 est stocké en périodes 5 et 6 (700 et 30 unités), le produit Y54-N2 est stocké en périodes 1, 2 et 3 (720, 880 et 740 unités) et évidemment en dernière période (10 unités).

7.6 Affectation de lots de produits

7.6.1 Problème

Après avoir déterminé un ensemble de dix lots de produits à réaliser dans la prochaine période, un responsable de production cherche la meilleure affectation de ces lots de produits aux différentes machines de son atelier. Il dispose de cinq machines. Techniquement, elles peuvent traiter n'importe quel lot mais, comme elles sont de modèles et d'âges différents, la vitesse de traitement d'un lot diffère d'une machine à l'autre. De plus, à cause de périodes de maintenance et de réglage, chaque machine ne peut travailler qu'un certain nombre d'heures dans la période. Le tableau 7.11 indique le temps de traitement de chacun des lots sur chacune des machines et la capacité de chaque machine.

Tableau 7.11 – Temps de traitement et capacités (en heures)

Lots	1	2	3	4	5	6	7	8	9	10	Capacité maximale
M1	8	15	14	23	8	16	8	25	9	17	18
M2	15	7	23	22	11	11	12	10	17	16	19
M3	21	20	6	22	24	10	24	9	21	14	25
M4	20	11	8	14	9	5	6	19	19	7	19
M5	8	13	13	13	10	20	25	16	16	17	20

Le coût d'un lot dépend de la machine qui le traite. En effet, chaque machine a un coût horaire qui dépend de sa technologie, de son âge, des consommables qu'elle nécessite et du nombre d'opérateurs qui la font fonctionner. Ces différences sont amplifiées par les variations de durée d'un même lot selon la machine. Le tableau 7.12 donne ces coûts en k€. Sur quelle machine devra être exécuté chacun des lots pour minimiser le coût total de production ?

Tableau 7.12 – Coût de production selon l'affectation (en k€)

Lots	1	2	3	4	5	6	7	8	9	10
M1	17	21	22	18	24	15	20	18	19	18
M2	23	16	21	16	17	16	19	25	18	21
M3	16	20	16	25	24	16	17	19	19	18
M4	19	19	22	22	20	16	19	17	21	19
M5	18	19	15	15	21	25	16	16	23	15

7.6.2 Modélisation

Ce problème est connu sous le nom de *problème d'affectation généralisée (PAG)*. C'est un problème NP-difficile. Notons m le nombre de machines et n le nombre de lots. La quantité v_{ji} désigne la durée de traitement du lot i sur la machine j, c_{ji} est le coût de production du lot i s'il est affecté à la machine j, et Ca_j représente la capacité totale (disponibilité en heures) de la machine j. Introduisons des variables binaires x_{ji} valant 1 si et seulement si le lot i est affecté à la machine j. La fonction-objectif (1), à minimiser, est le coût total de production.

$$(1) \quad \text{Min} \sum_{i=1}^{n} \sum_{j=1}^{m} c_{ji} \times x_{ij}$$

Tout d'abord, il faut garantir qu'un lot ne sera pas affecté à plus d'une machine. C'est le but des contraintes (2). Ce sont des contraintes d'affectation qu'on trouve dans tout problème d'affectation classique, comme le problème de correspondance d'avions du chapitre 10.

$$(2) \quad \forall i=1\ldots n: \sum_{j=1}^{m} x_{ji} = 1$$

Chaque machine ne peut travailler plus longtemps que sa capacité, ce qui est l'objet des contraintes (3). Dans ces contraintes, on somme les durées de traitement des lots affectés à une même machine et on vérifie que cette somme ne dépasse pas la capacité totale de traitement de la machine. Il s'agit de contraintes de type sac à dos (voir chapitre 8).

$$(3) \quad \forall\, j=1\ldots m : \sum_{i=1}^{n} v_{ji} \times x_{ji} \leq Ca_j$$

Voici le modèle complet résumé :

$$(1) \quad \text{Min} \sum_{i=1}^{n}\sum_{j=1}^{m} c_{ji} \times x_{ij}$$

$$(2) \quad \forall\, i=1\ldots n : \sum_{j=1}^{m} x_{ji} = 1$$

$$(3) \quad \forall\, j=1\ldots m : \sum_{i=1}^{n} v_{ji} \times x_{ji} \leq Ca_j$$

$$(4) \quad \forall\, j=1\ldots m, \forall\, i=1\ldots n : x_{ji} \in \{0,1\}$$

7.6.3 Traduction en Excel

Le classeur *C7-Affectation-Lots* regroupe les informations de ce modèle. Les deux premiers tableaux reprennent les données du problème (coûts de production et temps de traitement). Le bloc suivant représente les variables d'affectation du problème. Le dernier bloc sert pour les contraintes d'affectation et pour la présentation des données. Des blocs supplémentaires sur la droite vont servir pour les calculs intermédiaires et les contraintes.

Les formules de la feuille sont les suivantes :

- *Calcul des coûts d'affectation par machine.* Pour calculer ce coût, la cellule N7 reçoit la formule "=SOMMEPROD(C7:L7;C23:L23)" que l'on recopie dans les cellules N8:N11.

- *Fonction-objectif.* La cellule C3 emploie la formule "=1000*SOMME(N7:N11)" qui effectue la somme des coûts par machine (et convertit les k€ en €).

- *Temps de traitement cumulé sur chaque machine.* La cellule N15 utilise la formule "=SOMMEPROD(C15:L15;C23:L23)", qui calcule ce temps cumulé en fonction des affectations. Cela correspond au membre de gauche de l'équation (3). Cette formule est recopiée dans les cellules N16:N19.

- *Contrainte d'affectation* (2). On calcule le membre de gauche de l'équation (2) par la formule "=SOMME(C23:C27)" que l'on place dans la cellule C29 et que l'on recopie dans les cellules D29:L29.

- *Machine attribuée.* La machine d'affectation est calculée par la formule importante "=INDEX($B$23:$B$27;SOMMEPROD(C23:C27;$A$23:$A$27))" que l'on écrit dans la cellule C30 et que l'on recopie dans les cellules D30:L30. La fonction SOMMEPROD récupère l'indice de la machine attribuée. La fonction INDEX sert à reporter le nom de la machine dans la cellule.

C7-Affectation-Lots : Affectation de lots de produits

Coût total	173 000,00 €

Coût de production

Lots	1	2	3	4	5	6	7	8	9	10		Coût (k€)
M1	17	21	22	18	24	15	20	18	19	18		36
M2	23	16	21	16	17	16	19	25	18	21		33
M3	16	20	16	25	24	16	17	19	19	18		51
M4	19	19	22	22	20	16	19	17	21	19		38
M5	18	19	15	15	21	25	16	16	23	15		15

Temps de traitement

Lots	1	2	3	4	5	6	7	8	9	10		Travail	Capacité
M1	8	15	14	23	8	16	8	25	9	17		17	18
M2	15	7	23	22	11	11	12	10	17	16		18	19
M3	21	20	6	22	24	10	24	9	21	14		25	25
M4	20	11	8	14	9	5	6	19	19	7		13	19
M5	8	13	13	13	10	20	25	16	16	17		13	20

Affectation des lots aux machines

id.	Lots	1	2	3	4	5	6	7	8	9	10
1	M1	1	0	0	0	0	0	0	0	1	0
2	M2	0	1	0	0	1	0	0	0	0	0
3	M3	0	0	1	0	0	1	0	1	0	0
4	M4	0	0	0	0	0	0	1	0	0	1
5	M5	0	0	0	1	0	0	0	0	0	0

	Unicité	1	1	1	1	1	1	1	1	1	1
	Machine attribuée	M1	M2	M3	M5	M2	M3	M4	M3	M1	M4

Il reste maintenant à mettre en place les informations pour le solveur. La fonction-objectif est définie par la cellule C3. Les variables d'affectations sont les cellules C23:L27. Elles sont binaires comme le précise le premier groupe de contraintes. Le second groupe de contraintes représente les contraintes d'affectation (2) et le dernier groupe, les contraintes de capacité (3). Comme d'habitude, il ne faut pas oublier les *Options* : sélectionnez *Modèle supposé linéaire* et *Supposé non négatif.*

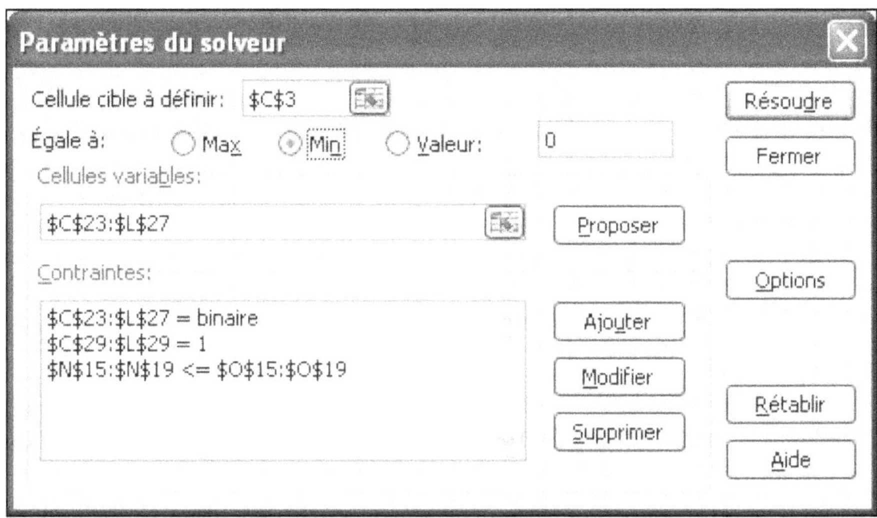

7.6.4 Résultats

Après résolution, on obtient un coût total de 173 k€. Le tableau 7.13 donne le sous-ensemble de lots affectés à chaque machine. La dernière colonne indique la durée totale de travail de chaque machine pour une telle affectation. Notez qu'il existe d'autres affectations donnant la même valeur de fonction-objectif.

Tableau 7.13 – Affectation optimale

	Lots affectés			Temps total
M1	1	9		17
M2	2	5		18
M3	3	6	8	25
M4	7	10		13
M5	4			13

7.7 Références et compléments

La planification de production dispose d'une abondante littérature comprenant des articles de recherche et des ouvrages, tels celui de Hax et Candea [Hax 1984] et celui de Buffa et Taubert [Buffa 1979]. Historiquement, les problèmes de planification ont été d'abord traités en prenant presque exclusivement en compte la gestion des stocks. Ils devaient répondre à deux questions : *Combien commander* et *Quand commander*, de façon à garder un niveau de stock choisi.

Le premier modèle a été celui de la *quantité économique de commande (Economic Order Quantity* ou *EOQ)*. Il détermine la quantité à produire selon une formule mathématique simple due à Wilson, qui prend en compte le coût de commande, le coût de possession en stock et la demande sur la période considérée.

Pour répondre à la seconde question, on s'appuie sur la quantité économique de commande, la demande et la durée de la période. Mais ce type de modèle n'est valide, entre autres, que si la demande est déterministe (connue sur la période) et ne varie pas au cours du temps, si les paramètres utilisés pour le calcul sont eux aussi constants et ne dépendent pas de la quantité commandée, et surtout si l'approvisionnement a lieu de manière instantanée.

Ces insuffisances ont conduit aux *modèles multipériodes*, dans lesquels l'horizon temporel est discrétisé en une suite de périodes. Grâce à un indiçage des quantités par les périodes, ces modèles sont propices à la programmation linéaire.

Les problèmes multipériodes les plus simples ont uniquement des *coûts proportionnels* aux quantités (il s'agit en général de coûts de production et de stockage). En d'autres termes, ils n'ont pas de *coûts fixes* comme un coût de réglage *(setup costs)* avant de lancer un lot. Des contraintes liées à des ressources limitées (main d'œuvre, temps machine, etc.) sont fréquentes.

Le problème de fabrication de bicyclettes du § 7.2 est un cas monoproduit entrant dans cette catégorie. Le problème des verres du § 7.3 est un cas typique multiproduit. Tous ces modèles de base travaillent avec un effectif de personnel constant *(fixed workforce models)*. Le premier modèle de ce type apparu dans la littérature est dû à Bowman [Bowman 1956].

Citons quelques extensions des modèles multipériodes à coûts proportionnels. Les chercheurs ont étudié très tôt le cas *d'effectifs variables (variable workforce models)*, comme [Hanssmann 1960]. On voit alors apparaître des coûts d'heures supplémentaires, de recrutement, de licenciement et de formation. Le problème des cartes électroniques du § 7.5 constitue aussi une extension intéressante, avec des coûts liés aux *changements de niveau de production*. Un autre niveau de généralisation est atteint par des *systèmes de production à plusieurs étages* [Johnson 1974], [Candea 1977].

Une classe à part en planification de production, non abordée dans ce chapitre, est formée des *problèmes de tailles de lots (lot sizing problems)*. Ces problèmes très durs sont caractérisés par un coût de préparation *(setup costs)* chaque fois qu'on démarre ou redémarre la fabrication d'un produit. Ces coûts occasionnés par la coupure d'un lot en plusieurs sous-lots vont s'ajouter aux coûts de production usuels. Le seul cas simple considère un seul produit et une capacité illimitée de production. Il est résolu de manière approchée par l'heuristique de Silver et Meal [Silver 1998], et optimalement par une méthode de programmation dynamique de Wagner et Whitin [Wagner 1958]. Parmi les extensions difficiles, citons le cas de plusieurs produits sans capacité [Kao 1979], et les cas avec capacité de production limitée, avec les heuristiques de Walker [Walker 1976] et la méthode de génération de colonnes de Lasdon et Terjung [Lasdon 1971].

Les années 1970 ont vu naître deux grands concepts à la mode en planification de production : la *méthode MRP* et le *juste-à-temps*. Le MRP *(Material Requirement Planning* ou *planification des besoins en composants)* a été inventé par Orlicky chez IBM [Orlicky 1975]. Il s'agit d'un système informatisé de gestion des stocks qui a l'avantage de prendre en compte les sous-ensembles, composants et matières premières nécessaires à un produit. Ce système donne un *plan directeur de production (master production schedule)* qui répond aux deux questions (combien commander et quand commander). L'utilisation de la programmation linéaire pour le MRP est plus récente ; le problème de production de camions miniatures du § 7.4 en est une illustration.

Le juste-à-temps (JAT, *Just In Time*, *JIT*) est plus une philosophie ou un état d'esprit qui cherche à éliminer le gaspillage de temps et d'utilisation des ressources. Le JAT réduit le niveau de stocks et augmente le remplacement de ces derniers en essayant de produire le bon produit en bonne quantité et au bon moment. Sa mise en œuvre est délicate, mais conduit souvent à de grandes améliorations. Le côté "philosophie" est attractif et ne s'écarte pas du bon sens.

Un problème souvent passé sous silence est celui des conflits entre les niveaux de planification et d'ordonnancement en production. L'agrégation des opérations en planification est nécessaire pour réduire la complexité et, surtout, parce qu'il est inutile de trop détailler sur un horizon de quelques mois pour lesquels les demandes sont peu précises. À cause de cette agrégation, la planification peut hélas donner un plan de production qui se révèle irréalisable à l'ordonnancement, quand on réintègre les contraintes fines des ateliers. Des méthodes récentes permettent d'éviter ces problèmes [Dauzère-Pérès 1994].

Le problème d'affectation généralisée du § 7.6 n'est pas un vrai problème de planification de production. Nous l'avons placé dans ce chapitre car il apparaît quand des lots calculés par la planification doivent être affectés à des machines ou ateliers ayant des capacités et des temps de production différents. Les cas de grande taille doivent être traités par des techniques spécialisées, comme la méthode arborescente de Fisher *et al.*, basée sur la relaxation lagrangienne du programme linéaire [Fisher 1986].

CHAPITRE 8

Chargement et découpe

8.1 Introduction

Les problèmes de chargement *(loading problems)* ou de conditionnement *(packing)* consistent à placer des objets de tailles données dans des contenants de capacité connue. Selon le contexte, les objets et contenants peuvent être très divers : programmes à stocker en mémoire, fichiers sur un disque, caisses à ranger dans des conteneurs ou des étagères, etc. Le terme *packing* concerne plutôt des objets non fragmentables, pouvant coexister dans un même contenant (caisses dans un camion par exemple), tandis que *loading* s'applique aussi à des produits fluides (liquides et gaz dans des réservoirs, poudres dans des silos), fragmentables mais non miscibles dans un même contenant.

Dans les problèmes très voisins de découpe *(cutting stock problems)*, on cherche à découper un ensemble d'objets dans des contenants : segments de câble dans des bobines, commandes de verre, tôle ou contreplaqué à couper dans de grandes plaques-mères, pièces taillées dans des blocs de métal, etc. Les problèmes de chargement et découpe sont appelés collectivement *problèmes de placement*.

Dans les problèmes de base, les tailles et capacités ont une dimension (poids d'une caisse, taille d'un fichier en octets, longueur d'un câble…) et les contenants ont la même capacité. Il existe bien entendu des problèmes avec plusieurs types de contenants et des objets à deux ou trois dimensions, voire plus. Il s'agit souvent de dimensions géométriques (plaques, boîtes), mais aussi de diverses caractéristiques physiques (poids, volume).

Les objectifs fréquents sont de remplir au maximum un contenant sachant qu'on ne peut pas tout prendre, de placer tous les objets dans un nombre minimal de contenants, ou d'équilibrer les charges. En découpe de matériaux, on cherche à minimiser les chutes *(trim loss)* ou à laisser des chutes utilisables pour de futurs objets.

Un problème de chargement de wagons avec équilibrage des charges est d'abord présenté dans le § 8.2. Le § 8.3 traite le chargement d'une péniche. Le problème de chargement de réservoirs du § 8.4 consiste à affecter des produits pétroliers à un parc de bacs (dont certains sont partiellement remplis), de façon à garder un nombre maximal de bacs libres. Un problème de stockage de fichiers fait l'objet du § 8.5. Les deux derniers problèmes concernent le découpage de tôles rectangulaires dans des plaques-mères (§ 8.6) et de barres métalliques pour des meubles de bureau (§ 8.7). Ils sont typiques d'une classe de problèmes où les contenants ne peuvent être coupés que selon un nombre limité de motifs *(pattern selection problems)*.

8.2 Chargement équilibré de wagons

8.2.1 Problème

Trois wagons de chemin de fer de charge utile limitée à 100 quintaux sont réservés pour transporter seize caisses. Les caisses et leurs poids en quintaux sont donnés dans le tableau 8.1. Comment affecter les caisses aux wagons de façon à respecter les charges utiles maximales et à minimiser la charge du wagon le plus chargé ?

Tableau 8.1 – Caractéristiques des caisses

Caisse n°	1	2	3	4	5	6	7	8
Poids	34	6	8	17	16	5	13	21
Caisse n°	9	10	11	12	13	14	15	16
Poids	25	31	14	13	33	9	25	25

8.2.2 Modélisation

Ce problème de chargement ressemble à celui du *bin-packing*, abordé pour le chargement de réservoirs au § 8.4 et la sauvegarde de fichiers en § 8.5. Dans le bin-packing, il faut minimiser le nombre de contenants utilisés. Ici, ce nombre (wagons) est fixé et il faut minimiser la plus grande charge. Notons n le nombre de caisses, m le nombre de wagons, p_i le poids de la caisse i, K la charge maximale des wagons (ici 100) et B le poids total des caisses (ici 295). Une affectation des caisses aux wagons peut être définie par nm variables binaires x_{ij}, valant 1 si et seulement si la caisse i est affectée au wagon j.

Dans ce problème, on cherche à minimiser la charge maximale des wagons. Un tel problème est dit *à fonction objectif min-max* (ou *minimax*). Il existe de même des problèmes *max-min*, où on cherche à maximiser un minimum, comme le problème d'affectation de personnes à des postes de travail en série au chapitre 13. Les problèmes d'optimisation min-max ou max-min sont également appelés *problèmes bottleneck* (à goulot d'étranglement). Pour modéliser linéairement un critère bottleneck, par exemple min-max comme ici, la technique est toujours la même :

- On définit une variable réelle positive C_{max} pour la charge maximale des wagons.
- Des contraintes spécifient que chaque charge de wagon est majorée par C_{max}.
- La fonction-objectif consiste à minimiser C_{max}.

Ainsi, la minimisation a pour conséquence qu'à l'optimum, C_{max} sera exactement égale à la charge du wagon le plus chargé. On en déduit le modèle linéaire suivant. Les contraintes (2) affectent chaque caisse à un seul wagon. Les contraintes (3) majorent la charge de chaque wagon par C_{max}. Les contraintes (4) interdisent le dépassement de la capacité des wagons. L'objectif est de minimiser C_{max} (1). Toutes les variables sont binaires (5), sauf C_{max} qui est une variable réelle positive (6) : le modèle est donc un programme linéaire mixte.

$$(1) \quad \text{Min } C_{max}$$

$$(2) \quad \forall i = 1\ldots n : \sum_{j=1}^{m} x_{ij} = 1$$

$$(3) \quad \forall j = 1\ldots m : \sum_{i=1}^{n} p_i x_{ij} \leq C_{max}$$

$$(4) \quad \forall j = 1\ldots m : \sum_{i=1}^{n} p_i x_{ij} \leq K$$

$$(5) \quad \forall i = 1\ldots n, \forall j = 1\ldots m : x_{ij} \in \{0,1\}$$

$$(6) \quad C_{max} \geq 0$$

On peut noter que les contraintes (4) ne sont pas nécessaires car s'il existe une solution réalisable avec $C_{max} \leq K$, elle sera trouvée par le modèle. Par contre, en ajoutant ces contraintes on assure que les solutions respecteront la charge maximale des wagons sans avoir à le vérifier *a posteriori*.

Pour $m = 2$, on peut définir un modèle plus simple. En effet, le problème revient alors à répartir les caisses en deux lots de poids aussi proches que possible. Au mieux, on obtiendra deux lots de poids $B/2$. On peut donc réduire le problème au choix des caisses à placer sur le premier wagon, de manière à s'approcher aussi près de $B/2$ que possible, inférieurement. Pour cela, on définit n variables binaires x_i, avec $x_i = 1$ si la caisse i va sur le wagon 1, et $x_i = 0$ (ou $1 - x_i = 1$) si la caisse va sur le wagon 2. Les autres caisses iront sur le wagon 2 et, si le premier wagon reçoit une charge $B/2 - \Delta$, le second aura une charge $B/2 + \Delta$.

$$(7) \quad \text{Max } \sum_{i=1}^{n} p_i . x_i$$

$$(8) \quad \sum_{i=1}^{n} p_i x_i \leq B/2$$

$$(9) \quad \forall i = 1\ldots n : x_i \in \{0,1\}$$

Le modèle résultant (7)–(9) n'utilise que n variables, alors que le modèle (1)–(6) en utilise $2n$ pour $m = 2$ contenants. Ce problème un peu plus facile, où on cherche à remplir au maximum un seul contenant (ici le premier wagon avec une capacité limitée à $B/2$), est appelé *problème de sac à dos* (*knapsack problem* en anglais). On le retrouve dans le chargement d'une péniche au § 8.3.

8.2.3 Traduction en Excel

Le fichier Excel *C8-Wagons* dont une copie d'écran est donnée ci-dessous traduit notre premier modèle formé des relations (1) à (6).

Les formules de la feuille sont les suivantes :

- *Somme des contraintes* (2). Saisissez "=SOMME(B7:B9)" dans B11 utilisez la poignée de recopie pour l'étendre aux cellules C11 à Q11.

- *Somme figurant dans les contraintes* (3) et (4). Il faut introduire la formule "=SOMMEPROD(B7:Q7;$B$4:$Q$4)" dans la cellule S7 et la recopier dans les cellules S8 et S9. On obtient ainsi les charges des wagons. Notez qu'on peut choisir des capacités différentes dans T7:T9.

- *Numéro de wagon.* Pour rendre le modèle plus lisible, on ajoute la ligne 12 donnant le numéro de wagon pour chaque caisse. Insérez dans la cellule B12 la formule "=SOMMEPROD(B7:B9; $A$7:$A$9)" et étendez-la ensuite aux cellules C12 à Q12.

	A	B	C	D	E	F	G	H	I	J	K	L	M	N	O	P	Q	R	S	T
1	C8-Wagons : chargement équilibré de wagons.																			
2																				
3	Caisse n°	1	2	3	4	5	6	7	8	9	10	11	12	13	14	15	16		Charge Max	99
4	Poids	34	6	8	17	16	5	13	21	25	31	14	13	33	9	25	25			
5																				
6	Wag. \ Cais.	1	2	3	4	5	6	7	8	9	10	11	12	13	14	15	16		Charge Wagon	Limite
7	1	0	1	1	1	1	0	0	0	0	0	1	1	0	0	0	1		99	100
8	2	0	0	0	0	0	1	1	0	1	1	0	0	0	0	1	0		99	100
9	3	1	0	0	0	0	0	0	1	0	0	0	0	1	1	0	0		97	100
10																				
11	Placé?	1	1	1	1	1	1	1	1	1	1	1	1	1	1	1	1		Borne inf	99
12	N° Wagon	3	1	1	1	1	2	2	3	2	2	1	1	3	3	2	1			

Il faut maintenant définir le modèle dans la boîte de dialogue du solveur. La cellule-cible T3 est la variable C_{max} du modèle. On peut donc aussi la déclarer comme variable. En fait, le solveur considère implicitement T3 comme variable car elle ne contient pas de formule.

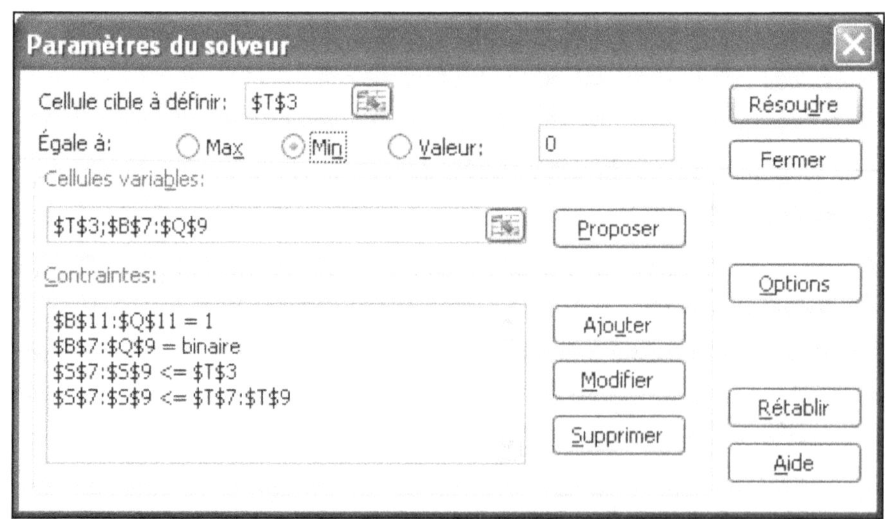

La première ligne des contraintes correspond aux contraintes (2). La deuxième reprend les contraintes (5) qui stipulent des x_{ij} binaires. La troisième ligne traduit les contraintes (3). La dernière ligne implémente les contraintes (4) qui imposent que la charge d'un wagon ne doit pas dépasser 100. Rappelons que cette ligne est facultative car C_{max} est minimisé : s'il existe une solution optimale avec $C_{max} \leq K$, elle sera trouvée. Toutefois, nous préférons ajouter cette ligne pour être prévenu si le problème est infaisable. Comme d'habitude, il ne faut pas oublier les *options* : *Modèle supposé linéaire* et *Supposé non négatif.*

Notez que l'infaisabilité est évidente si le poids total des caisses excède la capacité totale des wagons, mais certains cas sont plus subtils. Considérons par exemple deux wagons de capacité 100 et trois objets de poids 60. Le problème sera irréalisable car deux objets ne peuvent pas coexister dans le même wagon et on n'a pas le droit de fragmenter les objets.

8.2.4 Résultats

La formulation mathématique est assez faible : il y a par exemple beaucoup de solutions équivalentes, à un numérotage de boîtes près. La résolution prend une trentaine de secondes sur un PC à 2,5 GHz. On peut la réduire à cinq secondes en ajoutant une borne inférieure pour la fonction-objectif. Dans le cas idéal, la répartition est uniforme sur les wagons et la charge de chacun est de B/m. Comme le poids des caisses est entier, on peut arrondir la valeur trouvée à l'entier supérieur. On a *Ceil* (B / m) = *Ceil* $(295 / 3)$ = *Ceil* (98.33) = 99. Il suffit d'ajouter les cellules S11 et T11 à notre feuille de calcul et la formule suivante :

- *Borne inférieure.* La formule "=PLAFOND(SOMME(B4:Q4)/3;1)" calcule dans T11 l'arrondi à l'entier supérieur d'une répartition uniforme des caisses dans les wagons.

Bien entendu, il faut ajouter la nouvelle contrainte de borne dans le modèle.

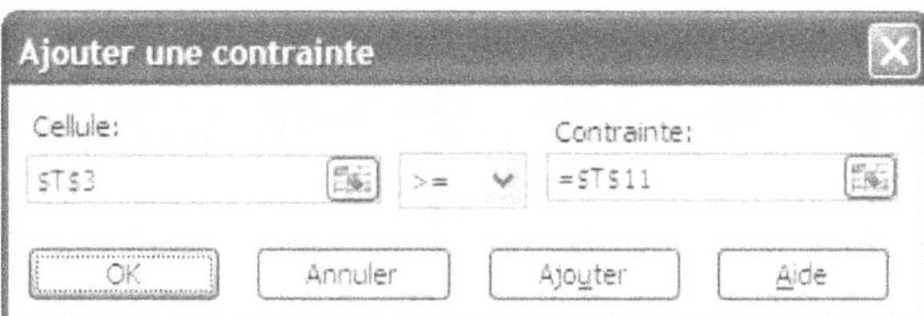

Les options ont un paramètre *Tolérance* (valeur par défaut 5 %), qui permet d'accélérer les calculs en spécifiant la précision pour considérer qu'une variable fractionnaire est entière. La valeur par défaut est ici insuffisante car on trouve parfois 100 au lieu de 99, mais ce problème disparaît avec une tolérance de 1 %. La solution optimale est visible dans la copie d'écran de la page précédente. Elle est de 99 quintaux. La ligne "N° Wagon" donne le numéro du wagon dans lequel se trouve chaque caisse. Le tableau 8.2 donne les charges obtenues pour chaque wagon ($Cx : y$ désigne la caisse x et son poids y).

Tableau 8.2 – Chargement des wagons

Wagon 1 : 99	C4 : 17	C7 : 13	C10 : 31	C12 : 13	C15 : 25	
Wagon 2 : 98	C1 : 34	C3 : 8	C11 : 14	C13 : 33	C14 : 9	
Wagon 3 : 98	C2 : 6	C5 : 16	C6 : 5	C8 : 21	C9 : 25	C16 : 25

8.3 Chargement d'une péniche

8.3.1 Problème

Sur le Rhin, un marinier possède une péniche d'un volume utile de 1 500 m^3. Au cours des années, il s'est spécialisé dans le transport du blé. Il a sept clients réguliers qui chargent et livrent pratiquement au même endroit. Le marinier connaît depuis longtemps ses coûts de transport et, suivant ses affinités, parvient à des accords avec ses clients pour le prix qui leur est facturé pour le transport du blé. Le tableau 8.3 regroupe les données sur ces sept clients. Chaque client dispose d'un certain nombre de lots à transporter et chacun définit lui-même la taille de ses lots en m^3. Pour chaque lot transporté, on retrouve le prix que facture le marinier à ses clients. La dernière colonne du tableau donne le coût par m^3 transporté pour le marinier. Ce coût varie en fonction de la distance parcourue.

Tableau 8.3 – Lots proposés par les clients

Client	Quantité disponible (en nb de lots)	Taille d'un lot (en m³)	Prix facturé par lot transporté (en €)	Coût de transport (en €/ m³)
1	12	10	1 000	80
2	31	8	600	70
3	20	6	600	85
4	25	8	700	80
5	50	15	1 200	73
6	40	10	800	70
7	60	12	1 100	80

L'objectif du marinier est de maximiser son gain en transportant le blé de ses clients avec des lots que l'on peut fragmenter. Dans un premier temps, si chaque client dispose d'un nombre de lots illimité, quels clients faut-il choisir ? Que devient ce choix si les nombres de lots doivent être respectés ? Enfin, quels clients prendre si les lots doivent rester entiers ?

8.3.2 Modélisation

Les modèles des trois questions sont donnés dans ce paragraphe. Dans tous les cas, l'objectif est de maximiser le gain du marinier. Le nombre de clients est noté n, la capacité totale de la péniche C. On note t_i la taille d'un lot du client i, p_i le prix de transport d'un lot du client i, c_i le coût de transport d'un m^3 de blé du client i. On note aussi q_i le nombre maximal de lots du client i (cette quantité sera infinie pour répondre à la première question). Dans un premier temps, nous allons calculer le gain g_i que peut réaliser le marinier pour chaque lot du client i transporté. Ce gain s'exprime facilement par l'équation (1). Il suffit de retirer au prix facturé au client i le coût de transport d'un lot de ce même client i.

(1) $\quad \forall i = 1...n: g_i = p_i - c_i t_i$

Le tableau 8.4 donne pour chaque client le gain que réalisera le marinier en transportant un lot.

Tableau 8.4 – Gain par lot

Client	1	2	3	4	5	6	7
Gain/lot (en €)	200	40	90	60	105	100	140

On note x_i la variable de décision correspondant au nombre de lots du client i qui seront transportés par le marinier. Comme les lots sont fragmentables, cette variable n'est pas entière. Le modèle n'a alors qu'une seule contrainte : le respect de la capacité de la péniche. C'est l'objet de la contrainte (3). Maintenant que nous connaissons le gain que peut espérer le marinier, la fonction-objectif (2) s'exprime très facilement.

$$(2) \quad \text{Max} \sum_{i=1}^{n} g_i \times x_i$$

$$(3) \quad \sum_{i=1}^{n} t_i \times x_i \leq C$$

$$(4) \quad \forall i = 1 \dots n : x_i \geq 0$$

Dans la deuxième question, le nombre de lots x_i ne doit pas excéder le nombre de lots disponible q_i, ce qui se traduit par les contraintes (5).

$$(5) \quad \forall i = 1 \dots n : x_i \leq q_i$$

Enfin, dans la dernière question, on évite les lots fragmentés en spécifiant des variables x_i entières, grâce aux contraintes (6).

$$(6) \quad \forall i = 1 \dots n : x_i \in I\!N$$

8.3.3 Traduction en Excel

La feuille Excel illustrée page suivante se trouve dans le classeur *C8-Peniche*. Ce classeur contient trois onglets, un pour chaque question. Les réponses à chacune des questions sont donc dans les onglets correspondants. Nous présentons les calculs intermédiaires sur le dernier onglet correspondant à la question 3. Les formules de la feuille sont les suivantes :

- *Calcul du gain par lot.* La formule qui détermine le gain par lot pour le premier client est "=D7-E7*C7" à placer dans la cellule F7 puis à recopier avec la poignée de recopie dans les cellules F8 à F13.

- *Quantité transportée.* Dans la cellule C4, on peut calculer la quantité totale transportée. Elle correspond au nombre de lots multiplié par leur taille respective et est exprimée par la formule "=SOMMEPROD(C7:C13;H7:H13)".

- *Fonction-objectif.* La cellule F3 contient la valeur de la fonction-objectif à maximiser, le gain total exprimé par "=SOMMEPROD(F7:F13;H7:H13)".

	A	B	C	D	E	F	G	H
1	C8-Peniche : chargement de blé sur des péniches, question 3.							
2								
3		Capacité péniche (m3)	1500		Gain réalisé (€)	17620		
4		Quantité tranportée	1496					
5								
6	Client	Quantité disponible (nb de lots)	Taille d'un lot (m3)	Prix facturé par lot transporté (€)	Coût de transport (€/m³)	Gain/lot (€)		Quantité
7	1	12	10	1000	80	200		12
8	2	31	8	600	70	40		0
9	3	20	6	600	85	90		20
10	4	25	8	700	80	60		17
11	5	50	15	1200	73	105		0
12	6	40	10	800	70	100		40
13	7	60	12	1100	80	140		60

La boîte de dialogue du solveur précise les contraintes correspondant aux trois questions que se pose le marinier. L'objectif contenu dans la cellule F3 est le gain total. Les variables sont les nombres de lots à transporter pour chaque client. La première contrainte correspond au respect de la capacité de la péniche, sans tenir compte des stocks des clients (question 1). La deuxième ligne permet de prendre en compte ces stocks (question 2). Enfin, la dernière ligne impose le transport de lots entiers. Comme d'habitude, il ne faut pas oublier de préciser *Modèle supposé linéaire* et *Supposé non négatif* dans les options.

8.3.4 Résultats

Examinons les résultats pour chaque question posée. Pour la première question, le modèle dans l'onglet "Question 1" donne un gain de 30 000 € et la seule variable non nulle est $x_1 = 150$. Les 150 lots de blé du client 1 sont donc transportés tandis que les autres clients doivent trouver un autre transporteur. Cette réponse est évidente car on remplit la péniche avec le blé offrant le meilleur gain par mètre-cube g_i / t_i. Cette solution triviale apparaît d'ailleurs plus clairement en écrivant le programme dual qui a une seule variable et autant de contraintes que de clients.

Pour le modèle de l'onglet "Question 2" avec des stocks limités, on trouve un gain total de 17 650 €. Les quantités transportées sont données dans le tableau 8.5. Le résultat peut là aussi être déduit par la logique. Il suffit de remplir la cale de la péniche en prenant un par un les clients, en ordre décroissant de gain par mètre-cube. Le processus stoppe quand la cale est pleine, et le dernier lot est souvent fragmenté.

Pour cet exemple, le tri des clients par gain relatif décroissant est 1, 3, 7, 6, 4, 5 et 2. Ainsi, on commence par remplir la cale avec le blé du client 1, puis celui du client 3, etc. Juste avant le client 4, la cale est remplie à 1 360 m^3. Elle est complétée par 140 m^3 de blé du client 4, soit 17,5 lots de blé. Les clients 2 et 5 ne sont pas traités.

Tableau 8.5 – Lots transportés

Clients	1	2	3	4	5	6	7
Nb de lots transportés	12	0	20	17,5	0	40	60

Le modèle de l'onglet "Question 3" avec des lots entiers donne le résultat exposé dans la copie d'écran page précédente. La solution est très voisine, avec un coût de 17 620 € et des quantités transportées identiques, sauf dans le cas du client 4 dont 17 lots sont transportés au lieu de 17,5. Dans le cas général, la solution est rarement aussi triviale, et il peut y avoir des différences importantes entre les lots choisis dans le cas à lots fragmentables et dans celui à lots entiers.

8.4 Chargement de réservoirs

8.4.1 Problème

Cinq bateaux amènent à une usine chimique des chargements de produits liquides qui ne doivent pas être mélangés : 1 200 tonnes de benzol, 700 tonnes de butanol, 1 000 tonnes de propanol, 450 tonnes de styrène et 1 200 tonnes de THF (tétrahydrofurane). Neuf réservoirs de capacités connues sont disponibles sur le site. Certains sont déjà partiellement remplis de liquide. Le tableau 8.6 donne les caractéristiques de ces réservoirs, l'unité étant la tonne. Dans quels réservoirs décharger les liquides pour maximiser la capacité totale des réservoirs restant libres ? Même question pour maximiser le nombre de réservoirs libres.

Tableau 8.6 – Caractéristiques des réservoirs

Réservoir	1	2	3	4	5	6	7	8	9
Capacité	500	400	400	600	600	900	800	800	800
Liquide actuel	Néant	Benzol	Néant	Néant	Néant	Néant	THF	Néant	Néant
Quantité	0	100	0	0	0	0	300	0	0

8.4.2 Modélisation

Notons *nliq* le nombre de liquides (ou de bateaux), *nres* le nombre de réservoirs. La quantité de liquide i arrivant à l'usine est notée $Arrive_i$. Le réservoir j a pour capacité $CapRes_j$, il contient une quantité $QteIni_j$ de liquide. $LiqIni_j$ désigne l'index du liquide contenu (0 si $QteIni_j = 0$). Toutes les quantités sont en tonnes. La modélisation repose sur la propriété-clé suivante : il existe un remplissage optimal dans lequel chaque liquide i est placé en priorité dans les réservoirs en contenant déjà, avant d'utiliser des réservoirs vides.

Pour s'en convaincre, supposons qu'une quantité x de i soit placée dans un réservoir vide a, et soit b un réservoir contenant déjà du liquide i et ayant une capacité résiduelle $y > 0$. Si $x > y$, on ne change pas les réservoirs vides (en nombre ou en capacité totale) si on remplit b avant de charger $x - y$ dans a. Si $x \leq y$, on économise le réservoir a en mettant x dans b. Ainsi, on obtient une solution au moins aussi bonne en chargeant b en priorité, jusqu'à ce que b soit plein ou que tout le liquide i soit placé.

Après ces chargements prioritaires de réservoirs entamés, notre problème de chargement revient à insérer dans les réservoirs vides les quantités Q_i définies par les relations (1) : ce sont les quantités restant à charger une fois qu'on a utilisé en priorité les capacités résiduelles des réservoirs déjà entamés. Comme dans les données, on suppose que les Q_i sont non nuls, sinon il suffit d'enlever du problème les réservoirs exactement remplis et les liquides qu'on a réussi à placer entièrement.

$$(1) \quad \forall i = 1...nliq : Q_i = Arrive_i - \sum_{j=1, LiqIni(j)=i}^{nres} (CapRes_j - QteIni_j)$$

Le modèle s'écrit alors simplement avec des variables binaires x_{ij} dont l'indice réservoir j concerne seulement les réservoirs vides après les chargements prioritaires (5). La variable x_{ij} vaut 1 si du liquide i est chargé dans le réservoir j. Les contraintes (4) assurent que chaque réservoir libre reçoit au plus un liquide. Les contraintes (3) garantissent que l'ensemble des réservoirs recevant un liquide i offre une capacité totale suffisante. La fonction-objectif (2) minimise la capacité totale des réservoirs entamés, et répond donc à la première question : maximiser la capacité totale des réservoirs restant vides. Pour maximiser le nombre de réservoirs inutilisés, il suffit de remplacer $CapRes_j$ par 1 dans (2).

$$(2) \quad Min \sum_{\substack{i=1 \\ }}^{nliq} \sum_{\substack{j=1 \\ QteIni(j)=0}}^{nres} CapRes_j \cdot x_{ij}$$

$$(3) \quad \forall i = 1...nliq : \sum_{\substack{j=1 \\ QteIni(j)=0}}^{nres} CapRes_j \cdot x_{ij} \geq Q_i$$

$$(4) \quad \forall j = 1...nres, QteIni_j = 0 : \sum_{i=1}^{nliq} x_{ij} \leq 1$$

$$(5) \quad \forall i = 1...nliq, \forall j = 1...nres, QteIni_j = 0 : x_{ij} \in \{0,1\}$$

8.4.3 Traduction en Excel

Le programme linéaire en 0-1 est traduit dans le classeur Excel *C8-Reservoirs*. Ce classeur contient une feuille pour chacune des questions. La seconde question étant très simplement résolue, elle n'est pas détaillée. Les formules de la première feuille sont les suivantes :

- *Calcul de la capacité restante des réservoirs.* La formule "=F4-F6" est placée dans la cellule F7 et recopiée dans les cellules G7 à N7.

- *Détermination des réservoirs vides.* Pour connaître les réservoirs vides, on ajoute un indicateur binaire dans les cellules F8 à N8 : la formule "=SI(F6=0;1;0)" est saisie dans F8 puis étendue aux autres cellules concernées.

- *Calcul des quantités Q_i à charger dans les réservoirs vides.* Comme nous l'impose la propriété présentée plus haut, on remplit d'abord les réservoirs déjà entamés avec des liquides similaires. Les quantités qui restent ensuite à charger dans les réservoirs vides sont calculées selon les contraintes (1) : saisissez dans la cellule D11 la formule "=C11-SOMME.SI($F$5:$N$5;B11;$F$7:$N$7)" et recopiez-la dans D12:D15.

- *Pour chaque liquide i, capacité totale des réservoirs vides recevant i* (membre de gauche des contraintes (3)). Cette somme est calculée pour la cellule P11 par la formule "=SOMMEPROD($F$8:$N$8;$F$4:$N$4;F11:N11)", copiée ensuite dans les cellules P12 à P15. Cette somme va servir aussi au calcul de la fonction-objectif.

- *Somme des contraintes* (4). Cette somme est calculée pour la cellule F17 par la formule "=SOMME(F11:F15)" et recopiée dans les cellules G17:N17.

- *Fonction-objectif.* La cellule P8 reçoit la formule "=SOMME(P11:P15)".

	A	B	C	D	E	F	G	H	I	J	K	L	M	N	C	P
1	C8-Reservoirs : chargement de réservoirs.															
2																
3				Réservoir		1	2	3	4	5	6	7	8	9		
4				Capacité (en t)		500	400	400	600	600	900	800	800	800		
5				Liquide actuel		Néant	Benzol	Néant	Néant	Néant	Néant	THF	Néant	Néant		
6				Quantité initiale (t)		0	100	0	0	0	0	300	0	0		
7				Capacité restante (t)		500	300	400	600	600	900	500	800	800		Objectif
8				Réservoir vide?		1	0	1	1	1	1	0	1	1		4000
9																
10	Bateau	Liquide	Qté (t)	Qté pour réservoirs vides (t)		Affectation Bateau Réservoir										Capacité affectation
11	1	Benzol	1200	900		0	0	0	0	0	1	0	0	0		900
12	2	Butanol	700	700		0	0	0	0	0	0	0	0	1		800
13	3	Propanol	1000	1000		0	0	1	1	0	0	0	0	0		1000
14	4	Styrène	450	450		1	0	0	0	0	0	0	0	0		500
15	5	THF	1200	700		0	0	0	0	0	0	0	1	0		800
16																
17				Utilisé?		1	0	1	1	0	1	0	1	1		
18				Liquide affecté		Styrène	Benzol	Propanol	Propanol	Vide	Benzol	THF	THF	Butanol		
19				Capacité restante après affectation (t)		50	0	0	0	600	0	0	100	100		

La boîte de dialogue du solveur page suivante montre un modèle très compact. L'objectif à minimiser dans P8 est la capacité totale des réservoirs entamés. Les variables occupent la plage F11:N15. Les trois lignes dans les contraintes correspondent respectivement aux contraintes (5), (4) et (3). Comme d'habitude, il ne faut pas oublier les options : *Modèle supposé linéaire* et *Supposé non négatif.*

8.4.4 Résultats

Les réservoirs ont une capacité totale à vide de 5 800 tonnes. Il y a 4 550 tonnes de liquides à charger. Notre modèle traite les opérations survenant *après* les chargements prioritaires de réservoirs déjà entamés. Le réservoir 2 (capacité à vide 400 tonnes) contenait 100 tonnes de liquide 1 ; il a été complété avec 300 autres tonnes. Le réservoir 7 (capacité à vide 800 tonnes) contenait 300 tonnes de liquide 5 ; il a été rempli avec 500 autres tonnes. La capacité totale des réservoirs restant vides pour notre modèle est donc de 4 600 tonnes.

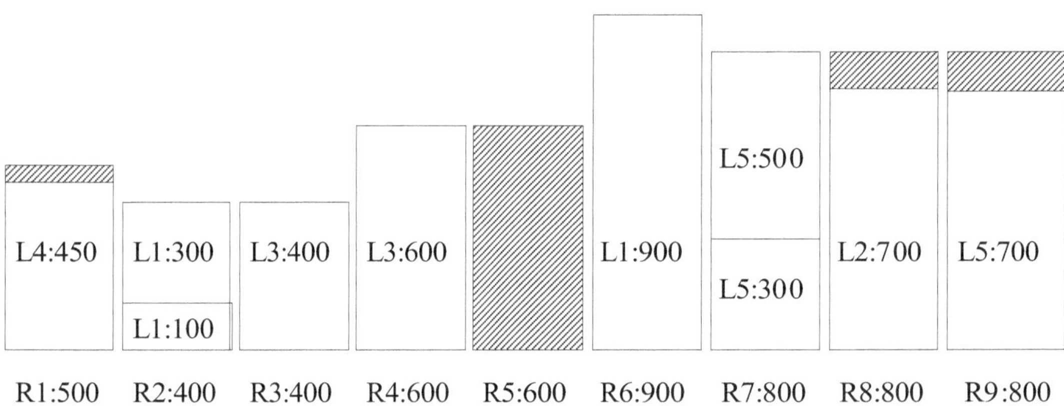

Figure 8.1 – Remplissage optimal des réservoirs

Le solveur trouve 4 000 tonnes pour la fonction-objectif. La capacité totale des réservoirs restant vides est donc de 600 tonnes, elle est due au seul réservoir 5. Il reste en plus de la place pour 50 tonnes de liquide 4 dans le réservoir 1, 100 tonnes de liquide 2 dans le réservoir 8, et 100 tonnes de liquide 5 dans le réservoir 9. La figure 8.1 détaille le chargement final. Les parties inutilisées de réservoirs sont hachurées. Les rectangles inférieurs des réservoirs 2 et 7 correspondent au liquide initial.

Nous avons enjolivé la feuille de calcul en indiquant en bas le liquide affecté à chaque réservoir vide et la capacité résiduelle. Les formules, plutôt compliquées, ne sont pas détaillées ici. Le lecteur curieux verra qu'on doit utiliser des fonctions d'arrondi car la précision d'Excel n'est pas suffisante pour qu'une variable binaire vaille exactement 0 ou 1.

8.5 Sauvegarde de fichiers

8.5.1 Problème

Avant de partir en vacances, vous souhaitez effectuer des sauvegardes sur DVD de fichiers importants. Vous disposez de trois DVD vierges de capacités 1,4 Go (giga-octets) ou bien 1 400 Mo (méga-octets). Voici la taille des seize fichiers que vous souhaitez sauvegarder : 26 Mo, 35 Mo, 52 Mo, 77 Mo, 88 Mo, 94 Mo, 137 Mo, 164 Mo, 253 Mo, 364 Mo, 372 Mo, 388 Mo, 406 Mo, 432 Mo, 461 Mo et 851 Mo.

En supposant que vous ne disposez pas de programme de compression de données et que le nombre de DVD dont vous disposez est suffisant pour tout sauvegarder, comment répartir les fichiers sur les DVD de façon à minimiser le nombre de DVD utilisées ?

8.5.2 Modélisation

Soit n le nombre de fichiers, m le nombre de DVD, b la capacité d'un DVD et a_i la taille de chaque fichier i. Nous utilisons des variables binaires $x_{ij} = 1$ si le fichier i est enregistré sur le DVD j, ainsi qu'une variable binaire $y_j = 1$ si le DVD j est utilisé. L'objectif est de minimiser le nombre de DVD employés, ce qui revient à minimiser la somme des variables y_j. Un fichier doit être sauvegardé sur un seul DVD, ce qui correspond aux contraintes (2).

$$(2) \quad \forall i = 1 \ldots n : \sum_{j=1}^{m} x_{ij} = 1$$

La capacité des DVD doit être respectée, ce qui est traduit par les contraintes (3).

$$(3) \quad \forall j = 1 \ldots m : \sum_{i=1}^{n} a_i x_{ij} \leq b.y_j$$

Le terme y_j du second membre de cette contrainte permet de lier les variables x_{ij} et y_j : si x_{ij} vaut 1, cela signifie que le fichier i est stocké sur le DVD j et donc que le DVD j est utilisé. Il faut alors que y_j prenne la valeur 1. La contrainte (3) force la variable y_j à prendre pour valeur 1 quand au moins une des variables x_{ij}, $i=1 \ldots n$ vaut 1. Nous obtenons donc le programme linéaire à variables binaires suivant. Il nécessite $nm+m = 51$ variables binaires :

$$(1) \quad \text{Min} \sum_{j=1}^{m} y_j$$

$$(2) \quad \forall i = 1 \ldots n : \sum_{j=1}^{m} x_{ij} = 1$$

$$(3) \quad \forall j = 1 \ldots m : \sum_{i=1}^{n} a_i x_{ij} \leq b.y_j$$

$$(4) \quad \forall i = 1 \ldots n, \forall j = 1 \ldots m : x_{ij} \in \{0,1\}$$

$$(5) \quad \forall j = 1 \ldots m : y_j \in \{0,1\}$$

Voici une modélisation avec moins de variables : nous conservons les variables binaires x_{ij} du modèle précédent, mais pas les variables y_j qui sont remplacées par une variable NbU égale au nombre de DVD utilisés. On obtient le programme linéaire mixte suivant.

$$(6) \quad \text{Min } NbU$$

$$(7) \quad \forall i = 1\dots n : NbU \geq \sum_{j=1}^{m} j.x_{ij}$$

$$(8) \quad \forall i = 1\dots n : \sum_{j=1}^{n} x_{ij} = 1$$

$$(9) \quad \forall j = 1\dots m : \sum_{i=1}^{n} a_i x_{ij} \leq b$$

$$(10) \quad \forall i = 1\dots n, \forall j = 1\dots m : x_{ij} \in \{0,1\}$$

$$(11) \quad NbU \geq 0$$

La fonction-objectif s'exprime tout simplement par la contrainte (6). Les contraintes d'affectation (8) reprennent les contraintes (2) de la modélisation précédente. On suppose que les DVD sont remplis à partir de l'indice $j=1$. Grâce aux contraintes (8), le DVD contenant le fichier i a un indice k calculable par la relation (12).

$$(12) \quad k = \sum_{j=1}^{m} j.x_{ij}$$

Il faut que NbU soit supérieur au plus grand indice de DVD utilisé, d'où la contrainte (7). Le respect des capacités des DVD est traduit par la contrainte (9).

Enfin, toutes les variables x_{ij} sont binaires et NbU doit être positif (inutile de préciser qu'il s'agit d'un entier car cette contrainte est automatiquement vérifiée à l'optimum). Dans ce modèle, la minimisation va *écraser* NbU et stocker les fichiers sur les DVD de telle façon que le plus grand indice utilisé soit minimal. Ce modèle ne nécessite que nm variables booléennes, soit une économie de m par rapport au modèle précédent.

8.5.3 Traduction en Excel

Nous avons choisi d'implémenter la seconde version dans le classeur Excel *C8-Fichiers*. Les formules de la feuille sont les suivantes :

- *Somme des contraintes* (8). La formule "=SOMME(D8:F8)" est placée dans la cellule H8 et recopiée dans les cellules H9:H23.

- *Somme des contraintes* (9). Pour calculer la taille des fichiers sur chaque DVD, Saisissez la formule "=SOMMEPROD(D8:D23;$B8:$B23)" dans la cellule D4 et étendez-la aux cellules E4 et F4.

- *Somme des contraintes* (7). Le membre de droite des contraintes (7) est calculé avec la formule "=SOMMEPROD(D8:F8;$D$7:$F$7)" pour la cellule I8. Cette formule est ensuite recopiée dans les cellules I9:I23.

	A	B	C	D	E	F	G	H	I
1	C8-Fichiers : placement de fichiers sur des DVD								
2									
3		Taille DVD (Mo)		1400	1400	1400		Nb de DVD	
4		Remplissage		1400	1400	1400		3	
5									
6		Fichiers			DVD				
7	Numéro	Taille (Mo)		1	2	3		Placé?	Sur le DVD
8	1	26		1	0	0		1	1
9	2	35		0	1	0		1	2
10	3	52		1	0	0		1	1
11	4	77		0	1	0		1	2
12	5	88		0	0	1		1	3
13	6	94		1	0	0		1	1
14	7	137		1	0	0		1	1
15	8	164		0	1	0		1	2
16	9	253		1	0	0		1	1
17	10	364		0	1	0		1	2
18	11	372		0	1	0		1	2
19	12	388		0	1	0		1	2
20	13	406		1	0	0		1	1
21	14	432		1	0	0		1	1
22	15	461		0	0	1		1	3
23	16	851		0	0	1		1	3

La boîte de dialogue du solveur ci-dessous présente les contraintes (9) en premier pour respecter la taille des DVD, puis impose aux variables d'être binaires. La ligne suivante représente les contraintes (8) et enfin la dernière ligne présente les contraintes (7). Attention à ne pas oublier les *Options* : *Modèle supposé linéaire* et *Supposé non négatif.*

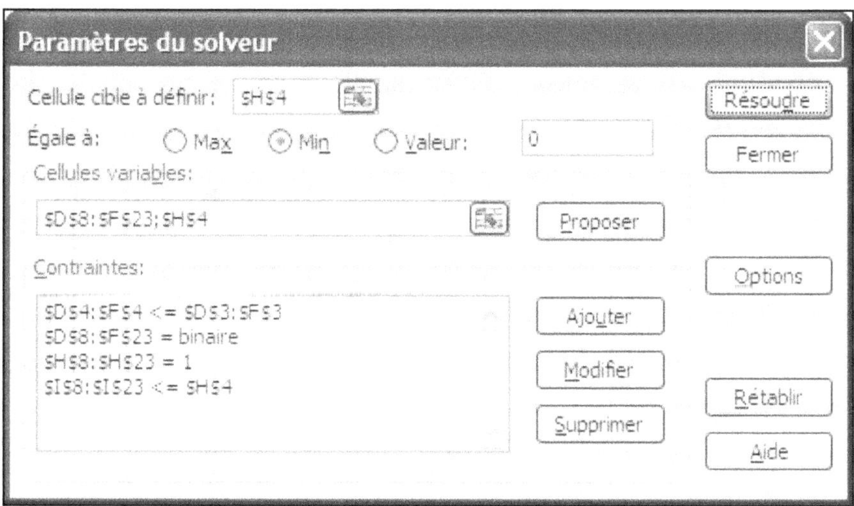

8.5.4 Résultats

À l'optimum, les trois DVD sont pleins. La répartition des fichiers est la suivante : le DVD n°1 contient les fichiers de taille 52, 77, 94, 164, 253, 372 et 388 ; le DVD n°2 ceux de taille 88, 461 et 851 ; enfin le DVD n°3 ceux de taille 26, 35, 137, 364, 406 et 432.

8.6 Découpe de plaques de tôle

8.6.1 Problème

Un atelier de tôlerie dispose de grandes plaques rectangulaires de tôle de 48×96 décimètres (dm), appelées *plaques-mères*. Il reçoit une commande de 8 plaques rectangulaires de 36×50 dm, 13 plaques de 24×36 dm, 5 plaques de 20×60 dm et 15 plaques de 18×30 dm. Ces plaques sont à découper dans les plaques-mères. Comment satisfaire la commande en utilisant le moins possible de plaques-mères ?

8.6.2 Modélisation

Dans ce genre de problème, extrêmement combinatoire, on exploite le fait qu'il existe un nombre relativement réduit de combinaisons de rectangles qui peuvent être extraits des plaques-mères. Ces motifs de découpe *(patterns)* peuvent être facilement énumérés ; la figure 8.2 page suivante résume ainsi les seize sous-ensembles qu'on peut trouver. Il s'agit de sous-ensembles maximaux, c'est à dire qu'aucun autre rectangle commandé ne peut leur être ajouté.

La figure 8.2 ne donne qu'une des multiples dispositions de chaque motif : on peut en déduire d'autres par des symétries horizontales ou verticales, ou en les retournant.

Notons m le nombre de rectangles de tailles différentes présents dans la commande, n le nombre de motifs. Le nombre de rectangles commandés de type i est noté d_i. Un motif j a un coût c_j ($c_j = 1$ si on veut simplement minimiser le nombre de plaques-mères utilisées). Les contenus des motifs en nombres de rectangles des différents types peuvent être décrits par une matrice A, $m \times n$ (tableau 8.7).

Une fois effectué le fastidieux travail d'énumération des motifs, l'écriture du programme linéaire est assez facile. Il s'agit de calculer le nombre de plaques à découper dans chaque motif pour placer tous les rectangles commandés, tout en minimisant le nombre total de plaques-mères consommées.

Tableau 8.7 – Nombre de rectangles dans chaque motif

Pattern	1	2	3	4	5	6	7	8	9	10	11	12	13	14	15	16
36×50	1	1	1	0	0	0	0	0	0	0	0	0	0	0	0	0
24×36	2	1	0	2	1	0	3	2	1	0	5	4	3	2	1	0
20×60	0	0	0	2	2	2	1	1	1	1	0	0	0	0	0	0
18×30	0	1	3	0	1	3	0	2	3	5	0	1	3	5	6	8

Les variables entières x_j (3) désignent les nombres de motifs de chaque type. Les contraintes (2) indiquent que le nombre de rectangles de chaque type extrait des motifs doit satisfaire la demande. La fonction-objectif (1) est le coût total des plaques-mères découpées.

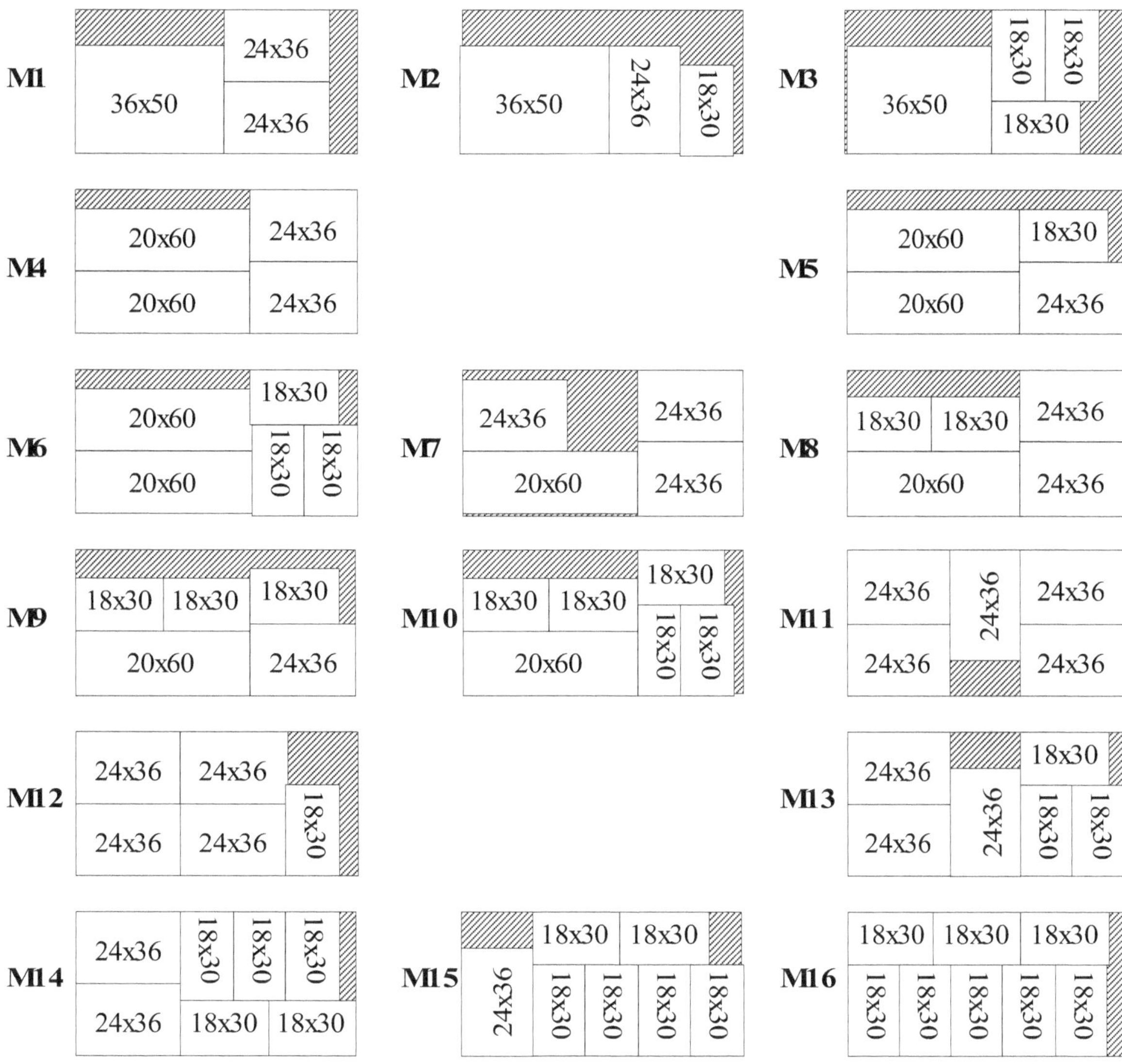

Figure 8.2 – Représentation graphique des 16 motifs de découpe

$$(1) \quad \text{Min} \sum_{j=1}^{n} c_j x_j$$

$$(2) \quad \forall i = 1 \ldots m : \sum_{j=1}^{n} a_{ij} x_j \geq d_i$$

$$(3) \quad \forall j = 1 \ldots n : x_j \in I\!N$$

8.6.3 Traduction en Excel

Le modèle est traduit dans le fichier Excel *C8-Toles*, avec les formules suivantes :

- *Somme des contraintes* (2). La formule "=SOMMEPROD(B6:Q6;$B$11:$Q$11)" est placée dans la cellule S6 et recopiée dans les cellules S7:S9.

- *Fonction-objectif.* La formule "=SOMMEPROD(B3:Q3;B11:Q11)" est saisie dans la cellule T3 à minimiser, pour compter le nombre de plaques-mères utilisées.

	A	B	C	D	E	F	G	H	I	J	K	L	M	N	O	P	Q	R	S	T
1	C8-Toles : découpe de plaques de tôles.																			
2																				
3	Coût / plaque	1	1	1	1	1	1	1	1	1	1	1	1	1	1	1	1		Coût Total	11
4																				
5	Pattern	1	2	3	4	5	6	7	8	9	10	11	12	13	14	15	16		Quantité	Demande
6	36 x 50	1	1	1	0	0	0	0	0	0	0	0	0	0	0	0	0		8	8
7	24 x 36	2	1	0	2	1	0	3	2	1	0	5	4	3	2	1	0		13	13
8	20 x 60	0	0	0	2	2	2	1	1	1	1	0	0	0	0	0	0		5	5
9	18 x 30	0	1	3	0	1	3	0	2	3	5	0	1	3	5	6	8		15	15
10																				
11	Nombre	6	0	2	0	1	1	0	0	0	1	0	0	0	0	0	0			

Le programme linéaire en nombres entiers s'écrit dans la boîte de dialogue du solveur de la manière suivante. On précise que la cellule à minimiser est T3. Les variables des cellules B11:Q11 sont entières et la demande doit être satisfaite. Comme d'habitude, il ne faut pas oublier les *Options* : *Modèle supposé linéaire* et *Supposé non négatif.*

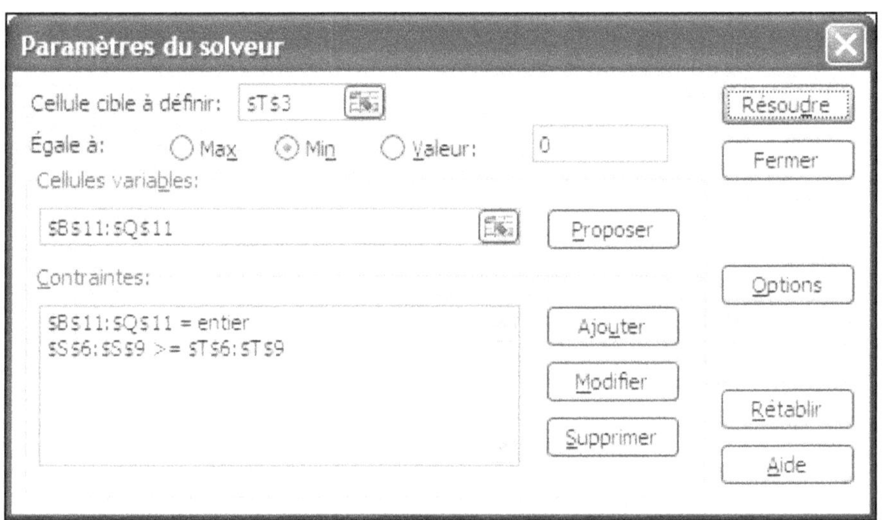

8.6.4 Résultats

Le solveur en nombres entiers trouve 11 plaques, à découper en six motifs n°1, deux motifs n°3, un motif n°5, un motif n°6 et un motif n°10. Ces plaques contiennent huit plaques de 36×50 dm, 13 de 24×36 dm, 5 de 20×60 dm et 15 de 18×30 dm. On a donc minimisé le nombre de plaques utilisées tout en satisfaisant exactement les besoins, ce qui ne serait pas nécessairement le cas pour un exemple plus gros.

Le programme linéaire est très compact sous forme générique, après énumération des motifs de découpe. Cette tâche d'énumération peut être très fastidieuse s'il y a un grand nombre de motifs possible. Il vaut mieux l'effectuer en amont avec un logiciel pour éviter d'oublier des combinaisons ou d'inclure des motifs erronés.

8.7 Découpes de barres d'acier

8.7.1 Problème

L'entreprise SchoolDesk fabrique des bureaux pour les écoles maternelles et primaires, les collèges et les lycées. Les pieds de ces bureaux ont tous le même diamètre mais des longueurs différentes : 40 cm pour les plus petits, 60 cm pour les moyens, 70 cm pour les grands. Ils sont découpés dans des barres d'acier de 1,50 ou 2 m de longueur. Cette entreprise reçoit une commande de 108 petits bureaux, 125 moyens et 100 grands. Comment satisfaire cette commande en minimisant les chutes ?

8.7.2 Modélisation

Ce problème est assez proche du problème précédent de découpe de plaques de tôle. La modélisation exploite le fait qu'il existe un nombre réduit de plans de découpes *(patterns)* des barres d'acier. Dans le problème précédent, ne figurait qu'une seule taille de plaque et une découpe à deux dimensions. Ici, il y a deux longueurs de barres et la découpe est unidimensionnelle. La barre de longueur de 1,50 m peut par exemple être découpée en deux pieds de 70 cm. Il reste alors 10 cm de chute qui ne peuvent être utilisés pour découper d'autres types de pieds. On peut aussi découper cette barre en un pied de 60 cm et un autre de 70 cm. Il reste alors 20 cm de chute. Le tableau 8.8 résume les différentes possibilités.

Tableau 8.8 – Plans de découpes possibles pour chaque type de barre

	Numéro de plan de découpe	Pieds de type 1 (40 cm)	Pieds de type 2 (60 cm)	Pieds de type 3 (70 cm)	Chute (en cm)
Barres de type 1 (1,50 m)	1	0	0	2	10
	2	0	1	1	20
	3	0	2	0	30
	4	2	0	1	0
	5	2	1	0	10
	6	3	0	0	30
Barres de type 2 (2 m)	7	0	1	2	0
	8	0	2	1	10
	9	0	3	0	20
	10	1	0	2	20
	11	1	1	1	30
	12	2	2	0	0
	13	3	0	1	10
	14	3	1	0	20
	15	5	0	0	0

Notons p le nombre de types de pieds à fabriquer, b le nombre de types de barres d'acier dans lesquelles les pieds sont découpés et n le nombre total de plans de découpe. Soit x_i le nombre de barres découpées suivant le plan de découpe i. L'objectif est de minimiser les chutes, c'est-à-dire la différence entre la longueur totale des barres utilisées pour la découpe et la longueur totale des pieds commandés.

Notons n_k le nombre de plans de découpe possibles des barres de type k et L_k la longueur de ces barres. Si D_j et H_j sont respectivement la demande et la hauteur de chaque pied j, les deux premiers termes de la fonction-objectif (1) représentent la longueur totale des barres de type 1 et 2 qui sont découpées, tandis que le dernier terme correspond à la longueur totale de pieds commandés.

$$(1) \quad \mathrm{Min} \sum_{i=1}^{n_1} L_1 x_i + \sum_{i=n_1+1}^{n} L_2 x_i - \sum_{j=1}^{p} D_j H_j$$

$$(2) \quad \forall j = 1 \ldots p : \sum_{i=1}^{n} a_{ij} x_i \geq D_j$$

$$(3) \quad \forall i = 1 \ldots n : x_i \in I\!N$$

Dans cette fonction, le terme correspondant à la somme des longueurs de pieds commandés peut être omis, car il s'agit d'une constante qui n'intervient pas dans la minimisation. Les contraintes (2), dans lesquelles a_{ij} est le nombre de pieds de type j contenus dans le plan de découpe i, assurent la satisfaction des demandes. La contrainte (3) impose que les variables x_i soient positives et entières.

8.7.3 Traduction en Excel

Le modèle est traduit en Excel dans le fichier Excel *C8-Barres*. Avant de le commenter, nous allons présenter deux macros pour générer automatiquement les différents plans de découpe. Comme le calcul de ces plans est le même pour les deux longueurs de barres, on écrit une première macro générique *CalculMotif* que l'on appellera deux fois avec des paramètres différents.

La macro *CalculMotif* reçoit en entrée la taille de la barre à découper *T*, les tailles *M1*, *M2*, *M3* des pieds à découper et les coordonnées (r, c) de la cellule à partir de laquelle les motifs vont être écrits. Les trois boucles *For* énumèrent les nombres possibles de pieds de chaque type. Les combinaisons maximales dont la longueur n'excède pas celle de la barre sont écrites dans la feuille de calcul, en incrémentant r après chaque motif. Le paramètre *r* est transmis par adresse *(ByRef)*, pour que le second appel à *CalculMotif* puisse écrire les motifs pour la seconde barre après ceux de la première.

La macro *ApplicationCalcul* appelle *CalculMotif* pour chaque type de barres. Le nombre *nb* de types de barres et les tailles des pieds à couper sont lus dans la feuille de calcul Excel. Le nombre de barres de longueurs différentes ainsi que les tailles des barres sont stockés dans les cellules B4:D4. Les plans de découpe calculés sont rangés à partir de la ligne 13.

```vb
'Calcule les motifs possibles dans une barre de taille T,
'en découpant des pieds de taille M1, M2 et M3.
'Les résultats sont affichés à partir de la cellule (r,c).

Sub CalculMotif(T As Integer, M1 As Integer, M2 As Integer,
                M3 As Integer, ByRef r As Integer, c As Integer)
  Dim l As Integer  'Longueur du motif
  Dim i As Integer, j As Integer, k As Integer
  For i = 0 To T \ M1    '\ est la division entière de T par M1
    For j = 0 To T \ M2
      For k = 0 To T \ M3
        l = i * M1 + j * M2 + k * M3
        If (l <= T) And (T - l < M1) Then  'Motif accepté ssi sa longueur
          n = n + 1                        'est inférieure à T et la chute
          Cells(r, c).Value = n            'inférieure au plus petit pied
          Cells(r, c + 1).Value = i        'On écrit les résultats dans la
          Cells(r, c + 1).Value = i        'feuille excel
          Cells(r, c + 2).Value = j
          Cells(r, c + 3).Value = k
          Cells(r, c + 4).Value = T - l
          Cells(r, c + 5).Value = T
          r = r + 1                        'On passe à la ligne suivante
        End If
      Next k
    Next j
  Next i
End Sub


Sub ApplicationCalcul()
  Dim i As Integer
  Dim nb As Integer  'Nombre de types de barres
  Dim ld As Integer  'Ligne de départ pour écrire les résultats

  ld = 13
  nb = Cells(4, 2).Value
  For i = 1 To nb
    Call CalculMotif(Cells(4, 2 + i).Value, Cells(7, 2).Value, _
                 Cells(7, 3).Value, Cells(7, 4).Value, ld, 1)
  Next i
End Sub
```

La macro *ApplicationCalcul* est associée au bouton *Calcul Motifs* de la feuille Excel. Si vous constatez que les plans de découpe ne sont pas présents dans la feuille, cliquez sur ce bouton pour générer sans risque d'erreur les plans de découpe dans la plage A13:G27.

Les formules de la feuille sont les suivantes :

- *Somme des contraintes* (2). La formule "=SOMMEPROD(B13:B27;$G13:$G27)" est placée dans la cellule B10 et recopiée dans les cellules C10:D10.

- *Fonction-objectif.* La formule de l'équation (1) est directement traduite par la formule suivante "=SOMMEPROD(F13:F27;G13:G27)-SOMMEPROD(B8:D8;B7:D7)" que l'on écrit dans la cellule G10.

C8-Barres : découpe de barres d'acier.

	Nb Barres	Taille des barres (cm)	
	2	150	200

	Type 1	Type 2	Type 3
Taille (cm)	40	60	70
Demande	432	500	400

Calcul Motifs

	Type 1	Type 2	Type 3			
Quantité	432	500	400		Chute	20

N° Découpe	Type 1	Type 2	Type 3	Chute	Taille Barre	Nombre
1	0	0	2	10	150	0
2	0	1	1	20	150	0
3	0	2	0	30	150	0
4	2	0	1	0	150	2
5	2	1	0	10	150	0
6	3	0	0	30	150	0
7	0	1	2	0	200	198
8	0	2	1	10	200	2
9	0	3	0	20	200	0
10	1	0	2	20	200	0
11	1	1	1	30	200	0
12	2	2	0	0	200	149
13	3	0	1	10	200	0
14	3	1	0	20	200	0
15	5	0	0	0	200	26

Le modèle est ensuite déterminé par les différentes informations contenues dans la boîte de dialogue du solveur. On minimise la cellule G10 en modifiant les variables des cellules G13:G27. Le premier groupe de contraintes permet de satisfaire la demande par les contraintes (2) et le dernier groupe impose aux variables d'être entières. Attention à ne pas oublier les options classiques : *Modèle supposé linéaire* et *Supposé non négatif*.

8.7.4 Résultats

À l'optimum, il faut découper deux barres de 1,50 m suivant le plan de découpe 4. Les autres barres utilisées font toutes deux mètres : 198 barres avec le plan de découpe 7, deux barres avec le plan de découpe 8, 149 avec le plan de découpe 12 et 26 avec le plan de découpe 15. La chute est alors de 20 cm et il se trouve dans cet exemple que le nombre de chaque type de pied découpé correspond exactement à la demande.

8.8 Références et compléments

Tous les problèmes de ce chapitre sont NP-difficiles, et la programmation linéaire ne peut traiter que des cas de taille modeste. Le problème de chargement de wagons du § 8.2 est aussi connu comme un problème d'ordonnancement de n tâches non fragmentables sur m machines équivalentes, appelé *problème des m processeurs*. Minimiser la charge maximale des wagons correspond alors à minimiser la durée totale de l'ordonnancement. La formulation par PL, peu structurée, dépasse difficilement trois machines et trente tâches. Pour deux machines, une méthode de programmation dynamique (sorte d'optimisation récursive) de complexité $O(nB)$ peut résoudre des problèmes avec une centaine d'objets [Martello 1990].

Il existe des méthodes arborescentes spécialisées convenant jusqu'à cent tâches [Ho 1995]. Quand les méthodes optimales prennent trop de temps, on peut trouver de bonnes solutions avec l'heuristique *LPT (Longest Processing Time)*, qui place à chaque itération, sur la machine la moins chargée, l'objet libre de plus grand poids. Le ratio de la solution *LPT* à la solution optimale n'est que de $4/3 - 1/(3m)$ [Graham 1969].

Les problèmes de chargements de péniche du § 8.3 sont des *problèmes de sac à dos (knapsack problems)*, reconnaissables à leur unique contrainte de capacité. Le sac à dos en variables fractionnaires est facile : il suffit de remplir le contenant dans l'ordre décroissant des coûts par unité de taille. Les sacs à dos en variables entières sont NP-difficiles, mais des cas de taille respectable peuvent être traités par programmation dynamique ou avec des recherches arborescentes [Syslo 1983] [Martello 1979] [Martello 1990].

Le problème de chargement de réservoirs *(loading problem)* est décrit dans un livre de Christofides *et al.* [Christofides 1979]. Une méthode arborescente y est présentée pour les instances de grande taille (35 liquides, 70 réservoirs), ainsi que des algorithmes pour le cas dynamique comprenant des suites de chargements et déchargements.

Le problème de sauvegarde de fichiers du § 8.5 est un problème dit de *bin-packing*, dans lequel on cherche à répartir n objets i de poids a_i dans un nombre minimal de boîtes parmi m disponibles, chacune de capacité b. Ce problème est NP-difficile. Il est généralement résolu par des heuristiques. Le lecteur intéressé est renvoyé à l'ouvrage de Coffman [Coffman 1996] qui contient plus d'une centaine de références et à celui de Martello que l'on peut télécharger gratuitement sur la page web de l'auteur [Martello 1990].

Les problèmes de découpe comme ceux du § 8.6 et du § 8.7 sont très combinatoires et contiennent généralement de très nombreuses variables. Les contraintes sont très variées, comme par exemple l'exigence de couper bord à bord ou coupes guillotine *(guillotine cuts)*.

Parmi les méthodes optimales, il existe des méthodes arborescentes comme celle de Hifi [Hifi 1996]. Une autre méthode exacte appelée *génération de colonnes* a été proposée par Gilmore et Gomory [Gilmore 1961] [Gilmore 1963] pour traiter des problèmes à une dimension. Elle consiste à résoudre d'abord un problème comprenant un sous-ensemble très réduit des colonnes du programme linéaire complet, ce dernier pouvant être impossible à générer entièrement. Des colonnes prometteuses sont ensuite ajoutées progressivement. Quand la méthode fonctionne bien, l'optimum est trouvé après avoir généré une faible partie des colonnes du modèle complet.

Les cas de grande taille doivent faire appel à des métaheuristiques comme la méthode tabou [Lodi 1999] ou les algorithmes génétiques [Jakobs 1996]. Des motifs équivalents en termes de chutes peuvent présenter des coûts de découpe très différents. La formulation du § 8.6 est un *problème de recouvrement*, comme le problème de localisation de relais de téléphonie mobile du chapitre 11. Elle est assez efficace et peut gérer une centaine de motifs, mais ce nombre est encore faible par rapport au nombre énorme de motifs quand les rectangles sont petits par rapport aux plaques-mères. Sweeney *et al.* proposent une bibliographie très complète comprenant plus de 400 références sur les problèmes de chargement et découpe [Sweeney 1992]. Une typologie de ces problèmes sert maintenant à les classer correctement [Wäscher 2007].

CHAPITRE 9

Transports terrestres

9.1 Introduction

Comme le transport aérien du chapitre 10, le transport terrestre est riche en problèmes d'optimisation. Les différences essentielles entre réseaux routiers et aériens sont la plus grande densité du réseau et la multiplicité des acteurs en présence dans le transport terrestre. L'ouverture des frontières et la compétition acharnée entre transporteurs font que l'utilisation de méthodes d'optimisation devient vitale pour compresser les coûts de transports et se démarquer ainsi des concurrents. Tous les jours, un petit transporteur disparaît pour ne pas avoir perçu ces enjeux. Les pays européens à bas niveaux de salaire sont souvent accusés. Pourtant, les transporteurs hollandais, dont les chauffeurs sont bien payés, résistent très bien grâce à l'utilisation intensive de logiciels d'optimisation.

La section 9.2 aborde un problème de location de voitures dans lequel il faut ramener les véhicules aux agences à moindre coût, de façon à rétablir leur effectif idéal. Un problème de répartition entre différents moyens de transports est présenté au § 9.3 : une quantité donnée de marchandises doit être transportée entre deux points, dans un réseau offrant des moyens de transport de coûts connus et de capacités limitées. La section 9.4 traite un problème classique de niveau stratégique, le choix d'emplacements d'entrepôts de manière à minimiser la somme des coûts d'ouverture et de desserte des clients. Au § 9.5, un problème d'optimisation de tournées de livraison de fioul est résolu. La section 9.6 décrit un problème de transport combiné (intermodal), qui diffère du problème du § 9.3 par des coûts de changement de mode. Enfin, un problème de planification d'une flotte de camions termine le chapitre.

9.2 Le loueur de voitures

9.2.1 Problème

Un loueur de voitures possède 94 véhicules, répartis sur 10 agences. L'emplacement de chaque agence est défini par des coordonnées géographiques X et Y dans un repère gradué en kilomètres et on suppose que la distance par la route entre deux agences est égale à la distance euclidienne (à vol d'oiseau). Le tableau 9.1 indique agence par agence les coordonnées, le parc normal et le parc actuel observé. La dernière ligne donne pour chaque site les excès (positifs) ou les déficits (négatifs).

Tableau 9.1 – Caractéristiques des agences de location

Agence	1	2	3	4	5	6	7	8	9	10
Coordonnée X	0	4	4	6	7	7	1	1	2	0
Coordonnée Y	0	4	2	2	0	5	5	2	0	3
Parc normal	10	6	8	11	9	7	15	7	9	12
Parc observé	8	13	4	8	12	2	14	11	15	7
Excès ou déficit	-2	+7	-4	-3	+3	-5	-1	+4	+6	-5

En supposant que le coût de déplacement d'une voiture est de 0,3 €/km, déterminez les mouvements de voitures permettant de rétablir l'effectif idéal de chaque agence, tout en minimisant le coût total de transport.

9.2.2 Modélisation

Pour toute agence i, notons X_i et Y_i les coordonnées géographiques, N_i le parc normal, O_i le parc observé, et $S_i = O_i - N_i$ la différence qui peut être un excès (positif) ou un déficit (négatif). Le problème revient à trouver un flot de voitures de coût minimal, depuis l'ensemble A des agences excédentaires vers l'ensemble B des agences déficitaires. Un flot rétablissant les effectifs théoriques existe nécessairement, puisque la somme des excès égale celle des déficits. La première chose à faire est de définir des variables entières z_{ij} pour les flots entre deux agences (1).

(1) $\forall i \in A, \forall j \in B : z_{ij} \in \mathbb{N}$

Chaque agence excédentaire doit liquider son excédent (2), chaque agence déficitaire doit combler son déficit (3).

(2) $\displaystyle \forall i \in A : \sum_{j \in B} z_{ij} = S_i$

(3) $\displaystyle \forall j \in B : \sum_{i \in A} z_{ij} = -S_j$

La fonction-objectif, à minimiser, est le coût total de déplacement des voitures (4). C désigne le coût de transport par km d'une voiture et d_{ij} la distance entre les agences i et j.

$$(4) \quad \text{Min} \sum_{i \in A} \sum_{j \in B} C \cdot d_{ij} \cdot z_{ij}$$

En fait, il s'agit d'un problème de flot de coût minimal appelé *problème de transport*, caractérisé par un graphe avec deux couches de nœuds : un ensemble de sources avec des disponibilités et un ensemble de destinations avec des demandes. Ce type de programme linéaire possède une matrice totalement unimodulaire (voir le chapitre 2) et le simplexe va trouver automatiquement une solution entière. Les contraintes (1) peuvent donc être remplacées par de simples contraintes de positivité.

9.2.3 Traduction en Excel

Nous présentons d'abord une version dans laquelle les ensembles A (agences excédentaires) et B (déficitaires) ainsi que la matrice des distances ont été pré-calculés. La disposition adoptée dans le classeur Excel *C9-Loueur-1* figure ci-dessous. Les agences de A et B sont les indices lignes et colonnes des matrices D (distances) et Z (flux de voitures). Les excès S_i de trouvent dans la plage *Stocks* tandis que les besoins $-S_j$ sont dans la plage *Manques*. Les sommes des contraintes (2) et (3) correspondent aux plages *Envois* et *Reçues*.

C9-Loueur : le loueur de voitures, version 1.

	A	B	C	D	E	F	G	H	I	J	K
3	Agence	1	2	3	4	5	6	7	8	9	10
4	Coord X	0	4	4	6	7	7	1	1	2	0
5	Coord Y	0	4	2	2	0	5	5	2	0	3
6	Parc normal	10	6	8	11	9	7	15	7	9	12
7	Parc observé	8	13	4	8	12	2	14	11	15	7

	A	B	C	D	E	F	G			I	J
9	Coût/km €										
10	0,30										
12	Distances D	1	3	4	6	7	10			Nb de km	
13	2	5,66	2,00	2,83	3,16	3,16	4,12			49,430	
14	5	7,00	3,61	2,24	5,00	7,81	7,62				
15	8	2,24	3,00	5,00	6,71	3,00	1,41			Coût total	
16	9	2,00	2,83	4,47	7,07	5,10	3,61			14,83	

	A	B	C	D	E	F	G			I	J
18	Flux Z	1	3	4	6	7	10			Envois	Stocks
19	2	0	1	0	5	1	0			7	7
20	5	0	0	3	0	0	0			3	3
21	8	0	0	0	0	0	4			4	4
22	9	2	3	0	0	0	1			6	6
24	Reçues	2	4	3	5	1	5				
25	Manques	2	4	3	5	1	5				

Voici les formules à préparer :

- Plage *Envois*. Saisissez "=somme(B19:G19)" dans I19 puis copiez cette formule dans le reste de la plage.

- Plage *Reçues*. La formule "=somme(B19:B22)" est saisie dans B24 puis recopiée dans le reste de la plage.

- On a préféré séparer le nombre total de km du coût total. Le nombre de km est calculé dans I13 avec la formule "=sommeprod(B13:G16;B19:G22)".

- La fonction-objectif est calculée dans I6 avec la formule ="A10*I13".

La boîte de dialogue du solveur montre un modèle très simple, avec deux groupes de contraintes : les envois doivent être égaux aux stocks (contraintes (2)) et les nombres de voitures reçues doivent combler les manques (contraintes (3)). La matrice du PL étant totalement unimodulaire, on a omis de spécifier que les variables sont entières. Comme d'habitude, les options indiquent un modèle supposé linéaire et des variables non négatives.

9.2.4 Résultats

Le solveur trouve un coût total minimal de 14,83 €, correspondant à une distance totale de 49,430 km. Les résultats détaillés peuvent être consultés sur la copie d'écran, mais nous préférons les synthétiser dans le tableau 9.2, avec les variables z_{ij} non nulles et les distances associées entre parenthèses.

Tableau 9.2 – Plan optimal de déplacement des voitures

	1	3	4	6	7	10	Excès :
2	0	1 (2)	0	5 (3,16)	1 (3,16)	0	7
5	0	0	3 (2.24)	0	0	0	3
8	0	0	0	0	0	4 (1,41)	4
9	2 (2)	3 (2,83)	0	0	0	1 (3,61)	6
Besoin :	2	4	3	5	1	5	

Étudions maintenant une version beaucoup plus élaborée, que le lecteur pourra trouver dans le classeur Excel *C9-Loueur-2* des compléments du livre. Cette version qui fait appel à VBA ne nécessite que les données des lignes 1 à 10 de la version 1, avec un nombre quelconque d'agences. Les matrices D et Z ainsi que les tableaux *Envois*, *Stocks*, *Reçus* et *Manques* sont dessinés automatiquement. Le programme VBA place les formules dans les cellules puis construit le programme linéaire et le résout.

Le code du module VBA est donné dans la suite, mais fragmenté pour mieux insérer nos explications. Il commence par une subroutine *EFFACER_CALCULS*, associée à un bouton *Effacer* dans la feuille Excel. Elle efface avec la propriété *Clear* les cellules à partir de la ligne 11. *UsedRange* renvoie la partie utilisée de la première feuille de calcul.

La subroutine *RESOUDRE_PROBLEME* est associée à un bouton *Optimiser*. Elle emploie des variables de type *Range* pour toutes les plages. Outre les notations vues précédemment, E, S, R et M désignent les plages *Envois*, *Stocks*, *Reçus* et *Manques*. *CD* et *CZ* sont utilisés pour les coins supérieurs gauches de D et Z tandis que W sert pour dessiner les tableaux E, S, R et M. *NBTKM* va contenir le nombre total de km et *EUROS* le coût total. Les entiers *na* et *nb* sont les nombres d'agences dans A et B. Les constantes de couleur *Grey* et *Green* ont été trouvées en jouant avec la fonction *RGB* (voir l'aide de Visual Basic). *Grey* va être utilisé pour les cellules calculées (D, E et R) et *Green* pour les variables (matrice Z).

La subroutine commence par régler la largeur de la première colonne à 13 mm et celle des autres à 6 mm. Elle définit ensuite les plages X, Y, N et O pour un nombre quelconque d'agences grâce à la propriété *End(xlToRight)* qui détermine la dernière colonne utilisée.

```vba
Sub EFFACER_CALCULS()
  Dim R As Range
  Set R = Worksheets(1).UsedRange
  Range("A11", R(R.Rows.Count, R.Columns.Count)).Clear
End Sub

Sub RESOUDRE_PROBLEME()

Const Grey = 15132390, Green = 9895830
Dim X As Range, Y As Range, N As Range, O As Range
Dim A As Range, B As Range, D As Range, Z As Range
Dim E As Range, S As Range, R As Range, M As Range
Dim CD As Range, CZ As Range, W As Range
Dim NBTKM As Range, EUROS As Range
Dim na As Long, nb As Long, i As Long, j As Long
Dim Result As Integer

'Règle la largeur des colonnes
Worksheets(1).Columns.ColumnWidth = 6
Worksheets(1).Columns(1).ColumnWidth = 13

'Place les tableaux de données
Set X = Range("B04", Range("B04").End(xlToRight))
Set Y = Range("B05", Range("B05").End(xlToRight))
Set N = Range("B06", Range("B06").End(xlToRight))
Set O = Range("B07", Range("B07").End(xlToRight))
```

Dans la suite du code, ci-dessous, on détermine les ensembles *A* et *B* puis on construit le distancier *D* avec la formule de la distance euclidienne. Ensuite, on formate *A*, *B* et *C* : tracé des bordures, couleur de fond grise, définition du format de nombre et centrage. La matrice *Z* est dessinée en copiant le bloc de cellules pour *A*, *B*, *D* grâce à la méthode *Copy*. Les plages *E*, *S*, *R*, *M*, *NBTKM* et *EUROS* sont formatées avec les mêmes techniques.

```
'Détermine A, B et les tailles na, nb (CD coin du bloc)
Set CD = Range("A12")
CD = "Distances"
na = 0: nb = 0
For i = 1 To X.Columns.Count
  Select Case Sgn(O(i) - N(i))
    Case 1:  na = na + 1: CD.Offset(na, 0) = i
    Case -1: nb = nb + 1: CD.Offset(0, nb) = i
  End Select
Next i
Set A = Range(CD.Offset(1, 0), CD.Offset(na, 0))
Set B = Range(CD.Offset(0, 1), CD.Offset(0, nb))

'Construit le distancier D
Set D = Range(CD.Offset(1, 1), CD.Offset(na, nb))
For i = 1 To na
  For j = 1 To nb
    D(i, j) = Sqr((X(A(i)) - X(B(j))) ^ 2 + (Y(A(i)) - Y(B(j))) ^ 2)
  Next j
Next i

'Formate les tableaux A, B, D
Union(A, B, D).Interior.Color = Grey
CD.CurrentRegion.Borders.LineStyle = xlContinuous
CD.CurrentRegion.HorizontalAlignment = xlCenter
D.NumberFormat = "0.00"

'Dessine la matrice Z en copiant le bloc (A,B,D)
Set CZ = CD.Offset(na + 2, 0)
Call CD.CurrentRegion.Copy(CZ)
CZ = "Flux"
Set Z = Range(CZ.Offset(1, 1), CZ.Offset(na, nb))
Z.Interior.Color = Green
Z.NumberFormat = "0"
Z = 0

'Tableaux E (envois) et S (stocks)
Set W = Range(CZ.Offset(0, nb + 2), CZ.Offsct(na, nb + 3))
W(1, 1) = "Envois"
W(1, 2) = "Stocks"
W.Borders.LineStyle = xlContinuous
W.HorizontalAlignment = xlCenter
Set E = Range(W(2, 1), W(na + 1, 1))
Set S = Range(W(2, 2), W(na + 1, 2))
E.Interior.Color = Grey
For i = 1 To na
  S(i) = O(A(i)) - N(A(i))
Next i
```

```
'Tableaux R (reçues) et M (manques)
Set W = Range(CZ.Offset(na + 2, 0), CZ.Offset(na + 3, nb))
W(1, 1) = "Reçues"
W(2, 1) = "Manques"
W.Borders.LineStyle = xlContinuous
W.HorizontalAlignment = xlCenter
Set R = Range(W(1, 2), W(1, nb + 1))
Set M = Range(W(2, 2), W(2, nb + 1))
R.Interior.Color = Grey
For j = 1 To nb
  M(j) = N(B(j)) - O(B(j))
Next j

'Cellules pour nombre total de km
Set W = Range(CD.Offset(0, nb + 2), CD.Offset(1, nb + 3))
W.Merge (True)
W.Borders.LineStyle = xlContinuous
W.HorizontalAlignment = xlCenter
W(1, 1) = "Nb de km"
Set NBTKM = W(2, 1)
NBTKM.Interior.Color = Grey
NBTKM.NumberFormat = "0.000"

'Cellules pour coût total
Set W = Range(CD.Offset(3, nb + 2), CD.Offset(4, nb + 3))
W.Merge (True)
W.Borders.LineStyle = xlContinuous
W.HorizontalAlignment = xlCenter
W(1, 1) = "Coût total"
Set EUROS = W(2, 1)
EUROS.Interior.Color = vbYellow
EUROS.NumberFormat = "0.00"
```

Les lignes suivantes définissent les formules pour *E*, *R*, *NBTKM* et *EUROS*. Par exemple, pour la ligne *i* de *Envois* (plage *E*), on affecte à *E(i)*.*Formula* une chaîne de caractères contenant une formule pour calculer la somme des éléments de la ligne *i* de *Z*, c'est-à-dire *Z.Rows(i)*. La propriété *Address* renvoie la référence de cette ligne sous forme de chaîne, par exemple "B19:G19" pour la ligne 1. Comme nous l'avons annoncé au § 4.4.2, la formule doit respecter la syntaxe US d'Excel : noms de fonctions en anglais et arguments séparés par des virgules au lieu de points-virgules. Il est possible d'utiliser la syntaxe française, mais avec *FormulaLocal*. Finalement, le programme linéaire est défini puis résolu avec les macros du solveur présentés au § 4.5.

```
'Définition des formules
For i = 1 To na
  E(i).Formula = "=SUM(" & Z.Rows(i).Address & ")"
Next i
For j = 1 To nb
  R(j).Formula = "=SUM(" & Z.Columns(j).Address & ")"
Next j
NBTKM.Formula = "=SUMPRODUCT(" & D.Address & "*" & Z.Address & ")"
EUROS.Formula = "=A10*" & NBTKM.Address
```

```
'Définition du modèle pour le solveur et résolution
Call SolverReset
Call SolverOptions(AssumeLinear:=True, AssumeNonNeg:=True)
Call SolverOK(SetCell:=EUROS.Address, MaxMinVal:=2, ByChange:=Z.Address)
Call SolverAdd(CellRef:=E.Address, Relation:=2, FormulaText:=S.Address)
Call SolverAdd(CellRef:=R.Address, Relation:=2, FormulaText:=M.Address)
Result = SolverSolve(UserFinish:=True)

'Affiche message de fin
Select Case Result
  Case 0:    MsgBox ("Optimisation réussie")
  Case 4:    MsgBox ("Optimum non borné")
  Case 5:    MsgBox ("Infaisable")
  Case Else: MsgBox ("Erreur solveur, code: " & Result)
End Select

End Sub
```

On obtient la même disposition et les mêmes résultats que dans la version 1, à part les deux boutons *Effacer* et *Optimiser*. Si on clique sur *Effacer*, l'écran est effacé à partir de la ligne 11. Le programme fonctionne correctement si on enlève ou ajoute des agences.

C9-Loueur : le loueur de voitures, version 2 en VBA.

	A	B	C	D	E	F	G	H	I	J	K
3	Agence	1	2	3	4	5	6	7	8	9	10
4	Coord X	0	4	4	6	7	7	1	1	2	0
5	Coord Y	0	4	2	2	0	5	5	2	0	3
6	Parc normal	10	6	8	11	9	7	15	7	9	12
7	Parc observé	8	13	4	8	12	2	14	11	15	7

	A	B	C	D	E	F	G			I	J
9	Coût/km €					Effacer				Optimiser	
10	0,30										

	A	B	C	D	E	F	G		I	J
12	Distances D	1	3	4	6	7	10		Nb de km	
13	2	5,66	2,00	2,83	3,16	3,16	4,12		49,430	
14	5	7,00	3,61	2,24	5,00	7,81	7,62			
15	8	2,24	3,00	5,00	6,71	3,00	1,41		Coût total	
16	9	2,00	2,83	4,47	7,07	5,10	3,61		14,83	

	A	B	C	D	E	F	G		I	J
18	Flux Z	1	3	4	6	7	10		Envois	Stocks
19	2	0	1	0	5	1	0		7	7
20	5	0	0	3	0	0	0		3	3
21	8	0	0	0	0	0	4		4	4
22	9	2	3	0	0	0	1		6	6

	A	B	C	D	E	F	G
24	Reçues	2	4	3	5	1	5
25	Manques	2	4	3	5	1	5

9.3 Choix de moyens de transport

9.3.1 Problème

Une entreprise du Sud-Ouest doit transporter 180 tonnes de produits chimiques dangereux, stockés dans quatre entrepôts E1 à E4, vers trois centres de retraitement C1, C2 et C3. Les entrepôts E1 à E4 contiennent respectivement 50, 40, 35 et 65 tonnes, soit 190 tonnes en tout. Deux moyens de transport sont disponibles : le rail et la route. L'entrepôt E1 peut livrer le centre C1 et C2 par la route uniquement aux tarifs de 12 et 11 k€/t. L'entrepôt E2 ne dessert que C1, soit par rail ou par route, aux tarifs respectifs de 12 et 14 k€/t. L'entrepôt E3 dessert le centre C2 par la route au tarif de 9 k€/t et le centre C3 par rail ou par route aux tarifs respectifs de 4 et 5 k€/t. L'entrepôt E4 dessert le centre C2 par rail ou par route au coût de 11 et 14 k€/t et le centre C3 par rail ou route au tarif de 10 et 14 k€/t.

La SNCF impose à l'entreprise de transporter au moins 10 tonnes sur chaque liaison pour qu'elle puisse bénéficier des tarifs indiqués, et au plus 50 tonnes pour des raisons de sécurité. Par contre, il n'y a pas de limitations pour le transport par route. Comment acheminer les 180 tonnes de produits chimiques en minimisant le coût total de transport ?

9.3.2 Modélisation

Nous allons modéliser ce problème sous forme d'un *problème de flot de coût minimal* avec débit total fixé F, défini sur le graphe orienté $G = (X,U)$ de la figure 9.1. L'ensemble X des nœuds comprend une couche de nœuds pour les entrepôts et une autre pour les centres. L'ensemble U des arcs inclut les liaisons possibles entre entrepôts et centres. Un plan de transport correspond à un flot de G, défini par un flux p_{ij} sur chaque arc (i,j). Un arc (i,j) est caractérisé par un flux minimal m_{ij} (0, sauf pour les liaisons SNCF), une capacité ou flux maximal K_{ij} (infinie, sauf pour les liaisons SNCF), et un coût de transport par tonne c_{ij}.

Les deux moyens de transport entre un entrepôt et un centre nécessitent deux arcs parallèles. Un tel graphe, avec au plus p arcs dans le même sens entre deux nœuds, est appelé *p-graphe*. Il ne peut pas être codé par une matrice. Par contre, on peut utiliser un codage par liste d'arcs, comme dans le problème de la mine à ciel ouvert du chapitre 5.

Le graphe ne prend pas en compte les stocks des entrepôts. Pour cela, on crée une *source* (nœud fictif s) reliée à chaque nœud entrepôt i par un arc (s, i) de capacité K_{si} égale à la quantité de produit stockée en i. Ainsi, le flux quittant l'entrepôt i ne pourra excéder cette valeur. Pour faciliter la modélisation, on crée aussi un *puits* (nœud fictif t), auquel est relié chaque centre, et un arc de retour (t, s). La figure 9.1 donne le graphe obtenu, avec sur chaque arc (i,j) le triplet (m_{ij}, K_{ij}, c_{ij}). Un tiret correspond à une capacité infinie.

Le programme linéaire contient les contraintes (2) de conservation du flot ou lois des nœuds ou *lois de Kirchhoff* : la somme des flux arrivant en tout nœud est égale à la somme des flux qui en partent. Cette propriété est vérifiée même pour s et t, grâce à l'astuce de l'arc de retour. Le flux sur chaque arc vaut au moins m_{ij} (contraintes (3)), sans excéder la capacité maximale K_{ij} (contraintes (4)). La contrainte (5) impose le transport d'une quantité totale $F = 180$ tonnes, en stipulant un flux égal à F sur l'arc de retour. On pourrait se dispenser de cette contrainte en spécifiant un flux minimal $m_{ts} = F$ dans les données.

Il reste à expliquer la fonction-objectif de la ligne (1). Comme c_{ij} est un coût par tonne, le coût de passage d'un flux p_{ij} sur un arc (i,j) vaut $c_{ij} \times p_{ij}$. Le coût total de transport, à minimiser, est alors la somme de ces coûts de passage sur l'ensemble des arcs.

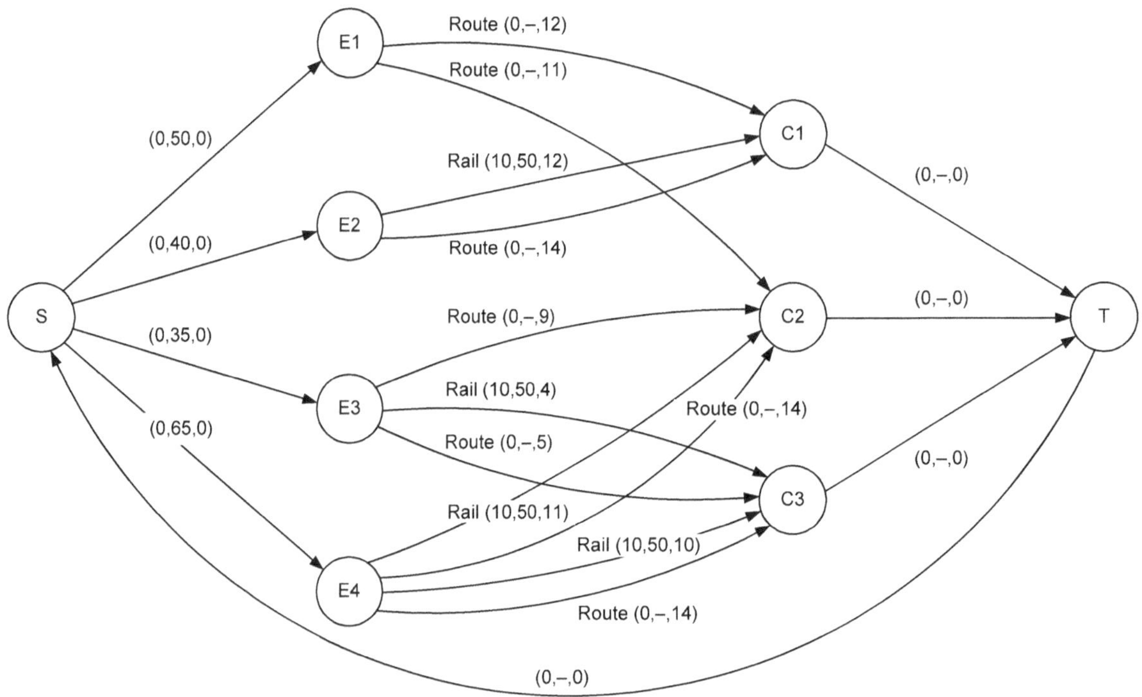

Figure 9.1 – Graphe du réseau

Finalement, grâce à la définition préalable du graphe, on obtient un programme linéaire très compact. Notez que les contraintes de positivité des variables de flux sont implicitement assurées par les contraintes (3).

$$(1) \quad \text{Min} \sum_{(i,j) \in U} c_{ij} \times p_{ij}$$

$$(2) \quad \forall i \in X, i \neq s,t : \sum_{(i,j) \in U} p_{ji} = \sum_{(j,i) \in U} p_{ij}$$

$$(3) \quad \forall (i,j) \in U : p_{ij} \geq m_{ij}$$

$$(4) \quad \forall (i,j) \in U : p_{ij} \leq K_{ij}$$

$$(5) \quad p_{ts} = F$$

9.3.3 Traduction en Excel

L'écran suivant montre la disposition adoptée dans le classeur Excel *C9-FlotCoutMin-1*. Pour chaque arc, le grand tableau contient une ligne avec le nœud de départ i, le nœud d'arrivée j, le moyen de transport pour mémoire, le débit minimal m_{ij}, la capacité K_{ij} avec une valeur 9 999 si elle est infinie, le coût c_{ij} et le flot p_{ij} à déterminer. Pour les lois de Kirchhoff, un autre tableau donne le flot entrant et sortant de chaque nœud.

	A	B	C	D	E	F	G	H	I	J	K
1	C9-FlotCoutMin-1 : choix de moyen de transport, version 1.										
2											
3	Début arc	Fin arc	Moyen	Flot min	Capacité	Coût	Flot		Débit voulu	180	
4	E1	C1	Route	0	9999	12	0		Coût total	1715	
5	E1	C2	Route	0	9999	11	50				
6	E2	C1	Rail	10	50	12	30		Nœud	Flot entrant	Flot sortant
7	E2	C1	Route	0	9999	14	0		S	180	180
8	E3	C2	Route	0	9999	9	0		E1	50	50
9	E3	C3	Rail	10	50	4	35		E2	30	30
10	E3	C3	Route	0	9999	5	0		E3	35	35
11	E4	C2	Rail	10	50	11	15		E4	65	65
12	E4	C2	Route	0	9999	14	0		C1	30	30
13	E4	C3	Rail	10	50	10	50		C2	65	65
14	E4	C3	Route	0	9999	14	0		C3	85	85
15	S	E1		0	50	0	50		T	180	180
16	S	E2		0	40	0	30				
17	S	E3		0	35	0	35				
18	S	E4		0	65	0	65				
19	C1	T		0	9999	0	30				
20	C2	T		0	9999	0	65				
21	C3	T		0	9999	0	85				
22	T	S		0	9999	0	180				

Définissons les noms de plages suivants : *NoeudsDéb* pour A4:A22, *NoeudsFin* pour B4:B22, *FlotsMin* pour D4:D22, *Capacités* pour E4:E22, *CoûtsArcs* pour F4:F22, *Flots* pour G4:G22, *FlotsEntrants* pour J7:J15, *FlotsSortants* pour K4:K15, *DébitRéel* pour le flot sur l'arc de retour (t, s), *DébitVoulu* pour J3 et enfin *CoûtTotal* pour J3. Pour définir un nom de plage, il suffit de sélectionner la plage puis de saisir le nom choisi dans la *zone nom*, à gauche de la barre de formule. Ces noms permettent de définir de manière très explicite les formules ci-dessous ainsi que le PL pour le solveur, illustré page suivante.

Il n'y a que trois types de formules à définir :

- *Flot arrivant à chaque nœud i* ou somme des flots des arcs dont le nœud d'arrivée est i. Pour le nœud s, entrez dans J7 la formule "=somme.si(NoeudsFin;I7;Flots)" puis copiez-la dans J8 à J15 pour les autres nœuds.

- *Flot partant de chaque nœud i* ou somme des flots des arcs dont le nœud de départ est i. Pour le nœud s, la formule "=somme.si(NoeudsDeb;I7;Flots)" est saisie dans K7, puis recopiée dans les cellules K8 à K15.

- *Coût total*. Il est obtenu avec la formule "=sommeprod(CoûtsArcs;Flots)" dans J4.

9.3.4 Résultats

Le coût de transport minimal vaut 1 715 k€. Le plan de transport optimal, qui peut être consulté sur l'écran ci-dessus, est synthétisé dans le tableau 9.3. Ce problème avec des valeurs minimales pour les flux sur chaque arc pourrait ne pas avoir de solution. Ce serait par exemple le cas si $F = 10$, puisque les quatre arcs de transport par rail partant des dépôts exigent chacun un flux minimal de 10 tonnes.

Tableau 9.3 – Plan de transport optimal

Centres Entrepôt	C1	C2	C3
E1	0	50 t, par route	0
E2	30 t, par rail	0	0
E3	0	0	35 t, par rail
E4	0	15 t, par rail	50 t, par rail

9.3.5 Remarques et extensions

Le modèle permet de résoudre tout problème de flot de coût minimal. Par exemple, pour gérer une demande pour un centre, il suffit d'utiliser la demande comme valeur minimale du flot sur l'arc (i,t), ce qui assure sa satisfaction. Il faut évidemment que la somme des disponibilités des entrepôts soit supérieure ou égale à celle des demandes. On peut aussi traiter une capacité ou un coût sur un nœud i, en remplaçant i par deux nœuds i_1 et i_2 reliés par un arc (i_1, i_2). Les arcs qui arrivaient en i arrivent en i_1, tandis que ceux qui partaient de i partent de i_2. Enfin, la capacité et le coût de traversée de i sont reportés sur l'arc (i_1, i_2).

On a calculé un flot de débit F donné et de coût minimal. Le chapitre 14 traite un problème d'adduction d'eau où on veut un flot de débit maximal. On peut aussi chercher un flot de débit maximal et de coût minimal. Il faut supprimer la contrainte *DébitRéel = DébitVoulu* et *maximiser* J4 avec la formule "=M*DébitRéel – sommeprod(CoûtsArcs;Flots)". *M* doit être un majorant du coût du flot, pour que le débit soit maximisé en priorité (10 000 par exemple). On obtient un flot de débit maximal 190 et de coût minimal (1 835) parmi tous les flots de ce débit. Le modèle associé est donné dans le classeur Excel *C9-FlotCoutMin-2*.

Comme signalé dans le chapitre 2, les programmes linéaires pour les problèmes de flots ont des matrices totalement unimodulaires. À condition que les capacités soient entières, les flots sont automatiquement entiers. On pourrait donc gérer des flots de voitures, par exemple, sans jamais obtenir un nombre fractionnaire de voitures sur un arc.

9.4 Localisation d'entrepôts

9.4.1 Problème

Une chaîne d'hypermarchés désire construire des entrepôts pour approvisionner ses douze centrales d'achat, de façon à minimiser le coût moyen hebdomadaire de son réseau de distribution. Ce coût comprend le coût fixe des entrepôts et les coûts de transport.

Le tableau 9.5 indique les 12 sites possibles pour les entrepôts, avec pour chacun la capacité maximale livrable par semaine (en tonnes) et le coût fixe en euros. Pour la période considérée d'une semaine, ce coût inclut l'amortissement de l'entrepôt et des engins de manutention, les consommables (chauffage, éclairage, butane des chariots élévateurs) et les salaires du personnel. Le coût d'un entrepôt n'est compté que si on décide de le construire. Le tableau donne également les demandes moyennes hebdomadaires des 12 centrales.

Le tableau 9.4 indique les coûts de transports en euros/tonne entre les 12 sites possibles pour les entrepôts (en lignes) et les 12 centrales d'achat (en colonnes). Certaines livraisons impossibles sont indiquées par le symbole infini ($+\infty$). Les demandes des centrales doivent être satisfaites. Chaque centrale peut être livrée par plusieurs entrepôts. Si nécessaire, on peut construire un entrepôt sur chaque site. Le coût de transport entre un entrepôt et une centrale est égal au nombre de tonnes livrées, multiplié par le coût du tableau 9.4.

Quels entrepôts construire et quelles sont les quantités à livrer à chaque client pour satisfaire les demandes tout en minimisant le coût total du réseau de distribution ?

Tableau 9.4 – Coûts de livraison entrepôts × centrales d'achat (en €/t)

	1	2	3	4	5	6	7	8	9	10	11	12
1	100	80	50	50	60	100	120	90	60	70	65	110
2	120	90	60	70	65	110	140	110	80	80	75	130
3	140	110	80	80	75	130	160	125	100	100	80	150
4	160	125	100	100	80	150	190	150	130	$+\infty$	$+\infty$	$+\infty$
5	190	150	130	$+\infty$	$+\infty$	$+\infty$	200	180	150	$+\infty$	$+\infty$	$+\infty$
6	200	180	150	$+\infty$	$+\infty$	$+\infty$	100	80	50	50	60	100
7	100	80	50	50	60	100	120	90	60	70	65	110
8	120	90	60	70	65	110	140	110	80	80	75	130
9	140	110	80	80	75	130	160	125	100	100	80	150
10	160	125	100	100	80	150	190	150	130	$+\infty$	$+\infty$	$+\infty$
11	190	150	130	$+\infty$	$+\infty$	$+\infty$	200	180	150	$+\infty$	$+\infty$	$+\infty$
12	200	180	150	$+\infty$	$+\infty$	$+\infty$	100	80	50	50	60	100

Tableau 9.5 – Données des entrepôts et des centrales

Entrepôt	1	2	3	4	5	6
Coût (€)	3 500	9 000	10 000	4 000	3 000	9 000
Capacité (t)	300	250	100	180	275	300
Entrepôt	7	8	9	10	11	12
Coût (€)	9 000	3 000	4 000	10 000	9 000	3 500
Capacité (t)	200	220	270	250	230	180
Centrale	1	2	3	4	5	6
Demande (t)	120	80	75	100	110	100
Centrale	7	8	9	10	11	12
Demande (t)	90	60	30	150	95	120

9.4.2 Modélisation

Soit d_j la demande de la centrale d'achat j, K_i la capacité de l'entrepôt i, f_i son coût fixe de construction, et c_{ij} le coût de livraison par tonne de l'entrepôt i à la centrale j. Les constantes m et n désignent respectivement le nombre de sites pour les entrepôts et le nombre de centrales d'achat. Les flux livrés entre tout entrepôt i et toute centrale j sont définis par des variables réelles non négatives x_{ij}. Pour définir l'ensemble des entrepôts ouverts, nous allons utiliser des variables binaires y_i, valant 1 si et seulement si l'entrepôt i est construit. Les variables sont donc définies par les contraintes (4) et (5).

(4) $\quad \forall i = 1 \ldots m, \forall j = 1 \ldots n : x_{ij} \geq 0$

(5) $\quad \forall i = 1 \ldots m : y_i \in \{0,1\}$

La demande des centrales doit être satisfaite complètement, ce qui donne les contraintes (2).

$$(2) \quad \forall j = 1 \ldots n : \sum_{i=1}^{m} x_{ij} = d_j$$

Considérons les contraintes (3), mais sans la variable y_i. Elles signifient que la quantité totale livrée par tout entrepôt i ne doit pas excéder sa capacité. Or, un entrepôt non construit ne livre rien. Il faut donc traduire l'équivalence *entrepôt i fermé* $\Leftrightarrow$ *premier membre = 0*. Une solution serait de multiplier chaque x_{ij} par y_i dans le premier membre, mais les produits de variables sont interdits en programmation linéaire. Comment faire ?

$$(3) \quad \forall i = 1 \ldots m : \sum_{j=1}^{n} x_{ij} \leq K_i \times y_i$$

On multiplie les capacités des seconds membres par y_i ! Si l'entrepôt i n'est pas construit, alors $y_i = 0$ et le premier membre est nul. L'équivalence est donc vérifiée de la gauche vers la droite. La réciproque n'est pas vraie car la contrainte permet que i soit ouvert sans rien livrer. Heureusement, la minimisation du coût va empêcher de tels cas à l'optimum.

Cette astuce, où une équivalence est assurée dans un sens par une contrainte et dans l'autre sens par la minimisation ou la maximisation de la fonction-objectif, est très courante en programmation linéaire en nombres entiers.

Le coût total que l'on cherche à minimiser se répartit entre les coûts fixes des entrepôts ouverts et les coûts de livraison. Ce sont les deux termes de la fonction-objectif (1). Le modèle complet est rappelé ci-dessous, avant sa traduction en Excel. Il s'agit d'un *programme linéaire mixte*, avec des variables entières et continues.

$$(1) \quad \text{Min} \sum_{i=1}^{m} f_i \times y_i + \sum_{i=1}^{m}\sum_{j=1}^{n} c_{ij} \times x_{ij}$$

$$(2) \quad \forall\, j=1...n: \sum_{i=1}^{m} x_{ij} = d_j$$

$$(3) \quad \forall\, i=1...m: \sum_{j=1}^{n} x_{ij} \leq K_i \times y_i$$

$$(4) \quad \forall\, i=1...m, \forall\, j=1...n: x_{ij} \geq 0$$

$$(5) \quad \forall\, i=1...m: y_i \in \{0,1\}$$

9.4.3 Traduction en Excel

La copie d'écran suivante illustre la disposition adoptée dans le fichier Excel *C9-Entrepots*, inclus dans les compléments du livre.

C9-Entrepots : problème de localisation d'entrepôts.

Coûts (€/t)	1	2	3	4	5	6	7	8	9	10	11	12	Coût fixe (€)	Capacité (t)
1	100	80	50	50	60	100	120	90	60	70	65	110	3500	300
2	120	90	60	70	65	110	140	110	80	80	75	130	9000	250
3	140	110	80	80	75	130	160	125	100	100	80	150	10000	100
4	160	125	100	100	80	150	190	150	130	9999	9999	9999	4000	180
5	190	150	130	9999	9999	9999	200	180	150	9999	9999	9999	3000	275
6	200	180	150	9999	9999	9999	100	80	50	50	60	100	9000	300
7	100	80	50	50	60	100	120	90	60	70	65	110	9000	200
8	120	90	60	70	65	110	140	110	80	80	75	130	3000	220
9	140	110	80	80	75	130	160	125	100	100	80	150	4000	270
10	160	125	100	100	80	150	190	150	130	9999	9999	9999	10000	250

													Demande totale	Capacité totale
Demande	120	80	75	100	110	100	90	60	30	150	95	120	1130	2345

Quantités (t)	1	2	3	4	5	6	7	8	9	10	11	12	Qté livrée (t)	Ouvert?	Capacité créée
1	120	0	0	35	0	0	0	60	30	0	0	55	300,00	1	300
2	0	0	0	0	0	0	0	0	0	0	0	0	0,00	0	0
3	0	0	0	0	0	0	0	0	0	0	0	0	0,00	0	0
4	0	0	0	0	0	0	0	0	0	0	0	0	0,00	0	0
5	0	40	0	0	0	0	0	0	0	0	0	0	40,00	1	275
6	0	0	0	0	0	0	90	0	0	150	0	60	300,00	1	300
7	0	0	0	0	0	0	0	0	0	0	0	0	0,00	0	0
8	0	40	75	0	0	100	0	0	0	0	0	5	220,00	1	220
9	0	0	0	65	110	0	0	0	0	0	95	0	270,00	1	270
10	0	0	0	0	0	0	0	0	0	0	0	0	0,00	0	0
Qté reçue	120	80	75	100	110	100	90	60	30	150	95	120	Coût total		118800,00

La première matrice donne les coûts de transport c_{ij}, avec en dessous les demandes d_j et, à droite, les coûts fixes f_i et capacités K_i. On a calculé pour information la demande totale et la capacité totale. L'autre matrice est celle des variables x_{ij}. Le vecteur des quantités reçues indique les sommes dans les contraintes (2), tandis que le vecteur des quantités livrées donne celles des contraintes (3). La colonne *Ouvert* correspond aux variables y_i. Celle intitulée *Capacité créée* donne les produits $K_i \times y_i$ des seconds membres des contraintes (3).

Les formules à saisir dans les cellules sont finalement simples :

- *Quantités reçues*. Entrez "=somme(B18:B27)" dans B29 et copiez cette formule dans le reste de la plage.

- *Quantités livrées*. Indiquez "=somme(B18:M18)" dans O18 puis copiez.

- *Capacités créées*. Utilisez la formule "=Q4*Q18" dans S18 puis recopiez-la.

- *Coût total* (Q29) : "=sommeprod(O4:O13;Q18:Q27)+sommeprod(B4:M13;B18:M27)".

Le modèle pour le solveur traduit directement la formulation mathématique et ses groupes de contraintes. La positivité des variables x_{ij} et la linéarité sont précisées dans les options.

9.4.4 Résultats

Après résolution, le coût hebdomadaire du réseau s'élève à 118 800 euros, dont 22 500 pour les coûts fixes des entrepôts et 96 300 pour le transport. Les variables y_i à 1 indiquent quels sont les entrepôts à construire. Ils sont au nombre de 5, sur les sites 1, 5, 6, 8 et 9.

Tous les flux sont entiers. 9 centrales sur 12 sont livrées par un seul entrepôt ; en voici la liste avec l'entrepôt entre parenthèses : 1(1), 3(8), 4(9), 5(9), 6(8), 7(6), 8(1), 9(1), 10(6) et 11(9). Les centrales 2 et 4 sont livrées par deux entrepôts, (5, 8) et (1, 9) respectivement. Seule la centrale 12 est livrée par trois entrepôts : 1, 6 et 8.

Les entrepôts ouverts livrent de une à cinq centrales. On constate que leurs capacités sont saturées, sauf pour l'entrepôt 5. En conclusion, la solution n'est pas si évidente : les 5 entrepôts ouverts ne sont ni les moins chers, ni ceux avec la plus grosse capacité.

9.5 Livraison de fioul

9.5.1 Problème

Un transporteur doit livrer du fioul à certains de ses clients de Loire-Atlantique (44) et du Maine-et-Loire (49), à partir de la raffinerie de Donges dans le département 44. Ces clients se situent à Andard (49), Carquefou (44), Guérande (44), Monnières (44), Pannecé (49) et Trélazé (49). Le tableau 9.6 contient les demandes en litres des clients. La matrice des distances en kilomètres entre les différents sites est donnée au tableau 9.7.

Tableau 9.6 – Demandes des sites (en litres)

Andard	Carquefou	Donges	Guérande	Monnières	Pannecé	Trélazé
14 000	3 000	0	6 000	16 000	5 000	15 000

Tableau 9.7 – Distancier (en km)

	Andard	Carquefou	Donges	Guérande	Monnières	Pannecé	Trélazé
Andard	0	93	148	180	99	72	12
Carquefou	93	0	55	85	20	28	83
Donges	148	55	0	32	70	73	140
Guérande	180	85	32	0	100	99	174
Monnières	99	20	70	100	0	49	85
Pannecé	72	28	73	99	49	0	73
Trélazé	12	83	140	174	85	73	0

Pour effectuer ses livraisons, le transporteur dispose de camions-citernes pouvant contenir jusqu'à 39 000 litres. Chaque client doit être livré en une seule fois. Déterminez les tournées à réaliser pour livrer tous les clients et minimiser le nombre de kilomètres parcourus.

9.5.2 Modélisation

Parmi toutes les études de cas présentées dans ce livre, ce problème est probablement le plus difficile à modéliser sous forme de programme linéaire en nombres entiers. Dans tous les problèmes de tournées, la principale difficulté est de trouver des contraintes linéaires pour éviter les *sous-tours*, c'est-à-dire des tournées ne passant pas par le dépôt. Ainsi, dans la figure 9.2, la tournée de gauche est correcte mais la tournée (2, 3, 4, 2) à droite est un sous-tour.

Certains modèles utilisent des variables binaires x_{ijk}, valant 1 si et seulement si le véhicule k passe directement du client i au client j dans sa tournée. Nous préférons utiliser des variables à deux indices, pour deux raisons : a) le nombre de variables diminue, ce qui est important car la version du solveur fournie avec Excel est bridée ; b) les deux indices sont évidemment plus compatibles avec la logique bidimensionnelle d'Excel.

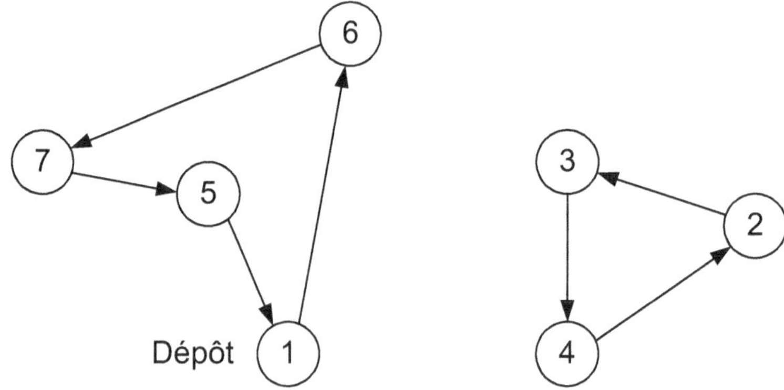

Figure 9.2 – Solution avec une tournée valide (à gauche) et un sous-tour (à droite)

Soit n le nombre de sites incluant le dépôt (site 1 par convention) et les clients (sites 2 à n). On définit des variables binaires x_{ij} valant 1 si et seulement si une tournée passe du site i au site j. D_{ij} dénote la distance entre deux sites i et j, q_i la quantité demandée par le client i, et Q la capacité des camions. Pour simplifier la traduction en Excel, les variables x_{ii} existent mais sont pénalisées en posant $D_{ii} = \infty$ au lieu de $D_{ii} = 0$. Voici le modèle mathématique :

(1) $\quad \text{Min} \displaystyle\sum_{i=1}^{n}\sum_{j=1}^{n} D_{ij} x_{ij}$

(2) $\quad \forall i = 2\ldots n : \displaystyle\sum_{j=1}^{n} x_{ji} = 1$

(3) $\quad \forall i = 2\ldots n : \displaystyle\sum_{j=1}^{n} x_{ij} = 1$

(4) $\quad \forall i = 2\ldots n : q_i \leq y_i \leq Q$

(5) $\quad \forall i = 2\ldots n : y_i \leq Q - (Q - q_i) \cdot x_{1i}$

(6) $\quad \forall i = 2\ldots n, \forall j = 2\ldots n : y_j \geq y_i + q_j - Q + Q \cdot x_{ij} + (Q - q_j - q_i) \cdot x_{ji}$

(7) $\quad \forall i = 1\ldots n, \forall j = 1\ldots n : x_{ij} \in \{0,1\}$

L'objectif est de minimiser le nombre total de kilomètres parcourus (1). Chaque client i doit être visité par un seul camion. Ceci se traduit par les deux groupes de contraintes (2) et (3) qui imposent respectivement d'arriver une fois à chaque client i et de le quitter une fois. Le dépôt n'est pas concerné puisque tous les camions le quittent et y retournent.

Les variables réelles y_i modélisent la quantité totale de fioul livrée par le camion qui visite le client i, depuis le dépôt jusqu'à i inclus. Les contraintes (4) permettent de définir et de borner ces variables : quel que soit le client i, la quantité y_i doit satisfaire au moins la demande q_i du client, sans toutefois dépasser la capacité Q des camions-citernes.

Les contraintes (5) et (6), très astucieuses, servent à déduire y_j de y_i si une tournée livre deux clients i et j consécutivement. Les contraintes (5) concernent le cas particulier d'un client i visité en premier par sa tournée. Dans ce cas, $x_{1i} = 1$ et (5) équivaut à (5a). Les contraintes (4) et (5a) impliquent alors que y_i est égale à la demande q_i du client i.

(5a) $y_i \leq q_i$

Si i n'est pas le premier de sa tournée, $x_{1i} = 0$ et la contrainte (5) devient (5b). Cette relation est redondante car elle est déjà exprimée dans la contrainte (4).

(5b) $y_i \leq Q$

Passons aux contraintes (6). Notez qu'il y en a une pour chaque arc (i, j) joignant deux clients. Pour un arc donné (i, j), considérons les trois cas : $x_{ij} = 1$ et $x_{ji} = 0$, $x_{ij} = 1$ et $x_{ji} = 1$, ou bien $x_{ij} = 0$ et $x_{ji} = 0$. On peut ignorer le cas $x_{ij} = 0$ et $x_{ji} = 1$, car il équivaut au premier en échangeant les rôles de i et j.

Dans le premier cas, la contrainte (6) pour l'arc (i, j) se réduit à (6a) et celle pour (j, i) devient (6b). Ces deux nouvelles contraintes sont équivalentes à $y_j = y_i + q_j$: la quantité livrée jusqu'à j inclus est bien égale à la quantité livrée jusqu'à i, plus la demande de j.

(6a) $y_j \geq y_i + q_j$

(6b) $y_i \geq y_j + q_i - Q + Q \cdot x_{ji} + (Q - q_i - q_j) \cdot x_{ij}$ ou : $y_j \leq y_i + q_j$

Dans le second cas, on a un sous-tour sur les deux clients i et j. Les contraintes (6) pour les arcs (i, j) et (j, i) s'écrivent respectivement (6c) et (6d). En sommant membre à membre, on obtient $2Q \leq q_i + q_j$. Cette relation est impossible, sauf si les clients i et j demandent chacun un camion plein, c'est-à-dire si $q_i = q_j = Q$. Mais alors ils ne peuvent pas être livrés par la même tournée et on ne relève pas du deuxième cas.

(6c) $y_j \geq y_i + Q - q_i$

(6d) $y_i \geq y_j + Q - q_j$

Dans le troisième et dernier cas, la contrainte (6) pour (i, j) se simplifie en (6e). Cette contrainte avec un second membre inférieur ou égal à q_j est redondante car la contrainte (4) est plus forte.

(6e) $y_j \geq y_i + q_j - Q$

Enfin, les contraintes (7) définissent les variables binaires x_{ij}. La positivité des variables y_i est déjà assurée par les contraintes (4).

On a vu avec (6c) et (6d) qu'il était impossible d'obtenir un sous-tour sur deux clients. En fait, grâce aux contraintes (4), (5) et (6), les variables y pour les clients $(i_1, i_2, ..., i_k)$ d'une tournée forment une suite strictement croissante, ce qui proscrit *tous* les sous-tours. En effet, soit par exemple la tournée (2, 3, 4, 2) de la figure 9.2, qui est un sous-tour. On a donc $x_{23} = x_{34} = x_{42} = 1$ et les contraintes (6) s'écrivent :

$y_3 \geq y_2 + q_3$

$y_4 \geq y_3 + q_4$

$y_2 \geq y_4 + q_2$

En sommant membre à membre, on aboutit à $q_2 + q_3 + q_4 \leq 0$, ce qui est impossible.

9.5.3 Traduction en Excel

L'écran suivant montre la disposition choisie dans le fichier Excel *C9-Tournees* des compléments du livre. Les deux principaux tableaux correspondent à la matrice des distances et à celle des x_{ij}. Par rapport à l'énoncé, le dépôt de Donges a été déplacé pour être en premier, conformément au modèle. La valeur 999 est utilisée comme distance infinie sur la diagonale de la matrice des distances. Les demandes occupent la plage C12:H12, les variables y_i sont dans C13:H13 tandis que C14:H14 contient les seconds membres des contraintes (5). Les vecteurs *Nb preds* et *Nb succs* stockent les sommes des contraintes (2) et (3). Il faut 36 formules pour les contraintes (6). Comme leur écriture dépend du couple (i, j) considéré, il est impossible de saisir une seule formule et de la recopier. Nous avons donc réalisé un programme VBA qui va les générer dans la matrice intitulée *Consistance des cumuls* (L18:Q23), à laquelle on donne le nom *U*.

Les autres formules sont entrées à la main. Pour cela, on donne au préalable les noms *D*, *X*, *Q*, *Y*, *Limites*, *NbPreds* et *NbSuccs* aux plages B4:H10, B17:H23, C12:H12, C13:H13, C14:H14, C25:H25 et J18:J23. Trois cellules sont aussi nommées : J4 devient le nombre de nœuds *N* (utilisé par la macro VBA), la capacité des camions-citernes dans J7 devient *Qmax* (pour éviter une ambiguïté avec le vecteur des quantités *Q*), et la fonction-objectif dans J10 est nommée *Z*.

- *Seconds membres des contraintes* (5). Saisissez "=Qmax-(Qmax-C12)*C17" dans C14 et recopiez la formule dans le reste de la plage *Limites*.

- *Nombre de prédécesseurs de chaque nœud.* Entrez la formule "=somme(C17:C23)" dans C25 puis recopiez-la dans les autres cellules de la plage *NbPreds*.

- *Nombre de successeurs de chaque nœud.* Utilisez la formule "=somme(B18:H18)" dans J18 puis recopiez-la dans les autres cellules de la plage *NbSuccs*.

- *Fonction-objectif.* Placez dans *Z* (J10) la formule "=sommeprod(D;X)".

	A	B	C	D	E	F	G	H	I	J	K	L	M	N	O	P	Q
1	C9-Tournées : tournées de livraison de fioul.																
2																	
3	Distances Dij (km)	Donges	Andard	Carquefou	Guérande	Monnières	Pannecé	Trélazé		Nœuds							
4	Donges	999	148	55	32	70	73	140		7			Effacer				
5	Andard	148	999	93	180	99	72	12									
6	Carquefou	55	93	999	85	20	28	83		Capacité							
7	Guérande	32	180	85	999	100	99	174		39							
8	Monnières	70	99	20	100	999	49	85									
9	Pannecé	73	72	28	99	49	999	73		Km			Optimiser				
10	Trélazé	140	12	83	174	85	73	999		497,00							
11																	
12	Demandes q(i) (m3)		14	3	6	16	5	15									
13	Cumuls y(i) (m3)		14	32	15	9	0	29									
14	Seconds membres de (5)		39	39	39	16	5	39									
15																	
16	Etapes x(i,j)	Donges	Andard	Carquefou	Guérande	Monnières	Pannecé	Trélazé									
17	Donges	0	0	0	0	1	1	0		Nb succs		Consistance des cumuls					
18	Andard	0	0	0	0	0	0	1		1		25	54	34	18	0	0
19	Carquefou	1	0	0	0	0	0	0		1		7	36	16	0	2	0
20	Guérande	1	0	0	0	0	0	0		1		24	53	33	0	19	38
21	Monnières	0	0	0	1	0	0	0		1		30	59	0	23	25	44
22	Pannecé	0	1	0	0	0	0	0		1		0	68	48	32	34	53
23	Trélazé	0	0	1	0	0	0	0		1		0	0	19	3	5	24
24																	
25		Nb preds	1	1	1	1	1	1									

On constate que certains noms n'apparaissent pas dans les formules précédentes : ils sont en fait utilisés dans les macros VBA suivantes. Ces noms définis en Excel ne doivent pas être confondus avec des variables VBA de type *Range*. Par exemple, on peut initialiser U à 0 avec l'instruction VBA *Range("U")* =1. Si U était une variable de type *Range* pointant vers la même plage de cellules, on pourrait écrire $U = 1$.

La macro *EFFACER_SOLUTION* est associée au bouton *Effacer* de la feuille Excel. Notez comment la méthode *Union* permet d'effacer le contenu de plusieurs plages en une seule instruction.

La macro *RESOUDRE_PROBLEME*, associée au bouton *Optimiser*, commence par introduire dans la matrice U de la feuille les formules pour les contraintes (6). La contrainte (6) pour un arc (i, j) joignant deux clients est mise en forme pour donner (6f).

$$(6f) \quad y_j - y_i - q_j + Q \cdot (1 - x_{ij}) + (q_j + q_i - Q) \cdot x_{ji} \geq 0$$

```vba
Sub EFFACER_SOLUTION()
  Union(Range("X"), Range("Y"), Range("U")) = ""
End Sub


Sub RESOUDRE_PROBLEME()


Dim i As Long, j As Long, Result As Long
Application.ScreenUpdating = False


For i = 2 To Range("N")
  For j = 2 To Range("N")
    Range("U").Cells(i-1, j-1).Formula = _
    "=Index(Y," & j-1 & ")-Index(Y," & i-1 & ")-Index(Q," & j-1 & ")" & _
    "+Qmax*(1-Index(X," & i & "," & j & "))+(Index(Q," & i-1 & ")" & _
    "+Index(Q," & j-1 & ")-Qmax)*Index(X," & j & "," & i & ")"
  Next j
Next i


Call SolverReset
Call SolverOptions(AssumeLinear:=True, AssumeNonNeg:=True)
Call SolverOK(SetCell:="Z", MaxMinVal:=2, ByChange:="X,Y")
Call SolverAdd(CellRef:="X", Relation:=5)
Call SolverAdd(CellRef:="Y", Relation:=1, FormulaText:="Limites")
Call SolverAdd(CellRef:="Y", Relation:=3, FormulaText:="Demandes")
Call SolverAdd(CellRef:="NbSuccs", Relation:=2, FormulaText:=1)
Call SolverAdd(CellRef:="NbPreds", Relation:=2, FormulaText:=1)
Call SolverAdd(CellRef:="U", Relation:=3, FormulaText:=0)
Result = SolverSolve(UserFinish:=True)


Select Case Result
  Case 0, 1, 2: MsgBox ("Optimisation réussie")
  Case 4:       MsgBox ("Optimum non borné")
  Case 5:       MsgBox ("Infaisable")
  Case Else:    MsgBox ("Erreur solveur, code: " & Format(Result, "0"))
End Select


End Sub
```

Les formules pour les membres de gauche de (6f) sont générées par les deux boucles *For*. Les indexations de plages sont réalisées avec la fonction INDEX. Comme U et Y n'incluent pas Donges, il faut remplacer i et j par i-1 et j-1. Par exemple, si on consulte la cellule L18 pour $U(1,1)$ après exécution de la macro, on y trouve la formule "=index(Y;1)-index(Y;1)-index(Q;1) + Qmax*(1-index(X;2;2)) + (index(Q;1) + index(Q;1) - Qmax)*index(X;2;2)".

Le reste de la macro définit l'objectif et les contraintes à l'aide des fonctions du solveur présentées dans le chapitre 4. Le premier appel à *SolverOK* définit les deux plages de variables X et Y (attention au séparateur qui doit être une virgule au lieu d'un point-virgule, comme dans la version US d'Excel). On pourrait aussi écrire "Call SolverOK(SetCell:="Z", MaxMinVal:=2, ByChange:=Union(Range("X"), Range("Y")))". Si on ouvre la boîte de dialogue du solveur après exécution de la macro, on y trouve le modèle suivant :

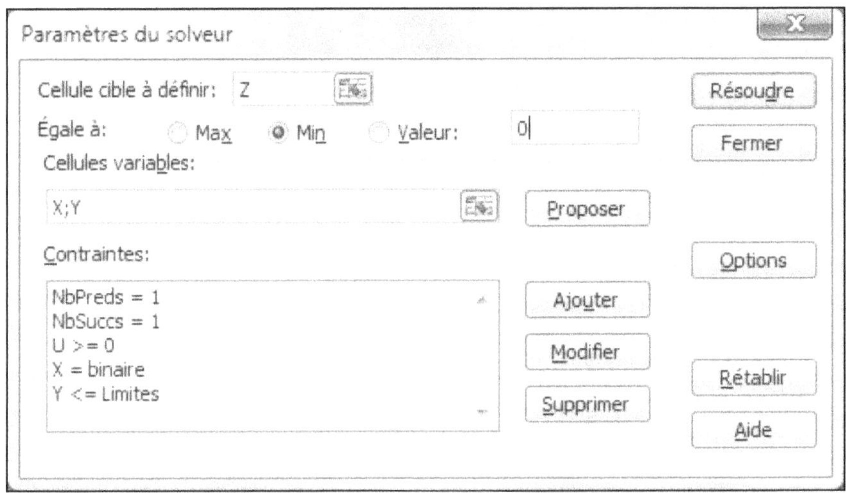

9.5.4 Résultats

La résolution prend une bonne minute sur un PC à 2,5 GHz. La figure 9.3 donne la solution optimale avec 497 km et 2 tournées, obtenue en reliant les villes i et j si $x_{ij} = 1$. Une tournée dessert Monnières puis Guérande. L'autre livre les clients de Pannecé, Andard, Trélazé et Carquefou. On pourrait croire qu'on peut faire mieux en livrant Monnières dans la seconde tournée, après Trélazé ou Carquefou, mais la capacité du camion ne le permet pas.

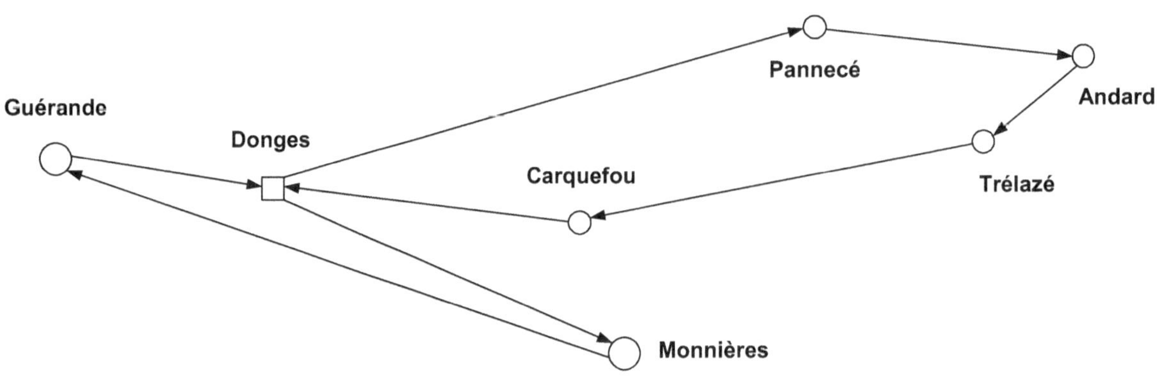

Figure 9.3 – Tournées optimales

9.6 Transport combiné

9.6.1 Problème

Une cargaison de 20 tonnes doit être transportée sur un trajet de cinq villes, avec trois modes de transport au choix : rail, route, air. On peut changer de mode à chacune des villes intermédiaires, mais la cargaison doit emprunter un seul mode entre deux villes consécutives. Le tableau 9.8 donne les coûts de transport en \$ par tonne entre les paires de villes, le tableau 9.9 indique les coûts de changement de mode, également en \$/t. Quels modes utiliser entre chaque ville pour minimiser le coût total ?

Tableau 9.8 – Coûts de transport par mode

Coût de transport en \$ / t	Paires de villes			
	1 - 2	2 – 3	3 - 4	4 - 5
Rail	30	40	30	60
Route	20	40	50	50
Air	40	10	60	40

Tableau 9.9 – Coûts de changement de mode

Coût de changement en \$ / t, de / vers	Rail	Route	Air
Rail	0	2	1
Route	2	0	1
Air	2	1	0

9.6.2 Modélisation

Soit n le nombre de villes et m le nombre de modes de transport disponibles. C_{ki} désigne le coût de transport en \$/t si on utilise le mode k entre les villes i et $i+1$, et T_{kp} le coût de changement du mode k au mode p, indépendant du lieu dans cet exemple. Nous avons besoin de deux groupes de variables binaires pour comptabiliser les deux types de coûts : un groupe (1) de variables x_{ki} valant 1 si le mode k est utilisé entre la ville i et la ville $i+1$, un groupe (2) de variables y_{kpi} valant 1 si on passe du mode k au mode p à la ville i.

(1) $\forall k = 1\ldots m, \forall i = 1\ldots n-1 : x_{ki} \in \{0,1\}$

(2) $\forall k = 1\ldots m, \forall p = 1\ldots m, \forall i = 2\ldots n-1 : y_{kpi} \in \{0,1\}$

Un seul mode de transport doit être utilisé au départ de chaque ville (3).

$$(3) \quad \forall i = 1\ldots n-1 : \sum_{k=1}^{m} x_{ki} = 1$$

Un seul changement de mode doit avoir lieu à chaque ville intermédiaire (4). Ici, le passage d'un mode à lui-même ne coûte rien, car la cargaison ne change pas de véhicule. Il pourrait bien sûr présenter un coût non nul si on changeait de véhicule dans le même mode.

$$(4) \quad \forall i = 2 \ldots n-1 : \sum_{k=1}^{m} \sum_{p=1}^{m} y_{kpi} = 1$$

On a un changement du mode k à p à la ville i (proposition A) si et seulement si le mode k est utilisé au départ de la ville i-1 et le mode p au départ de la ville i (proposition B). Les contraintes (5) garantissent l'implication A $\Rightarrow$ B : si $y_{kpi} = 1$, alors $x_{k,i-1} = 1$ et $x_{pi} = 1$. Ces contraintes seules n'empêchent pas d'avoir $x_{k,i-1} = x_{pi} = 1$ tout en ayant $y_{kpi} = 0$, mais ce cas est évité grâce aux contraintes (4).

$$(5) \quad \forall i = 2 \ldots n-1, \forall k = 1 \ldots m, \forall p = 1 \ldots m : x_{k,i-1} + x_{pi} \geq 2 y_{kpi}$$

La fonction objectif (6), en dollars par tonne, comprend la somme des coûts de transport au départ de chaque ville sauf la dernière (coûts dépendant du mode utilisé) et la somme des coûts de changements de modes aux villes intermédiaires.

$$(6) \quad \text{Min} \sum_{k=1}^{m} \sum_{i=1}^{n-1} C_{ki} x_{ki} + \sum_{i=2}^{n-1} \sum_{k=1}^{m} \sum_{p=1}^{m} T_{kp} y_{kpi}$$

9.6.3 Traduction en Excel

Le programme linéaire est traduit en Excel dans le fichier *C9-Intermodal*, avec la disposition page suivante. Les deux tableaux supérieurs donnent respectivement les coûts de transport C_{ki} et les variables x_{ki}. La ligne *Somme* sous le tableau de droite correspond aux membres de gauche des contraintes (3).

Le tableau en bas et à gauche indique les coûts de changement de mode T_{kp} et les variables de changement y_{kpi}. Il soulève une difficulté classique : comment disposer des variables à trois indices dans une feuille Excel. Comme Excel et le solveur n'ont pas besoin des indices, il faut réussir à grouper les variables sous forme d'une plage avec deux dimensions au plus. Ici, chaque ligne représente un changement de mode (k, p) et on a placé en colonne les villes intermédiaires où le changement est possible. Les sommes des contraintes (4) sont calculées dans la dernière ligne. La dernière colonne du tableau donne le coût total $B(k, p)$ de chaque changement (k, p) pour les trois villes intermédiaires, c'est-à-dire :

$$(7) \quad B(k, p) = \sum_{i=2}^{n-1} T_{kp} \, y_{kpi}$$

Le tableau inférieur de droite est utilisé pour les contraintes (5). Comme il y a une contrainte par triplet (k, p, i), on reprend la structure du tableau précédent. Les contraintes (5) sont écrites sous la forme (8). Les cellules du tableau contiennent les membres de droite.

$$(8) \quad \forall i = 2 \ldots n-1, \forall k = 1 \ldots m, \forall p = 1 \ldots m : x_{k,i-1} + x_{pi} - 2 y_{kpi} \geq 0$$

Le petit tableau central sert pour les deux sommes de la fonction-objectif (6) et le coût total.

C9-Intermodal : transport combiné.

Coûts de transport par mode et par trajet \$/t

Mode	V1–V2	V2–V3	V3–V4	V4–V5
1 = Rail	30	40	30	60
2 = Route	20	40	50	50
3 = Air	40	10	60	40

Modes choisis (variables X(k,i) en vert)

Mode	V1–V2	V2–V3	V3–V4	V4–V5
Rail	0,00	0,00	1,00	0,00
Route	1,00	0,00	0,00	0,00
Air	0,00	1,00	0,00	1,00
Somme	1	1	1	1

Coûts minimisés

Transport	Chgts	Total
100,00	4,00	104,00

Changements de mode (variables Y(k,p,i) en vert)

Du mode	Au mode	Coût \$/t	Ville 2	Ville 3	Ville 4	Coût réel
1	1	0	0,00	0,00	0,00	0
1	2	2	0,00	0,00	0,00	0
1	3	1	0,00	0,00	1,00	1
2	1	2	0,00	0,00	0,00	0
2	2	0	0,00	0,00	0,00	0
2	3	1	1,00	0,00	0,00	1
3	1	2	0,00	1,00	0,00	2
3	2	1	0,00	0,00	0,00	0
3	3	0	0,00	0,00	0,00	0
		Somme	1	1	1	4

Contraintes de consistance

Type	Du mode	Au mode	2	3	4
1	1	1	0,00	1,00	1,00
2	1	2	0,00	0,00	1,00
3	1	3	1,00	0,00	0,00
4	2	1	1,00	1,00	0,00
5	2	2	1,00	0,00	0,00
6	2	3	0,00	0,00	1,00
7	3	1	0,00	0,00	0,00
8	3	2	0,00	1,00	0,00
9	3	3	1,00	1,00	1,00

On a défini des noms de plages au préalable : *CoutsParModeEtTrajet* pour B5:E7, *X* pour J5:M7, *ModesParTrajet* pour J8:M8, *Y* pour D15:F23, *ChgtsParVille* pour D24:F24, *Consistances* pour L15:N23, *CoutTrans* pour A11, *CoutChgts* pour B11 et enfin *CoutTotal* pour C11. La feuille contient les formules suivantes :

- *Sommes pour les contraintes* (3). Saisissez "=somme(J5:J7)" dans J8, puis copiez cette formule pour les autres sommes.

- *Sommes pour les contraintes* (4). Entrez la somme pour la ville 2 dans D24, c'est-à-dire "=somme(D15:D23)", puis copiez la formule dans E24 et F24.

- *Contraintes* (5). Indiquez la formule suivante dans L15 puis copiez-la dans L16 à N23 : "=index(X;\$J15;L\$14-1) + index(X;\$K15;L\$14) – 2*index(Y;\$I15;L\$14-1)". Les deux premières fonctions *Index* servent à indicer le tableau de variables *X* avec les numéros de modes et de villes. Le troisième *Index* est assez astucieux : les différents changements de mode ont été numérotés de 1 à 9 dans la colonne type, pour servir d'indice pour le tableau *Y*. Notez aussi l'utilisation sélective du symbole dollar pour pouvoir généraliser la formule à tout le tableau *Consistances*.

- *Coûts de changement de mode.* Placez dans G15 la formule "=C15*somme(D15:F15)", puis recopiez-la dans G16 à G23. Le coût total des changements est calculé dans G24 avec la formule "=somme(G15 :G23)".

- *Petit tableau central des coûts.* Le coût total de transport est calculé avec la formule "=sommeprod(CoutsParModeEtTrajet;X)" dans A1 tandis que le coût total des changements de mode dans B11 est repris de G24. Enfin, la fonction-objectif est obtenue grâce à la formule "=CoutTrans+CoutChgts" dans C11.

L'utilisation de noms de plage donne un modèle très parlant dans la boîte de dialogue du solveur. Les options utilisées sont habituelles : modèle linéaire et variables non négatives.

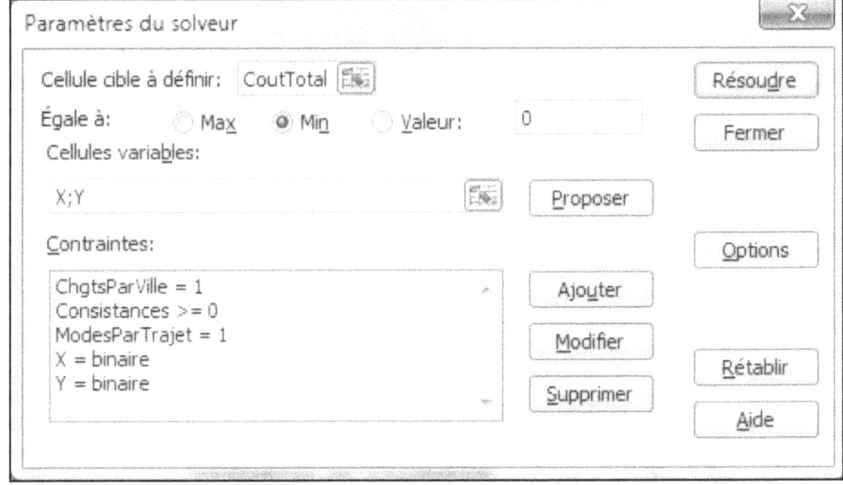

9.6.4 Résultats

Si on remplace les variables binaires par des variables réelles, en précisant qu'elles ne doivent pas dépasser 1, le solveur trouve un coût total de 100 \$/t, mais des variables y_{kpi} sont fractionnaires. En spécifiant des variables binaires, on trouve un coût total de 104 \$/t, comprenant 100 \$ de coûts de transport et 4 \$ de coûts de transbordement. La cargaison va de la ville 1 à la ville 2 par la route (20 \$/t), de la ville 2 à la ville 3 par avion (10 \$/t), de la ville 3 à la ville 4 par le rail (30 \$/t), enfin de la ville 4 à la ville 5 par avion (40 \$/t). Les coûts de changement de mode sont 1 \$/t (route-air), 2 \$/t (air-rail) et 1 \$/t (rail-air).

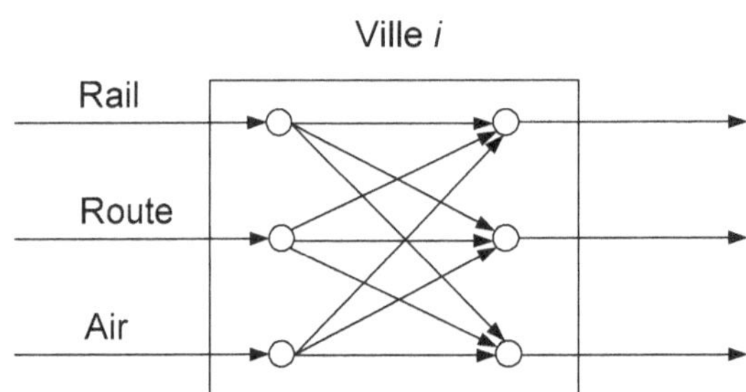

Figure 9.4 – Un autre modèle basé sur un flot de coût minimal

En fait, on peut se ramener à un problème de flot de coût minimal, comme dans le problème 9.3. Le graphe, sans circuit, possède des chemins partant de la ville 1 et arrivant à la ville 5. Les autres villes sont remplacées par des groupes de 6 nœuds comme dans la figure 9.4, les arcs dans un groupe représentant les changements de mode. Il ne reste plus qu'à déterminer un flot de débit 1 et de coût minimal de la ville 1 à la ville 5. Le problème de flot de coût minimal ayant une matrice totalement unimodulaire, il est inutile de spécifier que le flot est entier : le flot trouvé ne se ramifie pas et il trace un chemin de coût minimal dans le graphe. Ce modèle soluble par l'algorithme du simplexe permet de traiter des exemples plus gros.

9.7 Planification d'une flotte de camions

9.7.1 Problème

Une chaîne de magasins utilise une flotte de camions loués à diverses agences de location. Elle a prévu des besoins en camions sur une période de six mois décrits dans le tableau 9.10.

Tableau 9.10 – Besoins en camions sur six mois

Janvier	Février	Mars	Avril	Mai	Juin
430	410	440	390	425	450

Au 1er janvier, la chaîne emploie 200 camions, dont la location se termine fin février. Elle cherche à satisfaire ses besoins avec trois types de contrats pouvant prendre effet le premier jour de chaque mois : des contrats de trois mois à 1 700 \$ (coût total, non mensuel), des contrats de quatre mois à 2 200 \$ et des contrats de 5 mois à 2 600 \$. Déterminez le nombre de contrats de chaque type à signer chaque mois de façon à couvrir les besoins au moindre coût et à terminer tous les contrats pour début juillet.

9.7.2 Modélisation

Soit z le nombre initial de camions déjà loués. On définit des variables entières y_{ij} pour les nombres de camions dont les contrats de type i ($i = 1,2$ ou 3) débutent au début du mois j ($j = 1,2, ...,6$). Pour clarifier, voici une formulation non générique des contraintes. Prenons l'exemple de la contrainte pour le mois 5 (mai) : les contrats en cours peuvent être de type 3 (5 mois) signés en janvier, de type 2 (4 mois) ou 3 signés en février, de type 1 ou 2 signés en mars, et de type 1 signés en avril. Ces contrats doivent satisfaire la demande de 425 camions pour le mois de mai. Notez par exemple qu'aucun contrat de type 3 ne peut être signé en mars, car il ne serait pas terminé pour fin juin.

$$j = 1: \quad z + y_{11} + y_{21} + y_{31} \geq 430$$
$$j = 2: \quad z + y_{11} + y_{21} + y_{31} + y_{12} + y_{22} + y_{32} \geq 410$$
$$j = 3: \quad y_{11} + y_{21} + y_{31} + y_{12} + y_{22} + y_{32} + y_{13} + y_{23} \geq 440$$
$$j = 4: \quad y_{21} + y_{31} + y_{12} + y_{22} + y_{32} + y_{13} + y_{23} + y_{14} \geq 390$$
$$j - 5: \quad y_{31} + y_{22} + y_{32} + y_{13} + y_{23} + y_{14} \geq 425$$
$$j = 6: \quad y_{32} + y_{23} + y_{14} \geq 450$$

Il est possible d'écrire un programme linéaire générique donné page suivante. Notons nt le nombre de types de contrats, nm le nombre de mois, c_i le coût d'un contrat de type i, b_j le besoin en camions pour le mois j. Le paramètre z désigne l'effectif initial de la flotte.

La fonction-objectif à minimiser est le coût total des contrats signés (1). Un contrat de type i dure $i+2$ mois ; par conséquent un mois j est couvert par tout contrat de type i signé entre les mois $\max(1, j - i - 1)$ et $\min(j, nm - i - 1)$. Les contraintes (3) spécifient que les contrats en cours pour tout mois à partir de mars doivent couvrir la demande de ce mois. Les contraintes (2) incluent en plus l'effectif initial z, pour les mois de janvier et de février.

$$(1) \quad \text{Min} \sum_{i=1}^{nt} \sum_{j=1}^{nm} c_i y_{ij}$$

$$(2) \quad \forall j = 1\ldots 2 : z + \sum_{i=1}^{nt} \left(\sum_{k=\max(1,j-i-1)}^{\min(j,nm-i-1)} y_{ik} \right) \geq b_j$$

$$(3) \quad \forall j = 3\ldots nm : \sum_{i=1}^{nt} \left(\sum_{k=\max(1,j-i-1)}^{\min(j,nm-i-1)} y_{ik} \right) \geq b_j$$

$$(4) \quad \forall i = 1\ldots nt, \forall j = 1\ldots nm : y_{ij} \in I\!N$$

Les contraintes (4) imposent des variables entières. En fait, on peut montrer que ce programme linéaire est équivalent à un problème de flot de coût minimal, connu pour avoir automatiquement des variables entières à l'optimum. On peut donc remplacer (4) par de simples contraintes de positivité.

9.7.3 Traduction en Excel

L'écran suivant montre une première version donnée dans la feuille *Version 1* du classeur Excel *C9-Camions*. Les deux tableaux du haut rappellent les besoins b_j et les données pour le stock initial (nombre et durée). Ensuite, on trouve le tableau des variables y_{ij}, le vecteur des coûts ci et la fonction-objectif. Le bas de l'écran affiche le nombre de camions loués pour chaque mois et chaque type de contrat (membres de gauche des contraintes (2) et (3)), avec une ligne *Total* incluant le stock initial, puis les caractéristiques des contrats.

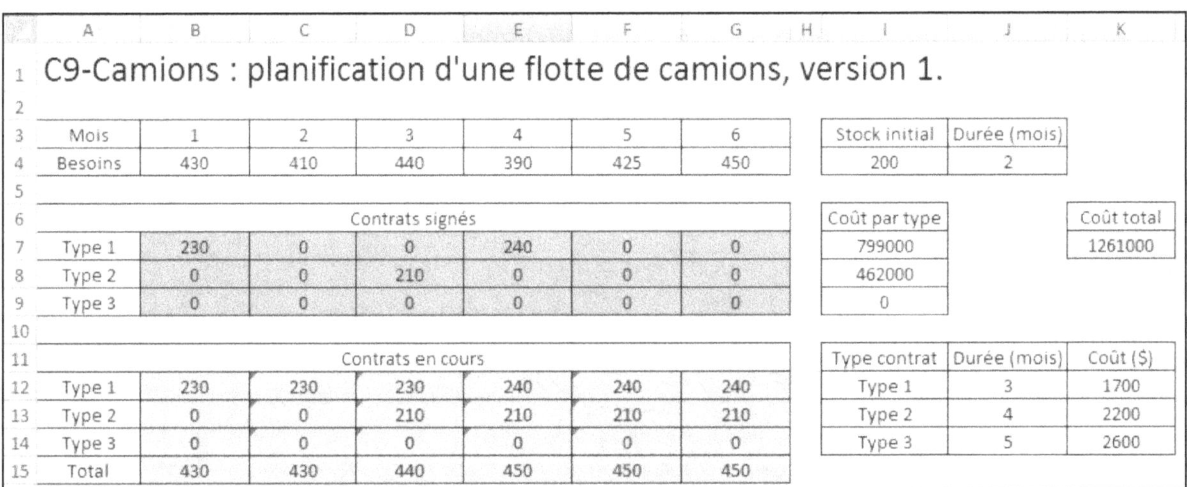

	A	B	C	D	E	F	G	H	I	J	K
1	C9-Camions : planification d'une flotte de camions, version 1.										
2											
3	Mois	1	2	3	4	5	6		Stock initial	Durée (mois)	
4	Besoins	430	410	440	390	425	450		200	2	
5											
6		Contrats signés							Coût par type		Coût total
7	Type 1	230	0	0	240	0	0		799000		1261000
8	Type 2	0	0	210	0	0	0		462000		
9	Type 3	0	0	0	0	0	0		0		
10											
11		Contrats en cours							Type contrat	Durée (mois)	Coût ($)
12	Type 1	230	230	230	240	240	240		Type 1	3	1700
13	Type 2	0	0	210	210	210	210		Type 2	4	2200
14	Type 3	0	0	0	0	0	0		Type 3	5	2600
15	Total	430	430	440	450	450	450				

Dans cette première version, les formules pour les contrats en cours ont été saisies une par une, car il n'est pas possible d'effectuer sous Excel des sommes avec des indices variables de début et de fin, comme dans les contraintes (2) et (3). Voici les formules à saisir :

- *Nombre total de camions par mois*. Il faut placer dans la cellule B15 la formule "=somme(B12:B14) + si(colonne(B15)-1 <= \$J\$4;\$I\$4;0)" puis la copier dans C15 à G15. La fonction *Colonne* renvoie 1 pour A, 2 pour B, etc. *Colonne*(B15)-1 donne donc le numéro de mois. Le *Si* sert à ajouter le stock initial si ce numéro de mois est inférieur ou égal au nombre de mois de location du stock initial.

- *Nombre de camions par mois et par type de contrat*. La saisie est pénible car chaque cellule a une formule distincte. Prenons par exemple le type de contrat n°1 (3 mois). Les formules pour B12 à G12 sont : "=B7", "=somme(B7:C7)", "= somme(B7:D7)", "=somme(C7:E7)", "=somme(D7:E7)" et "=E7".

- *Fonction-objectif*. Formule "=somme(I7:I9)" dans K7.

Le modèle pour le solveur est très simple car les contraintes (2) et (3) sont traitées d'un seul bloc, les différences étant cachées dans les formules de la feuille de calcul.

Dans la feuille *Version 2* du classeur *C9-Camions*, la disposition est strictement identique mais une fonction VBA *EnCours* est utilisée comme formule de calcul pour les contrats en cours. Voici le code VBA, valable si les nombres de contrats occupent la plage B7:G9 :

```
Function EnCours(C As Range) As Double
   Const NM = 6
   Dim i As Long, j As Long, k As Long, X As Range
   Dim kDeb As Integer, kFin As Integer, Contrats As Double
   Application.Volatile
   Set X = Range("B07:G09")
   j = C.Column - 1
   i = C.Row - 11
   kDeb = WorksheetFunction.Max(1, j - i - 1)
   kFin = WorksheetFunction.Min(j, NM - i - 1)
   Contrats = 0
   For k = kDeb To kFin
     Contrats = Contrats + X(i, k)
   Next k
   EnCours = Contrats
End Function
```

L'argument C est la cellule où on veut calculer le nombre de camions. On déduit les indices i et j puis on calcule la somme sur k des contraintes (3). On reconnaît les fonctions *Max* et *Min* utilisés pour la valeur initiale et la valeur finale de l'indice k. Comme elles n'existent pas en VBA, il faut faire appel aux fonctions d'Excel.

L'utilisation de cette fonction dans Excel s'effectue comme n'importe quelle formule : on saisit la formule "=EnCours(B12)" dans B12, puis on la copie dans le reste du tableau grâce à la poignée de recopie. D'ailleurs, dès qu'on commence à saisir "En" dans la zone de saisie des formules, l'aide contextuelle d'Excel propose "EnCours" spontanément.

La méthode *Application.Volatile* nécessite une explication. Quand on tape des formules dans une feuille, Excel construit un graphe de dépendance entre les cellules. Supposons que A1 est utilisée dans une formule pour A2 et A2 pour calculer A3 : si A1 est modifiée, A2 et A2 sont automatiquement recalculées. Si on utilise une fonction VBA comme formule, Excel ne sait pas interpréter son code et déduire les dépendances entre cellules. En lançant le solveur, ce dernier modifie les valeurs des variables mais Excel ne rappelle pas la fonction *EnCours* pour rafraîchir les contrats en cours. La méthode *Volatile* corrige ce problème en entraînant un recalcul systématique des formules de la feuille.

9.7.4 Résultats

L'algorithme du simplexe trouve une solution automatiquement entière, de coût total 1 261 000 $. Le tableau 9.11 détaille les effectifs et les contrats signés.

Tableau 9.11 – Plan de location des camions

Mois	Janvier	Février	Mars	Avril	Mai	Juin
Locations	230 type 1	0	210 type 2	240 type 1	0	0
Effectif	430	430	440	450	450	450

9.8 Références et compléments

Dans notre exemple de problème de transport du § 9.2 (loueur de voitures), la disponibilité totale égale la demande totale. Pour traiter un cas déséquilibré comme une offre supérieure à la demande, il faut convertir les contraintes (2) en inégalités, assurant qu'aucune origine ne livre plus que sa disponibilité. Il faut cependant conserver des égalités pour les destinations : si on écrit "≤" pour (2) et (3), l'optimum consiste à ne rien transporter !

Alors que la programmation linéaire n'était pas encore inventée, le problème de transport était étudié dès les années 1930-1940, aux États-Unis par Hitchcock [Hitchcock 1941] et en ex-URSS par Kantorovitch. Il dispose d'algorithmes spécialisés efficaces comme *l'algorithme du stepping stone* (marelle) exposé dans beaucoup de livres d'optimisation (voir par exemple [Bazaraa 1990]). Syslo *et al.* [Syslo 2006] en donne une version très efficace en Pascal.

Le choix de moyens de transport du § 9.3 est un cas de *problème de flot de coût minimal* dans un graphe. Ce problème dispose actuellement d'algorithmes très rapides travaillant directement sur le graphe. Un algorithme d'un très bon rapport simplicité/performance est celui de Busacker et Gowen ; un code-source en Pascal figure dans le livre d'algorithmes de graphes de Lacomme, Prins et Sevaux publié chez Eyrolles [Lacomme 2003]. D'autres algorithmes plus efficaces mais plus compliqués sont donnés par Ahuja [Ahuja 1993].

Le problème de localisation d'entrepôts *(facility location problem)* du § 9.4 est le type même du PL mixte, avec des variables positives pour les quantités transportées, et des variables binaires pour l'ouverture des entrepôts. Il est NP-difficile, même avec des entrepôts de capacité infinie. Les méthodes arborescentes comme celle d'Erlenkotter [Erlenkotter 1978] permettent de résoudre des cas de bonne taille (100 clients). Un livre de Daskin présente de nombreux autres problèmes de localisation [Daskin 1995].

Le problème de livraison de fioul du § 9.5 est un cas typique de *VRP (Vehicle Routing Problem)*, un problème d'optimisation combinatoire extrêmement difficile. La formulation présentée convient seulement à des problèmes de très petite taille (maximum 15 clients). La meilleure méthode optimale actuelle, de type *branch-and-cut*, a été conçue par Baldacci et Mingozzi [Baldacci 2009], elle peut résoudre des problèmes jusqu'à 100 clients.

Comme les problèmes à plusieurs centaines de clients sont très fréquents, il faut recourir à des méthodes heuristiques pour les grands cas. Ces méthodes donnent de bonnes solutions, mais sans garantie d'optimalité. Il existe des heuristiques simples qui construisent rapidement une seule solution, comme la fameuse méthode de la marguerite de Clarke et Wright [Clarke 1964]. Laporte *et al.* ont écrit une synthèse bien dépoussiérée sur ces méthodes [Laporte 2000]. Les méta-heuristiques sont des méthodes plus puissantes qui analysent un grand nombre de solutions. Prins a ainsi proposé un algorithme mémétique (algorithme génétique hybridé par une recherche locale) très efficace [Prins 2004].

Le programme linéaire pour le problème de transport intermodal du § 8.6 utilise un nombre excessif de variables quand le nombre de villes et surtout le nombre de modes sont un peu grands. Heureusement, on peut le résoudre efficacement par une méthode de programmation dynamique (sorte d'optimisation récursive) [Kasilingam 1998]. Le cas étudié ici est relativement simple puisque les villes forment un chemin unique.

Comme le problème de planification de personnel sur un chantier du chapitre 13, le cas de la planification d'une flotte de camions du § 9.7 appartient à une catégorie de problèmes d'optimisation où il faut satisfaire des besoins par période avec des ressources qui doivent être utilisées sur plus d'une période. Un autre problème de ce type consiste à assurer des gardes ou autres tâches par des personnes disponibles un certain nombre d'heures. Les programmes linéaires associés ont comme particularité de présenter des séries consécutives de 1 dans leurs colonnes. On peut montrer qu'ils sont équivalents à des problèmes de flot de coût minimal [Ahuja 1993].

<h1>CHAPITRE 10</h1>

<h1>Transports aériens</h1>

10.1 Introduction

Le domaine du transport aérien est fertile en problèmes d'optimisation originaux et difficiles. La concurrence qui fait rage entre compagnies aériennes a fait fleurir des départements de recherche opérationnelle chez les plus grandes (citons American Airlines, Delta Airlines, British Airways et Air France). Ce chapitre illustre la diversité des applications, au niveau des flux de passagers, des équipages, des mouvements d'avions, et des trajectoires des vols.

Dans le problème du § 10.2, des avions arrivant à un aéroport doivent être affectés à des vols de départ de façon à minimiser le nombre de passagers (et donc de bagages) changeant d'avion. Le problème du § 10.3 consiste à composer des équipages selon divers critères de compatibilité et de performance. La section § 10.4 présente un problème intéressant et original, l'ordonnancement d'atterrissages d'avions sur une piste. Un cas de logistique de crise (ravitaillement d'un pays sinistré) fait l'objet du § 10.5.

10.2 Correspondance d'avions

10.2.1 Problème

La compagnie aérienne SafeFlight utilise l'aéroport de Roissy-Charles-de-Gaulle comme hub pour minimiser le nombre de correspondances en Europe. Six Fokker 100 de cette compagnie en provenance de Bordeaux, Clermont-Ferrand, Marseille, Nantes, Nice et Toulouse atterrissent sur cet aéroport entre 11 h et 12 h 30. Ils repartent vers Berlin, Berne, Bruxelles, Londres, Rome et Vienne entre 12 h 30 et 13 h 30. Les nombres de passagers en transfert entre les vols d'arrivée et les vols de départ sont donnés dans le tableau 10.1.

Tableau 10.1 – Nombres de passagers en transfert entre les différents vols

		Berlin	Berne	Bruxelles	Londres	Rome	Vienne
				Destinations			
Provenances	**Bordeaux**	35	12	16	38	5	2
	Clermont-Ferrand	25	8	9	24	6	8
	Marseille	12	8	11	27	3	2
	Nantes	38	15	14	30	2	9
	Nice	-	9	8	25	10	5
	Toulouse	-	-	-	14	6	7

Par exemple, si le vol en provenance de Bordeaux assure ensuite le vol à destination de Berlin, 35 passagers et leurs bagages peuvent rester dans leur avion à l'escale de Paris. Le vol en provenance de Nice arrive trop tard pour être réemployé pour le vol vers Berlin, même chose pour le vol en provenance de Toulouse qui ne peut pas assurer les vols à destination de Berlin, Berne et Bruxelles (cases indiquées par un tiret dans le tableau).

Comment réemployer les avions arrivés pour les vols de départ pour minimiser le nombre de passagers changeant d'avion à Roissy ?

10.2.2 Modélisation

Soit n le nombre d'avions et P_{ij} le nombre de passagers en transfert entre i et j. Introduisons des variables binaires x_{ij} valant 1 si et seulement si l'avion en provenance de i assure le vol à destination de j. Voici le programme linéaire modélisant ce problème :

$$(1) \quad \text{Max} \sum_{i=1}^{n} \sum_{j=1}^{n} P_{ij} x_{ij}$$

$$(2) \quad \forall j = 1...n : \sum_{i=1}^{n} x_{ij} = 1$$

$$(3) \quad \forall i = 1...n : \sum_{j=1}^{n} x_{ij} = 1$$

$$(4) \quad \forall i = 1...n, \forall j = 1...n : x_{ij} \geq 0$$

L'objectif initial est de minimiser le nombre de passagers changeant d'avion, mais il équivaut à l'objectif (1) consistant à maximiser le nombre de passagers restant dans les avions à Roissy-Charles-de-Gaulle. Les contraintes (2) indiquent que les villes de destination doivent être desservies par un et un seul vol, et les contraintes (3) qu'un vol et un seul doit quitter chaque ville d'origine.

Les contraintes (4) devraient spécifier des variables binaires. En fait, on a affaire ici au fameux problème d'affectation, qui a une matrice totalement unimodulaire et donc un optimum automatiquement entier avec l'algorithme du simplexe (voir chapitre 2).

Il suffit d'indiquer simplement que les variables sont positives. La borne supérieure de 1 sur les variables n'a pas besoin d'être mentionnée, car elle résulte des contraintes (2) et (3).

10.2.3 Traduction en Excel

Le classeur *C10-Correspondances* donne la version Excel du modèle linéaire précédent. Les connexions interdites ne doivent pas être utilisées par le solveur Excel ; on peut dans un premier temps leur affecter un coût nul et vérifier qu'elles ne sont pas effectivement employées. Si ce n'est pas le cas, il faut placer un coût négatif important (-1 000 par exemple). Une autre méthode consisterait à définir des variables uniquement pour les connexions permises, mais cela est moins facile avec Excel.

C10-Correspondances : correspondances d'avions.

Passagers sans transfert	112					

Passagers en transfert						
	Destinations					
Origines	Berlin	Berne	Bruxelles	Londres	Rome	Vienne
Bordeaux	35	12	16	38	5	2
Clermont-Ferrand	25	8	9	24	6	8
Marseille	12	8	11	27	3	2
Nantes	38	15	14	30	2	9
Nice		9	8	25	10	5
Toulouse				14	6	7

Affectation des correspondances							
	Destinations						
Origines	Berlin	Berne	Bruxelles	Londres	Rome	Vienne	Unicité
Bordeaux	0	0	0	1	0	0	1
Clermont-Ferrand	0	1	0	0	0	0	1
Marseille	0	0	1	0	0	0	1
Nantes	1	0	0	0	0	0	1
Nice	0	0	0	0	1	0	1
Toulouse	0	0	0	0	0	1	1
Unicité	1	1	1	1	1	1	

La feuille Excel est présentée de la manière suivante. Le haut indique le nombre de passagers sans transferts (fonction-objectif). Ensuite, on retrouve les données sur les transferts entre les différentes origines et destinations des passagers. Enfin, on peut placer la matrice qui va correspondre aux affectations, c'est-à-dire aux variables x_{ij}.

Les formules de la feuille sont les suivantes :

- *Fonction-objectif* (1). La somme des produits des éléments ayant les mêmes indices dans la matrice d'affectation et celle des passagers en transfert se traduit simplement, en tapant la formule "=SOMMEPROD(B8:G13;B18:G23)" dans la cellule B3.

- *Contraintes* (2). On vérifie l'unicité des affectations pour les villes de destination en plaçant la formule "=SOMME(B18:B23)" dans la cellule B25. On recopie cette formule avec la poignée de recopie dans les cellules C25:G25.

- *Contraintes* (3). De même, on vérifie l'unicité des affectations pour les villes de départ en écrivant la formule "=SOMME(B18:G18)" dans la cellule I18. On recopie cette formule avec la poignée de recopie dans les cellules I19:I23.

Il reste à mettre en place les informations pour la boîte de dialogue du solveur. La cellule cible est la cellule B3 qui contient la fonction à maximiser. Il faut donc bien préciser "Max" dans la ligne en dessous. Les cellules variables sont les cellules B18:G23 qui représentent les variables x_{ij} du problème. Enfin les deux groupes de contraintes correspondent aux contraintes (2) et (3) où chaque groupe doit toujours être égal à 1. Comme précisé dans la section précédente, il n'est pas nécessaire de mentionner que les variables x_{ij} doivent être binaires. Attention à ne pas oublier les options : sélectionnez *Modèle supposé linéaire* et *Supposé non négatif.*

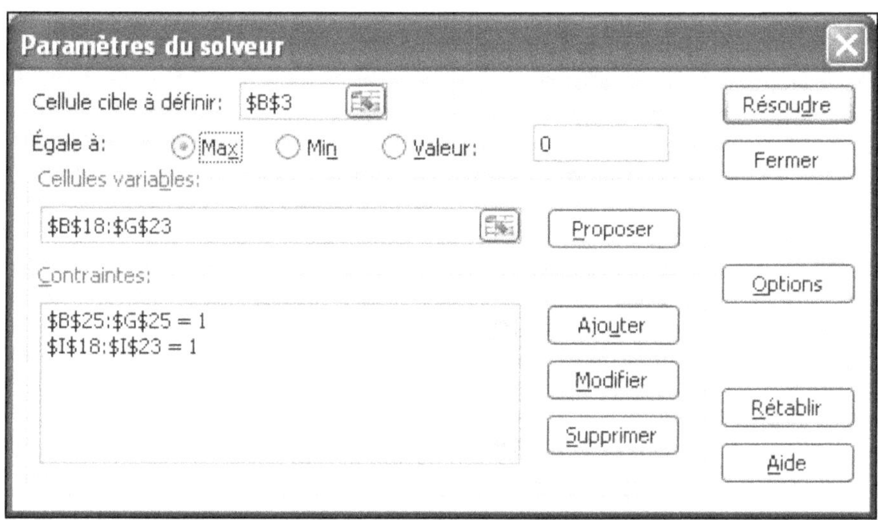

10.2.4 Résultats

La solution optimale consiste à connecter les vols d'arrivée aux vols de départ comme indiqué dans le tableau 10.2 et 112 passagers peuvent rester dans leur avion pendant l'escale.

Tableau 10.2 – Connexions optimales

L'avion en provenance de :	assure le vol à destination de :	Nombre de passagers
Bordeaux	Londres	38
Clermont-Ferrand	Berne	8
Marseille	Bruxelles	11
Nantes	Berlin	38
Nice	Rome	10
Toulouse	Vienne	7

10.3 Constitution d'équipages

10.3.1 Problème

Pendant la Seconde Guerre mondiale, la Royal Air Force (RAF) avait beaucoup de pilotes étrangers, parlant différentes langues et plus ou moins entraînés sur les différents avions. La RAF devait constituer des équipages pour chaque avion, avec un langage compatible et une maîtrise acceptable de l'appareil. Voici un exemple de problème avec huit pilotes. Le tableau 10.3 représente par une note sur 20 le niveau de langue de chaque pilote (en anglais, français, néerlandais et norvégien), ainsi que la maîtrise de différents avions biplaces (chasseur, transport, bombardier, planeur et ravitailleur).

Tableau 10.3 – Notations des pilotes

Pilote	1	2	3	4	5	6	7	8
Anglais	20	14	0	13	0	0	8	8
Français	12	0	0	10	15	20	8	9
Néerlandais	0	20	12	0	8	11	14	12
Norvégien	0	0	0	0	17	0	0	16
Chasseur	18	12	15	0	0	0	8	0
Transport	10	0	9	14	15	8	12	13
Bombardier	0	17	0	11	13	10	0	0
Planeur	0	0	14	0	0	12	16	0
Ravitailleur	0	0	0	0	12	18	0	18

Un équipage est valide si les deux pilotes ont chacun au moins 10/20 à une même langue et 10/20 sur un même appareil. *Question 1* : peut-on faire voler tous les pilotes ?

On calcule ensuite la somme des deux notes de pilotage pour chaque équipage valide et chaque avion sur lequel les deux membres ont au moins 10/20. Ceci permet de définir pour chaque équipage un score égal au maximum de ces notes. Par exemple, les pilotes 5 et 6 ont respectivement les notes 13 et 10 sur bombardier, 12 et 18 sur ravitailleur. Le score pour cet équipage est donc max(13+10,12+18) = 30. *Question 2* : quel est l'ensemble d'équipages de score total maximal ?

10.3.2 Modélisation

Notons np le nombre de pilotes. Ce genre de problème se modélise très bien par un graphe de compatibilité $G = (X,E)$, non orienté. X est un ensemble de np nœuds correspondant aux pilotes. Une arête $[i, j]$ existe entre deux nœuds i et j si et seulement si les pilotes i et j sont compatibles, c'est-à-dire s'ils ont une langue et un avion communs pour lesquels ils ont tous deux au moins 10/20. L'arête est valuée par un poids égal au score c_{ij} atteint par l'équipage. La figure 10.1 donne le graphe résultant, avec les scores pour la question 2.

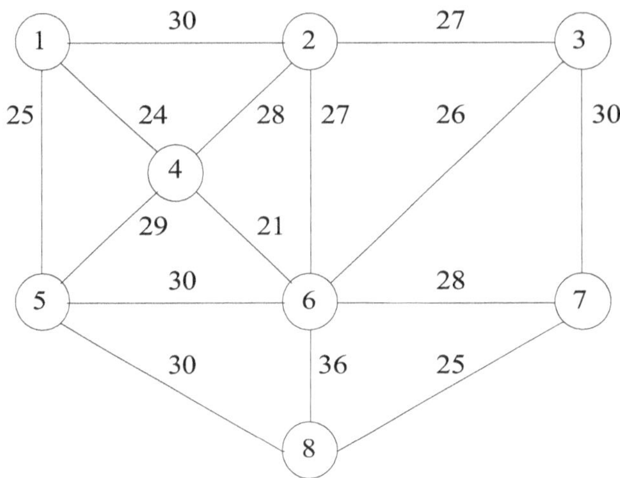

Figure 10.1 – Graphe de compatibilité des pilotes

Un ensemble valide d'équipages correspond dans G à un ensemble d'arêtes telles que deux quelconques d'entre elles n'ont aucun nœud commun. Un tel ensemble est appelé *couplage* en théorie des graphes. Pour la question 1, on cherche un couplage de G de *cardinal maximal*, pour la question 2 un couplage de *poids total maximal*. Le graphe suggère le modèle suivant.

$$(1) \quad \text{Max} \sum_{[i,j]\in E} c_{ij} x_{ij}$$

$$(2) \quad \forall k \in X : \sum_{[i,j]\in E,\ i=k \text{ ou } j=k} x_{ij} \leq 1$$

$$(3) \quad \forall [i,j] \in E : x_{ij} \in \{0,1\}$$

Pour chaque arête $[i,j]$ du graphe, une variable binaire indique si cette arête est prise ou pas (3). Les contraintes (2) stipulent que tout nœud k a au plus une seule arête incidente. La fonction-objectif (1) cumule les poids des arêtes choisies pour la question 2. Pour le PL de la question 1, on maximise le nombre d'équipages pour voir si tous les pilotes sont pris : il suffit d'enlever c_{ij} de la fonction-objectif. Notez que le couplage de cardinal maximal est un cas particulier de couplage de poids maximal, avec tous les poids égaux à 1.

10.3.3 Traduction en Excel

Le classeur *C10-Equipages* traduit le modèle mathématique. La copie d'écran montre sur les lignes 3 et 4 les fonctions-objectifs des deux questions et deux boutons associés à des macros VBA qui effacent ou génèrent la liste des équipages possibles. On voit ensuite trois tableaux. Celui de gauche correspond aux notes de langue et de pilotage du tableau 10.3. Le tableau central donne la liste des équipages possibles avec leurs scores ; il représente en fait la liste d'arêtes du graphe de la figure 10.1. Le tableau à droite donne pour chaque pilote le nombre d'équipages choisis dans lequel il est impliqué.

Pour rendre les formules plus explicites, les plages B3, B4, K8:K22, L8:L22, M8:M22, N8:N22 et Q7:Q14 ont été nommées respectivement *Equipages*, *ScoreTot*, *Pilote1*, *Pilote2*, *Score*, *X* et *Implications*. Il suffit pour cela de sélectionner chaque plage et de saisir le nom choisi dans la zone-nom, à gauche de la barre de formule.

C10-Equipages : constitutions d'équipages.

	A	B	C	D	E	F	G	H	I	J	K	L	M	N	O	P	Q
3	Equipages	0					Effacer équipages				Générer équipages						
4	Score total	0															
6	Pilotes	1	2	3	4	5	6	7	8		Equipages possibles					Pilote	Implications
											Pilote 1	Pilote 2	Score	Xij			
7	Anglais	20	14	0	13	0	0	8	8		1	2	30			1	0
8	Français	12	0	0	10	15	20	8	9		1	4	24			2	0
9	Néerlandais	0	20	12	0	8	11	14	12		1	5	25			3	0
10	Norvégien	0	0	0	0	17	0	0	16		2	3	27			4	0
11	Chasseur	18	12	15	0	0	0	8	0		2	4	28			5	0
12	Transport	10	0	9	14	15	8	12	13		2	6	27			6	0
13	Bombardier	0	17	0	11	13	10	0	0		3	6	26			7	0
14	Planeur	0	0	14	0	0	12	16	0		3	7	30			8	0
15	Ravitailleur	0	0	0	0	12	18	0	18		4	5	29				
16											4	6	21				
17											5	6	30				
18											5	8	30				
19											6	7	28				
20											6	8	36				
21											7	8	25				
22																	

Les formules sont alors les suivantes :

- *Fonctions-objectifs*. Pour la question 1, la formule "=SOMME(X)" est placée dans la cellule B3 (*Equipages*). Pour la question 2, on saisit dans la cellule B4 (*ScoreTot*) la formule "=SOMMEPROD(Score;X)".

- *Membres de gauche des contraintes* (2). Pour chaque pilote, il faut effectuer la somme de ses implications dans les équipages choisis, ou somme des variables x_{ij} avec $i = k$ ou $j = k$. Insérez la formule "=SOMME.SI(Pilote1;P7;X) + SOMME.SI(Pilote2;P7;X)" dans Q7 pour le premier pilote, puis recopiez-la dans les cellules Q8 à Q14.

La liste des équipages possibles peut évidemment être saisie manuellement, mais la détermination des binômes compatibles et de leurs scores est fastidieuse. Nous avons donc réalisé deux macros en VBA pour construire cette liste automatiquement.

La génération automatique des équipages possibles peut être appréciée grâce à la macro *EFFACER_EQUIPAGES*, associée au bouton de même nom de la feuille de calcul. Cette macro très simple efface le contenu du tableau central en conservant les titres de colonnes.

La macro *GENERER_EQUIPAGES* construit ensuite la liste des équipages. Les nombres de pilotes, de langues et d'avions sont notés *NP*, *NL* et *NA*. La cellule de départ pour écrire la liste est à la ligne *LDeb* = 8 et à la colonne *C* = 11.

La macro met la variable *T* de type *Range* en équivalence avec le tableau des notes de langues et de pilotage. Les deux boucles *For j* et *For k* testent toutes les paires de pilotes distincts (j, k). La boucle interne *For i* balaie les notes. Un booléen *LangOK* est positionné à *True* si les pilotes j et k obtiennent au moins la note 10/20 à une même langue. Le score de pilotage est initialisé à zéro puis calculé comme le maximum des sommes des deux notes de pilotage pour chaque avion, à condition que les deux notes vaillent au moins 10/20.

Les deux pilotes sont compatibles si *LangOK = True* et le score est non nul. Dans ce cas, les pilotes *j* et *k* et leur score sont écrits dans la feuille à la ligne courante *L*. Finalement, le tableau résultant (y compris la colonne *X*) est muni d'un quadrillage, son contenu est centré et la colonne *X* est colorée en vert. Consultez le § 4.4 pour des détails sur les méthodes utilisées.

```
Option Explicit

Sub EFFACER_EQUIPAGES()
  Range("K8:N22").Clear
End Sub

Sub GENERER_EQUIPAGES()
  Const NP = 8, NL = 4, NA = 5
  Const LDeb = 8, C = 11, Green = 9895830
  Dim T As Range, LangOK As Boolean
  Dim i As Integer, j As Integer, k As Integer
  Dim L As Integer, Score As Integer
  Set T = Range("B7:I15")
  L = 0
  For j = 1 To NP
    For k = j + 1 To NP
      Score = 0
      LangOK = False
      For i = 1 To NL + NA
        If T(i, j) >= 10 And T(i, k) >= 10 Then
          If i <= NL Then
            LangOK = True
          ElseIf T(i, j) + T(i, k) > Score Then
            Score = T(i, j) + T(i, k)
          End If
        End If
      Next i
      If LangOK And Score > 0 Then
        Cells(LDeb + L, C) = j
        Cells(LDeb + L, C + 1) = k
        Cells(LDeb + L, C + 2) = Score
        L = L + 1
      End If
    Next k
  Next j
  Set T = Range(Cells(LDeb, C), Cells(LDeb + L - 1, C + 3))
  T.Borders.LineStyle = xlContinuous
  T.HorizontalAlignment = xlCenter
  T.Columns(4).Interior.Color = Green
End Sub
```

Il reste maintenant à régler les paramètres du solveur. La cellule cible à maximiser est soit *Equipages* soit *ScoreTot*, suivant la question. Les cellules variables forment la plage *X*. Le premier groupe de contraintes indique que ce sont des variables binaires. Le second groupe traduit les contraintes (2). Attention à ne pas oublier les options classiques : *Modèle supposé linéaire* et *Supposé non négatif*. L'écran suivant correspond à la question 2.

10.3.4 Résultats

Pour la question 1, on trouve les équipages (1,5), (2,4), (3,6) et (7,8). Tous les pilotes peuvent donc voler. Pour la seconde question, on obtient un score total de 125 avec les quatre équipages composés des pilotes (1,2), (3,7), (4,5) et (6,8). Cette solution est aussi optimale pour la première question.

Si on change des notes dans les données, la macro de génération des équipages peut donner une liste plus courte ou plus longue, mais les noms donnés aux plages et donc le modèle pour le solveur ne vont pas s'adapter automatiquement. En fait, construire automatiquement un modèle en fonction de listes de données de tailles variables est une tâche difficile pour un débutant. Le problème du loueur de voitures du chapitre 9 montre comment procéder.

10.4 Ordonnancements d'atterrissages

10.4.1 Problème

Les mouvements d'avions sur un grand aéroport doivent obéir à de nombreuses contraintes de sécurité. Le problème présenté ici consiste à calculer un ordonnancement prévisionnel d'atterrissages sur une piste unique. Des problèmes plus généraux ont été étudiés, mais ils sont encore plus complexes (cas dynamique avec par exemple des avions en retard, cas avec plusieurs pistes).

Dix avions sont attendus. Chaque avion peut atterrir entre une *heure au plus tôt* (heure d'arrivée au-dessus de la zone en cas de voyage à vitesse maximale) et une *heure au plus tard* (liée entre autres à l'autonomie en carburant). À l'intérieur de cette fenêtre, les compagnies choisissent une *heure nominale (target time)*, celle annoncée au public dans les horaires de vol. L'arrivée d'un avion en avance ou en retard par rapport à son heure nominale perturbe l'aéroport et occasionne des coûts. Pour intégrer ces coûts et mieux les comparer, une pénalité par minute d'avance et une autre par minute de retard ont été associées à chaque avion. Les fenêtres (heures en minutes depuis le début de la journée) et les pénalités pour chaque avion sont données dans le tableau 10.4.

Tableau 10.4 – Caractéristiques des fenêtres des avions

Avion	1	2	3	4	5	6	7	8	9	10
Heure de début	129	195	89	96	110	120	124	126	135	160
Heure nominale	155	258	98	106	123	135	138	140	150	180
Heure de fin	559	744	510	521	555	576	577	573	591	657
Pénalité avance	10	10	30	30	30	30	30	30	30	30
Pénalité retard	10	10	30	30	30	30	30	30	30	30

Pour des raisons de turbulence et de durée d'occupation de la piste, un intervalle de sécurité doit séparer deux atterrissages. Une case ligne i, colonne j du tableau 10.5 donne l'intervalle de temps minimal à respecter (en minutes) entre les atterrissages des avions i et j, même s'ils ne sont pas consécutifs. Quelles heures d'atterrissage des avions permettent de minimiser la pénalité totale tout en respectant les fenêtres et les intervalles de séparation ?

Tableau 10.5 – Matrice des intervalles de séparation

	1	2	3	4	5	6	7	8	9	10
1	--	3	15	15	15	15	15	15	15	15
2	3	--	15	15	15	15	15	15	15	15
3	15	15	--	8	8	8	8	8	8	8
4	15	15	8	--	8	8	8	8	8	8
5	15	15	8	8	--	8	8	8	8	8
6	15	15	8	8	8	--	8	8	8	8
7	15	15	8	8	8	8	--	8	8	8
8	15	15	8	8	8	8	8	--	8	8
9	15	15	8	8	8	8	8	8	--	8
10	15	15	8	8	8	8	8	8	8	--

10.4.2 Modélisation

Soit n le nombre d'avions. Un avion i a une fenêtre d'atterrissage $[Deb_i, Fin_i]$, une heure nominale Pre_i, une pénalité Ava_i par minute d'avance, et une autre Ret_i par minute de retard. L'intervalle de séparation entre deux vols i et j est noté Sep_{ij}. On constate que toutes les paires de fenêtres se chevauchent. Nous donnons d'abord un modèle pour cette situation de chevauchement, en indiquant ensuite comment le généraliser à des fenêtres quelconques. Il faut définir au moins des variables t_i positives ou nulles pour les heures d'atterrissages demandées par l'énoncé, en les encadrant par les heures de début et de fin de fenêtre (1).

(1) $\forall i = 1 \dots n : Deb_i \leq t_i \leq Fin_i$

Pour compter les temps de séparation tout en ayant une formulation linéaire, des variables binaires x_{ij} sont nécessaires, avec $x_{ij} = 1$ si l'avion i atterrit avant l'avion j.

(2) $\forall i = 1 \dots n, \forall j = 1 \dots n, i \neq j : x_{ij} \in \{0,1\}$

Les contraintes (3) spécifient que i arrive avant j ou bien j arrive avant i. Les contraintes (4) assurent la séparation des atterrissages ; ce sont des *contraintes d'exclusion* classiques, connues par exemple en ordonnancement pour empêcher le chevauchement de deux tâches sur une même machine. M désigne une grande constante positive.

(3) $\quad \forall i = 1 \ldots n, \forall j = 1 \ldots n, i \neq j : x_{ij} + x_{ji} = 1$

(4) $\quad \forall i = 1 \ldots n, \forall j = 1 \ldots n, i \neq j : t_i + Sep_{ij} - M \cdot x_{ji} \leq t_j$

Ainsi, si l'avion i arrive avant j, on a $x_{ij} = 1$, donc $x_{ji} = 0$ d'après (3). La contrainte (4) s'écrit alors pour i et j : $t_i + Sep_{ij} \leq t_j$ et assure une séparation correcte. Si $x_{ij} = 0$, alors $x_{ji} = 1$ et la contrainte (4) est trivialement vérifiée car le premier membre de l'inégalité est un grand nombre négatif. Notez qu'il existe aussi une contrainte (4) pour (j, i), qui sera alors vérifiée. Pour éviter des problèmes numériques, une valeur de M pas trop grande est conseillée, $M = Fin_i + Sep_{ij} - Deb_j$ convient pour chaque contrainte (4).

Cependant, on peut simplifier cette formulation en réduisant le nombre de variables. Pour le diviser par deux, on déclare des variables binaires x_{ij} avec $i < j$, valant 1 si l'avion i atterrit avant j, 0 sinon. Les contraintes (2') remplacent alors les contraintes (2), et les contraintes (3) sont inutiles.

(2') $\quad \forall i = 1 \ldots n, \forall j = i + 1 \ldots n : x_{ij} \in \{0,1\}$

Les contraintes (4) se réécrivent en (4') et (4"). (4') exprime les contraintes d'exclusion pour les couples d'avions (i, j) avec $i > j$, (4") donne les exclusions pour $i < j$. Si, par exemple, $i < j$ (contraintes (4") et i arrive avant j, alors $x_{ij} = 1$, donc $1 - x_{ij} = 0$, et $t_i + Sep_{ij} \leq t_j$. Si $i < j$ mais que j arrive avant i, $x_{ij} = 0$ et (4") est trivialement vérifiée.

(4') $\quad \forall i = 1 \ldots n, \forall j = 1 \ldots i - 1 : t_i + Sep_{ij} \leq t_j + M \cdot x_{ji}$

(4") $\quad \forall i = 1 \ldots n, \forall j = i + 1 \ldots n : t_i + Sep_{ij} \leq t_j + M \cdot (1 - x_{ij})$

La prise en compte de l'avance ou du retard d'un avion i par rapport à son heure préférentielle Pre_i est délicate. Introduisons une variable a_i pour l'avance, une variable r_i pour le retard. On peut aussitôt écrire la fonction-objectif (5), avec les pénalités par minute d'avance et de retard Ava_i et Ret_i.

(5) $\quad \text{Min} \sum_{i=1}^{n} Ava_i \cdot a_i + \sum_{i=1}^{n} Ret_i \cdot r_i$

Les variables a_i et r_i sont bornées supérieurement, contraintes (6) et (7) pour que l'heure d'atterrissage reste dans la fenêtre $[Deb_i, Fin_i]$.

(6) $\quad \forall i = 1 \ldots n : 0 \leq a_i \leq Pre_i - Deb_i$

(7) $\quad \forall i = 1 \ldots n : 0 \leq r_i \leq Fin_i - Pre_i$

Cette heure d'atterrissage peut être liée à l'avance et au retard avec les contraintes (8).

(8) $\quad \forall i = 1 \ldots n : t_i = Pre_i - a_i + r_i$

Hélas, rien n'empêche que a_i et r_i soient comptées simultanément dans (8). On prévient cela avec les contraintes d'exclusion (9) et (10). Par exemple, si $t_i < Pre_i$ (avion en avance), a_i est non nulle car la contrainte (9) l'oblige à être au moins égale à $Pre_i - t_i$. Par contre r_i, bloquée par la contrainte de positivité (7), reste à 0.

Une seule variable va donc être non nulle dans (8). Notez qu'on a des inégalités au lieu d'égalités dans les contraintes (9)-(10), pour éviter qu'une variable devienne négative. Ce n'est pas gênant car la minimisation va rendre ces contraintes serrées.

$$(9) \quad \forall i = 1...n : a_i \geq Pre_i - t_i$$

$$(10) \quad \forall i = 1...n : r_i \geq t_i - Pre_i$$

On obtient finalement un PL mixte formé des lignes (1), (2'), (4'), (4"), (5) à (10), qu'il faut compléter par les contraintes de positivité pour les t_i, a_i et r_i. Pour la modélisation avec Excel et nous conformer à la logique en deux dimensions, c'est le PL mixte composé des lignes (1), (2), (3), (4), (5) à (10), complété par les contraintes de positivité pour les t_i, a_i et r_i que nous allons présenter.

10.4.3 Généralisation à des fenêtres quelconques

Dans le cas général, il y a trois ensembles U, V et W de couples d'avions (i, j) avec $i < j$. U contient les couples d'avions dont les fenêtres se chevauchent. Les variables x_{ij} permettent alors de décider si i arrive avant j. Pour simplifier, le modèle précédent traite le cas où tous les couples de fenêtres sont dans U.

Il peut aussi exister un ensemble W de couples (i, j) d'avions à fenêtres disjointes et à séparation garantie : par exemple deux fenêtres [10,50], [70,110] et un temps de séparation de 15 qui sera évidemment respecté. Plus formellement, la relation définissant une telle fenêtre est $(Fin_i + Sep_{ij} < Deb_j)$ ou $(Fin_j + Sep_{ji} < Deb_i)$. On peut enfin rencontrer un ensemble V de couples d'avions à fenêtres disjointes mais avec séparation non garantie, comme [10,50], [70,110] et un intervalle de séparation de 30.

Aux contraintes (4')-(4") qui concernent les couples de U, il faut ajouter les contraintes (11) à (14) pour obtenir un modèle général. Les contraintes (11) et (12) forcent les variables à 0 ou 1 en cas de fenêtres disjointes. Les contraintes (13) et (14) sont de simples contraintes de précédence comme dans la construction du stade du chapitre 6.

$$(11) \quad \forall (i, j) \in V \cup W, Fin_i < Deb_j : x_{ij} = 1$$

$$(12) \quad \forall (i, j) \in V \cup W, Fin_j < Deb_i : x_{ij} = 0$$

$$(13) \quad \forall (i, j) \in V, Fin_i < Deb_j : t_i + Sep_{ij} \leq t_j$$

$$(14) \quad \forall (i, j) \in V, Fin_j < Deb_i : t_j + Sep_{ji} \leq t_i$$

Comme le modèle initial est déjà assez complexe, et pour ne pas embrouiller le lecteur plus encore, cette généralisation n'est pas prise en compte dans le modèle Excel. Elle peut toutefois être adaptée par l'intermédiaire de macros qui assureraient le découpage des ensembles U, V et W.

10.4.4 Traduction en Excel

Le classeur *C10-Atterrissages* propose une traduction en Excel. Le problème étant complexe, il faut bien réfléchir à la structuration de la feuille de calcul. Par ailleurs, la logique en deux dimensions d'Excel ne se prête pas à une matrice triangulaire supérieure de variables x_{ij} avec $i < j$. Nous avons donc utilisé une matrice complète. Par conséquent, les contraintes (2), (3) et (4) ont été utilisées au lieu des contraintes (2'), (4') et (4'').

C10-Atterrissages : Ordonnancement d'atterrissages

Pénalité totale		700			M	1000		Effacer		Optimiser	

Avion	1	2	3	4	5	6	7	8	9	10
Heure de début	129	195	89	96	110	120	124	126	135	160
Heure nominale	155	258	98	106	123	135	138	140	150	180
Heure de fin	559	744	510	521	555	576	577	573	591	657
Pénalité avance	10	10	30	30	30	30	30	30	30	30
Pénalité retard	10	10	30	30	30	30	30	30	30	30

Intervalles	1	2	3	4	5	6	7	8	9	10
1	--	3	15	15	15	15	15	15	15	15
2	3	--	15	15	15	15	15	15	15	15
3	15	15	--	8	8	8	8	8	8	8
4	15	15	8	--	8	8	8	8	8	8
5	15	15	8	8	--	8	8	8	8	8
6	15	15	8	8	8	--	8	8	8	8
7	15	15	8	8	8	8	--	8	8	8
8	15	15	8	8	8	8	8	--	8	8
9	15	15	8	8	8	8	8	8	--	8
10	15	15	8	8	8	8	8	8	8	--

Avion	1	2	3	4	5	6	7	8	9	10	Pénalité
Heure choisie	165	258	98	106	118	134	126	142	150	180	
Avance	0	0	0	0	5	1	12	0	0	0	540
Retard	10	0	0	0	0	0	0	2	0	0	160

Avion	1	2	3	4	5	6	7	8	9	10
Avance maximale	26	63	9	10	13	15	14	14	15	20
Retard maximal	404	486	412	415	432	441	439	433	441	477
Lien heures (8)	165	258	98	106	118	134	126	142	150	180
Exclusion (9)	-10	0	0	0	5	1	12	-2	0	0
Exclusion (10)	10	0	0	0	-5	-1	-12	2	0	0

Précédences	1	2	3	4	5	6	7	8	9	10
1	0	1	3,8E-17	0	0	0	0	0	0	1
2	0	0	6,1E-17	0	5,8E-17	0	-2E-17	0	2,3E-16	0
3	1	1	0	1	1	1	1	1	1	1
4	1	1	2,8E-12	0	1	1	1	1	1	1
5	1	1	0	-8E-20	0	1	1	1	1	1
6	1	1	0	0	4,2E-17	0	-1E-33	1	1	1
7	1	1	0	0	0	1	0	1	1	1
8	1	1	0	0	0	0	0	0	1	1
9	1	1	0	0	0	0	0	0	0	1
10	0	1	0	0	0	0	0	0	10	0

En dessous de la valeur de la fonction-objectif et du paramètre M, les deux premiers blocs correspondent aux tableaux 10.4 et 10.5. Le troisième bloc présente les variables t_i, a_i et r_i et les pénalités associées. Le quatrième bloc sert à calculer les expressions des nombreuses contraintes. Enfin, le dernier bloc représente les variables x_{ij} du problème.

Les formules de la feuille sont les suivantes :

- *Pénalités.* La formule "=SOMMEPROD(B9:K9;B26:K26)" est placée dans la cellule M26 puis recopiée dans la cellule M27. Ces deux formules correspondent aux deux sommes de la fonction-objectif (5).

- *Fonction-objectif.* La cellule D3 reçoit la formule "=M26+M27" qui représente la somme des deux quantités calculées par les formules précédentes.

- *Avance et retard maximal.* La formule "=B7-B6" est insérée dans la cellule B30 puis recopiée dans les cellules B30:K31. L'ensemble de ces formules constituent les membres de droite des contraintes (6) et (7).

- *Contrainte* (8). La formule "=B7-B26+B27" est placée dans la cellule B32 et recopiée avec la poignée de recopie dans les cellules C32:K32. Il s'agit des membres de droite des contraintes (8).

- *Contraintes d'exclusion* (9) et (10). La formule "=B7-B25" est saisie dans la cellule B33 puis recopiée dans les cellules C33:K33. De même, la formule "=B25-B7" est écrite dans la cellule B34 et recopiée dans les cellules C34:K34. Ces deux groupes de formules correspondent aux membres de droite des contraintes (9) et (10).

Finalement, il ne manque que les expressions des contraintes (3) et (4) pour finir la traduction. Malheureusement, ces contraintes sont nombreuses et difficilement traduisibles par des formules Excel génériques. Nous avons donc choisi de rédiger des macros VBA qui vont écrire les formules dans la feuille de calcul et remplir la boîte de dialogue du solveur. Le lecteur est invité à revoir la section 4.5 pour les macros du solveur.

Une première macro *EFFACER* sert à effacer les valeurs des variables et les calculs effectués par la macro *RESOUDRE* décrite plus loin. La macro est associée au bouton de même nom dans la feuille de calcul.

```
Option Explicit 'impose la déclaration de toutes les variables

'Macro qui efface les variables et les calculs effectués par RESOUDRE
Sub EFFACER_CALCULS_VARIABLES()
  Dim R As Range
  Range("B25:K27").ClearContents
  Range("B37:K46").ClearContents
  Set R = ActiveSheet.UsedRange
  Range("A48", R(R.Rows.Count, R.Columns.Count)).Clear
End Sub
```

Pour alléger l'écriture, les trois fonctions très simples qui suivent ont été conçues pour renvoyer l'adresse (référence de cellule) d'une variable x_{ij}, d'un intervalle de séparation Sep_{ij} et d'une heure d'atterrissage t_i.

```vba
'Fonction renvoyant l'adresse d'une variable X(i,j)
Function AdX(i As Integer, j As Integer) As String
  Const ldeb = 37, cdeb = 2 'Coordonnées de X(1,1)
  AdX = Cells(ldeb + i - 1, cdeb + j - 1).Address
End Function

'Fonction renvoyant l'adresse d'une donnée Sep(i,j)
Function AdS(i As Integer, j As Integer) As String
  Const ldeb = 13, cdeb = 2 'Coordonnées de Sep(1,1)
  AdS = Cells(ldeb + i - 1, cdeb + j - 1).Address
End Function

'Fonction renvoyant l'adresse d'une variable t(i)
Function AdT(i As Integer) As String
  Const ldeb = 25, cdeb = 2 'Coordonnées de t1
  AdT = Cells(ldeb, cdeb + i - 1).Address
End Function
```

La procédure *CONTRAINTES_3_4* calcule les membres de gauche des contraintes (3) et (4) pour chaque couple d'avions (i, j) avec $i \neq j$. Pour ne pas surcharger le premier écran, les 90 lignes de résultats sont écrites discrètement à partir de la ligne 48, sous le dernier tableau. Enfin, la procédure appelle la macro *SolverAdd* du solveur, pour ajouter une ligne pour les contraintes (3) et une autre pour les contraintes (4) dans la boîte de dialogue du solveur.

```vba
Sub CONTRAINTES_3_4()

  Const le = 48                  'Ligne de début d'écriture
  Dim i As Integer, j As Integer 'Indices avions
  Dim ne As Integer              'Nombre de contraintes écrites
  Dim S1 As String, S2 As String 'Chaînes pour les contraintes

  ne = 0
  For i = 1 To 10
    For j = 1 To 10
      If i <> j Then
        Cells(le + ne, 1).Formula = "=" & AdX(i, j) & "+" & AdX(j, i)
        Cells(le + ne, 2).Formula = _
        "=" & AdT(i) & "+" & AdS(i, j) & "- $G$3*" & AdX(j, i)
        Cells(le + ne, 3).Formula = "=" & AdT(j)
        ne = ne + 1
      End If
    Next j
  Next i

  'Ajout des contraintes (3) dans le solveur
  S1 = Cells(le, 1).Address & ":" & Cells(le + ne - 1, 1).Address
  Call SolverAdd(S1, 2, 1)
  'Ajout des contraintes (4) dans le solveur
  S1 = Cells(le, 2).Address & ":" & Cells(le + ne - 1, 2).Address
  S2 = Cells(le, 3).Address & ":" & Cells(le + ne - 1, 3).Address
  Call SolverAdd(S1, 1, S2)

End Sub
```

Finalement, la macro suivante *OPTIMISER* définit le modèle pour le solveur au lieu de le saisir dans la boîte de dialogue, en utilisant les macros du § 4.5. Elle est déclenchée par le bouton homonyme de la feuille de calcul.

```
Sub OPTIMISER()

  Dim Result As Integer
  Call SolverReset
  Call SolverOptions(AssumeLinear:=True, AssumeNonNeg:=True)
  Call SolverOK(SetCell:="D3", MaxMinVal:=2, _
            ByChange:=Union(Range("B25:K27"), Range("B37:K46")))
  'Ajout des contraintes (1)
  Call SolverAdd(CellRef:=Range("$B$25:$K$25"), Relation:=3, _
            FormulaText:="$B$6:$K$6")
  Call SolverAdd(CellRef:=Range("$B$25:$K$25"), Relation:=1, _
            FormulaText:="$B$8:$K$8")
  'Déclaration des variables binaires (2)
  Call SolverAdd(CellRef:=Range("$B$37:$K$46"), Relation:=5)
  'Ajout des contraintes (3) et (4)
  Call CONTRAINTES_3_4
  'Ajout des contraints (6) et (7)
  Call SolverAdd(CellRef:=Range("$B$26:$K$27"), Relation:=1, _
            FormulaText:="$B$30:$K$31")
  'Ajout des contraintes (8)
  Call SolverAdd(CellRef:=Range("$B$25:$K$25"), Relation:=2, _
            FormulaText:="$B$32:$K$32")
  'Ajout des contraints (9) et (10)
  Call SolverAdd(CellRef:=Range("$B$26:$K$27"), Relation:=3, _
            FormulaText:="$B$33:$K$34")

  Result = SolverSolve(UserFinish:=True)

  Select Case Result
    Case 0, 1, 2: MsgBox ("Optimisation réussie")
    Case 4:       MsgBox ("Optimum non borné")
    Case 5:       MsgBox ("Infaisable")
    Case Else:    MsgBox ("Erreur solveur, code: " & Format(Result, "0"))
  End Select

End Sub
```

La copie d'écran suivante présente la boîte de dialogue après l'exécution de la macro *OPTIMISER*. La cellule cible est la cellule D3, qu'il faut minimiser. Les cellules variables sont les cellules B25:K27 (variables t_i, a_i et r_i) et les cellules B37:K46 (variables x_{ij}).

La première ligne dans l'espace des contraintes représente les contraintes (3), la seconde ligne traduit les contraintes (1), la troisième ligne correspond aux contraintes d'égalité (8), la quatrième ligne constitue la partie gauche des contraintes (1) et la cinquième ligne regroupe les contraintes (6) et (7) en une seule expression. La ligne suivante regroupe les contraintes (9) et (10). Les deux dernières lignes, invisibles sur la copie d'écran, correspondent respectivement aux contraintes (2) et (4).

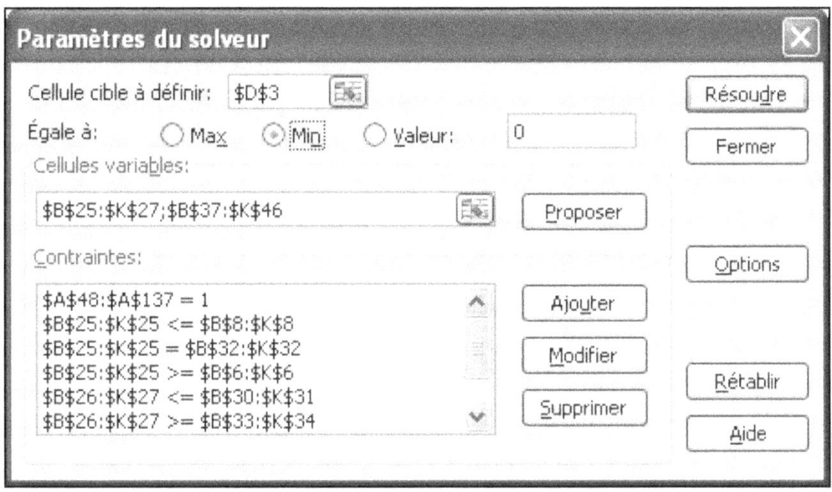

10.4.5 Résultats

Excel dépasse le nombre maximal d'itérations (100) ainsi que le temps par défaut de 100 s spécifiés dans les options. On peut facilement modifier les options ou alors poursuivre la résolution quand le solveur ouvre une boîte de dialogue pour demander s'il faut continuer. Après 2 bonnes minutes de calcul sur un PC à 2,5 GHz, on obtient une solution entière avec une somme de pénalités égale à 700. Le tableau 10.6 rappelle les heures nominales d'atterrissage et donne les heures effectives ainsi que les avances (comptées négativement) et les retards (comptés positivement).

Tableau 10.6 – Heures d'arrivée et décalages

Avion	1	2	3	4	5	6	7	8	9	10
Heure nominale	155	258	98	106	123	135	138	140	150	180
Heure calculée	165	258	98	106	118	134	126	142	150	180
Décalage + ou -	+10	0	0	0	-5	-1	-12	+2	0	0

La copie d'écran au début du § 10.4.4 illustre une difficulté classique : à cause de la précision limitée des calculs sur ordinateur, certaines variables x_{ij} théoriquement nulles ont en fait une très petite valeur, par exemple $3{,}8 \times 10^{-17}$ pour x_{31}. La seule solution pour éliminer cet affichage disgracieux est d'utiliser un format *Nombre*, avec zéro décimale.

10.5 Ravitaillement d'un pays sinistré

10.5.1 Problème

Un pays de l'Asie du Sud-Est vient de subir des inondations d'une rare ampleur. Le gouvernement, avec l'aide internationale, décide de mettre en place un système de ravitaillement par avion. Malheureusement, il ne peut s'appuyer que sur sept pistes d'atterrissage encore en bon état, dont celle de la capitale, pour assurer des livraisons de vivres et de médicaments.

Le gouvernement décide de faire partir des avions de la capitale pour qu'ils visitent les six autres aéroports et reviennent en fin de parcours à la capitale. Le tableau 10.7 donne les distances entre aéroports. L'aéroport A1 est celui de la capitale. Quel devra être l'ordre de visite des aéroports pour parcourir une distance minimale ?

Tableau 10.7 – Distancier

	A1	A2	A3	A4	A5	A6	A7
A1	–	786	549	657	331	559	250
A2	786	–	668	979	593	224	905
A3	549	668	–	316	607	472	467
A4	657	979	316	–	890	769	400
A5	331	593	607	890	–	386	559
A6	559	224	472	769	386	–	681
A7	250	905	467	400	559	681	–

10.5.2 Modélisation

Pour la résolution du problème, n désigne le nombre d'aéroports à desservir et d_{ij} la distance qui sépare les aéroports i et j. Comme les trajets s'effectuent en avion, la matrice des distances est symétrique. On utilise des variables binaires y_{ij} qui valent 1 si un avion vole directement de i à j. Le parcours recherché est un *cycle* visitant une fois et une seule chaque aéroport. À chaque aéroport i, le cycle vient d'un seul aéroport prédécesseur et se poursuit vers un seul aéroport successeur. Les contraintes (2) et (3) expriment ces conditions.

$$(2) \quad \forall\, j = 1 \ldots n: \quad \sum_{i=1, i \neq j}^{n} y_{ij} = 1$$

$$(3) \quad \forall\, i = 1 \ldots n: \quad \sum_{j=1, i \neq j}^{n} y_{ij} = 1$$

Si on se contente des contraintes (2) et (3), on peut obtenir des *sous-cycles*, par exemple aller de l'aéroport 1 à l'aéroport 3 puis revenir à 1. De telles solutions sont invalides car on souhaite obtenir une seule tournée. Les contraintes (4) appelées *coupes* brisent un sous-cycle éventuel sur un sous-ensemble d'aéroports S en imposant que le nombre d'étapes dans S soit strictement inférieur au cardinal de S.

$$(4) \quad \forall\, S: \quad \sum_{(i,j) \in S} y_{ij} \leq |S| - 1$$

Sur un grand problème, il est matériellement impossible de tester tous les sous-cycles qui peuvent être formés (leur nombre est de l'ordre de 2^n). Nous allons donc dans un premier temps résoudre le problème sans contraintes (4), ce qui donne en général une solution comprenant des sous-cycles, puis ajouter au fur et à mesure des contraintes de type (4) pour empêcher les sous-cycles détectés de se reformer. Ce processus se termine quand on obtient une solution sans sous-cycles. Il évite d'avoir à saisir *a priori* toutes les contraintes (4).

La fonction-objectif à minimiser (1) est la longueur totale du cycle passant par toutes les villes, c'est-à-dire la somme des longueurs des arcs empruntés. Voici le programme linéaire à variables binaires obtenu :

$$(1) \quad \text{Min} \sum_{i=1}^{n}\sum_{j=1}^{n} d_{ij} \times y_{ij}$$

$$(2) \quad \forall\, j=1\ldots n\!: \sum_{i=1, i\neq j}^{n} y_{ij} = 1$$

$$(3) \quad \forall\, i=1\ldots n\!: \sum_{j=1, i\neq j}^{n} y_{ij} = 1$$

$$(4) \quad \forall\, S\!: \sum_{(i,j)\in S} y_{ij} \leq |S| - 1$$

$$(5) \quad \forall\, i=1\ldots n, \forall\, j=1\ldots n\!: y_{ij} \in \{0,1\}$$

10.5.3 Traduction en Excel

Le modèle est contenu dans le fichier Excel *C10-Ravitaillement*. Sans les contraintes (4), il est assez simple. L'écran suivant montre la distance totale, puis le distancier et la matrice des variables y_{ij}, flanquée des sommes pour les contraintes (2) et (3). Comme il est difficile en Excel de définir seulement les variables avec $i \neq j$, nous préférons définir une matrice complète mais en pénalisant les variables de la diagonale par une grande distance (10 000).

C10-Ravitaillement : ravitaillement d'un pays sinistré.

Distance Totale	2220

Distances	A1	A2	A3	A4	A5	A6	A7
A1	1E+05	786	549	657	331	559	250
A2	786	1E+05	668	979	593	224	905
A3	549	668	1E+05	316	607	472	467
A4	657	979	316	1E+05	890	769	400
A5	331	593	607	890	1E+05	386	559
A6	559	224	472	769	386	1E+05	681
A7	250	905	467	400	559	681	1E+05

Résoudre

Successeur	A1	A2	A3	A4	A5	A6	A7	Unicité
A1	0	0	0	0	1	0	0	1
A2	0	0	0	0	0	1	0	1
A3	0	0	0	1	0	0	0	1
A4	0	0	1	0	0	0	0	1
A5	0	0	0	0	0	0	1	1
A6	0	1	0	0	0	0	0	1
A7	1	0	0	0	0	0	0	1
Unicité	1	1	1	1	1	1	1	

Les formules de la feuille sont les suivantes :

- *Fonction-objectif.* La formule "=SOMMEPROD(B6:H12;B15:H21)" est placée dans la cellule C3. Elle traduit l'équation (1).

- *Contraintes* (2) et (3). La formule "=SOMME(B15:B21)" est placée dans la cellule B23 et recopiée dans les cellules C23:H23. Puis la formule "=SOMME(B15:H15)" est écrite dans la cellule J15 et recopiée dans les cellules J16:J21.

Pour le début du processus, on pourrait remplir simplement la boîte de dialogue du solveur, en minimisant C3 et en déclarant deux lignes de contraintes B23:H23 = 1 et J15:J21=1. Ensuite, la difficulté est d'identifier les sous-ensembles S contenant un sous-cycle, d'ajouter les contraintes (4) associées et de résoudre à nouveau. En fait, nous avons choisi d'automatiser tout le processus en VBA, y compris la création du modèle initial.

Dans un premier temps, nous avons défini des constantes globales partagées et une fonction *REFY* qui renvoie l'adresse d'une variable y_{ij} et nous servira dans l'écriture des contraintes.

```
Option Explicit          'Impose la déclaration des variables
Option Base 1            'Tableaux indicés à partir de 1

Const Epsilon = 0.0001 'Précision
Const N = 7              'Nombre de villes
Const LD = 5            'Ligne de début pour les sous-cycles
Const CD = 13           'Colonne de début pour les sous-cycles

'Fonction qui renvoie la référence de cellule de Y(i,j), sans dollars
Function REFY(i As Integer, j As Integer) As String
  Dim Y As Range
  Set Y = Range("B15:H21")
  REFY = Y(i, j).Address(RowAbsolute:=False, ColumnAbsolute:=False)
End Function
```

La macro *FIRST_LP* sert à résoudre le modèle de départ, sans les contraintes (4). Elle commence par effacer les variables et la plage M5:P23 qui va contenir la liste des sous-cycles détectés, puis définit les options avec *SolverOptions*. L'objectif C3, le sens de l'optimisation *(Min)* et les cellules variables B15:H21 sont ensuite spécifiés avec *SolverOK*. On utilise *SolverAdd* pour les contraintes (2), (3) et (5). On peut ensuite lancer la résolution avec *SolverSolve* et *UserFinish = True* pour ne pas voir le message de fin du solveur.

```
'Efface les variables Y et les sous cycles, puis résout le PL initial
Sub FIRST_LP()
  Range("B15:H21").ClearContents
  Range("M5:P23").Clear
  Call SolverReset
  Call SolverOptions(AssumeLinear:=True, AssumeNonNeg:=True)
  Call SolverOK("C3", 2, , "B15:H21")
  Call SolverAdd("B23:H23", 2, 1)
  Call SolverAdd("J15:J21", 2, 1)
  Call SolverAdd("B15:H21", 5)
  Call SolverSolve(UserFinish:=True)
End Sub
```

La copie d'écran ci-dessous présente la boîte de dialogue à la fin de l'exécution de cette macro. On constate que le modèle a été généré automatiquement et correctement.

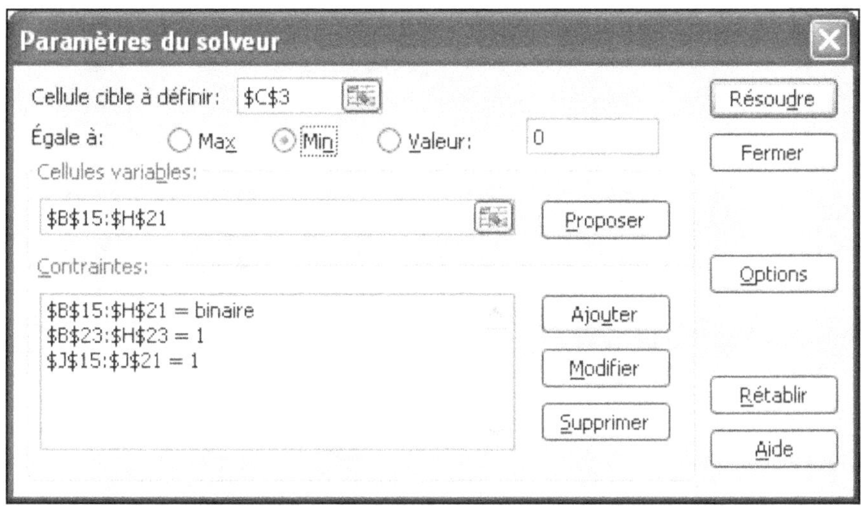

La solution obtenue est celle de la copie d'écran de la feuille de calcul. La distance totale trouvée est de 2 220 km mais il existe des sous-cycles. Par exemple, en inspectant les x_{ij} égaux à un, on constate qu'en partant de la ville 1 on se rend à la ville 5, puis à la ville 7 et on revient à la ville 1.

Nous avons donc rédigé une macro *SCAN_CYCLE* parcourant le cycle qui part de la ville 1. Cette macro donnée page suivante appelle la fonction *SUCC* ci-dessous, qui renvoie le successeur d'une ville i le long du cycle : il suffit de chercher la colonne k avec $y_{ik} = 1$. À cause des problèmes de précision, il vaut mieux tester si $|y_{ik} - 1| < \varepsilon$ ($\varepsilon = 10^{-4}$). Une fois le successeur trouvé, on quitte la recherche avec l'instruction *Exit For*.

```
'Fonction qui renvoie le successeur de la ville i donnée en paramètre
Function SUCC(i As Integer) As Integer
  Dim j As Integer, Y As Range
  Set Y = Range("B15:H21")
  For j = 1 To N
    If Abs(Y(i, j) - 1) < Epsilon Then
      SUCC = j
      Exit For
    End If
  Next j
End Function
```

La procédure *SCAN_CYCLE* commence par parcourir le cycle qui part du nœud 1 pour déterminer son nombre de villes *NV* et l'ensemble *S* de ses villes. À partir de *S*, elle construit une chaîne *C* décrivant le cycle trouvé et une autre chaîne *F* contenant la formule pour calculer le membre de gauche de la contrainte (4). Cette formule n'est autre que la somme des variables y_{ij} telles que i et j soient deux villes distinctes de *S*.

Enfin, la procédure principale *SOLVE* donnée après *SCAN_CYCLE* résout le problème si on clique sur le bouton *Résoudre* de la feuille de calcul.

```vba
'Procédure qui parcourt le cycle partant de la ville 1. Elle renvoie :
'- le nombre de villes NV de ce cycle
'- une chaîne SC contenant le cycle
'- une chaîne F avec la formule pour le membre de gauche de contrainte (4)

Sub SCAN_CYCLE(ByRef NV As Integer, ByRef C As String, ByRef F As String)

  Dim V As Integer      'Indice de ville
  Dim W As Integer      'Autre indice de ville
  Dim S(N) As Integer 'Ensemble des NV villes du cycle
  V = 1                 'On part de la ville 1
  NV = 0                'Nombre de villes initialisé à zéro

  'Construit le tableau T
  Do
    NV = NV + 1
    S(NV) = V
    V = SUCC(V)
  Loop Until V = 1

  'Génère C à partir de T en revenant à 1 à la fin
  C = "(1"
  For V = 2 To NV
    C = C & "," & S(V)
  Next V
  C = C & ",1)"

  'Génère la formule: somme des Y(i,j) avec i,j dans T
  F = "="
  For V = 1 To NV
    For W = V + 1 To NV
      F = F & "+" & REFY(S(V), S(W)) & "+" & REFY(S(W), S(V))
    Next W
  Next V

End Sub
```

Détaillons maintenant le fonctionnement de *SOLVE*. Après la résolution du modèle initial avec *FIRST_LP*, la macro exécute une boucle *Do… Loop*. Une itération de cette boucle commence par appeler *SCAN_CYCLE* pour récupérer le cycle *C* qui passe par la ville 1, son nombre de villes *NV* et la formule *F* qui calcule la somme des variables ayant deux villes sur le cycle.

Si *NV* égale le nombre de villes *n*, la macro a trouvé un cycle unique visitant toutes les villes : la solution est optimale et la boucle est abandonnée avec l'instruction *Exit Do*. Ceci peut se produire éventuellement sur le modèle initial. Sinon, *C* est un sous-cycle que la macro affiche à l'aide de l'instruction *MsgBox*. Le sous-cycle (numéro, liste des villes, membres de gauche et de droite de la contrainte (4)) est affiché dans la feuille de calcul, dans une liste commençant ligne 5 et colonne 23 (cellule M5). La contrainte (4) est ajoutée au programme linéaire qui est résolu à nouveau, ce qui termine l'itération courante. La macro se termine en centrant la liste des sous-cycles trouvés et en l'entourant d'un quadrillage.

```vba
Sub SOLVE()

  Const Grey = 15132390
  Dim C As String, NV As Integer 'Cycle passant par 1 et longueur
  Dim F As String                'Formule associée
  Dim NSC As Integer             'Nombre de sous-cycles trouvés
  Dim K As Integer               'Numéro d'itération
  Dim R As Range

  Call FIRST_LP
  NSC = 0
  K = 0
  Cells(LD, CD) = "N°"
  Cells(LD, CD + 1) = "Sous-cycle"
  Cells(LD, CD + 2) = "Somme"
  Cells(LD, CD + 3) = "|S|-1"

  Do

    K = K + 1
    Call SCAN_CYCLE(NV, C, F)
    If NV = N Then
      Call MsgBox("PL n° " & K & ", cycle optimal " & C & _
      ", coût " & Format(Range("C3").Value, 0) & " km")
      Exit Do
    Else
      Call MsgBox("PL n° " & K & ", sous-cycle " & C _
      & ", coût " & Format(Range("C3").Value, 0) & " km" & Chr(13) & _
      "Coupe ajoutée : " & Right(F, Len(F) - 2) & " <= " & NV - 1)
      NSC = NSC + 1
    End If

    'Ligne LD+K avec n° de sous-cycle et deux membres de la contrainte (4)
    Cells(LD + K, CD) = NSC
    Cells(LD + K, CD + 1) = C
    Cells(LD + K, CD + 2).Formula = F
    Cells(LD + K, CD + 3) = NV - 1:

    'On ajoute la coupe dans le solveur
    Call SolverAdd(Cells(LD + K, CD + 2).Address, 1, NV - 1)
    Call SolverSolve(UserFinish:=True)

  Loop

  Set R = Range(Cells(LD, CD), Cells(LD + NSC, CD + 3))
  R.Borders.LineStyle = xlContinuous
  R.HorizontalAlignment = xlCenter
  Range(Cells(LD+1, CD+2), Cells(LD+NSC, CD+3)).Interior.Color = Grey

End Sub
```

Le lecteur est invité à tester *SOLVE* pour visualiser les informations affichées à chaque itération.

10.5.4 Résultats

Pour bien comprendre la résolution, nous allons détailler les itérations obtenues par un clic sur le bouton *Résoudre*. Le modèle initial sans les contraintes (4) donne la solution avec trois sous-cycles de la figure 10.2, avec un coût de 2 220 km.

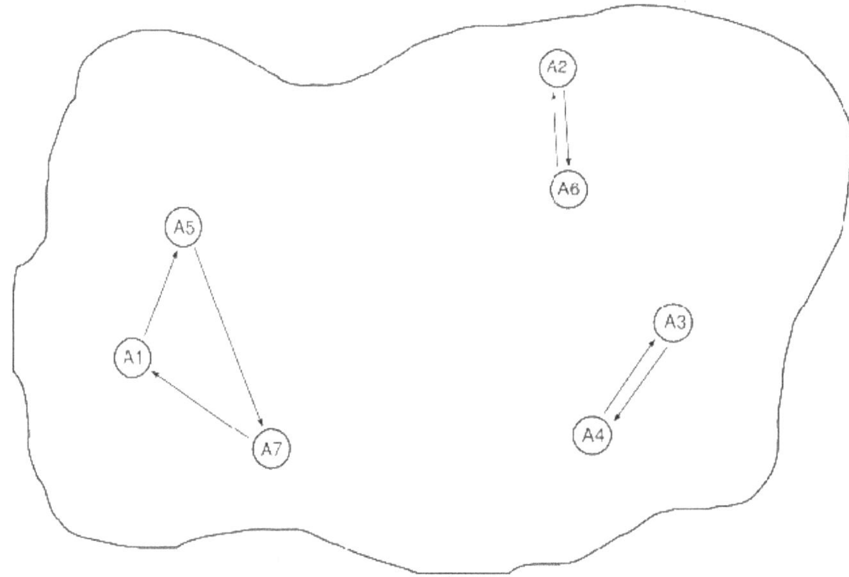

Figure 10.2 – Première solution avec trois sous-cycles

Le sous-cycle détecté par la macro est $(1, 5, 7, 1)$. La coupe ajoutée au modèle pour empêcher ce sous-cycle de se reproduire est $y_{15} + y_{51} + y_{57} + y_{75} + y_{71} + y_{17} \leq 2$. En résolvant le nouveau modèle, on trouve le résultat de la partie gauche de la figure 10.3. Cette nouvelle solution a pour valeur 2 293 km mais contient encore trois sous-cycles. On ajoute la coupe $y_{15} + y_{51} \leq 1$.

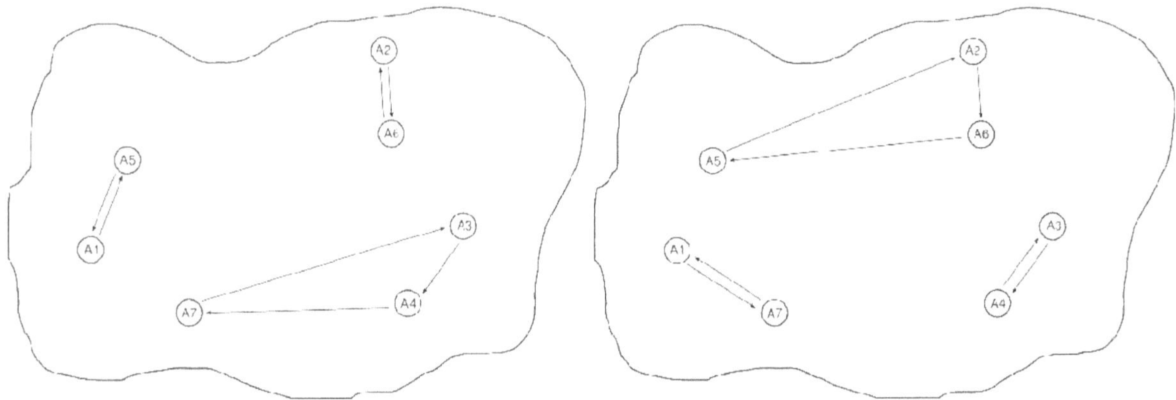

Figure 10.3 – Deuxième (gauche) et troisième solution (droite) avec trois sous-cycles

La troisième itération fournit la solution de droite dans la figure 10.3, dont le coût est 2 335 km. Après ajout de la coupe pour interdire le sous-cycle $(1, 7, 1)$, la quatrième itération donne la solution de gauche dans la figure 10.4, avec un coût de 2 352 km.

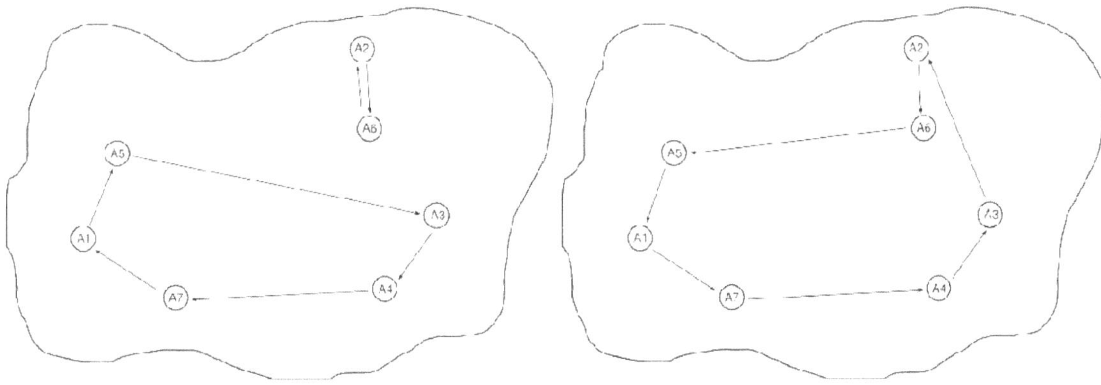

Figure 10.4 – Quatrième solution (gauche) et solution optimale (droite)

Elle contient encore deux sous-cycles. Une coupe est ajoutée pour interdire le sous-cycle (1, 5, 3, 4, 7, 1). Après résolution du modèle augmenté, on obtient un cycle visitant toutes les villes. C'est donc la solution optimale, représentée à droite dans la figure 10.4. Le coût de cette solution est de 2 575 km.

Ce problème de ravitaillement est en fait un problème de voyageur de commerce (PVC). La technique de génération de coupes a été simplifiée pour éviter d'entraîner le lecteur trop loin. D'une part, on peut remarquer que le sous-cycle (2, 6, 2) apparaît dans la première et la deuxième solution. On peut en fait générer une coupe pour chaque sous-cycle détecté dans une solution pour éviter de les revoir. Nous nous sommes contentés de détecter le cycle passant par la ville 1 au lieu de déterminer tous les sous-cycles de la solution.

D'autre part, les méthodes de coupes pour les grands PVC sont beaucoup plus rapides car elles relaxent les contraintes (5) sur les variables binaires. Une itération peut donc donner une solution avec des variables fractionnaires entre 0 et 1. Le graphe-support obtenu en traçant un segment $[i, j]$ si $y_{ij} \neq 0$ a alors une structure complexe avec des cycles et des arbres. On peut montrer que si un sous-ensemble de villes S viole la contrainte (4) avec des variables fractionnaires, alors il la violera aussi si on oblige les variables à être entières. Par conséquent, on peut ajouter la coupe même si les variables sont fractionnaires. Le problème est de détecter S car il ne se manifeste pas toujours graphiquement par un sous-cycle. En général, des heuristiques sont utilisées pour tester des sous-ensembles S prometteurs.

10.6 Références et compléments

Le problème de correspondance d'avions du § 10.2 est un problème classique d'affectation. Il est très bien résolu par l'algorithme hongrois présenté par exemple chez Papadimitriou [Papadimitriou 1998] ou par des techniques de recherche de flot maximal dans un réseau de transport [Lacomme 2003].

La constitution d'équipages du § 10.3 est un problème de couplage dans un graphe quelconque, tandis que l'affectation de personnes à des postes de travail du chapitre 13 est un problème de couplage dans un graphe *biparti* : les arêtes joignent des nœuds de deux types, les personnes et les postes. La matrice du modèle est totalement unimodulaire dans le cas biparti, les variables valent donc automatiquement 0 ou 1 à l'optimum. Dans le cas non biparti, l'algorithme du simplexe peut trouver des variables valant 0,5 à l'optimum.

En fait, les problèmes de couplage de cardinal ou de poids maximal dans un graphe biparti ou non sont tous polynomiaux. Un algorithme en $O(n^3)$ avec un listing en Fortran figure chez Minoux [Minoux 1986]. Un autre plus simple pour le couplage de cardinal maximal, mais toujours en $O(n^3)$, est donné par Syslo [Syslo 1983], avec un source en Pascal.

Le problème d'ordonnancement d'atterrissages du § 10.4 est représentatif d'une classe de problèmes d'ordonnancement à fenêtres horaires et contraintes d'écartement *(time lags)* entre tâches. Il a été étudié par Beasley *et al.* [Beasley 1995] dans le cas d'une et de plusieurs pistes. Ces auteurs proposent une méthode arborescente spécialisée pour les cas de grande taille. Ils parviennent à résoudre optimalement des problèmes réalistes à cinquante avions et quatre pistes.

Beasley a également publié un article intéressant [Beasley 1996] sur l'ordonnancement d'équipages d'avions *(crew scheduling)*. À partir d'un ensemble de vols de dates et de durées connues, ce problème consiste à définir des enchaînements de vols par des équipages, de façon à couvrir tous les vols sans dépasser une durée limite de travail.

Le problème du § 10.5 est le fameux problème du voyageur de commerce (*PVC, traveling salesman problem* ou *TSP*). Il consiste à organiser une tournée qui visite une fois et une seule chaque nœud d'un graphe, tout en minimisant le coût total des arcs du parcours. Le ravitaillement du pays sinistré est un PVC dit *symétrique*, car la matrice des coûts est en fait une matrice symétrique de distances. Au chapitre 6 se trouve un problème de fabrication de peinture modélisé comme un PVC asymétrique. Il y est résolu par une formulation directe, c'est-à-dire sans ajout progressif de contraintes. Le PVC est un problème NP-difficile si connu qu'il sert souvent à tester les nouvelles techniques d'optimisation.

Le PVC est si dur que les modèles de PLNE de ce livre sont souvent trop longs à résoudre pour plus de vingt villes. Au-delà, il faut utiliser des méthodes arborescentes spécialisées [Held 1970]. Des exemples pédagogiques de telles méthodes figurent chez Roseaux [Roseaux 1985] et Evans [Evans 1992], et un code Pascal est donné par Syslo [Syslo 1983]. Certains problèmes euclidiens avec des centaines de villes sont traitables par des méthodes dites de *branch-and-cut* [Grötschel 1991]. Sinon, on doit renoncer aux solutions optimales et utiliser des heuristiques dont certaines, comme la méthode tabou ou le recuit simulé, sont très efficaces en pratique. De telles heuristiques sont détaillées avec des listings en Pascal dans le livre sur les graphes [Lacomme 2003].

Il existe des avancées importantes dans ce domaine et le lecteur pourra trouver des compléments intéressants dans un livre de synthèse de Gutin et Punnen [Gutin 2002] et sur un site web de Georgia Tech : *http://www.tsp.gatech.edu/index.html*.

En règle générale, la compétition acharnée que se livrent les compagnies aériennes a multiplié les départements de recherche opérationnelle pour réduire les coûts. Le réemploi systématique des avions pour enchaîner des vols, la planification de la maintenance périodique à l'aéroport de rattachement et la modulation des tarifs pour optimiser le remplissage des avions *(revenue management)* sont des applications à la mode.

CHAPITRE 11

Télécommunications

11.1 Introduction

Le domaine des télécommunications connaît une croissance explosive. Il est très riche en problèmes d'optimisation originaux, ce qui explique que ce livre y consacre un chapitre entier. L'exploitation à très court terme des réseaux de télécommunications relève du temps réel et de la théorie des protocoles de télécommunications. En revanche, les problèmes de conception, de dimensionnement, de placement de ressources et de planification se prêtent très bien à l'optimisation. Ils sont donc représentés ici.

La conception d'un réseau doit satisfaire des prévisions de trafic entre nœuds, minimiser le coût de construction et répondre à des exigences de fiabilité. Elle commence par le choix de l'emplacement des nœuds. Le paragraphe 11.6 traite ainsi le cas d'un réseau de téléphonie mobile, dans lequel il faut placer des relais pour couvrir le plus possible d'habitants avec un budget limité. Une fois les nœuds choisis, il faut sélectionner les paires de nœuds qui vont être reliées par des lignes directes de transmission de données. Un réseau câblé arborescent est ainsi construit dans le § 11.5, avec le coût total comme seul objectif. Le problème du § 11.3 étudie le raccordement de cellules à un anneau principal dans un réseau de téléphonie cellulaire avec des contraintes de capacité. Des exigences de fiabilité obligent plusieurs liaisons entre chaque cellule et l'anneau.

D'autres problèmes d'optimisation se posent dans l'analyse et l'exploitation de réseaux existants. Une question naturelle, abordée dans le problème du § 11.4, est de savoir quel trafic maximal peut assurer un réseau avec des liaisons de capacité connues. Le § 11.2 concerne la fiabilité des échanges de données entre deux nœuds d'un réseau existant. Cette fiabilité est mesurée comme le nombre k de chemins disjoints (c'est-à-dire sans nœuds intermédiaires communs) entre ces deux nœuds. Si $k > 1$, les communications seront encore possibles même si $k - 1$ nœuds tombent en panne.

11.2 Fiabilité d'un réseau

11.2.1 Problème

On considère le réseau de télécommunications militaires donné figure 11.1, composé de onze sites (ou nœuds) reliés par des lignes bidirectionnelles de transmission de données.

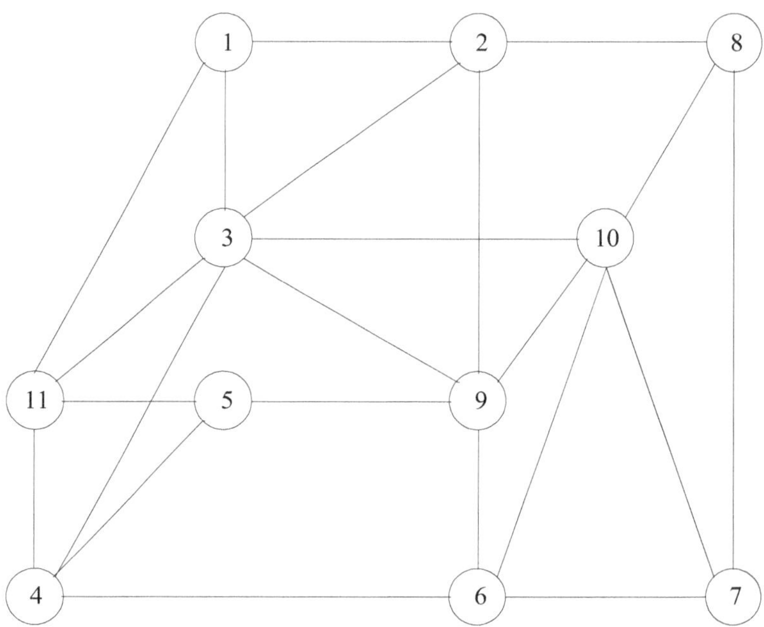

Figure 11.1 – Réseau de télécommunications

Pour des raisons de fiabilité en cas de conflit, le cahier des charges exige que les deux sites 10 et 11 de ce réseau puissent continuer à communiquer malgré la destruction de trois autres sites quelconques. Le réseau de la figure 11.1 respecte-t-il cette exigence ?

11.2.2 Modélisation

Ce problème peut être astucieusement converti en un problème classique de flot maximal. Ce dernier est traité en détail au chapitre 14 (problème d'adduction d'eau), mais nous le rappelons ici brièvement. Soit un graphe orienté noté $G = (X,U)$, où X est un ensemble de nœuds, U un ensemble d'arcs. Un arc reliant le nœud i au nœud j est noté (i,j) et a une capacité entière C_{ij}. Ce graphe peut être interprété comme un réseau de canalisations.

Imaginons qu'un fluide entre dans le réseau par un nœud donné s (la source) et en ressort par un autre nœud donné t (le puits). En se répartissant dans le réseau, ce fluide crée un flot défini par un flux Φ_{ij} sur chaque arc (i,j). Ce flot est valide s'il respecte les capacités des arcs et s'il ne subit aucune perte en traversant les nœuds intermédiaires (c'est-à-dire autres que s et t). Cette conservation du flot en chaque nœud correspond à la fameuse loi de Kirchhoff en électricité. Le problème du flot maximal consiste à trouver un flot maximisant le débit total F injecté en s (ou récupéré en t puisqu'il n'y a pas de pertes). Si on formule ce problème sous forme de programme linéaire, l'algorithme du simplexe trouve une solution optimale à flux entiers si les capacités sont entières (voir chapitre 2).

À première vue, notre problème de fiabilité ne ressemble pas à un problème de flot maximal. Soit alors un réseau modifié *H* sans capacités sur les arcs mais avec des capacités égales à 1 sur chaque nœud. Grâce à cet artifice, les flots sur les arcs vont valoir 0 ou 1 et deux unités de flot quittant $s = 10$ par deux arcs distincts vont tracer deux chemins sans nœuds communs jusqu'à $t = 11$. De tels chemins sont dits *disjoints au sens des nœuds*.

Comme le flot sur chaque arc partant de *s* vaut 0 ou 1, le nombre maximal de chemins disjoints de *s* à *t* dans *G* est égal au débit d'un flot maximal dans le graphe modifié *H*. Si on trouve *k* chemins, le réseau résistera à *k*-1 nœuds intermédiaires en panne : au pire, ces nœuds vont être sur *k*-1 chemins disjoints, mais les communications resteront possibles sur le chemin restant. Finalement, la réponse à notre problème de fiabilité consiste à comparer *k*-1 avec le nombre maximal de nœuds en panne permis par le cahier des charges.

La seule petite difficulté est que le problème de flot est défini habituellement sur un graphe orienté. Or, notre réseau de télécoms a des liaisons bidirectionnelles, non orientées. Pour distinguer des flux dans les deux sens sur une liaison entre deux nœuds *i* et *j*, il suffit de la remplacer par deux arcs (i,j) et (j,i). On obtient ainsi un graphe orienté $G = (X,U)$ permettant de formuler simplement notre problème.

$$(1) \quad \text{Max} \ F = \sum_{j \, \text{succ.de} \, s} \Phi_{sj}$$

$$(2) \quad \forall i \neq s,t : \sum_{j \, \text{succ.de} \, i} \Phi_{ij} = \sum_{j \, \text{préd.de} \, i} \Phi_{ji}$$

$$(3) \quad \forall i \neq s,t : \sum_{j \, \text{succ.de} \, i} \Phi_{ij} \leq 1$$

$$(4) \quad \sum_{j \, \text{préd.de} \, s} \Phi_{js} = 0$$

$$(5) \quad \forall (i,j) \in U : \Phi_{ij} \in \{0,1\}$$

La fonction-objectif (1) consiste à maximiser le débit total *F* du flot, somme des flux sur les arcs partant de *s*. On pourrait à la place sommer les flux arrivant en *t*. Les contraintes (2) traduisent les lois de conservation du flot en tout nœud intermédiaire *i* (lois dites de Kirchhoff) : le flot total arrivant des prédécesseurs doit être égal au flot total partant vers les successeurs. Les contraintes (3) limitent à 1 les flots traversant les nœuds intermédiaires : il suffit ici d'appliquer ces contraintes aux flots sortant des nœuds.

La contrainte (4) est nécessaire pour éviter que le flot injecté en *s* ne revienne à ce nœud. Elle est inutile dans le problème d'adduction d'eau du chapitre 14, dans lequel la source *s* n'a pas de prédécesseurs. Enfin, les contraintes (5) spécifient que les variables de flux Φ_{ij} sont binaires. S'agissant d'un problème de flot, la matrice du PL est totalement unimodulaire et l'algorithme du simplexe va donc trouver des variables entières (voir le chapitre 2). De plus, les contraintes (3) impliquent que les variables sont limitées à 1. Les contraintes (5) peuvent donc être remplacées par les contraintes habituelles de positivité.

11.2.3 Traduction en Excel

Elle figure dans le fichier Excel *C11-Fiabilite*, avec la disposition illustrée page suivante. Pour limiter le nombre de lignes, le graphe est décrit par une liste d'arêtes non orientées.

C11-Fiabilité : fiabilité d'un réseau

Nœud deb	Nœud fin	Flot deb → fin	Flot fin → deb
1	2	0	1
1	3	0	0
1	11	1	0
2	3	0	0
2	8	0	1
2	9	0	0
3	4	0	0
3	9	0	0
3	10	0	1
3	11	1	0
4	5	0	0
4	6	0	1
4	11	1	0
5	9	0	1
5	11	1	0
6	7	0	0
6	9	0	0
6	10	0	1
7	8	0	0
7	10	0	0
8	10	0	1
9	10	0	1

Nœud	Flot entrant	Flot sortant
1	1	1
2	1	1
3	1	1
4	1	1
5	1	1
6	1	1
7	0	0
8	1	1
9	1	1

Emetteur	10
Récepteur	11
Reflux	0
Chemins	4

Avec le gestionnaire de noms, nous avons nommé *NoeudDeb* et *NoeudFin* les plages A4:A25 et B4:B25. Nous devons définir deux variables de flux pour chaque arête, une pour chaque sens de circulation, ce qui donne les plages nommées *FlotDebFin* pour C4:C25 et *FlotFinDeb* pour D4:D25.

La table de droite donne les flots qui entrent et sortent de chaque nœud, c'est-à-dire les membres de droite et de gauche des contraintes (2), respectivement. Nous avons nommé *FlotEntrant* la plage G4:G12 et *FlotSortant* la plage H4:H12. La formule à saisir dans G4 est "=somme.si(NoeudFin;F4;FlotDebFin) + somme.si(NoeudDeb;F4;FlotFinDeb)", pour tenir compte des deux variables pour chaque arc. Elle est ensuite copiée dans les cellules G4 à G12. Pour les flots sortants, la formule à définir dans H4 et à copier dans H5 à H12 est "=somme.si(NoeudDeb;F4;FlotDebFin)+somme.si(NoeudFin;F4;FlotFinDeb)".

Le petit tableau en bas à droite permet de paramétrer les nœuds de départ et d'arrivée, avec les noms Excel *Émetteur* et *Récepteur*. Il contient aussi dans G16, nommée *Reflux*, le flot revenant sur l'émetteur "=somme.si(NoeudFin;Emetteur;FlotDebFin)". Enfin, la formule "=somme.si(NoeudFin;Emetteur;FlotFinDeb)" permet de calculer la fonction-objectif dans la cellule G17 nommée *Chemins*.

La page suivante montre la boîte de dialogue du solveur. Rappelons qu'il est inutile de préciser que les variables sont binaires. Comme d'habitude, les options doivent spécifier un modèle supposé linéaire et des variables non négatives.

11.2.4 Résultats

On trouve un flot maximal de débit 4. Il existe donc quatre chemins disjoints entre les nœuds 10 et 11. Ainsi, les nœuds 10 et 11 peuvent continuer à communiquer malgré la destruction de trois sites intermédiaires. Le cahier des charges est donc respecté. Les chemins peuvent être reconstitués en regardant quelles sont les variables égales à un. On trouve ainsi les chemins (10,8,2,1,11), (10,3,11), (10,9,5,11) et (10,6,4,11).

11.3 Dimensionnement d'un réseau

11.3.1 Problème

La figure 11.2 représente l'architecture typique d'un *réseau de téléphonie mobile*. Chaque zone géographique élémentaire ou *cellule* est desservie par un émetteur-récepteur appelé *relais*. Les appels initiés depuis un portable passent d'abord par ces relais. Chaque relais est relié par câble ou faisceau hertzien à un *nœud de transit (hub)*. Un des hubs contrôle le réseau : c'est le *MTSO (Mobile Telephone Switching Office)*. Un anneau à fibre optique de haut débit très fiable relie les hubs et le MTSO. Il est capable de rétablissement automatique en cas de panne et n'a pas besoin d'être doublé *(self-healing ring)*.

Dans l'état actuel de la technologie, il n'y a pas de connexions dynamiques entre les relais et les hubs ou le MTSO. Les connexions sont câblées en dur au moment de la conception ; il faut donc choisir à quels nœuds de l'anneau relier chaque relais. Le nombre de liens entre une cellule j et l'anneau est appelé *diversité* de la cellule j, il est noté D_j. Une diversité supérieure à 1 est recommandée pour fiabiliser le système.

Le trafic dans ce genre de système est entièrement numérisé, on l'exprime par des nombres équivalents de *circuits bidirectionnels* à 64 Kbps (kilobits par seconde). Cette capacité correspond à des appels simultanés aux heures de pointe. L'anneau a ainsi des arêtes de capacité connue K. Le trafic T_j d'une cellule j est réparti également (T_j / D_j) entre ses liaisons avec l'anneau. Ce trafic est transmis *via* l'anneau jusqu'au MTSO, qui le route vers une autre cellule ou vers un hub d'interface avec le réseau terrestre. Un relais peut être connecté directement au MTSO, qui assure aussi les fonctions d'un hub ordinaire.

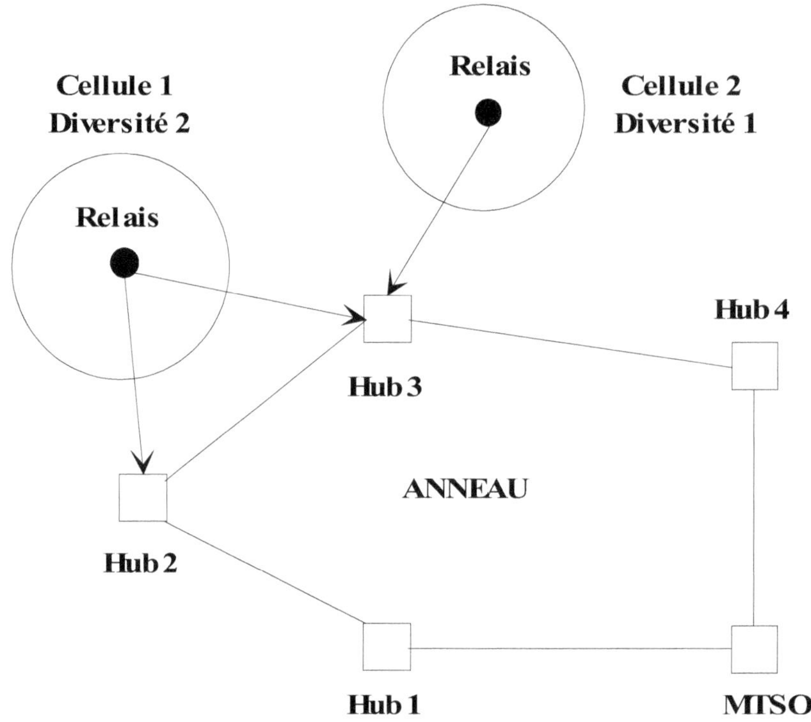

Figure 11.2 – Structure d'un réseau de téléphonie mobile

On considère un réseau de 10 cellules et un anneau de 5 nœuds avec une capacité de $K = 48$ circuits dans chaque sens. Le MTSO est au nœud 5.

Le tableau 11.1 donne les trafics, les diversités requises et les coûts de connexion en milliers de $ pour chaque cellule. Par exemple, la cellule 1 est connectable au nœud 1 pour un coût de 15 000 $. Sa diversité est 2, c'est-à-dire qu'elle doit être connectée à deux nœuds de l'anneau. Sa capacité de trafic est de 22 circuits simultanés. L'objectif est de définir les connexions des cellules à l'anneau pour minimiser les coûts de connexion tout en respectant la capacité de l'anneau et les contraintes de diversité.

Tableau 11.1 – Coûts de connexion, trafics et diversités des cellules

Cellule	1	2	3	4	5	6	7	8	9	10
Nœud 1	15	9	12	17	8	7	19	20	21	25
Nœud 2	8	11	6	5	22	25	25	9	22	24
Nœud 3	7	8	7	9	21	15	21	15	14	13
Nœud 4	11	5	15	18	19	9	20	18	16	4
Nœud 5 (MTSO)	10	14	15	24	6	17	22	25	20	11
Diversité	2	2	2	2	3	1	3	2	2	2
Trafic	22	12	20	12	15	25	15	14	8	22

11.3.2 Modélisation

Notons *NCells* le nombre de cellules, *NNodes* le nombre de nœuds (le dernier étant le MTSO) et c_{ij} le coût de connexion de la cellule j au nœud i. Les connexions peuvent être définies par des variables binaires x_{ij}, valant 1 si et seulement si la cellule j est connectée au nœud i (4). La fonction-objectif (1) mesure le coût total de connexion. Les contraintes (2) assurent que chaque cellule est reliée à un nombre de nœuds de l'anneau égal à sa diversité.

$$
(1) \quad \mathrm{Min} \ \sum_{i=1}^{NNodes} \sum_{j=1}^{NCells} c_{ij} x_{ij}
$$

$$
(2) \quad \forall j = 1 \ldots NCells : \ \sum_{i=1}^{NNodes} x_{ij} = D_j
$$

$$
(3) \quad \sum_{i=1}^{NNodes-1} \sum_{j=1}^{NCells} \frac{T_j}{D_j} x_{ij} \leq 2K
$$

$$
(4) \quad \forall i \in 1 \ldots NNodes, \forall j = 1 \ldots NCells : x_{ij} \in \{0,1\}
$$

La contrainte (3) est une condition nécessaire pour ne pas dépasser la capacité de l'anneau. Elle vient du fait que toutes les demandes, quelle que soit l'origine, doivent aboutir au MTSO en suivant un sens ou l'autre de l'anneau. Comme chaque arête de l'anneau a une capacité K, le trafic total sur l'anneau ne peut dépasser $2K$. Notez que le trafic d'une cellule raccordée directement au MTSO n'entre pas sur l'anneau.

Pour que le problème ait des solutions, l'anneau doit avoir une certaine capacité minimale pour acheminer tout le trafic. Le trafic minimal théorique sur l'anneau est obtenu si chaque cellule j a une connexion directe avec le MTSO parmi ses D_j connexions requises avec l'anneau. L'anneau doit pouvoir assurer le trafic restant, ce qui donne la contrainte (5) de capacité minimale.

Par exemple, une cellule de diversité 2 va transmettre au moins $1 - 1/2 =$ la moitié de son trafic via l'anneau tandis, qu'une cellule de diversité 1 peut être connectée directement au MTSO sans générer de trafic sur l'anneau. La relation (5) ne contenant aucune variable, elle n'est donc pas incluse dans le programme linéaire. Il faut cependant vérifier qu'elle est respectée par les données, ce qui est le cas ici.

$$
(5) \quad \sum_{j=1}^{NCells} T_j \left(1 - \frac{1}{D_j} \right) \leq 2K
$$

Le profane peut se demander où est passé le trafic de retour. Le trafic d'une cellule j est exprimé en circuits bidirectionnels. Si quelqu'un dans la cellule j appelle quelqu'un de la cellule k, l'appel se fraie un chemin de j jusqu'au MTSO en réservant une voie pour la réponse. Ensuite, le MTSO retransmet l'appel vers la cellule k, toujours en réservant une voie de retour. Quand le correspondant dans k décroche, un chemin d'accès dans chaque sens est établi, consommant un circuit sur la capacité de j et un circuit sur celle de k.

11.3.3 Traduction en Excel

Elle est fournie dans le fichier Excel *C11-Mobile*. La capacité $2 \times K$ de l'anneau est donnée par M5. Le coût total dans M8 est calculé par la formule "=sommeprod(B5:K9;B15:K19)". La ligne 21 correspond aux membres de gauche des contraintes (2), avec dans B21 la formule "= somme(B15:B19)", copiée ensuite dans les cellules C21 à K21.

Pour les autres calculs, nous utilisons les formules matricielles présentées au § 3.6.2. M11 contient la formule "{=somme(produitmat(B15:K18;transpose(B11:K11/B10:K10)))}" pour le trafic total du second membre de la contrainte (3). Cette formule multiplie la matrice des x_{ij} sans la ligne 5 par le vecteur transposé des T_j / D_j. La formule est saisie sans accolades et validée par *Ctrl + Maj + Entrée*. Nous avons aussi calculé dans M15 la borne inférieure du trafic de la contrainte (5) : "{=somme(B11:K11*(1-1/B10:K10))}".

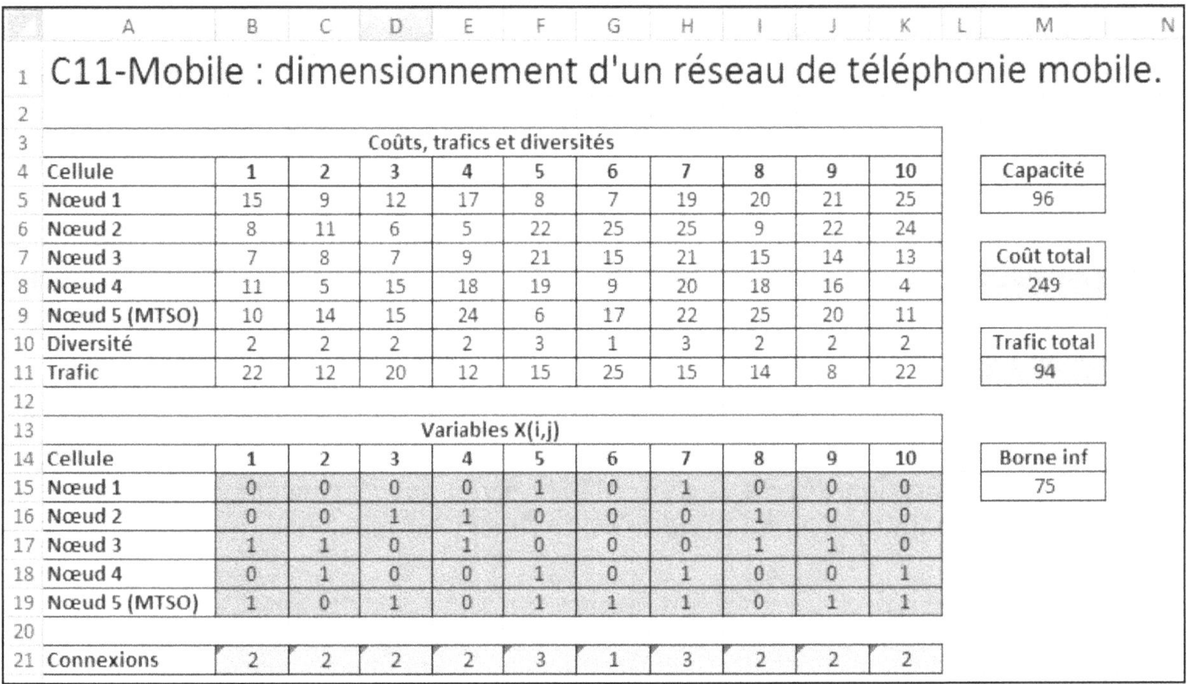

	A	B	C	D	E	F	G	H	I	J	K	L	M	N
1	C11-Mobile : dimensionnement d'un réseau de téléphonie mobile.													
2														
3		Coûts, trafics et diversités												
4	Cellule	1	2	3	4	5	6	7	8	9	10		Capacité	
5	Nœud 1	15	9	12	17	8	7	19	20	21	25		96	
6	Nœud 2	8	11	6	5	22	25	25	9	22	24			
7	Nœud 3	7	8	7	9	21	15	21	15	14	13		Coût total	
8	Nœud 4	11	5	15	18	19	9	20	18	16	4		249	
9	Nœud 5 (MTSO)	10	14	15	24	6	17	22	25	20	11			
10	Diversité	2	2	2	2	3	1	3	2	2	2		Trafic total	
11	Trafic	22	12	20	12	15	25	15	14	8	22		94	
12														
13		Variables X(i,j)												
14	Cellule	1	2	3	4	5	6	7	8	9	10		Borne inf	
15	Nœud 1	0	0	0	0	1	0	1	0	0	0		75	
16	Nœud 2	0	0	1	1	0	0	0	1	0	0			
17	Nœud 3	1	1	0	1	0	0	0	1	1	0			
18	Nœud 4	0	1	0	0	1	0	1	0	0	1			
19	Nœud 5 (MTSO)	1	0	1	0	1	1	1	0	1	1			
20														
21	Connexions	2	2	2	2	3	1	3	2	2	2			

La boîte de dialogue du solveur traduit ensuite les contraintes (2), (3) et (4) du modèle :

11.3.4 Résultats

La capacité totale (dans les deux sens) de l'anneau est 96. La condition nécessaire (5) est satisfaite : même si chaque cellule avait une connexion avec le MTSO, on obtient un trafic total incompressible égal à 75. Excel trouve un coût optimal de 249. Le trafic sur l'anneau est de 94, comparé à une capacité de 96. Le tableau 11.2 détaille les connexions trouvées.

Tableau 11.2 – Connexions trouvées entre cellules et nœuds de l'anneau

Cellule n°	1	2	3	4	5	6	7	8	9	10
Nœuds hôtes	3, 5	3, 4	2, 5	2, 3	1, 4, 5	5	1, 4, 5	2, 3	3, 5	4, 5

11.4 Maximisation du débit d'un réseau

11.4.1 Problème

Une compagnie téléphonique privée exploite un réseau, représenté figure 11.3, entre cinq villes : Paris, Nantes, Nice, Troyes et Valenciennes.

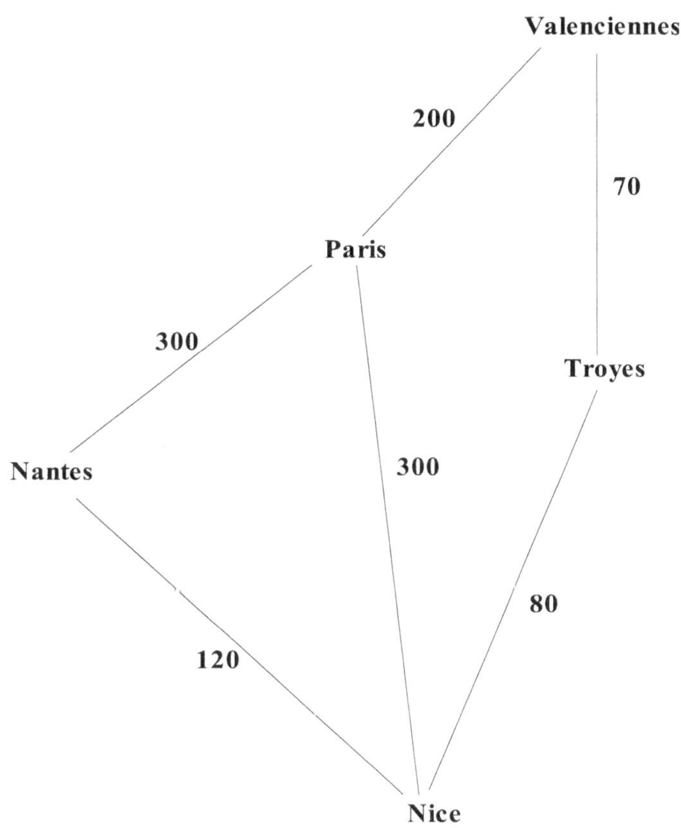

Figure 11.3 – Structure du réseau de la compagnie

Le nombre noté près de chaque arête (connexion) est la capacité en *circuits* de la liaison. Ceci mérite quelques explications. Supposons qu'une personne A à Nantes appelle une personne B à Nice. La compagnie doit trouver un chemin formé d'arêtes non saturées de

Nantes vers Nice pour acheminer le flux binaire correspondant à la voix numérisée de A. Mais la conversation n'est possible que si un flux s'établit de Nice vers Nantes pour que B puisse répondre à A. Dans les réseaux de téléphonie numérique, les flux binaires ont tous le même débit standard (souvent 64 Kbps). La capacité associée est appelée *canal*. Le canal de retour emprunte les mêmes arêtes que le canal aller, mais en sens inverse. Cette paire indissociable de canaux nécessaire à une conversation téléphonique est un *circuit*.

Le passage du canal de retour sur les mêmes arêtes vient du fait que l'appel pourrait échouer si on attendait que le correspondant décroche pour chercher un chemin de retour non saturé. C'est pourquoi, au moment de l'appel, le système construit le chemin d'accès arête par arête et réserve en même temps sur l'arête le canal de retour. Ainsi, la capacité sur une arête est consommée sous forme de circuits bidirectionnels, sans avoir à considérer des flux orientés. Par exemple, on peut avoir 10 personnes appelant de Nantes vers Nice et 20 de Nice vers Nantes, ou le contraire : dans les deux cas, 30 circuits sont consommés.

À un instant donné, la compagnie doit faire face aux demandes données au tableau 11.3, en circuits. Est-il possible de les satisfaire entièrement ? Si ce n'est pas le cas, essayez d'en transmettre le plus possible. Dans tous les cas, donnez les routages correspondants, c'est-à-dire les chemins d'accès utilisés.

Tableau 11.3 – Circuits demandés

Paire de villes	Circuits
Nantes-Nice	100
Nantes-Troyes	80
Nantes-Valenciennes	75
Nice-Valenciennes	100
Paris-Troyes	70

11.4.2 Modélisation

Dans le problème du flot maximal étudié au § 14.2 (adduction d'eau), il s'agit de maximiser le débit total d'un flot mono-produit, qui traverse un réseau à capacités limitées entre une origine (source) et une destination (puits). Ici, on a affaire à une généralisation appelée *problème du multiflot maximal* : plusieurs flots non miscibles correspondant à des produits différents se superposent dans le réseau, chacun ayant sa propre source et son propre puits. L'objectif est toujours de maximiser le débit total. Ici, un "produit" correspond à l'ensemble des appels échangés entre deux villes données. Les appels de deux paires distinctes de villes ne sont pas miscibles : par exemple, des appels entre Nantes et Nice ne doivent pas finir à Troyes !

Le problème du multiflot maximal est un problème combinatoire difficile si on veut des flux entiers sur les arcs. Dans le problème classique du flot maximal, le programme linéaire utilise une variable de flux Φ_{ij} pour chaque arc (i,j). Le simplexe trouve automatiquement des flux optimaux entiers si les capacités des arcs sont entières.

On peut généraliser le modèle pour résoudre le problème du multiflot maximal dans un graphe orienté, avec des variables Φ_{kij} pour le flot de produit k sur l'arc (i,j) mais leurs valeurs en fin d'algorithme du simplexe ne sont pas systématiquement entières. Arrondir optimalement ces flux fractionnaires est très difficile car ils peuvent être plusieurs à traverser un même arc saturé. De plus, le modèle avec des variables à trois indices nécessite diverses astuces pour traiter un réseau non orienté comme c'est le cas ici. Nous allons utiliser une formulation plus simple, dite *arcs-chemins*.

Cette formulation se base sur les différents *chemins élémentaires* (ne repassant pas par un même nœud) exploitables entre les paires de villes en relation. Au lieu d'employer des variables Φ_{kij} pour chaque paire de villes k et chaque arc (i,j), elle utilise une variable Φ_c pour le flux échangé *tout le long* d'un chemin c, ce chemin correspondant à une paire de villes connue. Les lois de conservation du flot en chaque nœud sont ainsi implicitement vérifiées. Cette formulation est inexploitable dans les réseaux denses comme les réseaux routiers, avec un nombre énorme de chemins possibles. Mais elle est bien plus compacte que la modélisation à trois indices pour les réseaux de télécommunications, qui ont une structure squelettique.

Pour les données, notons na le nombre d'arêtes, np le nombre de paires de villes et nc le nombre de chemins. C_a désigne la capacité de l'arête a et D_p la demande de la paire p. Il faut aussi connaître la paire Π_c qui utilise un chemin c (c'est la paire de villes formant les extrémités de ce chemin). La formulation arcs-chemins est alors remarquablement simple. Elle est ainsi appelée car elle fait apparaître des arêtes et des chemins, pas les nœuds.

$$
\text{(1)} \quad \text{Max } F = \sum_{c=1}^{nc} \Phi_c
$$

$$
\text{(2)} \quad \forall a = 1\ldots na : \quad \sum_{c=1,nc \mid a \in c} \Phi_c \leq C_a
$$

$$
\text{(3)} \quad \forall p = 1\ldots np : \quad \sum_{c=1,nc \mid \Pi_c = p} \Phi_c \leq D_p
$$

$$
\text{(4)} \quad \forall c = 1\ldots nc : \Phi_c \in I\!N
$$

Le critère F à maximiser (ligne 1) est la somme des flots le long des chemins utilisables. Les contraintes (2) considèrent chaque arête a : la somme des flots sur les chemins passant par a ne doit pas dépasser la capacité de a. Les contraintes (3) concernent chaque paire de villes p : la somme des flots qu'elles échangent sur leurs divers chemins ne doit pas excéder leur demande en circuits. Enfin, les contraintes d'intégrité (4) sont nécessaires car le problème de multiflot n'a pas automatiquement un optimum entier.

11.4.3 Traduction en Excel

La traduction de ce programme linéaire est donnée dans le fichier Excel *C11-Routage*. C'est un cas typique où il reste du travail entre le programme linéaire sous forme mathématique et sa traduction en Excel, car le logiciel n'offre pas de codage direct pour les chemins. Pour alléger l'écriture, les noms de villes ont été tronqués à trois caractères. Le premier tableau de la feuille correspond au tableau 11.3, auquel on a ajouté une colonne pour les demandes satisfaites. En utilisant le gestionnaire de noms, les plages B5:B9 et C5:C9 ont été nommés *Demandes* et *Satisfaites*.

La cellule E5 contient la fonction-objectif (nombre total d'appels routés), avec le nom Excel *FlotTotal*. Le tableau suivant de la feuille Excel reprend les arêtes du réseau de la figure 11.3, avec leurs capacités (nom Excel *Capacités*). On a ajouté une ligne pour le trafic réellement acheminé sur chaque arête (nom Excel *FluxArêtes*).

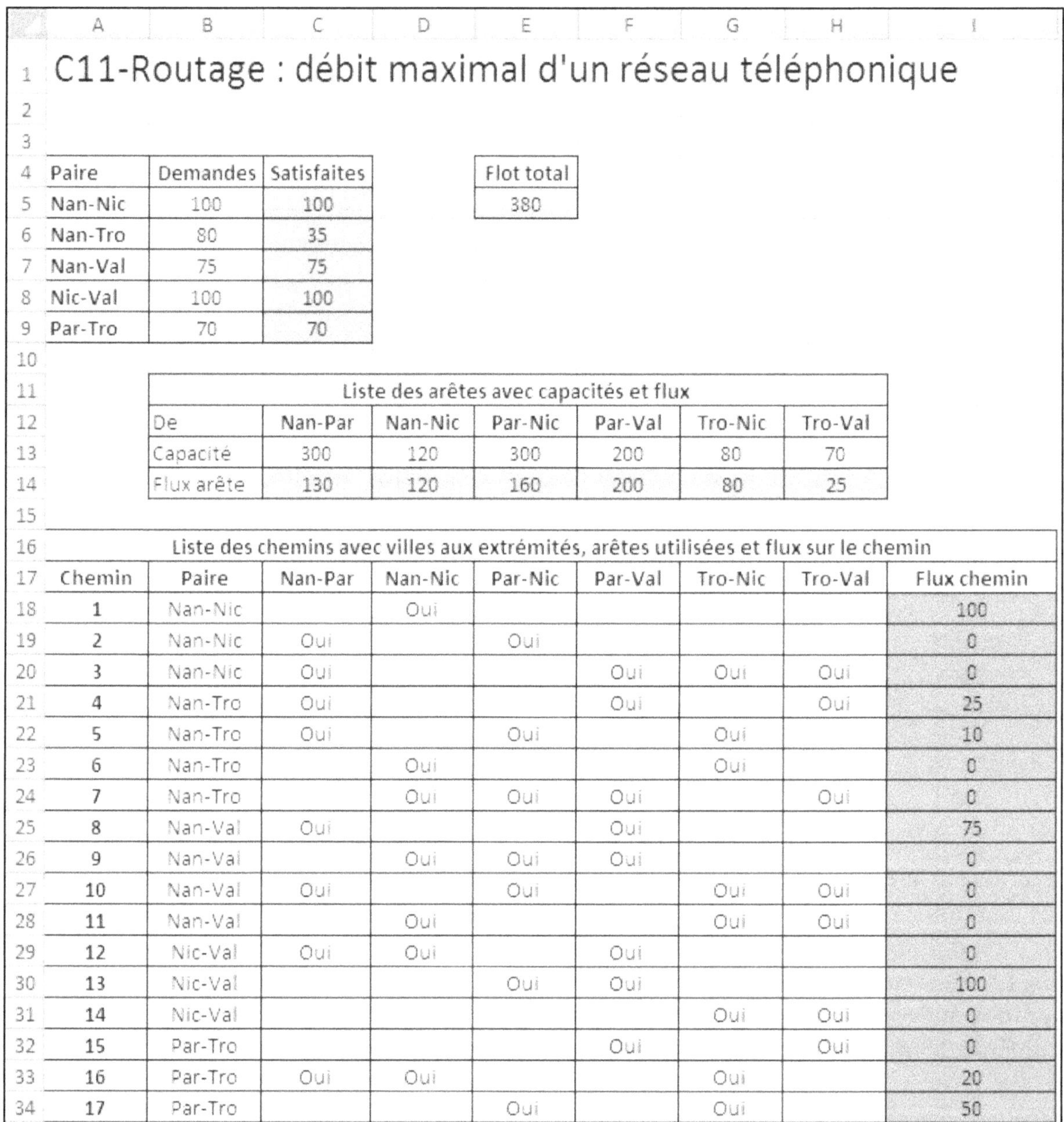

C11-Routage : débit maximal d'un réseau téléphonique

Paire	Demandes	Satisfaites		Flot total
Nan-Nic	100	100		380
Nan-Tro	80	35		
Nan-Val	75	75		
Nic-Val	100	100		
Par-Tro	70	70		

Liste des arêtes avec capacités et flux						
De	Nan-Par	Nan-Nic	Par-Nic	Par-Val	Tro-Nic	Tro-Val
Capacité	300	120	300	200	80	70
Flux arête	130	120	160	200	80	25

Liste des chemins avec villes aux extrémités, arêtes utilisées et flux sur le chemin								
Chemin	Paire	Nan-Par	Nan-Nic	Par-Nic	Par-Val	Tro-Nic	Tro-Val	Flux chemin
1	Nan-Nic		Oui					100
2	Nan-Nic	Oui		Oui				0
3	Nan-Nic	Oui			Oui	Oui	Oui	0
4	Nan-Tro	Oui			Oui		Oui	25
5	Nan-Tro	Oui		Oui		Oui		10
6	Nan-Tro		Oui			Oui		0
7	Nan-Tro		Oui	Oui	Oui		Oui	0
8	Nan-Val	Oui			Oui			75
9	Nan-Val		Oui	Oui	Oui			0
10	Nan-Val	Oui		Oui		Oui	Oui	0
11	Nan-Val		Oui			Oui	Oui	0
12	Nic-Val	Oui	Oui		Oui			0
13	Nic-Val			Oui	Oui			100
14	Nic-Val					Oui	Oui	0
15	Par-Tro				Oui		Oui	0
16	Par-Tro	Oui	Oui			Oui		20
17	Par-Tro			Oui		Oui		50

Le dernier tableau fournit la liste des 17 chemins possibles entre les origines et les destinations, avec pour chacun d'eux la paire origine-destination, les arêtes utilisées et une variable donnant le flot circulant le long du chemin. Nous avons donné le nom Excel *Paires* à la plage B18:B34 et *FluxChemins* à la plage I18:I34. Les arêtes correspondent aux colonnes identifiées par des paires de villes, comme dans le tableau précédent. Un "Oui" à l'intersection de la ligne du chemin *c* et de l'arête *a* indique que le chemin emprunte cette arête. Par exemple, le chemin n° 2 va de Nantes à Nice et comprend deux arêtes : Nantes-Paris et Paris-Nice.

Pour les contraintes (2), on saisit la formule "=somme.si(C18:C34;"Oui";FluxChemins)" dans C14 pour calculer la somme des flux sur les chemins qui contiennent l'arête Nantes-Paris. On copie ensuite cette formule dans les cellules D14 à H14. Pour traduire les contraintes (3), il faut saisir "=somme.si(Paires;A5;FluxChemins)" dans C5, ce qui cumule les flux sur les différents chemins de Nantes à Nice, puis on copie la formule dans les cellules C6 à C9.

Finalement, la boîte de dialogue du solveur reflète fidèlement le modèle mathématique.

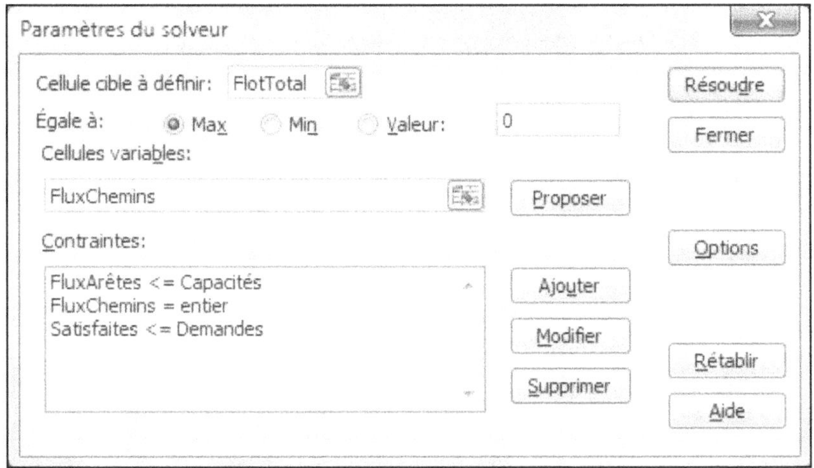

Le modèle mathématique et sa traduction en Excel sont ici particulièrement astucieux. La traduction a été relativement facile grâce à la fonction SOMME.SI d'Excel, qui permet de cumuler les nombres d'une plage tels que la cellule de même position dans une plage parallèle contient une chaîne de caractères donnée. L'inventaire des chemins est assez fastidieux, mais il faut bien comprendre que la saisie des données est un problème majeur en programmation linéaire. Sur les cas industriels, les fichiers de données doivent être construits automatiquement par des programmes en amont, ou extraits de bases de données. Signalons qu'Excel peut lire directement des bases de données grâce à sa commande SQL.

11.4.4 Résultats

Si on enlève la fonction-objectif de la boîte de dialogue du solveur et qu'on remplace la contrainte *Satisfaites ≤ Demandes* par une égalité, le solveur ne parvient pas à trouver une solution réalisable car le réseau n'offre pas la capacité suffisante.

En replaçant la contrainte d'origine et la fonction-objectif, 380 circuits sur 425 sont assurés, c'est-à-dire tous sauf 45 demandes Nantes-Troyes (il existe d'autres solutions optimales). Les 100 demandes Nantes-Nice transitent directement par l'arête reliant ces deux villes. Les 75 appels Nantes-Valenciennes passent par Paris. Sur les 70 appels Paris-Troyes, 50 transitent uniquement par Nice tandis que les 20 autres passent par Nantes et Nice. Parmi les 35 circuits assurés entre Nantes et Troyes, 25 passent par Nice et Valenciennes et 10 par Paris et Nice. Enfin, les 100 appels Nice-Valenciennes passent tous par Paris. Les arêtes Nantes-Nice, Paris-Valenciennes et Troyes-Nice sont saturées.

11.5 Construction d'un réseau câblé

11.5.1 Problème

Une université veut relier par des câbles souterrains six terminaux situés dans différents bâtiments. Les distances en mètres entre terminaux sont données dans le tableau 11.4. On suppose que le coût de connexion de deux terminaux est proportionnel à la distance les séparant. Déterminer les connexions à établir pour minimiser les coûts d'installation.

Tableau 11.4 – Distances séparant les différents terminaux (en m)

	Terminal 1	Terminal 2	Terminal 3	Terminal 4	Terminal 5	Terminal 6
Terminal 1	-	120	92	265	149	194
Terminal 2	120	-	141	170	93	164
Terminal 3	92	141	-	218	103	116
Terminal 4	265	170	218	-	110	126
Terminal 5	149	93	103	110	-	72
Terminal 6	194	164	116	126	72	-

11.5.2 Modélisation

Soit le graphe non orienté valué $G=(X,E,D)$, où l'ensemble X des n sommets correspond à l'ensemble des terminaux, l'ensemble E des arêtes aux connexions $[i, j]$ possibles entre ces terminaux, valuées par la distance d_{ij} les séparant. Pour relier tous les sommets, un réseau en forme d'arbre avec n-1 arêtes suffit. On va donc chercher un arbre dont la longueur totale des arêtes soit minimale.

Définissons des variables binaires x_{ij} valant 1 si et seulement si on déroule un câble du terminal i au terminal j. On a donc deux variables x_{ij} et x_{ji} par arête $[i, j]$. Ce choix de variables est justifié dans la suite : il va permettre de garantir que les n-1 arêtes choisies forment bien un arbre. La fonction-objectif (1) donne la longueur des arêtes sélectionnées.

$$(1) \quad \mathrm{Min} \sum_{i=1}^{n} \sum_{j=1}^{n} d_{ij} x_{ij}$$

La contrainte (2) impose la sélection de n-1 connexions.

$$(2) \quad \sum_{i=1}^{n} \sum_{j=1}^{n} x_{ij} = n-1$$

De plus, chaque terminal doit être relié à au moins un autre terminal dans l'arbre. Une première idée est alors d'ajouter les contraintes (3).

$$(3) \quad \forall i = 1...n : \sum_{j=1}^{n} x_{ij} \geq 1$$

Cependant, cette contrainte n'est pas suffisante. En effet, les deux contraintes (2) et (3) peuvent conduire à une solution non réalisable comme dans l'exemple de la figure 11.4, dans lequel le graphe obtenu n'est pas connexe à cause de la création d'un cycle. Pour éviter les cycles, on peut définir la contrainte (3') pour tout sous-ensemble S de sommets.

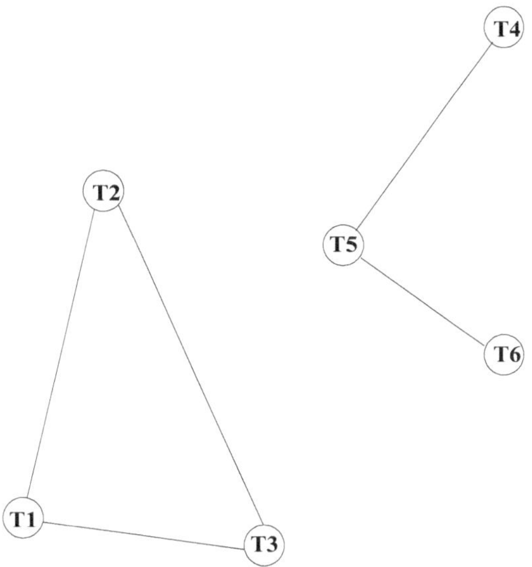

Figure 11.4 – Une solution invalide non connexe

Ces contraintes s'expliquent comme suit. Si la solution forme un cycle sur les sommets d'un sous-ensemble S, alors il y a $|S|$ variables x_{ij} égales à 1 pour ces sommets. En obligeant la somme des x_{ij} sur S à être inférieure à $|S|$, on interdit donc tout cycle sur S.

$$(3') \quad \forall S \subseteq X : \sum_{i,j \in S} x_{ij} \leq |S| - 1$$

La traduction en Excel de ces contraintes est hélas trop complexe : d'une part il n'y a pas de commandes pour énumérer des sous-ensembles, d'autre part le nombre de contraintes de type (3') peut être énorme (2^n, soit environ un million pour seulement vingt sommets).

Voici donc une autre façon d'interdire les cycles. Considérons un arbre et orientons ses arêtes à partir d'une racine r, c'est-à-dire un sommet relié à un seul autre, comme T_1 dans la figure 11.5 donnée plus loin (n'importe quelle racine convient). On peut associer à tout sommet i un numéro de niveau $Level_i$, interprétable comme la longueur en nombre d'arêtes du chemin reliant i à r (dans un arbre, ce chemin existe et est unique).

Par exemple, on a $Level_r = 0$, et $Level_i = 1$ pour tout sommet i relié à r. Les contraintes anti-cycles (3") sont basées sur ces variables positives de numéro de niveau.

$$(3'') \quad \forall i = 1\ldots n, \forall j = 1\ldots n, i \neq j : Level_j \geq Level_i + 1 - n + n \cdot x_{ij}$$

Pour comprendre ces contraintes, supposons qu'une solution du programme linéaire contienne par exemple le cycle $1 \rightarrow 2 \rightarrow 5 \rightarrow 1$ de la figure 11.4, orienté dans ce sens. Les contraintes (3") pour lesquelles $x_{ij} = 1$ sur ce cycle s'écrivent de la manière suivante.

$$Level_2 \geq Level_1 + 1$$
$$Level_5 \geq Level_2 + 1$$
$$Level_1 \geq Level_5 + 1$$

En sommant membre à membre, on obtient une contradiction : $0 \geq 3$! Une solution avec cycle viole donc les contraintes (3"). En particulier, il sera impossible d'avoir $x_{ij} = x_{ji} = 1$ pour une arête $[i, j]$ car cela équivaut à un cycle sur les deux nœuds i et j.

Si en revanche on a un arbre, il existe des valeurs des $Level_i$ vérifiant les contraintes, par exemple les vrais numéros de niveaux obtenus en orientant l'arbre à partir d'une racine quelconque r. Si i est juste devant j sur le chemin de r à j, on a $x_{ij} = 1$. La contrainte (3") pour i et j est alors vérifiée car elle se réduit à $Level_j \geq Level_i + 1$. Si i n'est pas relié directement à j, on a $x_{ij} = 0$ et la contrainte (3") se réduit à $Level_j - Level_i \geq 1-n$, inégalité trivialement vérifiée puisque les vrais numéros de niveau varient entre 0 et n-1. Nous obtenons ainsi le programme linéaire mixte suivant :

$$(1) \quad \text{Min} \sum_{i=1}^{n} \sum_{j=1}^{n} d_{ij} x_{ij}$$

$$(2) \quad \sum_{i=1}^{n} \sum_{j=1}^{n} x_{ij} = n - 1$$

$$(3") \quad \forall i = 1\ldots n, \forall j = 1\ldots n, i \neq j : Level_j \geq Level_i + 1 - n + n \cdot x_{ij}$$

$$(4) \quad \forall i = 1\ldots n, \forall j = 1\ldots n : x_{ij} \in \{0,1\}$$

$$(5) \quad \forall i = 1\ldots n : Level_i \geq 0$$

11.5.3 Traduction en Excel

Elle a été effectuée dans le fichier Excel *C11-Cable* illustré page suivante. Les noms Excel suivants ont été définis : D pour la matrice des distances B4:G9, X pour les variables de B12:G17, *Level* pour les niveaux dans M4:M9, *NbNoeuds* pour le nombre de nœuds dans J3, *Requises* pour le nombre d'arêtes à prendre dans J7, *ArêtesPrises* pour le nombre d'arêtes réellement sélectionnées et *CoûtTotal* pour la fonction-objectif dans J9. La plage J12:O17, nommée *PasDeSousTour*, sert à calculer les contraintes (3"), réécrites sous la forme $Level_j - Level_i + n - 1 - n.x_{ij} \geq 0$.

La formule pour le coût total est "=sommeprod(D;X)" tandis que celle pour le nombre d'arêtes prises est "=somme(X) ". Les formules pour interdire les sous-tours (cycles) sont plus fastidieuses. Pour la première ligne de *PasDeSousTour*, on saisit dans J12 la formule "=index(Level;J11)-index(Level;$I$12)+Requises-NbNoeuds*index(X;$I$12;J11)" puis on la copie dans K12 à O12. On répète ce processus pour les lignes 2 à 6, la seule différence étant qu'on remplace $I$12 par $I$13, $I$14, …, $I$17. Enfin, comme il n'y a pas de contraintes (3") pour $i = j$, on fixe la diagonale de *PasDeSousTour* à zéro.

C11-Câble : construction d'un réseau cablé.

Arêtes	1	2	3	4	5	6
1	999	120	92	265	149	194
2	120	999	141	170	93	164
3	92	141	999	218	103	116
4	265	170	218	999	110	126
5	149	93	103	110	999	72
6	194	164	116	126	72	999

Nb de nœuds	6
Arêtes prises	5
Requises	5
Coût total	470

Nœud	Level
1	0
2	0
3	1
4	0
5	2
6	0

X(i,j)	1	2	3	4	5	6
1	0	0	1	0	0	0
2	0	0	0	0	1	0
3	0	0	0	0	1	0
4	0	0	0	0	1	0
5	0	0	0	0	0	0
6	0	0	0	0	1	0

Anti sous-tour	1	2	3	4	5	6
1	0	5	0	5	7	5
2	5	0	6	5	1	5
3	4	4	0	4	0	4
4	5	5	6	0	1	5
5	3	3	4	3	0	3
6	5	5	6	5	1	0

Le modèle est finalement saisi dans la boîte de dialogue du solveur. Il faut sélectionner les options usuelles : *modèle supposé linéaire* et *variables supposés non négatives*.

11.5.4 Résultats

La solution optimale indiquée sur la feuille Excel précédente consiste à relier les terminaux comme indiqué par la figure 11.5. La longueur totale de câble nécessaire est de 470 mètres. Les valeurs des variables $Level_i$ respectent ici les contraintes (3") mais ne correspondent pas à des numéros de niveaux consécutifs. Ceci n'est pas gênant : l'important est que tout sous-cycle empêcherait de satisfaire ces contraintes.

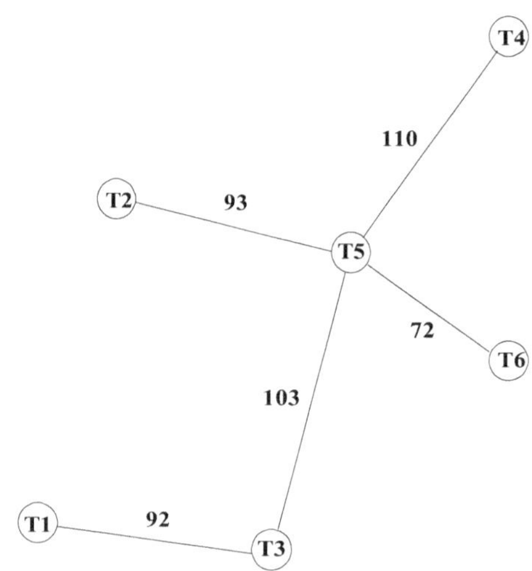

Figure 11.5 – Réseau optimal de connexions

11.6 Localisation d'émetteurs GSM

11.6.1 Problème

Un opérateur de téléphonie mobile a un budget de 10 M€ pour équiper une zone non encore couverte. Une étude préalable indique que seulement 7 emplacements sont possibles pour installer des émetteurs GSM. On sait aussi que le choix d'un emplacement couvre un nombre limité de communes. La figure 11.6 présente une carte schématique de la région avec le découpage en communes et les localisations potentielles des émetteurs.

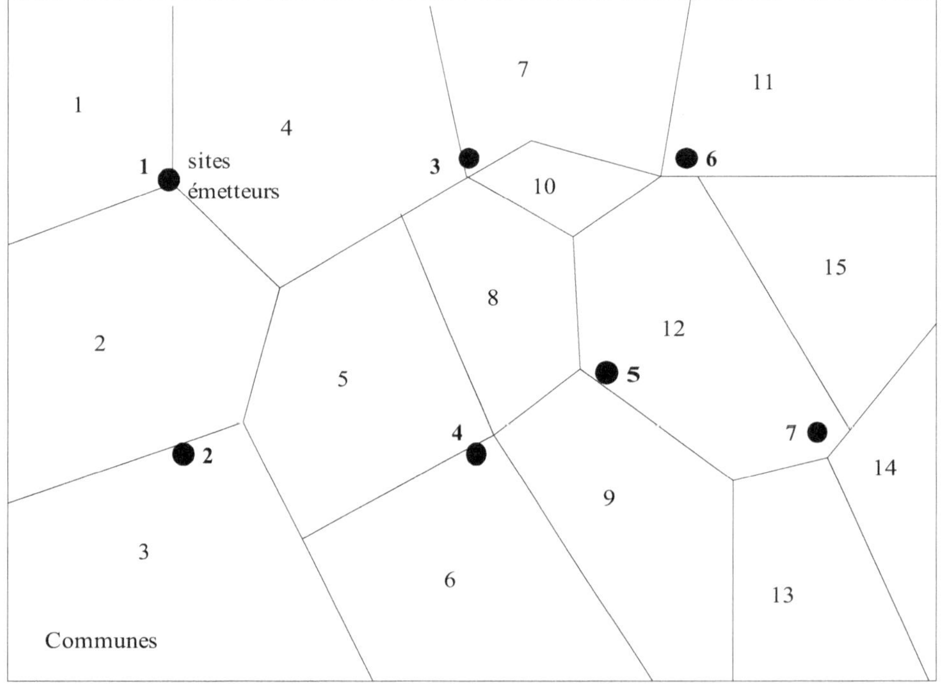

Figure 11.6 – Carte de la région à couvrir

Chaque site potentiel pour un émetteur est matérialisé par un point noir et un numéro, chaque commune est représentée par un polygone. Le numéro au centre du polygone est celui de la commune. Des contraintes géographiques et topologiques peuvent augmenter le coût d'implantation ou réduire la portée des émetteurs GSM. Le tableau 11.5 donne les communes couvertes et le coût d'implantation pour chaque site.

Tableau 11.5 – Coût et communes couvertes pour chaque site

Site	1	2	3	4	5	6	7
Coût (en M€)	1,8	1,3	4,0	3,5	3,8	2,6	2,1
Communes couvertes	1,2,4	2,3,5	4,7,8,10	5,6,8,9	8,9,12	7,10,11,12,15	12,13,14,15

Le tableau 11.6 donne le nombre d'habitants des communes. Où implanter les émetteurs de manière à couvrir le plus d'habitants possible, tout en respectant le budget ?

Tableau 11.6 – Populations des communes

Commune	1	2	3	4	5	6	7	8
Pop. (en milliers)	2	4	13	6	9	4	8	12
Commune	9	10	11	12	13	14	15	
Pop. (en milliers)	10	11	6	14	9	3	6	

11.6.2 Modélisation

Soit n le nombre de communes, m le nombre de sites possibles pour installer un émetteur et B le budget alloué. Par ailleurs, on note c_j le coût d'implantation d'un émetteur sur le site j, p_i la population de la commune i et Cv_{ij} une constante binaire valant 1 si la commune i est couverte par un émetteur placé en j. Deux types de variables binaires sont nécessaires : des y_i valant 1 si et seulement si la commune i est couverte par une antenne GSM et des x_j valant 1 si et seulement si on implante une antenne sur le site j.

On modélise tout d'abord les contraintes de couverture des communes. Il faut traduire l'équivalence "la commune i reçoit le signal GSM $\Leftrightarrow$ au moins un des sites couvrant cette commune doit être construit", ou encore "$y_i = 1 \Leftrightarrow$ il existe au moins un j avec $Cv_{ij}.x_j = 1$". Ce genre d'équivalence ne peut pas être traduit directement sous forme linéaire. Comme une ville peut être couverte par plus d'un émetteur, la contrainte (2) traduit un sens de l'équivalence en spécifiant que la somme des $Cv_{ij}.x_j$ est supérieure ou égale à y_i : si $y_i = 1$, alors la somme sera au moins égale à 1 et la ville i sera couverte.

$$(2) \quad \forall i = 1 \ldots n : \sum_{j=1}^{m} Cv_{ij} \times x_j \geq y_i$$

L'autre sens de l'équivalence est assuré par la maximisation de la population couverte (1). Ainsi, le logiciel d'optimisation ne laissera pas une variable y_i à 0 si des émetteurs choisis couvrent la ville i. Il faut aussi respecter le budget, ce qui est assuré par la contrainte (3). Enfin, les contraintes (4) et (5) précisent que les variables sont toutes binaires.

$$(1) \quad \text{Max} \sum_{i=1}^{n} p_i \times y_i$$

$$(2) \quad \forall i = 1 \ldots n : \sum_{j=1}^{m} Cv_{ij} \times x_j \geq y_i$$

$$(3) \quad \sum_{j=1}^{m} c_j \times x_j \leq B$$

$$(4) \quad \forall i = 1 \ldots n : y_i \in \{0,1\}$$

$$(5) \quad \forall j = 1 \ldots m : x_j \in \{0,1\}$$

11.6.3 Traduction en Excel

Le modèle est traduit dans le fichier Excel *C11-Emetteurs* dont une copie d'écran est donnée ci-dessous. Le tableau en haut à gauche donne les coûts de construction des sites et le vecteur des variables de décision x_j. Le tableau en dessous donne la matrice des Cv_{ij}.

Le tableau en bas à droite donne pour chaque commune la population, le second membre de la contrainte (2) correspondante, et la variable de couverture y_i. La formule pour le coût total est "=sommeprod(B4:H4;B5:H5)", tandis que celle pour la population couverte est "=sommeprod(J9:J23;L9:L23)".

Pour les contraintes (2), on a choisi une formule matricielle qui calcule toute la plage K9:K23 : "{=produitmat(B9:H23;transpose(B5:H5))}". Le principe de telles formules a été expliqué au § 3.6.2. Il faut sélectionner à la souris la plage qui va recevoir la matrice, écrire la formule sans accolades et terminer la saisie par *Ctrl + Maj + Entrée*.

	A	B	C	D	E	F	G	H	I	J	K	L
1	C11-Emetteurs : placement d'émetteurs GSM											
2												
3	Site	1	2	3	4	5	6	7		Budget M€	10	
4	Coût M€	1,8	1,3	4	3,5	3,8	2,6	2,1		Coût total	9,5	
5	Variables x(j)	0	1	0	1	0	1	1		Popu couverte	109	
6												
7				Villes couvertes par chaque site								
8	Site	1	2	3	4	5	6	7		Popu milliers	Couverte?	Variables y(i)
9	Ville 1	1	0	0	0	0	0	0		2	0	0
10	Ville 2	1	1	0	0	0	0	0		4	1	1
11	Ville 3	0	1	0	0	0	0	0		13	1	1
12	Ville 4	1	0	1	0	0	0	0		6	0	0
13	Ville 5	0	1	0	1	0	0	0		9	2	1
14	Ville 6	0	0	0	1	0	0	0		4	1	1
15	Ville 7	0	0	1	0	0	1	0		8	1	1
16	Ville 8	0	0	1	1	1	0	0		12	1	1
17	Ville 9	0	0	0	1	1	0	0		10	1	1
18	Ville 10	0	0	1	0	0	1	0		11	1	1
19	Ville 11	0	0	0	0	0	1	0		6	1	1
20	Ville 12	0	0	0	0	1	1	1		14	2	1
21	Ville 13	0	0	0	0	0	0	1		9	1	1
22	Ville 14	0	0	0	0	0	0	1		3	1	1
23	Ville 15	0	0	0	0	0	1	1		6	2	1

Finalement, la boîte de dialogue du solveur traduit fidèlement le modèle. Comme d'habitude, il faut spécifier dans les options *Supposé linéaire* et *Supposées non négatives*.

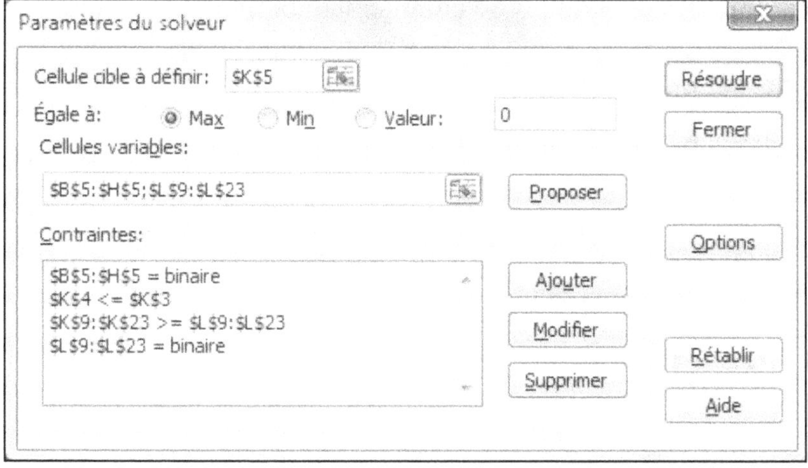

11.6.4 Résultats

Après résolution par le solveur, on trouve que 109 000 individus peuvent être couverts par les implantations des émetteurs. La lecture des variables x_j indique la construction de quatre émetteurs, sur les sites 2, 4, 6 et 7. Les variables y_i indiquent que seules les communes 1 et 4 ne seront pas couvertes. Le coût total sera de 9,5 millions d'euros, ce qui est en dessous du budget maximal prévu.

11.7 Compléments et références

Un livre de Sansò *et al.* [Sansò 1998] fait le point sur les problèmes d'optimisation en conception de réseaux de télécommunications. Cependant, l'évolution très rapide des technologies (téléphonie mobile UMTS, réseaux intelligents, Internet, RFID) soulève en permanence de nombreux problèmes nouveaux, comme en témoignent des revues comme *IEEE Transactions on Communications*.

Le problème de routages indépendants du § 11.2 est un problème de connexité dans un graphe. Un graphe non orienté est *k connexe au sens des nœuds* s'il existe au moins *k* chaînes disjointes entre toute paire de nœuds. Des algorithmes de graphes efficaces pour la connexité simple et la 2-connexité figurent dans les livres de Baase [Baase 1988] et de Lacomme, Prins et Sevaux [Lacomme 2003]. Le cas général est traité chez Papadimitriou [Papadimitriou 1998] et Ahuja [Ahuja 1993].

Le problème de connexion de relais de téléphonie mobile à un réseau central en anneau du § 10.3 vient d'un article de Dutta *et al.* [Dutta 1999]. La maximisation du débit d'un réseau dans le § 10.4 est un problème de multiflot maximal. Les principaux problèmes de multiflots et des méthodes de résolution figurent chez [Gondran 1990] et Ahuja [Ahuja 1993]. Pour les réseaux de télécoms, citons un algorithme de multiflot compatible décrit par Minoux [Minoux 1975], un algorithme de multiflot de coût minimal de Gersht [Gersht 1987] et une méthode de génération de colonnes de Barnhart *et al.* [Barnhart 1995].

Le problème de réseau câblé du § 10.5 est un problème classique d'arbre recouvrant de poids minimal. Sa modélisation par programme linéaire est lourde et valable seulement pour des petits problèmes ($n \leq 20$ nœuds). Pour n nœuds et m arêtes, il est en fait très bien résolu par des algorithmes de graphes de complexité polynomiale, comme celui de Prim en $O(n^2)$ ou celui de Kruskal en $O(m\ log\ n)$. Ces deux algorithmes figurent par exemple dans le livre de Lacomme *et al.* déjà cité, avec des implémentations en Delphi.

La localisation d'émetteurs GSM du § 10.6 est un problème de recouvrement. Les problèmes très voisins de recouvrement et de partitionnement sont des classiques de la programmation linéaire en 0-1, résumés dans la partie *Compléments* du chapitre 14. Nous présentons un problème de partitionnement (découpage électoral) au chapitre 14 et un autre problème de type recouvrement (découpe de plaques de tôles) au chapitre 8.

Le problème de recouvrement, bien que NP-difficile, est relativement bien résolu car l'algorithme du simplexe trouve une majorité de variables binaires à l'optimum, ce qui facilite des recherches arborescentes sur les variables fractionnaires restantes (voir par exemple Beasley [Beasley 1987]). On peut ainsi résoudre optimalement des problèmes à quelques centaines de variables. Des heuristiques très efficaces basées sur la programmation linéaire ont été proposées pour des problèmes de recouvrement de très grande taille [Caprara 1999]. Syslo a décrit des heuristiques et des méthodes exactes arborescentes pour les deux types de problèmes, avec des sources en Pascal [Syslo 1983].

CHAPITRE 12

Économie et finances

12.1 Introduction

Il est peu fréquent de rencontrer des applications de la programmation linéaire en économie ou sur des thèmes financiers qui sont le quotidien des économistes. Pourtant, la programmation linéaire peut trouver dans ces problèmes un vaste champ d'applications. En fait, la programmation linéaire n'est pas réservée exclusivement aux ingénieurs en sciences, elle est utile aussi pour ceux issus des filières économiques (sciences économiques, AES ou droit). Souvent, les économistes travaillent avec des chiffres incertains et se tournent naturellement vers les outils statistiques mais, dans de nombreux cas, un simple modèle de programmation linéaire peut résoudre un problème à plusieurs variables de façon optimale et très rapidement. On peut alors, en faisant varier certains paramètres (ceux qui sont incertains), relancer la résolution du modèle. La programmation linéaire devient alors un outil de simulation très efficace. Les problèmes de ce chapitre concernent des applications en finance, en marketing, à destination des décideurs financiers d'une entreprise, mais aussi pour des particuliers.

12.2 Choix d'emprunts

12.2.1 Problème

Monsieur Clothes, directeur d'une chaîne de magasins de vêtements, désire ouvrir trois nouvelles boutiques : une à Nantes, une à Troyes et une à Lorient. L'ouverture de chaque nouvelle boutique lui coûtera respectivement 250 000 €, 100 000 € et 170 000 €. Pour financer ses projets, il fait appel à trois différentes banques.

Tableau 12.1 – Taux proposés par les banques pour les différents projets

	Boutique de Nantes	Boutique de Troyes	Boutique de Lorient
Banque 1	5 %	6,5 %	6,1 %
Banque 2	5,2 %	6,2 %	6,2 %
Banque 3	5,5 %	5,8 %	6,5 %

En fonction de l'emplacement de ces boutiques et des risques évalués, chaque banque décide de financer au plus 300 000 € sur 8 ans et propose des taux différents suivant les boutiques (tableau 12.1). Déterminez le montant à emprunter à chacune des banques pour financer chaque boutique de façon à minimiser les dépenses totales de M. Clothes.

12.2.2 Modélisation

Notons P_j le prix de la boutique j et x_{ij} le montant emprunté à la banque i pour financer la boutique j. Soit Bo et Ba respectivement le nombre de boutiques et le nombre de banques acceptant de les financer, n le nombre d'années sur lequel s'étend le remboursement, $Mmax$ le montant maximal que chaque banque est prête à financer. Le modèle mathématique est le suivant :

$$(1) \quad \text{Min} \sum_{i=1}^{Ba} \sum_{j=1}^{Bo} x_{ij} \frac{T_{ij}}{1-\left(1+T_{ij}\right)^{-n}}$$

$$(2) \quad \forall j = 1 \ldots Bo : \sum_{i=1}^{Ba} x_{ij} = P_j$$

$$(3) \quad \forall i = 1 \ldots Ba : \sum_{i=1}^{Bo} x_{ij} \leq Mmax$$

$$(4) \quad \forall i = 1 \ldots Ba, \forall j = 1 \ldots Bo : x_{ij} \geq 0$$

L'objectif est de minimiser les dépenses de M. Clothes, c'est-à-dire de minimiser la somme des annuités qu'il aura à verser. Si la somme x_{ij} est empruntée à la banque i pour financer la boutique j au taux T_{ij} pendant n années, l'annuité que M. Clothes aura à verser pour cette boutique à la banque i est donnée par la relation (5).

$$(5) \quad x_{ij} \frac{T_{ij}}{1-\left(1+T_{ij}\right)^{-n}}$$

Cette annuité est à payer pour toutes les boutiques j à toutes les banques i pendant n années. Mais puisque ces annuités sont les mêmes chaque année, pour minimiser la somme des annuités sur les n années, il suffit de minimiser la somme des annuités d'une année. On obtient donc la fonction-objectif (1). Chaque boutique doit être entièrement financée. Donc le total des sommes empruntées pour financer chaque boutique j doit être égal à son montant P_j. Cette contrainte est traduite par (2). La contrainte (3) indique que chaque banque ne doit pas financer plus de $Mmax$ et la contrainte (4) est la contrainte de positivité des variables.

12.2.3 Traduction en Excel

La traduction en Excel est donnée par le classeur *C12-Emprunt*. Une première version contenue dans la feuille de calcul *Version 1* correspond à l'écran suivant. La fonction-objectif est placée en premier, puis suivent les informations sur l'emprunt maximal et le nombre d'années maximal. Les taux proposés par les différentes banques sont stockés juste en dessous. Le tableau suivant sert à stocker les taux des annuités et enfin, le dernier bloc reprend les variables de notre problème et les totaux associés.

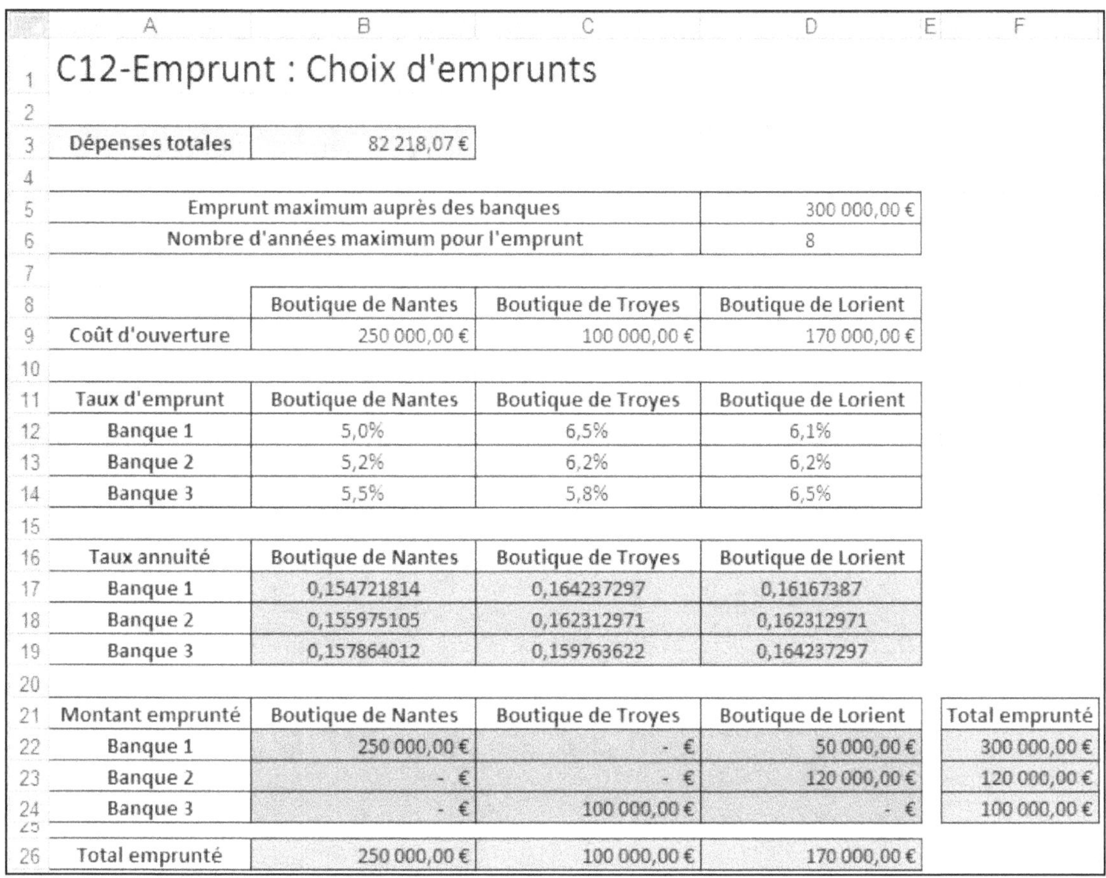

	A	B	C	D	E	F
3	Dépenses totales	82 218,07 €				
5	Emprunt maximum auprès des banques			300 000,00 €		
6	Nombre d'années maximum pour l'emprunt			8		
8		Boutique de Nantes	Boutique de Troyes	Boutique de Lorient		
9	Coût d'ouverture	250 000,00 €	100 000,00 €	170 000,00 €		
11	Taux d'emprunt	Boutique de Nantes	Boutique de Troyes	Boutique de Lorient		
12	Banque 1	5,0%	6,5%	6,1%		
13	Banque 2	5,2%	6,2%	6,2%		
14	Banque 3	5,5%	5,8%	6,5%		
16	Taux annuité	Boutique de Nantes	Boutique de Troyes	Boutique de Lorient		
17	Banque 1	0,154721814	0,164237297	0,16167387		
18	Banque 2	0,155975105	0,162312971	0,162312971		
19	Banque 3	0,157864012	0,159763622	0,164237297		
21	Montant emprunté	Boutique de Nantes	Boutique de Troyes	Boutique de Lorient		Total emprunté
22	Banque 1	250 000,00 €	- €	50 000,00 €		300 000,00 €
23	Banque 2	- €	- €	120 000,00 €		120 000,00 €
24	Banque 3	- €	100 000,00 €	- €		100 000,00 €
26	Total emprunté	250 000,00 €	100 000,00 €	170 000,00 €		

Les formules de la feuille sont les suivantes :

- *Taux des annuités.* La formule "=B12/(1–PUISSANCE(1+B12;-$D$6))" est placée dans la cellule B17 et copiée dans B17:D19. Elle correspond au quotient dans l'équation (5).

- *Fonction-objectif.* La formule "=SOMMEPROD(B17:D19;B22:D24)" est saisie dans la cellule B3. C'est la traduction directe de l'équation (1). Cette formule utilise le résultat des calculs précédents.

- *Total emprunté par boutique.* On insère la formule "=SOMME(B22:B24)" dans la cellule B26 et on la recopie dans les cellules C26 et D26. On obtient ainsi les membres de gauche des équations (2).

- *Total emprunté par banque.* La formule "=SOMME(B22:D22)" est écrite dans la cellule F22 et recopiée dans les cellules F23 et F24. Ces formules donnent les membres de gauche des équations (3).

Cette feuille de calcul est la traduction directe du programme linéaire précédent. Excel étant un outil assez complet, il existe une grande variété de formules et notamment des formules dédiées aux calculs financiers. Nous proposons une feuille de calcul *Version 2* dans laquelle le tableau sur les taux d'annuité est remplacé par un tableau des montants des annuités. Dans la feuille *Version 2*, les formules sont les suivantes :

- *Montant des annuités*. La cellule B17 reçoit la formule "= –VPM(B12;$D$6;B22)" qui calcule le montant des remboursements pour un emprunt à taux fixe et des remboursements constants (cette formule est celle couramment utilisée par les banquiers pour calculer vos mensualités d'emprunts). La valeur de cette fonction est toujours négative, il faut donc ajouter un signe moins devant. Les paramètres sont le taux, la durée et le montant emprunté. Cette formule est recopiée dans les cellules B17:D19.

- *Fonction-objectif*. La fonction-objectif est maintenant la somme des annuités calculées. La cellule B3 reçoit la formule "=SOMME(B17:D19)".

Les deux feuilles ne diffèrent que par ce nouveau tableau et ces deux groupes de formules. Elles utilisent le même contenu pour la boîte de dialogue du solveur. L'objectif est de minimiser la cellule B3. Les variables sont les cellules B22:D24 qui représentent les montants empruntés par banque pour chaque boutique (variables x_{ij}). Enfin les deux lignes du bloc des contraintes correspondent aux contraintes (2) et (3). Enfin il ne faut pas oublier les options : *Modèle supposé linéaire* et *Supposé non négatif*.

12.2.4 Résultats

Pour minimiser ses dépenses, M. Clothes doit emprunter 50 000 € à la première banque et 120 000 € à la banque 2 pour financer la boutique de Lorient. La boutique de Troyes est entièrement financée par la banque 3, la boutique de Nantes par la banque 1. La somme des annuités à verser par M. Clothes s'élève alors à 82 218,07 €. L'avantage de la feuille *Version 2* est que l'on peut directement observer le coût de l'emprunt pour chaque boutique et chaque banque.

12.3 Campagne publicitaire

12.3.1 Problème

La PME Pronuevo lance un nouveau produit sur un marché régional et désire en faire la campagne publicitaire sur plusieurs médias à la fois. Elle s'adresse à une société de publicité, Régional Pub, spécialisée dans ce type de campagne régionale et lui confie cette tâche pour un budget total de 250 000 €. Cette dernière connaît bien le marché et l'impact de diffusion d'une publicité dans une revue locale ou à la radio, ou d'un spot publicitaire télévisé sur la chaîne régionale. Elle propose de s'attaquer au marché pendant deux mois par six médias différents. Pour chacun des médias, elle connaît le coût de diffusion et le nombre de personnes sur lequel ce média a un impact. Un indice de qualité de perception de la campagne est également connu pour chaque média.

La société impose aussi un nombre maximal d'utilisations de chaque média (par exemple, pas plus de huit diffusions d'un spot télévisé). Le tableau 12.2 regroupe ces informations. La société qui lance le produit souhaite que l'impact de la campagne publicitaire atteigne au moins 1 million de personnes. Quels seront les médias choisis, et dans quelles proportions pour que l'indice de qualité de perception soit maximal ?

Tableau 12.2 – Données pour la campagne publicitaire

N°	Type de média	Clients potentiellement atteints	Coût unitaire d'utilisation	Utilisation maximale	Indice de qualité de perception
1	Journal hebdomadaire à diffusion gratuite	120 000	1 500	4 semaines	3
2	Revue mensuelle	15 000	8 000	2 mois	7
3	Revue hebdomadaire	20 000	12 000	8 semaines	8
4	Spot radio	60 000	9 000	60 diffusions sur 2 mois	2
5	Affichage 4 x 3 m	30 000	24 000	4 panneaux sur 2 mois	6
6	Spot TV	90 000	51 000	8 diffusions sur 2 mois	9

12.3.2 Modélisation

On note n le nombre de médias que l'on pourra utiliser pour cette campagne. Pour chaque média i, les constantes ca_i, c_i, nd_i et q_i désignent respectivement le nombre de clients potentiellement atteints, le coût unitaire d'utilisation, le nombre maximal d'utilisation et l'indice de qualité de perception. Les variables de décision m_i que l'on choisit seront le nombre d'utilisations de chaque média i pour cette campagne. On peut alors écrire le modèle qui suit.

$$(1) \quad \text{Max} \sum_{i=1}^{n} q_i\, m_i$$

$$(2) \quad \sum_{i=1}^{n} c_i\, m_i \leq B$$

$$(3) \quad \forall\, i = 1 \ldots n : m_i \leq nd_i$$

$$(4) \quad \sum_{i=1}^{n} ca_i\, m_i \geq C$$

$$(5) \quad \forall\, i = 1 \ldots n : m_i \in I\!N$$

Avant tout, la contrainte budgétaire devra être respectée : la contrainte (2) indique que la somme des coûts relatifs à chaque média doit être inférieure au budget alloué B. Chaque média ne devra pas être utilisé plus que le nombre maximal autorisé (3). La cible C (nombre minimal de clients) devra être atteinte, c'est-à-dire que la somme des nombres de clients potentiellement atteints pour chaque média doit être au moins égale au million d'individus visés (4). La fonction-objectif (1) à maximiser est la somme des indices de qualité de chaque média utilisé. Enfin, les variables de décision m_i doivent être entières, contraintes (5).

12.3.3 Traduction en Excel

Le classeur *C12-Publicite* contient la feuille suivante. Les informations sont celles du tableau 12.2 reprises dans le même ordre. Un premier bloc présente la fonction-objectif suivie des informations sur le budget total et sur le nombre de clients ciblés.

	A	B	C	D	E	F	G	H	I
1	C12-Publicité : Campagne publicitaire								
2									
3		Indice de qualité global	122						
4									
5		Budget total	250 000,00 €						
6		Nombre de clients ciblés	1 000 000						
7									
8	N°	Type de média	Clients atteints par diffusion	Coût unitaire d'utilisation	Utilisation maximale	Indice qualité	Nombre d'utilisation	Clients atteints	Coût global d'utilisation
9	1	Journal hebdomadaire à diffusion gratuite	120000	1 500,00 €	4	3	4	480 000	6 000,00 €
10	2	Revue mensuelle	150000	8 000,00 €	2	7	2	300 000	16 000,00 €
11	3	Revue hebdomadaire	20000	12 000,00 €	8	8	8	160 000	96 000,00 €
12	4	Spot radio	60000	9 000,00 €	60	2	4	240 000	36 000,00 €
13	5	Affichage 4 x 3 m	30000	24 000,00 €	4	6	4	120 000	96 000,00 €
14	6	Spot TV	90000	51 000,00 €	8	9	0	0	- €
15									
16							Total	1 300 000	250 000,00 €

Les formules de la feuille sont les suivantes :

- *Nombre de clients atteints et coût global par média*. La formule "=$G9*C9" est placée dans la cellule H9 et peut ensuite être recopiée dans les cellules H9:I14 puisque les informations sur les clients atteints par diffusion et sur les coûts unitaires sont placées dans le même sens.

- *Nombre de clients atteints et coût global total*. De la même manière, la formule "=SOMME(H9:H14)"est écrite dans la cellule H16 et étendue à I16. Ces formules correspondent aux membres de gauche des contraintes (4) et (2) respectivement.

- *Fonction-objectif*. La formule "=SOMMEPROD(G9:G14;F9:F14)" est la traduction directe de l'équation (1).

On peut maintenant fixer les paramètres de la boîte de dialogue du solveur avant de lancer la résolution. La cellule cible est celle de la fonction-objectif C3 à maximiser et les variables les cellules G9:G14. On précise dans la première ligne des contraintes que le nombre d'utilisations de chaque média ne peut dépasser la valeur maximale indiquée par les contraintes (3). La seconde ligne impose aux variables d'être entières. Les deux dernières lignes correspondent respectivement aux contraintes (4) et (2), les clients à atteindre et le budget à respecter.

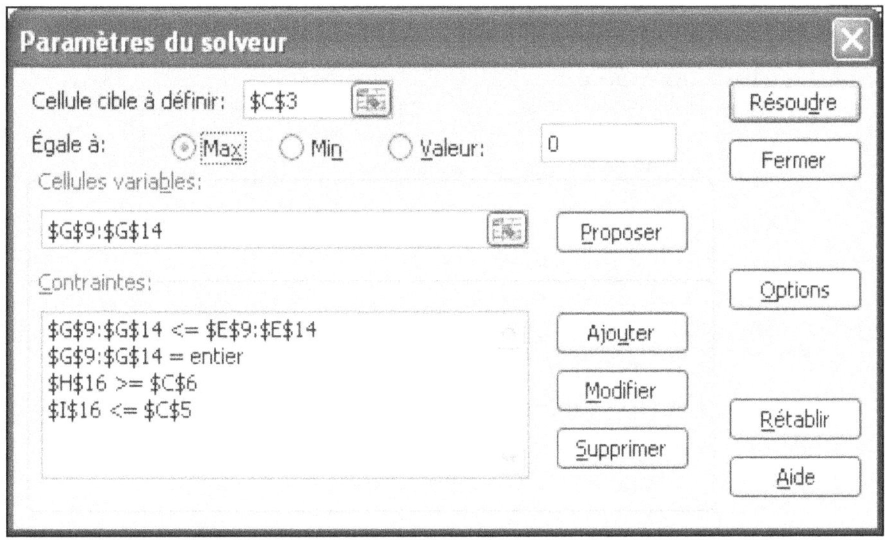

Enfin il ne faut pas oublier les options : *Modèle supposé linéaire* et *Supposé non négatif*.

12.3.4 Résultats

Étant donné que le problème est de taille modeste, la résolution par le solveur d'Excel est immédiate. On trouve un indice de qualité de 122 unités. Le budget complet sera utilisé et la cible atteinte sera de 1 300 000 individus. Seul le spot télévisé ne sera pas utilisé dans cette campagne. On emploiera le journal à diffusion gratuite pendant 4 semaines, puis la revue mensuelle régionale pendant 2 mois. La revue hebdomadaire de la ville sera choisie pour 8 semaines tandis que 4 spots publicitaires seront diffusés sur la radio locale. Quatre panneaux d'affichage 4 × 3 m seront exposés dans la ville.

12.4 Gestion de portefeuille financier

12.4.1 Problème

Cette catégorie d'applications est connue sous le titre anglais de *portfolio selection*. Un conseiller financier doit choisir pour un club d'investissement un certain nombre d'actions dans lesquelles investir. Le club souhaite investir 100 000 € dans six actions différentes. Le conseiller lui indique le retour d'investissement (taux de retour) qu'il peut espérer pour une période de six mois. Le tableau 12.3 donne pour chaque action son nom, sa catégorie (T : technologique, N : non technologique) et le taux de retour espéré. Le club impose certaines contraintes au conseiller. Il veut investir au moins 5 000 € et au plus 40 000 € dans chaque action. Le club d'investissement désire investir la moitié de son capital dans des actions françaises et au plus 30 % dans des valeurs technologiques. Comment doit se répartir le capital entre chaque action pour espérer le meilleur retour sur investissement ?

Tableau 12.3 – Liste des actions

N°	Nom	Catégorie	Retour
1	Dash Associates (UK)	T	5,3 %
2	Ilog France (F)	T	6,2 %
3	France Telecom (F)	T	5,1 %
4	General Motors (USA)	N	4,9 %
5	Elf (F)	N	6,5 %
6	BNP (F)	N	3,4 %

12.4.2 Modélisation

Pour la modélisation mathématique, on note n le nombre d'actions choisies pour l'investissement, C le capital investi, r_i le retour sur investissement prévu. Les variables de décision, notées v_i, désignent le montant d'argent investi dans l'action i. Chaque variable est bornée : on doit investir au moins $l_i = 5\ 000$ € et pas plus de $u_i = 40\ 000$ € pour chaque action i. Les contraintes (2) bornent les variables v_i.

$$(2) \quad \forall\, i = 1 \ldots n : l_i \le v_i \le u_i$$

On autorise au plus 30 % de valeurs technologiques. La somme des montants investis dans ces valeurs ne doit donc pas dépasser 30 000 €, contrainte (3). L'investisseur impose aussi de miser sur les actions françaises à hauteur de 50 % au minimum, soit 50 000 €, contrainte (4).

$$(3) \quad v_1 + v_2 + v_3 \le 0.30 \times C$$

$$(4) \quad v_2 + v_3 + v_5 + v_6 \ge 0.5 \times C$$

La contrainte (5) spécifie que l'ensemble de sommes investies ne doit pas dépasser le capital initial C. Les contraintes (6) sont les contraintes usuelles de positivité. La fonction-objectif (1) à maximiser est le retour sur investissement de toutes les actions.

$$(1) \quad \text{Max} \sum_{i=1}^{n} \frac{r_i}{100}\, v_i$$

$$(2) \quad \forall\, i = 1\ldots n : l_i \leq v_i \leq u_i$$

$$(3) \quad v_1 + v_2 + v_3 \leq 0.30 \times C$$

$$(4) \quad v_2 + v_3 + v_5 + v_6 \geq 0.5 \times C$$

$$(5) \quad \sum_{i=1}^{n} v_i \leq C$$

$$(6) \quad \forall\, i = 1\ldots n : v_i \geq 0$$

12.4.3 Traduction en Excel

Le classeur *C12-Portefeuille* contient la feuille *Version 1* qui permet de traduire le modèle en Excel et de le résoudre. Cette présentation volontairement simple permet au débutant d'utiliser les fonctions SOMME et SOMMEPROD. Une version plus compacte est proposée dans un second onglet du classeur.

Le haut de la feuille reprend les informations du problème avec les montants minimal et maximal à investir par action, le montant de l'investissement et les parts que l'on souhaite placer dans les actions françaises et technologiques. Le tableau suivant présente les informations de chaque action (nom, catégorie, pays et retour prévu sur investissement).

C12-Portefeuille : Gestion de portefeuille financier

Retour sur investissement	5 755,00 €	
Investissement total	100 000,00 €	
Montant minimal	5 000,00 €	Part Françaises · 50% · 50 000,00
Montant maximal	40 000,00 €	Part Technologiques · 30% · 30 000,00

N°	Nom	Catégorie	Pays	Valeur Technologique	Montant Technologique	Action Française	Montant Françaises	Retour	Investissement
1	Dash Associates	T	UK	1	5 000,00 €	0	- €	5,3%	5 000,00 €
2	Ilog France	T	F	1	20 000,00 €	1	20 000,00 €	6,2%	20 000,00 €
3	France Telecom	T	F	1	5 000,00 €	1	5 000,00 €	5,1%	5 000,00 €
4	General Motors	N	USA	0	- €	0	- €	4,9%	25 000,00 €
5	Elf	N	F	0	- €	1	40 000,00 €	6,5%	40 000,00 €
6	BNP	N	F	0	- €	1	5 000,00 €	3,4%	5 000,00 €
				Total	30 000,00 €	Total	70 000,00 €	Total	100 000,00 €

Les formules de la feuille sont les suivantes :

- *Part française ou technologique.* Le montant de la part des actions françaises est calculé en multipliant le montant de l'investissement par le pourcentage. La cellule H6 reçoit la formule "=G6*$C$5", recopiée dans H7 pour la part des actions technologiques.

- *Indicateur de catégorie.* La cellule E10 emploie la formule "=SI(C10="T";1;0)" qui va calculer un indicateur booléen pour préciser si la valeur considérée est technologique ou non. Cette formule est recopiée dans les cellules E11:E15.

- *Indicateur de pays.* La cellule G10 utilise la formule "=SI(D10="F";1;0)" qui va donner 1 si la valeur est française et 0 sinon. Cette formule est recopiée dans les cellules G11:G15.

- *Montant des valeurs technologiques et françaises.* Pour chaque action, on multiplie l'indicateur de valeur technologique et celui de valeur française par le montant investi. La cellule F10 reçoit la formule "=E10*$J10". Cette formule est recopiée dans les cellules F10:F15 pour les valeurs technologiques et dans les cellules H10:H15 pour les valeurs françaises.

- *Montant total.* La somme pour les valeurs technologiques est donnée par la formule "=SOMME(F10:F15)" que l'on place dans la cellule F17. Cette formule est recopiée pour le montant des valeurs françaises (dans la cellule H17) et pour le montant total investi (dans la cellule J17).

- *Fonction-objectif.* Le retour sur investissement de chaque action est donné par le produit des investissements par leurs retours prévus, puis la somme de ces retours est effectuée. Ceci se traduit par la formule "=SOMMEPROD(I10:I15;J10:J15)" que l'on place dans la cellule C3.

On peut maintenant préparer la boîte de dialogue pour le solveur. La fonction-objectif correspond à la cellule C3 et les cellules variables sont les cellules J10:J15. La première ligne des contraintes correspond à la contrainte (3) et la seconde ligne à la contrainte (4). Les deux lignes suivantes sont les bornes inférieures et supérieures des investissements (2). Enfin la dernière ligne limite l'investissement total à la somme disponible. Comme d'habitude, il ne faut pas oublier les options classiques : *Modèle supposé linéaire* et *Supposé non négatif.*

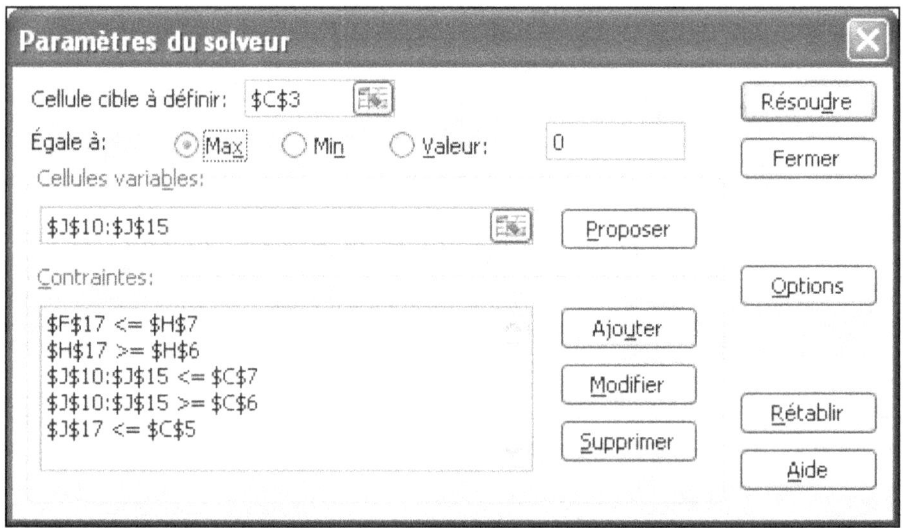

Le classeur contient une feuille *Version 2* avec un modèle plus compact, qui utilise des fonctions SOMME.SI permettant d'effectuer des sommes selon un critère particulier. Ainsi, au lieu de déterminer par un booléen quelles sont les valeurs technologiques ou françaises puis détailler les montants de chaque type, on calcule directement une somme sous condition.

Dans cette version, il y a moins de formules à écrire. On retrouve les mêmes formules pour le calcul des parts françaises et technologiques. La formule qui calcule le montant total et la formule de la fonction-objectif sont identiques, au placement de cellules près. Les indicateurs de pays et de catégories ont disparu et les montants des parts françaises et technologiques sont remplacés par les formules suivantes :

- La cellule F9 reçoit la formule "=SOMME.SI(D13:D18;"F";F13:F18)" qui permet d'effectuer la somme des montants des cellules F13:F18, mais seulement pour les cellules correspondantes D13:D18 qui contiennent un "F".

- La cellule F10 reçoit la formule "=SOMME.SI(C13:C18;"T";F13:F18)" qui fonctionne selon le même principe pour les valeurs technologiques.

	A	B	C	D	E	F
1		C12-Portefeuille (version 2)				
2						
3		Retour sur investissement	5 755,00 €			
4						
5		Investissement total	100 000,00 €			
6		Montant minimal	5 000,00 €			
7		Montant maximal	40 000,00 €			
8						
9		Part Françaises minimum	50%	50 000,00 €	Montant investi	70 000,00 €
10		Part Technologiques maximum	30%	30 000,00 €	Montant investi	30 000,00 €
11						
12	N°	Nom	Catégorie	Pays	Retour	Investissement
13	1	Dash Associates	T	UK	5,3%	5 000,00 €
14	2	Ilog France	T	F	6,2%	20 000,00 €
15	3	France Telecom	T	F	5,1%	5 000,00 €
16	4	General Motors	N	USA	4,9%	25 000,00 €
17	5	Elf	N	F	6,5%	40 000,00 €
18	6	BNP	N	F	3,4%	5 000,00 €
19						
20					Total	100 000,00 €

La boîte de dialogue du solveur a peu changé. Les variables sont maintenant les cellules F13:F18, la première ligne de contraintes représente l'investissement maximal pour les valeurs technologiques, les deux lignes suivantes sont les investissements minimal et maximal à réaliser. L'avant-dernière ligne est la contrainte (5) et la dernière représente la contrainte sur l'investissement minimal dans les actions françaises.

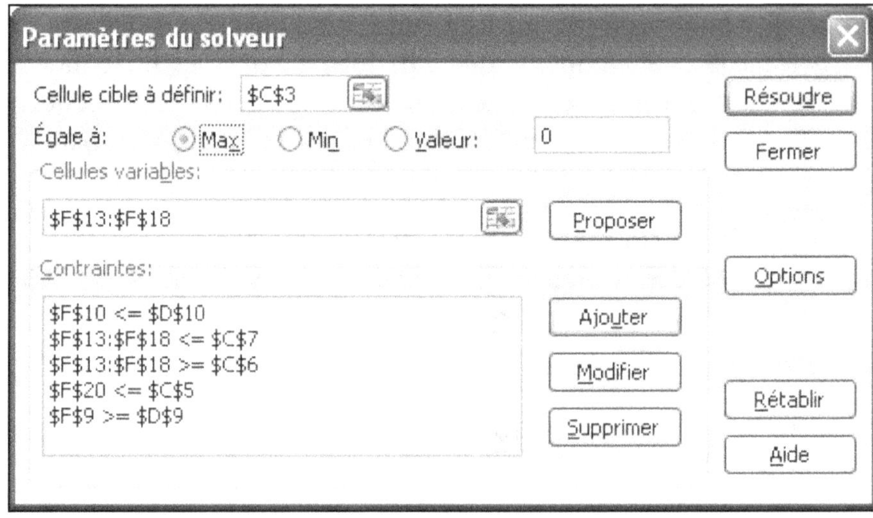

12.4.4 Résultats

La résolution donne les montants à investir dans les valeurs choisies par le club d'investisseurs. Le retour total prévisionnel sera de 5 755 € pour les six mois. Avec les contraintes imposées au conseiller, la répartition des fonds se fera comme indiquée au tableau 12.4. On aura investi 70 000 € dans les actions françaises et exactement 30 000 € dans les valeurs technologiques.

Tableau 12.4 – Portefeuille optimal

N°	Nom	Montant investi
1	Dash Associates (UK)	5 000 €
2	Ilog France (F)	20 000 €
3	France Telecom (F)	5 000 €
4	General Motors (USA)	25 000 €
5	Elf (F)	40 000 €
6	BNP (F)	5 000 €

Dans les applications financières, nous l'avons dit, la programmation linéaire peut servir d'outil de simulation. Dans notre cas, que se passerait-il si on souhaitait investir jusqu'à 40 % du capital dans les valeurs technologiques ? Il suffit de changer la valeur dans le tableau Excel. Le retour serait alors de 5 885 €. Par rapport au précédent plan d'investissement, 10 000 € ont été transférés de l'action General Motors vers Ilog France. Les autres actions gardent le même montant investi. En jouant sur les différents paramètres, le conseiller pourra arriver à satisfaire ses clients.

12.5 Préparation à la retraite

12.5.1 Problème

La Banque Nationale Agricole (BNA) décide de mettre en place un plan de retraite anticipée pour quinze employés volontaires. Ces employés partiront entre l'année prochaine et les sept ans à venir. Pour financer ce plan, la BNA, bien placée pour connaître tous les marchés financiers et les placements, décide d'investir dans des emprunts sur cette période de sept ans. Les montants nécessaires pour couvrir les départs en préretraite sont donnés dans le tableau 12.5 ; ils doivent être versés au début de chaque année.

Tableau 12.5 – Montants nécessaires chaque année

Année	1	2	3	4	5	6	7
Montant (k€)	1 000	600	640	480	760	1 020	950

Pour ces investissements, la BNA décide de souscrire trois emprunts différents, un emprunt SNCF, un emprunt EDF et un emprunt du Trésor Public. Tout l'argent qui n'est pas investi dans ces emprunts est placé sur une épargne garantie à 3,2 %. Le tableau 12.6 donne les informations sur les rémunérations et les durées des emprunts ainsi que la valeur d'un bon. Dans ce type d'emprunt, on ne peut acheter qu'un nombre entier de bons, et le capital investi est bloqué pour toute la durée de l'emprunt. Chaque année, on ne perçoit que la rémunération du capital. Le responsable du plan de retraite a décidé d'acheter des bons de ces emprunts au début de la première année, pas les années suivantes. Comment doit-il s'organiser pour investir un minimum d'argent afin de couvrir le plan de retraite prévu ?

Tableau 12.6 – Informations sur les emprunts

Emprunt	Valeur du bon (k€)	Rémunération	Durée
SNCF	1,0	7,0 %	5 ans
EDF	0,8	7,0 %	5 ans
Trésor Public	0,5	6,5 %	6 ans

12.5.2 Modélisation

Soit n le nombre d'années du plan de retraite et E le nombre d'emprunts. CT désigne le capital total à investir la première année pour pouvoir assurer le financement sur les 7 ans. Soit p_b le prix d'un bon de l'emprunt b, d_b sa durée, t_b son taux de rémunération annuel. La variable N_b représente le nombre de bons de l'emprunt b que l'on va acheter la première année, la variable I_a l'investissement (autre qu'emprunts) de l'année a. Les fonds nécessaires chaque année a pour le plan de retraite seront notés F_a.

Le principe général des contraintes est le suivant : chaque année, l'ensemble des rémunérations doit couvrir les investissements de l'année et les montants nécessaires pour le plan de retraite. La contrainte (2) représente l'investissement de la première année, celle dans laquelle on achètera les bons des différents emprunts. Le capital total investi diminué de l'achat des bons des différents emprunts et amputé de l'investissement de la première année doit être égal aux fonds nécessaires la première année.

$$(2) \quad CT - \sum_{b=1}^{E} p_b . N_b - I_1 = F_1$$

Tant qu'aucun emprunt n'est arrivé à terme, c'est-à-dire les quatre années suivant la première, on n'investit plus d'argent en bons, mais on perçoit leur rémunération (première somme dans les contraintes (3)). On perçoit aussi la rémunération et le montant de l'investissement (hors emprunts) de l'année précédente. De ces bénéfices, il faut retirer l'investissement (hors emprunts) et les fonds nécessaires pour l'année en cours pour arriver à un équilibre ; c'est ce que traduisent les contraintes (3).

$$(3) \quad \forall j=2...5: \sum_{b=1}^{E} p_b . N_b . \frac{t_b}{100} + \left(1+\frac{3.2}{100}\right).I_{j-1} - I_j = F_j$$

En début d'année 6, les emprunts de la SNCF et de l'EDF arrivent à terme. Le capital investi dans ces deux emprunts est alors récupéré et il est disponible pour un nouvel investissement. On perçoit aussi la rémunération de l'année précédente pour les trois emprunts. Le reste de la contrainte (4) est identique à la contrainte (3).

$$(4) \quad \sum_{b=1}^{2} p_b . N_b . \left(1+\frac{t_b}{100}\right) + p_3 . N_3 . \frac{t_3}{100} + \left(1+\frac{3.2}{100}\right).I_5 - I_6 = F_6$$

La dernière année, seul l'emprunt du Trésor Public reste. On récupère sa mise initiale ainsi que l'investissement de l'année précédente. Cette année-là on ne fait pas de nouvel investissement, ce qui donne la contrainte (5).

$$(5) \quad p_3 . N_3 . \left(1+\frac{t_3}{100}\right) + \left(1+\frac{3.2}{100}\right).I_6 = F_7$$

Il ne reste plus qu'à écrire la fonction-objectif (1) à minimiser (capital de départ investi), et à déclarer les domaines des variables (contraintes (6) à (8)).

(1)   Min CT

(6) $CT \geq 0$

(7) $\forall a=1...n: I_a \geq 0$

(8) $\forall b=1...E: N_b \in I\!N$

12.5.3 Traduction en Excel

Le modèle est dans le classeur *C12-Retraites*. Comme dans le problème 12.2, nous avons développé deux versions et la seconde utilise une fonction financière.

Dans la feuille *Version 1*, on retrouve en haut les données du problème avec les durées et les taux de rémunération des emprunts, le nombre de bons que l'on va acheter ainsi que le taux de rémunération de l'épargne garantie. La partie basse de la feuille reprend les informations pour chaque année. Nous trouvons d'abord le montant nécessaire, puis le montant obtenu par les différentes transactions, l'investissement que l'on souhaite réaliser et les mouvements financiers pour chaque emprunt potentiel.

	A	B	C	D	E	F	G	H
1	C12-Retraites : préparation à la retraite.							
2								
3	Investissement total	4 632 925,76 €						
4								
5	Emprunt	Valeur (€)	Rémunération	Durée (ans)	Achat			
6	SNCF	1 000,00 €	7,0%	5	896			
7	EDF	800,00 €	7,0%	5	4			
8	Trésor Public	500,00 €	6,5%	6	1784			
9								
10	Epargne garantie		3,2%					
11								
12	Année	1	2	3	4	5	6	7
13	Montant nécessaire (€)	1 000 000,00 €	600 000,00 €	640 000,00 €	480 000,00 €	760 000,00 €	1 020 000,00 €	950 000,00 €
14	Montant obtenu (€)	1 000 000,00 €	600 000,00 €	640 000,00 €	480 000,00 €	760 000,00 €	1 020 000,00 €	950 000,00 €
15	Investissement (€)	1 841 725,76 €	1 421 584,98 €	947 999,70 €	619 259,69 €	- €	124,00 €	107,97 €
16	Mouvements SNCF (€)	896 000,00 €	62 720,00 €	62 720,00 €	62 720,00 €	62 720,00 €	958 720,00 €	
17	Mouvements EDF (€)	3 200,00 €	224,00 €	224,00 €	224,00 €	224,00 €	3 424,00 €	
18	Mouvements TP (€)	892 000,00 €	57 980,00 €	57 980,00 €	57 980,00 €	57 980,00 €	57 980,00 €	949 980,00 €

La fonction-objectif dans la cellule B3 est aussi la variable *CT*. Ceci est permis par le solveur car la cellule n'a pas de formule. Les formules de la feuille sont les suivantes :

- *Année 1*. Les bons sont achetés cette année-là. La cellule B16 va recevoir la formule "=$E6*$B6" qui représente l'investissement financier pour les bons SNCF. Cette formule est recopiée dans les cellules B17 et B18 pour les bons EDF et Trésor Public. La cellule B14 reçoit la formule "=B3 – SOMME(B16:B18) – B15" qui correspond au montant obtenu la première année, soit le capital investi *CT*, diminué des investissements en bons et de l'investissement dans l'épargne garantie.

- *Années 2 à 5*. La formule pour calculer la rémunération des bons SNCF correspond à "=$B16*$C6". Elle est placée dans la cellule C16 puis copiée dans les cellules C16:F18 et G18. Le montant obtenu chaque année est maintenant calculé dans C14 par la formule "=SOMME(C16:C18)+(1+$C$10)*B15–C15", qui représente la somme des rémunérations des bons, plus la rémunération de l'épargne garantie de l'investissement de l'année précédente, moins l'investissement de l'année courante. Cette formule est recopiée dans les cellules D14 à H14 (elle est identique pour les années 6 et 7).

- *Année 6*. L'année 6, on récupère le montant investi pour les bons SNCF et EDF. La formule "=$B16*$C6+B16" est donc écrite dans la cellule G16 et recopiée dans G17. Pour les bons du Trésor Public, la formule est identique à celle des années 2 à 5.

- *Année 7*. Les cellules H16 et H17 sont vides car il n'y a plus de mouvements pour les bons SNCF et EDF. H18 reçoit la formule "=$B18*$C8+B18" qui correspond au versement des intérêts et au remboursement du capital investi dans ces bons.

La feuille *Version 2* a la même disposition mais les calculs des intérêts sont effectués avec une fonction financière d'Excel. Les formules qui diffèrent sont les suivantes :

- *Calcul des intérêts*. La cellule C16 reçoit la formule "= –INTPER($C6;1;1;$B16)". Cette formule prend en paramètres le taux d'intérêt, la durée et le nombre de périodes (ici 1) et le capital de départ. Attention, cette formule retourne toujours un nombre négatif, il faut donc rajouter un signe moins devant. Elle doit être recopiée dans les cellules C16:F18, puis dans la cellule G18.

- *Remboursement du capital.* Pour les dernières années de chaque investissement (G16, G17 et H180), la formule est identique à celle du calcul des intérêts mais on doit ajouter le capital emprunté. Pour la cellule G16 des bons SNCF, la formule à saisir est cette fois "= −INTPER($C6;1;1;$B16)+B16", pour G17, "= −INTPER($C7;1;1;$B17)+B17" et pour H18, "= −INTPER($C8;1;1;$B18)+B18".

Le contenu de la boîte de dialogue du solveur est identique pour les deux versions. Grâce aux formules utilisées, la définition du modèle est très compacte. La cellule cible est la cellule B3, les cellules variables correspondent aux cellules B3 (variable *CT*), E6:E8 (variables N_b) et B15:H15 (variables I_a). La première ligne dans le bloc des contraintes nous impose de trouver autant d'argent que le montant nécessaire et la seconde ligne impose aux variables I_a d'être entières. Comme d'habitude, il ne faut pas oublier de régler les options : *Modèle supposé linéaire* et *Supposé non négatif.*

12.5.4 Résultats

La résolution prend presque une minute sur un PC à 2,5 GHz, à cause des variables entières. Le capital à investir est de 4 632 925,76 €. Dans la feuille *Version 1*, la solution optimale consiste à investir 869 k€ en bons SNCF (894 bons), 3 200 € en bons EDF (4 bons) et 892 kF en bons du Trésor Public (1 784 bons). Le tableau 12.7 récapitule les investissements (autres qu'emprunts). Attention, il n'y a pas d'investissements dans l'année 5 et l'année 7.

Tableau 12.7 – Investissements (autres qu'emprunts)

Année	1	2	3	4	6
Montant (€)	1 841 725,76 €	1 421 584,98 €	947 999,70 €	619 259,69 €	124,00 €

Dans la feuille *Version 2*, la valeur de la fonction-objectif est la même, 4 632 925,76 €, mais les investissements sont différents. On achètera 1 124 bons EDF, toujours 1 784 bons du Trésor Public mais aucun bon SNCF. L'investissement est le même pour les 6 premières années mais il devient 107,97 € pour l'année 7.

12.6 Budget familial

12.6.1 Problème

Une mère de famille voudrait utiliser l'ordinateur qu'elle vient d'offrir à son fils en école d'ingénieur. Elle trouve sur Internet un logiciel d'optimisation gratuit et souhaite mettre en œuvre un modèle mathématique pour l'aider à gérer son budget annuel. Elle sépare d'un côté ses dépenses, de l'autre les recettes mensuelles. Elle connaît ses dépenses de vie courante : elle y consacre chaque mois 660 € en moyenne.

Le loyer de son appartement lui coûte 760 € par mois. Elle compte aussi 160 € de téléphone, Internet et téléphones portables tous les deux mois, 1 000 € pour EDF/GDF tous les six mois, 400 € mensuels pour la voiture et 120 € d'impôts tous les quatre mois. Pour ses revenus, elle touche une allocation de 180 € par la caisse d'allocations familiales de son domicile et un salaire de 2 300 € net par mois. Pour les loisirs, elle sait qu'elle dépensera au moins 200 € par mois (inscription à la piscine pour les aînés, club de foot du petit dernier, salle de gym pour elle), mais elle souhaite en dépenser plus (restaurant, cinéma, vacances).

Comment fera-t-elle pour équilibrer son budget tout au long de l'année tout en maximisant les dépenses de loisirs ?

12.6.2 Modélisation

Les douze mois sont indicés de 1 à $n = 12$. On note d_{1i}, d_{2i},...d_{6i}, les dépenses de vie courante, loyer, téléphone, EDF-GDF, voiture et impôts pour le mois i. Le salaire sera noté S, l'allocation A. On utilisera deux types de variables : l_i, l'argent des loisirs du mois i, e_i les économies du mois i. Chaque mois, on désire dépenser au moins 200 € dans les loisirs. Les contraintes (2) expriment ce souhait.

$$(2) \quad \forall i = 1...n : l_i \geq 200$$

Pour que ce système fonctionne, le budget doit être équilibré. Les dépenses de chaque mois ne doivent pas être supérieures aux recettes du mois en cours, mais il est possible de mettre de l'argent de côté pour un mois où les dépenses sont plus importantes. Les contraintes (3) signifient que les dépenses du mois courant, plus les économies de ce mois et les loisirs concédés doivent être inférieurs au salaire augmenté de l'allocation et des économies du mois précédent. La variable e_0 représente les économies de l'année précédente : en l'absence d'informations à ce sujet, on va considérer qu'elles sont nulles.

$$(3) \quad \forall i = 1...n : \sum_{j=1}^{6} d_{ji} + e_i + l_i \leq S + A + e_{i-1}$$

L'objectif est de maximiser la somme des loisirs de toute l'année (relation (1)). Les contraintes de positivité des variables l_i sont déjà assurées par les contraintes de type (2).

$$(1) \quad \text{Max} \sum_{i=1}^{n} l_i$$

$$(2) \quad \forall\, i = 1 \ldots n : l_i \geq 200$$

$$(3) \quad \forall\, i = 1 \ldots n : \sum_{j=1}^{6} d_{ji} + e_i + l_i \leq S + A + e_{i-1}$$

$$(4) \quad \forall\, i = 1 \ldots n : e_i \geq 0$$

12.6.3 Traduction en Excel

Ce modèle ressemble fort à un modèle de planification de production avec transfert des stocks d'une période à la suivante, comme ceux que nous avons traité dans le chapitre 7. Le classeur *C12-Budget* propose donc une présentation similaire. Les stocks correspondent ici aux économies e_i, les entrées en stock au salaire et à l'allocation, les sorties de stock aux dépenses courantes et aux loisirs.

C12-Budget : Budget familial

	Loisirs		Loisir minimum	200,00 €
	4 600,00 €		Revenu mensuel	2 300,00 €
			Allocation	180,00 €

Mois	Janvier	Février	Mars	Avril	Mai	Juin	Juillet	Août	Sept	Oct	Nov	Déc
Vie courante	660,00 €	660,00 €	660,00 €	660,00 €	660,00 €	660,00 €	660,00 €	660,00 €	660,00 €	660,00 €	660,00 €	660,00 €
Loyer	760,00 €	760,00 €	760,00 €	760,00 €	760,00 €	760,00 €	760,00 €	760,00 €	760,00 €	760,00 €	760,00 €	760,00 €
Téléphonie		160,00 €		160,00 €		160,00 €		160,00 €		160,00 €		160,00 €
EDF/GDF						1 000,00 €						1 000,00 €
Voiture	400,00 €	400,00 €	400,00 €	400,00 €	400,00 €	400,00 €	400,00 €	400,00 €	400,00 €	400,00 €	400,00 €	400,00 €
Impôts				120,00 €				120,00 €				120,00 €
Total	1 820,00 €	1 980,00 €	1 820,00 €	2 100,00 €	1 820,00 €	2 980,00 €	1 820,00 €	2 100,00 €	1 820,00 €	1 980,00 €	1 820,00 €	3 100,00 €
Loisirs	660,00 €	500,00 €	600,00 €	200,00 €	200,00 €	200,00 €	660,00 €	380,00 €	600,00 €	200,00 €	200,00 €	200,00 €
Economies	- €	- €	60,00 €	240,00 €	700,00 €	- €	- €	- €	60,00 €	360,00 €	820,00 €	- €
Revenus	2 480,00 €	2 480,00 €	2 480,00 €	2 540,00 €	2 720,00 €	3 180,00 €	2 480,00 €	2 480,00 €	2 480,00 €	2 540,00 €	2 840,00 €	3 300,00 €
Dépenses	2 480,00 €	2 480,00 €	2 480,00 €	2 540,00 €	2 720,00 €	3 180,00 €	2 480,00 €	2 480,00 €	2 480,00 €	2 540,00 €	2 840,00 €	3 300,00 €

On retrouve d'abord l'objectif et les informations sur les montants des loisirs, des revenus et de l'allocation perçue. Le tableau suivant présente les informations mensuelles avec les six catégories de dépenses et leur total. On retrouve aussi les deux blocs de variables (loisirs et économies) et enfin ce qui va nous permettre d'équilibrer le budget chaque mois : une ligne de revenus et une de dépenses.

Les formules de la feuille sont les suivantes :

- *Fonction-objectif.* Pour la fonction-objectif, la cellule A4 reçoit la formule "=SOMME(B16:M16)" qui correspond à l'équation (1).

- *Total des six catégories de dépenses.* On place la formule "=SOMME(B8:B13)" dans la cellule B14 et on recopie la formule dans les cellules C14:M14.

- *Total des revenus (janvier).* On écrit la formule "=$E$4+$E$5" dans la cellule B19. Cette formule correspond aux revenus mensuels (salaire + allocation).

- *Total des revenus* (*autres mois*). Les revenus du mois de février sont exprimés par la formule "=$E$4+$E$5+B17" de la cellule C19 qui correspond au revenu (salaire + allocation) augmenté des économies du mois précédent. Cette formule est étendue aux cellules D19:M19.

- *Total des dépenses*. La cellule B20 reçoit la formule "=B14+B16+B17" qui correspond aux six catégories de dépense précédentes, aux loisirs prévus et aux économies. Cela correspond à la partie gauche des contraintes (3). Cette formule est étendue aux cellules C20:M20.

Il nous reste maintenant à mettre en place les informations de la boîte de dialogue du solveur. L'objectif est la cellule A4 qu'il faudra maximiser. Les variables sont les cellules B16:M17, soit la première ligne pour les variables l_i et la seconde pour les variables e_i. La première ligne des contraintes impose que les dépenses de loisirs soient au minimum de 200 € (2) et la seconde ligne correspond à l'inégalité des contraintes (3). Il ne faut pas oublier de choisir les options classiques du solveur : *Modèle supposé linéaire* et *Supposé non négatif* avant de lancer la résolution.

12.6.4 Résultats

Les sommes affectées aux loisirs tout au long de l'année sont de 4 600 €. Pour les mois de janvier, février et mars, elles sont respectivement de 660 €, 500 € et 600 €. Pour juillet, août et septembre, elles valent 660 €, 380 € et 600 €. Les autres mois, les dépenses minimales souhaitées pour les loisirs sont respectées (200 €). Pour les mois de mars, avril et mai, il faut mettre de l'argent de côté (respectivement 60 €, 240 € et 700 €) pour les dépenses des mois suivants. Il faut économiser à nouveau en septembre, octobre et novembre, respectivement 60 €, 360 € et 820 €.

12.7 Choix de projets d'expansion

12.7.1 Problème

La grande entreprise Tatayo du nord de la France est spécialisée dans la construction automobile depuis plus de dix ans. Elle souhaite s'étendre et fait appel à ses ingénieurs pour proposer des projets d'expansion de l'entreprise sur un horizon de cinq ans. Après avoir entendu les projets les plus farfelus, la direction n'en retient que cinq. Chaque projet a un coût annuel et mise sur un bénéfice au terme des cinq ans. Le tableau 12.8 donne la liste des projets retenus et les bénéfices espérés au terme des 5 ans.

Tableau 12.8 – Bénéfices estimés des projets

N°	Projet	Bénéfice estimé
1	Expansion de la chaîne de montage	10,8 M€
2	Réorganisation du magasin principal	4,8 M€
3	Installation de nouvelles cabines de peinture	3,2 M€
4	Recherche d'un nouveau *concept-car*	4,44 M€
5	Réorganisation de la chaîne logistique	12,25 M€

Dans le tableau 12.9, les coûts prévisionnels des cinq projets pour les cinq ans à venir sont détaillés ainsi que les fonds disponibles pour ces années. Quel(s) projet(s) la direction devra-t-elle choisir pour maximiser le bénéfice total au bout des cinq années ?

Tableau 12.9 – Coûts annuels des projets

N°	Année 1	Année 2	Année 3	Année 4	Année 5
1	1,8 M€	2,4 M€	2,4 M€	1,8 M€	1,5 M€
2	1,2 M€	1,8 M€	2,4 M€	0,6 M€	0,5 M€
3	1,2 M€	1,0 M€	–	0,48 M€	–
4	1,4 M€	1,4 M€	1,2 M€	1,2 M€	1,2 M€
5	1,6 M€	2,1 M€	2,5 M€	2,0 M€	1,8 M€
Fonds disponibles	4,8 M€	6,0 M€	4,8 M€	4,2 M€	3,5 M€

12.7.2 Modélisation

On note n le nombre de projets retenus par la direction, a le nombre d'années de l'horizon d'expansion. Le bénéfice de chaque projet i sera noté b_i, c_{ij} désignera le coût du projet i l'année j. Le capital disponible pour les projets chaque année j sera noté ca_j. Une variable binaire x_i vaudra 1 si le projet i est retenu, 0 sinon.

La seule contrainte à respecter concerne l'investissement maximal que désire opérer la direction pendant les cinq ans des projets d'expansion. La contrainte (2) impose que la somme des coûts c_{ij} pour les projets retenus ($x_i = 1$) soit inférieure au capital ca_j consacré l'année j. La fonction-objectif (1) à maximiser est le gain total, donc la somme des bénéfices b_i pour les projets retenus. Les variables x_i sont binaires (3).

$$(1) \quad \text{Max} \sum_{i=1}^{n} b_i \, x_i$$

$$(2) \quad \forall \, j=1 \ldots a: \sum_{i=1}^{n} c_{ij} \, x_i \leq ca_j$$

$$(3) \quad \forall \, i=1 \ldots n: x_i \in \{0,1\}$$

12.7.3 Traduction en Excel

Le classeur *C12-Expansion* traduit le modèle précédent. La feuille est organisée de la manière suivante. On trouve d'abord la fonction-objectif, puis un large tableau qui reprend le nom des projets, le bénéfice estimé par projet et les coûts pour chaque année. Un dernier bloc contient les valeurs des variables booléennes x_i. Les deux dernières lignes de la feuille sont les fonds disponibles chaque année et les coûts engendrés par les projets retenus.

	A	B	C	D	E	F	G	H
1	C12-Expansion : Choix de projets d'expansion							
2								
3	Bénéfice total estimé (M€)	19,89						
4								
5			Coût (M€)					
6	Projet	Bénéfice estimé (M€)	Année 1	Année 2	Année 3	Année 4	Année 5	Projet retenu ?
7	Expansion de la chaîne de montage	10,8	1,8	2,4	2,4	1,8	1,5	0
8	Réorganisation du magasin principal	4,8	1,2	1,8	2,4	0,6	0,5	0
9	Installation de nouvelles cabines de peinture	3,2	1.2	1		0.48		1
10	Recherche d'un nouveau concept-car	4,44	1,4	1,4	1,2	1,2	1,2	1
11	Réorganisation de la chaîne logistique	12,25	1,6	2,1	2,5	2	1,8	1
12								
13	Fonds disponibles (M€)		4,8	6	4,8	4,2	3,5	
14	Coût annuel des projets retenus (M€)		4,2	4,5	3,7	3,68	3	

Les formules de la feuille sont les suivantes :

- *Fonction-objectif.* La formule "=SOMMEPROD(H7:H11;B7:B11)" est placée dans la cellule B3. C'est la traduction directe de l'équation (1).

- *Coût annuels.* La formule "=SOMMEPROD(C7:C11;$H$7:$H$11)" qui représente le membre de gauche des équations (2) est écrite dans la cellule C14 puis recopiée dans les cellules D14:G14.

La boîte de dialogue du solveur va contenir les informations nécessaires à l'exécution de ce modèle. La cellule cible est la cellule B3 et les variables x_i sont représentées par les cellules H7:H11. La première ligne des contraintes représente les contraintes (3) et la seconde ligne impose aux variables x_i d'être binaires.

12.7.4 Résultats

La résolution en 0-1 donne un bénéfice estimé total de 19,89 M€. Les projets retenus sont les trois derniers : installation de nouvelles cabines de peinture, recherche d'un nouveau concept-car et réorganisation de la chaîne logistique.

12.8 Références et compléments

Signalons que le problème du choix de projets d'expansion s'apparente au problème de chargement de péniche du chapitre 8, connu sous le nom de problème de sac à dos. La différence ici est qu'il nécessite plusieurs sacs, représentés par les fonds disponibles chaque année. Un tel problème est appelé *problème de sac à dos multiple*.

Nous l'avons dit dans l'introduction, les problèmes présentés ici sont assez simples, mais ils mettent en jeu des données incertaines. Pouvoir résoudre rapidement un modèle de manière optimale permet d'utiliser ce dernier comme un modèle de simulation.

D'une manière générale, les acteurs financiers (banquiers principalement) ne sont pas préoccupés par les problèmes d'optimisation. Ils utilisent les logiciels et les procédures mis en place par leur direction. La plupart de ces logiciels développés en interne ne font pas d'optimisation, mais plutôt une simple simulation basée sur des règles de priorité. Ces règles partent du principe qu'il faut investir dans les produits qui offrent le meilleur rapport. Tout le problème réside alors dans la fiabilité des données et dans l'interprétation des résultats que l'on peut mener par la suite. Les derniers événements sur le marché boursier des valeurs technologiques sont une preuve supplémentaire des données changeantes.

Les techniques de recherche opérationnelle sont assez bien intégrées dans le secteur financier depuis maintenant deux décennies. Pour une vue d'ensemble, citons l'excellent livre de Winston [Winston 2000], celui de Zenios [Zenios 1996] et le livre récent de Zenios et Markowitz [Zenios 2008].

CHAPITRE 13

Emplois du temps et gestion de personnel

13.1 Introduction

La gestion du personnel est un élément sensible de la vie des entreprises, régie par de nombreux facteurs qualitatifs et psychologiques qui, *a priori*, ne rendent pas le sujet propice à la modélisation quantitative par programmation linéaire. On peut même avancer deux raisons principales pour le coup d'arrêt porté à la recherche opérationnelle dans les années 1970, avant son renouveau des années 1990 : d'une part, de grosses erreurs ont été commises en manipulant l'homme comme une ressource comme les autres dans les modèles, d'autre part, les chercheurs de l'époque n'avaient pas les moyens informatiques de leurs ambitions.

Actuellement, on considère que l'optimisation peut rendre de grands services dans les emplois du temps de personnel, qui constituent un vrai casse-tête chinois, ainsi que dans la planification des besoins en ressources humaines *(staffing)*. La clé pour éviter les réactions de rejet est de ne jamais tenter d'imposer la solution trouvée par l'ordinateur. En effet, de nombreuses contraintes subtiles sont très difficiles à prendre en compte en sociologie et en psychologie. Ceci favorise les logiciels du type SIAD *(systèmes interactifs d'aide à la décision)*, dans lequel le modèle propose et l'être humain dispose, avec la possibilité d'ajuster interactivement la solution à ses besoins exacts.

Le premier problème consiste à affecter des personnes à des postes de travail pour maximiser la productivité d'un atelier. Nous verrons ensuite deux problèmes d'emplois du temps : pour des infirmières dans un hôpital et pour des cours dans un lycée. Le problème du § 13.5 montre comment on peut optimiser les gains d'une unité de production en déplaçant du personnel d'une ligne à l'autre. Le chapitre se termine avec la planification de recrutements et de départs de personnels sur un chantier de construction.

13.2 Affectations de personnel à des postes

13.2.1 Problème

Chacune des six machines d'un atelier doit recevoir un opérateur. Six personnes ont été pressenties. Chacune d'elles a passé un test de productivité sur chaque machine. Le tableau 13.1 donne les productivités obtenues, en pièces par heure. Les machines sont en parallèle, c'est-à-dire que la productivité totale de l'atelier est la somme des productivités des personnes affectées aux machines.

Tableau 13.1 – Productivités en pièces par heure

Machines

	1	2	3	4	5	6
1	13	24	31	**19**	40	29
2	**18**	25	30	15	43	22
3	20	20	27	25	34	**33**
4	23	**26**	28	18	37	30
5	28	33	**34**	17	38	20
6	19	36	25	27	**45**	24

(Personnes)

L'objectif est de déterminer une affectation des personnes aux machines permettant de maximiser la productivité totale. Commencez par calculer une solution avec la méthode heuristique (non optimale) suivante, très naturelle : choisir l'affectation $i \rightarrow j$ de plus grande productivité, barrez la ligne i et la colonne j puisque la personne est placée et la machine pourvue, et recommencez le processus jusqu'à obtenir six affectations. Trouvez ensuite une solution optimale avec un modèle de programmation linéaire. Résolvez enfin le même problème optimalement, mais pour des postes en série.

13.2.2 Modélisation

Cas des postes en parallèle

Il s'agit d'un grand classique appelé *problème d'affectation (assignment problem)*, qui apparaît aussi au chapitre 10 (problème de correspondance d'avions). Notons n le nombre de personnes (et aussi de machines), p_{ij} la productivité de la personne i sur la machine j. Une première idée pour coder une affectation est de définir n variables entières x_i valant entre 1 et n, x_i désignant le numéro de machine à laquelle la personne i est affectée. Avec ces variables, il est hélas impossible de formuler de façon linéaire qu'une personne doit être sur une seule machine et qu'une machine doit recevoir une seule personne. Ces contraintes sont en revanche faciles à formuler si on utilise n^2 variables binaires x_{ij}, valant 1 si et seulement si la personne i est affectée à la machine j (1).

$$(1) \quad \forall i = 1\ldots n, \forall j = 1\ldots n : x_{ij} \in \{0,1\}$$

Le fait qu'une personne i soit affectée à un seul poste j se traduit par une somme des x_{ij} égale à 1 pour i fixée (2). Pour exprimer qu'un poste j reçoit une seule personne i, il suffit d'écrire que la somme des x_{ij} pour j fixé est égale à 1, contraintes (3).

$$(2) \quad \forall i = 1 \ldots n : \sum_{j=1}^{n} x_{ij} = 1$$

$$(3) \quad \forall j = 1 \ldots n : \sum_{i=1}^{n} x_{ij} = 1$$

La fonction-objectif de la relation (4), à maximiser, cumule les p_{ij} pour les x_{ij} valant 1. Le programme linéaire résultant est formé des lignes (1) à (4).

$$(4) \quad \text{Max} \sum_{i=1}^{n} \sum_{j=1}^{n} p_{ij} x_{ij}$$

Le problème d'affectation peut être vu comme un problème de flot. Il suffit de définir un graphe biparti valué $G = (X, Y, U, P)$. X est un ensemble de n nœuds désignant les personnes, Y un ensemble de n nœuds pour les postes. U est un ensemble d'arcs décrivant les affectations possibles des personnes aux postes. Dans notre cas, il y a n^2 arcs, mais on pourrait interdire certaines affectations dans le cas général. Chaque arc (i, j) a une capacité infinie et un coût (productivité) p_{ij}. Créons un nœud source s, relié à chaque nœud personne i par un arc (s, i) de capacité 1. Créons ensuite un nœud puits t auquel est relié chaque nœud poste j par un arc (j, t), également de capacité 1. L'affectation optimale correspond à un flot de débit n et de coût total minimal dans G : grâce aux capacités unitaires, le flot va tracer n chemins disjoints de s à t, qui vont indiquer les affectations.

Le problème d'affectation, comme tous les problèmes de flots, a une matrice totalement unimodulaire (voir chapitre 2) : le PL relaxé a des solutions entières. Les contraintes (1) peuvent être remplacées par de simples contraintes de positivité. Il n'est pas nécessaire de préciser que les variables x_{ij} ne dépassent pas 1, car cela est impliqué par les contraintes (2) ou (3). Le modèle peut être aménagé pour traiter des nombres différents de personnes et de postes. Si, par exemple, on traite m personnes et n machines, $m > n$, on garde les contraintes (3) pour que chaque machine soit pourvue, mais on remplace (2) par (2').

$$(2') \quad \forall i = 1 \ldots m : \sum_{j=1}^{n} x_{ij} \le 1$$

Certaines affectations pourraient être impossibles. On forcerait alors à 0 la variable x_{ij} correspondante, ou on utiliserait une valeur négative très petite (très grande en valeur absolue) pour p_{ij}. Si le graphe G des affectations possibles est très peu dense, il vaut mieux le coder par une liste d'arcs, comme dans le problème de salage de rues du chapitre 14.

Cas des postes en série

Si les postes sont en série, la personne la moins productive sur son poste détermine la productivité totale de l'atelier. Une affectation est toujours décrite par les n^2 variables x_{ij} (1) et les contraintes (2) et (3).

Ajoutons une variable non négative P_{min} pour la productivité minimale. L'objectif est de maximiser P_{min}. Ce genre de problème d'optimisation, où on cherche à maximiser un minimum, est dit *max-min*, *maximin*, ou *bottleneck*. Afin d'obtenir une formulation linéaire pour ces problèmes, on procède toujours de la même façon :

- Une variable minorante est définie pour les productivités sur chaque poste (ici P_{min}).

- Des contraintes sont ajoutées pour minorer les productivités par P_{min}.

- On maximise P_{min}, ce qui fait qu'à l'optimum au moins une productivité est égale à P_{min} et définit le goulot d'étranglement (*bottleneck*).

Une première manière de minorer les productivités par P_{min} est constituée des n^2 contraintes (5), dans lesquelles M est une grande constante positive. Si on omettait le terme en M, on trouverait $P_{min} = 0$ puisque la majorité des x_{ij} sont nuls ! Avec le terme en M, on obtient $p_{ij}.x_{ij} \geq P_{min}$ si $x_{ij} \neq 0$, et une contrainte trivialement vérifiée ($p_{ij}.x_{ij} \geq P_{min} - M$) si $x_{ij} = 0$. L'autre manière est assurée par les contraintes (6) : dans chacune d'elles, un seul x_{ij} vaut 1 d'après les contraintes (2).

Le programme linéaire résultant est donc formé des contraintes (1) à (3), des contraintes (5) ou (6), de la contrainte de positivité pour P_{min} et de la nouvelle fonction-objectif : Max P_{min}. À cause des contraintes (5) ou (6), le PL n'est plus un problème classique d'affectation, et sa matrice n'est plus totalement unimodulaire. Les solutions entières ne sont plus garanties, et il faut donc considérer les contraintes (1).

$$(5) \quad \forall i = 1...n, \forall j = 1...n : p_{ij}x_{ij} \geq P_{min} - M(1 - x_{ij})$$

$$(6) \quad \forall i = 1...n : \sum_{j=1}^{n} p_{ij}x_{ij} \geq P_{min}$$

13.2.3 Traduction en Excel

Voyons d'abord le cas à postes parallèles, traduit dans le fichier *C13-Affectation*, onglet *Affectation-Parallèle*. La disposition de l'écran suivant est simple avec, à gauche, la matrice P des productivités et, à droite, la matrice X des variables, la fonction-objectif et les sommes de lignes et de colonnes correspondant aux contraintes (2) et (3).

	A	B	C	D	E	F	G		I	J	K	L	M	N	O	P	Q	R
1	C13-Affectation-Parallèle : affectation de personnel à des postes parallèles.																	
2																		
3	Note : les personnes sont en lignes et les postes en colonnes.																	
4																		
5			Productivités en pièces/heure								Affectation								
6		1	2	3	4	5	6			1	2	3	4	5	6		Affectée?	
7	1	13	24	31	19	40	29		1	0	0	1	0	0	0		1	
8	2	18	25	30	15	43	22		2	0	0	0	0	1	0		1	
9	3	20	20	27	25	34	33		3	0	0	0	1	0	0		1	
10	4	23	26	28	18	37	30		4	0	0	0	0	0	1		1	
11	5	28	33	34	17	38	20		5	1	0	0	0	0	0		1	
12	6	19	36	25	27	45	24		6	0	1	0	0	0	0		1	
13																		
14											Poste pourvu?						Production	
15										1	1	1	1	1	1		193	

Il n'y a que trois formules à saisir. Pour les sommes de lignes, on définit dans Q7 la formule "=somme(J7:O7)", que l'on copie ensuite dans les cellules Q8 à Q12. Pour les sommes de colonnes, on insère la formule "=somme(J7:J12)" dans J15 et on la recopie dans les cellules K15 à O15. Enfin, la formule à saisir pour l'objectif dans la cellule Q15 est "=sommeprod(B7:G12;J7:O12)".

Le modèle à saisir dans la boîte de dialogue du solveur est très simple. Il n'est même pas nécessaire de préciser que les variables sont binaires, comme nous l'avons vu dans la partie modélisation. Bien entendu, il faut quand même spécifier dans les options que le modèle est linéaire et les variables positives.

Le cas des postes en série se trouve dans l'onglet *Affectation-Série* du même fichier, obtenu à partir de l'onglet précédent en ajoutant à droite la matrice des productivités réelles $p_{ij}.x_{ij}$ et le vecteur des sommes figurant dans les contraintes (6) (productivité des postes). La fonction-objectif dans Q15 devient une variable, sans formule. Pour les productivités réelles, on peut saisir la formule "=B7*J7" dans T7 et la copier dans le reste de la matrice, ou sélectionner T7:Y12 à la souris et insérer la formule matricielle "={J7:O12*B7:G12}" (il faut terminer la saisie par *Ctrl + Maj + Entrée* pour définir les accolades des formules matricielles ; voir le § 3.6.2). Pour les productivités réelles des postes, on saisit "=somme(T7:T12)" dans T15 et on copie cette formule dans le reste de la plage.

	A	B	C	D	E	F	G	H	I	J	K	L	M	N	O	P	Q	R	S	T	U	V	W	X	Y
1	C13-Affectation-Série : affectation de personnel à des postes en série.																								
2																									
3	Note : les personnes sont en lignes et les postes en colonnes.																								
4																									
5		Productivités en pièces/heure								Affectation							Affectée?			Productivités					
6		1	2	3	4	5	6			1	2	3	4	5	6					1	2	3	4	5	6
7	1	13	24	31	19	40	29		1	0	0	0	0	0	0		0	1		0	0	0	0	0	0
8	2	18	25	30	15	43	22		2	0	0	0	0	0	0		0	2		0	0	0	0	0	0
9	3	20	20	27	25	34	33		3	0	0	0	0	0	0		0	3		0	0	0	0	0	0
10	4	23	26	28	18	37	30		4	0	0	0	0	0	0		0	4		0	0	0	0	0	0
11	5	28	33	34	17	38	20		5	0	0	0	0	0	0		0	5		0	0	0	0	0	0
12	6	19	36	25	27	45	24		6	0	0	0	0	0	0		0	6		0	0	0	0	0	0
13																									
14										Poste pourvu?							Production			Productivité des postes					
15										0	0	0	0	0	0		26			0	0	0	0	0	0

Dans le modèle pour le solveur, on reprend les deux types de contraintes d'affectation mais on ajoute les contraintes (6), on remplace la fonction-objectif par la variable Q15, et on doit aussi spécifier que les variables sont binaires. On remarque qu'une cellule peut être à la fois une variable et la fonction-objectif, à condition qu'elle ne contienne pas de formule.

13.2.4 Résultats

Le tableau 13.2 détaille les affectations trouvées par la méthode heuristique et par PL (dans le cas des postes en parallèle) et celle trouvée par PL (dans le cas des postes en série). La solution heuristique correspond aussi aux valeurs en gras du tableau 13.1. L'heuristique, très intuitive, serait employée par la plupart des gens ne connaissant pas la programmation linéaire. Elle présente pourtant un écart notable par rapport à la productivité maximale.

Tableau 13.2 – Affectations trouvées

Heuristique	Personne	1	2	3	4	5	6	Productivité
(postes //)	Poste (productivité)	4 (19)	1 (18)	6 (33)	2 (26)	3 (34)	5 (45)	175
PL	Personne	1	2	3	4	5	6	Productivité
(postes //)	Poste (productivité)	3 (31)	5 (43)	4 (25)	6 (30)	1 (28)	2 (36)	193
PL	Personne	1	2	3	4	5	6	Productivité
(en série)	Poste (productivité)	3 (31)	5 (43)	6 (33)	2 (26)	1 (28)	4 (27)	26

13.3 Emploi du temps d'infirmières

13.3.1 Problème

M. Schedule est chargé d'organiser le planning des infirmières du service cardiologie de l'hôpital Saint-Joseph. Une journée de travail dans ce service est divisée en douze créneaux de deux heures. Les besoins de personnel varient d'un créneau à l'autre : par exemple, peu d'infirmières sont nécessaires pendant la nuit, alors que l'effectif doit être renforcé le matin afin d'assurer les différents soins à apporter aux patients. Le tableau 13.3 donne les besoins en personnel pour chaque créneau.

Tableau 13.3 – Besoins en personnel par créneau

Créneau de début	Nombre minimal d'infirmières
00 h – 02 h	15
02 h – 04 h	15
04 h – 06 h	15
06 h – 08 h	35
08 h – 10 h	40
10 h – 12 h	40
12 h – 14 h	35
14 h – 16 h	30
16 h – 18 h	30
18 h – 20 h	35
20 h – 22 h	30
22 h – 00 h	20

Question 1 : déterminez le nombre minimal d'infirmières nécessaires pour couvrir tous les besoins, sachant qu'une infirmière travaille huit heures par jour et qu'elle prend une pause de deux heures au bout de quatre heures de travail.

Question 2 : en fait ce service ne dispose que de 80 infirmières, ce qui n'est pas suffisant pour couvrir tous les besoins. M. Schedule propose alors à son personnel de travailler deux heures supplémentaires par jour. Ces deux heures sont ajoutées aux quatre heures de travail après la pause. Déterminez le planning de ce service de façon à minimiser le nombre d'infirmières effectuant des heures supplémentaires.

13.3.2 Modélisation pour la question 1

Soit x_i le nombre d'infirmières commençant à travailler au créneau i (créneau 1 = 6 h à 8 h, créneau 2 = 8 h à 10 h, etc.) et $m = 12$ le nombre de créneaux. L'objectif est de minimiser le nombre d'infirmières. La fonction-objectif z est simplement donnée par (1) : on peut additionner les variables x_i car chaque infirmière n'intervient qu'une fois par jour.

$$(1) \quad \text{Min } z = \sum_{i=1}^{m} x_i$$

On doit s'assurer que le nombre d'infirmières est suffisant pour chaque créneau. Ainsi, par exemple, 35 infirmières sont nécessaires pour le créneau 1. Comme l'horizon temporel considéré est cyclique, le nombre d'infirmières travaillant dans ce créneau est égal au nombre d'infirmières ayant débuté leur service aux créneaux 9, 10, 12 et 1. En effet, une infirmière commençant par exemple à travailler au créneau 10 assure les créneaux 10 et 11, prend sa pause au créneau 12, puis assure les créneaux 1 et 2 du jour suivant. En notant b_i le besoin en infirmières pour le créneau i, on obtient pour le créneau 1 la contrainte (2). Notez qu'on ne peut pas écrire le signe égal car on ne sait pas s'il existe une telle solution.

$$(2) \quad x_9 + x_{10} + x_{12} + x_1 \geq b_1$$

On peut définir une contrainte analogue pour les onze autres créneaux, mais le modèle n'est pas générique. Pour obtenir un modèle générique, on remarque que l'effectif au créneau i est la somme des nombres d'infirmières débutant leur service aux créneaux i-4, i-3, i-1 et i, en tenant compte de l'horizon cyclique : si $i = 1$ par exemple, i-1 est en fait le créneau 12. Pour contenir i entre 1 et m, on utilise la fonction *modulo*. Pour deux entiers n et k, cette fonction notée $n \bmod k$ ou $\mathrm{mod}(n,k)$ calcule le reste de la division entière de n par k, qui prend les valeurs 0 à k-1. Comme nous avons choisi d'indexer nos variables à partir de 1, nous obtenons un groupe de contraintes (3) avec une expression un peu plus complexe.

$$(3) \quad \forall i = 1 \ldots m : x_i + x_{\mathrm{mod}(i+7,m)+1} + x_{\mathrm{mod}(i+8,m)+1} + x_{\mathrm{mod}(i+10,m)+1} \geq b_i$$

Il reste à indiquer que les variables doivent être entières, avec les contraintes (4).

$$(4) \quad \forall i = 1 \ldots m : x_i \in I\!N$$

13.3.3 Traduction en Excel pour la question 1

La feuille *Question 1* du fichier Excel *C13-Infirmieres* adopte la disposition suivante. Nous avons défini les noms de plages suivants pour améliorer la lisibilité : m pour B3, z pour B4, B pour B8:M8, X pour B9:M9 et *Effectifs* pour B10:M10. La formule pour la fonction-objectif z est "=somme(X)".

La difficulté est évidemment le calcul des membres de gauche des contraintes (3). Nous utilisons la fonction *Index* décrite au § 3.6.1 et la fonction *Mod*. L'effectif pour B10 ($i = 1$) est calculé par "=index(X;B6) + index(X;mod(B6+7;m)+1) + index(X;mod(B6+8;m)+1) + index(X;mod(B6+10;m)+1)". Cette formule est ensuite copiée dans les cellules C10 à M10. Notez l'astuce consistant à utiliser les numéros de créneaux de la plage B6:M6.

	A	B	C	D	E	F	G	H	I	J	K	L	M
1	C13-Infirmières : emplois du temps d'infirmières - Question 1.												
2													
3	Nombre de créneaux	12											
4	Nombre d'infirmières	100											
5													
6	Numéro de créneau	1	2	3	4	5	6	7	8	9	10	11	12
7	Période du créneau	00h-02h	02h-04h	04h-06h	06h-08h	08h-10h	10h-12h	12h-14h	14h-16h	16h-18h	18h-20h	20h-22h	22h-00h
8	Infirmières nécessaires	15	15	15	35	40	40	35	30	30	35	30	20
9	Débuts de service	8	15	5	12	5	15	3	10	0	17	0	10
10	Effectif par créneau	35	40	30	35	40	40	35	30	30	35	30	20

Grâce à la modélisation générique et aux noms définis, le modèle dans la boîte de dialogue du solveur est très simple (voir page suivante sans oublier les deux options classiques).

13.3.4 Résultats pour la question 1

Le nombre minimal d'infirmières pour couvrir tous les besoins est 100. Ces infirmières sont réparties de la façon suivante : 8 commencent leur service à minuit, 15 à 2 h, 5 à 4 h, 12 à 6 h, 5 à 8 h, 15 à 10 h, 3 à midi, 10 à 14 h, aucune à 16 h, 17 à 18 h, aucune à 20 h et 10 à 22 h. Il existe d'autres répartitions optimales. On constate que les effectifs des créneaux 4 à 12 couvrent exactement les besoins, mais au prix d'un sureffectif dans les créneaux 1 à 3.

13.3.5 Modélisation pour la question 2

La solution optimale emploie 100 infirmières. Or, on suppose maintenant qu'il n'y en a que 80 dans ce service. Certaines vont donc devoir assurer deux heures supplémentaires. On conserve les variables x_i définies dans la question 1, mais on ajoute de nouvelles variables s_i correspondant au nombre d'infirmières ayant commencé à travailler au créneau i et recourant aux deux heures supplémentaires. S'il faut minimiser le nombre d'infirmières effectuant des heures supplémentaires, on obtient la fonction-objectif t (5).

$$(5) \quad \text{Min } t = \sum_{i=1}^{m} s_i$$

On utilise une nouvelle contrainte (6) pour limiter le nombre d'infirmières à $d = 80$.

$$(6) \quad \sum_{i=1}^{m} x_i \leq d$$

Pour chaque créneau i, le nombre s_i d'infirmières ayant débuté leur service dans ce créneau et effectuant des heures supplémentaires ne peut excéder le nombre total d'infirmières x_i ayant commencé à travailler au créneau i. On obtient donc la contrainte (7).

$$(7) \quad \forall i = 1 \ldots m : s_i \leq x_i$$

Il faut évidemment adapter les contraintes (3) pour tenir compte des heures supplémentaires. Par exemple, les infirmières en poste durant le créneau 1 sont toutes celles ayant commencé à travailler pendant les créneaux 9, 10, 12 et 1 comme dans la question 1, plus celles ayant commencé au créneau 8 et réalisant des heures supplémentaires. Grâce à la fonction modulo, on en déduit le groupe de contraintes (8).

$$(8) \quad \forall i = 1 \ldots m : x_i + s_{\text{mod}(i+6,m)+1} + x_{\text{mod}(i+7,m)+1} + x_{\text{mod}(i+8,m)+1} + x_{\text{mod}(i+10,m)+1} \geq b_i$$

Enfin, les contraintes (9) et (10) indiquent que les variables x_i et s_i doivent être entières.

$$(9) \quad \forall i = 1 \ldots m : x_i \in I\!N$$

$$(10) \quad \forall i = 1 \ldots m : s_i \in I\!N$$

13.3.6 Traduction en Excel pour la question 2

La traduction en Excel figure dans la feuille *Question 2* du fichier *C13-Infirmieres*. On a commencé par copier le modèle précédent, puis on a ajouté en haut deux cellules, une appelée d pour le nombre maximal d'infirmières et une appelée t pour la nouvelle fonction-objectif. Une plage nommée S a également été introduite pour les variables s_i.

Il faut faire très attention à l'utilisation des noms de plages quand on emploie plusieurs feuilles. L'étendue d'un nom (domaine où il est reconnu) peut être définie pour une feuille ou pour tout le classeur, mais Excel interdit la création d'un nom qui existe déjà dans la même étendue. De plus, si un nom a pour étendue le classeur, on peut utiliser sans s'en apercevoir le nom d'une plage située dans une autre feuille.

Par conséquent, la création de la feuille *Question 2* par copie de *Question 1* peut conserver les mêmes noms (m, X etc.) seulement si les noms dans chaque feuille ont une étendue limitée à la feuille. Ceci peut être vérifié avec le bouton *Gestionnaire de noms* du groupe *Noms définis* de l'onglet *Formules*. Parfois, Excel empêche de modifier l'étendue d'un nom : dans ce cas, il faut le supprimer dans le gestionnaire de noms, puis le recréer avec la bonne étendue grâce au bouton *Définir un Nom* du groupe *Noms définis*.

La formule pour t est "=somme(S)". Pour B13, on doit ajouter le terme pour les heures supplémentaires à la formule déjà complexe de la question 1, ce qui donne : "=index(X;B8) + index(X;mod(B8+7;m)+1) + index(X;mod(B8+8;m)+1) + index(X;mod(B8+10;m)+1) + index(S;mod(B8+6;m)+1)".

	A	B	C	D	E	F	G	H	I	J	K	L	M
1	C13-Infirmières : emplois du temps d'infirmières - Question 2.												
2													
3	Nombre de créneaux	12											
4	Nombre max d'infirmières	80											
5	Nombre réel d'infirmières	80											
6	Infirmières en heures supp	40											
7													
8	Numéro de créneau	1	2	3	4	5	6	7	8	9	10	11	12
9	Période du créneau	00h-02h	02h-04h	04h-06h	06h-08h	08h-10h	10h-12h	12h-14h	14h-16h	16h-18h	18h-20h	20h-22h	22h-00h
10	Infirmières nécessaires	15	15	15	35	40	40	35	30	30	35	30	20
11	Débuts de service	10	0	5	10	10	15	5	5	0	10	0	10
12	Débuts en heures supp	10	0	0	0	5	10	5	0	0	0	0	10
13	Effectif par créneau	30	20	15	35	40	40	35	30	30	35	30	20

Pour le solveur, il faut saisir le modèle de la page suivante. Il est donc permis de disposer plusieurs modèles dans le même classeur Excel, mais pas plus d'un dans chaque feuille du classeur. Même si les conflits de noms de plages entre feuilles ont été résolus comme ci-dessus, nous avons constaté que le solveur prend parfois la mauvaise plage : par exemple, si on tape une contrainte faisant référence à la plage X et qu'on ferme puis rouvre la boîte de dialogue du solveur, on voit apparaître la plage B9:M9 de la question 1. Si cela se produit, il faut préfixer le nom de plage par le nom de feuille, c'est-à-dire *'Question 2' ! X*.

13.3.7 Résultats pour la question 2

Quarante infirmières sur quatre-vingts vont effectuer des heures supplémentaires. La répartition des infirmières est donnée dans le tableau 13.4. Il existe d'autres solutions optimales.

Tableau 13.4 – Répartition des infirmières

Créneau	Infirmières débutant dans ce créneau
00 h – 02 h	10 dont 10 en heures supp
02 h – 04 h	0
04 h – 06 h	5
06 h – 08 h	10
08 h – 10 h	10 dont 5 en heures supp
10 h – 12 h	15 dont 10 en heures supp
12 h – 14 h	5 dont 5 en heures supp
14 h – 16 h	5
16 h – 18 h	0
18 h – 20 h	10
20 h – 22 h	0
22 h – 00 h	10 dont 10 en heures supp

13.4 Emploi du temps pour un lycée

13.4.1 Problème

Un lycée doit concevoir un emploi du temps pour neuf cours de deux heures dont certains sont incompatibles (même enseignant, élèves en commun, etc.). Le graphe non orienté $G = (V, E)$ page suivante résume ces conflits : les nœuds correspondent aux cours tandis qu'une arête $[i, j]$ entre deux cours i et j représente une incompatibilité. En supposant que le nombre de salles est suffisant, quel est le nombre minimal de créneaux de deux heures pour assurer tous les cours ?

13.4.2 Modélisation

Ce problème peut se formuler comme un *problème de coloration minimale* du graphe G, consistant à attribuer une couleur à chaque nœud pour minimiser le nombre de couleurs utilisées tout en évitant que deux nœuds reliés par une arête aient la même couleur.

Les nœuds (cours) qui ont la même couleur dans la coloration sont compatibles et peuvent être planifiés en parallèle : on obtient donc un créneau utilisé pour chaque groupe de cours de même couleur, et le nombre total de créneaux est égal au nombre de couleurs.

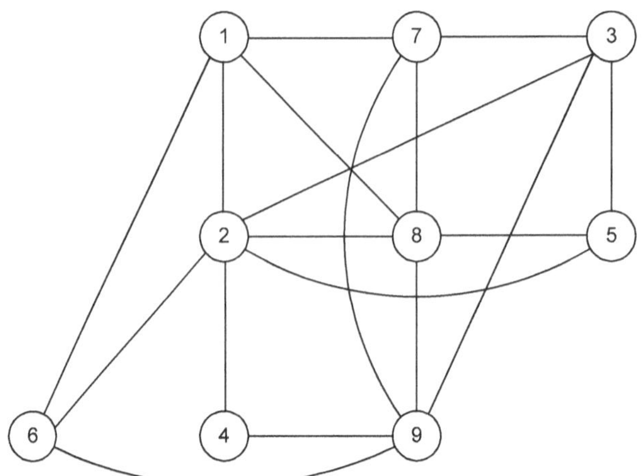

Figure 13.1 – Graphe des incompatibilités entre les cours

Soit n le nombre de nœuds et x_i une variable définissant la couleur du nœud i. On peut utiliser des entiers entre 1 et n pour les couleurs : en effet, il suffit de donner une couleur différente à chaque nœud pour obtenir une coloration sans conflits avec n couleurs. Pour chaque arête $[i, j]$, on doit avoir $x_i \neq x_j$. Le nombre de couleurs utilisées est tout simplement la valeur maximale des x_i. On obtient ainsi le programme mathématique suivant.

(1) $\text{Min Max}\{x_i : i = 1, n\}$

(2) $\forall [i, j] \in E : x_i \neq x_j$

(3) $\forall i \in V : 1 \leq x_i \leq n$ et $x_i \in I\!N$

Cette formulation n'est pas linéaire. Pour linéariser la fonction-objectif (1), une technique classique consiste à introduire une variable positive t (4) pour majorer les x_i (5). En minimisant t (6), on obtient à l'optimum une valeur de t égale au maximum des x_i.

(4) $t \geq 0$

(5) $\forall i \in V : x_i \leq t$

(6) $\text{Min } t$

Les contraintes (2) peuvent se réécrire comme (7) car les variables sont entières :

(7) $\forall [i, j] \in E : |x_i - x_j| \geq 1$

Mais ces contraintes ne sont toujours pas linéaires à cause des valeurs absolues. Comme nous l'avons vu au § 2.6.9, on peut définir une variable binaire y_{ij} égale à 1 si $x_i > x_j$ (8) et remplacer (7) par (9) et (10). En effet, si $x_i > x_j$, la contrainte (10) ne peut être vérifiée que si $y_{ij} = 1$ et, dans ce cas, (9) équivaut à $x_i - x_j \geq 1$. Si $x_i < x_j$, la contrainte (9) n'est vérifiée que si $y_{ij} = 0$ et alors (10) équivaut à $x_j - x_i \leq -1$. Enfin, si $x_i = x_j$, la contrainte (10) n'est vérifiée que si $y_{ij} = 1$, mais alors (9) est violée : ce cas ne pourra pas se produire.

$$(8) \quad \forall [i,j] \in E : y_{ij} \in \{0,1\}$$

$$(9) \quad x_i - x_j \geq 1 - n \cdot (1 - y_{ij})$$

$$(10) \quad x_j - x_i \geq 1 - n \cdot y_{ij}$$

On obtient finalement un programme linéaire en nombres entiers avec la fonction-objectif (6) et les contraintes (3), (4), (8), (9) et (10).

13.4.3 Traduction en Excel

Elle est contenue dans le fichier Excel *C13-Lycee*. Le graphe est codé par une liste d'arêtes (deux premières colonnes). La colonne 3 contient les variables y_{ij} et les deux colonnes suivantes correspondent aux contraintes (9) et (10). La partie droite de l'écran contient la liste de nœuds et les variables x_i. Les noms de plages suivants ont été définis : n pour B3, t pour H16, X pour H6:H14, Y pour C6:C24, *Contraintes_9* pour D6:D24 et *Contraintes_10* pour E6:E24.

On saisit dans D6 la formule "=index(X;A6)-index(X;B6)-1+n*(1-C6)", qui correspond à la contrainte (9) pour la première arête, réarrangée pour placer tous les termes dans le membre de gauche. On copie ensuite cette formule dans les cellules D7 à D24.

Pour les contraintes (10), la formule dans E6 est "=index(X;B6)-index(X;A6)-1+n*C6", copiée ensuite dans les cellules E7 à E24.

	A	B	C	D	E	F	G	H
1	C13-Lycée : emploi du temps pour un lycée.							
2								
3	Nb de nœuds	9						
4								
5	Nœud 1	Nœud 2	Yij	Contraintes (9)	Contraintes (10)		Nœud	Couleur Xi
6	1	2	1	1	6		1	3
7	1	6	1	0	7		2	1
8	1	7	1	1	6		3	2
9	1	8	1	0	7		4	2
10	2	3	0	7	0		5	3
11	2	4	0	7	0		6	2
12	2	5	0	6	1		7	1
13	2	6	0	7	0		8	2
14	2	8	0	7	0		9	3
15	3	5	0	7	0			
16	3	7	1	0	7		Couleur max	3
17	3	9	0	7	0			
18	4	9	0	7	0			
19	5	7	1	1	6			
20	5	8	1	0	7			
21	6	9	0	7	0			
22	7	8	0	7	0			
23	7	9	0	6	1			
24	8	9	0	7	0			

Enfin, on peut saisir le modèle comme suit dans la boîte de dialogue du solveur.

13.4.4 Résultats

La résolution prend une bonne minute sur un PC à 2,5 GHz. On trouve un nombre minimal de couleurs égal à 3 : il faut donc trois créneaux de deux heures pour assurer les cours sans conflits. Les nœuds 2 et 7 ont la couleur 1 (premier créneau). Les nœuds 3, 4, 6 et 8 ont la couleur 2 (deuxième créneau). Enfin, les cours 1, 5 et 9 de couleur 3 sont placés dans le créneau 3. Notez que quatre salles en parallèle sont nécessaires à cause du créneau 2.

13.5 Production avec affectation de personnel

13.5.1 Problème

La société Line Production décide de planifier la production de quatre de ses produits (P1, P2, P3, P4) sur ses cinq lignes de production. Chaque produit passe sur les cinq lignes. La société prévoit un profit de 7 € pour les produits P1 et P4, 8 € pour P2 et 9 € pour le produit P3. Sur les cinq lignes de production, les durées maximales de travail pour la période considérée sont différentes. Les capacités maximales de travail pour les lignes L1 à L5 sont 4 500 h, 5 000 h, 4 500 h, 1 500 h, et 2 500 h. Le tableau 13.5 donne le temps de travail unitaire (en heures) nécessaire à la production d'une unité de chacun des produits sur chaque ligne de production. Quelles devront être les quantités à produire pour chaque catégorie P1 à P4 si on cherche à maximiser le gain total ?

Tableau 13.5 – Temps unitaire de fabrication

Lignes	L1	L2	L3	L4	L5
P1	1,3	0,9	2,0	0,3	0,9
P2	1,8	1,7	1,4	0,6	1,1
P3	1,3	1,2	1,3	1,0	1,4
P4	0,9	1,1	1,0	0,9	1,0

Tableau 13.6 – Transferts possibles de personnel

Destination Origine	L1	L2	L3	L4	L5	Nombre maximal d'heures transférables
L1	–	Oui	Oui	Oui	Non	400
L2	Non	–	Oui	Non	Oui	800
L3	Oui	Oui	–	Oui	Non	200
L4	Non	Non	Non	–	Oui	500
L5	Oui	Oui	Oui	Non	–	300

Si, par la suite, on autorise un transfert de personnel (équivalent à un certain nombre d'heures de travail) d'une ligne à une autre pendant la période considérée, comme le prévoit le tableau 13.6, quel sera le gain maximal ? Combien d'heures seront transférées, et dans quelles conditions ?

13.5.2 Modélisation

Le nombre de produits est noté n, le nombre de lignes L. Le gain par produit i est noté g_i, la durée de traitement du produit i sur la ligne j, d_{ij} et le nombre maximal d'heures de travail de la ligne j, m_j. Comme toujours en planification de production, une variable q_i désignera la quantité à produire pour le produit i. La modélisation correspondant à la première question est très simple. L'objectif est de maximiser le profit total (1) tout en respectant la capacité horaire de chaque ligne de production (2). On a donc le modèle suivant :

$$(1) \quad \text{Max} \sum_{i=1}^{n} g_i \cdot q_i$$

$$(2) \quad \forall\, j = 1 \ldots L : \sum_{i=1}^{n} d_{ij} \cdot q_i \leq m_j$$

$$(3) \quad \forall\, i = 1 \ldots n : q_i \geq 0$$

Si maintenant on peut transférer du personnel d'une ligne à une autre, le modèle est plus complexe (voir page suivante).

Pour alléger l'écriture, on introduit via les contraintes (7) des variables h_j qui correspondent aux membres de gauche des contraintes (2) et représentent la charge de travail de chaque ligne. Les contraintes (2') remplacent les contraintes (2) et servent à calculer ces h_j. Avec les contraintes (6), on définit aussi des variables t_{ij} pour les transferts de personnel (en heures de travail) de la ligne i à la ligne j. Les contraintes (5) évitent de transférer plus d'heures que le maximum tm_j autorisé.

Finalement, les contraintes (4) sont les nouvelles contraintes de capacité. Elles servent aussi à assurer la conservation des heures transférées. Leur formulation nécessite une matrice binaire T correspondant au tableau 13.6, dans laquelle $T_{jk} = 1$ signifie qu'ont peut transférer des heures de la ligne j vers la ligne k. Pour une ligne j, la nouvelle capacité de production en heures est égale à la capacité normale m_j, augmentée des heures venant des autres lignes, et diminuée des heures données aux autres.

$$(1) \quad \text{Max} \sum_{i=1}^{n} g_i \cdot q_i$$

$$(2') \quad \forall\, j = 1 \ldots L : \sum_{i=1}^{n} d_{ij} \cdot q_i = h_j$$

$$(3) \quad \forall\, i = 1 \ldots n : q_i \geq 0$$

$$(4) \quad \forall\, j = 1 \ldots L : h_j \leq m_j + \sum_{k=1,\, T_{kj}=1}^{L} t_{kj} - \sum_{k=1,\, T_{jk}=1}^{L} t_{jk}$$

$$(5) \quad \forall\, j = 1 \ldots L : \sum_{k=1,\, T_{jk}=1}^{L} t_{jk} \leq tm_j$$

$$(6) \quad \forall\, j = 1 \ldots L,\, k = 1 \ldots L : t_{jk} \geq 0$$

$$(7) \quad \forall\, j = 1 \ldots L : h_j \geq 0$$

13.5.3 Traduction en Excel

Le premier modèle est dans l'onglet *Question 1* du fichier *C13-Personnel*. Le tableau 13.5 est inclus au milieu de l'écran, avec les variables q_i à droite et les membres de gauche des contraintes (2) en bas. On a saisi dans C11 la formule "=sommeprod(C5:C8;\$I5:\$I8)", copiée ensuite dans les cellules D11 à G11. La formule pour le gain total dans I11 est "=sommeprod(B5:B8;I5:I8)". Le modèle pour le solveur est très simple si on n'oublie pas les options habituelles, *Modèle supposé linéaire* et *variables supposées non négatives*.

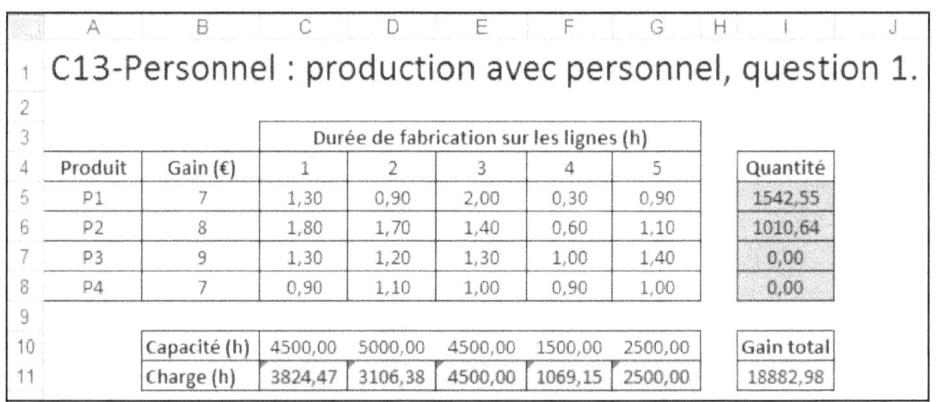

Produit	Gain (€)	Durée de fabrication sur les lignes (h)					Quantité
		1	2	3	4	5	
P1	7	1,30	0,90	2,00	0,30	0,90	1542,55
P2	8	1,80	1,70	1,40	0,60	1,10	1010,64
P3	9	1,30	1,20	1,30	1,00	1,40	0,00
P4	7	0,90	1,10	1,00	0,90	1,00	0,00
Capacité (h)		4500,00	5000,00	4500,00	1500,00	2500,00	Gain total
Charge (h)		3824,47	3106,38	4500,00	1069,15	2500,00	18882,98

Le second modèle figure dans l'onglet *Question 2*. Par rapport au premier modèle, on a ajouté en bas à gauche la matrice des transferts possibles T_{ij} et, en bas à droite, la matrice des heures transférées (variables t_{ij}). Le vecteur *Heures en moins* (P15:P19) donne pour chaque ligne de fabrication j le nombre d'heures transférées vers les autres lignes, c'est-à-dire la somme des éléments de la ligne de matrice n°j. On a saisi dans P15 la formule "=sommeprod(C15:G15;J15:N15)", qui a été copiée ensuite dans les cellules P16 à P19.

Le vecteur *Heures en plus* contient pour chaque ligne de fabrication j le nombre d'heures qu'elle reçoit des autres lignes, c'est-à-dire la somme des transferts de la colonne de matrice n°j. La cellule J21 est calculée par la formule "=sommeprod(C15:C19;J15:J19)", qui a été ensuite copiée dans les cellules K21 à N21.

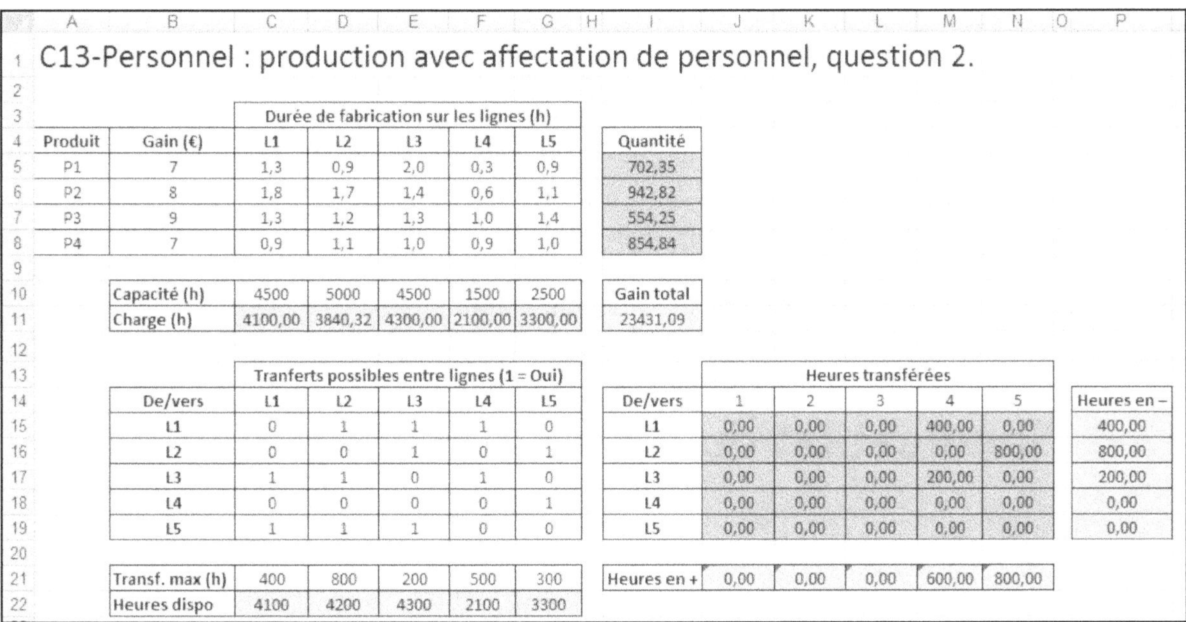

	A	B	C	D	E	F	G	H	I	J	K	L	M	N	O	P
1	C13-Personnel : production avec affectation de personnel, question 2.															
2																
3			Durée de fabrication sur les lignes (h)													
4	Produit	Gain (€)	L1	L2	L3	L4	L5		Quantité							
5	P1	7	1,3	0,9	2,0	0,3	0,9		702,35							
6	P2	8	1,8	1,7	1,4	0,6	1,1		942,82							
7	P3	9	1,3	1,2	1,3	1,0	1,4		554,25							
8	P4	7	0,9	1,1	1,0	0,9	1,0		854,84							
9																
10		Capacité (h)	4500	5000	4500	1500	2500		Gain total							
11		Charge (h)	4100,00	3840,32	4300,00	2100,00	3300,00		23431,09							
12																
13			Tranferts possibles entre lignes (1 = Oui)							Heures transférées						
14		De/vers	L1	L2	L3	L4	L5		De/vers	1	2	3	4	5		Heures en −
15		L1	0	1	1	1	0		L1	0,00	0,00	0,00	400,00	0,00		400,00
16		L2	0	0	1	0	1		L2	0,00	0,00	0,00	0,00	800,00		800,00
17		L3	1	1	0	1	0		L3	0,00	0,00	0,00	200,00	0,00		200,00
18		L4	0	0	0	0	1		L4	0,00	0,00	0,00	0,00	0,00		0,00
19		L5	1	1	1	0	0		L5	0,00	0,00	0,00	0,00	0,00		0,00
20																
21		Transf. max (h)	400	800	200	500	300		Heures en +	0,00	0,00	0,00	600,00	800,00		
22		Heures dispo	4100	4200	4300	2100	3300									

La plage C22:G22 indique les nouvelles capacités des lignes, une fois les transferts effectués. Elle correspond aux seconds membres des contraintes (4). Pour C22, on pourrait saisir "=C10-P15+J21" mais la copie vers les autres cellules de la plage est impossible car la formule change pour chaque cellule (par exemple, "=D10-P16+K21" pour D22). Les formules matricielles vues au § 3.6.2 apportent une solution élégante. Il suffit en effet de sélectionner la plage à la souris, de taper "=C10:G10-transpose(P15:P19)+J21:N21", et de terminer par *Ctrl + Maj + Entrée* pour ajouter les accolades des formules matricielles.

Le modèle pour le solveur est donné page suivante. Il n'a pas été nécessaire de définir les variables h_j, car elles figuraient déjà comme quantités calculées dans le premier modèle.

13.5.4 Résultats

Si le transfert d'heures n'est pas autorisé entre les lignes de production, le gain maximal donné par le premier modèle est de 18 882,98 €. Les quantités à produire sont 1 542,55 et 1 010,64 unités pour les produits P1 et P2, zéro pour les deux autres produits. En examinant les contraintes relatives aux lignes de production, seules les lignes 3 et 5 travaillent à leur capacité maximale. Ce qui indique bien qu'un transfert d'heures pourrait être profitable.

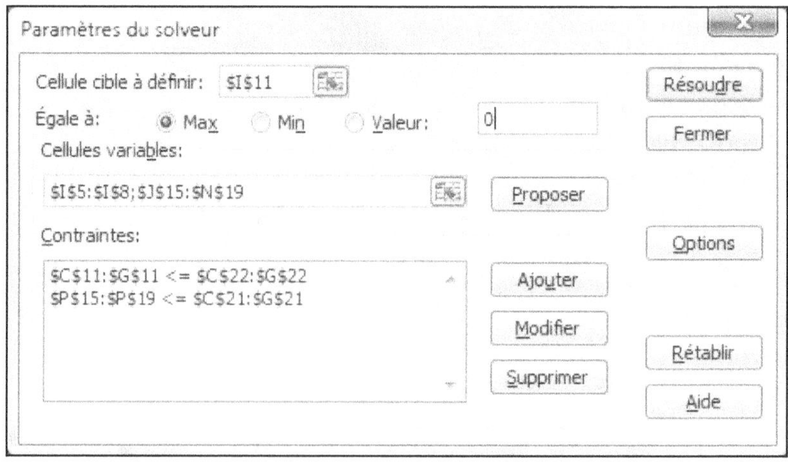

En autorisant les transferts d'heures d'une ligne à l'autre, le gain passe à 23 431,09 €. Les quantités à produire sont maintenant 702,35 unités pour P1, 942,82 pour P2, 554,25 pour P3 et 854,84 unités pour P4. Sur la ligne L1, 4 100 heures sont effectuées et 400 heures sont transférées sur la ligne L4. Pour L2, 4 200 heures sont réalisées et 800 heures sont transférées vers L5. Le nombre d'heures de travail sur L3 est 4 300 et 200 heures sont transférées sur L4. Sur L4, 600 heures viennent s'ajouter aux 1 500 heures de travail maximal et, sur L5, 800 apportées par L2 viennent s'ajouter aux 2 500 heures.

13.6 Planification du personnel d'un chantier

13.6.1 Problème

Aux États-Unis, les ouvriers qui érigent la charpente métallique des gratte-ciel forment une corporation respectée, celle des "steel erectors". Le tableau 13.7 donne les besoins en ouvriers sur un chantier de construction, pour une période de six mois. Des transferts depuis d'autres sites vers le chantier sont possibles le premier jour du mois et coûtent 100 $ par homme. Les départs vers d'autres sites sont possibles le dernier jour du mois et coûtent 160 $ par homme. On estime que tout ouvrier en sureffectif coûte 200 $ par mois. Tout poste non pourvu par rapport aux besoins coûte également 200 $ par mois, car les heures manquantes doivent être effectuées en heures supplémentaires.

Tableau 13.7 – Besoins mensuels en steel erectors

Mars	Avril	Mai	Juin	Juillet	Août
4	6	7	4	6	2

Les heures supplémentaires sont limitées à 25 % du nombre d'heures qui seraient assurées par un effectif normal. Chaque mois, au plus trois hommes peuvent arriver sur le chantier. Les départs vers d'autres sites sont limités par des accords syndicaux à 1/3 de l'effectif du mois. On suppose que trois hommes sont déjà là fin février, qu'il n'y a aucun départ fin février, et que trois hommes doivent rester sur le site après les départs de fin août. Quels sont les nombres d'arrivées et de départs chaque mois pour minimiser le coût total ?

13.6.2 Modélisation

Notons n le nombre de mois de la période considérée. Les mois sont indicés par i variant de 1 à n, 1 désignant mars. *CoutArr* est le coût d'une arrivée (ici 100 \$), *CoutDep* le coût d'un départ (160 \$), *CoutSur* le coût d'une personne en sureffectif (200 \$), *CoutSou* celui d'une personne manquante (200 \$). *EffDeb* désigne l'effectif initial fin février, et *EffFin* l'effectif final requis début septembre. Pour chaque mois i, *Besoin$_i$* est l'effectif requis sur le site.

Bien qu'on puisse formuler ce problème avec moins de variables, le modèle proposé utilise cinq groupes de variables indicées par les mois pour faciliter le processus de modélisation et fournir tous les détails du plan de recrutement. Pour chaque mois i, *XEff$_i$* est l'effectif du mois (entre les arrivées de début de mois et les départs de fin de mois). Il y a *XArr$_i$* arrivées, *XDep$_i$* départs, *XSur$_i$* personnes en sureffectif et *XSou$_i$* manquantes (1).

(1) $\forall i = 1 \ldots n : XE\!f\!f_i, XArr_i, XDep_i, XSur_i, XSou_i \in I\!N$

Pour mars, l'effectif est égal à l'effectif initial plus les arrivées de début mars (2). En fin de période, l'effectif égale l'effectif du mois d'août, moins les départs de la fin août (3).

(2) $XE\!f\!f_1 = E\!f\!fDeb + XArr_1$

(3) $E\!f\!fFin = XE\!f\!f_n - XDep_n$

Pour les mois 2 à n, les effectifs, les départs et les arrivées sont liés par la relation (4), tout à fait comparable à l'équation d'équilibre des stocks utilisée pour les problèmes de planification de production du chapitre 7.

(4) $\forall i = 2 \ldots n : XE\!f\!f_i = XE\!f\!f_{i-1} - XDep_{i-1} + XArr_i$

L'effectif mensuel peut différer des besoins. Mais il est égal au besoin si on soustrait les personnes en sureffectif et si on ajoute celles qui manquent (5).

(5) $\forall i = 1 \ldots n : XE\!f\!f_i - XSur_i + XSou_i = Besoin_i$

Pour chaque mois i, les contraintes (6), (7) et (8) traduisent respectivement les limitations sur les heures supplémentaires, sur le nombre d'arrivées, et sur le nombre de départ.

(6) $\forall i = 1 \ldots n : XSou_i \leq XE\!f\!f_i / 4$

(7) $\forall i = 1 \ldots n : XArr_i \leq 3$

(8) $\forall i = 1 \ldots n : XDep_i \leq XE\!f\!f_i / 3$

La fonction-objectif (9) cumule les coûts d'arrivée, de départ, de sureffectif et de sous-effectif. Grâce à la minimisation du coût, il n'y aura jamais dans un même mois des hommes en sureffectif et en sous-effectif.

$$(9)\quad \text{Min} \sum_{i=1}^{n} CoutArr \cdot XArr_i + \sum_{i=1}^{n} CoutDep \cdot XDep_i$$

$$+ \sum_{i=1}^{n} CoutSur \cdot XSur_i + \sum_{i=1}^{n} CoutSou \cdot XSou_i$$

13.6.3 Traduction en Excel

Le fichier Excel *C13-Chantier* traduit le modèle précédent. Avec le gestionnaire de noms, nous avons conservé les noms du modèle mathématique : *CoutArr*, *CoutDep*, *CoutSur*, *CoutSou*, *EffDeb*, *EffFin* pour les cellules B5 à G5, et *Besoin*, *XEff*, *XArr*, *XDep*, *XSur* et *XSou* pour les lignes 8 à 13 du tableau principal. Des noms additionnels ont été également introduits : *BesoinCalculé*, *XEffSur3* et *XEffSur4* pour les lignes 14 à 16 du tableau principal, *Variables* pour le bloc des variables de la plage B10:G13, *XEffAug* pour l'effectif d'août dans G9, *XDepAug* pour les départs fin août dans G11, *XEffSep* pour l'effectif de début septembre dans I16, *CoutParType* dans I10:I13 et *CoutTot* pour l'objectif dans I5.

	A	B	C	D	E	F	G	H	I
1	C13-Chantier : planification de personnel pour un chantier.								
2									
3			Coûts				Effectifs		
4		Arrivée	Départ	Sureffectif	Sous-effectif	Fin février	Début sept		Coût total
5		100	160	200	200	3	3		1780
6									
7	Mois	Mars	Avril	Mai	Juin	Juillet	Août		
8	Besoin	4	6	7	4	6	2		
9	Effectifs	4	6	6	6	6	4		Coût par type
10	Arrivées	1	2	0	0	0	0		300
11	Départs	0	0	0	0	2	1		480
12	Sur-effectifs	0	0	0	2	0	2		800
13	Sous-effectifs	0	0	1	0	0	0		200
14	XEff - XSur + XSou	4	6	7	4	6	2		
15	Effectifs / 3	1,33	2,00	2,00	2,00	2,00	1,33		Effectif sept
16	Effectifs / 4	1,00	1,50	1,50	1,50	1,50	1,00		3

On a utilisé les formules matricielles expliquées au § 3.6.2 pour les différents types de coûts, par exemple "{=somme(XArr*CoutArr)}" pour le coût total des arrivées dans I10. Rappelons qu'on peut définir la formule sans les accolades et terminer la saisie par *Ctrl + Maj + Entrée*, ce qui ajoute les accolades indiquant que la formule est matricielle.

D'autres formules matricielles ont été insérées pour les lignes 14 à 16 du tableau principal, mais cette fois-ci elles renvoient une plage et il faut donc sélectionner la plage avec la souris avant de saisir le formule. Pour les plages *BesoinCalculé*, *XEffSur3* et *XEffSur4*, ces formules sont respectivement "{=XEff-XSur+XSou}", "{=XEff/3}" et "{=XEff/4}".

Concernant les effectifs, on a le cas particulier "=F5+B10" pour le premier mois dans B9. Pour les autres mois, on commence par saisir "=B9-B11+C10" dans C9 puis on copie cette formule dans les cellules C9 à G9. Enfin, l'effectif début septembre dans I16 est défini par "=XEffAug-XDepAug", et la fonction-objectif dans I5 par "=somme(CoutParType)".

Le modèle pour le solveur est montré page suivante. Il traduit finalement fidèlement le modèle mathématique, la seule différence étant qu'on n'a pas défini les effectifs comme des variables. En effet, on les a déduits les uns des autres grâce à des formules dans la feuille Excel qui correspondent aux équations d'équilibre des stocks. Comme d'habitude, il ne faut pas oublier de spécifier dans les options que le modèle est supposé linéaire et que les variables sont non négatives.

13.6.4 Résultats

Le solveur trouve 1780 $ comme coût optimal. Le tableau 13.8 détaille les résultats obtenus. Notre livre de 2000 qui utilisait le solveur Xpress trouvait une solution optimale de composition différente, ce qui indique qu'il y a plusieurs optima.

Tableau 13.8 – Planification optimale du personnel sur le chantier

Mois	Initial	Mars	Avril	Mai	Juin	Juillet	Août	Final
Besoin	–	4	6	7	4	6	2	–
Effectif	3	4	6	6	6	6	4	3
Arrivées	0	1	2	0	0	0	0	0
Départs	0	0	0	0	0	2	1	0
Sureffectif	0	0	0	0	2	0	2	0
Sous-effectif	0	0	0	1	0	0	0	0

13.7 Compléments et références

Le problème d'affectation exposé pour le placement de personnel sur des machines s'applique à d'autres situations, comme le recrutement de candidats sur des postes selon leurs préférences et le cas plus surprenant des correspondances d'avions présenté au chapitre 10. Comme le simplexe trouve automatiquement des variables entières, des cas de bonne taille (matrice 100×100 par exemple) sont facilement traitables.

Il existe cependant des algorithmes spécialisés encore plus rapides, comme l'algorithme hongrois en $O(n^3)$ présenté par exemple par Papadimitriou [Papadimitriou 1998] ou les techniques de recherche de flot maximal décrites par exemple dans Ahuja [Ahuja 1993] et Lacomme et al. [Lacomme 2003]. Pour les postes en série, la programmation linéaire fonctionne moins bien, mais il existe aussi des algorithmes rapides, basés sur les graphes [Derigs 1978].

Le problème d'emploi du temps d'infirmières est une version simplifiée des problèmes de planification de personnel en milieu hospitalier. Un problème plus complexe, consistant à déterminer le planning individuel de chaque infirmière, en tenant compte des réglementations et des préférences des infirmières tout en minimisant les coûts de personnel est étudié par Jaumard [Jaumard 1998]. Les auteurs proposent, comme méthode de résolution, une technique de génération de colonnes.

Le problème de planification des cours est typique des problèmes classiques d'emploi du temps rencontrés dans les collèges, lycées et universités. Ils ont généralement beaucoup de contraintes parfois complexes que nous n'avons pas pris en compte (affectation des salles, cours ou examens de différentes durées, répartition équilibrée des cours ou examens sur les jours de la semaine). Ces problèmes NP-difficiles sont le plus souvent résolus par des heuristiques, des métaheuristiques ou des techniques de programmation par contraintes. Le cas que nous avons considéré suppose des cours de même durée et peut se modéliser par un problème de coloration. Les cas avec durées différentes sont encore plus durs, car on peut par exemple placer deux cours d'une heure en parallèle avec un cours de deux heures.

On peut trouver chez Carter [Carter 1996] un résumé des approches utilisées pour résoudre ce genre de problèmes. Dans [Tripathy 1984], l'auteur propose une modélisation par programmation linéaire. Des modèles de coloration de graphes figurent chez de Werra [de Werra 1997]. J-P. Boufflet et S. Nègre présentent dans [Boufflet 1996] une recherche tabouE pour la planification des examens de l'Université de technologie de Compiègne. On peut trouver chez Boizumault [Boizumault 1995] une approche par programmation par contraintes permettant de résoudre un problème d'emploi du temps et un problème de planification d'examens de l'Institut de mathématiques appliquées d'Angers. Un panorama des tendances en recherche sur les emplois du temps est donné dans [Burke 2002].

Le problème de production avec transfert de personnel est assez réaliste. En effet, dans les problèmes de planification étudiés au chapitre 7, certains aspects de gestion de ressources sont souvent ignorés ou ne sont pas pris en compte, volontairement. La notion de gestion du personnel sous forme d'heures de main d'œuvre que l'on transfère d'une ligne à l'autre ou d'un poste de travail à un autre est pourtant importante et ne doit pas être oubliée.

Le problème des "steel erectors" a été étudié par Clark et Hastings [Clark 1977], qui le résolvent par une méthode de programmation dynamique. Il ressemble aux problèmes de planification de production du chapitre 7. On peut l'adapter aux problèmes consistant à garnir des créneaux horaires par des périodes de travail telles que des contrats à durée déterminée, des gardes, etc. Il présente aussi une certaine similitude avec le problème de planification d'une flotte de camions du chapitre 9.

CHAPITRE 14

Collectivités locales et services publics

14.1 Introduction

Les militaires ont été les premiers à s'intéresser à la recherche opérationnelle, suivis par les industriels. Dans les pays les plus évolués, le secteur public s'y met progressivement pour offrir le meilleur service possible aux usagers pour un budget donné.

L'approvisionnement en eau sera un problème majeur pour l'humanité du XXIe siècle. Il faudra trouver de nouvelles sources d'eau et agrandir les anciens réseaux de canalisations qui pourront créer des goulots d'étranglement imprévus. Dans le problème classique du flot maximal du § 14.2, on montre justement comment calculer le débit maximal d'un réseau d'adduction d'eau. La méthode est transposable à d'autres fluides, ainsi qu'aux réseaux routiers et de télécommunications.

Le paragraphe 14.3 est une étude sur la surveillance de rues par des caméras. Le problème consiste à couvrir toutes les rues par un nombre minimal de caméras pivotantes. Une application politique, encore très à la mode dans certains pays, est présentée au § 14.4 : un parti cherche à redécouper des circonscriptions électorales pour maximiser son nombre de sièges aux prochaines élections. Plus sérieusement, ce type de problème se rencontre quand on cherche à effectuer des découpages équilibrés de secteurs géographiques.

Le problème du § 14.5 consiste à sabler les rues d'un village en cas de verglas, avec un camion effectuant pour cela une tournée de longueur totale minimale. Contrairement au problème de livraison de fioul du § 8.5, les tâches à effectuer sont placées non pas sur des nœuds du réseau, mais sur des arcs. Le paragraphe 14.6 traite un problème de localisation de services publics, en l'occurrence des perceptions. Le critère retenu est de minimiser la distance moyenne que doit parcourir un usager pour atteindre la perception la plus proche. Le chapitre se termine par l'évaluation des performances de quatre hôpitaux avec la méthode DEA (paragraphe 14.7).

14.2 Problème d'adduction d'eau

14.2.1 Problème

Le graphe de la figure 14.1 représente un réseau d'adduction d'eau. Les nœuds, numérotés de 1 à 10, représentent des villes, des réservoirs et des stations de pompage reliées par des canalisations. Les trois villes de Gotham City, Metropolis et Spider Ville sont alimentées par les deux réservoirs. Les disponibilités de ces réservoirs en milliers de m^3/h sont de 35 pour le réservoir 1, de 25 pour le réservoir 2. Les capacités de chaque canalisation sont données en milliers de m^3/h sur le graphe.

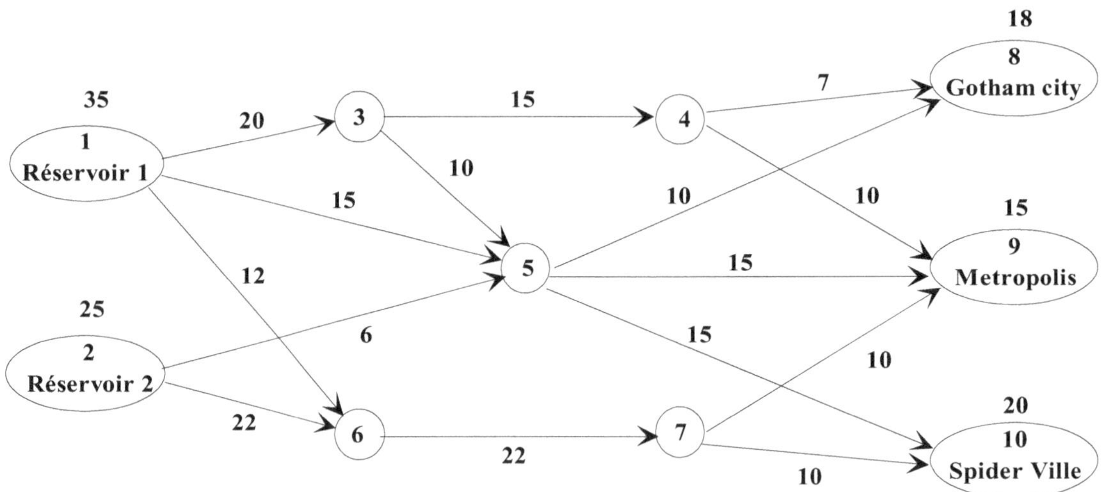

Figure 14.1 – Réseau d'adduction d'eau

Une étude est en cours pour savoir si ce réseau pourra satisfaire les besoins respectifs des trois villes dans dix ans, à savoir 18, 15 et 20 milliers de m^3/h. Déterminez le flot maximal permis par le réseau actuel. Sera-t-il suffisant dans dix ans ?

14.2.2 Modélisation

Le problème est de trouver un flot passant dans le graphe donné et satisfaisant au mieux les besoins des trois villes 8, 9 et 10, compte tenu des disponibilités des réservoirs. Il s'agit d'un problème classique de flot maximal décrit par exemple dans [Lacomme *et al.* 2003]. Nous commençons par transformer ce graphe en créant :

- un premier nœud fictif appelé source (nœud 11 sur la figure 14.2), relié aux réservoirs par deux arcs (11,1) et (11,2) de capacités égales aux disponibilités des deux réservoirs (35 et 25 milliers de m3/h) ;

- un autre nœud fictif appelé puits (nœud 12 sur la figure 14.2), auquel les villes sont reliées par trois arcs (8,12), (9,12) et (10,12) dont les capacités sont égales aux besoins des villes (18, 15 et 20 milliers de m3/h).

Le graphe résultant (figure 14.2) est un *réseau de transport $G=(X,A,C,s,t)$* dans lequel :

- *X* est l'ensemble des nœuds (aussi appelés *sommets*) ;

- *A* l'ensemble des arcs ;

- *C* une application de *A* dans *IN*, C_{ij} désignant la capacité de l'arc (i,j) ;

- *s* la source (nœud 11) ;

- *t* le puits (nœud 12).

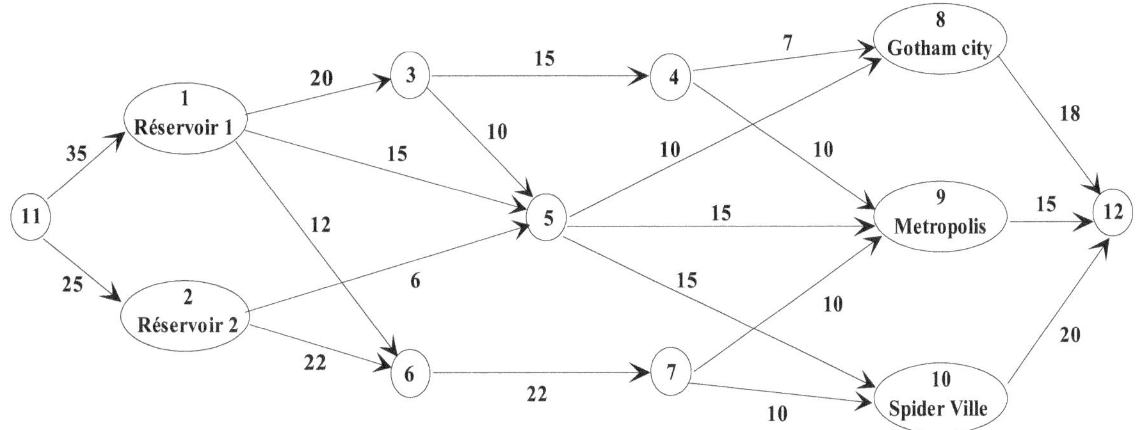

Figure 14.2 – Réseau d'adduction d'eau après ajout de la source et du puits

Un *flot* de débit total *F* dans ce réseau de transport est une application Φ de *A* dans *IN* vérifiant les contraintes suivantes. Γ(*i*) désigne l'ensemble des successeurs du nœud *i*, tandis que Γ⁻¹(*i*) est l'ensemble des prédécesseurs de *i*.

(1) $\forall (i,j) \in A : \Phi_{ij} \leq C_{ij}$

(2) $\forall i \neq s, t : \sum_{j \in \Gamma(i)} \Phi_{ij} = \sum_{j \in \Gamma^{-1}(i)} \Phi_{ji}$

(3) $F = \sum_{j \in \Gamma^{-1}(t)} \Phi_{jt}$

(4) $\forall (i,j) \in A : \Phi_{ij} \geq 0$

Les contraintes (1) indiquent que le flot Φ_{ij} sur chaque arc (i,j) ne doit pas excéder la capacité C_{ij} de cet arc. Les contraintes (2) spécifient que le flux entrant en chaque nœud *i* doit en ressortir (sauf pour la source et le puits). Cette condition bien connue des électriciens est appelée *loi des nœuds* ou *loi de Kirchhoff*. La contrainte (3) indique que le débit total *F* traversant ce réseau est égal au flot arrivant en *t* (il est aussi égal au flot sortant de *s*). Enfin les contraintes de positivité des variables sont données en (4). Le problème que nous avons à résoudre revient à rechercher un flot maximal entre les sommets *source* et *puits*, c'est-à-dire un flot maximisant *F*. D'où la fonction-objectif très simple (5) :

(5) Max *F*

Il est clair qu'on peut faire passer des flux non entiers sur les arcs. Cependant, dans ce genre de problème, l'algorithme du simplexe trouve automatiquement des valeurs entières à l'optimum, à condition que les capacités soient entières (voir chapitre 2). Une variante du modèle consiste à définir un *arc de retour* (t, s) : dans ce cas, les lois des nœuds (2) concernant aussi à *s* et *t*, on peut supprimer (3) et maximiser le flot sur l'arc de retour Φ_{ts}.

14.2.3 Traduction en Excel

On peut utiliser deux matrices 12×12 pour les capacités des arcs et les flots, en mettant à 0 les capacités des arcs inexistants, mais on utilise 144 variables au lieu de 19 (une variable par arc existant réellement). Comme dans le problème de la mine à ciel ouvert du chapitre 6, nous préférons coder le graphe avec une liste d'arcs, avec une colonne supplémentaire pour les variables flots. Voici la disposition retenue dans le classeur Excel *C14-Adduction* :

	A	B	C	D	E	F	G	H
1	C14-Adduction : problème d'adduction d'eau.							
2								
3	Début arc	Fin arc	Capacité	Flot		Débit max	52	
4	1	3	20	11				
5	1	5	15	15		Nœud	Flot émis	Flot reçu
6	1	6	12	9		1	35	35
7	2	5	6	6		2	17	17
8	2	6	22	11		3	11	11
9	3	4	15	7		4	7	7
10	3	5	10	4		5	25	25
11	4	8	7	7		6	20	20
12	4	9	10	0		7	20	20
13	5	8	10	10		8	17	17
14	5	9	15	5		9	15	15
15	5	10	15	10		10	20	20
16	6	7	22	20		11	52	52
17	7	9	10	10		12	52	52
18	7	10	10	10				
19	8	12	18	17				
20	9	12	15	15				
21	10	12	20	20				
22	11	1	35	35				
23	11	2	25	17				
24	12	11	999	52				

Dans cet exemple, nous définissons des noms de plages, en sélectionnant la plage et en saisissant dans la zone nom (devant la zone de formule) un nom qui peut comporter des accents mais pas d'espaces. Pour se rappeler des noms définis, les supprimer ou les modifier, cliquez sur l'icône *Gestionnaire des noms* dans le groupe *Noms définis* de l'onglet *Formules*. On a créé les noms suivants : *NoeudsDéb* pour A4:A24, *NoeudsFin* pour B4:B24, *Capacités* pour C4:C24, *Flots* pour D4:D24, *FlotsEmis* pour G6:G17, *FlotsReçus* pour H6:H17, *DébitRetour* pour D24 et *DébitMax* pour G3.

Les noms permettent de définir de façon explicite les formules ci-après :

- Saisissez "=somme.si(NoeudsFin;F6;Flots)" dans G6, pour effectuer la somme des cellules de *Flots* pour lesquelles les cellules de même rang dans *NoeudsFin* sont égales à F6 : on obtient ainsi la somme des flots sur les arcs arrivant au nœud contenu dans F6 (nœud 1). Utilisez ensuite la poignée de recopie pour copier la formule dans les cellules G7 à G17. L'ensemble de ces formules traduit les membres de droite des contraintes (2).

- Définissez "=somme.si(NoeudsDéb;F6;Flots)" dans H6 puis copiez la formule dans les cellules H7 à H17. On représente ainsi les membres de gauche des contraintes (2).

- Insérez "=DébitRetour" dans G3. Nous utilisons en effet la variante de modélisation avec un arc de retour (12,11). Le débit total du réseau est le flot sur cet arc, défini par la cellule D24 *(DébitRetour)*, mais on préfère le mettre en évidence dans G3 *(DébitMax)*.

Le modèle est alors défini très simplement, avec les options classiques *Modèle supposé linéaire* et *Supposé non négatif* : les flots ne doivent pas excéder les capacités (contraintes (1)) et le flot émis par chaque nœud doit être égal au flot qu'il reçoit (contraintes (2)).

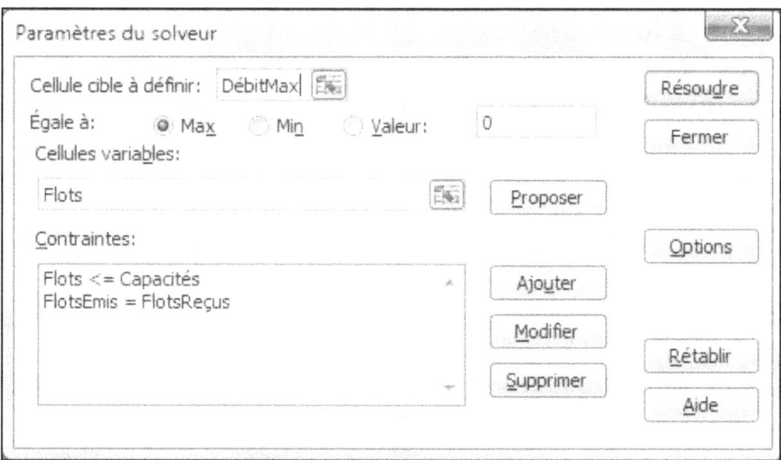

14.2.4 Résultats

Le flot maximal qui peut transiter dans ce réseau est de 52 000 m^3 par heure. Il existe plusieurs répartitions de ce flot, dont celle indiquée figure 14.3. Nous y indiquons sur chaque arc (i,j) le flux le traversant, suivi de sa capacité (les deux quantités en milliers de m^3/h). Par exemple un flux de 15 traverse l'arc (1,3) et sa capacité est 20.

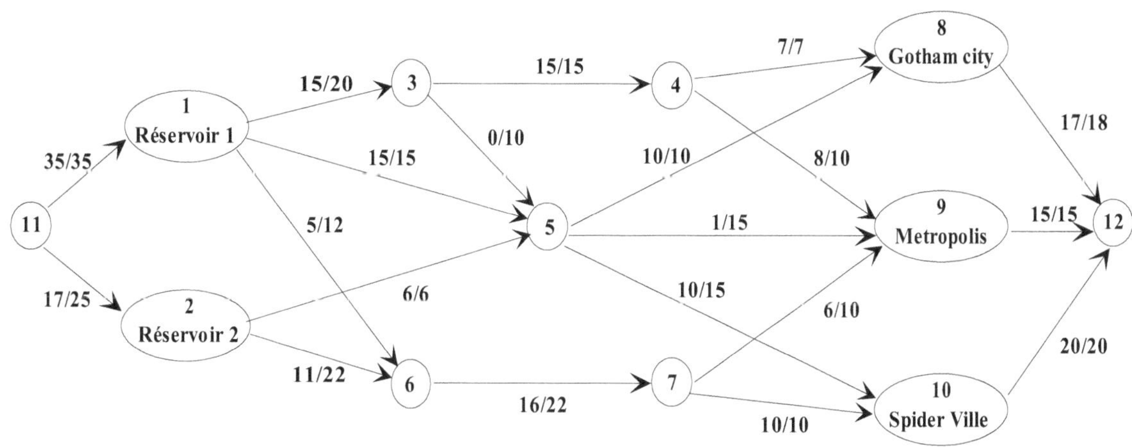

Figure 14.3 – Flot maximal

Ce flot ne sera pas suffisant pour satisfaire toutes les demandes dans dix ans : la ville de Gotham City ne recevra que 17 000 m^3 sur les 18 000 dont elle aura besoin.

14.3 Surveillance des rues par des caméras

14.3.1 Problème

Depuis quelques mois, la zone d'activités de Plouich Petite-forêt est victime de plusieurs cambriolages et vols pendant la nuit. La zone est pourtant surveillée par des gardiens, mais ils sont trop peu nombreux. La municipalité, qui a en charge la sécurité de la zone, décide d'installer des caméras de surveillance pour aider les gardiens dans leur tâche. Ces caméras sont orientables et peuvent pivoter à 360°. En installant une caméra à un carrefour, on peut surveiller toutes les rues attenantes. La carte de la figure 14.4 montre la zone d'activités, avec le polygone à surveiller et les 49 emplacements sur lesquels on va pouvoir installer des caméras. De combien de caméras au minimum a-t-on besoin pour surveiller toutes les rues de la zone d'activité, et où faudra-t-il les placer ?

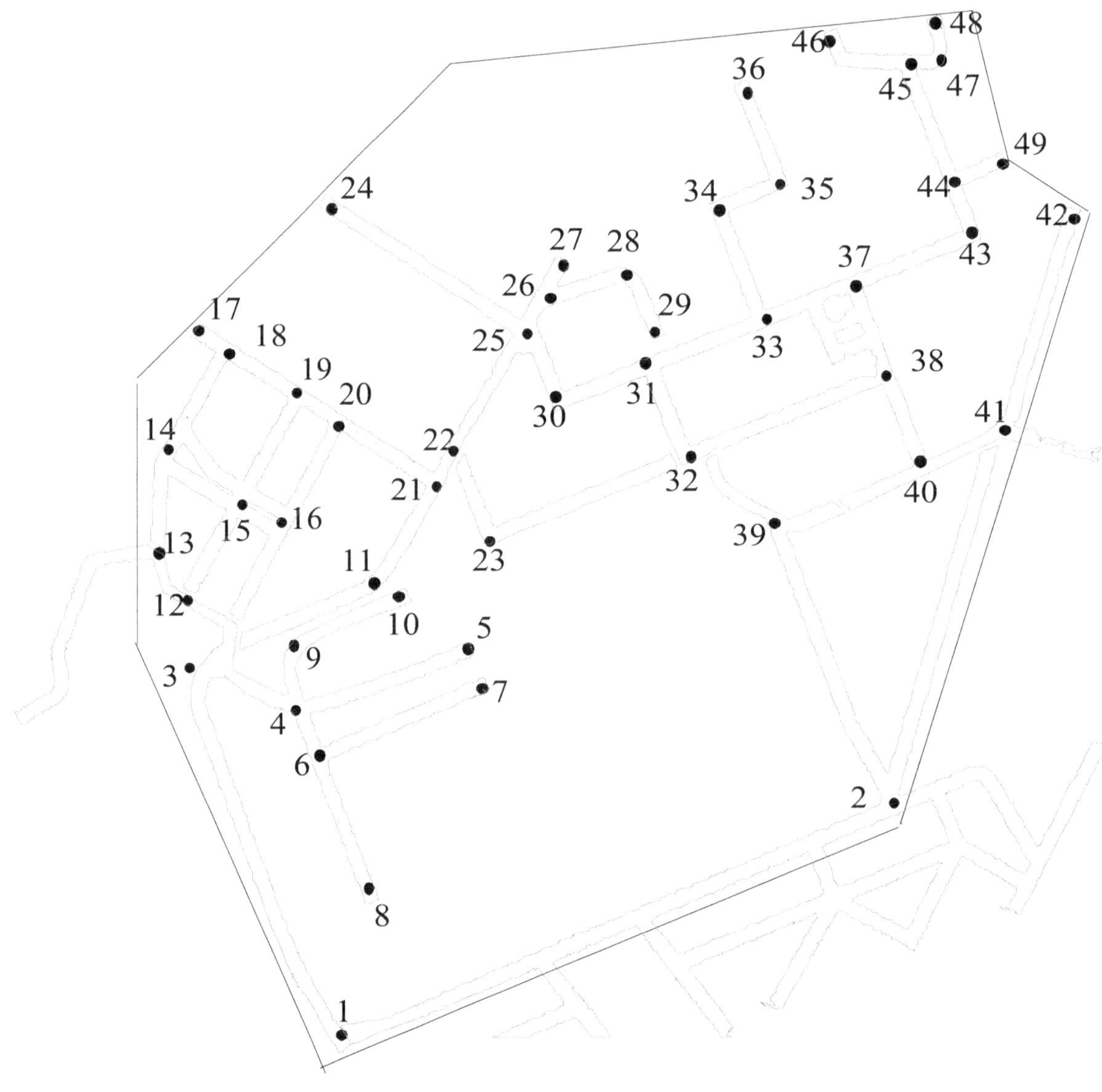

Figure 14.4 – Zone d'activité de Plouich Petite-forêt

14.3.2 Modélisation

La partie la plus fastidieuse de ce problème est le codage de la carte de la zone d'activités, mais cette étape est indispensable pour une résolution informatique. Le nombre d'emplacements pour les caméras est noté n. Le réseau de rues est modélisé par un graphe non orienté $G=(X,R)$, l'ensemble des nœuds X correspond aux emplacements des caméras, et l'ensemble des arêtes R aux liaisons (rues) entre les emplacements.

On définit des variables binaires x_i valant 1 si une caméra est positionnée à l'emplacement i, et 0 sinon. Les contraintes (2) indiquent que chaque rue doit être surveillée par au moins une caméra. Donc, s'il existe une rue entre les emplacements i et j, on doit avoir une caméra en i ($x_i = 1$), en j ($x_j = 1$) ou aux deux endroits. Couvrir une rue par deux caméras est possible et parfois rentable : sur la figure 14.4, deux caméras aux places 4 et 6 semblent de trop pour la rue mais elles couvrent les impasses vers les nœuds 5, 7 et 8. La fonction-objectif (1) minimise le nombre total de caméras, c'est-à-dire la somme des variables x_i.

Finalement, une fois le graphe constitué, on obtient un programme linéaire en 0-1 remarquablement simple et compact :

$$(1) \quad \text{Min} \sum_{i=1}^{n} x_i$$

$$(2) \quad \forall\, (i, j) \in R : x_i + x_j \geq 1$$

$$(3) \quad \forall\, i = 1 \ldots n : x_i \in \{0,1\}$$

14.3.3 Traduction en Excel

Le graphe non orienté est codé par une liste d'arêtes, ce qui donne la disposition illustrée page suivante et contenue dans le fichier *C14-Cameras*. L'écran ne montre que le début de la liste d'arêtes, finissant ligne 61, et de la liste de nœuds, finissant ligne 54. Nous avons défini les noms suivants : *DébutsRues* pour A4:A61, *FinsRues* pour B4:B61, *Couvertes* dans C4:C61, *CamérasPlacées* dans F6:F54 (variables indiquant pour chaque nœud si une caméra y est placée) et *NbCaméras* dans F3 (nombre total de caméras, à minimiser).

Il n'y a que deux types de formules à saisir :

- Saisissez la formule "=somme(CamérasPlacées) " dans *NbCaméras* (F3), ce qui définit la fonction-objectif.

- Tapez "=index(CamérasPlacées;A4)+index(CamérasPlacées;B4)" dans C4 puis copiez cette formule dans les cellules C5 à C61.

Rappelons que la fonction *Index*(*Plage*; k) renvoie la valeur contenue dans la cellule numéro k de *Plage*, ce qui correspond à *Plage*[k] pour un tableau *Plage* dans les langages de programmation classiques. Par exemple, la formule pour C4 concerne l'arête [1,2] : elle effectue la somme des variables associées aux nœuds 1 et 2, c'est-à-dire $x_1 + x_2$. Cette somme vaudra 1 si et seulement si l'arête (la rue) [1,2] est couverte.

La boîte de dialogue du solveur qui suit l'écran du modèle Excel montre un modèle générique extrêmement compact. Comme d'habitude, il faut évidemment cocher *Modèle supposé linéaire* et *Supposé non négatif* dans les options.

C14-Caméras : surveillance des rues par des caméras.

	Début rue	Fin rue	Couverte?		Nœud	Caméra?
				Caméras	24	
	1	2	1			
	1	3	2		Nœud	Caméra?
	2	39	1		1	1
	2	41	1		2	0
	3	4	2		3	1
	3	11	1		4	1
	3	12	1		5	0
	3	16	1		6	1
	4	5	1		7	0
	4	6	2		8	0
	4	9	2		9	1
	6	7	1		10	0
	6	8	1		11	0
	9	10	1		12	0
	11	21	1		13	1
	12	13	1		14	0
	12	15	1		15	1
	13	14	1		16	0
	14	15	1		17	0
	14	18	1		18	1
	15	16	1		19	0

14.3.4 Résultats

Excel trouve une solution optimale avec 24 caméras dont les emplacements sont marqués d'un cercle sur la figure 14.5. Comme signalé dans le § 14.1, on remarque que certaines rues sont couvertes par deux caméras, une à chaque extrémité : c'est parfois le prix à payer pour couvrir plus de rues adjacentes, même dans une solution optimale.

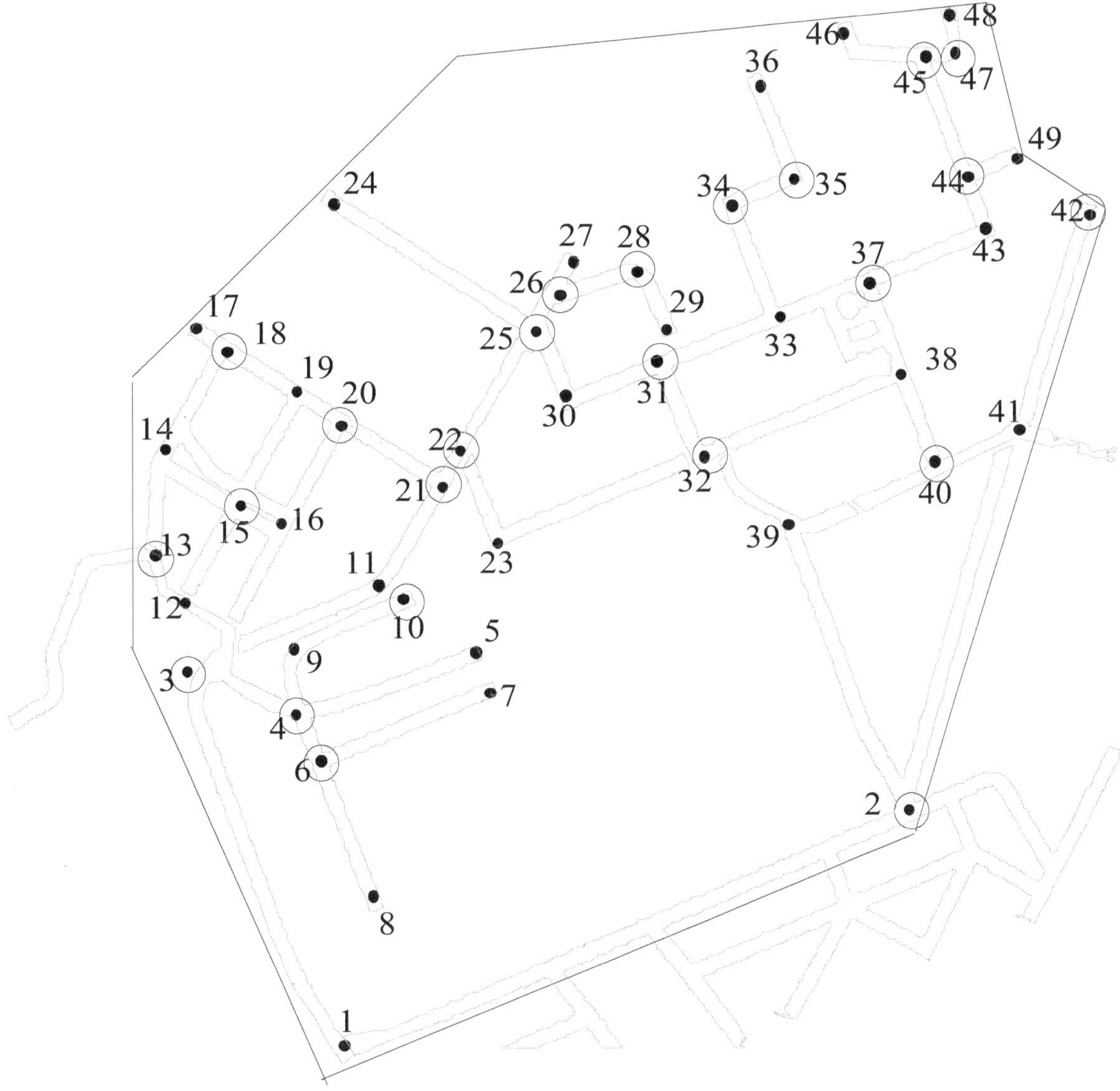

Figure 14.5 – Emplacements retenus pour les caméras

14.4 Charcutage électoral

14.4.1 Problème

Dans un lointain pays, le parti du duc Sark Mevo vient enfin de remporter les élections face à la coalition au pouvoir de la princesse Réguel Tekris. Mevo tient à consolider ses positions dans la capitale, dont les quatorze quartiers doivent être regroupés en circonscriptions électorales. La carte de la ville est donnée à la figure 14.6. Les quartiers sont numérotés de 1 à 14 en chiffres gras. Les deux autres nombres dans chaque quartier sont le nombre d'électeurs en milliers d'habitants (exemple 15K pour 15 000 personnes) et le nombre de suffrages que les sondages prédisent pour Mevo. Tous les électeurs doivent voter, et le vainqueur doit obtenir la majorité absolue.

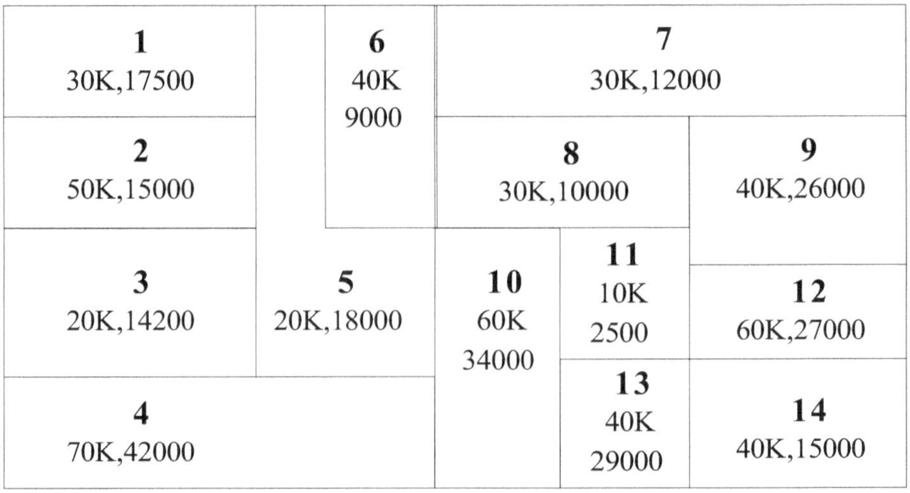

Figure 14.6 – Carte de la capitale et de ses quartiers

Pour être valable, une circonscription doit être formée de plusieurs quartiers contigus et compter entre 30 000 et 100 000 électeurs inclus. Deux quartiers se touchant par un angle comme 12 et 13 ne sont pas considérés comme contigus. Les circonscriptions d'un seul quartier sont également permises si elles comptent au moins 50 000 habitants. Décemment, Mevo ne peut cependant pas proposer une circonscription réduite au quartier 10, car il y réside ! Déterminez un découpage en cinq circonscriptions maximisant le nombre de sièges pour Mevo. En cas de difficulté, envisagez un découpage en six circonscriptions. Snirp, le bouffon mathématicien, suggère à Mevo d'utiliser la programmation linéaire…

14.4.2 Modélisation

Il s'agit d'un *problème de partitionnement* : étant donné l'ensemble des circonscriptions possibles, il faut choisir un sous-ensemble tel que chaque quartier figure dans une seule des circonscriptions choisies. Le tableau 14.1 répertorie les 46 circonscriptions possibles (quartiers contigus, 30 000 à 100 000 électeurs). Leur recensement est très fastidieux. Pour des cas plus volumineux, il faudrait construire ces données à l'aide d'un programme en amont, pour accélérer la tâche et éliminer le risque d'erreurs.

Notons nqu le nombre de quartiers, ncp le nombre de circonscriptions possibles, nrc le nombre requis de circonscriptions. Pour chaque circonscription possible j, on pose $M_j = 1$ si Mevo y a la majorité absolue, 0 sinon. Le problème ne nécessite qu'une variable binaire x_j par circonscription possible j, valant 1 si la circonscription est choisie dans le découpage recherché (1). La contrainte (2) impose d'avoir exactement nrc circonscriptions. La fonction-objectif (3) consiste à maximiser le nombre de sièges dans le découpage choisi.

(1) $\quad \forall j = 1 \ldots ncp : x_j \in \{0,1\}$

(2) $\quad \displaystyle\sum_{j=1}^{ncp} x_j = nrc$

(3) $\quad \displaystyle\mathrm{Max} \sum_{j=1}^{ncp} M_j x_j$

Tableau 14.1 – Liste des circonscriptions possibles

Circ. n°	Quartiers	% Votes	Circ. n°	Quartiers	% Votes	Circ. n°	Quartiers	% Votes
1	1,2	40,6	17	5,6,8	41,1	33	8,11	31,2
2	1,2,3	46,7	18	5,10	65,0	34	8,11,12	39,5
3	1,2,5	50,5	19	5,10,11	60,5	35	8,11,13	51,9
4	1,5	71,0	20	6,7	30,0	36	9,11	57,0
5	1,5,6	49,4	21	6,7,8	31,0	37	9,11,13	63,9
6	2	30,0	22	6,8	27,1	38	9,12	53,0
7	2,3	41,7	23	6,8,11	26,9	39	10,11	52,1
8	2,3,5	52,4	24	7,8	36,7	40	10,13	63,0
9	2,5	47,1	25	7,8,9	48,0	41	11,12	42,1
10	3,4	62,4	26	7,8,11	35,0	42	11,13	63,0
11	3,5	80,5	27	7,9	54,3	43	11,13,14	51,7
12	3,5,6	51,5	28	7,9,11	50,6	44	12	45,0
13	4	60,0	29	8,9	51,4	45	12,14	42,0
14	4,5	66,7	30	8,9,11	48,1	46	13,14	55,0
15	5,6	45,0	31	8,10	48,9			
16	5,6,7	43,3	32	8,10,11	46,5			

Chaque circonscription possible peut être codée comme un vecteur-colonne binaire de nqu éléments, dont le i-ème élément vaut 1 si et seulement si le quartier i figure dans la circonscription. En concaténant les ncp vecteurs-colonnes, on forme une matrice binaire A, $nqu \times ncp$.

Les contraintes de partitionnement des quartiers s'écrivent très simplement de manière matricielle : $A.x = e$. Le second membre désigne un vecteur dont les nqu composantes valent 1. En décomposant l'écriture matricielle, on obtient les contraintes (4).

$$(4) \quad \forall i = 1 \ldots nqu : \sum_{j=1}^{ncp} A_{ij} x_j = 1$$

Finalement, moyennant le recensement préalable des circonscriptions admissibles, le programme linéaire obtenu est simple et compact. Il a pour particularité de présenter une matrice et un second membre entièrement binaires.

14.4.3 Traduction en Excel

L'écran suivant montre le modèle Excel *C14-Elections*. Le nombre de circonscriptions souhaitées *nrc* est dans la cellule U5, nommée *CircVoulues*. Les votants par quartier et les votants pro-Mevo sont donnés dans B6:O6 et B7:O7. La matrice A a été transposée, avec une ligne par circonscription. L'écran montre le début de la liste, qui s'étend en fait jusqu'à la ligne 57.

Pour éviter les erreurs de saisie, les pourcentages de votes pour Mevo du tableau 14.1 sont calculés automatiquement dans la plage Q12:Q57. On a saisi dans la cellule Q12 la formule "=sommeprod($B$7:$O$7;B12:O12)/sommeprod($B$6:$O$6;B12:O12)*100" et on l'a copiée dans les cellules Q13 à Q57 avec la poignée de recopie.

La plage S12:S57, nommée *Majorité*, donne les indicateurs de majorité M_j. La formule pour S12, "=si(Q12>50;1;0)", a été étendue au reste de la plage. Les variables x_j sont dans la plage U12:U57 *(CircRetenues)*. La cellule U6 *(CircObtenues)* montre le nombre réel de circonscriptions choisies, calculé avec "=somme(CircRetenues)". La fonction-objectif est calculée dans U7 *(SiègesMevo)* avec "=sommeprod(Majorité;CircRetenues)".

La plage B9:O9 *(QuartierCouvert)*, correspond aux membres de gauche des contraintes (4) ou, matriciellement, à $x^t . A^t = e$ puisqu'on a transposé A. On aurait pu saisir la formule pour B9 et la copier dans le reste de la plage, mais on s'est amusé ici à utiliser une formule matricielle, (voir le § 3.6.2). Dans le cas présent, il faut sélectionner à la souris la plage B9:O9, insérer la formule "=produitmat(transpose(U12:U57);B12:O57)", puis presser *Ctrl + Maj +Entrée* pour qu'Excel ajoute les accolades propres aux formules matricielles.

	A	B	C	D	E	F	G	H	I	J	K	L	M	N	O	P	Q	R	S	T	U
1	C14-Elections : problème de charcutage électoral.																				
2																					
3	Note : le pourcentage pour Mevo et l'indicateur de majorité sont calculés pour chaque circonscription, pour limiter les erreurs de saisie.																				
4																					
5	N° de quartier	1	2	3	4	5	6	7	8	9	10	11	12	13	14		Circonscriptions souhaitées		6		
6	Votants (milliers)	30	50	20	70	20	40	30	30	40	60	10	60	40	40		Circonscriptions calculées		6		
7	Votants pro-Mevo	17,5	15	14,2	42	18	9	12	10	26	34	2,5	27	29	15		Nb de sièges pour Mevo		5		
8																					
9	Quartier couvert?	1	1	1	1	1	1	1	1	1	1	1	1	1	1						
10																					
11	N° de quartier	1	2	3	4	5	6	7	8	9	10	11	12	13	14		% Mevo		Majorité		Retenue?
12	Circonscription 1	1	1	0	0	0	0	0	0	0	0	0	0	0	0		40,6		0		0
13	Circonscription 2	1	1	1	0	0	0	0	0	0	0	0	0	0	0		46,7		0		0
14	Circonscription 3	1	1	0	0	1	0	0	0	0	0	0	0	0	0		50,5		1		1
15	Circonscription 4	1	0	0	0	1	0	0	0	0	0	0	0	0	0		71,0		1		0
16	Circonscription 5	1	0	0	0	1	1	0	0	0	0	0	0	0	0		49,4		0		0
17	Circonscription 6	0	1	0	0	0	0	0	0	0	0	0	0	0	0		30,0		0		0
18	Circonscription 7	0	1	1	0	0	0	0	0	0	0	0	0	0	0		41,7		0		0
19	Circonscription 8	0	1	1	0	1	0	0	0	0	0	0	0	0	0		52,4		1		0
20	Circonscription 9	0	1	0	0	1	0	0	0	0	0	0	0	0	0		47,1		0		0
21	Circonscription 10	0	0	1	1	0	0	0	0	0	0	0	0	0	0		62,4		1		1
22	Circonscription 11	0	0	1	0	1	0	0	0	0	0	0	0	0	0		80,5		1		0
23	Circonscription 12	0	0	1	0	1	1	0	0	0	0	0	0	0	0		51,5		1		0
24	Circonscription 13	0	0	0	1	0	0	0	0	0	0	0	0	0	0		60,0		1		0

Page suivante, le modèle générique à saisir dans la boîte de dialogue du solveur est très simple. Comme d'habitude, il ne faut pas oublier les options *Modèle supposé linéaire* et *Supposé non négatif.*

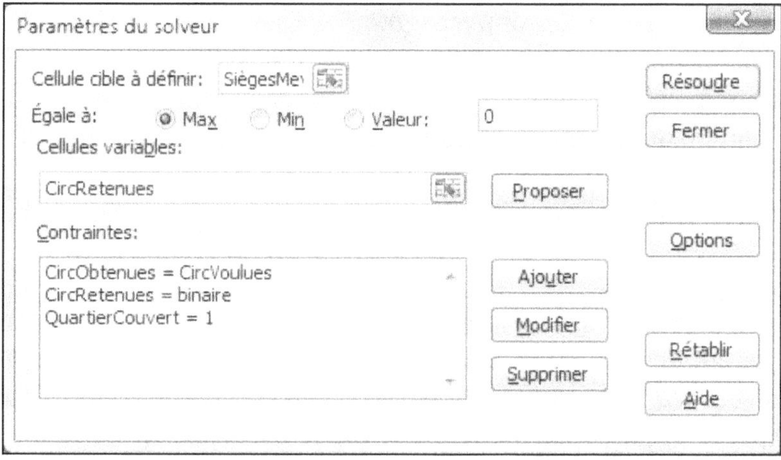

14.4.4 Résultats

Sark Mevo pousse le bouchon trop loin ! En effet, Excel détecte que le programme linéaire est irréalisable pour cinq circonscriptions. Ceci peut s'expliquer : la population totale est de 540 000 habitants et aucun quartier n'a plus de 100 000 électeurs, le duc doit donc créer au moins six circonscriptions. En saisissant 6 dans U5 et à après une nouvelle résolution, on obtient les circonscriptions du tableau 14.2. Mevo remporte cinq sièges sur six : en abandonnant un siège, il pourra proclamer vertueusement que les élections ne sont en aucun cas truquées !

En remplaçant la contrainte *CircRetenues = binaire* par *CircRetenues* ≤ 1, Excel trouve encore une solution avec des valeurs binaires pour les variables. Les problèmes de partitionnement ont en effet une majorité de variables entières à l'optimum du simplexe, et il arrive souvent sur les petits problèmes de n'obtenir aucune variable fractionnaire.

Tableau 14.2 – Découpage électoral obtenu

Circonscription n°	Quartiers	Majorité
3	1, 2, 5	Oui
10	3, 4	Oui
21	6, 7, 8	Non
38	9, 12	Oui
39	10, 11	Oui
46	13, 14	Oui

14.5 Sablage des rues d'un village

14.5.1 Problème

En cas de verglas, les rues d'un village doivent être traitées avec du sable. Le plan des rues à sabler est donné par le graphe de la figure 14.7. Les nœuds correspondent à des carrefours, les arcs à des voies de circulation à sabler. Les valeurs près des arcs sont des longueurs en mètres.

Le dépôt de la voirie avec le camion épandeur de sable est situé au carrefour n°1. Le camion a une capacité suffisante pour traiter toutes les rues en une seule tournée. À cause des sens uniques, il peut être amené à repasser plusieurs fois par une rue déjà sablée. Déterminer une tournée du camion sablant toutes les rues en parcourant une longueur totale minimale.

14.5.2 Modélisation

Notons $G = (X,U,L)$ le graphe orienté des rues. X désigne l'ensemble des carrefours, U celui des arcs, L est une application de U dans $I\!R$ qui associe à chaque arc (i,j) sa longueur en mètres $L(i,j)$. La tournée recherchée correspond dans le graphe à un circuit qui débute et finit au nœud dépôt n°1, passe au moins une fois par chaque arc et a une longueur totale minimale. Ce classique est appelé *problème du postier chinois (chinese postman problem)*, car il a été résolu par un mathématicien chinois, Mei-Ko Kuan [Kuan 1962].

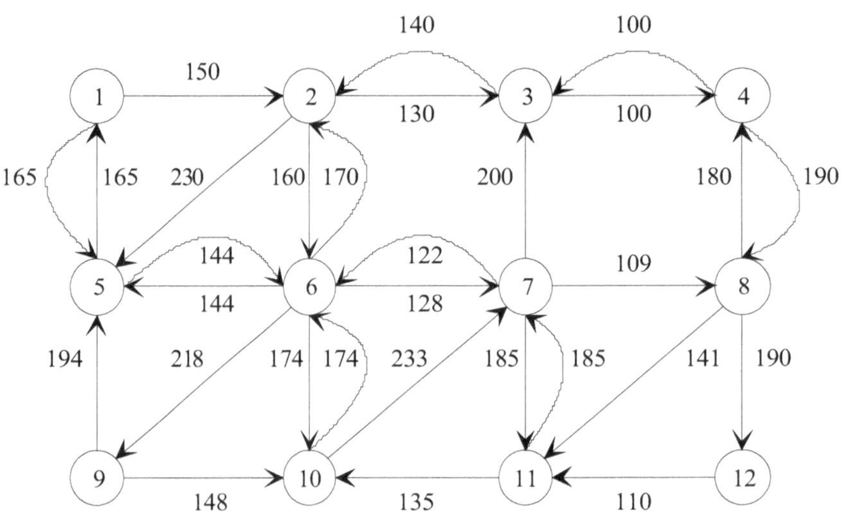

Figure 14.7 – Graphe des rues du village

On appelle *circuit eulérien* d'un graphe orienté un circuit qui visite exactement une fois chaque arc. S'il existe un circuit eulérien, c'est une tournée optimale puisqu'on ne repasse jamais par une rue déjà traitée. La longueur du parcours est alors égale à la somme des longueurs de tous les arcs. Il existe un test simple pour savoir si G admet un circuit eulérien : chaque nœud i doit être *équilibré*, c'est-à-dire que les nombres d'arcs arrivant en i et partant de i doivent être égaux (voir par exemple Gibbons [Gibbons 1985]). Ce test ne doit pas être confondu avec le cas plus connu des graphes non orientés, pour lesquels un parcours eulérien existe si et seulement s'il existe 0 ou 2 nœuds de degré impair.

Le graphe G du problème n'a pas de circuit eulérien, puisque le nœud 1 n'est pas équilibré, entre autres. Le circuit recherché va devoir repasser par des rues déjà sablées. L'objectif est de minimiser la longueur totale de ces parcours improductifs. Formuler un programme linéaire qui traite directement ce problème est possible, mais difficile. Nous contournons cette difficulté en traitant un problème plus simple : transformer G en un graphe G' eulérien en ajoutant des *copies d'arcs* pour équilibrer les nœuds, tout en minimisant la longueur totale des copies. Il suffira ensuite d'extraire un circuit eulérien dans G', tâche pour laquelle il existe des algorithmes simples.

Le problème d'équilibrage du graphe à coût minimal se modélise par un programme linéaire très simple. Pour chaque arc (i,j) de U, une variable entière x_{ij} indique le nombre de fois où la tournée emprunte cet arc (3). Ce nombre comprend un passage pour sabler l'arc, plus d'éventuels passages improductifs (copies d'arcs). Le sablage de l'arc étant obligatoire, les x_{ij} valent au moins 1. Les contraintes (2) signifient que le graphe transformé G' doit posséder des nœuds équilibrés. Elles sont similaires aux *lois de Kirchhoff* utilisées dans les problèmes de flot, comme le problème d'adduction d'eau du § 14.2. La fonction-objectif (1), à minimiser, cumule les longueurs des passages.

$$(1) \quad \text{Min} \sum_{(i,j)\in U} L_{ij} x_{ij}$$

$$(2) \quad \forall i = 1...nc : \sum_{(j,i)\in U} x_{ji} = \sum_{(i,j)\in U} x_{ij}$$

$$(3) \quad \forall (i,j) \in U : x_{ij} \geq 1 \text{ et } x_{ij} \in I\!N$$

En fait, il est inutile de préciser que les variables sont entières car la matrice du programme linéaire est une matrice d'incidence nœuds-arcs (voir chapitre 2). Le simplexe va donc trouver automatiquement une solution entière. La résolution donne la longueur optimale et les nombres de passages x_{ij}. On pourrait s'arrêter là si la composition exacte de la tournée n'était pas demandée. Le graphe eulérien G' s'obtient en ajoutant x_{ij} - 1 copies à chaque arc (i,j). Le passage pour sabler est déjà représenté par l'exemplaire existant de l'arc.

Pour récupérer un circuit eulérien, une procédure *Parcourir* (i,μ) est utilisée. Partant d'un nœud i, elle consiste à emprunter le plus longtemps possible des arcs successifs non encore visités. Elle marque aussitôt chaque arc visité pour éviter de repasser dessus. La procédure renvoie à la fin le parcours μ obtenu. On peut montrer que μ finit par se bloquer en i et forme donc un circuit. *Parcourir* est d'abord appliquée au nœud dépôt 1. Si μ visite tous les arcs de G', c'est un circuit eulérien. Sinon, on agrandit μ en exécutant *Parcourir* à partir d'un nœud de μ ayant encore des arcs à visiter. Cet algorithme est appliqué au § 14.5.4.

```
Parcourir (1,μ)
Tant que μ ne visite pas tous les arcs faire
    Chercher le premier nœud i de μ dont partent des arcs non visités
    Parcourir (i,μ')
    Greffer le circuit μ' sur μ, au nœud i
Fin
```

14.5.3 Traduction en Excel

Elle figure dans le fichier Excel *C14-Sablage* dont la vue suivante montre le début de la liste d'arcs. Nous avons défini les noms de plages suivants : *NoeudDébut* pour A4:A33, *NoeudFin* pour B4:B33, *Longueur* pour C4:C33, *Passages* pour les variables x_{ij} de D4:D33, *DistanceTotale* pour G3, *PassagesDepuisNoeud* pour G6:G17, *PassagesVersNoeud* pour H6:H17. Les deux dernières plages donnent les sommes des contraintes (2).

Concernant les formules, il faut saisir dans G6 "=somme.si(NoeudDébut;F6;Passages)", ce qui calcule la somme des variables de *Passages* telles que le nœud de début soit égal au contenu de F6 (nœud 1). Cette formule est ensuite adaptée aux autres cellules de *PassagesDepuisNoeud* avec la poignée de recopie.

	A	B	C	D	E	F	G	H
1	C14-Sablage : sablage des rues d'un village.							
2								
3	Début arc	Fin arc	Longueur	Passages		Distance totale	5990	
4	1	2	150	1				
5	1	5	165	1		Nœud	Passages depuis nœud	Passages vers nœud
6	2	3	130	1		1	2	2
7	2	5	230	1		2	3	3
8	2	6	160	1		3	3	3
9	3	2	140	1		4	3	3
10	3	4	100	2		5	4	4
11	4	3	100	1		6	6	6
12	4	8	190	2		7	4	4
13	5	1	165	2		8	3	3
14	5	6	144	2		9	2	2
15	6	2	170	1		10	3	3
16	6	5	144	1		11	3	3
17	6	7	128	1		12	1	1
18	6	9	218	2				
19	6	10	174	1				

Pour *PassagesVersNoeud*, la démarche est similaire, en saisissant la formule "=somme.si(NoeudFin;F6;Passages)" dans H6. Enfin, on place dans *DistanceTotale* (G3) la formule pour l'objectif "=sommeprod(Longueur;Passages)". Grâce aux noms définis pour les plages, on obtient finalement un modèle générique très explicite dans la boîte de dialogue du solveur :

14.5.4 Résultats

Excel trouve une solution entière de longueur 5 990. Toutes les variables valent 1 sauf les suivantes qui valent 2 : x_{51}, x_{34}, x_{56}, $x_{10,6}$, $x_{11,7}$, x_{48} et x_{69}. Ces dernières correspondent aux arcs à dupliquer pour rendre G eulérien. La longueur totale des duplicata vaut 1 176 : elle s'ajoute à la longueur totale des arcs de G (4 814) pour donner les 5 990 mètres obtenus. La figure 14.8 donne le graphe rendu eulérien G'. Un circuit eulérien peut être récupéré avec l'algorithme d'extraction du § 14.5.2. Il y a plusieurs circuits équivalents, dont celui-ci : $\mu = (1,2,3,4,8,12,11,10,6,7,11,7,8,11,7,3,4,8,4,3,2,5,1,5,6,2,6,10,7,6,9,10,6,9,5,6,5,1)$.

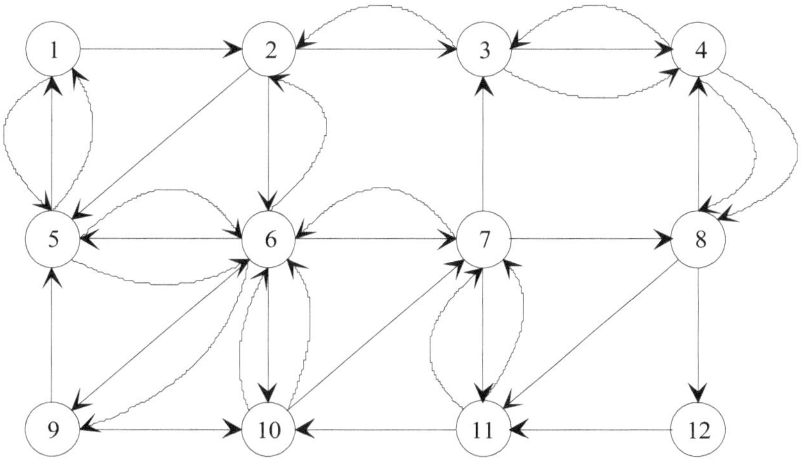

Figure 14.8 – Graphe eulérien G' pour l'extraction du circuit

14.6 Placement de perceptions

14.6.1 Problème

L'administration des impôts cherche à restructurer son réseau de perceptions dans un département. Le graphe de la figure 14.9 représente les villes du département et les principaux axes routiers. Les nombres près des villes sont des populations en milliers d'habitants. Ceux sur les arcs sont des distances en kilomètres. Les services des impôts ont déterminé qu'il fallait installer des perceptions dans trois villes pour offrir une couverture suffisante. Où placer ces perceptions pour que la distance moyenne parcourue par un habitant du département pour atteindre une perception soit minimale ?

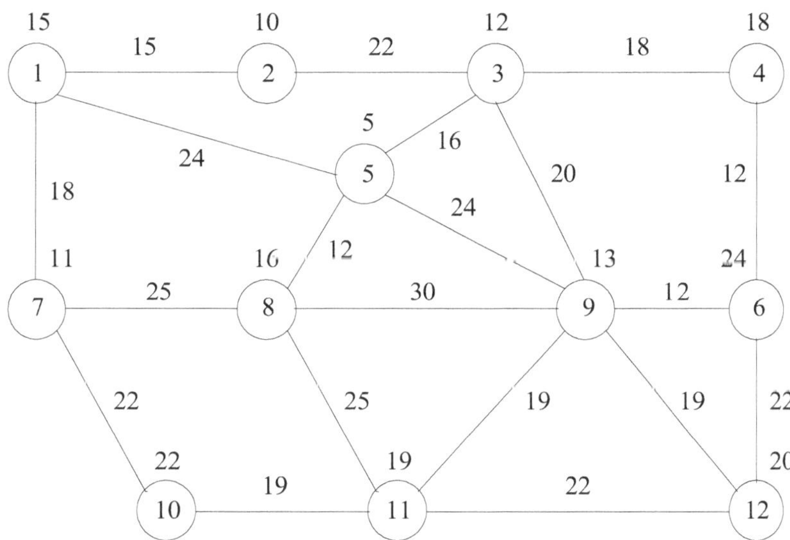

Figure 14.9 – Graphe des villes et routes du département

14.6.2 Modélisation

Il s'agit d'un problème classique de localisation appelé *problème des p-médians*. Notons n le nombre de villes, p le nombre de perceptions à installer et H_i la population de la ville i. Les longueurs des plus courts chemins entre villes sont données par une matrice distancier D, $n \times n$. Sur ce petit exemple, ces plus courts chemins peuvent être trouvés à la main. Nous avons utilisé en fait l'algorithme de plus court chemin de Dijkstra, implémenté par exemple dans [Lacomme *et al*. 2003]. Le tableau 14.3 donne la matrice obtenue.

Deux groupes de variables binaires sont nécessaires : une variable y_j qui vaut 1 si et seulement si une perception est installée dans la ville j (1), et une variable x_{ij} égale à 1 si la ville i dépend de la perception de la ville j (2). Ces variables x_{ij} vont permettre de calculer la distance moyenne à parcourir par habitant et de préciser la perception dont chaque ville va dépendre.

(1) $\forall j = 1 \ldots n : y_j \in \{0,1\}$

(2) $\forall i = 1 \ldots n, \forall j = 1 \ldots n : x_{ij} \in \{0,1\}$

Tableau 14.3 - Matrice *D*

	1	2	3	4	5	6	7	8	9	10	11	12
1	0	15	37	55	24	60	18	33	48	40	58	67
2	15	0	22	40	38	52	33	48	42	55	61	61
3	37	22	0	18	16	30	41	28	20	58	39	39
4	55	40	18	0	34	12	59	46	24	62	43	34
5	24	38	16	34	0	36	25	12	24	47	37	43
6	60	52	30	12	36	0	57	42	12	50	31	22
7	18	33	41	59	25	57	0	15	45	22	40	61
8	33	48	28	46	12	42	15	0	30	37	25	46
9	48	42	20	24	24	12	45	30	0	38	19	19
10	40	55	58	62	47	50	22	37	38	0	19	40
11	58	61	39	43	37	31	40	25	19	19	0	21
12	67	61	39	34	43	22	61	46	19	40	21	0

Le nombre de perceptions installées doit être égal à p, ce qui se traduit par la contrainte (3). Les contraintes (4) signifient que chaque ville va dépendre d'une seule perception.

(3) $\displaystyle\sum_{j=1}^{n} y_j = p$

(4) $\forall i = 1 \ldots n : \displaystyle\sum_{j=1}^{n} x_{ij} = 1$

La fonction-objectif (5), à minimiser, est la distance totale pondérée par les nombres d'habitants des villes. Il faudra la diviser par la population du département pour obtenir la distance moyenne parcourue par habitant pour aller à la perception.

$$(5) \quad \text{Min} \sum_{i=1}^{n}\sum_{j=1}^{n} H_i D_{ij} x_{ij}$$

Si on se contente des lignes (1) à (5), on court le risque d'affecter des villes à des perceptions inexistantes ! Ceci peut s'interdire en traduisant l'implication $y_j = 0 \Rightarrow x_{ij} = 0$ par les contraintes (6) : y_j à zéro oblige x_{ij} à être nul.

$$(6) \quad \forall i = 1\dots n, \forall j = 1\dots n : x_{ij} \leq y_j$$

En fait, pour réduire le nombre de contraintes, on a préféré remplacer (6) par (6') : si y_j est nulle (perception j non ouverte), alors la somme est nulle et aucune ville n'est affectée à cette perception. Par rapport à (6), il faut multiplier y_j par n car la somme peut atteindre n dans le pire des cas, si toutes les villes sont affectées à la perception.

$$(6') \quad \forall j = 1\dots n : \sum_{i=1}^{n} x_{ij} \leq n \cdot y_j$$

14.6.3 Traduction en Excel

La traduction en Excel n'est pas évidente ! Nous proposons le fichier *C14-Perceptions* illustré ci-dessous. Nous avons défini les noms D pour B5:M16, H pour B18:M18, n pour B20, p pour AC18, *PerceptionsOuvertes* pour AC19, X pour P5:AA16 (variables d'affectation), Y pour P19:AA1 (variables d'ouverture) et Z pour l'objectif AC20.

C14-Perceptions : placement de perceptions.

Matrice D des distances entre villes (km)

	1	2	3	4	5	6	7	8	9	10	11	12
1	0	15	37	55	24	60	18	33	48	40	58	67
2	15	0	22	40	38	52	33	48	42	55	61	61
3	37	22	0	18	16	30	41	28	20	58	39	39
4	55	40	18	0	34	12	59	46	24	62	43	34
5	24	38	16	34	0	36	25	12	24	47	37	43
6	60	52	30	12	36	0	57	42	12	50	31	22
7	18	33	41	59	25	57	0	15	45	22	40	61
8	33	48	28	46	12	42	15	0	30	37	25	46
9	48	42	20	24	24	12	45	30	0	38	19	19
10	40	55	58	62	47	50	22	37	38	0	19	40
11	58	61	39	43	37	31	40	25	19	19	0	21
12	67	61	39	34	43	22	61	46	19	40	21	0

| Habitants H | 15 | 10 | 12 | 18 | 5 | 24 | 11 | 16 | 13 | 22 | 19 | 20 |

Nb de villes : 12

Variables X(i,j) = 1 si ville i affectée à perception j

	1	2	3	4	5	6	7	8	9	10	11	12	Affectée
1	1	0	0	0	0	0	0	0	0	0	0	0	1
2	1	0	0	0	0	0	0	0	0	0	0	0	1
3	0	0	0	0	0	1	0	0	0	0	0	0	1
4	0	0	0	0	0	1	0	0	0	0	0	0	1
5	1	0	0	0	0	0	0	0	0	0	0	0	1
6	0	0	0	0	0	1	0	0	0	0	0	0	1
7	1	0	0	0	0	0	0	0	0	0	0	0	1
8	0	0	0	0	0	0	0	0	0	0	1	0	1
9	0	0	0	0	0	1	0	0	0	0	0	0	1
10	0	0	0	0	0	0	0	0	0	0	1	0	1
11	0	0	0	0	0	0	0	0	0	0	1	0	1
12	0	0	0	0	0	0	0	0	0	0	1	0	1
Servies	4	0	0	0	0	4	0	0	0	0	4	0	3	Perceptions voulues
Y	1	0	0	0	0	1	0	0	0	0	1	0	3	Perceptions ouvertes
n.Y	12	0	0	0	0	12	0	0	0	0	12	0	2438	Km parcourus

La plage AC5:AC16, nommée *VillesAffectées*, correspond aux sommes des contraintes (4). On a saisi dans AC5 la formule "=somme(P5:AA5)", étendue ensuite aux autres cellules avec la poignée de recopie. La plage P18:AA18, nommée *NbVillesParPerception*, contient dans P18 la formule "=somme(P5:P16)", copiée ensuite dans les autres cellules. Elle va nous servir pour calculer la fonction-objectif.

La plage P20:AA20, nommée *n.Y*, sert à calculer les seconds membres des contraintes (6'). Sa présence dans la feuille est inesthétique mais le solveur ne peut pas effectuer ce calcul. Dans P20 on a saisi "=n*P19", formule généralisée ensuite au reste de la plage. La cellule AC19 *(PerceptionsOuvertes)* contient la formule "=somme(Y)" qui traduit la somme de la contrainte (3). La formule pour la fonction-objectif (5) est un bel exemple de la puissance d'Excel : "=somme(produitmat(H;D*X))". On peut enfin saisir le modèle :

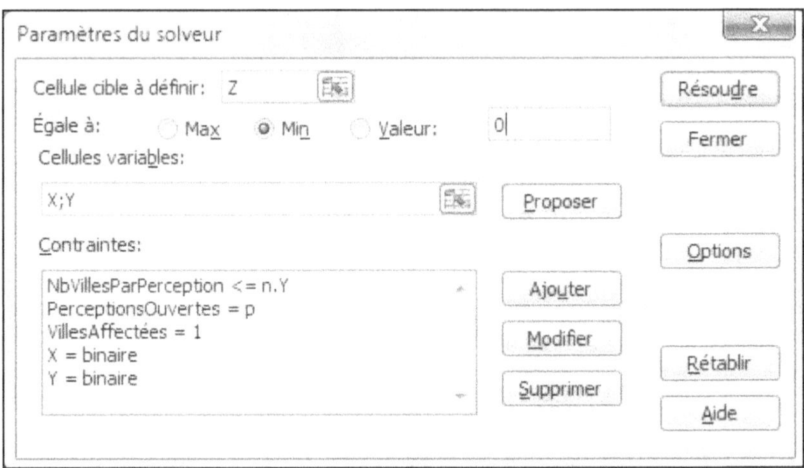

14.6.4 Résultats

Sur un PC à 2.5 GHz, le solveur met 30 secondes environ pour trouver un coût total de 2 438. Comme la population du département est de 185 000 habitants, la distance moyenne parcourue par un habitant pour atteindre une perception est de $2\,438/185 \approx 13{,}178$ km. Les trois perceptions sont installées aux nœuds 1, 6 et 11. Elles desservent respectivement les ensembles de villes $\{1,2,5,7\}$, $\{3,4,6,9\}$ et $\{8,10,11,12\}$.

En fait, comme il n'y a pas de capacités sur les perceptions, chaque ville est toujours affectée à la perception ouverte la plus proche et les x_{ij} sont automatiquement binaires. On peut donc remplacer les contraintes (2) par $x_{ij} \leq 1$, si les options précisent que les variables sont non négatives !

Finalement, la recherche arborescente du solveur doit fixer à 0 ou 1 les 12 variables binaires y_j. Sur un exemple aussi petit, on pourrait énumérer les $2^{12} = 4\,096$ vecteurs y possibles et, pour chaque vecteur, affecter chaque ville à la perception ouverte la plus proche. Mais pour 30 villes, on aurait déjà un milliard de cas environ.

14.7 Efficacité d'un hôpital

14.7.1 Problème

L'administration générale des hôpitaux de Paris décide de mesurer l'efficacité de quatre services de chirurgie de quatre grands hôpitaux parisiens pour tenter d'améliorer le service public. Pour que cette étude reste anonyme, les quatre hôpitaux sont nommés H1 à H4.

La méthode suggérée pour mesurer cette efficacité est le DEA *(Data Envelopment Analysis)* qui peut se traduire par "analyse des données dans leur globalité". Elle compare la performance d'un hôpital fictif par rapport à la performance des quatre hôpitaux.

Trois indicateurs initiaux (ressources) sont pris en compte : le personnel non médical, les dépenses générales et le nombre de lits disponibles. Par ailleurs, quatre indicateurs finaux (services) sont aussi analysés : le nombre de patients hospitalisés par jour, le nombre de patients en consultation de jour, le nombre d'infirmières en service et le nombre d'internes et de médecins en service chaque jour. Les différentes données ont été analysées pendant une période de deux ans, et les chiffres d'une journée représentant l'activité moyenne de chaque hôpital sont reportés dans les tableaux 14.4 et 14.5.

Tableau 14.4 – Indicateurs de ressources

	H1	H2	H3	H4
Personnel non médical	90	87	51	66
Dépenses générales (k€)	38,89	109,48	40,43	48,41
Nombre de lits	34	33	20	33

Justifiez par la méthode DEA si l'hôpital H2 est performant ou non relativement aux autres.

Tableau 14.5 – Indicateurs de services

	H1	H2	H3	H4
Hospitalisations	30,12	18,54	20,88	10,42
Consultations	13,54	14,45	8,52	17,74
Internes et médecins	13	7	8	26
Infirmières de service	79	55	47	50

14.7.2 Modélisation

Idée générale de la méthode DEA

Pour mettre en place la méthode DEA et mesurer l'efficacité d'un hôpital, un programme linéaire doit être développé pour chacun des hôpitaux à évaluer. Ici, on va évaluer uniquement l'hôpital H2. Si l'on voulait connaître la performance des autres hôpitaux, il faudrait mener des calculs similaires.

En utilisant la programmation linéaire, nous allons construire un hôpital fictif basé sur les données des quatre hôpitaux. Les indicateurs de services de cet hôpital fictif seront la somme pondérée des indicateurs de services des hôpitaux H1 à H4. De même, les indicateurs de ressources seront aussi les sommes pondérées des indicateurs de services des quatre hôpitaux, tout en utilisant les mêmes coefficients.

Les indicateurs de services de l'hôpital fictif doivent être supérieurs à ceux de l'hôpital H2. S'ils sont inférieurs, cela signifie que l'hôpital fictif a, pour un service au moins équivalent, besoin de moins de ressources que H2. En d'autres termes, l'hôpital H2 est moins performant que l'hôpital fictif, et donc moins performant relativement aux autres hôpitaux.

Modélisation pour notre problème

Notons H l'ensemble des hôpitaux de l'étude (indicés par j), R l'ensemble des ressources (indicées par i), S celui des services (indicés par k) et h l'hôpital dont on veut mesurer la performance. Soit $coef_j$ le coefficient DEA (variable) associé à l'hôpital j. La méthode DEA impose à ces coefficients d'avoir leur somme égale à 1 (contrainte (2)).

$$(2) \quad \sum_{j \in H} coef_j = 1$$

Les constantes IR_{ij} représentent les indicateurs de ressources du tableau 14.4, tandis que les constantes IS_{kj} traduisent les indicateurs de services du tableau 14.5. Pour simplifier la modélisation, des variables IRP_i et ISP_k représentent les indicateurs de ressources et de services, pondérées par les coefficients $coef_j$ (contraintes (3) et (4)). Il s'agit en fait des indicateurs de l'hôpital fictif.

$$(3) \quad \forall k \in S: \sum_{j \in H} IS_{kj} \cdot coef_j = ISP_k$$

$$(4) \quad \forall i \in R: \sum_{j \in H} IR_{ij} \cdot coef_j = IRP_i$$

Les variables ISP_k doivent être supérieures aux indicateurs de service de l'hôpital h dont on cherche à évaluer la performance, ce qui se traduit par les contraintes (5).

$$(5) \quad \forall k \in S: ISP_k \geq IS_{kh}$$

La somme pondérée des indicateurs de ressources IRP_i de l'hôpital fictif ne va pas être comparée directement avec la valeur des indicateurs de ressources de l'hôpital h, mais avec leurs produits avec un taux d'efficacité *Eff*. Les contraintes (6) lient les coefficients $coef_j$, qui contribuent aux IRP_i via les contraintes (4), et cette nouvelle variable.

$$(6) \quad \forall i \in R: IRP_i \leq IR_{ih} . Eff$$

Par exemple, le nombre de lits de l'hôpital h est 33 et 33×*Eff* représente le nombre de lits de l'hôpital fictif. Les contraintes (6) peuvent toujours être vérifiées, avec *Eff* suffisamment grand, mais on cherche évidemment à minimiser ce taux (fonction-objectif (1)). Si on trouve une solution optimale avec *Eff* < 1, cela signifie que l'hôpital fictif nécessite moins de ressources que l'hôpital h et donc que ce dernier peut être amélioré. Pour compléter le modèle, il faut ajouter les contraintes (7), (8), (9) et (10) pour la positivité des variables.

$(1) \quad$ Min *Eff*

$(7) \quad \forall \in H: coef_j \geq 0$

$(8) \quad T \geq 0$

$(9) \quad \forall i \in R: IRP_i \geq 0$

$(10) \quad \forall k \in S: ISP_k \geq 0$

14.7.3 Traduction en Excel

L'écran suivant montre la disposition adoptée dans le fichier Excel *C14-Hopital*. Nous avons donné aux plages les noms correspondants du modèle mathématique. Les plages de données B6:E8 et B11:E14 sont nommées *IR* et *IS* tandis que les colonnes 2 de *IR* et *IS* sont appelées *Col2deIR* et *Col2deIS*. Concernant les variables, B17:E17 et I17 sont appelées *Coefs* et *Eff*. Les autres plages contiennent des calculs intermédiaires. G6:G8 et G11:G14 sont baptisées *IRP* et *ISP*, la cellule G17 s'appelle *SommeCoefs*, et enfin la plage I6:I8 correspondant aux seconds membres des contraintes (6) est nommée *Col2deIRxEff*.

Concernant les formules, *SommeCoefs* reçoit la formule "=somme(Coefs) ". Pour *IRP*, on peut taper "=sommeprod(B6:E6;\$B\$17:\$E\$17)" dans G6 et copier cette formule dans les autres cellules, mais nous utilisons une formule matricielle (voir le § 3.6.2) : il faut sélectionner à la souris la plage *IRP*, saisir la formule "=produitmat(IR;transpose(Coefs))", et valider par *Ctrl + Maj + Entrée* pour ajouter la paire d'accolades caractérisant les formules matricielles. Pour *ISP*, on utilise "=produitmat(IS;transpose(Coefs))" tandis que I6:I8 (*Col2deIRxEff*) reçoit la formule "=Col2deIR*Eff" : ici aussi il faut finir la saisie avec *Ctrl + Maj + Entrée* ; si on termine par *Entrée*, la formule qui renvoie une plage est refusée.

Dans la boîte de dialogue du solveur, la cellule *Eff* est à la fois une variable et la fonction-objectif, ce qui est possible à condition que la cellule ne contienne aucune formule. Par contre, il n'est pas nécessaire de définir comme variables les IRP_i et ISP_k du modèle mathématique, qui ont été traduites par des quantités calculées dans la feuille Excel.

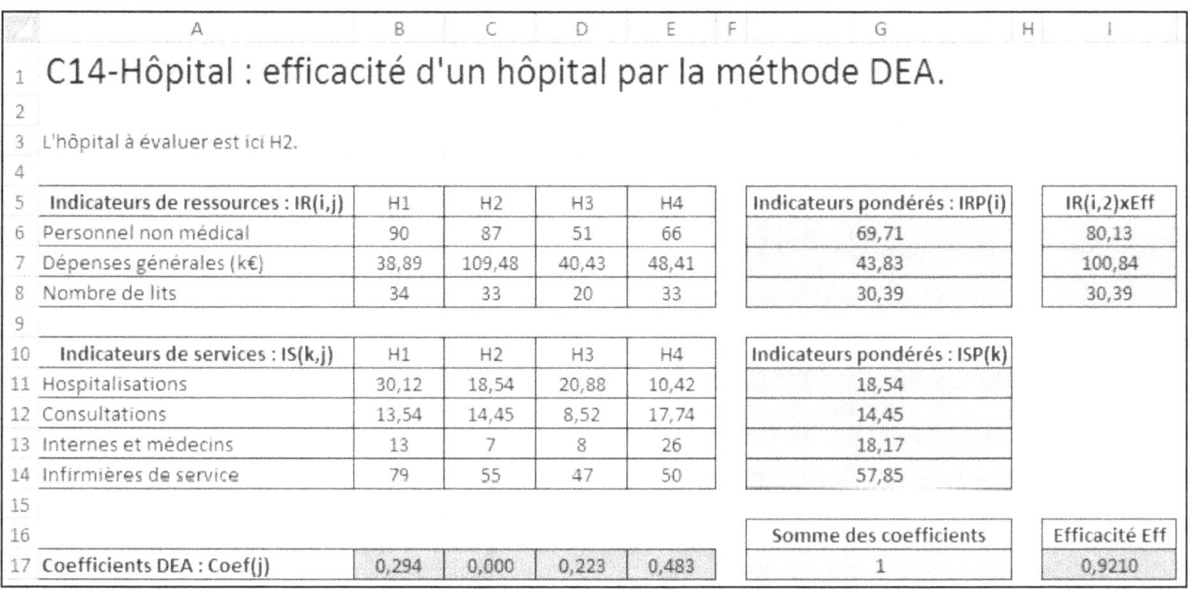

	A	B	C	D	E	F	G	H	I
1	C14-Hôpital : efficacité d'un hôpital par la méthode DEA.								
2									
3	L'hôpital à évaluer est ici H2.								
4									
5	Indicateurs de ressources : IR(i,j)	H1	H2	H3	H4		Indicateurs pondérés : IRP(i)		IR(i,2)xEff
6	Personnel non médical	90	87	51	66		69,71		80,13
7	Dépenses générales (k€)	38,89	109,48	40,43	48,41		43,83		100,84
8	Nombre de lits	34	33	20	33		30,39		30,39
9									
10	Indicateurs de services : IS(k,j)	H1	H2	H3	H4		Indicateurs pondérés : ISP(k)		
11	Hospitalisations	30,12	18,54	20,88	10,42		18,54		
12	Consultations	13,54	14,45	8,52	17,74		14,45		
13	Internes et médecins	13	7	8	26		18,17		
14	Infirmières de service	79	55	47	50		57,85		
15									
16							Somme des coefficients		Efficacité Eff
17	Coefficients DEA : Coef(j)	0,294	0,000	0,223	0,483		1		0,9210

Grâce à la modélisation générique et aux noms définis, on obtient un modèle Excel lisible et compact. Comme d'habitude, il faut cocher *Modèle supposé linéaire* et *Supposé non négatif* dans les options. La seconde option rend implicite les contraintes (7) à (10).

14.7.4 Résultats

Excel trouve un taux d'efficacité minimal de 0,9210. Cette valeur signifie que l'hôpital fictif peut obtenir le même niveau de service que l'hôpital 2 mais en consommant environ 92 % des ressources de ce dernier. En d'autres termes, cet hôpital H2 est non performant relativement aux quatre hôpitaux de l'étude. Le vecteur des coefficients trouvés est (0.294, 0, 0.223, 0.483), il indique les proportions des quatre hôpitaux qui forment l'hôpital fictif.

14.8 Compléments et références

Le programme linéaire du § 14.2 permet de traiter de gros problèmes de flot maximal. Des algorithmes de graphes encore plus efficaces existent. Le premier a été proposé historiquement par Ford et Fulkerson [Ford 1967]. Sa complexité est $O(n.m^2)$, n désignant le nombre de sommets du graphe et m son nombre d'arcs. Il existe un algorithme plus rapide en $O(n^2 m)$ dû à Ahuja et Orlin [Ahuja 1993]. Cette dernière référence contient aussi une version améliorée en $O(mn.\log U)$, U désignant le maximum des capacités des arcs.

Le problème du § 14.3 est un problème de couverture des arêtes par des nœuds, problème du transversal en théorie des graphes *(node cover* ou *vertex cover)*. Ce problème est NP-difficile [Cormen 1990]. Des heuristiques sont décrites dans Papadimitriou [Papadimitriou 1998].

Les *problèmes de partitionnement* sont définis sur un ensemble E de m éléments et un ensemble F de n sous-ensembles présélectionnés de E. Ils consistent à choisir dans F des sous-ensembles formant une partition de E pour optimiser le coût total de la sélection. On peut coder chaque sous-ensemble comme un vecteur binaire et former avec ces vecteurs une matrice binaire A, $m \times n$. Les contraintes de partition s'écrivent alors $A.x = e$, e désignant un vecteur formé de m composantes à 1. Les *problèmes de recouvrement* sont similaires, mais un élément de E peut figurer dans plusieurs sous-ensembles choisis : les contraintes s'écrivent $A.x \geq e$. Ces problèmes sont fréquents dans le découpage de districts géographiques ou le recouvrement de zones par des services.

Outre le problème de partitionnement du § 14.4, le livre contient deux problèmes de recouvrement : la découpe de plaques de tôles du chapitre 8 et le placement de relais de téléphonie du chapitre 11. Les problèmes de recouvrement sont les plus faciles, car ils ont toujours une solution triviale, celle consistant à prendre tous les sous-ensembles proposés. Les problèmes de partitionnement peuvent être infaisables, comme le découpage électoral avec cinq circonscriptions. Sur les deux types de problèmes, l'algorithme du simplexe trouve une majorité de variables entières à l'optimum, ce qui facilite des recherches arborescentes sur les variables fractionnaires restantes (voir par exemple Beasley pour le recouvrement [Beasley 1987], et Fisher [Fisher 1990] pour les deux types de problèmes).

Le livre de Syslo décrit des heuristiques et des méthodes exactes arborescentes pour les deux types de problèmes, avec des sources en Pascal [Syslo 2006]. Des heuristiques très efficaces guidées par des programmes linéaires relaxés existent pour des problèmes de recouvrement de très grande taille [Caprara 1999].

Le problème du postier chinois abordé en § 14.5 pour le sablage des rues d'un village existe aussi pour un graphe non orienté. Edmonds et Johnson ont proposé des algorithmes polynomiaux efficaces pour le cas orienté et le cas non orienté [Edmonds 1973]. Des sources en Pascal pour l'extraction de parcours eulériens et le postier chinois orienté figurent dans le livre sur les graphes de Lacomme, Prins et Sevaux [Lacomme *et al.* 2003]. Le problème de postier chinois devient un *problème de postier rural (RPP ou Rural Postman Problem)* si seul un sous-ensemble d'arcs doit être visité.

Si on ajoute des quantités à répandre sur les arcs et qu'on dispose de camions de capacité limitée, plusieurs tournées sont nécessaires et on obtient un *problème de tournées sur arcs avec capacités (CARP ou Capacitated Arc Routing Problem)*. Le postier rural et le CARP sont des problèmes NP-difficiles. Des exemples numériques et des heuristiques figurent dans le livre d'Evans et Minieka [Evans 1992]. Hertz et al. ont décrit des procédures d'amélioration (recherches locales) pour le postier rural [Hertz 1999], tandis que Lacomme, Prins et Ramdane-Chérif ont conçu des algorithmes génétiques pour le CARP [Lacomme *et al.* 2004]. Une synthèse très récente de Corberan et Prins (2010) contient 150 références bibliographiques sur les divers problèmes de tournées sur arcs.

Les problèmes de localisation comme celui des perceptions (§ 14.6) forment une riche classe de problèmes combinatoires, à laquelle un livre de Daskin est entièrement consacré [Daskin 1995]. Le problème des p-centres est un autre classique, qui diffère de celui des p-médians par son objectif consistant à minimiser la distance maximale entre un bureau et une ville. Le livre contient d'autres problèmes de ce type, comme la localisation d'entrepôts du chapitre 9 et le placement de relais de téléphonie mobile du chapitre 11.

La méthode *DEA (Data Envelopment Analysis)* du § 14.6 est très largement utilisée pour comparer des performances relatives de plusieurs environnements quasi identiques. Les premières applications ont été justement la mesure de l'efficacité d'un hôpital. On peut trouver d'autres applications et exemples de cette méthode chez Sherman [Sherman 1984] et Lewin [Lewin 1981]. Un livre de Cooper *et al.* fait un point très complet sur le DEA et ses nombreuses applications [Cooper 1999].

ANNEXE 1

Liens entre modèles théoriques et applications

1. Introduction

Les problèmes de ce livre sont classés par grands groupes d'applications. Une autre classification appréciée des spécialistes considère des modèles théoriques classiques, comme le problème d'affectation, le problème de flot maximal, etc. Bien entendu, certains problèmes réels peuvent être si originaux qu'on ne peut pas les identifier à des classiques.

L'objectif de cette annexe est de préciser le type de problème théorique auquel peuvent se rattacher les problèmes du livre. Nous mentionnons le terme anglais quand il n'y a pas de terme vraiment consacré en français. Les cases NS (non spécifié) correspondent à l'absence de type bien défini. Le premier tableau reprend les problèmes dans l'ordre du livre. Les tableaux suivants donnent les regroupements de ces problèmes par famille théorique.

2. Tableau récapitulatif des problèmes du livre

Section	Libellé	Type de problème théorique
5.2	Fabrication d'alliages	Problème de mélange
5.3	Production d'aliments pour bétail	Problème de mélange
5.4	Raffinage de produits pétroliers	Problème de mélange
5.5	Production de sucre de canne	Flot de coût minimal (graphe biparti)
5.6	Exploitation d'une mine à ciel ouvert	Flot de coût minimal
5.7	Production d'électricité	*Dispatch problem*

Section	Libellé	Type de problème théorique
6.2	Construction d'un stade	Problème central d'ordonnancement
6.3	Ordonnancement d'un atelier en ligne	Flow-shop de permutation
6.4	Ordonnancement d'un atelier en îlots	Job-shop
6.5	Ordonnancement d'une machine critique	Problème d'ordonnancement à une machine
6.6	Fabrication de peintures	Voyageur de commerce asymétrique
6.7	Équilibrage d'une ligne d'assemblage	*Assembly line balancing*
7.2	Planification de production de bicyclettes	Problème de planification
7.3	Production de verres	Problème de planification
7.4	Problème de planification MRP	Problème de planification
7.5	Production de composants électroniques	Problème de planification
7.6	Affectation de lots de produits	Problème d'affectation généralisée
8.2	Chargement équilibré de wagons	Ordonnancement à machines parallèles
8.3	Chargement d'une péniche	Problème de sac à dos
8.4	Chargement de réservoirs	*Loading problem*
8.5	Sauvegarde de fichiers	Problème de bin-packing
8.6	Découpe de plaques de tôles	Problème de recouvrement
8.7	Découpes de barres d'acier	*Cutting-stock problem*
9.2	Loueur de voitures	Problème de transport
9.3	Choix de moyens de transport	Flot de coût minimal
9.4	Localisation d'entrepôts	Problème de localisation d'entrepôts
9.5	Livraison de fioul	Problème de tournées de véhicules (VRP)
9.6	Transport combiné	NS
9.7	Planification d'une flotte de camions	NS
10.2	Correspondance d'avions	Problème d'affectation
10.3	Constitution d'équipages	Couplage biparti
10.4	Ordonnancement d'atterrissages	NS
10.5	Ravitaillement d'un pays sinistré	Voyageur de commerce symétrique
11.2	Fiabilité d'un réseau	Flot maximal avec capacités unitaires
11.3	Dimensionnement d'un réseau	NS
11.4	Maximisation du débit dans un réseau	Multiflot maximal
11.5	Construction d'un réseau câblé	Arbre recouvrant de poids minimal
11.6	Localisation d'émetteurs GSM	Problème de recouvrement
12.2	Choix d'emprunts	NS
12.3	Campagne publicitaire	NS
12.4	Gestion de portefeuille financier	*Portfolio selection*
12.5	Préparation de la retraite	NS
12.6	Budget familial	Problème de planification
12.7	Choix de projets d'expansion	NS

Section	Libellé	Type de problème théorique
13.2	Affectation de personnel à des postes	Problème d'affectation
13.3	Emploi du temps d'infirmières	*Nurse rostering problem*
13.4	Emploi du temps dans un lycée	*Timetabling*
13.5	Production avec affectation du personnel	NS
13.6	Planification du personnel d'un chantier	NS
14.2	Problème d'adduction d'eau	Flot maximal
14.3	Surveillance de rues par des caméras	Transversal maximal
14.4	Charcutage électoral	Problème de partitionnement
14.5	Sablage des rues d'un village	Problème du postier chinois orienté
14.6	Placement de perceptions	Problème des p-médians
14.7	Efficacité d'un hôpital	Méthode DEA

3. Problèmes classés par famille théorique

Problèmes de mélange

5.2	Fabrication d'alliages	Problème de mélange
5.3	Production d'aliments pour bétail	Problème de mélange
5.4	Raffinage de produits pétroliers	Problème de mélange

Problèmes dans les graphes (hors flots)

6.6	Fabrication de peintures	Voyageur de commerce asymétrique
9.5	Livraison de fioul	Problème de tournées de véhicules (VRP)
10.3	Constitution d'équipages	Couplage biparti
10.5	Ravitaillement d'un pays sinistré	Voyageur de commerce symétrique
11.5	Construction d'un réseau câblé	Arbre recouvrant de poids minimal
14.3	Surveillance de rues par des caméras	Transversal maximal
14.5	Sablage des rues d'un village	Problème du postier chinois orienté

Problèmes de flots

5.5	Production de sucre de canne	Flot de coût minimal (graphe biparti)
5.6	Exploitation d'une mine à ciel ouvert	Flot de coût minimal
9.3	Choix de moyens de transport	Flot de coût minimal
11.2	Fiabilité d'un réseau	Flot maximal avec capacités unitaires
11.4	Maximisation du débit dans un réseau	Multiflot maximal
14.2	Problème d'adduction d'eau	Flot maximal

Problèmes d'affectation

7.6	Affectation de lots de produits	Problème d'affectation généralisée
10.2	Correspondance d'avions	Problème d'affectation
13.2	Affectation de personnel à des postes	Problème d'affectation

Problèmes d'ordonnancement

6.2	Construction d'un stade	Problème central d'ordonnancement
6.3	Ordonnancement d'un atelier en ligne	Flow-shop de permutation
6.4	Ordonnancement d'un atelier en îlots	Job-shop
6.5	Ordonnancement d'une machine critique	Problème d'ordonnancement à une machine
8.2	Chargement équilibré de wagons	Ordonnancement à machines parallèles

Problèmes de planification

7.2	Planification de production de bicyclettes	Problème de planification
7.3	Production de verres, capacité limitée	Problème de planification
7.4	Problème de planification MRP	Problème de planification
7.5	Production de composants électroniques	Problème de planification
12.6	Budget familial	Problème de planification

Problèmes de chargement et de découpe

8.3	Chargement d'une péniche	Problème de sac à dos
8.4	Chargement de réservoirs	*Loading problem*
8.5	Sauvegarde de fichiers	Problème de bin-packing
8.7	Découpes de barres d'acier	*Cutting-stock problem*

Problèmes de localisation

9.4	Localisation d'entrepôts	Problème de localisation d'entrepôts
14.6	Placement de perceptions	Problème des p-médians

Problèmes de recouvrement et partitionnement

8.6	Découpe de plaques de tôles	Problème de recouvrement
11.6	Localisation d'émetteurs GSM	Problème de recouvrement
14.4	Charcutage électoral	Problème de partitionnement

Autres problèmes classiques

5.7	Production d'électricité	*Dispatch problem*
6.7	Équilibrage d'une ligne d'assemblage	*Assembly line balancing*
9.2	Loueur de voitures	Problème de transport
12.4	Gestion de portefeuille financier	*Portfolio selection*
14.7	Efficacité d'un hôpital	Méthode DEA
13.3	Emploi du temps d'infirmières	*Nurse rostering problem*
13.4	Emploi du temps dans un lycée	*Timetabling*

Problèmes spécifiques

Section	Libellé	Type de problème théorique
9.6	Transport combiné	NS
9.7	Planification d'une flotte de camions	NS
10.4	Ordonnancement d'atterrissages	NS
11.3	Dimensionnement d'un réseau	NS
12.2	Choix d'emprunts	NS
12.3	Campagne publicitaire	NS
12.6	Budget familial	NS
12.7	Choix de projets d'expansion	NS
13.5	Production avec affectation du personnel	NS
13.6	Planification du personnel d'un chantier	NS

ANNEXE 2

Fichiers Excel du livre

1. Accès aux fichiers

Nous avons vu dans ce livre des exemples de macros VBA (chapitre 4) et les traductions en Excel des modèles mathématiques des problèmes proposés (chapitres 5 à 14). Toutes ces macros et les programmes linéaires ont été réalisés et testés avec Excel 2007, sous Windows Vista Professionnel. Les fichiers Excel correspondants ainsi qu'un chapitre bonus sur des jeux et casse-têtes peuvent être téléchargés sur le site Internet des Éditions Eyrolles, à l'adresse suivante :

http://www.editions-eyrolles.com/Livre/9782212126594/

Les noms de fichiers commencent par le numéro de chapitre, par exemple *C5-Acier* pour le problème de fabrication d'acier du chapitre 5. Tous les fichiers sont au format Excel 2003 (.xls) mais vous pouvez évidemment les lire et les sauvegarder dans le format Excel 2007 (.xlsx ou, si le fichier contient des macros VBA, .xlsm). Certains fichiers contiennent plusieurs feuilles, correspondant aux questions de l'énoncé ou à des variantes du modèle. Nous donnons pour certains modèles une implémentation sans VBA et avec VBA.

Nous avons utilisé des couleurs conventionnelles pour les modèles : les données sont présentées sur un fond normal (blanc), les variables sur un fond vert et les quantités calculées sur un fond gris. Le tableau du paragraphe 3 liste les noms des problèmes, avec la section correspondante du livre et les noms de fichiers associés sur le site web.

2. Excel 2010

Nous avons aussi testé les modèles avec Excel 2010. Sur le site d'Eyrolles, un répertoire particulier est réservé aux fichiers de cette version. Deux problèmes ne peuvent plus être résolus à cause de leur taille, car la version 2010 d'Excel autorise toujours 200 variables mais seulement 100 contraintes. Il s'agit des problèmes 7.3 et 10.4. Pour le problème 7.3 de production de verres, nous avons proposé un onglet avec un problème réduit à 5 types de verres au lieu de 6 et qui pourra être résolu avec Excel 2010.

Par ailleurs, les problèmes avec un code VBA doivent être adaptés. Il existe plus de paramètres dans la commande *SolverOption* et il faut ajouter systématiquement le paramètre *SolveWithout := False* pour les résolutions binaires ou en nombres entiers sinon, le solveur ne résout que la relaxation linéaire du modèle (choix par défaut). Pour la commande *SolverOK*, il faut préciser impérativement le solveur que l'on va utiliser en ajoutant l'option *Engine:=1* ou *EngineDesc:="Simplex LP"*.

Enfin, à la fin d'une résolution en nombres entiers ou binaire, le code retourné par Excel 2010 est le code 14 qui précise que le solveur a trouvé une solution dans la tolérance choisie et que toutes les contraintes sont satisfaites. Toute macro VBA faisant appel à ce code retour doit donc prendre en compte cette nouveauté.

3. Tableau des modèles et fichiers associés

Section	Libellé	Classeur	Remarques
3.4	Fabrication de ciments	C3-Ciments	3 versions
3.6.2	Calcul de moyennes	C3-Moyennes	2 versions, dont une matricielle
4.4.5	Appel de macro avec bouton à cliquer	C4-Message	Code VBA
4.4.5	Macro VBA dans une formule Excel	C4-MaMoyenne	Code VBA
4.4.6	Calcul d'un distancier de taille variable	C4-Distances	Code VBA
4.5.3	Appel du solveur en VBA	C4-Ciments	Code VBA
5.2	Fabrication d'un acier spécial	C5-Acier	Méthode d'analyse du § 3.5
5.3	Production d'aliments pour bétail	C5-Betail	
5.4	Raffinage de produits pétroliers	C5-Raffinerie	Format "# ##0,00"
5.5	Production de sucre de canne	C5-Sucre	Fonction *Plancher*
5.6	Exploitation d'une mine à ciel ouvert	C5-Mine-1	Codage de graphe par liste d'arcs et fonction *Index*
5.6	Exploitation d'une mine à ciel ouvert	C5-Mine-2	Modèle généré en VBA, à partir du dessin de la mine
5.6	Exploitation d'une mine à ciel ouvert	C5-Mine-3	Modèle généré en VBA, à partir d'informations sur la structure de la mine
5.7	Production d'électricité	C5-Centrales	

Section	Libellé	Classeur	Remarques
6.2	Construction d'un stade	C6-Stade	2 questions, code VBA pour la génération de contraintes de précédence, fonction *Index*
6.3	Ordonnancement d'un atelier en ligne	C6-FlowShop	Code VBA pour le calcul de date de début des tâches.
6.4	Ordonnancement d'un atelier en îlots	C6-JobShop	2 modèles (non générique et générique)
6.5	Ordonnancement sur une machine	C6-Ordo	3 objectifs dans la même feuille
6.6	Fabrication de peintures	C6-Peintures	Code VBA et ajout de contraintes dans le solveur par macro
6.7	Équilibrage d'une ligne d'assemblage	C6-Equilibrage	Code VBA pour générer les contraintes de précédence.
7.2	Production de bicyclettes	C7-Bicyclettes	2 versions, représentation graphique de la solution
7.3	Production de verres	C7-Verres	Représentation graphique de la solution
7.4	Problème de planification MRP	C7-MRP	Produit scalaire
7.5	Composants électroniques	C7-Electronique	
7.6	Affectation de lots de produits	C7-Affectation-Lots	Fonction *Index*
8.2	Chargement équilibré de wagons	C8-Wagons	Fonction *Plafond*
8.3	Chargement d'une péniche	C8-Peniche	3 questions et trois variantes du modèle
8.4	Chargement de réservoirs	C8-Reservoirs	Deux questions, deux modèles et fonctions *Si* et *Somme.si*
8.5	Sauvegarde de fichiers	C8-Fichiers	
8.6	Découpe de plaques de tôles	C8-Toles	
8.7	Découpes de barres d'acier	C8-Barres	Code VBA pour générer les différentes découpes possibles.
9.2	Loueur de voitures	C9-Loueur-1	
9.2	Loueur de voitures	C9-Loueur-2	Code VBA avec génération de formules et d'un modèle de taille variable
9.3	Choix de moyens de transport	C9-FlotCoutMin-1	Codage de graphe par liste d'arcs et fonction *Somme.si*
9.3	Choix de moyens de transport	C9-FlotCoutMin-2	Problème de flot de débit maximal à coût minimal
9.4	Localisation d'entrepôts	C9-Entrepots	
9.5	Livraison de fioul	C9-Tournees	Noms de plages, modèle et formules générées en VBA

Section	Libellé	Classeur	Remarques
9.6	Transport combiné	C9-Intermodal	Avec noms de plages et fonction *index*
9.7	Planification d'une flotte de camions	C9-Camions	2 versions, dont une avec macro VBA utilisée comme formule Excel.
10.2	Correspondance d'avions	C10-Correspondances	
10.3	Constitution d'équipages	C10-Equipages	Code VBA pour générer les équipages valides
10.4	Ordonnancement d'atterrissages	C10-Atterissages	Code VBA pour ajouter des contraintes de disjonction et d'exclusion dans le solveur
10.5	Ravitaillement d'un pays sinistré	C5-Ravitaillement	Code VBA pour ajout de coupes et résolution interactive du modèle
11.2	Fiabilité d'un réseau	C11-Fiabilite	Fonction *Somme.si*
11.3	Dimensionnement d'un réseau	C11-Mobile	Formules matricielles
11.4	Maximisation du débit dans un réseau	C11-Routage	Avec noms de plages et fonction *Somme.si*
11.5	Construction d'un réseau câblé	C11-Cable	Avec noms de plages
11.6	Localisation d'émetteurs GSM	C11-Emetteurs	Formules matricielles
12.2	Choix d'emprunts	C12-Emprunts	2 versions, fonction *Vpm*
12.3	Campagne publicitaire	C12-Publicite	
12.4	Gestion de portefeuille financier	C12-Portefeuille	2 versions, fonction *Si* et fonction *Somme.si*
12.5	Préparation de la retraite	C12-Retraites	2 versions, fonction *Intper*
12.6	Budget familial	C12-Budget	
12.7	Choix de projets d'expansion	C12-Expansion	
13.2	Affectation de personnel à des postes	C13-Affectation	Deux questions, deux modèles
13.3	Emploi du temps d'infirmières	C13-Infirmieres	Deux questions, deux modèles
13.4	Emploi du temps dans un lycée	C13-Lycee	Avec noms de plages
13.5	Production avec affectation personnel	C13-Personnel	Deux questions, deux modèles
13.6	Planification du personnel d'un chantier	C13-Chantier	Formules matricielles
14.2	Problème d'adduction d'eau	C14-Adduction	Avec noms de plages et fonction *Somme.si*
14.3	Surveillance de rues par des caméras	C14-Cameras	Avec noms de plages
14.4	Charcutage électoral	C14-Elections	Avec noms de plages et fonction *Si*
14.5	Sablage des rues d'un village	C14-Sablage	Avec noms de plages

Section	Libellé	Classeur	Remarques
14.6	Placement de perceptions	C14-Perceptions	Avec noms de plages
14.7	Efficacité d'un hôpital	C14-Hopital	Avec noms de plages
15.2	Grille et jetons	C15-Jetons	
15.3	Les tonneaux de vin	C15-Tonneaux	
15.4	Les *n* reines	C15-Reines	Modèle et formules en VBA

ANNEXE 3

Bibliographie

I. ADLER, M. RESENDE, G. VEIGA, N. KARMARKAR. – An implementation of Karmarkar's algorithm for linear programming, *Mathematical Programming*, 44, 297-335, 1989.

R.K. AHUJA, T.L. MAGNANTI, J.B. ORLIN. – *Network flows: theory, algorithms, and applications*, Prentice Hall, 1993.

S. C. ALBRIGHT. – *VBA for modelers*, 3e édition, Cengage Learning, 2010.

A. ALJ, R. FAURE. – *Guide de la Recherche Opérationnelle* (2 tomes), Masson, 1990.

D. APPLEGATE et W. COOK. – A computational study of job-shop scheduling, *ORSA Journal on Computing*, 3, 149-156, 1991.

A. ARBEL. – *Exploring interior-point linear programming: algorithms and software*, The MIT Press, 1993.

S. BAASE, A. VAN GELDER. – *Computer algorithms*, Addison-Wesley, 3e édition, 1999.

E. BALAS, P.R. LANDWEER. – Traffic assignment in communication satellites, *Operations Research Letters*, 2(4), 141-147, 1983.

R. BALDACCI, A. MINGOZZI. – A unified exact method for solving different classes of vehicle routing problems, *Mathematical Programming*, 120(2), 347-380, 2009.

C. BARNHART, C.A. HANE, E.L. JOHNSON, G. SIGISMONDI. – A column generation and partitioning approach for multi-commodity flow problems, *Telecommunication Systems*, 3, 239-258, 1995.

C. BARNHART, E.L. JOHNSON, G.L. NEMHAUSER, M.W.P. SAVELSBERGH, P.H. VANCE. – Branch-and-price: column generation for solving huge integer programs, *Operations Research*, 45(3), 316-329, 1998.

M.S. BAZARAA, J.J. JARVIS, H.D. SHERALI. – *Linear programming and network flows*, Wiley, 2009.

M.S. BAZARAA, H.D. SHERALI, C.M. SHETTY. – *Nonlinear programming*, 3ᵉ édition, Wiley, 2006.

J.E. BEASLEY. – An algorithm for set covering problems, *European Journal of Operational Research*, 31, 85-93, 1987.

J.E. BEASLEY, B. CAO. – A tree search algorithm for the crew scheduling problem, *European Journal of Operational Research*, 94, 517-526, 1996.

J.E. BEASLEY, M. KRISHNAMOORTHY, Y.M. SHARAIHA, D. ABRAMSON. – *Scheduling aircraft landings - the static case*, Research Report, Imperial College, London, 1995.

D. BERTSIMAS, J.N. TSISIKLIS. – *Introduction to linear optimization*, Athena Scientific, 1997.

L. BIANCO, A. MINGOZZI, S. RICCIARDELLI. – A set partitioning approach to the multiple depot vehicle scheduling problem, *Optimization methods and software*, 3, 163-194, 1994.

M. BIDAULT. – *Excel et VBA*, Pearson Education, 2009.

P. BOIZUMAULT, Y. DELON, C. GUÉRET, L. PÉRIDY. – Résolution de problèmes en Programmation Logique avec Contraintes, *Revue d'Intelligence Artificielle*, Numéro spécial Contraintes, 9(3), 383-406, 1995.

A. BOEHM. *Murach's Visual Basic 2008*, Mike Murach and Associates, 2008.

J.P. BOUFFLET, S. NÈGRE. – Three methods used to solve an examination timetabling problem, dans *Practice and Theory of Automated Timetabling*, E. Burke et P. Ross (éd.), Lecture Notes in Computer Science 1153, pp. 327-344, Springer, 1996.

E.H. BOWMAN. – Production scheduling by the transportation method of linear programming, *Operations Research*, 4(1), 100-103, 1956.

A. BROOKE, D. KENDRICK, A. MEERAUS. – *GAMS, a user's guide*, Scientific Press, 1992.

E.S. BUFFA, R.K. SARIN. – *Modern production / operations management*, Wiley, 1987.

E.S. BUFFA, W. TAUBERT. – *Production-Inventory Systems: Planning and control*, Irwin, 1979.

E.K. BURKE, S. PETROVIC. – Recent research directions in automated timetabling, *European Journal of Operational Research*, 140(20), 266-280, 2002.

J.F. CAMPBELL. – Hub location and the p-hub median problem, *Operations Research*, 44(6), 923-935, 1996.

D. CANDEA. – *Issues of hierarchical planning in multistage production systems*, Technical Report 134, Operations Research Center, MIT, Cambridge, Mass., USA, 1977.

A. CAPRARA, M. FISCHETTI, P. TOTH. – A heuristic method for the set covering problem, *Operations Research*, 47(5), 730-743, 1999.

J. CARLIER, P. CHRÉTIENNE. – *Problèmes d'ordonnancement*, Masson, 1988.

M.W. CARTER, G. LAPORTE. – Recent developments in practical examination timetabling, dans *Practice and Theory of Automated Timetabling*, E. Burke et P. Ross (éd.), Lecture Notes in Computer Science 1153, pp. 3-21, Springer, 1996.

N. CHRISTOFIDES, A. MINGOZZI, P. TOTH. – Loading problems, dans *Combinatorial optimization*, N. Christofides *et al.* (éd.), pp. 339-369, Wiley, 1979.

N. CHRISTOFIDES, A. MINGOZZI, P. TOTH. – The vehicle routing problem, dans *Combinatorial optimization*, N. Christofides *et al.* (éd.), pp. 315-338,Wiley, 1979.

V. CHVÀTAL. – *Linear programming*, W.H. Freeman, 1983.

L.H. CLARKE. – *Fun with figures*, William Heinemann, 1954.

J.A. CLARK, N.A.J. HASTINGS. – Decision networks, *Operations Research Quaterly*, 20, 51-68, 1977.

G. CLARKE, J.W. WRIGHT – Scheduling of vehicles from a central depot to a number of delivery points, *Operations research*, 12(4), 568-581, 1964.

E.G. COFFMAN, M.R. GAREY, D.S. JOHNSON. – Approximation algorithms for bin-packing : a survey, dans *Approximation Algorithms for NP-Hard Problems,* D. Hochbaum (éd.), PWS Publishing, pp. 46-93, 1996.

W.W. COOPER, L.M. SEIFORD, K. TONE. – *Data envelopment analysis*, Kluwer, 1999.

A. CORBERAN, C. PRINS. – Recent results on arc routing problems: an annotated bibliography, *Networks*, 56(1), pp. 50-69, 2010.

T.H. CORMEN, C.L. LEISERSON, R.L. RIVEST, C. STEIN. – *Introduction to algorithms*, 3e édition, The MIT Press, 2009.

G. CORNUÉJOLS, M. DAWANDE. – A class of hard small 0-1 programs, *INFORMS Journal on Computing*, 11(2), 205-210, 1999.

J-C. CULIOLI. – *Introduction à l'optimisation*, Ellipses, 1994.

G.B DANTZIG. – Programming of interdependent activities, *Econometrica*, 17(3-4), 200-211, 1949.

H.E. DUDENEY. – *Amusements in mathematics*, Thomas Nelson and Sons, 1917. Réédité par Dover en 1958 puis 1970.

E.M. DAR-EL. – MALB, a heuristic technique for balancing large scale single-model assembly lines, *AIIE Transactions*, 5(4), 1973.

M.S. DASKIN. – *Network and Discrete Location*, Wiley, 1995.

S. DAUZÈRE-PÉRÈS, J.B. LASSERRE. – *An integrated approach in production planning and scheduling*, Lecture Notes in Economics and Mathematical Systems 411, Springer, 1994.

D.J. DAVID. – *Excel 2007: programmation VBA*, Eyrolles, 2008.

U. DERIGS, U. ZIMMERMAN. – An augmenting path method for solving linear bottleneck assignment problems, *Computing*, 19, 285-295, 1978.

M. DESROCHERS, J. DESROSIERS, M. SOLOMON. – A new optimization algorithm for the vehicle routing problem with time windows, *Operations Research*, 40(2), 342-354, 1992.

A. DUTTA, P. KUBAT. – Design of partially survivable networks for cellular telecommunication systems, *European Journal of Operational Research*, 118(1), 52-64, 1999.

J. EDMONDS, E.L. JOHNSON. – Matching, Euler tours, and the Chinese postman, *Mathematical programming*, 5, 88-124, 1973.

D. ERLENKOTTER. – A dual-based procedure for uncapacitated facility location, *Operations Research*, 26, 992-1009, 1978.

J.R. EVANS, E. MINIEKA. – *Optimization algorithms for networks and graphs*, Marcel Dekker Inc., 1992.

H.F. EVART. – *Introduction to PERT*, Allyn & Bacon, 1964.

M.L. FISHER, R. JAIKUMAR, L.N. VAN WASSENHOVE. – A multiplier adjustment method for the generalized assignment problem, *Management Science*, 32(9), 1095-1103, 1986.

M.L. FISHER, P. KEDIA. – Optimal solutions of set covering/partitioning problems using dual heuristics, *Management Science*, 36, 674-688, 1990.

G. FLEURY, P. LACOMME. – Programmation linéaire avancée, Ellipses, 2010.

L. FORD, D. FULKERSON. – Flots dans les graphes, Gauthier-Villars, Paris, 1967.

S. FRENCH. – *Sequencing and scheduling: an introduction to the mathematics of the job-shop*, Ellis Horwood, 1982.

J. FRIANT, Y. L'HOSPITALIER. – *Jeux-problèmes : de la logique à l'intelligence artificielle*, Éditions d'Organisation, 1986.

R. FOURER, D.M. GAY, B.W. KERNIGHAN. – A modeling language for mathematical programming, *Management Science*, 36, 519-554, 1990.

R. FOURER, D.M. GAY, B.W. KERNIGHAN. – *AMPL: a modeling language for mathematical programming*, Brooks/Cole, 2002 (seconde édition).

R. FOURER, D.M. GAY, B.W. KERNIGHAN. – Design principles and new developments in the AMPL modeling language. Dans *Modeling languages in mathematical optimization*, J. Kallrath (éd.), Kluwer, 2003.

R. FOURER. – Linear programming survey, *OR-MS Today*, 36(3), 2009.

J.C. FOURNIER. – Graphes et applications (2 tomes), Hermès, 2007.

D. FYLSTRA, L. LASDON, J. WATSON, A. WAREN. – Design and use of the Microsoft Excel solver, *Interfaces*, 28(5), 29-55, 1998.

D.T. GARDNER. – Efficient formulation of electric utility resource planning models, *Journal of the Operational Research Society*, 51(2), 231-236, 2000.

M.R. GAREY, D.S. JOHNSON. – *Computers and intractability: a guide to the theory of NP-completeness*, Freeman, 1979.

L.L GARVER. – Power scheduling by integer programming, *IEEE Transactions on power apparatus and systems*, 81, 730-735, 1963.

M. GENDREAU, A. HERTZ, G. LAPORTE. – A tabu search algorithm for the vehicle routing problem, *Management Science*, 40, 1276-1290, 1994.

A. GERSHT, A. SHULMAN. – A new algorithm for the solution of the minimum cost multicommodity flow problem, *IEEE Proceedings of the 26th Conference on Decision and Control (CDC'87)*, 748-758, Los Angeles, décembre 1987.

A. GIBBONS. – *Algorithmic graph theory*, Cambridge University Press, 1985.

P.C. GILMORE, R.E. GOMORY. – A linear programming approach to the cutting stock problem, *Operations Research*, 9, 849-859, 1961.

P.C. GILMORE, R.E. GOMORY. – A linear programming approach to the cutting stock problem - part II, *Operations Research*, 11, 863-888, 1963.

J.J. GLEN. – A parametric programming method for beef cattle ration formulation, *Journal of the Operational Research Society*, 31, 689-690, 1980.

M. GONDRAN, M. MINOUX. – *Graphes et algorithmes*, Tec & Doc Lavoisier, 2009.

T. GONZALEZ, S. SAHNI. – Open-shop scheduling to minimize finish time, *Journal of the ACM*, 23, 665-679, 1976.

GOThA (J. CARLIER, P. CHRÉTIENNE, J. ERSCHLER, C. HANEN, P. LOPEZ, A. MUNIER, E. PINSON, M.-C. PORTMANN, C. PRINS, C. PROUST, P. VILLON). – Les problèmes d'ordonnancement, *RAIRO-Recherche Opérationnelle*, 27(1), 77-150, 1993.

R.L. GRAHAM. – Bounds on multiprocessing timing anomalies, *SIAM Journal on Applied Mathematics*, 17, 416-429, 1969.

M. GRÖTSCHEL, O. HOLLAND. – Solution of large-scale symmetric traveling salesman problems, *Mathematical Programming*, 51, 141-202, 1991.

C. GUÉRET, C. PRINS. – Classical and new heuristics for the open-shop scheduling problem: a computational evaluation, *European Journal of Operational Research*, 107(2), 306-314, 1998.

C. GUÉRET, C. PRINS, M. SEVAUX. – *Programmation linéaire*, Eyrolles, 2000.

C. GUÉRET, C. PRINS, M. SEVAUX. – *Applications of optimization with Xpress-MP*, Dash Optimization, 2002.

C. GUTIN, A.P. PUNNEN. – The traveling salesman problem and its variations, Kluwer Academic Publisher, 2002.

M. HALVORSON. – *Microsoft Visual basic 2008 step by step*, Microsoft Press, 2008.

F. HANSSMANN, S.W. HESS. – A linear programming approach to production and employment scheduling, *Management Technology*, 1, 1960.

A.C. HAX, D. CANDEA. – *Production and inventory management*, Prentice Hall, 1984.

M. HELD, R. KARP. – The traveling salesman problem and minimum spanning trees, *Operations Research*, 18, 1138-1162, 1970.

A. HERTZ, G. LAPORTE, P. NANCHEN HUGO. – Improvement procedures for the undirected rural postman problem, *INFORMS Journal on Computing*, 11(1), 53-62, 1999.

A. HERTZ, G. LAPORTE, M. MITTAZ. – A tabu search heuristic for the capacitated arc routing problem, *Operations Research*, 48(1), 129-135, 2000.

S. HEJAZI, S. SAGHAFIAN. – Flowshop-scheduling problems with makespan criterion: a review. *International Journal of Production Research*, 43(14), 2895-2929, 2005.

M. HIFI, V. ZISSIMOPOULOS. – A recursive exact algorithm for weighted two-dimensional cutting, *European Journal of Operational Research*, 91, 553-564, 1996.

F.L. HITCHCOCK. – The distribution of a product from several sources to numerous localities, *Journal of Mathematical Physics*, 20(2), 224-30, 1941.

J.L. HO, J.S. WONG. – Makespan minimization for *m* parallel identical processors, *Naval Research Logistics*, 42(6), 935-948, 1995.

R. JACOBSON. – *Microsoft Office Excel 2007 Visual Basic for Applications step by step*, Microsoft Press, 2007.

E. JACQUET-LAGRÈZE. – *Programmation linéaire : modélisation et mise en œuvre informatique*, Economica, 1999.

S. JAKOBS. – On genetic algorithms for the packing of polygons, *European Journal of Operational Research*, 88, 165-181, 1996.

B. JAUMARD, F. SEMET, T. VOVOR. – A generalized linear programming model for nurse scheduling, *European Journal of Operational Research*, 107(1), 1-18, 1998.

B. JELEN, T. SYRSTAD. – *VBA and macros for Microsoft Office Excel 2007*, Que, 2007.

R.G. JEROSLOW, K. MARTIN, R.L. RARDIN, J. WANG. – Gain-free Leontief substitution flow problems, *Mathematical programming*, 57, 375-414, 1992.

L.A. JOHNSON, D.C. MONTGOMERY. – *Operations Research in production planning, scheduling, and inventory control*, Wiley, New York, 1974.

E.L. JOHNSON, G.L. NEMHAUSER, M.W.P. SAVELSBERGH. – Progress in linear programming-based algorithms for integer programming: an exposition, *INFORMS Journal on Computing*, 12(1), 2-23, 2000.

R.G. KASILINGAM. – *Logistics and transportation*, Kluwer Academic Publishers, 1998.

E.P.C KAO. – A multi-product dynamic lot-size problem with individual and joint set-up costs, *Operations Research*, 27(2), 279-289, 1979.

N. KARMARKAR. – A new polynomial time algorithm for linear programming, *Combinatorica*, 4, 373-395, 1984.

L.G. KHACHIAN. – A polynomial algorithm for linear programming, *Doklady Akademia Nauk SSSR*, 244(5), 1093-1096, 1979 (en russe). Traduit en anglais dans *Soviet Math. Doklady*, 20, 191-194, 1979.

V. KLEE, G.J. MINTY. – How good is the simplex algorithm ?, dans *Inequalities III*, O. Shisha (éd.), pp. 159-172, Academic Press, 1972.

M. KRAITCHIK. – *Mathematical recreations*, W.W. Norton, 1942.

M.K. KUAN. – Graphic programming using odd and even points, *Chinese Mathematics*, 1, 273-277, 1962.

W.K. KLEIN HANEVELD, A.W. STEGEMAN. – Crop succession requirements in agricultural production planning, *European Journal of Operational Research*, 166(2), 406-429, 2005.

G.S. KOWERO, D.P. DYKSTRA. – Improving long-term management plans for a forest plantation in Tanzania, using linear programming, *Forest Ecology and Management*, 24(3), 203-217, 1988.

P. LACOMME, C. PRINS, W. RAMDANE-CHÉRIF. – Competitive memetic algorithms for arc routing problems, *Annals of Operations Research*, 131, 159-185, 2004.

P. LACOMME, C. PRINS, M. SEVAUX. – *Algorithmes de graphes*, Eyrolles, 2003.

G. LAPORTE, M. DESROCHERS, Y. NOBERT. – Two exact algorithms for the distance-constrained vehicle routing problem, *Networks*, 14, 161-172, 1984.

G. LAPORTE, M. GENDREAU, J.Y. POTVIN, F. SEMET. Classical heuristics for the capacitated VRP, *International Transactions in Operational Research*, 7, 285-300, 2000.

L.S. LASDON, R.C. TERJUNG. – An efficient algorithm for multi-item scheduling, *Operations Research*, 19(4), 946-969, 1971.

J.B. LASSERRE, M. QUEYRANNE. – Generic scheduling polyedra and a new mixed-integer formulation for single machine scheduling, *Second IPCO Conference*, Pittsburg, 1992.

LEWIN A.Y. MOREY R.C. – Measuring the relative efficiency and output potential of public sector organizations: an application of data envelopment analysis. *International journal of policy analysis and information systems*, 5(4), 267-285, 1981.

Y. L'HOSPITALIER. *Enigmes et jeux logiques*, Eyrolles, 1998.

A. LODI, S. MARTELLO, D. VIGO. – Heuristics and metaheuristics for a class of two-dimensional bin packing problems, *INFORMS Journal on Computing*, 11(4), 345-357, 1999.

P. LOPEZ, F. ROUBELLAT. – *Ordonnancement*, Economica, 1999.

D.G. LUENBERGER. – *Linear and non-linear programming* (2e édition), Springer, 2003.

S. MARTELLO, P. TOTH. – The 0-1 knapsack problem, dans *Combinatorial optimization*, N. Christofides *et al.* (éd.), pp. 237-279, Wiley, 1979.

S. MARTELLO, P. TOTH. – *Knapsack problems: Algorithms and computer implementations*, Wiley, 1990.

W.H.S. McCOLL. – Management and operations in an oil company, *Operational Research Quaterly*, 20, 64-65, 1969.

K. MELHORN. – *Data structures and algorithms 2: graph algorithms and NP-completeness*, EATCS Monographs on Theoretical Computer Sciences, Springer, 1984.

K. MELHORN, P. SANDERS. – Algorithms and data structures: the basic toolbox, Springer, 2008.

C.E. MÉNDEZ, I.E. GROSSMAN, I. HARJUNKOSKI, P. KABORÉ. – A simultaneous optimization approach for off-line blending and scheduling of oil-refinery operations, Computers and Chemical Engineering, 30(4), 614-634, 2006.

M. MINOUX. – Résolution des problèmes de multiflots en nombres entiers dans les grands réseaux, *RAIRO - Recherche Opérationnelle*, 3, 21-40, 1975.

M. MINOUX. – *Programmation mathématique : théorie et algorithmes*, Tec & Doc Lavoisier, 2007.

M. MINOUX, G. BARTNIK. – *Graphes, algorithmes, logiciels*, Dunod, 1986.

M. NAWAZ, E.E. ENSCORE, I. HAM. – A heuristic algorithm for the m-machine, n-job flow-shop sequencing problem, *Omega*, 11(1), 91-95, 1983.

G.L. NEMHAUSER, L.A. WOLSEY. – *Integer and combinatorial optimization*, Wiley, 1999.

J.A. ORLICKY. – *Material Requirement Planning: the new way of life in production and inventory management*, McGraw-Hill, New York, 1975.

C.H. PAPADIMITRIOU, K . STEIGLITZ. – *Combinatorial optimization*, Dover, 1998.

M. PINEDO. – *Scheduling: Theory, Algorithms and Systems*, Prentice Hall, 3rd edition, 2008.

E. PINSON. – The job-shop scheduling problem: a concise survey and some recent developments, dans *Scheduling Theory and its applications*, 277-293, Wiley, 1995.

D.R. PLANE. – Management science: a spreadsheet approach, Boyd and Fraser, 1994.

S.G. POWELL, K.R. BAKER. – Management Science: The Art of Modeling with Spreadsheets: Excel 2007 Update, John Wiley & Sons, 2009.

C. PRINS. – An overview of scheduling problems arising in satellite communications, *Journal of the Operational Research Society*, 45 (6), 611-623, 1994.

C. PRINS. – A simple and effective evolutionary algorithm for the vehicle routing problem. *Computers and Operations Research*, 31, 1985–2002, 2004.

C. RAGSDALE. – *Spreadsheet modeling and decision analysis* (6e édition), South-Western College Publications, 2010.

ROSEAUX (NOM COLLECTIF). – *Exercices et problèmes résolus de Recherche Opérationnelle - Tome 3*, Masson, 1985.

H.M. SALKIN. – *Integer programming*, Addison-Wesley, 1975.

B. SANSÒ, P. SORIANO. – *Telecommunication network planning*, Kluwer, 1998.

A.M. SASSON, H.M. MERRILL. – Some applications of optimization techniques to power systems problems, *Proceedings of the IEEE*, 62, 959-972, 1974.

A. SCHOLL. – *Balancing and sequencing of assembly lines*, Physica-Verlag, 1999.

L. SCHRAGE. – *Optimization modeling with LINDO*, 5e édition, Duxbury, 1997.

A. SCHRIJVER. – *Theory of linear and integer programming*, Wiley, 1998.

C.H. SCOTT, O.G. SKELTON, E. ROLLAND. – Tactical and strategic models for satellite customer assignment, *Journal of the Operational Research Society*, 51(1), 61-71, 2000.

M. SEVAUX. – Étude de deux problèmes d'optimisation en planification et ordonnancement, *Thèse de l'université Pierre-et-Marie-Curie,* Paris VI, 1998.

SHERMAN H.D. – Hospital efficiency measurement and evaluation. *Medical Care*, 22(10), 922-938, 1984.

E. SILVER, D.F. PYKE, R. PETERSON. – *Inventory Management and Production Planning and Scheduling*, Wiley, 1998.

A. SOFER, S.G. NASH. – *Linear and non-linear programming*, 2e édition, SIAM, 2008.

D.W. SUTTON, P.A. COATES. – On-line mixture calculation system for stainless steel production by BSC Stainless: the least through cost mix system (LTCM), *Journal of the Operational Research Society*, 32, 165-169, 1981.

P.E. SWEENEY, E. RIDENOUR PATERNOSTER. – Cutting and packing problems: a categorized, application-oriented research bibliography, *Journal of Operations Research Society*, 43(7), 691-706, 1992.

M.M. SYSLO, N. DEO, J.S. KOWALIK. – *Discrete optimization algorithms with Pascal programs*, Dover, 2006.

R.J. VANDERBEI. – *Linear programming: foundations and extensions*, 2e édition, Springer, 2001.

A. TRIPATHY. – School timetabling: a case in large binary integer linear programming, *Management science*, 30(12), 1473-1489, 1984.

H.M. WAGNER. – An integer programming model for machine scheduling, *Naval Research Logistics Quaterly*, 6, 131-140, 1959.

H.M. WAGNER, T.M. WHITIN. – A dynamic version of the economic lot size model, *Management Science*, 5(1), 89-96, 1958.

W.E. WALKER. – A heuristic adjacent extreme point algorithm for the fixed charge problem, *Management Science*, 22(5), 587-596, 1976.

E.A. WASIL, A.A. ASSAD. – Project management on the PC: Software, Applications and Trends, *Interfaces*, 18(2), 75-84, 1988.

D. DE WERRA. – The combinatorics of timetabling, *European Journal of Operational Research*, 96(3), 504-513, 1997.

D. DE WERRA. – *Éléments de programmation linéaire avec application aux graphes*, Presses polytechniques romandes, Lausanne, 1990.

M. WIDMER, A. HERTZ. – A new heuristic method for the flow shop sequencing problem, *European Journal of Operational Research*, 41, 186-193, 1989.

H.P. WILLIAMS. – *Model Building in Mathematical Programming*, Wiley, 1993.

W.L. WINSTON. – *Operations Research: applications and algorithms*, Duxbury, 2003.

W.L. WINSTON. – *Financial models using simulation and optimization*, Palisade, 1998.

L.A. WOLSEY. – *Integer programming*, Wiley, 1998.

Z.A. ZENIOS. – *Financial optimization*, Cambridge University Press, 1996.

Z.A. ZENIOS, H.M. MARKOWITZ. – *Practical financial optimization: decision making for financial engineers*, Blackwell Publishing, 2008.

Index

R

S

T